Abwasserrecht — Abwassertechnik

Abwasserrecht Abwassertechnik

Gesetze — Verordnungen
Vorschriften — Richtlinien

Ministerialrat a. D. Dietrich Engelhardt
Oberamtsrat Georg Senger
Ministerialrat Hermann Spillecke
Ministerialrat Dr.-Ing. Eckart Treunert

 VERLAG

Die Deutsche Bibliothek — CIP-Einheitsaufnahme

Abwasserrecht, Abwassertechnik:
Gesetze, Verordnungen, Vorschriften, Richtlinien /
Dietrich Engelhardt ... — Düsseldorf: VDI-Verl., 1993
ISBN 3-18-400981-5
NE: Engelhardt, Dietrich

© VDI-Verlag GmbH, Düsseldorf 1993

Satz, Druck und Verarbeitung: SDV, Saarbrücken

Printed in Germany

ISBN 3-18-400981-5

Vorwort

Die Entwicklung des Wasserrechts, insbesondere der Bereich der Abwasserbeseitigung hat ihren maßgeblichen Ursprung in der Vierten Novelle zum Wasserhaushaltsgesetz des Jahres 1976 und dem Abwasserabgabengesetz aus dem selben Jahr gehabt. 10 Jahre später hat der Gesetzgeber mit der Fünften Novelle zum Wasserhaushaltsgesetz einen weiteren entscheidenden Schritt getan, den Wert unserer Gewässer als Bestandteil des Naturhaushaltes auf Dauer zu sichern. So sollen seitdem gefährliche Stoffe nach dem Stand der Technik zurückgehalten werden. Diese Anforderungen werden in der Neufassung der Anhänge zur Rahmen-AbwasserVwV für die einzelnen Industriebetriebe festgelegt. Darüber hinaus haben die Ereignisse in der Nord- und Ostsee das Anforderungsniveau für das Einleiten von Abwasser mit Pflanzennährstoffen deutlich heraufgesetzt. Für Indirekteinleitungen von Abwasser mit gefährlichen Stoffen haben nunmehr die Länder Kraft gesetzlichen Auftrages sicherzustellen, daß auch dort die dem Stand der Technik entsprechenden Maßnahmen durchgeführt werden. Ins Blickfeld geraten sind ferner die Abwasseranlagen einschließlich der Kanalisationen, deren Betrieb und Zustand nicht unerhebliche Auswirkungen auf den Gewässerzustand haben.

Um die Durchsetzung dieser Forderungen zu unterstützen, wurden in der Zweiten und Dritten Novelle zum Abwasserabgabengesetz neue Grundlagen für die Berechnung der Höhe der Abwasserabgabe festgelegt und neue Parameter abgabepflichtig gemacht.

Mit den neuen Zielvorstellungen ist der Erlaß einer Vielzahl neuer Vorschriften und Einzelregelungen verbunden. Dies betrifft nicht nur das Wasserrecht im engeren Sinne, sondern auch andere Regelungsbereiche wie z. B. das kommunale Satzungsrecht, das Abfall- und das Immissionsschutzrecht.

Das Buch stellt die für den Bereich der Abwasserbeseitigung bedeutsamen Regelungen zusammen und führt in kurzen Grundrissen in die Materie ein. Soweit Landesrecht betroffen ist, beschränkt sich die Darstellung auf die nordrhein-westfälischen Regelungen. Es will damit den Praktikern der Industrie, Kommunen, Wasserverbände und Behörden eine umfassende Orientierung über die einschlägigen Vorschriften zur Abwasserbeseitigung ermöglichen.

Düsseldorf, im März 1993   Die Verfasser

Aktueller Hinweis

Das während der Drucklegung dieses Werkes am 22. April 1993 veröffentlichte (BGBl. I S. 466) Gesetz zur Erleichterung von Investitionen und der Ausweisung und Bereitstellung von Wohnbauland (Investitionserleichterungs- und Wohnbaulandgesetz) konnte leider nicht mehr berücksichtigt werden. Dieses betrifft u. a. das Abfallgesetz, das Bundes-Immissionsschutzgesetz und das Gesetz über die Umweltverträglichkeitsprüfung.

Die Redaktion

Inhaltsverzeichnis

A Grundrisse

I Überblick über die Abwasserbeseitigung

1. Abwasserbeseitigung

1.1 Gegenstand der Abwasserbeseitigung ist das Abwasser. Abwasser ist ein Oberbegriff; er umfaßt
— Schmutzwasser, d. h. das durch Gebrauch veränderte Wasser und der Fremdwasseranteil im Kanal bei Trockenwetter,
— Niederschlagswasser, d. h. das aus dem Bereich von bebauten und befestigten Flächen gesammelt fortgeleitet wird.

§ 51
Abs. 1
LWG
§ 2 Abs. 1
AbwAG

Sickerwasser aus Deponien oder anderen Abfallanlagen wäre an sich kein Schmutzwasser, da es nicht durch Gebrauch verändert wird. Deshalb nimmt das LWG eine Erweiterung der Begriffsbestimmung vor. Danach „gilt" solches Wasser als Schmutzwasser, wenn es gesammelt wird. Keine Abwässer sind demzufolge:
— flüssige Reststoffe (z. B. Altöl, Säuren, Abgaskondensate, Laugen)
— Sümpfungswasser aus Baumaßnahmen und Grubenwasser
— aus Fischteichen abgeleitetes Wasser
— aus einer Dachtraufe in den Untergrund versickertes Niederschlagswasser, d. h. da es nicht aus dem Bereich befestigter Flächen gesammelt fortgeleitet wird.

Der Abwasserbegriff setzt ebenso wie der Abfallbegriff voraus, daß man sich des Abwassers entledigen will. Solange in einer industriellen Produktion eingesetztes Wasser noch eingesetzt werden soll, ist es zwar durch Gebrauch verschmutzt, aber noch kein Abwasser. An der Stelle, an der das Beseitigungsbedürfnis entsteht, fällt das Abwasser an.

1.2 Maßnahmen zur Abwasserbeseitigung

Abwasserbeseitigung umfaßt den Abwasserstrom vom Abwasseranfall bis zur Übergabe in ein Gewässer, den Boden oder den Untergrund. Dazu gehörende Vorgänge sind:

§ 18a
Abs. 1
WHG

3

— Sammeln = Zusammenführen von Abwasser aus verschiedenen Anfallstellen,

— Fortleiten = Transport in offenen oder geschlossenen Leitungen, die nicht Gewässer sind,

— Behandeln = jede Maßnahme, die dazu dient, die Schädlichkeit des einmal entstandenen Abwassers zu vermindern oder zu beseitigen,

§ 3 Abs. 1
WHG

— Einleiten = unmittelbare Übergabe des Abwassers in ein Gewässer (oberird. Gewässer, Grundwasser),

— Versickern, Verregnen, Verrieseln = unmittelbare Übergabe des Abwassers an den Boden oder den Untergrund, gleichgültig, ob das Abwasser anschließend in das Grundwasser eindringt oder nicht.

§ 18a
Abs. 1
WHG
§ 51
Abs. 3
LWG

Zur Abwasserbeseitigung gehören auch das Entwässern von Klärschlamm und andere Formen der Schlammaufbereitung zur Vorbereitung der endgültigen ordnungsgemäßen Beseitigung. Letztere gehört zur Abfallbeseitigung.

2. Abwasserbeseitigungspflicht

§ 18a
WHG

2.1 Umfang der Abwasserbeseitigungspflicht

Sie umfaßt nicht nur

— die Pflicht, sich das Abwasser zu beschaffen bzw. es entgegenzunehmen, sofern es nicht von einem selbst stammt und

§ 18b
WHG
§ 57 LWG

— die Pflicht, die zur gemeinverträglichen Abwasserbeseitigung jeweils notwendigen Abwasseranlagen den jeweils in Betracht kommenden Regeln der Technik entsprechend zu betreiben.

Sie umfaßt auch

— die Pflicht, (soweit noch erforderlich) die notwendigen Abwasseranlagen entsprechend diesen Regeln in angemessenen Zeiträumen neu zu erstellen oder vorhandene Anlagen zu sanieren. Das Gesetz sieht hierzu keine allgemeingültige starre Frist vor. Welcher Zeitraum angemessen ist, ist für jede Einzelmaßnahme zu ermitteln. Dabei sind vor allem

● die wasserwirtschaftliche Dringlichkeit der Sanierung,

- der notwendige Zeitaufwand für die technische Realisierung und
- der zumutbare Zeitraum für die notwendigen Investitionen

zu berücksichtigen. Die Möglichkeit der Gemeinde, Abwassermaßnahmen zu finanzieren, besteht zunächst einmal darin, angemessene, d. h. oft wesentlich höhere Beiträge und Gebühren als bisher zu erheben und sie auch für Maßnahmen der Abwasserbeseitigung wieder einzusetzen. Staatliche Subventionen treten nur flankierend hinzu. Das Ausbleiben staatlicher Zuschüsse für einzelne Maßnahmen befreit die Gemeinde jedoch nicht von der rechtzeitigen Erfüllung ihrer gesetzlich begründeten Pflichten.

2.2 Anforderungen

— Das Abwasser ist so zu beseitigen, daß das Wohl der Allgemeinheit nicht beeinträchtigt wird. Diese Forderung schließt nicht nur den Gewässerschutz, sondern auch andere Umweltbelange ein.

§ 18a
Abs. 1
WHG

— Abwasserbehandlungsanlagen sind nach den jeweils in Betracht kommenden Regeln der Technik so zu errichten, zu unterhalten und zu betreiben, daß sie geeignet sind, die in der Erlaubnis festgelegten Überwachungswerte einzuhalten. Hieraus folgen entsprechende Betreiberpflichten, insbesondere sind Betrieb und Wartung von Kläranlagen durch Personal mit geeigneter Vorbildung sicherzustellen. Entsprechen vorhandene Abwasseranlagen nicht den allgemein anerkannten Regeln der Technik (a. a. R. d. T.), sind sie innerhalb einer angemessenen Frist diesen Anforderungen durch Erweiterung, Ergänzung, Umgestaltung oder Neuerrichtung anzupassen. Für Abwasser bestimmter Herkunft, das gefährliche Stoffe enthält, kommt der Stand der Technik (St. d. T.) in Betracht.

§ 18b
Abs. 1
WHG
§ 57
Abs. 3
WHG

Für Kanalisationen sind vor allem die Anforderungen an den Schmutzrückhalt zu beachten. Diese Anforderungen für Trennkanalisationen sind durch Erlaß festgelegt (vgl. unter C III 4.). Für Mischkanalisationen wird ein entsprechender Erlaß vorbereitet.

5

3. Ausnahmen von der Abwasserbeseitigungspflicht

§ 51
Abs. 2
LWG

Das LWG sieht drei Ausnahmen von der Abwasserbeseitigungspflicht vor:

3.1 Das in landwirtschaftlichen Betrieben anfallende Abwasser, das im Rahmen der pflanzenbedarfsgerechten Düngung auf landwirtschaftlich, forstwirtschaftlich oder gärtnerisch genutzte Böden ohne Beeinträchtigung des Wohls der Allgemeinheit im Einklang mit den wasserrechtlichen, abfallrechtlichen und immissionsschutzrechtlichen Bestimmungen aufgebracht wird, braucht von der Gemeinde nicht übernommen zu werden. Diese Einschränkung macht die landwirtschaftliche Verwertung des aus dem Haushalt stammenden Abwassers praktisch unmöglich.

Die Gemeinde kann durch Satzung den Anschluß des häuslichen Abwassers (nicht das aus den Stallungen) an die öffentliche Kanalisation fordern.

3.2 Das bei der Gewinnung von Wärme entstandene aber unverschmutzte Abwasser (z. B. aus Wärmepumpen) soll nicht der kommunalen Kläranlage zugeführt werden, wo es lediglich eine überflüssige hydraulische Belastung hervorrufen würde. Es wird von der Abwasserbeseitigungspflicht ausgenommen, um es dem Grundwasser zurückführen zu können.

3.3 Schließlich ist auch die Beseitigung von Niederschlagswasser von der Abwasserbeseitigungspflicht unter der Voraussetzung ausgenommen, daß das Niederschlagswasser auf überwiegend zu Wohnzwecken genutzten Gebieten anfällt und ohne Beeinträchtigung des Wohls der Allgemeinheit versickert, verregnet, verrieselt oder in ein Gewässer eingeleitet werden kann. Der Gemeinde steht es allerdings frei, auch in solchen Gebieten den Anschluß durch Satzung zu fordern. Macht sie davon Gebrauch, lebt insoweit auch ihre Abwasserbeseitigungspflicht wieder auf.

4. Wer ist zur Abwasserbeseitigung verpflichtet?

4.1 Vorgabe im Bundesrecht:

§ 18a
Abs. 2
WHG

Die Länder sollen die Abwasserbeseitigungspflicht grundsätzlich Körperschaften des öffentlichen Rechts auferlegen

6

und die Ausnahmefälle regeln, in denen die Abwasserbeseitigung anderen Trägern obliegt.

4.2   Zuordnung nach Landesrecht:

4.2.1   Grundsatz: Im Regelfall haben die Gemeinden das auf ihrem Gebiet anfallende Abwasser zu beseitigen. Die Abwasserbeseitigungspflicht der Gemeinden umfaßt auch das Einsammeln, Abfahren und Aufbereiten des in Kleinkläranlagen anfallenden Schlamms. Dies gilt auch für landwirtschaftliche Betriebe.
§ 53
Abs. 1
LWG

4.2.2   Ausnahmen kraft Gesetzes:
— Werden einem Indirekteinleiter Maßnahmen der Abwasservorbehandlung auferlegt, ist er insoweit kraft Gesetzes abwasserbeseitigungspflichtig.
§ 53
Abs. 2
LWG
— Niederschlagswasser von Straßenoberflächen außerhalb im Zusammenhang bebauter Ortsteile hat der Träger der Straßenbaulast zu beseitigen.
§ 53
Abs. 3
LWG

4.2.3   Übertragungsmöglichkeit für den Außenbereich: Voraussetzungen:
§ 53
Abs. 4
LWG
— Das Abwasser oder der Klärschlamm aus Kleinkläranlagen fällt außerhalb im Zusammenhang bebauter Ortsteile an,
— die Übernahme des Abwassers oder des Klärschlamms durch die Gemeinde ist wegen technischer Schwierigkeiten oder wegen eines unverhältnismäßig hohen Aufwandes nicht angezeigt und
— das Wohl der Allgemeinheit steht der gesonderten Abwasser- oder Klärschlammbeseitigung nicht entgegen.
Die Regelung erfolgt auf Antrag durch Verwaltungsakt. Antragsberechtigt ist nur die Gemeinde. Zuständig ist die untere Wasserbehörde. Durch die Entscheidung der Wasserbehörde wird die Gemeinde befreit. Der Nutzungsberechtigte des Grundstücks, auf dem das Abwasser oder der Schlamm anfällt, wird gleichzeitig zur Beseitigung verpflichtet.

4.2.4   Übertragungsmöglichkeit wegen der Abwasserbeschaffenheit oder aus Gründen der Zweckmäßigkeit:

Voraussetzungen:
— Das Abwasser stammt aus einem gewerblichen Betrieb oder einer anderen Anlage und
— das Abwasser ist zur gemeinsamen Fortleitung oder Behandlung in einer öffentlichen Abwasseranlage ungeeignet oder
— es wird zweckmäßiger getrennt beseitigt. „Zweckmäßig" ist ein unbestimmter Rechtsbegriff. Zu berücksichtigen sind vor allem Fragen der Effektivität und der Betriebssicherheit der Abwasserreinigung, aber auch die Wirtschaftlichkeit der Abwasserbeseitigung bei der Gemeinde und beim einzelnen.

Die Regelung erfolgt auf Antrag durch Verwaltungsakt. Antragsberechtigt sind sowohl die Gemeinde wie der Gewerbebetrieb oder der Betreiber der Anlage. Zuständig ist die für die Erlaubnis zuständige Wasserbehörde. Sie befreit die Gemeinde und verpflichtet den Betreiber durch Verwaltungsakt.

Sollen kommunales Abwasser und Abwasser aus einem gewerblichen Betrieb gemeinsam behandelt werden, kann die zuständige Wasserbehörde die Abwasserbehandlung auch auf den Betrieb übertragen, wenn dies zweckmäßiger ist.

4.2.5 Zusammenschluß mehrerer Verpflichteter:

§ 53
Abs. 6
LWG

Ein solcher Zusammenschluß ist vorgesehen auf freiwilliger Basis mit Genehmigung der oberen Wasserbehörde oder durch Zwangsmaßnahmen, wenn die Abwasserbeseitigung auf andere Weise nicht ordnungsgemäß durchgeführt werden kann oder wenn die gemeinsame Durchführung zweckmäßiger ist.

4.2.6 Sonderregelung im Gebiet von Abwasserverbänden:

Abwasserverbände sind Wasserverbände nach der Wasserverbandsverordnung (WVVO) oder nach Sondergesetzen, zu deren Aufgaben die Abwasserbeseitigung gehört.

§ 54
Abs. 1
LWG

Grundsätzlich sind die Verbände für Abwasseranlagen, die für mehr als 500 Einwohner bemessen sind, verpflichtet,
— zur Abwasserbehandlung und -einleitung und
— zur Rückhaltung von Abwasser in Sonderbauwerken einer Kanalisation, sofern das Abwasser vom Verband zu

8

behandeln ist. Darunter fallen z. B. nicht ständig gefüllte Regenbecken einer Trennkanalisation und Regenrückhaltebecken einer Mischkanalisation.

Betroffen sind davon Abwasseranlagen, die für „Einwohner bemessen" sind, also Anlagen zur Beseitigung von häuslichem oder kommunalem Abwasser, das unter den Geltungsbereich des Anhangs 1 zur Rahmen-Abwasser-VwV fällt.

Insoweit ist ein Zugriff des Verbandes auf einzelne Maßnahmen nicht mehr erforderlich; er ist insoweit von Gesetzes wegen zur Abwasserbeseitigung verpflichtet. Darüber hinaus kann der Verband aber auch auf weitere Maßnahmen der Abwasserbeseitigung zugreifen, also etwa auf den Betrieb von Kanalisationen oder die Reinigung von industriellem Abwasser. Hier bedarf allerdings die Übernahme der Zustimmung des sonst zur Abwasserbeseitigung Verpflichteten.

§ 54
Abs. 4
LWG

Umgekehrt kann die obere Wasserbehörde in einzelnen Fällen im Einvernehmen mit Verband und Gemeinde einzelne Maßnahmen abweichend von der generellen Regelung der Gemeinde zuweisen, wenn dies zweckmäßiger ist.

§ 54
Abs. 1
LWG

Die Abwasserverbände sind verpflichtet, für jedes Gemeindegebiet ein Pendent zum Abwasserbeseitigungskonzept der Gemeinde vorzulegen. Dieses Konzept muß alle noch erforderlichen Baumaßnahmen des Verbandes ausweisen. Es dient der sachlichen und zeitlichen Koordinierung mit den Maßnahmen der Gemeinde. Die obere Wasserbehörde hat insoweit Kontrollbefugnisse, d. h. sie kann dem Verband Fristen setzen, wenn notwendige Maßnahmen im Verbandskonzept nicht oder erst nach Ablauf eines unangemessen langen Zeitraumes vorgesehen sind oder wenn der Verband ohne zwingenden Grund die Durchführung einer im Verbandskonzept vorgesehenen Maßnahme verzögert.

Übergangsregelung: Solange die Verbände ihrer Pflicht nicht nachkommen, bleiben die bisher Verpflichteten (also namentlich die Gemeinden) weiter verpflichtet. Dies erfaßt auch die Umrüstung oder Erweiterung von Kläranlagen innerhalb einer angemessenen Frist, wenn dies zur Einhaltung wasserrechtlicher Anforderungen (z. B. Nährstoffrückhalt) erforderlich ist.

§ 54
Abs. 2
LWG

4.2.7 Aufteilung der Abwasserbeseitigungspflicht auf mehrere Träger:

Die Abwasserbeseitigungspflicht für einen Abwasserstrom kann im Rahmen der Regelungen gem. §§ 53 und 54 LWG sachlich auf mehrere Träger aufgeteilt sein. Insbesondere können

— die Vorbehandlung des Abwassers,
— die Sammlung und der Transport des Abwassers,
— die Reinigung des Abwassers in einer Kläranlage,
— die Schlammaufbereitung

verschiedenen Trägern obliegen. Untrennbar sind allerdings die Abwasserreinigung in einer Kläranlage und die sich unmittelbar anschließende Einleitung des Abwassers in das Gewässer. Es folgt dies aus der Verantwortung des Einleiters für Menge und Beschaffenheit des einzuleitenden Abwassers.

Beispiele für eine Aufteilung:
— Einem Industriebetrieb obliegt die Vorbehandlung des Abwassers vor Übergabe des Abwassers in die öffentliche Kanalisation der Gemeinde.
— Ein Abwasserverband übernimmt an einem Übernahmepunkt das von der Gemeinde gesammelte und fortgeleitete Abwasser zur Behandlung in einem vom Verband betriebenen Gruppenklärwerk.
— Die Gemeinde bleibt verpflichtet, den Schlamm aus Kleinkläranlagen im Außenbereich zu übernehmen und in einer öffentlichen Anlage aufzubereiten.

5. Notwendige Maßnahmen der Gemeinde zur Eingrenzung ihrer Abwasserbeseitigungspflicht

§ 53 LWG

Die Gemeinde muß den Umfang ihrer Pflichten klarstellen:

Sie muß sich schlüssig werden, ob und wie weit sie sich von der Abwasserbeseitigungspflicht befreien lassen kann und will. In Betracht kommen namentlich:
— die vollständige Befreiung von der Beseitigung anorganischer oder giftiger Abwässer aus direkt einleitenden Industriebetrieben,

— die Befreiung von Abwasserreinigung und Einleitung bzw. Verrieselung im Außenbereich (Schlammübernahme und -aufbereitung verbleiben bei der Gemeinde).

Die Gemeinde muß die notwendigen Befreiungsanträge bei der zuständigen Wasserbehörde stellen. Der Ausschluß von Abwasser in der kommunalen Satzung reicht nicht aus.

Ist die Gemeinde Mitglied eines Abwasserverbandes, muß sie auch klären, welche Maßnahmen der Abwasserbeseitigung im Gemeindegebiet dem Verband gem. § 54 LWG obliegen, wann er sie übernehmen wird und welche Übergangsmaßnahmen bis dahin der Gemeinde obliegen.

Die gesetzliche Regelung der Abwasserbeseitigungspflicht und die Klarstellung ihres Umfangs durch die Gemeinde sind die Grundlage für das von der Gemeinde aufzustellende Abwasserbeseitigungskonzept.

6. Charakteristik des Abwasserbeseitigungskonzeptes

Die Gemeinden sind verpflichtet, der oberen Wasserbehörde eine Übersicht über den Stand der öffentlichen Abwasserbeseitigung im Gemeindegebiet sowie über die noch notwendigen Baumaßnahmen zur Erfüllung der Abwasserbeseitigungspflicht vorzulegen.

6.1   Das Konzept gibt einen Überblick über die Aufgaben der Gemeinde zur Erfüllung ihrer Abwasserbeseitigungspflicht. Es bezeichnet die noch notwendigen Baumaßnahmen, bringt sie in eine Reihenfolge nach der Dringlichkeit und benennt das Jahr des Baubeginns bzw. den Zeitraum, in dem die Maßnahme begonnen werden soll.

Eine Fortschreibung ist erforderlich, weil die neuen Anforderungen an die Abwasserreinigung (Rückhalt von Stickstoff und Phosphor) und an Kanalisationsnetze weitere Baumaßnahmen erforderlich machen.

Das Konzept enthält keine prüffähigen Details zur technischen Realisierung der kommunalen Baumaßnahmen. Zur fachlichen und rechtlichen Überprüfung der notwendigen Einzelmaßnahmen sind die im Wasserrecht vorgesehenen Verfahren durchzuführen.

Aus diesen Verfahren können sich u. U. Änderungen des Konzepts oder zeitliche Verschiebungen ergeben. Sie werden bei der Fortschreibung des Konzepts berücksichtigt.

6.2 Auswirkungen des Konzepts

6.2.1 Das Konzept verschafft der Gemeinde einen Überblick über die Gesamtheit der zur Erfüllung der Abwasserbeseitigungspflicht noch erforderlichen Baumaßnahmen. Es läßt
— die Größenordnung der dafür notwendigen Finanzmittel,
— die Reihenfolge der Maßnahmen nach ihrer Dringlichkeit und
— die notwendigen Zeiträume zu ihrer Realisierung

erkennen. Damit wird der Stellenwert der Maßnahmen zur Abwasserbeseitigung im Rahmen der Gesamtaufgabe der Gemeinde deutlicher als bisher erkennbar.

6.2.2 Das Konzept ist Grundlage für die Bereitstellung der erforderlichen Mittel durch die Gemeinde. Die Auswertung aller Konzepte
— auf Kreisebene
— auf Regierungsbezirksebene
— auf Landesebene

ermöglicht in jeder Ebene einen Überblick über die Größenordnung der Aufgabe „kommunale Abwasserbeseitigung" und einen Vergleich zwischen den einzelnen Gemeinden oder Regionen.

6.2.3 Durch das Konzept weist die Gemeinde nach, daß sie ihrer Abwasserbeseitigungspflicht in angemessenen Zeiträumen nachkommen wird. Durch die Vorlage des Abwasserbeseitigungskonzeptes geht die Gemeinde eine Selbstbindung an die von ihr vorgesehenen Fristen ein. Kann die Gemeinde eine Frist nicht einhalten, hat sie dem Regierungspräsidenten den zwingenden Grund darzulegen, der die Einhaltung der ursprünglich vorgesehenen Frist für den Baubeginn verhindert. Dazu reicht der Hinweis auf ausbleibende oder hinter den Erwartungen der Gemeinde zurückbleibende Zuwendungen des Landes nicht aus. Liegt ein solcher zwingender Grund nicht vor, ist die obere Wasserbehörde (Regierungspräsident) gehalten, der Gemeinde von sich aus eine Frist zu setzen.

6.2.4 Die Gemeinde legt das Abwasserbeseitigungskonzept der oberen Wasserbehörde vor. Eine weitere Ausfertigung erhalten nachrichtlich die unteren Wasserbehörden und das Staatliche Amt für Wasser- und Abfallwirtschaft. Das Abwasserbeseitigungskonzept bedarf nicht der Genehmigung durch die obere Wasserbehörde. Solange diese der Gemeinde keine Beanstandungen mitteilt, kann die Gemeinde davon ausgehen, daß die obere Wasserbehörde die Realisierung der Konzepte in dem dafür von der Gemeinde vorgesehenen zeitlichen Rahmen als ordnungsgemäße Erfüllung der Abwasserbeseitigungspflicht nach § 53 Abs. 1 LWG ansieht. Erfolgt eine Beanstandung später als sechs Monate seit Vorlage des Konzeptes, darf sie nicht dazu führen, daß von der Gemeinde bereits eingeleitete Maßnahmen beeinträchtigt werden.

6.2.5 Der Regierungspräsident hat zu überprüfen, ob die noch notwendigen Baumaßnahmen vollständig aufgeführt sind und ob ihre Durchführung in angemessenen Zeiträumen vorgesehen ist.

Insoweit kann er für die Durchführung einzelner Maßnahmen selbst angemessene Fristen setzen, wenn eine Gemeinde die entsprechende Ergänzung oder Abänderung des Konzepts verweigert. Schließlich hat der Regierungspräsident auch zu überwachen, ob die Gemeinde die von ihr angekündigten Maßnahmen auch wirklich ausführt. Verzögert sich die Durchführung solcher Maßnahmen ohne zwingenden Grund, ist der Regierungspräsident auch insoweit befugt und verpflichtet, eine Frist zu setzen.

Der Mindestinhalt der Abwasserbeseitigungskonzepte und die Form ihrer Darstellung ist Gegenstand einer Verwaltungsvorschrift (vgl. unter C III 1.).

7. Organisationsformen für die Erfüllung der Abwasserbeseitigungspflicht durch die Gemeinden

Es kommen in Betracht:
— die Abwasserbeseitigung als Regiebetrieb,
— die Abwasserbeseitigung durch Eigenbetrieb. Diese Organisationsform hat den Vorteil der größeren Transparenz der Finanzierung.

Eine „Privatisierung" der Abwasserbeseitigung verstößt gegen die Abwasserbeseitigungspflicht der Gemeinde und ist unzulässig. Private Dritte können nur als Erfüllungsgehilfen eingesetzt werden.

Bei der Einschaltung von privaten Unternehmern als Erfüllungsgehilfen muß berücksichtigt werden, daß die Verantwortung für die ordnungsgemäße Erfüllung der Abwasserbeseitigungspflicht bei der Gemeinde bleibt. Das bedeutet:
— Die Gemeinde bleibt ordnungsrechtlich verantwortlich für den ordnungsgemäßen und störungsfreien Betrieb der Abwasseranlagen, namentlich dafür, daß der Ablauf einer Kläranlage die Überwachungswerte in der Erlaubnis der Abwassereinleitung einhält. Das wirkt sich ggf. auch auf die strafrechtliche Verantwortlichkeit von Bediensteten der Gemeinde aus.
— Die Gemeinde bleibt Betreiberin der Abwasseranlagen. Sie ist verantwortlich für deren Zustand, deren Wartung und deren Betrieb. Setzt sie einen Dritten als Erfüllungsgehilfen ein, muß sie sich die notwendigen Weisungsbefugnisse gegenüber dem von der beauftragten Firma eingesetzten Personal vorbehalten; ferner muß sie die Organisation, die Betriebsabläufe und die Wartung, namentlich auf der Kläranlage, regelmäßig überwachen; schließlich muß sie sich von der ordnungsgemäßen Funktion der Anlagen im Rahmen der Selbstüberwachung regelmäßig überzeugen.
— Die Gemeinde bleibt verpflichtet, notwendige Erweiterungen und Nachrüstungen herbeizuführen.

Die Einschaltung eines privaten Unternehmers als Erfüllungsgehilfe befreit also die Gemeinde nicht von den ihr obliegenden Sorgfaltspflichten. Für die Entsorgung der Kleinkläranlagen kann die Einschaltung privater Unternehmer sinnvoll sein, für den Betrieb von Kanalisationen und Kläranlagen dürfte sie auf Dauer eher Nachteile bringen.

Weitere Fragen im Zusammenhang mit der Erfüllung der Abwasserbeseitigungspflicht sind in einem Runderlaß geregelt (vgl. unter C III 2.).

8. Übergangsregelungen

Kann die Gemeinde das Abwasser aus einzelnen Betrieben oder aus noch nicht kanalisierten Ortsteilen erst später übernehmen, teilt sich bis dahin die Abwasserbeseitigungspflicht auf. Die Gemeinde ist weiterhin zur öffentlichen Abwasserbeseitigung verpflichtet, wird diese Pflicht aber erst später erfüllen. Hierüber gibt das Abwasserbeseitigungskonzept Auskunft. Daneben ist aber in der Übergangszeit auch der einzelne, bei dem das Abwasser anfällt, zur Abwasserbeseitigung verpflichtet. Dazu gehören Bau und Betrieb der entsprechenden Abwasseranlagen. Zu dieser Pflicht gehört auch die Durchführung der für die Zwischenzeit erforderlichen Sanierungsmaßnahmen. Diese Regelung tritt kraft Gesetzes ein, eine Übertragung der Abwasserbeseitigungspflicht von der Gemeinde auf den einzelnen kommt für die Übergangszeit nicht in Betracht. Aus dieser materiellen Regelung zieht das Gesetz auch die Konsequenz für die wasserrechtliche Behandlung dieser Fälle. Dem einzelnen können die erforderlichen Genehmigungen erteilt und die Abwassereinleitung erlaubt werden, bis die Übernahme des Abwassers durch die Gemeinde erfolgt. Über diese von der tatsächlichen Übernahme abhängige zeitliche Begrenzung hinaus sieht das Gesetz keine starren Zeiträume für die Geltungsdauer der Erlaubnisse vor. Unberührt bleibt natürlich die im WHG vorgesehene und in der Praxis übliche Befristung der Erlaubnis.

§ 53a
LWG

Eine Übergangsregelung hinsichtlich der Entsorgung von Kleinkläranlagen kommt nicht in Betracht. Hiergegen spricht schon der Wortlaut des § 53a LWG. Im übrigen dürfte insoweit auch kein Bedürfnis für eine Übergangsregelung vorliegen.

II Anforderungen an Abwassereinleitungen und Festsetzungen in der Erlaubnis

1. Doppelfunktion der wasserrechtlichen Erlaubnis

§§ 2, 3, 7 WHG

1.1 Die wasserrechtliche Funktion:

§ 24 LWG

Der Bescheid erteilt und begrenzt die Einleitungsbefugnis.

Dabei werden im Kern geregelt:
— Begrenzung der Schadstofffracht im Abwasser
— Weitere Anforderungen an Eigenschaften des Abwassers
— Sicherheitsvorkehrungen, Selbstüberwachung.

1.2 Die abgaberechtliche Funktion:

Der Bescheid setzt die der Berechnung der Abwasserabgabe zugrundezulegende Jahresschmutzwassermenge fest.

1.3 Vorhandene Rechte und Befugnisse sind entsprechend „umzustellen".

2. Reihenfolge der Prüfvorgänge für die Festsetzung von Grenzwerten

2.1 Emissionsbetrachtung:

2.1.1 Mindestanforderungen entsprechend den a.a.R.d.T.

§ 7a WHG fordert, daß in der Erlaubnis die Schadstofffracht mindestens so gering gehalten wird, wie dies den allgemein anerkannten Regeln der Technik (a.a.R.d.T.) entspricht; a.a.R.d.T. = Regeln, die in der praktischen Anwendung erprobt sind und der herrschenden Auffassung der im Fachgebiet tätigen Personen entsprechen. Sie sind nicht nur auf die Anlagen zur Abwasserbehandlung beschränkt, sondern umfassen alle technischen Verfahren (auch die industrielle Produktion), die sich auf Menge und Schädlichkeit des Abwassers auswirken. Die Vorschrift verpflichtet nicht

16

den Einleiter unmittelbar, die a.a.R.d.T. anzuwenden, sie zwingt aber die Wasserbehörden, mindestens die diesen entsprechenden Werte und Anforderungen in der Erlaubnis festzusetzen. § 7a WHG

Die Rahmen-AbwasserVwV der Bundesregierung vom 08. 09. 1989 konkretisiert in ihren Anhängen die aus § 7a WHG abzuleitenden Anforderungen für Abwasserarten unterschiedlicher Herkunft:
— für Abwasser aus Gemeinden, sofern es sich überwiegend um häusliches oder diesem vergleichbares Abwasser handelt (Anhang 1),
— für Abwasser aus einzelnen Industriezweigen (weitere Anhänge),
— für Mischabwasser unterschiedlicher Herkunft (Anhang 22).

2.1.2 Anfordernungen entsprechend dem Stand der Technik (St.d.T.): § 7a Abs. 1 WHG

Für Abwasser bestimmter Herkunft, das gefährliche Stoffe enthält, sollen die Anforderungen dem St.d.T. entsprechen. Diese Zielsetzung des Gesetzes wird in mehreren Stufen realisiert:
— Festlegung der Herkunftsbereiche von Abwasser mit gefährlichen Stoffen in der Verordnung der Bundesregierung vom 3. Juli 1987 (Herkunftsverordnung).
— Auswahl der gefährlichen Stoffe und Festlegung der dem St.d.T. entsprechenden Anforderungen in den Anhängen zur Rahmen-AbwasserVwV.
— Danach Umsetzung durch die Wasserbehörden in den neuen oder umgestellten wasserrechtlichen Erlaubnissen.

2.1.3 In aller Regel geben die Anhänge zur Rahmen-AbwasserVwV einzuhaltende Werte für bestimmte Parameter vor. Dabei kann es sich um sog. Überwachungswerte für Schadstoffkonzentrationen und/oder Schadstofffrachten handeln.

2.1.4 Allgemeine Anforderungen:

Die Anhänge zur Rahmen-AbwasserVwV sehen zunehmend neben den einzuhaltenden Werten für bestimmte Parameter sog. „allgemeine Anforderungen" vor. Sie beziehen sich auf verfahrensintegrierte Maßnahmen innerhalb der Produktion zur Verringerung

— des Abwasservolumenstroms (z. B. durch abwasserfreie Vorgänge, Kreislaufführung, wassersparende Verfahren bei Wasch- und Spülvorgängen, Mehrfachnutzung von Prozeßwasser in einer oder mehreren Betriebseinheiten,

— der im Abwasser anfallenden Schadstofffracht (z. B. durch Ausschluß bestimmter Einsatzstoffe, Substitution von Einsatzstoffen, Stoffrückgewinnung innerhalb der Produktion).

Solche allgemeinen Anforderungen enthalten z. B. die Anhänge 9, 22, 39, 40, 41, 47, 49, 52.

2.1.5   Zuordnung eines Industriebetriebs:

Sofern der Betrieb mit seinen Betriebseinheiten unter die Anwendungsbereiche mehrerer Anhänge fällt, sind die Anforderungen des jeweiligen Anhangs auf die Betriebseinheiten anzuwenden, die dem jeweiligen Anwendungsbereich zuzuordnen sind. Ergeben sich daraus für die Betriebseinheiten unterschiedliche Anforderungen, ist zu prüfen, ob und wieweit einheitliche Anforderungen aufgrund einer Mischrechnung gestellt werden können. Wird die Einhaltung bestimmter Schadstofffrachten gefordert, ist eine Mischrechnung nur dann möglich, wenn die Frachtanteile aus den verschiedenen Anwendungsbereichen im Verhältnis zueinander in etwa konstant bleiben. Bei unterschiedlichen Konzentrationen müßten die Abwasseranteile im Verhältnis zueinander in etwa konstant bleiben.

Auf Abwasser, dessen Schmutzfracht aus Abwasserströmen unterschiedlicher Art und Herkunft eines Industriebetriebes stammt, ist Anhang 22 anzuwenden. Dabei ist aber zu beachten, daß durch Anhang 22 die sich aus anderen Anhängen ergebenden Anforderungen nicht aufgehoben werden. Deshalb ist im Anhang 22 Abwasser ausgenommen, für das insgesamt ein anderer Anhang anzuwenden ist oder für das sich strengere Anforderungen mit Hilfe einer Mischrechnung aus den Anforderungen anderer Anhänge ergeben.

§ 7a
Abs. 3
WHG

2.1.6   Auch in die Genehmigung der Indirekteinleitung werden die Anforderungen übernommen, die in den VwV'en für gefährliche Stoffe nach dem St.d.T. gestellt werden. Dabei wird

18

darauf zu achten sein, ob diese Anforderungen in der VwV ohne Einschränkung gestellt sind, oder ob sie entfallen, wenn das Abwasser vermischt mit häuslichem Abwasser einer biologischen Endreinigung zugeführt wird. Beispiel: Die Anforderung an die Fischgiftigkeit entfällt, wenn das Abwasser vor Einleiten in ein Gewässer zusätzlich gemeinsam mit Abwasser, das unter den Anwendungsbereich des Anhangs 1 fällt, biologisch behandelt wird (Anhang 40 — Metallbearbeitung).

2.1.7 Eine Verschärfung der nationalen Anforderungen kann aus verbindlichen internationalen oder supranationalen Emissionsnormen (z. B. EG-Richtlinien) folgen. Dies ist jedoch nicht zu erwarten, weil die Bundesregierung beabsichtigt, die EG-Richtlinien in den nationalen Regelungen zu berücksichtigen. | § 52 Abs. 1 LWG

2.2 Immissionsbetrachtung:

Eine Verschärfung kann auch aus Gründen der Gewässerbewirtschaftung notwendig werden,
— weil die Gewässer als Bestandteil des Naturhaushalts so zu bewirtschaften sind, daß sie dem Wohl der Allgemeinheit und nur im Einklang mit ihm auch dem Nutzen einzelner dienen; | § 1a Abs. 1 WHG
— weil die Erlaubnis (insoweit) zu versagen ist, als von der Abwassereinleitung eine nicht vermeidbare oder ausgleichbare Beeinträchtigung des Wohls der Allgemeinheit ausgehen würde; | § 6 WHG
— weil das Verschlechterungsverbot in § 36b WHG zu beachten ist. | § 36b Abs. 6 WHG

Praktische Umsetzung:
— Die gegenwärtigen und künftig dem Gewässer zugedachten Nutzungen sind im Einklang mit Raumordnung und Landesplanung und unter Schonung der Gewässer-Ökologie festzulegen.
— Die daraus folgenden (anzustrebenden oder beizubehaltenden) Gütemerkmale, die das Gewässer in seinem Verlauf aufweisen soll, sind zu bestimmen.

— Die daraus folgenden Emissionsbeschränkungen sind den einzelnen Einleitern gegenüber durchzusetzen.

§ 36b
Abs. 3
WHG

Diese Methodik ist beim Bewirtschaftungsplan, aber in ähnlicher Weise schon im Vorfeld der Planung, bei der Gewässerbewirtschaftung anzuwenden. Solche Verschärfungen kommen vor allem gegenüber den Mindestanforderungen nach den a.a.R.d.T. in Betracht.

2.3 Einfluß der Sicherheitsanforderungen an den Umgang mit wassergefährdenden Stoffen auf die Grenzwerte in der Erlaubnis:

Die in der Erlaubnis festzulegenden Werte setzen voraus, daß die vorgeschriebenen Sicherheitsmaßnahmen für den Umgang mit wassergefährdenden Stoffen erfüllt sind.

§ 19g
Abs. 1
WHG

— Anlagen zum Lagern, Abfüllen, Herstellen und Behandeln wassergefährdender Stoffe sowie Anlagen zum Verwenden wassergefährdender Stoffe im Bereich der gewerblichen Wirtschaft und im Bereich öffentlicher Einrichtungen müssen so beschaffen sein und so eingebaut, aufgestellt, unterhalten und betrieben werden, daß eine Verunreinigung der Gewässer (über das Kanalnetz) nicht zu besorgen ist. Das gleiche gilt auch für werksinterne Rohrleitungen.

§ 19g
Abs. 2
WHG

— Bei Anlagen zum Umschlagen wassergefährdender Stoffe muß der technisch bestmögliche Schutz der Gewässer sichergestellt werden.

Damit dürfte der größte Teil der jetzt noch tolerierten sog. „diffusen" Schadstoffbelastungen im Abwasser abzustellen sein.

3. Durchsetzung der Anforderungen gegenüber dem Einleiter

§§ 7a
Abs. 1, 4,
7 WHG
§§ 7a
Abs. 2,
5 WHG

3.1 Die aus den gesetzlichen Vorgaben herzuleitenden Anforderungen an die Schadstoffrückhaltung treffen den Abwassereinleiter nicht unmittelbar, sie werden ihm gegenüber in der wasserrechtlichen Erlaubnis zur Abwassereinleitung oder durch „Umstellung" vorhandener Befugnisse verbindlich gemacht.

20

3.2 Auswahl der zu begrenzenden Parameter

In jedem Falle sind die in den Anhängen zur Rahmen-AbwasserVwV und die in EG-Richtlinien aufgeführten Parameter zu begrenzen, ferner die Abgabeparameter, wenn eine
Überschreitung der Schwellenwerte nicht auszuschließen ist.

§ 7a WHG
Anlage zu
§ 3
AbwAG

Es können
Summenparameter
Leitparameter
biologische Wirkparameter oder
Einzelstoffe
sein.

Summenparameter sind chemische, biologische oder physikalische Kenngrößen für die Gesamtheit der von ihnen
erfaßten Einzelstoffe. Sie sollen für das zugrundegelegte
Reinigungsverfahren repräsentativ sein, z. B. absetzbare
Stoffe bei mechanischer Klärung im Absetzbecken, abfil-
trierbare Stoffe bei Filterung des Abwassers, BSB_5 und CSB
bei biologischer Abwasserreinigung, AOX bei Entfernung
von adsorbierbaren halogenierten Kohlenwasserstoffen
durch Aktivkohle.

Leitparameter sind ein oder mehrere Schadstoffe, die für das
Abwasser und die gewählte Vermeidungstechnik charakteri-
stisch sind, zugleich stellvertretend für weitere von der
Vermeidungstechnik erfaßte Schadstoffe, z. B. ein oder
mehrere Metalle zugleich stellvertretend für weitere Metalle
bei chemischer Fällung.

Biologische Wirkparameter sind Meßgrößen für die Toxizität
gegenüber aquatischen Lebewesen, z. B. G_F, G_B, G_D, G_A.

Einzelschadstoffe sind zusätzlich zu begrenzen, wenn es sich
um für den Gewässerschutz besonders relevante, namentlich
um gefährliche Stoffe handelt und die Begrenzung den
Abwassereinleiter zu gezielten Vermeidungsmaßnahmen wie
Änderung des Produktionsverfahrens, Rückgewinnung von
Produkten und Nebenprodukten, besondere Eliminations-
verfahren, in gewissem Umfang auch zu Einschränkungen
beim Einsatz von Rohstoffen und Hilfsmitteln veranlassen
soll.

3.3 Festsetzung einzuhaltender Werte

§ 7a
Abs. 1
WHG

Zur Begrenzung der im Abwasser einzuhaltenden Schadstofffracht sind festzulegen
— der einzuhaltende Volumenstrom in jedem Falle und
— die Überwachungswerte für die einzuhaltende Schadstoffkonzentration und/oder -fracht je nach den Vorgaben in den Anhängen zur Rahmen-AbwasserVwV
Für die Abgabeparameter sind ggf. Überwachungswerte für die Konzentration festzulegen.

3.3.1 Volumenstrom

Es ist der Volumenstrom festzusetzen, der sich ergibt, wenn der Einleiter die allgemeinen Anforderungen zur Verringerung des Abwasseranfalls erfüllt. Der Volumenstrom wird als ein in einem bestimmten Zeitraum einzuhaltender Höchstwert begrenzt. Dabei sollte in der Regel der Zeitraum von 0,5 h zugrundegelegt werden. Wird die Schadstofffracht für einen längeren Zeitraum begrenzt, ist der Volumenstrom für diesen Zeitraum zu begrenzen.

Der Einleiter wird verpflichtet, den Abwasserdurchfluß an der Mengenmeßstelle kontinuierlich zu messen und zu registrieren. Er wird weiter verpflichtet, die Aufzeichnungen hierüber mindestens drei Jahre aufzubewahren und auf Verlangen dem Staatlichen Amt für Wasser- und Abfallwirtschaft und der zuständigen Wasserbehörde vorzulegen.

3.3.2 Schadstoffkonzentration

Sind Überwachungswerte zur Konzentrationsbegrenzung festzusetzen, sollten sie auf die qualifizierte Stichprobe bezogen werden. Dies gewährleistet eine größere Prozeßstabilität der Abwasserbehandlung.

Als Bestimmungsverfahren ist im Bescheid immer das Verfahren anzugeben, das sich aus der Anlage „Analysen- und Meßverfahren" zur Rahmen-AbwasserVwV ergibt. Das hat zur Folge, daß eine Überschreitung des Überwachungswertes nur bei korrekter Durchführung des angegebenen Bestimmungsverfahrens nachgewiesen werden kann. Die Einhaltung des Wertes kann in einem vereinfachten Verfahren festgestellt werden.

3.3.3 Schadstofffracht

Die Umsetzung einer produktionsspezifischen Frachtvorgabe, wie sie in einigen Anhängen enthalten ist, erfolgt in folgenden Schritten:

— Die dem wasserrechtlichen Bescheid zugrundezulegende Produktionskapazität in einer bestimmten Zeiteinheit wird ermittelt (z. B. t Produkt/1 h, kg Einsatzstoff/2 h. Dabei ist der Zeitraum zu wählen, der sich aus dem Produktionsablauf als sinnvoll ergibt. Er sollte möglichst 2 h nicht überschreiten. Enthält ein Anhang eine Frachtvorgabe für einen bestimmten Zeitraum, ist dieser zu wählen.

— Daraus ist die zulässige Schadstofffracht im Abwasser für den gleichen Zeitraum zu errechnen.

— Hierfür ist der Überwachungswert festzusetzen. Dabei ist festzulegen, daß die Schadstofffracht im Abwasser bestimmt wird

● aus der Konzentration in der qualifizierten Stichprobe und

● dem mit der Probenahme korrespondierenden Abwasservolumenstrom in dem für die Frachtbegrenzung gewählten Zeitraum.

3.4 Festsetzungsart

Für Schadstoffkonzentration und Schadstofffracht werden Überwachungswerte festgesetzt. Dafür ist nur die Festsetzungsart „Vier von Fünf mit Höchstwert" vorgesehen. Die Definition lautet: Graphik

Der festgesetzte Wert ist einzuhalten.

Er gilt auch als eingehalten, wenn die Ergebnisse der letzten fünf im Rahmen der staatlichen Gewässeraufsicht durchgeführten Überprüfungen in vier Fällen diesen Wert nicht überschreiten und kein Ergebnis diesen Wert um mehr als 100 % übersteigt. (Der Prozentsatz kann in einigen Anhängen abweichen) Überprüfungen, die länger als drei Jahre zurückliegen, bleiben unberührt.

3.5 Die in der Erlaubnis festgelegten Anforderungen an die Abwassereinleitung sind verbindlich. Es sind keine Richtwer-

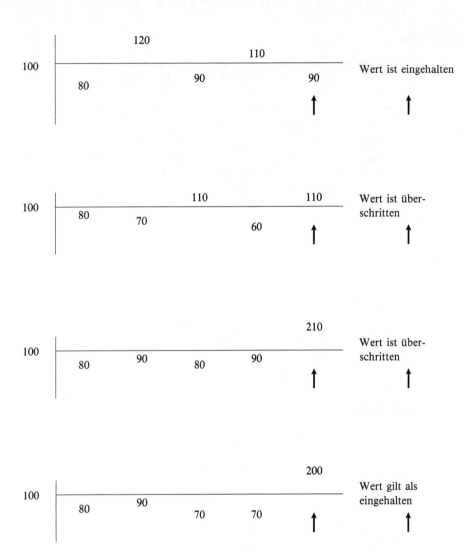

Bild 1. Beispiele für Festsetzungsart „Vier von Fünf"

te, deren gelegentliche Überschreitung bei Betriebsstörungen vorprogrammiert ist. Dementsprechend grenzen die Überwachungswerte alle systembedingten Schwankungen der Schadstofffracht und Konzentration im Ablauf der Abwasserbehandlung verbindlich ein. Sie bilden also den geforderten „störungsfreien" Betrieb der Behandlungsanlage ab.

3.6 Festsetzungspunkte

Sie richten sich nach der Umsetzung der Vorgaben in der Rahmen-AbwasserVwV und ihren Anhängen. Ist eine summarische Frachtfestsetzung oder eine Mischrechnung für mehrere Betriebseinheiten möglich, kann ein gemeinsamer Festsetzungspunkt festgelegt werden.

§ 7a
Abs. 1
WHG
§ 7a
Abs. 3
WHG

Es kommen insbesondere in Betracht:
— Für biologisch zu behandelnde Schadstoffe der Ablauf der letzten Behandlungsstufe der (zentralen) Abwasserbehandlung vor Vermischung mit Abwasserströmen anderer Herkunft.
— Für gezielt zu behandelnde Schadstoffe oder Schadstoffgruppen
  ● der Ablauf der Anlage/n zur Endbehandlung eines oder mehrere Abwasserströme oder
  ● Punkte, an denen die Festlegung entsprechend einer Mischrechnung erfolgen kann oder
  ● Punkte, an denen eine summarische Frachtfestsetzung erfolgt (so nach Anhang 22).
— Für die Jahresschmutzwassermenge und die Abgabeparameter ein für die Einleitung repräsentativer Festsetzungspunkt.

4. Methodische Schritte zur Bescheidumstellung für einen Industriebetrieb

Grundlage für die Bescheidumstellung wird ein Abwasserkataster sein. Es besteht aus
— Lageplan
— Blockschema der Werksentwässerung
— Angaben zu den abwasserproduzierenden Betriebseinheiten.

4.1 Lageplan

In ihn sind einzutragen
— Die bebauten und befestigten Flächen mit Angabe, ob stark oder mäßig verschmutzt
— Die Betriebseinheiten
— Der Verlauf der Kanäle zur zentralen Abwasserbehandlungsanlage (ZABA), diese und deren Ablauf bis zur Einleitungsstelle
— Der Verlauf der Kanäle zur Direkteinleitung
— Die Anordnung der Anlagen zur gezielten Vorbehandlung und Endbehandlung eines oder mehrerer Abwasserströme.

4.2 Blockschema der Werksentwässerung

Es sind schematisch darzustellen
— Die Summe der bebauten und befestigten Flächen, getrennt nach stark und mäßig verschmutzt
— Die Betriebseinheiten mit ihrer Bezeichnung und einer Nr. (die sich im Lageplan wiederfindet)
— Die Anbindung der Abwasserströme aus den Betriebseinheiten an die Kanäle zur ZABA und an die Kanäle zur Direkteinleitung
— Die Anordnung und Charakteristik von Anlagen zur Vorbehandlung oder Endbehandlung eines oder mehrerer Abwasserströme.

4.3 Angaben zu den Betriebseinheiten

Betriebseinheiten sind räumlich zusammenliegende in technisch-funktionalem Zusammenhang stehende Produktions- oder sonstige Bereiche, aus denen Abwasser abgeleitet wird.

Zu jeder Betriebseinheit sind folgende Angaben und Unterlagen erforderlich:
— Kennzeichnung der Produktion (Produkt/e und Verfahren) und/oder sonstiger abwasserrelevanter technischer Abläufe. Soweit für die Abwasserbeschaffenheit relevant, Angabe der Einsatzstoffe, Neben- und Zwischenprodukte, Reststoffe.

— Nach BImSchG zugelassene bzw. installierte Kapazität in einem repräsentativen Zeitraum, der möglichst 2 h nicht überschreiten soll.

— Maßnahmen in der Produktion zur Verringerung
  ● des Abwasservolumenstroms
  ● der im Abwasser anfallenden Schadstofffracht.

— Vereinfachtes Fließschema der Betriebseinheit mit Kennzeichnung der Anfallstellen des Abwassers.

— Angaben und Nachweise zu jedem Abwasserstrom:
  ● Herkunft aus den Anfallstellen (Nummern des Fließschemas),
  ● Abwasserart (z. B. Kühlwasser und Kühlsystem, Produktionsabwasser, Waschwasser, Spülwasser, Sanitärabwasser),
  ● Nachweis des maximalen Volumenstroms in 0,5 h,
  ● Abwassercharakteristik des unbehandelten Abwassers (Summenparameter, Wirkparameter, Leitparameter, besonders relevante Einzelstoffe) mit Nachweis der zu erwartenden Höchstkonzentration (in der Stichprobe) und Höchstfracht in 0,5 h,
  ● Angaben zum zeitlichen Auftreten von maximalem Volumenstrom, Höchstkonzentrationen und Höchstfrachten.

— Wirkungsgrad einer vorhandenen oder vorgesehenen, dem Abwasserstrom allein oder mit anderen zugeordneten Anlage zur Endbehandlung des Abwassers.

4.4 Die Wasserbehörde überprüft das Abwasserkataster darauf, ob es vollständig, sachgerecht und plausibel ist. Sie leitet daraus die von ihr zu stellenden Anforderungen ab.

27

III Wasserrechtliche Regelungen für Indirekteinleiter

1. Ziele der Indirekteinleiter-Vorschriften

§ 53 LWG

Die Gemeinden haben die gesetzliche Aufgabe, das Abwasser in ihrem Gemeindegebiet ordnungsgemäß zu beseitigen. Nach der Einleitung des Abwassers in die Kanalisation werden die Schadstoffe vermischt, z. T. verdünnt, und in der kommunalen Kläranlage biologisch, damit unspezifisch behandelt. Die Schadstoffe werden teilweise abgebaut, teilweise verbleiben sie im Abwasser, teilweise gelangen sie in den Schlamm und teilweise werden sie in die Luft gestrippt.

§ 59
Abs. 2
LWG

Bestimmte Schadstoffe, die nicht abgebaut werden, müssen schon am Anfallort dem Abwasser ferngehalten oder aus dem noch unvermischten Abwasser beseitigt werden. Dies soll durch die Vorschriften für Indirekteinleiter erreicht werden. Der Indirekteinleiter soll diese „gefährlichen Stoffe" wie Schwermetalle oder Chlorkohlenwasserstoffe dem Abwasser, das in die Kanalisation eingeleitet wird, entsprechend dem Stand der Technik fernhalten.

§ 7 a
Abs. 3
WHG
§ 59 LWG

Das Wasserhaushaltsgesetz verlangt für Indirekteinleitungen in die öffentliche Kanalisation, daß vor dem Einleiten von Abwasser mit gefährlichen Stoffen die gleichen Maßnahmen wie bei einer Direkteinleitung durchgeführt werden. Bei der Novellierung des Landeswassergesetzes (LWG) wurde der § 59, der sich bisher mit der Genehmigungspflicht für Einleitungen in Abwasseranlagen befaßte, neu gefaßt.

Im Absatz 1 wird der Minister für Umwelt, Raumordnung und Landwirtschaft ermächtigt, durch eine Verordnung die Genehmigung von Indirekteinleitungen zu regeln. Die untere Wasserbehörde, also der Kreis oder die kreisfreie Stadt, erteilt die Genehmigung aufgrund der Festlegungen in dieser Verordnung.

§ 5 WHG

Diese Genehmigung steht unter dem Vorbehalt nachträglicher Anpassungen oder Verschärfungen.

2. Die Indirekteinleiter-Verordnung

2.1 Verordnung vom 21. August 1986

Am 21. August 1986 hat die Landesregierung eine erste „Ordnungsbehördliche Verordnung über die Genehmigungspflicht für die Einleitung von wassergefährdenden Stoffen und Stoffgruppen in öffentliche Abwasseranlagen (VGS)" erlassen. Seit dem 01. 01. 1987 bedarf damit derjenige einer Genehmigung durch die untere Wasserbehörde, der Abwasser, das in erheblichem Umfang bestimmte wassergefährdende Stoffe enthält, in eine öffentliche Abwasserbehandlungsanlage einleitet.

Die Genehmigungspflicht richtete sich nach den in der Anlage zu der Verordnung aufgeführten Parametern. Die Genehmigungspflicht entfällt, wenn die Schwellenwerte für die Konzentration und die Fracht an der Anfallstelle des Abwassers nicht überschritten werden.

2.2 Verordnung vom 25. September 1989

Am 25. September 1989 wurde nach der Novellierung des Landeswassergesetzes eine neue „Ordnungsbehördliche Verordnung über die Genehmigungspflicht für die Einleitung von Abwasser mit gefährlichen Stoffen in öffentliche Abwasseranlagen (VGS)" erlassen. Durch diese neue Verordnung wurde die Genehmigungspflicht neu gestaltet.

Dabei muß auch weiterhin die Genehmigungspflicht vom Inhalt der Genehmigung unterschieden werden.

Die Genehmigungspflicht wird in der neuen VGS grundsätzlich nicht mehr an bestimmte Stoffe und Schwellenwerte geknüpft, sondern an die Herkunftsbereiche des Abwassers, für die die Bundesregierung in Verwaltungsvorschriften für gefährliche Stoffe den Stand der Technik fordern kann. Diese Herkunftsbereiche werden in der Anlage 1 zu § 1 der VGS aufgeführt. Darüber hinaus ist es zum Vollzug der EG-Richtlinien erforderlich, die Genehmigungspflicht für einige Stoffe auch herkunftsunabhängig zu begründen. Diese Stoffe werden in der Anlage 2 aufgeführt.

§ 1 Abs. 1 VGS
§ 1 Abs. 2 VGS

29

Dies bedeutet, daß immer dann, wenn Abwasser aus einem in Anhang 1 genannten Herkunftsbereich in die öffentliche Kanalisation eingeleitet wird, der Indirekteinleiter einer Genehmigung nach der VGS bedarf. Werden allerdings in der zu dem Herkunftsbereich erlassenen Verwaltungsvorschrift keine Anforderungen nach dem Stand der Technik gestellt, entfällt die Genehmigungspflicht wieder. Es ist abzuwarten, ob in einigen Verwaltungsvorschriften für derartige Anforderungen Schwellenwerte genannt werden, bei deren Unterschreitung die Anforderungen entfallen.

§ 3 VGS

Durch die Übergangsregelung der neuen VGS ist sichergestellt, daß kein vermeidbarer zusätzlicher Aufwand für die betroffenen Betriebe entsteht:
— Nach der alten VGS gestellte Anträge gelten auch weiterhin. Sie brauchen nicht neu gestellt zu werden.
— Bereits erteilte Genehmigungen gelten weiter. Die darin etwa enthaltenen Anforderungen werden später jeweils den Verwaltungsvorschriften der Bundesregierung angepaßt.
— Für vorhandene Einleitungen muß bis zum 31. 12. 1990 ein Antrag auf Genehmigung gestellt werden. Die Einleitung gilt dann bis zur Entscheidung über den Antrag im vorhandenen Umfang als genehmigt.

2.3   Abgrenzung zur Satzung

Die Kommunen erteilen für die Einleitung von Abwasser in ihre Kanalisationen eine Genehmigung zur Nutzung der Kanalisation. Damit erhält der Indirekteinleiter die Zustimmung der Kommune, sein Abwasser in die kommunale Abwasseranlage einzuleiten. Diese Genehmigung wird häufig mit Beschränkungen für die Kanalbenutzung versehen. Diese Regelungen dienen dem Schutz der Abwasseranlagen und dem Schutz der in den Anlagen arbeitenden Menschen. Entsprechend den örtlichen Verhältnissen (Rohrmaterial, Gefälle, Entwässerungssystem) sind die Benutzungsbedingungen recht unterschiedlich und auf die örtlichen Gegebenheiten abgestimmt. Die Regelungen stehen selbständig neben den Regelungen der Indirekteinleiterverordnung, die eine andere Zielrichtung hat.

2.4   Meldepflicht der Kommune

Im Landeswassergesetz ist für die Kommunen eine Melde-
pflicht enthalten, die diese verpflichtet, den unteren Wasser-
behörden ihnen bekannte Indirekteinleitungen zu nennen.
Über die Erhebung der Kanalbenutzungsgebühren und die
Unterlagen über den Anschluß der Indirekteinleiter an die
Kanalisationsanlagen haben die Kommunen die notwendigen
Kenntnisse. Zu einer gezielten Ermittlung sind sie befugt,
aber nicht verpflichtet.

§ 59
Abs. 5
LWG

3.   Genehmigung für Indirekteinleitungen

Die Genehmigungen der Indirekteinleitung ähneln einem
Erlaubnisbescheid für eine Direkteinleitung. Der Aufbau
gliedert sich im wesentlichen in folgende 6 Punkte:
1. Genehmigungsinhaber
2. Betrieb, aus dem die Indirekteinleitung erfolgt
3. Der Gültigkeitszeitraum der Genehmigung
4. Anforderungen an die Schadstoffrückhaltung
5. Nebenbestimmungen
6. Kostenfestsetzung

In den Nebenbestimmungen werden im wesentlichen die
Maßnahmen zu Betrieb und Wartung der Abwasseranlagen
und zur Selbstüberwachung der Indirekteinleitung geregelt.

Die Anforderungen an die Schadstoffrückhaltung für die
Indirekteinleitung können in unterschiedlicher Art und Weise in der wasserrechtlichen Genehmigung geregelt werden.

1. Es sind bestimmte Grenzwerte einzuhalten, deren Definition und Überwachungsregelungen sich nicht von denen
   für eine Direkteinleitung unterscheiden. Im wesentlichen
   kommen Konzentrations- und Frachtbegrenzungen in
   Frage, um die Gewässer vor Belastungen durch gefährliche Stoffe zu schützen. Für eine Frachtermittlung müssen
   sowohl Probenahme wie auch Mengenmessung definiert
   und für die amtliche Überwachung geeignet sein.

2. In manchen Fällen wird es zu der Forderung kommen,
   bestimmte gefährliche Stoffe überhaupt nicht einzuset-

VGS

zen. Der Nachweis kann durch entsprechende Betriebstagebücher, in denen Herkunftsbezeichnung und Menge der eingesetzten Stoffe verzeichnet sind, geführt werden.

3. Um die eingeleiteten Frachten zu begrenzen, können auch bestimmte Verfahren oder Betriebsweisen für die Herstellung der Produkte oder für den Einsatz der gefährlichen Stoffe vorgeschrieben werden. Durch bestimmte Verfahren, z. B. ein geschlossener Kreislauf für das Betriebswasser oder die Trockenreinigung von Produkten, kann die Entstehung von Abwasser oder der Anfall von Schmutzfrachten ganz oder teilweise vermieden werden.

4. Häufig wird auch der Betrieb von bestimmten Abwasserbehandlungsanlagen vorgeschrieben werden. Dabei sind recht hohe Forderungen an die Betriebssicherheit der Anlagen zu stellen. Im Falle eines Betriebsversagens müssen sie automatisch die Abgabe des Abwassers stoppen und einen entsprechenden Alarm auslösen. Die entsprechenden Überwachungsgeräte sind auf das Abwasser und die Behandlungsanlage abzustimmen. Dabei sind serienmäßig hergestellte Anlagen zu bevorzugen, die mit Prüfzeichen versehen und der Bauart nach zugelassen sind.

5. Überwachung der Genehmigung

Die amtliche Überwachung der Indirekteinleitungen wird anders zu gestalten sein als die Überwachung der Direkteinleitungen in die Gewässer. Die Indirekteinleitungen können von den Behörden nicht so häufig wie Direkteinleitungen durch Probenahme oder Inaugenscheinnahme überprüft werden. Der Indirekteinleiter wird zur Selbstüberwachung verpflichtet werden müssen. Die Art der Überwachungsvorgänge richtet sich dabei nach den Anforderungen, die in der Genehmigung festgesetzt wurden. Es kommen sowohl Entnahmen von Abwasserproben als auch Überprüfungen der installierten Einrichtungen als auch die Einhaltung bestimmter Verfahren oder Betriebsweisen in Frage. Hierzu kann der Indirekteinleiter zur Einrichtung von bestimmten Überwachungsgeräten oder zur Aufzeichnung von Betriebsvorgängen ver pflichtet werden. Die Durchführung dieser Selbstüberwachung ist dann von der zuständigen Wasserbehörde zu überprüfen.

In besonderen Fällen sieht das Landeswassergesetz auch die Möglichkeit vor, Sachverständige außerhalb der Wasserwirtschaftsverwaltung mit der Überprüfung zu beauftragen. Dies gilt insbesondere dann, wenn Spezialkenntnisse erforderlich sind.

IV Anforderungen an Bau und Betrieb von Abwasseranlagen, Selbstüberwachung

1. Bundesrechtliche Vorgabe:

Das Wasserhaushaltsgesetz verpflichtet den für die Abwasserbeseitigung Verantwortlichen,

§ 18 a
WHG
§ 18 b
WHG

— das Abwasser so zu beseitigen, daß das Wohl der Allgemeinheit nicht beeinträchtigt wird und
— die dazu notwendigen Abwasseranlagen unter Berücksichtigung der Benutzungsbedingungen und Auflagen für das Einleiten von Abwasser nach den hierfür jeweils in Betracht kommenden Regeln der Technik zu errichten und zu betreiben. Zum Betrieb gehören auch Wartung, Unterhaltung und Selbstüberwachung.

Objekt dieser Forderung sind alle Abwasseranlagen. Darunter fallen alle Anlagen, die der Abwasserbeseitigung dienen, also Anlagen, die das Abwasser sammeln, fortleiten, behandeln, einleiten, versickern, verregnen und verrieseln. Zu den Abwasseranlagen gehören wegen des technisch funktionalen Zusammenhangs auch Anlagen, die den Klärschlamm entwässern.
Die in Betracht kommenden Regeln der Technik können allgemein anerkannte Regeln sein, es kann aber auch der Stand der Technik gefordert sein.

2. Pflichten der Betreiber von Abwasserbehandlungsanlagen

2.1 Definition

§ 51
Abs. 3
LWG

Abwasserbehandlungsanlagen sind alle Einrichtungen, die dazu dienen, die Schadwirkung des Abwassers zu vermindern, namentlich die Schadstofffracht im Abwasser zu reduzieren und den anfallenden Klärschlamm für seine ordnungsgemäße Beseitigung aufzubereiten.

Das verschmutzte Wasser muß also als „Abwasser" angefallen sein.

Danach sind keine Abwasserbehandlungsanlagen im Sinne des Wasserrechts Einrichtungen innerhalb einer industriellen Produktion, die Stoffe aus solchem Wasser entfernen, das erneut eingesetzt werden soll; denn sie behandeln kein Abwasser. Diese Produktionsanlagen unterliegen nicht der rechtlichen Regelung der Abwasserbeseitigung.

2.2   Zielvorgabe:

Abwasserbehandlungsanlagen sind entsprechend den jeweils in Betracht kommenden Regeln der Technik so zu errichten, zu unterhalten und zu betreiben, daß sie geeignet sind, die in der Erlaubnis zur Abwassereinleitung festgelegten Überwachungswerte sicher einzuhalten. Die in der Erlaubnis geforderte Schadstoffrückhaltung ist also Grundlage für Art und Umfang der den Betreiber treffenden Pflichten.

§ 18 b
WHG
§ 7 a
WHG

Aus dieser Zielvorgabe folgen
Baupflichten und
Betriebspflichten.

2.3   Baupflichten:

Sofern dies noch erforderlich ist, sind Abwasserbehandlungsanlagen so zu erstellen, zu erweitern oder sonst nachzubessern, daß sie geeignet sind, die in der Erlaubnis festgesetzten Überwachungswerte ständig einzuhalten. Ihre Dimensionierung muß einen „Betriebswert" gewährleisten, der deutlich unter dem einzuhaltenden Überwachungswert liegt. Die aus dieser Vorgabe folgenden Baupflichten können die davon Betroffenen nicht sofort, sondern nur in einem angemessenen Zeitraum erfüllen. Kriterien dafür sind
— die wasserwirtschaftliche Dringlichkeit der Sanierung,
— der notwendige Zeitraum für die technische Realisierung und
— der zumutbare Zeitraum für die notwendigen Investitionen.

§ 18 b
Abs. 2
WHG
§ 7 a
Abs. 2
WHG
§ 57
Abs. 2
LWG

2.4   Betriebspflichten:

§ 57
Abs. 3
LWG

Abwasserbehandlungsanlagen müssen so unterhalten, gewartet und betrieben werden, daß Betriebsstörungen, die zur Überschreitung der Überwachungswerte führen können, soweit wie möglich vermieden werden. Daraus folgen insbesondere

— Sorgfaltspflichten bei der Bedienung der Anlage,
— Vermeidung von intern verursachten Störungen,
— Vorkehrungen gegen extern verursachte Störungen und
— Vorkehrungen gegen schädliche Veränderungen im Zulauf.

Der Betreiber hat die Pflicht, sich der Störunanfälligkeit durch alle ihm ohne Übermaß zumutbaren Maßnahmen soweit wie möglich anzunähern. Dies haben die Wasserbehörden mit Unterstützung durch die Fachdienststellen zu überwachen.

2.4.1   Sorgfaltspflichten bei der Bedienung der Anlage

Sie treffen nicht nur das unmittelbar an der Anlage arbeitende Betriebspersonal, sondern auch den Betreiber. Er hat zu sorgen für

— Zuverlässige Steuerungssysteme, d. h. solche Systeme, die etwaige Veränderungen im Zulauf oder Störungen in der Funktion der einzelnen Anlagen erkennen lassen und entsprechende Veränderungen in den Betriebsvorgängen ermöglichen, z. B. erhöhte Sauerstoffzufuhr in dem biologischen Reaktor. Dazu gehören Aggregate, die steuerbar sind, z. B. regelbare Belüftung, ferngesteuerte Schieber.
— Geeignete Betriebsorganisation. Dazu gehört eine klare Zuweisung von Verantwortung an die einzelnen Mitarbeiter im Betrieb, ebenso die klare Regelung der Aufsichtspflichten.
— Hinreichende Personalausstattung (Zahl, Vorbildung), einschließlich eines Bereitschaftsdienstes außerhalb der Arbeitszeiten.
— Personalschulung, Betriebsanleitung und interne Aufsicht.
— Funktionskontrolle (Selbstüberwachung).

2.4.2   Vermeidung von intern verursachten Störungen

Dazu gehören:
— Sorgfältige Überprüfung, Wartung und Unterhaltung von Bauteilen, beweglichen Teilen, Steuerungsanlagen und sonstigen für den Betrieb relevanten Aggregaten.
— Verschleißsicherheit beweglicher Teile; hierauf ist schon bei der Errichtung der Anlage zu achten; eine Laufzeitgarantie des Herstellers sollte gefordert werden. Verschleißanfällige Teile sind auszuwechseln bevor sie ausfallen.
— Vorhaltung von Ersatz für besonders gefährdete Anlagenteile, so daß ohne Lieferzeiten sofort ausgewechselt werden kann.
— Vorhalten von Reserve-Aggregaten (bei größeren Anlagen bis zur Zweistufigkeit) für den Fall einer notwendigen Reparatur an Bauteilen.
— Leichte Zugänglichkeit der wartungsbedürftigen oder reparaturanfälligen Anlagenteile, so daß ohne Beeinträchtigung des Betriebs gewartet oder ausgewechselt werden kann.
— Alarmgeber bei Ausfall von Steuerungsanlagen.

2.4.3   Vorkehrungen gegen extern verursachte Störungen

Die Energieversorgung ist sicherzustellen. Erforderlich ist der Schutz vor Stromausfall durch zweiseitigen Anschluß und Notstromaggregat.

Erforderlich ist aber auch der Schutz vor Einwirkungen durch Naturereignisse
— vor Frost (Abdeckung),
— vor Hochwasser (hochwasserfreie Lage),
— vor Blitz (Absicherung von Steuerungselementen).

2.4.4   Vorkehrungen gegen schädliche Veränderungen im Zulauf der Anlage

Der Betreiber ist verpflichtet, eine seinen Verhältnissen entsprechende Gefährdungsanalyse vorzunehmen und die dieser Analyse entsprechenden Vorbeugemaßnahmen zu ergreifen.

2.4.4.1 Bei öffentlichen Abwasserbehandlungsanlagen führt die geteilte Verantwortlichkeit allerdings zu Schwierigkeiten. Die unvorhergesehenen oder übermäßigen Belastungen der Kanalisation erfolgen regelmäßig durch Dritte. Der Betreiber der Abwasserbehandlungsanlage kann sie nur bedingt reduzieren, aber kaum völlig verhindern. Immerhin muß auch er ermitteln, welche Ursachen bei ihm zu einer schädlichen Veränderung des Zulaufs führen können. Er sollte solche Gefahrenquellen durch ein Abwasserkataster erfassen, die notwendigen Anforderungen in der Entwässerungssatzung stellen und regelmäßig Kontrollen durchführen. Dabei sind namentlich zu berücksichtigen:

— Gefahren für die an den Anlagen arbeitenden Menschen (Gasbildung),
— Gefahren für den Bestand der Anlagen (aggressives Abwasser),
— Gefahren für die Funktion der Kläranlage (bakterientoxische Substanzen).

Die wasserrechtliche Regelung der Indirekteinleitungen nimmt dem Betreiber nicht die eigene Verantwortlichkeit.

Jede öffentliche Abwasserbehandlungsanlage ist darüber hinaus vor hydraulischer Überlastung nach Niederschlägen zu schützen. Sofern ihre Kapazität für die Verarbeitung von Spitzenzuflüssen nicht ausreicht (und das wird in der Regel der Fall sein), sind Rückhalteräume im Kanalnetz anzuordnen, aus denen das Abwasser später dosiert an die Kläranlage abgegeben werden kann.

2.4.4.2 Der Betreiber einer industriellen Abwasserbehandlungsanlage ist, anders als eine Gemeinde oder ein Abwasserverband, selbst für die Zulaufbeschaffenheit voll verantwortlich. Er hat eine individuelle Gefährdungsanalyse vorzunehmen.

Beispiele:
— Wo erfolgen Veränderungen im Produktionsprozeß, die Einfluß auf die Beschaffenheit des Zulaufs zur Abwasserbehandlungsanlage haben?
— Sind die Anforderungen an die Sicherheit von Anlagen zum Umgang mit wassergefährdenden Stoffen überall erfüllt?
— Wo drohen vorübergehend Fehlanschlüsse?

— Wo drohen unkontrollierte Wasch- und Spülvorgänge zu unzulässigen Belastungen der Kanalisation zu führen?

— Aus welchen Betriebsstätten, Anlagen und Vorrichtungen drohen sonstige Gefahren?

— Ist überall sichergestellt, daß Abfälle nicht unzulässig über die Kanalisation beseitigt werden?

Die Vielfalt der möglichen Gefährdungen des Zulaufs zur Abwasserbehandlungsanlage macht ebenso vielfältige Abwehrmaßnahmen erforderlich, wie z. B.

— bauliche Veränderungen bei Anlagen zum Umgang mit wassergefährdenden Stoffen,

— technische Sicherheitsvorkehrungen gegen Fehlanschlüsse,

— Auffangvorrichtungen vor der Kanalisation,

— Speichermöglichkeiten für Abwasser vor der Kläranlage,

— Frühwarnsysteme in der Kanalisation,

— betriebsinterne Anweisungen und Kontrollen in „gefahrenträchtigen" Betriebsstätten und eine entsprechende Schulung des dort tätigen Personals.

2.5 Betreiberpflichten bei eingetretenen Betriebsstörungen

2.5.1 Meldepflicht

Der Betreiber hat die Überschreitung von Überwachungswerten oder unvorhergesehene Schadstofffrachten bei der Einleitung von wassergefährdenden Stoffen unverzüglich der zuständigen Wasserbehörde anzuzeigen. Mit der Anzeige darf er nicht warten bis zeitraubende Analysen und Frachtberechnungen eine genaue Mitteilung über Art und Umfang der Schadstofffracht ermöglichen. Schon vorher hat eine Schnellmeldung zu erfolgen mit einer groben Einschätzung. Diese Pflicht ist in der Regel in der Erlaubnis festgesetzt. Sie besteht daneben schon kraft Gesetzes, wenn wassergefährdende Stoffe aus einer Anlage zum Lagern, Abfüllen, Umschlagen, Befördern oder Transportieren austreten und zu befürchten ist, daß diese Stoffe in die Kanalisation eindringen. In diesen Fällen ist unverzüglich die örtliche Ordnungsbehörde zu unterrichten.

§ 18
Abs. 4
LWG

2.5.2 Minimierungsgebot

Der Betreiber hat von sich aus die notwendigen Maßnahmen zu treffen, um die nachteiligen Auswirkungen der Betriebsstörung nach Dauer und Umfang möglichst gering zu halten. Dazu gehören Sofortmaßnahmen mit provisorischen Vorkehrungen. Dazu gehört, die Betriebsstörung so schnell wie möglich abzustellen.

2.5.3 Ursachenermittlung

Der Betreiber hat die Ursache der Betriebsstörung zu ermitteln und zu prüfen, ob sich die gleiche oder eine ähnliche Betriebsstörung wiederholen kann und, wenn dies der Fall ist, gezielte Vorbeugemaßnahmen einzuleiten.

3. Pflichten der Betreiber von Kanalisationen

3.1 Zielvorgaben

§ 18 a
WHG

Das Gesetz begnügt sich insoweit mit dem lapidaren Hinweis auf das Wohl der Allgemeinheit. Die Zielvorgaben hierfür sind bisher nur unvollkommen in schriftlich fixierten technischen Normen oder Verwaltungsvorschriften festgelegt. Öffentliche Kanalisationen müssen nach heutigem Verständnis

— Abwasser hydraulisch sicher ableiten und den Fremdwasseranteil bei Trockenwetter gering halten,
— den durch Niederschläge eingetragenen Schmutz hinreichend zurückhalten bzw. der Kläranlage zuführen,
— Abwasser so dosiert an die Kläranlage abgeben, daß diese nicht überlastet wird, und
— so dicht sein, daß eine schädliche Verunreinigung des Grundwassers vermieden wird.

3.2

Konkretere Ansätze sind allerdings zur Rückhaltung des Schmutzes aus Niederschlägen zu finden.

3.2.1 Anforderungen an die Niederschlagsentwässerung im Trennverfahren

Im Trennverfahren werden das häusliche, gewerbliche, industrielle und sonstige Schmutzwasser sowie das Niederschlags-

wasser von übermäßig verschmutzten Flächen im Schmutzwasserkanal der Abwasserbehandlung zugeführt. Dagegen
wird das nicht übermäßig verschmutzte Niederschlagswasser
aus Wohn-, Gewerbe-, Industrie- und Mischgebieten im
Regenwasserkanal einem Gewässer zugeführt.

3.2.1.1 Vermeidung von Fehlanschlüssen

Anschließbar sind:

- Niederschlagswasser,
- Kühlwasser, sofern es den Anforderungen nach § 7 a
  WHG entspricht,
- unverschmutztes Wasser (z. B. aus Dränagen),
- Mischwasser aus Entlastungen einer Mischkanalisation,
  die den a.a.R.d.T. entsprechen,
- in einer Kläranlage gereinigtes Schmutzwasser, sofern
  eine Erlaubnis diese Art der Einleitung zuläßt.

Fehlanschlüsse sind:

- Unbehandeltes oder unzureichend behandeltes Schmutzwasser (einschließlich des verschmutzten Wassers aus
  Abfallanlagen),
- Mischwasser aus Entlastungen einer Mischkanalisation,
  die nicht den a.a.R.d.T. entsprechen,
- gespeichertes Niederschlagswasser aus nicht ständig
  gefüllten Regenklärbecken.

Fehlanschlüsse sind in angemessenen Zeiträumen zu beseitigen.

3.2.1.2 Regenwasserbehandlung

Sie ist zu fordern bei Entwässerung von Gewerbe- und
Mischgebieten. Sie erfolgt, festgelegt für NRW im Erlaß vom
04. 01. 1988 (vgl. unter C III 4.)

— in nicht ständig gefüllten Becken $\geq$ 10 m³/ha, bezogen
  auf die befestigte Fläche des Gewerbe- oder Mischgebie-
  tes,
— in ständig gefüllten Becken für eine Oberflächenbeschik-
  kung $\leq$ 10 m³/(m²·h), bezogen auf R_{krit} 15 1/sec·ha. Die
  Mindestbeckengröße beträgt 50 m³.

Die Regenwasserbehandlung entfällt bei der Entwässerung von Wohngebieten und vergleichbar gering verschmutzten Gebieten. Bei gemeinsamer Ableitung aus Wohn- und Gewerbegebieten müssen die Regenbecken vor der Zusammenführung des Niederschlagswassers angeordnet werden; andernfalls sind sie zu vergrößern.

3.2.2   Anforderungen an die Entwässerung im Mischverfahren

Im Mischverfahren werden das häusliche, gewerbliche, industrielle und sonstige Schmutzwasser sowie das von befestigten Flächen abfließende Niederschlagswasser gemeinsam der Abwasserbehandlung zugeführt. Ein Teil des Mischwassers wird nach Niederschlägen über Entlastungsbauwerke unbehandelt einem Gewässer zugeführt.

Die Anforderungen an den Schadstoffrückhalt laufen darauf hinaus, daß nur ein bestimmter Anteil des abfließenden Niederschlags über die Mischwasserentlastung des Netzes abgeschlagen werden darf. Einheitliche und eindeutige für alle Kanalisationen in gleichem Maße technische Regeln gibt es bislang nicht. Die vorhandenen Ansätze sind Festlegungen einer einzuhaltenden Entlastungsrate für das Niederschlagswasser und/oder Anforderungen an die Bemessung der einzelnen Entlastungsbauwerke.

3.3   Anforderungen an den Betrieb einer Kanalisation

Der Betrieb der Kanalisation erfordert
— die regelmäßige Reinigung der Kanäle,
— die Zustandserfassung und, soweit erforderlich und ausreichend, die Ausbesserung von Kanälen und Schächten, namentlich die Erfassung undichter Stellen und deren Abdichtung, und
— Steuerung und Wartung von Sonderbauwerken, wie z. B. Regenüberlaufbecken, Pumpwerken.

4.   Selbstüberwachung

Die Selbstüberwachung von Abwasseranlagen und Abwassereinleitungen ist nicht Ergänzung oder gar Ersatz

für die amtliche Überwachung. Sie ist Teil der Betreiberpflichten und soll den störungsfreien Betrieb der Anlagen
und bei Abwasserbehandlungsanlagen die Einhaltung der
Überwachungswerte sichern.

4.1 Selbstüberwachung von Abwasserbehandlungsanlagen und
Abwassereinleitungen

Die Selbstüberwachung von Abwasserbehandlungsanlagen   § 2 SüwV
und Abwassereinleitungen bildet eine Einheit und ist
Zustandskontrolle der Anlage und Funktionskontrolle der
Abwasserreinigung. Sie erstreckt sich auf
— den Zulauf zur Kläranlage,
— den Zustand aller für den ordnungsgemäßen Betrieb
  relevanten Aggregate,
— die Meß- und Regeltechnik der Anlage,
— die Kenngrößen für die Abwasser- und Schlammbehandlung und
— die Beschaffenheit des Abwassers im Ablauf der Kläranlage.

Bei der Organisation der Selbstüberwachung muß der Betreiber die einzelnen Funktionen der Selbstüberwachung
bestimmten dazu geeigneten Personen verantwortlich zuweisen. Er muß sie über ihre Feststellungen Aufzeichnungen
fertigen lassen, die überprüfbar sind. Damit ist der Betriebsleiter der Anlage aber nicht von eigenen Pflichten entbun-
den. Er muß darüber wachen, daß die delegierten Funktionen gewissenhaft von den dafür Verantwortlichen ausgeführt
werden. Ergänzend dazu muß er sich selbst ein Bild über den
Zustand, die Steuerung und die Funktion der Anlage
machen. Dabei kommen eine Begehung der Anlage, aber
auch eine automatische Überwachung in Betracht.

In NRW sind die Anforderungen zur Selbstüberwachung von
Abwasserbehandlungsanlagen zur biologischen Reinigung
von Abwasser ≥ 50 E und deren Ablauf in der Selbstüber-
wachungsverordnung vom 18. 08. 1989 (SüwV) zusammengestellt. Es werden gefordert
— Zustands- und Funktionskontrolle durch Kontrollgänge   SüwV, § 2
  durch den für den Betrieb Verantwortlichen,
— Ermittlung und Aufzeichnungen von Betriebskenndaten,   SüwV,
                                                            §§ 3, 5
— Untersuchung des Kläranlagenablaufs.   SüwV, § 4

Hierüber ist ein Betriebstagebuch zu führen.

SüwV
Anhang 1 Die Zahl der Betriebskenndaten und die Häufigkeit ihrer Ermittlung hängen von der Ausbaugröße der Anlage ab. Gegenstand der Untersuchung sind hier
— der Zulauf zur Kläranlage,
— der Sandfang,
— der Zulauf zum biologischen Reaktor,
— der biologische Reaktor selbst,
— die Nachklärung,
— der Ablauf der Kläranlage und
— die Schlammabgabe und -aufbereitung.

SüwV,
Anhang II
SüwV,
Anhang III Für die Messungen sind Bezugsverfahren vorgesehen. Sie können durch vereinfachte Verfahren ersetzt werden, wenn diese keine unzulässigen Abweichungen ergeben.

Die Durchführung obliegt in der Regel dem Kläranlagenpersonal.

4.2 Selbstüberwachung von Kanalisationen

Die Selbstüberwachung von Kanalisationen erstreckt sich vor allem auf
— den Zustand der Kanäle, Schächte und Hausanschlüsse und
— die Funktion der Rückhalte- und Abschlagbauwerke.

Grundlage hierfür ist ein Kanalkataster mit Angaben über
— die Lage der Kanäle und Schächte,
— das Material der Rohre und Dichtungen und
— das Baujahr der Kanäle.

Einzutragen sind ferner
— die Ergebnisse der Zustandserfassung und
— die durchgeführten Maßnahmen zur Unterhaltung (Art der Maßnahme, Jahr).

V   Abwasserabgabe

Die Zielsetzung des Abwasserabgabengesetzes ist insbesondere

— der verstärkte Bau von Kläranlagen,
— die Einführung verbesserter Reinigungstechniken,
— der sorgfältige Betrieb von Kläranlagen,
— die Einführung abwasserarmer Produktionsverfahren und
— die Verteuerung abwasserintensiver Produkte.

1.   Der Abgabetatbestand

Die Abwasserabgabe wird für das Einleiten von Abwasser in ein Gewässer erhoben. Die Erhebung fällt in die Zuständigkeit der Länder.

§ 1
AbwAG

Das Abwasserabgabengesetz definiert den Begriff des Gewässers nicht selbst, sondern verweist auf die Begriffsbestimmung im Wasserhaushaltsgesetz. Es wird unterschieden zwischen oberirdischen Gewässern, den Küstengewässern und dem Grundwasser. Abgaberechtlich von Bedeutung sind fast ausschließlich die Einleitungen in oberirdische Gewässer.

§ 1 Abs. 1
WHG

Den Begriff des Einleitens definiert das Abwasserabgabengesetz anknüpfend an den im Wasserhaushaltsgesetz geregelten Benutzungs- und Tatbeständen hingegen selbst. Einleiten ist das unmittelbare Verbringen des Abwassers in ein Gewässer. Erforderlich ist ein zweck- und zielgerichtetes Verhalten. Das Abwasserabgabengesetz unterstellt, daß das Verbringen in den Untergrund (z. B. über Sickerschächte oder eine Untergrundverrieselung) den Einleitungstatbestand erfüllt. Ausgenommen hiervon ist jedoch das Verbringen im Rahmen der landbaulichen Bodenbehandlung.

§ 2 Abs. 2
AbwAG

Der Begriff des Abwassers wird erstmalig im Abwasserabgabengesetz bundeseinheitlich definiert. Seine Beschränkung auf das Abgabenrecht besteht nur formal. Eine analoge Anwendung auf die wasserrechtlichen Vorschriften ist

§ 2 Abs. 1
AbwAG
§ 51
Abs. 1
LWG

jedoch geboten, soweit nicht schon Begriffsbestimmungen in Landeswassergesetzen vorhanden sind.

2. Ausnahmen von der Abgabepflicht

§ 10
Abs. 1
AbwAG

Nicht abgabepflichtig ist das Einleiten von

— Schmutzwasser, das über die bei der Entnahme vorhandene Schädlichkeit keine weitere Schädlichkeit aufweist.
— Schmutzwasser, das bei Waschvorgängen zum Abbau von mineralischen Stoffen entstanden ist.
— Schmutzwasser, welches auf Wasserfahrzeugen anfällt.
— Niederschlagswasser, welches von Eisenbahntrassen und von befestigten gewerblichen Flächen ‹ 3 ha stammt.

3. Der Kreis der Abgabepflichtigen

§ 9 Abs. 1
AbwAG
§ 64
Abs. 1
LWG
§ 64
Abs. 2
LWG
§ 65 LWG

Dem Verursacherprinzip Rechnung tragend ist Abgabeschuldner grundsätzlich der Abwassereinleiter (Gemeinde, Industriebetrieb, Abwasserverband); für Kleineinleiter sind die Gemeinden abgabepflichtig. Sofern das Niederschlagswasser im Mischsystem der Abwasserbehandlungsanlage zugeführt wird, ist in Nordrhein-Westfalen der Betreiber der Anlage auch für alle Einleitungen aus den Regenentlastungen der öffentlichen Kanalisation für die Niederschlagspauschale abgabepflichtig. Die Abwälzbarkeit der Abwasserabgabe durch die Kommunen und die Abwasserverbände ist landesrechtlich geregelt.

4. Ermittlungsarten für die Schädlichkeit des Abwassers

Das Abwasserabgabengesetz sieht zwei verschiedene Methoden vor:

§§ 7, 8
AbwAG
§ 4 Abs. 1
LWG

— die pauschale Ermittlung bei Kleineinleitungen und bei der Einleitung von Niederschlagswasser,
— die Bewertung der errechneten Jahresschmutzfracht in Schadeinheiten bei den Schmutzwassereinleitungen.

4.1 Pauschalierung bei Kleineinleitungen

Hierunter fallen die Einleitungen von Schmutzwasser aus Haushaltungen oder von Schmutzwasser, das in der Zusammensetzung und Reinigungsfähigkeit diesem ähnlich ist. Die Menge des eingeleiteten Schmutzwassers dieser Art muß unter 8 m³ je Tag liegen. Der Gesetzgeber hat mit dieser Regelung die Anknüpfung an eine Jahresdurchschnittsmenge (8 m³ je Tag im Jahresdurchschnitt) aufgegeben.

Die Zahl der Schadeinheiten beträgt die Hälfte der nicht an die öffentliche Kanalisation angeschlossenen Einwohner.

Beispiel für 40 nicht angeschlossene Einwohner (E_{na})
Zahl der SE = 0,5 x 40
  SE = 20

Eine Kleineinleitung bleibt abgabefrei, wenn der Bau der Abwasseranlage den a.a.R.d.T. entspricht. In Nordrhein-Westfalen reicht der Nachweis aus, daß eine Abwasserbehandlungsanlage betrieben wird. Um in den Genuß der Abgabefreiheit zu kommen, ist es jedoch erforderlich, daß eine ordnungsgemäße Schlammbeseitigung durch die beseitigungspflichtige Gemeinde sichergestellt ist. § 8 Abs. 2 AbwAG § 73 Abs. 1 LWG

4.2 Pauschalierung bei Niederschlagswasser

Für die Gesamtheit aller Einleitungen von Niederschlagswasser aus einem Kanalisationsnetz wird eine Abgabepauschale erhoben. Die Zahl der Schadeinheiten beträgt § 7 AbwAG

— bei öffentlicher Kanalisation:
  SE = 0,12 x Zahl der angeschlossenen Einwohner
      ($-E_a-$)
— bei nicht öffentlicher (privater) Kanalisation für Gewerbeflächen:
  SE = 18 x Zahl der vollen Hektar befestigter gewerbl. Fläche; bei einer befestigten gewerblichen Fläche kleiner als 3 ha entsteht keine Abgabepflicht.

Auf Antrag des Abgabepflichtigen kann für die Einleitung von Niederschlagswasser eine Abgabefreiheit in Betracht kommen. Die landesrechtlichen Voraussetzungen müssen für das gesamte Netz erfüllt sein. § 73 Abs. 2 LWG

Das Entwässerungsnetz und sein Betrieb muß den jeweiligen Regeln der Technik oder schärferen Anforderungen entsprechen. Bei einer Mischkanalisation muß darüber hinaus die Einleitung aus der Kläranlage den Anforderungen nach § 7 a WHG oder schärferen Anforderungen entsprechen, sofern die Einleitungserlaubnis solche Anforderungen für einen oder mehrere Abgabeparameter beinhaltet.

4.3   Ermittlung der Schädlichkeit bei Schmutzwasser

Als Schädlichkeit ist weder die tatsächliche Schädigung eines Gewässers, noch die tatsächlich eingeleitete Schmutzfracht zu verstehen. Grundlage ist vielmehr die in Schadeinheiten bewertete, aus der Jahresschmutzwassermenge und dem Überwachungswert berechnete Jahresschmutzfracht der Abgabeparameter. Eine Schädlichkeitsbewertung entfällt, wenn die Schwellenwerte in der Tabelle der Anlage zu § 3 AbwAG nicht überschritten werden.

4.3.1   Abgabeparameter

Anhang zu § 3 Ab-wAG

Die 2. und 3. Novelle zum Abwasserabgabegesetz haben die Zahl der Abgabeparameter erweitert. Zusätzlich zu bisherigen Bewertungsgrundlagen Chemischer Sauerstoffbedarf (CSB), Quecksilber (Hg), Cadmium (Cd) und Fischgiftigkeit (GF) sind ab dem Veranlagungsjahr 1990 die Parameter organische Halogenverbindungen (AOX) sowie die Metalle Chrom, Nickel, Blei und Kupfer in die Schädlichkeitsbewertung einzubeziehen. Die Bewertung der absetzbaren Stoffe ist entfallen.

Um eine Reduzierung der Nährstoffeinträge aus den Abwassereinleitungen zu erzielen, sind in der 3. Novelle zum Abwasserabgabegesetz zusätzlich noch die Parameter Phosphor und Stickstoff in den Katalog der Abgabeparameter aufgenommen worden. Diese Regelung gilt ab 1. 1. 1991.

4.3.2   Ermittlung der Schadeinheiten

Die Zahl der Schadeinheiten wird für jeden Abgabeparameter getrennt jeweils für ein Veranlagungsjahr ermittelt. Die Jahresschmutzfracht wird dabei aus den Komponenten Jahresschmutzwassermenge und Überwachungswert für die

Schadstoffkonzentration errechnet und in Schadeinheiten nach der Tabelle in Anlage zu § 3 AbwAG bewertet.

§ 4 Abs. 1
AbwAG

Die Jahresschmutzwassermenge wird ermittelt:
— Bei Einleitungen aus öffentlichen Kanalisationen aus einzelnen von Niederschlag (N) unbeeinflußten Schmutzwassermengen durch Hochrechnen von Tagesmeßergebnissen; Voraussetzung ist, daß N am Tage der Messung und am Vortage ≤ 1,0 mm ist.
— Bei Einleitungen aus Industriebetrieben mit Trennkanalisation durch aufsummierende Messungen oder Hochrechnen aus Messungen in repräsentativen Zeiträumen am Schmutzwasserkanal.
— Bei Einleitungen aus Industriebetrieben mit Mischkanalisation durch Hochrechnen von Messungen in repräsentativen Zeiträumen bei Trockenwetter.

Die zugrundezulegende Schadstoffkonzentration ist der Überwachungswert. Er ist die wasserrechtlich einzuhaltende Schadstoffkonzentration. Legt die Wasserbehörde in der wasserrechtlichen Erlaubnis Überwachungswerte für verschiedene Probenahmezeiträume fest, so ist der Abgabeberechnung der Überwachungswert für den längsten Zeitraum zugrunde zu legen.

§ 4 Abs. 1
Satz 3
AbwAG

Die Einhaltung des Überwachungswertes für die Schadstoffkonzentration richtet sich nach der Methode, die in der wasserrechtlichen Erlaubnis definiert ist.

4.3.3   Herkunft der Daten für die Schmutzwassereinleitungen

Im Regelfall werden die Ausgangsdaten für die Ermittlung der Zahl der Schadeinheiten dem die Abwassereinleitung zulassenden Bescheid entnommen (sog. Bescheidlösung). Sofern ein Bescheid keine Daten hierüber enthält, ist der Überwachungswert vom Abgabepflichtigen vor Beginn des Veranlagungsjahres zu erklären. Unterläßt er dies, wird für die Ermittlung der Zahl der Schadeinheiten das höchste behördliche Überwachungsergebnis herangezogen. Wenn ein solches Ergebnis nicht vorliegt, ist der Überwachungswert zu schätzen. Fehlt die Festlegung der Jahresschmutzwassermenge in der wasserrechtlichen Erlaubnis, so wird sie nach

Ablauf des Veranlagungsjahres von der Festsetzungsbehörde durch Schätzung ermittelt.

Erklärung niedrigerer Bescheidwerte:

Der Einleiter hat die Möglichkeit, unter bestimmten Voraussetzungen niedrigere Werte zu erklären, die dann an die Stelle der Bescheidwerte treten. Diese Möglichkeit besteht auch für den Fall, daß die Ermittlung der Schädlichkeit mangels vorhandener Bescheidwerte auf der Grundlage eines spätestens einen Monat vor Beginn des Veranlagungszeitraums erklärten Wertes vorgenommen wird.

Die Erklärung ist an folgende Voraussetzungen geknüpft:
— Der erklärte Wert für einen oder mehrere Abgabeparameter muß den im Bescheid festgesetzten oder den nach § 6 AbwAG erklärten Wert um mindestens 20 % unterschreiten. Ist Grundlage der Schädlichkeitsermittlung die wasserrechtliche Erlaubnis, so kann sich die Erklärung auch auf die Abwassermenge, d. h. die entsprechende Jahresschmutzwassermenge beziehen.
— Der Erklärungszeitraum muß mindestens 3 Monate umfassen.
— Die Erklärung muß 2 Wochen vor Beginn des erklärten Zeitraumes der Festsetzungsbehörde vorliegen.

— Die Umstände, die Anlaß für die Abgabe der Erklärung sind, müssen dargelegt werden.

Die Wirkung der Erklärung

An die Stelle des Überwachungswertes im Bescheid oder des nach § 6 AbwAG erklärten Wertes treten für den angegebenen Zeitraum die niedrigeren Werte aus der Erklärung. Liegt ein Meßergebnis der amtlichen Überwachung über einem solchen Wert, so fällt die Wirkung der Erklärung für diesen Wert weg. Die Nichteinhaltung des erklärten Wertes stellt nicht zwangsläufig die Ermäßigung des Abgabesatzes in Frage. Für diese Frage ist allein die Einhaltung des in der wasserrechtlichen Erlaubnis bzw. des nach § 6 AbwAG erklärten Wertes von Bedeutung, sofern diese Werte mindestens den wasserrechtlichen Anforderungen des Wasserhaushaltsgesetzes entsprechen.

4.3.4 Abzug der Vorbelastung

Der Abzug der Vorbelastung verfolgt den Zweck, daß die Schmutzfrachten nicht in die Ermittlung der Schädlichkeit einbezogen werden, für die der Einleiter nicht verantwortlich ist. Den Abzug der Vorbelastung muß der Abgabenpflichtige beantragen. Der Abgabepflichtige hat darzulegen, daß das Wasser vor seinem Gebrauch unmittelbar einem Gewässer entnommen worden ist. Aus Gründen der Verwaltungsvereinfachung ist die Vorbelastung zu schätzen. Hierbei ist von einer mittleren Konzentration auszugehen, die einen Zeitraum von mehreren Jahren umfassen kann. Erforderlich ist aber darüber hinaus, daß die Vorbelastung über dem Schwellenwert des maßgeblichen Abgabeparameters (vgl. Anlage zu § 3 AbwAG) liegt.

§ 4 Abs. 3
AbwAG

4.3.5 Nachklärteich

Werden in einem Gewässer Einrichtungen zur Nachklärung betrieben (z. B. künstliche Beruhigung mit Räumung, Belüftungseinrichtung) so kann auf Antrag des Abgabepflichtigen die Reinigungsleistung eines solchen Nachklärteiches zu einer Verminderung der Zahl der Schadeinheiten führen, wenn der Nachklärteich einer bestimmten Abwasserbehandlungsanlage klärtechnisch zugeordnet ist. Die Reinigungsleistung wird in aller Regel nur zu schätzen sein.

§ 3 Abs. 3
AbwAG
§ 68 LWG

4.3.6 Verrechnung der Abwasserabgabe

Um einen zusätzlichen Anreiz zum Bau von Abwasserbehandlungsanlagen zu schaffen, kann der Abgabepflichtige die in den 3 Jahren vor der Inbetriebnahme einer solchen Anlage entstandenen Aufwendungen mit der Abwasserabgabe verrechnen. Voraussetzung für die Verrechnung ist die Errichtung oder Erweiterung einer oder mehrerer Abwasserbehandlungsanlagen. Begrifflich sind hierunter Einrichtungen zu verstehen, die dazu dienen, die Schädlichkeit des Abwassers zu vermindern oder zu beseitigen.

§ 10
Abs. 3
§ 2 Abs. 3
AbwAG
§ 51
Abs. 3
LWG

Die Inbetriebnahme der Anlage muß eine Minderung um mindestens 20 % eines der der Ermittlung der Schadeinheiten zugrundezulegenden Wertes und eine entsprechende Verminderung der Schadstofffracht erwarten lassen. Die Verminderung kann sich dabei entweder auf die Jahresschmutzwassermenge oder auf einen Abgabeparameter beziehen. Die angekündigte Prognose ist vom Abgabeschuldner plausibel darzulegen.

Nach § 10 Abs. 3 AbwAG können alle Aufwendungen für die Errichtung und Erweiterung der Abwasserbehandlungsanlage verrechnet werden. Nicht erforderlich ist, daß die Aufwendungen in dem Dreijahreszeitraum entstanden sind; sie müssen kostenmäßig aber angefallen sein und im Zusammenhang mit der Errichtung und Erweiterung der Anlage stehen. Aufwendungen eines Indirekteinleiters können nicht Gegenstand der Verrechnung durch den Abgabeschuldner sein.

Nicht möglich ist eine Verrechnung für den Teil der Abwasserabgabe, der infolge der Nichteinhaltung eines Überwachungswertes zu einer Erhöhung der Zahl der Schadeinheiten gem. § 4 Abs. 4 AbwAG geführt hat.

Wird die geplante Abwasserbehandlungsanlage nicht in Betrieb genommen oder wird die Minderung von 20 % nicht erreicht, so ist der verrechnete Teil der Abgabe im Wege der Nachforderung zu erheben; der nachgeforderte Betrag ist zu verzinsen.

Übergangsregelungen:

Die Einführung der Verrechnungsregelung im Rahmen der 3. Novelle zum Abwasserabgabengesetz ist mit wichtigen Übergangsregelungen für die Aufrechnungsregelung des § 10 Abs. 4 a. F. und die Bauzeitregelung des § 10 Abs. 3 a. F. verbunden.

4.4 Berechnung der Schadeinheiten für das Einleiten von Schmutzwasser

4.4.1 Grundrechnung

§ 4 Abs. 1
AbwAG

Für die Grundrechnung wird die Jahresschmutzwassermenge (JSM) und der Überwachungswert (ÜW) für den jeweiligen Abgabeparameter benötigt, um über die Ermittlung der

Jahresschadstofffracht (JSF) die Berechnung der Schadeinheiten (SE) vornehmen zu können.

— Berechnung der JSF

JSF = ÜW x JSM

— Berechnung der SE

SE = JSF : Bewertungsfaktor (BF)

Der Bewertungsfaktor ergibt sich aus der Anlage zu § 3
AbwAG

Beispiel für kommunale Kläranlage (Parameter CSB)

Ausgangsdaten: JSM = 10 Mio. m³

ÜW = 75 mg/l

BF = 1 SE entspricht 50 kg CSB

JSF = 10 Mio. m³ x 75 g

= 750 000 kg

$$SE = \frac{750\ 000\ kg}{50\ kg}$$

= 15 000

4.4.2 Erhöhung der SE bei Überschreitung des ÜW

Bei der Überschreitung eines ÜW wird die Zahl der SE in
dem Veranlagungsjahr heraufgesetzt, in dem die Überschreitung festgestellt worden ist. Bei einmaliger Überschreitung
um den halben Prozentsatz, um den der höchste gemessene
Einzelwert den ÜW übersteigt. Bei mehrmaliger Überschreitung um den vollen Prozentsatz, um den der höchste gemessene Einzelwert den ÜW übersteigt. Die Folgen treten nur
für den jeweils betroffenen Parameter ein.

§ 4 Abs. 4
AbwAG

$$SE_{erh} = SE \times (1 + \frac{MW - ÜW_{Bescheid}}{ÜW_{Bescheid}} \times a)$$

= 1 Überschreitung: a = 0,5

= 2 und mehr Überschreitungen: a = 1,0

= MW = höchster Einzelmeßwert.

4.4.3 Erhöhung der SE bei Überschreitung weiterer wasserrechtli-
cher Festsetzungen

Die Zahl der Schadeinheiten wird auch erhöht:

— Bei der Überschreitung eines weiteren für einen kürzeren
Probenahmezeitraum festgelegten ÜW und

— bei der Überschreitung der in einem bestimmten Zeitraum einzuhaltenden Schadstofffracht.

Die Folgen der Überschreitung treten nur für den jeweils betroffenen Parameter ein. Wird jedoch die in einem bestimmten Zeitraum einzuhaltende Abwassermenge (z. B. $m^3/2h$; $m^3/0,5h$) überschritten, so treten die Folgen für alle Parameter ein. Konkurrieren mehrere Überschreitungen, richtet sich die Erhöhung nach dem höchsten anzuwendenden Prozentsatz.

4.5   Der Abgabesatz

Der Abgabesatz ist der für jede Schadeinheit zu zahlende Jahresbetrag. Er beträgt 1991 50 DM. Er wird stufenweise um 10 DM alle 2 Jahre bis auf 90 DM im Jahr 1999 erhöht.

Das Abwasserabgabengesetz sieht bestimmte Ermäßigungsmöglichkeiten beim Abgabesatz vor.

4.5.1   Ermäßigung des Abgabesatzes

Die Ermäßigung wird parameterbezogen durchgeführt und ist an folgende Voraussetzungen geknüpft:
— Der wasserrechtliche Bescheid legt für einen Abgabeparameter einen ÜW fest oder der ÜW ist nach § 6 AbwAG erklärt worden.
— Sofern in einer Verwaltungsvorschrift nach § 7a WHG für den Parameter ein Wert festgelegt ist, muß der Bescheidwert oder der erklärte ÜW diesem Wert entsprechen oder unter diesem Wert liegen.
— Der Bescheidwert oder der erklärte Wert muß im Veranlagungsjahr eingehalten sein. Die Einhaltung des Wertes darf nicht entgegen den a.a.R.d.T. durch Verdünnung oder Vermischung erzielt sein. Legt eine Verwaltungsvorschrift nach § 7a WHG einen weniger scharfen Wert fest, so reicht die Einhaltung nur dieses Wertes aus.
Bei einer Erfüllung der Voraussetzungen beträgt die Ermäßigung
— in den ersten 4 Jahren, in denen die Voraussetzungen erfüllt sind, 75 v. H.,

— in den nächsten 4 Jahren (also im 5.—8. Jahr) 40 v. H.,
— danach (also ab dem 9. Jahr) 20 v. H.
Wird die Anforderung, d. h. der Wert, in der maßgeblichen Verwaltungsvorschrift nach § 7a WHG später verschärft, wiederholt sich die Abfolge der Ermäßigungen, sofern die Voraussetzungen erfüllt sind.

Die Ermäßigungen treten auch bei einer Erklärung nach § 4 Abs. 5 AbwAG ein, wenn die erklärten Werte eingehalten werden und der wasserrechtliche Bescheid im Anschluß an den Erklärungszeitraum angepaßt wird.

§ 9 Abs. 6
AbwAG

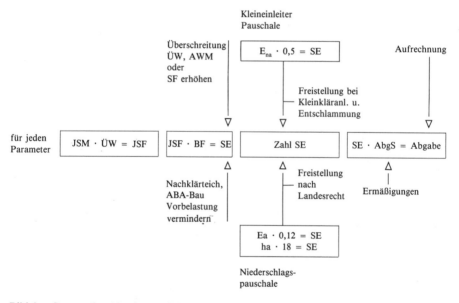

Bild 2. System der Abgabenermittlung

ÜW   = wasserrechtlicher Überwachungswert (Konzentration)
JSM   = Jahresschmutzwassermenge
JSF   = Jahresschmutzfracht
SF   = wasserrechtlich einzuhaltende Schadstofffracht
BF   = Bewertungsfaktor (Anlage zu § 3 — Spalte 2 —)
AWM = wasserrechtlich einzuhaltende Abwassermenge
SE   = Schadeinheiten
E_{na} = Einwohner, nicht angeschlossen
E_a = Einwohner, angeschlossen
AbgS = Abgabesatz

55

B Bundesrechtliche Vorschriften

I.

Gesetze

1.

Gesetz zur Ordnung des Wasserhaushalts
(Wasserhaushaltsgesetz - WHG)

vom 25. Juli 1986 (BGBl. I S. 1165), zuletzt geändert durch Gesetz vom
12. Februar 1990 (BGBl. I S. 205)

(Auszug)

Einleitende Bestimmung

§ 1
Sachlicher Geltungsbereich

(1) Dieses Gesetz gilt für folgende Gewässer:

1. das ständig oder zeitweilig in Betten fließende oder stehende oder aus Quellen wild abfließende Wasser (oberirdische Gewässer),

1a. das Meer zwischen der Küstenlinie bei mittlerem Hochwasser oder der seewärtigen Begrenzung der oberirdischen Gewässer und der seewärtigen Begrenzung des Küstenmeeres (Küstengewässer),

2. das Grundwasser.

(2) Die Länder können kleinere Gewässer von wasserwirtschaftlich untergeordneter Bedeutung sowie Quellen, die zu Heilquellen erklärt worden sind, von den Bestimmungen dieses Gesetzes ausnehmen. Dies gilt nicht für § 22.

(3) Die Länder bestimmen die seewärtige Begrenzung derjenigen oberirdischen Gewässer, die nicht Binnenwasserstraßen des Bundes sind.

Erster Teil

Gemeinsame Bestimmungen für die Gewässer

§ 1 a
Grundsatz

(1) Die Gewässer sind als Bestandteil des Naturhaushalts so zu bewirtschaften, daß sie dem Wohl der Allgemeinheit und im Einklang mit ihm auch dem Nutzen einzelner dienen und daß jede vermeidbare Beeinträchtigung unterbleibt.

59

(2) Jedermann ist verpflichtet, bei Maßnahmen, mit denen Einwirkungen auf ein Gewässer verbunden sein können, die nach den Umständen erforderliche Sorgfalt anzuwenden, um eine Verunreinigung des Wasser oder eine sonstige nachteilige Veränderung seiner Eigenschaften zu verhüten und um eine mit Rücksicht auf den Wasserhaushalt gebotene sparsame Verwendung des Wassers zu erzielen.

(3) Das Grundeigentum berechtigt nicht

1. zu einer Gewässerbenutzung, die nach diesem Gesetz oder nach den Landeswassergesetzen einer Erlaubnis oder Bewilligung bedarf,

2. zum Ausbau eines oberirdischen Gewässers.

§ 2

Erlaubnis- und Bewilligungserfordernis

(1) Eine Benutzung der Gewässer bedarf der behördlichen Erlaubnis (§ 7) oder Bewilligung (§ 8), soweit sich nicht aus den Bestimmungen dieses Gesetzes oder aus den im Rahmen dieses Gesetzes erlassenen landesrechtlichen Bestimmungen etwas anderes ergibt.

(2) Die Erlaubnis und die Bewilligung geben kein Recht auf Zufluß von Wasser bestimmter Menge und Beschaffenheit. Unbeschadet des § 11 berühren sie nicht privatrechtliche Ansprüche auf Zufluß von Wasser bestimmter Menge und Beschaffenheit.

§ 3

Benutzungen

(1) Benutzungen im Sinne dieses Gesetzes sind

1. Entnehmen und Ableiten von Wasser aus oberirdischen Gewässern,

2. Aufstauen und Absenken von oberirdischen Gewässern,

3. Entnehmen fester Stoffe aus oberirdischen Gewässern, soweit dies auf den Zustand des Gewässers oder auf den Wasserabfluß einwirkt,

4. Einbringen und Einleiten von Stoffen in oberirdische Gewässer,

4a. Einbringen und Einleiten von Stoffen in Küstengewässer, wenn diese Stoffe,

   a) von Land aus oder aus Anlagen, die in Küstengewässern nicht nur vorübergehend errichtet oder festgemacht worden sind, eingebracht oder eingeleitet werden oder

   b) in Küstengewässer verbracht worden sind, um sich ihrer dort zu entledigen,

5. Einleiten von Stoffen in das Grundwasser,

6. Entnehmen, Zutagefördern, Zutageleiten und Ableiten von Grundwasser.

(2) Als Benutzungen gelten auch folgende Einwirkungen:

1. Aufstauen, Absenken und Umleiten von Grundwasser durch Anlagen, die hierzu bestimmt sind oder hierfür geeignet sind,

2. Maßnahmen, die geeignet sind, dauernd oder in einem nicht nur unerheblichen Ausmaß sachliche Veränderungen der physikalischen, chemischen oder biologischen Beschaffenheit des Wassers herbeizuführen.

(3) Maßnahmen, die dem Ausbau eines oberirdischen Gewässers dienen, sind keine Benutzungen. Dies gilt auch für Maßnahmen der Unterhaltung eines oberirdischen Gewässers, soweit hierzu nicht chemische Mittel verwendet werden.

§ 4

Benutzungsbedingungen und Auflagen

(1) Die Erlaubnis und die Bewilligung können unter Festsetzung von Benutzungsbedingungen und Auflagen erteilt werden. Auflagen sind auch zulässig, um nachteilige Wirkungen für andere zu verhüten und auszugleichen.

(2) Durch Auflagen können ferner insbesondere

1. Maßnahmen zur Beobachtung oder zur Feststellung des Zustandes vor der Benutzung und von Beeinträchtigungen und nachteiligen Wirkungen durch die Benutzung angeordnet,

2. die Bestellung verantwortlicher Betriebsbeauftragter vorgeschrieben, soweit nicht die Bestellung eines Gewässerschutzbeauftragten nach § 21 a vorgeschrieben ist oder angeordnet werden kann,

2a. Maßnahmen angeordnet werden, die zum Ausgleich einer auf die Benutzung zurückzuführenden Beeinträchtigung der physikalischen, chemischen oder biologischen Beschaffenheit des Wassers erforderlich sind,

3. dem Unternehmer angemessene Beiträge zu den Kosten von Maßnahmen auferlegt werden, die eine Körperschaft des öffentlichen Rechts trifft oder treffen wird, um eine mit der Benutzung verbundene Beeinträchtigung des Wohls der Allgemeinheit zu verhüten oder auszugleichen.

§ 5

Vorbehalt

(1) Die Erlaubnis und die Bewilligung stehen unter dem Vorbehalt, daß nachträglich

1. zusätzliche Anforderungen an die Beschaffenheit einzubringender oder einzuleitender Stoffe gestellt,

1a. Maßnahmen der in § 4 Abs. 2 Nr. 2, 2 a und 3 sowie in § 21 a Abs. 2 genannten Arten angeordnet,

2. Maßnahmen für die Beobachtung der Wasserbenutzung und ihrer Folgen angeordnet,

3. Maßnahmen für eine mit Rücksicht auf den Wasserhaushalt gebotene sparsame Verwendung des Wassers angeordnet werden können. Wird das Wasser auf Grund einer Bewilligung benutzt, so müssen die Maßnahmen nach den Nummern 2 und 3 wirtschaftlich gerechtfertigt und mit der Benutzung vereinbar sein.

(2) Für alte Rechte und alte Befugnisse (§ 15) gilt Absatz 1 entsprechend, soweit nicht § 15 weitergehende Einschränkungen zuläßt.

§ 6

Versagung

Die Erlaubnis und die Bewilligung sind zu versagen, soweit von der beabsichtigten Benutzung eine Beeinträchtigung des Wohls der Allgemeinheit, insbesondere eine Gefährdung der öffentlichen Wasserversorgung, zu erwarten ist, die nicht durch Auflagen oder durch Maßnahmen einer Körperschaft des öffentlichen Rechts (§ 4 Abs. 2 Nr. 3) verhütet oder ausgeglichen wird.

§ 7

Erlaubnis

(1) Die Erlaubnis gewährt die widerrufliche Befugnis, ein Gewässer zu einem bestimmten Zweck in einer nach Art und Maß bestimmten Weise zu benutzen; sie kann befristet werden. Die Erlaubnis kann für ein Vorhaben, das nach § 3 des Gesetzes über die Umweltverträglichkeitsprüfung einer Umweltverträglichkeitsprüfung unterliegt, nur in einem Verfahren erteilt werden, das den Anforderungen des genannten Gesetzes entspricht.

(2) Die Erlaubnis geht mit der Wasserbenutzungsanlage oder, wenn sie für ein Grundstück erteilt ist, mit diesem auf den Rechtsnachfolger über, soweit bei der Erteilung nichts anderes bestimmt ist.

§ 7 a

Anforderungen an das Einleiten von Abwasser

(1) Eine Erlaubnis für das Einleiten von Abwasser darf nur erteilt werden, wenn die Schadstofffracht des Abwassers so gering gehalten wird, wie dies bei Einhaltung der jeweils in Betracht kommenden Anforderungen nach Satz 3, mindestens jedoch nach den allgemein anerkannten Regeln der Technik möglich ist. § 6 bleibt unberührt. Die Bundesregierung erläßt mit Zustimmung des Bundesrates allgemeine Verwaltungsvorschriften über Mindestanforderungen, die den allgemein anerkannten Regeln der Technik entsprechen; enthält Abwasser bestimmter Herkunft Stoffe oder Stoffgruppen, die wegen der Besorgnis einer Giftigkeit, Langlebigkeit, Anreicherungsfähigkeit oder einer krebserzeugenden, fruchtschädigenden oder erbgutverändernden Wirkung als gefährlich zu bewerten sind (gefährliche Stoffe), müssen insoweit die Anforderungen in den allgemeinen Verwaltungsvorschriften dem Stand der Technik entsprechen. Die Bundesregierung bestimmt durch Rechtsverordnung mit Zustimmung des Bundesrates

die Herkunftsbereiche von Abwasser im Sinne des Satzes 3, das gefährliche Stoffe enthält. Die Anforderungen nach den Sätzen 1 und 3 können auch für den Ort des Anfalls des Abwassers oder vor seiner Vermischung festgelegt werden.

(2) Entsprechen vorhandene Einleitungen von Abwasser nicht den Anforderungen nach Absatz 1, so haben die Länder sicherzustellen, daß die erforderlichen Maßnahmen durchgeführt werden. Die Länder können Fristen festlegen, innerhalb derer die Maßnahmen abgeschlossen sein müssen.

(3) Die Länder stellen auch sicher, daß vor dem Einleiten von Abwasser mit gefährlichen Stoffen in eine öffentliche Abwasseranlage die erforderlichen Maßnahmen entsprechend Absatz 1 Satz 3 durchgeführt werden.

§ 9 a

Zulassung vorzeitigen Beginns

(1) In einem Erlaubnis- oder Bewilligungsverfahren kann die für die Erteilung der Erlaubnis oder Bewilligung zuständige Behörde in jederzeit widerruflicher Weise zulassen, daß bereits vor Erteilung der Erlaubnis oder Bewilligung mit der Benutzung begonnen wird, wenn

1. mit einer Entscheidung zugunsten des Unternehmers gerechnet werden kann,

2. an dem vorzeitigen Beginn ein öffentliches Interesse oder ein berechtigtes Interesse des Unternehmers besteht und

3. der Unternehmer sich verpflichtet, alle bis zur Entscheidung durch das Unternehmen verursachte Schäden zu ersetzen und, falls die Benutzung nicht erlaubt oder bewilligt wird, den früheren Zustand wiederherzustellen.

(2) Die Zulassung kann befristet und mit Benutzungsbedingungen erteilt und mit Auflagen verbunden werden.

§ 14

Planfeststellungen und bergrechtliche Betriebspläne

(1) Wird für ein Vorhaben, mit dem die Benutzung eines Gewässers verbunden ist, ein Planfeststellungsverfahren durchgeführt, so entscheidet die Planfeststellungsbehörde über die Erteilung der Erlaubnis oder der Bewilligung.

(2) Sieht ein bergrechtlicher Betriebsplan die Benutzung von Gewässern vor, so entscheidet die Bergbehörde über die Erteilung der Erlaubnis.

(3) Die Entscheidung ist im Einvernehmen mit der für das Wasser zuständigen Behörde zu treffen; bei Planfeststellungen durch Bundesbehörden ist die für das Wasser zuständige Behörde zu hören.

(4) Über die Beschränkung oder Rücknahme einer nach Absatz 1 erteilten Erlaubnis oder Bewilligung entscheidet auf Antrag der für das Wasser zuständigen Behörde die Planfeststellungsbehörde; sie trifft auch nachträgliche Entscheidungen (§ 10). Absatz 3 ist entsprechend anzuwenden.

(5) Für die Beschränkung oder die Rücknahme einer nach Absatz 2 erteilten Erlaubnis gilt Absatz 4 sinngemäß.

§ 17 a

Erlaubnisfreie Benutzungen bei Übungen und Erprobungen

Eine Erlaubnis oder Bewilligung ist nicht erforderlich bei Übungen und Erprobungen für Zwecke

1. der Verteidigung einschließlich des Zivilschutzes oder

2. der Abwehr von Gefahren für die öffentliche Sicherheit oder Ordnung

   für

a) das vorübergehende Entnehmen von Wasser aus einem Gewässer und das Wiedereinleiten des Wassers mittels beweglicher Anlagen sowie

b) das vorübergehende Einbringen von Stoffen in ein Gewässer,

wenn dadurch andere nicht oder nur geringfügig beeinträchtigt werden, keine nachteilige Veränderung der Eigenschaften des Wassers und keine andere Beeinträchtigung des Wasserhaushalts zu erwarten ist. Das Vorhaben ist der zuständigen Wasserbehörde vorher anzuzeigen.

§ 18

Ausgleich von Rechten und Befugnissen

Art, Maß und Zeiten der Ausübung von Erlaubnissen, Bewilligungen, alten Rechten und alten Befugnissen können auf Antrag eines Beteiligten oder von Amts wegen in einem Ausgleichsverfahren geregelt oder beschränkt werden, wenn das Wasser nach Menge und Beschaffenheit nicht für alle Benutzungen ausreicht oder sich diese beeinträchtigen und wenn das Wohl der Allgemeinheit, insbesondere die öffentliche Wasserversorgung, es erfordert. In diesem Verfahren können auch Ausgleichszahlungen festgesetzt werden.

§ 18 a

Pflicht und Pläne zur Abwasserbeseitigung

(1) Abwasser ist so zu beseitigen, daß das Wohl der Allgemeinheit nicht beeinträchtigt wird. Abwasserbeseitigung im Sinne dieses Gesetzes umfaßt das Sammeln, Fortleiten, Behandeln, Einleiten, Versickern, Verregnen und Verrieseln von Abwasser sowie das Entwässern von Klärschlamm in Zusammenhang mit der Abwasserbeseitigung.

(2) Die Länder regeln, welche Körperschaften des öffentlichen Rechts zur Abwasserbeseitigung verpflichtet sind und die Voraussetzungen, unter denen anderen die Abwasserbeseitigung obliegt. Weist ein für verbindlich erklärter Plan nach Absatz 3 andere Träger aus, so sind diese zur Abwasserbeseitigung verpflichtet.

(3) Die Länder stellen Pläne zur Abwasserbeseitigung nach überörtlichen Gesichtspunkten auf (Abwasserbeseitigungspläne). In diesen Plänen sind insbesondere die Standorte für bedeutsame Anlagen zur Behandlung von Wasser, ihr Einzugsbereich, Grundzüge für die Abwasserbehandlung sowie die Träger der Maßnahmen festzulegen. Die Festlegungen in den Plänen können für verbindlich erklärt werden.

§ 18 b

Bau und Betrieb von Abwasseranlagen

(1) Abwasseranlagen sind unter Berücksichtigung der Benutzungsbedingungen und Auflagen für das Einleiten von Abwasser (§§ 4, 5 und 7 a) nach den hierfür jeweils in Betracht kommenden Regeln der Technik zu errichten und zu betreiben.

(2) Entsprechen vorhandene Anlagen nicht den Vorschriften des Absatzes 1, so gilt § 7 a Abs. 2 entsprechend.

§ 18 c

Zulassung von Abwasserbehandlungsanlagen

Der Bau und der Betrieb sowie die wesentliche Änderung einer Abwasserbehandlungsanlage, die für mehr als 3 000 kg/d BSB_5 (roh) oder für mehr als 1 500 Kubikmeter Abwasser in zwei Stunden (ausgenommen Kühlwasser) ausgelegt ist, bedürfen einer behördlichen Zulassung. Die Zulassung kann nur in einem Verfahren erteilt werden, das den Anforderungen des Gesetzes über die Umweltverträglichkeitsprüfung entspricht.

§ 19 a

Genehmigung von Rohrleitungsanlagen zum Befördern wassergefährdender Stoffe

(1) Die Errichtung und der Betrieb von Rohrleitungsanlagen zum Befördern wassergefährdender Stoffe bedürfen der Genehmigung der für das Wasser zuständigen Behörde. Dies gilt nicht für Rohrleitungsanlagen, die den Bereich eines Werksgeländes nicht überschreiten oder die Zubehör einer Anlage zum Lagern solcher Stoffe sind.

(2) Wassergefährdende Stoffe im Sinne des Absatzes 1 sind

1. Rohöle, Benzine, Diesel-Kraftstoffe und Heizöle;

2. andere flüssige oder gasförmige Stoffe, die geeignet sind, Gewässer zu verunreinigen oder sonst in ihren Eigenschaften nachteilig zu verändern; sie werden von der Bundesregierung durch Rechtsverordnung mit Zustimmung des Bundesrates bestimmt.

(3) Der Genehmigung bedürfen ferner die wesentliche Änderung einer unter Absatz 1 fallenden Rohrleitungsanlage und die wesentliche Änderung des Betriebs einer solchen Anlage.

(4) Die Genehmigung geht mit der Anlage auf den Rechtsnachfolger über. Der bisherige Inhaber der Genehmigung hat der nach Absatz 1 zuständigen Behörden den Übergang anzuzeigen.

§ 19 b

Auflagen und Bedingungen, Versagung der Genehmigung

(1) Die Genehmigung kann zum Schutze der Gewässer, insbesondere zum Schutze des Grundwassers, unter Festsetzung von Bedingungen und Auflagen erteilt werden; § 4 Abs. 1 Satz 2 Abs. 2 gilt sinngemäß. Die Genehmigung kann befristet werden. Auflagen über Anforderungen an die Beschaffenheit und den Betrieb der Anlage sind auch nach Erteilung der Genehmigung zulässig, wenn zu besorgen ist, daß eine Verunreinigung der Gewässer oder eine sonstige nachteilige Veränderung ihrer Eigenschaften eintritt.

(2) Die Genehmigung ist zu versagen, wenn durch die Errichtung oder den Betrieb der Rohrleitungsanlage eine Verunreinigung der Gewässer oder eine sonstige nachteilige Veränderung ihrer Eigenschaften zu besorgen ist und auch durch Auflagen nicht verhütet oder ausgeglichen werden kann. Bei Rohrleitungsanlagen, die die Grenzen der Bundesrepublik kreuzen, kann die Genehmigung auch versagt werden, wenn die Besorgnis durch Teile der Anlage begründet ist, die außerhalb des Geltungsbereichs dieses Gesetzes errichtet oder betrieben werden.

(3) Die Genehmigung kann für eine Rohrleitungsanlage, die nach § 3 des Gesetzes über die Umweltverträglichkeitsprüfung einer Umweltverträglichkeitsprüfung unterliegt, nur in einem Verfahren erteilt werden, das den Anforderungen des genannten Gesetzes entspricht.

§ 19 c

Widerruf der Genehmigung

(1) Die Genehmigung nach § 19 a kann gegen Entschädigung ganz oder teilweise widerrufen werden, wenn eine Verunreinigung der Gewässer oder eine sonstige nachteilige Veränderung ihrer Eigenschaften zu besorgen ist. Dies gilt auch, wenn die Besorgnis durch Teile der Rohrleitungsanlage begründet ist, die außerhalb des Geltungsbereichs dieses Gesetzes errichtet oder betrieben werden.

(2) Die Genehmigung kann ohne Entschädigung ganz oder teilweise widerrufen werden, wenn der Inhaber trotz einer mit der Androhung des Widerrufs verbundenen Warnung Bedingungen oder Auflagen nicht erfüllt hat.

(3) Unberührt bleibt die Festsetzung nachträglicher Auflagen ohne Entschädigung nach § 19 b Abs. 1 Satz 3.

§ 19 d

Rechtsverordnungen

Die Bundesregierung wird ermächtigt, durch Rechtsverordnung mit Zustimmung des Bundesrates zum Schutze der Gewässer, insbesondere im Interesse der öffentlichen Wasserversorgung, für die nach § 19 a genehmigungsbedürftigen Rohrleitungsanlagen Vorschriften zu erlassen über

1. technische Anforderungen an die Errichtung und den Betrieb der Anlagen,

1 a. die Pflicht zur Anzeige nicht genehmigungsbedürftiger Änderungen der Anlagen oder ihres Betriebs,

2. Prüfungen der Anlagen vor Inbetriebnahme, regelmäßig wiederkehrende Prüfungen und Prüfungen auf Grund behördlicher Anordnung durch amtliche oder für diesen Zweck amtlich anerkannte Sachverständige,

3. Gebühren und Auslagen, die für die vorgeschriebenen oder behördlich angeordneten Prüfungen der Anlagen von dem Eigentümer und Personen, welche die Anlagen herstellen, errichten oder betreiben, zu entrichten sind. Die Gebühren werden nur zur Deckung des mit den Prüfungen verbunden Personal- und Sachaufwandes erhoben, zu dem insbesondere der Aufwand für die Sachverständigen, die Prüfeinrichtungen und -stoffe sowie für die Entwicklung geeigneter Prüfverfahren und für den Erfahrungsaustausch gehört. Es kann bestimmt werden, daß eine Gebühr auch für eine Prüfung erhoben werden kann, die nicht begonnen oder nicht zu Ende geführt worden ist, wenn die Gründe hierfür von den in Satz 1 genannten Personen zu vertreten sind. Die Höhe der Gebührensätze richtet sich nach der Zahl der Stunden, die ein Sachverständiger durchschnittlich für die verschiedenen Prüfungen benötigt. In der Rechtsverordnung können die Kostenbefreiung, die Kostengläubigerschaft, die Kostenschuldnerschaft, der Umfang der zu erstattenden Auslagen und die Kostenerhebung abweichend von den Vorschriften des Verwaltungskostengesetzes vom 23. Juni 1970 (BGBl. I S. 821) geregelt werden.

§ 19 e

Bestehende Anlagen

(1) Rohrleitungsanlagen, mit deren Errichtung vor Eintritt der Genehmigungsbedürftigkeit nach § 19 a Abs. 1 begonnen ist oder die zu diesem Zeitpunkt bereits betrieben werden, bedürfen einer Genehmigung nach § 19 a Abs. 1 nur, wenn für ihre Errichtung oder ihren Betrieb eine Erlaubnis nach den auf Grund des § 24 der Gewerbordnung erlassenen Vorschriften oder eine wasserrechtliche Genehmigung erforderlich war und soweit diese Erlaubnis oder Genehmigung vor Eintritt der Genehmigungsbedürftigkeit nach § 19 a Abs. 1 noch nicht erteilt worden ist.

(2) Rohrleitungsanlagen, für die nach Absatz 1 eine Genehmigung nach § 19 a Abs. 1 nicht erforderlich ist, sind der nach § 19 a Abs. 1 zuständigen Behörde innerhalb von

sechs Monaten nach Eintritt der Genehmigungsbedürftigkeit für Anlagen dieser Art anzuzeigen. Dies gilt nicht für Rohrleitungsanlagen, für die vor Eintritt der Genehmigungsbedürftigkeit auf Grund der Landeswassergesetze eine behördliche Genehmigung erteilt ist oder die auf Grund dieser Gesetze angezeigt worden sind. Auf Anlagen nach Satz 1 sind § 19 a Abs. 3 und 4, § 21 sowie die Vorschriften nach § 19 d Nr. 3 anzuwenden. § 19 b Abs. 1 Satz 3 und die Vorschriften nach § 19 d Nr. 2 gelten entsprechend. Die Untersagung des Betriebs solcher Anlagen ist unter den Voraussetzungen des § 19 c zulässig; die Pflicht zur Entschädigung nach § 19 c Abs. 1 entfällt, soweit der Betrieb der Rohrleitungsanlage nach anderen Vorschriften ohne Entschädigung hätte untersagt werden können.

§ 19 f
Zusammentreffen der Genehmigung mit gewerbe- und bergrechtlichen Entscheidungen

(1) Bedarf eine Rohrleitungsanlage der Erlaubnis nach den auf Grund des § 24 der Gewerbeordnung erlassenen Vorschriften, so entscheidet die für die Erlaubnis zuständige Behörde auch über die Erteilung der Genehmigung, ihren Widerruf, die Erteilung nachträglicher Auflagen und über die Untersagung des Betriebs. Sieht ein bergrechtlicher Betriebsplan die Errichtung oder den Betrieb einer Rohrleitungsanlage vor, so entscheidet die Bergbehörde auch über die Erteilung der Genehmigung, ihren Widerruf, die Erteilung nachträglicher Auflagen und über die Untersagung des Betriebs.

(2) Die Entscheidungen nach Absatz 1 sind im Einvernehmen mit der nach § 19 a Abs. 1 zuständigen Behörde zu treffen.

§ 19 g
Anlagen zum Umgang mit wassergefährdenden Stoffen

(1) Anlagen zum Lagern, Abfüllen, Herstellen und Behandeln wassergefährdender Stoffe sowie Anlagen zum Verwenden wassergefährdender Stoffe im Bereich der gewerblichen Wirtschaft und im Bereich öffentlicher Einrichtungen müssen so beschaffen sein und so eingebaut, aufgestellt, unterhalten und betrieben werden, daß eine Verunreinigung der Gewässer oder eine sonstige nachteilige Veränderung ihrer Eigenschaften nicht zu besorgen ist. Das gleiche gilt für Rohrleitungsanlagen, die den Bereich eines Werksgeländes nicht überschreiten.

(2) Anlagen zum Umschlagen wassergefährdender Stoffe und Anlagen zum Lagern und Abfüllen von Jauche, Gülle und Silagesickersäften müssen so beschaffen sein und so eingebaut, aufgestellt, unterhalten und betrieben werden, daß der bestmögliche Schutz der Gewässer vor Verunreinigung oder sonstiger nachteiliger Veränderung ihrer Eigenschaften erreicht wird.

(3) Anlagen im Sinne der Absätze 1 und 2 müssen mindestens entsprechend den allgemein anerkannten Regeln der Technik beschaffen sein sowie eingebaut, aufgestellt, unterhalten und betrieben werden.

(4) Landesrechtliche Vorschriften für das Lagern wassergefährdender Stoffe in Wasser-schutz-, Quellenschutz-, Überschwemmungs- oder Plangebieten bleiben unberührt.

(4) Wassergefährdende Stoffe im Sinne der §§ 19 g bis 19 l sind feste, flüssige und gasförmige Stoffe, insbesondere

— Säuren, Laugen,

— Alkalimetalle, Siliciumlegierungen mit über 30 vom Hundert Silicium, metallorgani-sche Verbindungen, Halogene, Säurehalogenide, Metallcarbonyle und Beizsalze,

— Mineral- und Teeröle sowie deren Produkte,

— flüssige sowie wasserlösliche Kohlenwasserstoffe, Alkohole, Aldehyde, Ketone, Ester, halogen-, stickstoff- und schwefelhaltige organische Verbindungen,

— Gifte,

die geeignet sind, nachhaltig die physikalische, chemische oder biologische Beschaffen-heit des Wassers nachteilig zu verändern. Der Bundesminister für Umwelt, Naturschutz und Reaktorsicherheit erläßt mit Zustimmung des Bundesrates allgemeine Verwaltungs-vorschriften, in denen die wassergefährdenden Stoffe näher bestimmt und entsprechend ihrer Gefährlichkeit eingestuft werden.

(6) Die Vorschriften der §§ 19 g bis 19 l gelten nicht für Anlagen zum Lagern, Abfüllen und Umschlagen von

1. Abwasser,

2. Stoffen, die hinsichtlich der Radioaktivität die Freigrenzen des Strahlenschutzrech-tes überschreiten.

Absatz 1 und die §§ 19 h bis 19 l finden auf Anlagen zum Lagern und Abfüllen von Jauche, Gülle und Silagesickersäften keine Anwendung.

§ 19 h

Eignungsfeststellung und Bauartzulassung

(1) Anlagen nach § 19 g Abs. 1 und 2 oder Teile von ihnen sowie technische Schutzvor-kehrungen, die nicht einfacher oder herkömmlicher Art sind, dürfen nur verwendet werden, wenn ihre Eignung von der zuständigen Behörde festgestellt ist. Soweit solche Anlagen, Anlagenteile und Schutzvorkehrungen serienmäßig hergestellt werden, kön-nen sie der Bauart nach zugelassen werden. Die Bauartzulassung kann inhaltlich beschränkt, befristet und unter Auflagen erteilt werden. Sie wird von der für den Herstellungsort oder Sitz des Einfuhrunternehmens zuständigen Behörde erteilt und gilt für den Geltungsbereich dieses Gesetzes. Bedürfen die Anlagen, Anlagenteile oder technischen Schutzvorkehrungen einer gewerberechtlichen Bauartzulassung oder eines baurechtlichen Prüfzeichens, so entfällt die Eignungsfeststellung nach Satz 1 und die Bauartzulassung nach Satz 2; bei der Erteilung der gewerberechtlichen Bauartzulassung

oder des baurechtlichen Prüfzeichens sind die Anforderungen der wasserrechtlichen Vorschriften zu berücksichten.

(2) Absatz 1 Satz 1 gilt nicht für

1. das vorübergehende Lagern in Transportbehältern sowie das kurzfristige Bereitstellen oder Aufbewahren wassergefährdender Stoffe in Verbindung mit dem Transport, wenn die Behälter oder Verpackungen den Vorschriften und Anforderungen für den Transport im öffentlichen Verkehr genügen,

2. wassergefährdende Stoffe, die

   a) sich im Arbeitsgang befinden,

   b) in Laboratorien in der für den Handgebrauch erforderlichen Menge bereitgehalten werden.

§ 19 i

Pflichten des Betreibers

(1) Der Betreiber hat mit dem Einbau, der Aufstellung, Instandhaltung, Instandsetzung oder Reinigung von Anlagen nach § 19 g Abs. 1 und 2 Fachbetriebe nach § 19 l zu beauftragen, wenn er selbst nicht die Voraussetzungen des § 19 l Abs. 2 erfüllt oder nicht eine öffentliche Einrichtung ist, die über eine dem § 19 l Abs. 2 Nr. 2 gleichwertige Überwachung verfügt.

(2) Der Betreiber einer Anlage nach § 19 g Abs. 1 und 2 hat ihre Dichtheit und die Funktionsfähigkeit der Sicherheitseinrichtungen ständig zu überwachen. Die zuständige Behörde kann im Einzelfall anordnen, daß der Betreiber einen Überwachungsvertrag mit einem Fachbetrieb nach § 19 l abschließt, wenn er selbst nicht die erforderliche Sachkunde besitzt oder nicht über sachkundiges Personal verfügt. Er hat darüber hinaus nach Maßgabe des Landesrechts Anlagen durch zugelassene Sachverständige auf den ordnungsgemäßen Zustand überprüfen zu lassen, und zwar

1. vor Inbetriebnahme oder nach einer wesentlichen Änderung,

2. spätestens fünf Jahre, bei unterirdischer Lagerung in Wasser- und Quellenschutzgebieten spätestens zweieinhalb Jahre nach der letzten Überprüfung,

3. vor der Wiederinbetriebnahme einer länger als ein Jahr stillgelegten Anlage,

4. wenn die Prüfung wegen der Besorgnis einer Wassergefährdung angeordnet wird,

5. wenn die Anlage stillgelegt wird.

(3) Die zuständige Behörde kann dem Betreiber Maßnahmen zur Beobachtung der Gewässer und des Bodens auferlegen, soweit dies zur frühzeitigen Erkennung von Verunreinigungen, die von Anlagen nach § 19 g Abs. 1 und 2 ausgehen können, erforderlich ist. Sie kann ferner anordnen, daß der Betreiber einen Gewässerschutzbeauftragten zu bestellen hat; die §§ 21 b bis 21 g gelten entsprechend.

§ 19 k

Besondere Pflichten beim Befüllen und Entleeren

Wer eine Anlage zum Lagern wassergefährdender Stoffe befüllt oder entleert, hat diesen Vorgang zu überwachen und sich vor Beginn der Arbeiten vom ordnungsgemäßen Zustand der dafür erforderlichen Sicherheitseinrichtungen zu überzeugen. Die zulässigen Belastungsgrenzen der Anlagen und der Sicherheitseinrichtungen sind beim Befüllen oder Entleeren einzuhalten.

§ 19 l

Fachbetriebe

(1) Anlagen nach § 19 g Abs. 1 und 2 dürfen nur von Fachbetrieben eingebaut, aufgestellt, instandgehalten, instandgesetzt und gereinigt werden; § 19 i Abs. 1 bleibt unberührt. Die Länder können Tätigkeiten bestimmen, die nicht von Fachbetrieben ausgeführt werden müssen.

(2) Fachbetrieb im Sinne des Absatzes 1 ist, wer

1. über die Geräte und Ausrüstungsteile sowie über das sachkundige Personal verfügt, durch die die Einhaltung der Anforderungen nach § 19 g Abs. 3 gewährleistet wird, und

2. berechtigt ist, Gütezeichen einer baurechtlich anerkannten Überwachungs- oder Gütegemeinschaft zu führen, oder einen Überwachungsvertrag mit einer Technischen Überwachungsorganisation abgeschlossen hat, der eine mindestens zweijährige Überprüfung einschließt.

Ein Fachbetrieb darf seine Tätigkeit auf bestimmte Fachbereiche beschränken.

§ 20

Entschädigung

(1) Eine nach diesem Gesetz zu leistende Entschädigung hat den eintretenden Vermögensschaden angemessen auszugleichen. Soweit zur Zeit der die Entschädigungspflicht auslösenden behördlichen Verfügung Nutzungen gezogen werden, ist von dem Maß ihrer Beeinträchtigung auszugehen; hat der Entschädigungsberechtigte Maßnahmen getroffen, um die Nutzungen zu steigern, und ist nachgewiesen, daß die Maßnahmen die Nutzungen nachhaltig gesteigert hätten, so ist dies zu berücksichtigen. Außerdem ist eine infolge der behördlichen Verfügung eingetretene Minderung des gemeinen Werts von Grundstücken zu berücksichtigen, soweit sie nicht nach Satz 2 bereits berücksichtigt sind.

(2) Soweit nicht gesetzlich wasserwirtschaftliche oder andere Maßnahmen als Entschädigung zugelassen werden, ist die Entschädigung in Geld festzusetzen.

§ 21

Überwachung

(1) Wer ein Gewässer benutzt oder einen Antrag auf Erteilung einer Erlaubnis oder Bewilligung gestellt hat, ist verpflichtet, eine behördliche Überwachung der Anlagen, Einrichtungen und Vorgänge zu dulden, die für die Gewässerbenutzung von Bedeutung sind. Er hat dazu, insbesondere zur Prüfung, ob eine beantragte Benutzung zugelassen werden kann, welche Benutzungsbedingungen und Auflagen dabei festzusetzen sind, ob sich die Benutzung in dem zulässigen Rahmen hält und ob nachträglich Anordnungen auf Grund des § 5 oder ergänzender landesrechtlicher Vorschriften zu treffen sind,

1. das Betreten von Betriebsgrundstücken und -räumen während der Betriebszeit,

2. das Betreten von Wohnräumen sowie von Betriebsgrundstücken und -räumen außerhalb der Betriebszeit, sofern die Prüfung zur Verhütung dringender Gefahren für die öffentliche Sicherheit und Ordnung erforderlich ist, und

3. das Betreten von Grundstücken und Anlagen, die nicht zum unmittelbar angrenzenden befriedeten Besitztum von Räumen nach den Nummern 1 und 2 gehören, jederzeit

zu gestatten; das Grundrecht der Unverletzlichkeit der Wohnung (Artikel 13 des Grundgesetzes) wird durch Nummer 2 eingeschränkt. Er hat ferner zu dem gleichen Zweck Anlagen und Einrichtungen zugänglich zu machen, Auskünfte zu erteilen, Arbeitskräfte, Unterlagen und Werkzeuge zur Verfügung zu stellen und technische Ermittlungen und Prüfungen zu ermöglichen. Benutzer von Gewässern, für die ein Gewässerschutzbeauftragter bestellt ist (§ 21 a), haben diesen auf Verlangen der zuständigen Behörde zu Überwachungsmaßnahmen nach den Sätzen 2 und 3 hinzuzuziehen.

(2) Absatz 1 gilt sinngemäß für den, der

1. eine Rohrleitungsanlage nach § 19 a errichtet oder betreibt,

2. eine Anlage nach § 19 g Abs. 1 und 2 herstellt, einbaut, aufstellt, unterhält oder betreibt oder

3. Inhaber eines gewerblichen Betriebs nach § 19 l ist.

Die Eigentümer und Besitzer der Grundstücke, auf denen die Anlagen hergestellt, errichtet, eingebaut, aufgestellt, unterhalten oder betrieben werden, haben das Betreten der Grundstücke zu gestatten, Auskünfte zu erteilen und technische Ermittlungen und Prüfungen zu ermöglichen.

(2 a) Der zur Erteilung einer Auskunft Verpflichtete kann die Auskunft auf solche Fragen verweigern, deren Beantwortung ihn selbst oder einen der in § 383 Abs. 1 Nr. 1 bis 3 der Zivilprozeßordnung bezeichneten Angehörigen der Gefahr strafgerichtlicher Verfolgung oder eines Verfahrens nach dem Gesetz über Ordnungswidrigkeiten aussetzen würde.

(3) Für die zur Überwachung nach den Absätzen 1 und 2 zuständigen Behörden und ihre Bediensteten gelten die §§ 93, 97, 105 Abs. 1, § 111 Abs. 5 in Verbindung mit § 105 Abs. 1 sowie § 116 Abs. 1 der Abgabenordnung nicht. Dies gilt nicht, soweit die Finanzbehörden die Kenntnisse für die Durchführung eines Verfahrens wegen einer Steuerstraftat sowie eines damit zusammenhängenden Besteuerungsverfahrens benötigen, an deren Verfolgung ein zwingendes öffentliches Interesse besteht, oder soweit es sich um vorsätzlich falsche Angaben des Auskunftspflichtigen oder der für ihn tätigen Personen handelt.

(4) Die Bundesregierung wird ermächtigt, durch Rechtsverordnung mit Zustimmung des Bundesrates zu bestimmen, daß die behördliche Überwachung im Sinne dieser Vorschrift bei Anlagen und Einrichtungen, die der Landesverteidigung dienen, zum Geschäftsbereich des Bundesministers der Verteidigung gehörenden Stellen übertragen wird.

(5) Absatz 4 gilt nicht im Land Berlin.

§ 21 a

Bestellung von Betriebsbeauftragten für Gewässerschutz

(1) Benutzer von Gewässern, die an einem Tag mehr als 750 Kubikmeter Abwasser einleiten dürfen, haben einen oder mehrere Betriebsbeauftragte für Gewässerschutz (Gewässerschutzbeauftragte) zu bestellen.

(2) Die zuständige Behörde kann anordnen, daß die Einleiter von Abwasser in Gewässer, für die die Bestellung eines Gewässerschutzbeauftragten nach Absatz 1 nicht vorgeschrieben ist, und die Einleiter von Abwasser in Abwasseranlagen einen oder mehrere Gewässerschutzbeauftragte zu bestellen haben.

(3) Wer vor dem 1. Oktober 1976 nach § 4 Abs. 2 Nr. 2 als verantwortlicher Betriebsbeauftragter hinsichtlich des Einleitens von Abwasser bestellt worden ist, gilt als Gewässerschutzbeauftragter.

§ 21 b

Aufgaben

(1) Der Gewässerschutzbeauftragte ist berechtigt und verpflichtet,

1. die Einhaltung von Vorschriften, Bedingungen und Auflagen im Interesse des Gewässerschutzes zu überwachen, insbesondere durch regelmäßige Kontrolle der Abwasseranlagen im Hinblick auf die Funktionsfähigkeit, den ordnungsgemäßen Betrieb sowie die Wartung, durch Messungen des Abwassers nach Menge und Eigenschaften, durch Aufzeichnungen der Kontroll- und Meßergebnisse; er hat dem Benutzer festgestellte Mängel mitzuteilen und Maßnahmen zu ihrer Beseitigung vorzuschlagen,

2. auf die Anwendung geeigneter Abwasserbehandlungsverfahren einschließlich der Verfahren zur ordnungsgemäßen Verwertung oder Beseitigung der bei der Abwasserbehandlung entstehenden Reststoffe hinzuwirken,

3. auf die Entwicklung und Einführung von

   a) innerbetrieblichen Verfahren zur Vermeidung oder Verminderung des Abwasseranfalles nach Art und Menge,

   b) umweltfreundlichen Produktionen

   hinzuwirken,

4. die Betriebsangehörigen über die in dem Betrieb verursachten Gewässerbelastungen sowie über die Einrichtungen und Maßnahmen zu ihrer Verhinderung unter Berücksichtigung der wasserrechtlichen Vorschriften aufzuklären.

(2) Der Gewässerschutzbeauftragte erstattet dem Benutzer jährlich einen Bericht über die nach Absatz 1 getroffenen und beabsichtigten Maßnahmen.

(3) Die zuständige Behörde kann im Einzelfalle die in den Absätzen 1 und 2 aufgeführten Aufgaben des Gewässerschutzbeauftragten

1. näher regeln,

2. erweitern, soweit es die Belange des Gewässerschutzes erfordern,

3. einschränken, wenn dadurch die ordnungsgemäße Selbstüberwachung nicht beeinträchtigt wird.

§ 21 c

Pflichten des Benutzers

(1) Der Benutzer hat den Gewässerschutzbeauftragten schriftlich zu bestellen; werden mehrere Gewässerschutzbeauftragte bestellt, sind die dem einzelnen Gewässerschutzbeauftragten obliegenden Aufgaben genau zu bezeichnen. Der Benutzer hat die Bestellung der zuständigen Behörde anzuzeigen.

(2) Der Benutzer darf zum Gewässerschutzbeauftragten nur bestellen, wer die zur Erfüllung seiner Aufgaben erforderliche Fachkunde und Zuverlässigkeit besitzt. Werden der zuständigen Behörde Tatsachen bekannt, aus denen sich ergibt, daß der Gewässerschutzbeauftragte nicht die zur Erfüllung seiner Aufgaben erforderliche Fachkunde oder Zuverlässigkeit besitzt, kann sie verlangen, daß der Benutzer einen anderen Gewässerschutzbeauftragten bestellt.

(3) Werden mehrere Gewässerschutzbeauftragte bestellt, so hat der Benutzer für die erforderliche Koordinierung in der Wahrnehmung der Aufgaben, insbesondere durch Bildung eines Ausschusses, zu sorgen. Entsprechendes gilt, wenn neben einem oder mehreren Gewässerschutzbeauftragten Betriebsbeauftragte nach anderen gesetzlichen Vorschriften bestellt werden.

(4) Der Benutzer hat den Gewässerschutzbeauftragten bei der Erfüllung seiner Aufgaben zu unterstützen und ihm insbesondere, soweit dies zur Erfüllung seiner Aufgaben erforderlich ist, Hilfspersonal sowie Räume, Einrichtungen, Geräte und Mittel zur Verfügung zu stellen.

§ 21 d

Stellungnahme zu Investitionsentscheidungen

(1) Der Benutzer hat vor Investitionsentscheidungen, die für den Gewässerschutz bedeutsam sein können, eine Stellungnahme des Gewässerschutzbeauftragten einzuholen.

(2) Die Stellungnahme ist so rechtzeitig einzuholen, daß sie bei der Investitionsentscheidung angemessen berücksichtigt werden kann; sie ist derjenigen Stelle vorzulegen, die über die Investition entscheidet.

§ 21 e

Vortragsrecht

Der Benutzer hat dafür zu sorgen, daß der Gewässerschutzbeauftragte seine Vorschläge oder Bedenken unmittelbar der entscheidenden Stelle vortragen kann, wenn er sich mit dem zuständigen Betriebsleiter nicht einigen konnte und wegen der besonderen Bedeutung der Sache eine Entscheidung dieser Stelle für erforderlich hält.

§ 21 f

Benachteiligungsverbot

Der Gewässerschutzbeauftragte darf wegen der Erfüllung der ihm übertragenen Aufgaben nicht benachteiligt werden.

§ 21 g

Sonderregelung

Die Länder können für Abwassereinleitungen von Gebietskörperschaften, aus Gebietskörperschaften gebildeten Zusammenschlüssen und öffentlich-rechtlichen Wasserverbänden eine von den §§ 21 a bis 21 f abweichende Regelung treffen. Diese Regelung muß eine mindestens gleichwertige Selbstüberwachung und Verstärkung der Anstrengungen im Interesse des Gewässerschutzes gewährleisten.

§ 22

Haftung für Änderung der Beschaffenheit des Wassers

(1) Wer in ein Gewässer Stoffe einbringt oder einleitet oder wer auf ein Gewässer derart einwirkt, daß die physikalische, chemische oder biologische Beschaffenheit des Wassers

verändert wird, ist zum Ersatz des daraus einem anderen entstehenden Schadens verpflichtet. Haben mehrere die Einwirkungen vorgenommen, so haften sie als Gesamtschuldner.

(2) Gelangen aus einer Anlage, die bestimmt ist, Stoffe herzustellen, zu verarbeiten, zu lagern, abzulagern, zu befördern oder wegzuleiten, derartige Stoffe in ein Gewässer, ohne in dieses eingebracht oder eingeleitet zu sein, so ist der Inhaber dieser Anlage zum Ersatz des daraus einem anderen entstehenden Schadens verpflichtet; Absatz 1 Satz 2 gilt entsprechend. Die Ersatzpflicht tritt nicht ein, wenn der Schaden durch höhere Gewalt verursacht ist.

(3) Kann ein Anspruch auf Ersatz des Schadens gemäß § 11 nicht geltend gemacht werden, so ist der Betroffene nach § 10 Abs. 2 zu entschädigen. Der Antrag ist auch noch nach Ablauf der Frist von dreißig Jahren zulässig.

§ 26

Einbringen, Lagern und Befördern von Stoffen

(1) Feste Stoffe dürfen in ein Gewässer nicht zu dem Zweck eingebracht werden, sich ihrer zu entledigen. Schlammige Stoffe rechnen nicht zu festen Stoffen.

(2) Stoffe dürfen an einem Gewässer nur so gelagert oder abgelagert werden, daß eine Verunreinigung des Wassers oder eine sonstige nachteilige Veränderung seiner Eigenschaften oder des Wasserabflusses nicht zu besorgen ist. Das gleiche gilt für die Beförderung von Flüssigkeiten und Gasen durch Rohrleitungen. Weitergehende Verbotsvorschriften bleiben unberührt.

§ 27

Reinhalteordnung

(1) Die Landesregierungen oder die von ihnen bestimmten Stellen können durch Rechtsverordnung für oberirdische Gewässer oder Gewässerteile aus Gründen des Wohls der Allgemeinheit Reinhalteordnungen erlassen. Die Reinhalteordnungen können insbesondere vorschreiben,

1. daß bestimmte Stoffe nicht zugeführt werden dürfen,

2. daß bestimmte Stoffe, die zugeführt werden, bestimmten Mindestanforderungen genügen müssen,

3. welche sonstigen Einwirkungen abzuwehren sind, durch die die Beschaffenheit des Wassers nachteilig beeinflußt werden kann.

(2) Eine Rechtsverordnung nach Absatz 1 gilt gegenüber den Inhabern einer Erlaubnis, einer Bewilligung, eines alten Rechts oder einer alten Befugnis erst, wenn diese Rechte und Befugnisse der Reinhalteordnung angepaßt worden sind; § 12 Abs. 1 und § 15

Abs. 4 bleiben unberührt. Auf Erlaubnisse und Bewilligungen, die in einem Planfeststellungsverfahren gemäß § 14 Abs. 1 erteilt worden sind, findet § 14 Abs. 4 Anwendung.

§ 32 b

Reinhaltung

Stoffe dürfen am Küstengewässer nur so gelagert oder abgelagert werden, daß eine Verunreinigung des Wassers oder eine sonstige nachteilige Veränderung seiner Eigenschaften nicht zu besorgen ist. Das gleiche gilt für die Beförderung von Flüssigkeiten und Gasen durch Rohrleitungen.

§ 34

Reinhaltung

(1) Eine Erlaubnis für das Einleiten von Stoffen in das Grundwasser darf nur erteilt werden, wenn eine schädliche Verunreinigung des Grundwassers oder eine sonstige nachteilige Veränderung seiner Eigenschaften nicht zu besorgen ist.

(2) Stoffe dürfen nur so gelagert oder abgelagert werden, daß eine schädliche Verunreinigung des Grundwassers oder eine sonstige nachteilige Veränderung seiner Eigenschaften nicht zu besorgen ist. Das gleiche gilt für die Beförderung von Flüssigeiten und Gasen durch Rohrleitungen.

§ 36

Wasserwirtschaftliche Rahmenpläne

(1) Um die für die Entwicklung der Lebens- und Wirtschaftsverhältnisse notwendigen wasserwirtschaftlichen Voraussetzungen zu sichern, sollen für Flußgebiete oder Wirtschaftsräume oder für Teile von solchen wasserwirtschaftliche Rahmenpläne aufgestellt werden. Sie sind der Entwicklung fortlaufend anzupassen.

(2) Ein wasserwirtschaftlicher Rahmenplan muß den nutzbaren Wasserschatz, die Erfordernisse des Hochwasserschutzes und die Reinhaltung der Gewässer berücksichtigen. Die wasserwirtschaftliche Rahmenplanung und die Erfordernisse der Raumordnung sind miteinander in Einklang zu bringen.

(3) Wasserwirtschaftliche Rahmenpläne sind von den Ländern nach Richtlinien aufzustellen, die die Bundesregierung mit Zustimmung des Bundesrates erläßt.

§ 36 a

Veränderungssperre zur Sicherung von Planungen

(1) Zur Sicherung von Planungen für Vorhaben der Wassergewinnung oder Wasserspeicherung, der Abwasserbeseitigung, der Wasseranreicherung, der Wasserkraftnut-

zung, der Bewässerung, des Hochwasserschutzes oder des Ausbaus eines oberirdischen Gewässers, die dem Wohl der Allgemeinheit dienen, können die Landesregierungen oder die von ihnen bestimmten Stellen durch Rechtsverordnung Planungsgebiete festlegen, auf deren Flächen wesentlich wertsteigernde oder die Durchführung des geplanten Vorhabens erheblich erschwerende Veränderungen nicht vorgenommen werden dürfen (Veränderungssperre). § 4 Abs. 5 des Raumordnungsgesetzes vom 8. April 1965 (BGBl. I S. 306) bleibt unberührt.

(2) Veränderungen, die in rechtlich zulässiger Weise vorher begonnen worden sind, Unterhaltungsarbeiten und die Fortführung einer bisher ausgeübten Nutzung werden von der Veränderungssperre nicht berührt.

(3) Die Veränderungssperre tritt nach Ablauf von drei Jahren außer Kraft, sofern die Rechtsverordnung keinen früheren Zeitpunkt bestimmt. Die Frist von drei Jahren kann, wenn besondere Umstände es erfordern, durch Rechtsverordnung um höchstens ein Jahr verlängert werden.

(4) Von der Veränderungssperre können Ausnahmen zugelassen werden, wenn überwiegende öffentliche Belange nicht entgegenstehen.

§ 36 b

Bewirtschaftungspläne

(1) Soweit die Ordnung des Wasserhaushaltes es erfordert, stellen die Länder zur Bewirtschaftung der Gewässer (§ 1 a) Pläne auf, die dem Schutz der Gewässer als Bestandteil des Naturhaushalts, der Schonung der Grundwasservorräte und den Nutzungserfordernissen Rechnung tragen (Bewirtschaftungspläne). Die Ziele der Raumordnung und Landesplanung sind zu beachten.

(2) Bewirtschaftungspläne sind aufzustellen für oberirdische Gewässer oder Gewässerteile,

1. die Nutzungen dienen, die eine zu erhaltende oder künftige öffentliche Wasserversorgung aus diesen Gewässern oder Gewässerteilen beeinträchtigen können,

2. bei denen es zur Erfüllung zwischenstaatlicher Vereinbarungen oder bindender Beschlüsse der Europäischen Gemeinschaft erforderlich ist.

(3) In den Bewirtschaftungsplänen für oberirdische Gewässer oder Gewässerteile werden unter Berücksichtigung der natürlichen Gegebenheiten festgelegt

1. die Nutzungen, denen das Gewässer dienen soll,

2. die Merkmale, die das Gewässer in seinem Verlauf aufweisen soll,

3. die Maßnahmen, die erforderlich sind, um die festgelegten Merkmale zu erreichen oder zu erhalten, sowie die einzuhaltenden Fristen,

4. sonstige wasserwirtschaftliche Maßnahmen.

(4) Die Bewirtschaftungspläne sind der Entwicklung fortwährend anzupassen.

(5) Die Bewirtschaftungspläne sind durch die nach diesem Gesetz und nach den Landeswassergesetzen zu treffenden Entscheidungen, insbesondere durch zusätzliche Anforderungen (§ 5), den Widerruf von Erlaubnissen (§ 7 Abs. 1), den Widerruf von Bewilligungen (§ 12), den Widerruf von alten Rechten und alten Befugnissen (§ 15), Ausgleichsverfahren (§ 18), den Erlaß von Reinhalteordnungen (§ 27) oder sonstige im Bewirtschaftungsplan festgelegte Maßnahmen durchzusetzen. Sie können nach Landesrecht auch für andere Behörden für verbindlich erklärt werden.

(6) Soweit für ein oberirdisches Gewässer oder einen Gewässerteil ein Bewirtschaftungsplan nicht aufgestellt ist, darf das Einleiten von Stoffen, durch das eine im Hinblick auf die Nutzungserfordernisse nicht nur unerhebliche nachteilige Veränderung der Beschaffenheit dieses Gewässers oder Gewässerteils zu erwarten ist, nur erlaubt werden, wenn dies überwiegende Gründe des Wohls der Allgemeinheit erfordern. Satz 1 oilt sinngemäß für sonstige behördliche Entscheidungen über Vorhaben, die zu einem Einleiten von Stoffen in ein oberirdisches Gewässer führen. § 6 bleibt unberührt.

(7) Die Bundesregierung kann mit Zustimmung des Bundesrates durch allgemeine Verwaltungsvorschriften Grundsätze über die Kennzeichnung der Merkmale für die Beschaffenheit des Wassers erlassen und bestimmen, welche Merkmale in die Bewirtschaftungspläne zwingend aufzunehmen und wie diese Merkmale zu ermitteln sind.

§ 37

Wasserbuch

(1) Für die Gewässer sind Wasserbücher zu führen.

(2) In das Wasserbuch sind insbesondere einzutragen

1. Erlaubnisse (§ 7), die nicht nur vorübergehenden Zwecken dienen, Bewilligungen (§ 8), alte Rechte und alte Befugnisse (§ 16),

2. Wasserschutzgebiete (§ 19),

3. Überschwemmungsgebiete (§ 32).

§ 41

Ordnungswidrigkeiten

(1) Ordnungswidrig handelt, wer vorsätzlich oder fahrlässig

1. entgegen § 2 eine Benutzung ohne behördliche Erlaubnis oder Bewilligung ausübt oder einer vollziehbaren Auflage nach § 4 Abs. 1 oder Abs. 2 Nr. 1, 2 oder 2a oder einer vollziehbaren Anforderung nach § 5 Abs. 1 Nr. 1 oder 1 a, soweit sie Maßnahmen nach § 4 Abs. 2 Nr. 2 a betrifft, oder einer vollziehbaren Anordnung nach § 5 Abs. 1 Nr. 2 oder 3, auch in Verbindung mit § 5 Abs. 2, zuwiderhandelt,

3. entgegen § 19 a Abs. 1 oder 3 eine Rohrleitungsanlage ohne Genehmigung errichtet oder betreibt oder eine solche Anlage oder den Betrieb wesentlich ändert oder einer vollziehbaren Auflage nach § 19 b Abs. 1 zuwiderhandelt,

4. einer Rechtsverordnung nach § 19 d Nr. 1, 1 a oder 2 oder § 36 a Abs. 1 zuwiderhandelt, soweit sie für einen bestimmten Tatbestand auf diese Bußgeldvorschrift verweist,

5. entgegen § 19 e Abs. 2 Satz 1 eine Anlage nicht oder nicht rechtzeitig anzeigt oder einer vollziehbaren Auflage nach § 19 e Abs. 2 Satz 4 in Verbindung mit § 19 b Abs. 1 Satz 3 zuwiderhandelt,

6. a) entgegen § 19 g Abs. 3 bei Einbau, Aufstellung, Unterhaltung oder Betrieb der Anlagen im Sinne des § 19 g Abs. 1 oder 2 die allgemein anerkannten Regeln der Technik nicht einhält,

   b) entgegen § 19 h Abs. 1 Satz 1 eine Anlage, Teile einer Anlage oder technische Schutzvorkehrungen verwendet, deren Eignung nicht festgestellt ist,

   c) als Betreiber einer Anlage nach § 19 g Abs. 1 oder 2 entgegen § 19 i Abs. 1 mit dem Einbau, der Aufstellung, Instandhaltung, Instandsetzung oder Reinigung der Anlage nicht Fachbetriebe nach § 19 l beauftragt, entgegen § 19 i Abs. 2 Satz 1 die Anlage nicht ständig überwacht, entgegen einer vollziehbaren Anordnung nach § 19 i Abs. 2 Satz 2 einen Überwachungsvertrag nicht abschließt oder entgegen einer vollziehbaren Anordnung nach § 19 i Abs. 3 Satz 2 einen Gewässerschutzbeauftragten nicht bestellt,

   d) entgegen § 19 k einen Vorgang nicht überwacht, sich vom ordnungsgemäßen Zustand der Sicherheitseinrichtungen nicht überzeugt oder die Belastungsgrenzen der Anlagen und Sicherheitseinrichtungen nicht einhält,

   e) entgegen § 19 l Abs. 1 Anlagen nach § 19 g Abs. 1 und 2 einbaut, aufstellt, instandhält, instandsetzt oder reinigt, ohne daß er berechtigt ist, Gütezeichen einer baurechtlich anerkannten Überwachungs- oder Gütegemeinschaft zu führen, oder einen Überwachungsvertrag mit einer Technischen überwachungsorganisation abgeschlossen hat,

7. entgegen § 21
   a) das Betreten von Grundstücken, Anlagen oder Räumen nicht gestattet, Anlagen oder Einrichtungen nicht zugänglich macht oder technische Ermittlungen oder Prüfungen nicht ermöglicht,

   b) die erforderlichen Arbeitskräfte, Unterlagen oder Werkzeuge nicht zur Verfügung stellt oder

   c) eine Auskunft nicht, unrichtig, unvollständig oder nicht rechtzeitig erteilt,

   d) den Gewässerschutzbeauftragen nicht zu Überwachungsmaßnahmen hinzuzieht,

8. entgegen § 21 a Abs. 1 oder entgegen einer vollziehbaren Anordnung nach § 21 a Abs. 2 einen Gewässerschutzbeauftragten nicht bestellt,

9. einer Vorschrift des § 26 oder § 32 b oder § 34 Abs. 2 über das Einbringen, Lagern, Ablagern oder Befördern von Stoffen zuwiderhandelt,

10. einer Rechtsverordnung nach § 27 Abs. 1 zuwiderhandelt, soweit sie für einen bestimmten Tatbestand auf diese Bußgeldvorschrift verweist,

11. ...

(2) Die Ordnungswidrigkeit kann mit einer Geldbuße bis zu hunderttausend Deutsche Mark geahndet werden.

2.

Gesetz über Abgaben für das Einleiten von Abwasser in Gewässer
(Abwasserabgabengesetz — AbwAG) [1])

in der Fassung der Bekanntmachung vom 6. November 1990 (BGBl. I. S. 2432)

Auf Grund des Artikels 3 des Dritten Gesetzes zur Änderung des Abwasserabgabengesetzes vom 2. November 1990 (BGBl. I S. 2425) wird nachstehend der Wortlaut des Abwasserabgabengesetzes in der ab 1. Januar 1991 geltenden Fassung bekanntgemacht.

Die Neufassung berücksichtigt:

1. die Fassung der Bekanntmachung vom 5. März 1987 (BGBl. I S. 880)

2. den am 1. Januar 1991 in Kraft getretenen Artikel 1 des eingangs genannten Gesetzes

Erster Abschnitt

Allgemeine Vorschriften

§ 1

Grundsatz

Für das Einleiten von Abwasser in ein Gewässer im Sinne des § 1 Abs. 1 des Wasserhaushaltsgesetzes ist eine Abgabe zu entrichten (Abwasserabgabe). Sie wird durch die Länder erhoben.

§ 2

Begriffsbestimmungen

(1) Abwasser im Sinne dieses Gesetzes sind das durch häuslichen, gewerblichen, landwirtschaftlichen oder sonstigen Gebrauch in seinen Eigenschaften veränderte und das bei Trockenwetter damit zusammen abfließende Wasser (Schmutzwasser) sowie das von Niederschlägen aus dem Bereich von bebauten oder befestigten Flächen abfließende und gesammelte Wasser (Niederschlagswasser). Als Schmutzwasser gelten auch die aus Anlagen zum Behandeln, Lagern und Ablagern von Abfällen austretenden und gesammelten Flüssigkeiten.

---

[1]) Gemäß Gesetz vom 23. Sept. 1990. Einigungsvertragsgesetz ....

(2) Einleiten im Sinne dieses Gesetzes ist das unmittelbare Verbringen des Abwassers in ein Gewässer; das Verbringen in den Untergrund gilt als Einleiten in ein Gewässer, ausgenommen hiervon ist das Verbringen im Rahmen landbaulicher Bodenbehandlung.

(3) Abwasserbehandlungsanlage im Sinne dieses Gesetzes ist eine Einrichtung, die dazu dient, die Schädlichkeit des Abwassers zu vermindern oder zu beseitigen; ihr steht eine Einrichtung gleich, die dazu dient, die Entstehung von Abwasser ganz oder teilweise zu verhindern.

§ 3

Bewertungsgrundlage

(1) Die Abwasserabgabe richtet sich nach der Schädlichkeit des Abwassers, die unter Zugrundelegung der oxidierbaren Stoffe, des Phosphors, des Stickstoffs, der organischen Halogenverbindungen, der Metalle Quecksilber, Cadmium, Chrom, Nickel, Blei, Kupfer und ihrer Verbindungen sowie der Giftigkeit des Abwassers gegenüber Fischen nach der Anlage zu diesem Gesetz in Schadeinheiten bestimmt wird. Eine Bewertung der Schädlichkeit entfällt außer bei Niederschlagswasser (§ 7) und Kleineinleitungen (§ 8), wenn die der Ermittlung der Zahl der Schadeinheiten zugrunde zu legende Schadstoffkonzentration oder Jahresmenge die in der Anlage angegebenen Schwellenwerte nicht überschreitet oder der Verdünnungsfaktor G_F nicht mehr als 2 beträgt.

(2) In den Fällen des § 9 Abs. 3 (Flußkläranlagen) richtet sich die Abgabe nach der Zahl der Schadeinheiten im Gewässer unterhalb der Flußkläranlage.

(3) Die Länder können bestimmen, daß die Schädlichkeit des Abwassers insoweit außer Ansatz bleibt, als sie in Nachklärteichen, die einer Abwasserbehandlungsanlage klärtechnisch unmittelbar zugeordnet sind, beseitigt wird.

(4) Die Bundesregierung wird ermächtigt, durch Rechtsverordnung mit Zustimmung des Bundesrates die in der Anlage Teil B festgelegten Vorschriften über die Verfahren zur Bestimmung der Schädlichkeit dem jeweiligen Stand der Wissenschaft und Technik anzupassen, um die Verfahren zu verfeinern oder um den für die Bestimmung der Schädlichkeit erforderlichen persönlichen oder sachlichen Aufwand zu vermindern, wenn dadurch die Bewertung der Schädlichkeit nicht wesentlich verändert wird.

Zweiter Abschnitt

Ermittlung der Schädlichkeit

§ 4

Ermittlung auf Grund des Bescheides

(1) Die der Ermittlung der Zahl der Schadeinheiten zugrunde zu legende Schadstofffracht errechnet sich außer bei Niederschlagswasser (§ 7) und bei Kleineinleitungen (§ 8)

nach den Festlegungen des die Abwassereinleitung zulassenden Bescheides. Der Bescheid hat hierzu mindestens für die in der Anlage zu § 3 unter den Nummern 1 bis 5 genannten Schadstoffe und Schadstoffgruppen die in einem bestimmten Zeitraum im Abwasser einzuhaltende Konzentration und bei der Giftigkeit gegenüber Fischen den in einem bestimmten Zeitraum einzuhaltenden Verdünnungsfaktor zu begrenzen (Überwachungswerte) sowie die Jahresschmutzwassermenge festzulegen. Enthält der Bescheid für einen Schadstoff oder eine Schadstoffgruppe Überwachungswerte für verschiedene Zeiträume, ist der Abgabenberechnung der Überwachungswert für den längsten Zeitraum zugrunde zu legen. Ist im Abwasser einer der in der Anlage zu § 3 genannten Schadstoffe oder Schadstoffgruppen nicht über den dort angegebenen Schwellenwerten zu erwarten, so kann insoweit von der Festlegung von Überwachungswerten abgesehen werden.

(2) In den Fällen des § 9 Abs. 3 (Flußkläranlagen) gilt Absatz 1 entsprechend.

(3) Weist das aus einem Gewässer unmittelbar entnommene Wasser vor seinem Gebrauch bereits eine Schädlichkeit nach § 3 Abs. 1 (Vorbelastung) auf, so ist auf Antrag des Abgabepflichtigen die Vorbelastung für die in § 3 Abs. 1 genannten Schadstoffe und Schadstoffgruppen zu schätzen und ihm die geschätzte Vorbelastung nicht zuzurechnen. Bei der Schätzung ist von der Schadstoffkonzentration im Mittel mehrerer Jahre auszugehen. Die Länder können für Gewässer oder Teile von ihnen die mittlere Schadstoffkonzentration einheitlich festlegen.

(4) Die Einhaltung des Bescheides ist im Rahmen der Gewässerüberwachung nach den wasserrechtlichen Vorschriften durch staatliche oder staatliche anerkannte Stellen zu überwachen. Ergibt die Überwachung, daß ein der Abgabenberechnung zugrunde zu legender Überwachungswert im Veranlagungszeitraum nicht eingehalten ist und auch nicht als eingehalten gilt, wird die Zahl der Schadeinheiten erhöht. Die Erhöhung richtet sich nach dem Vomhundertsatz, um den der höchste gemessene Einzelwert den Überwachungswert überschreitet. Wird der Überwachungswert einmal nicht eingehalten, so bestimmt sich die Erhöhung nach der Hälfte des Vomhundertsatzes, wird der Überwachungswert mehrfach nicht eingehalten, nach dem vollen Vomhundertsatz. Legt der die Abwassereinleitung zulassende Bescheid nach Absatz 1 Satz 4 einen Überwachungswert nicht fest und ergibt die Überwachung, daß die in der Anlage zu § 3 als Schwellenwert angegebene Konzentration überschritten ist, wird die sich rechnerisch bei Zugrundelegung des Schwellenwertes ergebende Zahl der Schadeinheiten um den Vomhundersatz erhöht, der sich aus den Sätzen 3 und 4 ergibt. Enthält der Bescheid über die nach Absatz 1 zugrunde zu legenden Überwachungswerte hinaus auch Überwachungswerte für kürzere Zeiträume oder Festlegungen für die in einem bestimmten Zeitraum einzuhaltende Abwassermenge oder Schadstofffracht, so wird die Zahl der Schadeinheiten auch bei Überschreitung dieser Werte erhöht. Wird die festgelegte Abwassermenge nicht eingehalten, so wird die Zahl der Schadeinheiten für alle im Bescheid nach Absatz 1 begrenzten Überwachungswerte erhöht. Werden sowohl ein Überwachungswert nach Absatz 1 als auch ein Überwachungswert oder eine Festlegung nach Satz 6 nicht eingehalten, so bestimmt sich die Erhöhung der Zahl der Schadeinheiten nach dem höchsten anzuwendenden Vomhundertsatz.

(5) Erklärt der Einleiter gegenüber der zuständigen Behörde, daß er im Veranlagungszeitraum während eines bestimmten Zeitraumes, der nicht kürzer als drei Monate sein darf, einen niedrigeren Wert als den im Bescheid nach Absatz 1 festgelegten Überwachungswert oder eine geringere als die im Bescheid festgelegte Abwassermenge einhalten wird, so ist die Zahl der Schadeinheiten für diesen Zeitraum nach dem erklärten Wert zu ermitteln. Die Abweichung muß mindestens 20 vom Hundert betragen. Die Erklärung, in der die Umstände darzulegen sind, auf denen sie beruht, ist mindestens zwei Wochen vor dem beantragten Zeitraum abzugeben. Die Absätze 2 und 3 gelten entsprechend. Ergibt die behördliche Überwachung, daß ein Meßergebnis den erklärten Wert oder einen weiteren im gleichen Verhältnis zu verringernden Überwachungswert oder die Festlegungen nach Absatz 4 Satz 6 übersteigt, sind die Schadeinheiten nach den Absätzen 1 bis 4 zu ermitteln; die Regelung des § 9 Abs. 5 bleibt bei Einhaltung des Überwachungswertes unberührt.

§ 5

(weggefallen)

§ 6

Ermittlung in sonstigen Fällen

(1) Soweit die zur Ermittlung der Schadeinheiten erforderlichen Festlegungen nicht in einem Bescheid nach § 4 Abs. 1 enthalten sind, hat der Einleiter spätestens einen Monat vor Beginn des Veranlagungszeitraumes gegenüber der zuständigen Behörde zu erklären, welche für die Ermittlung der Schadeinheiten maßgebenden Überwachungswerte er im Veranlagungszeitraum einhalten wird. Kommt der Einleiter der Verpflichtung nach Satz 1 nicht nach, ist der Ermittlung der Schadeinheiten jeweils das höchste Meßergebnis aus der behördlichen Überwachung zugrunde zu legen. Liegt kein Ergebnis aus der behördlichen Überwachung vor, hat die zuständige Behörde die Überwachungswerte zu schätzen. Die Jahresschmutzwassermenge wird bei der Ermittlung der Schadeinheiten geschätzt.

(2) § 4 Abs. 2 bis 5 gilt entsprechend.

§ 7

Pauschalierung bei Einleitung von verschmutztem Niederschlagswasser

(1) Die Zahl der Schadeinheiten von Niederschlagswasser, das über eine öffentliche Kanalisation eingeleitet wird, beträgt zwölf vom Hundert der Zahl der angeschlossenen Einwohner. Wird das Niederschlagswasser von befestigten gewerblichen Flächen über eine nichtöffentliche Kanalisation eingeleitet, sind der Abgabenberechnung 18 Schadeinheiten je volles Hektar zugrunde zu legen, wenn die befestigten gewerblichen Flächen größer als drei Hektar sind. Die Zahl der angeschlossenen Einwohner oder die Größe der befestigten Fläche kann geschätzt werden.

(2) Die Länder können bestimmen, unter welchen Voraussetzungen die Einleitung von Niederschlagswasser ganz oder zum Teil abgabefrei bleibt.

§ 8

Pauschalierung bei Kleineinleitungen von Schmutzwasser aus Haushaltungen und ähnlichem Schmutzwasser

(1) Die Zahl der Schadeinheiten von Schmutzwasser aus Haushaltungen und ähnlichem Schmutzwasser, für das eine Körperschaft des öffentlichen Rechts nach § 9 Abs. 2 Satz 2 abgabepflichtig ist, beträgt die Hälfte der Zahl der nicht an die Kanalisation angeschlossenen Einwohner, soweit die Länder nichts anderes bestimmen. Ist die Zahl der Einwohner nicht oder nur mit unverhältnismäßigem Aufwand zu ermitteln, kann sie geschätzt werden.

(2) Die Länder können bestimmen, unter welchen Voraussetzungen die Einleitung abgabefrei bleibt. Die Einleitung ist abgabefrei, wenn der Bau der Abwasserbehandlungsanlage mindestens den allgemein anerkannten Regeln der Technik entspricht und die ordnungsgemäße Schlammbeseitigung sichergestellt ist.

Dritter Abschnitt

Abgabepflicht

§ 9

Abgabepflicht, Abgabesatz

(1) Abgabepflichtig ist, wer Abwasser einleitet (Einleiter).

(2) Die Länder können bestimmen, daß an Stelle der Einleiter Körperschaften des öffentlichen Rechts abgabepflichtig sind. An Stelle von Einleitern, die weniger als acht Kubikmeter je Tag Schmutzwasser aus Haushaltungen und ähnliches Schmutzwasser einleiten, sind von den Ländern zu bestimmende Körperschaften des öffentlichen Rechts abgabepflichtig. Die Länder regeln die Abwälzbarkeit der Abgabe.

(3) Wird das Wasser eines Gewässers in einer Flußkläranlage gereinigt, können die Länder bestimmen, daß an Stelle der Einleiter eines festzulegenden Einzugsbereiches der Betreiber der Flußkläranlage abgabepflichtig ist. Absatz 2 Satz 3 gilt entsprechend.

(4) Die Abgabepflicht entsteht bis zum 31. Dezember 1980 nicht. Der Abgabesatz beträgt für jede Schadeinheit

ab 1. Januar 1981	12 DM	ab 1. Januar 1982	18 DM
ab 1. Januar 1983	24 DM	ab 1. Januar 1984	30 DM
ab 1. Januar 1985	36 DM	ab 1. Januar 1986	40 DM
ab 1. Januar 1991	50 DM	ab 1. Januar 1993	60 DM
ab 1. Januar 1995	70 DM	ab 1. Januar 1997	80 DM
ab 1. Januar 1999	90 DM		

im Jahr.

(5) Der Abgabesatz nach Absatz 4 ermäßigt sich außer bei Niederschlagswasser (§ 7) und bei Kleineinleitungen (§ 8) um 75 vom Hundert für die Schadeinheiten, die nicht vermieden werden, obwohl

1. der Inhalt des Bescheides nach § 4 Abs. 1 oder die Erklärung nach § 6 Abs. 1 Satz 1 mindestens den Anforderungen der allgemeinen Verwaltungsvorschriften nach § 7 a Abs. 1 des Wasserhaushaltsgesetzes entspricht und

2. die Anforderungen der allgemeinen Verwaltungsvorschriften nach § 7a Abs. 1 des Wasserhaushaltsgesetzes im Veranlagungszeitraum eingehalten werden, sofern sie nicht entgegen den allgemein anerkannten Regeln der Technik durch Verdünnung oder Vermischung erreicht werden.

Die Ermäßigung beträgt 40 vom Hundert, wenn für die nach § 4 Abs. 1 oder § 6 Abs. 1 Satz 1 der Ermittlung der Schadeinheiten zugrunde zu legenden Überwachungswerte insgesamt vier Jahre die Voraussetzungen des Satzes 1 vorgelegen haben, nach weiteren vier Jahren 20 vom Hundert. Erhöhen sich die Anforderungen der allgemeinen Verwaltungsvorschriften nach § 7 a Abs. 1 des Wasserhaushaltsgesetzes, ermäßigt sich der Abgabesatz erneut nach Maßgabe der Sätze 1 und 2. Sätze 1 und 2 gelten entsprechend, wenn für die im Bescheid nach § 4 Abs. 1 festgesetzten oder nach § 6 Abs. 1 Satz 1 erklärten Überwachungswerte keine Anforderungen in den allgemeinen Verwaltungsvorschriften nach § 7 a Abs. 1 des Wasserhaushaltsgesetzes gestellt werden.

(6) Im Falle einer Erklärung nach § 4 Abs. 5 berechnet sich die Ermäßigung nach dem erklärten Wert, wenn der Bescheid im Anschluß an die Erklärung an die erklärten Wert angepaßt wird und dieser die Voraussetzungen des Absatzes 5 erfüllt.

§ 10

Ausnahmen von der Abgabepflicht

(1) Nicht abgabepflichtig ist das Einleiten von

1. Schmutzwasser, das vor Gebrauch einem Gewässer entnommen worden ist und über die bei der Entnahme vorhandene Schädlichkeit im Sinne dieses Gesetzes hinaus keine weitere Schädlichkeit im Sinne dieses Gesetzes aufweist,

2. Schmutzwasser in ein beim Abbau von mineralischen Rohstoffen entstandes oberirdisches Gewässer, sofern das Wasser nur zum Waschen der dort gewonnenen Erzeugnisse gebraucht wird und keine anderen schädlichen Stoffe als die abgebauten enthält und soweit gewährleistet ist, daß keine schädlichen Stoffe in andere Gewässer gelangen,

3. Schmutzwasser von Wasserfahrzeugen, das auf ihnen anfällt,

4. Niederschlagswasser von bis zu drei Hektar großen befestigten gewerblichen Flächen und von Schienenwegen der Eisenbahnen, wenn es nicht über eine öffentliche Kanalisation vorgenommen wird.

(2) Die Länder können bestimmen, daß das Einleiten von Abwasser in Untergrundschichten, in denen das Grundwasser wegen seiner natürlichen Beschaffenheit für eine Trinkwassergewinnung mit den herkömmlichen Aufbereitungsverfahren nicht geeignet ist, nicht abgabepflichtig ist.

(3) Werden Abwasserbehandlungsanlagen errichtet oder erweitert, deren Betrieb eine Minderung eines der der Ermittlung der Schadeinheiten zugrunde zu legenden Werte beim Einleiten in das Gewässer um mindestens 20 vom Hundert und eine entsprechende Verringerung der Schadstofffracht erwarten läßt, so können die für die Errichtung oder Erweiterung der Anlage entstandenen Aufwendungen mit der für die in den drei Jahren vor der vorgesehenen Inbetriebnahme der Anlage insgesamt für diese Einleitung geschuldeten Abgabe verrechnet werden. Dies gilt nicht für den nach § 4 Abs. 4 erhöhten Teil der Abgabe. Ist die Abgabe bereits gezahlt, besteht ein entsprechender Rückzahlungsanspruch; dieser Anspruch ist nicht zu verzinsen. Die Abgabe ist nachzuerheben, wenn die Anlage nicht in Betrieb genommen wird oder eine Minderung um mindestens 20 vom Hundert nicht erreicht wird. Die nacherhobene Abgabe ist rückwirkend vom Zeitpunkt der Fälligkeit an entsprechend § 238 der Abgabenordnung zu verzinsen.

Vierter Abschnitt
Festsetzung, Erhebung und Verwendung der Abgabe

§ 11
Veranlagungszeitraum, Erklärungspflicht

(1) Veranlagungszeitraum ist das Kalenderjahr.

(2) Der Abgabepflichtige hat in den Fällen der §§ 7 und 8 die Zahl der Schadeinheiten des Abwassers zu berechnen und die dazugehörigen Unterlagen der zuständigen Behörde vorzulegen. Ist der Abgabepflichtige nicht Einleiter (§ 9 Abs. 2 und 3), so hat der Einleiter dem Abgabepflichtigen die notwendigen Daten und Unterlagen zu überlassen.

(3) Die Länder können bestimmen, daß der Abgabepflichtige auch in anderen Fällen die Zahl der Schadeinheiten des Abwassers zu berechnen, die für eine Schätzung erforderlichen Angaben zu machen und die dazugehörigen Unterlagen der zuständigen Behörde vorzulegen hat. Absatz 2 Satz 2 gilt entsprechend.

§ 12
Verletzung der Erklärungspflicht

(1) Kommt der Abgabepflichtige seinen Verpflichtungen nach § 11 Abs. 2 Satz 1 und den ergänzenden Vorschriften der Länder nicht nach, so kann die Zahl der Schadeinheiten von der zuständigen Behörde geschätzt werden.

(2) Der Einleiter, der nach § 9 Abs. 2 oder 3 nicht abgabepflichtig ist, kann im Wege der Schätzung zur Abgabe herangezogen werden, wenn er seinen Verpflichtungen nach § 11 Abs. 2 Satz 2 und den ergänzenden Vorschriften der Länder nicht nachkommt. In diesem Fall haften der Abgabepflichtige und der Einleiter als Gesamtschuldner.

§ 12 a

Rechtsbehelfe gegen die Heranziehung

Widerspruch und Anfechtungsklage gegen die Anforderung der Abgabe haben keine aufschiebende Wirkung. Satz 1 ist auch auf Bescheide anzuwenden, die vor dem 19. Dezember 1984 erlassen worden sind.

§ 13

Verwendung

(1) Das Aufkommen der Abwasserabgabe ist für Maßnahmen, die der Erhaltung oder Verbesserung der Gewässergüte dienen, zweckgebunden. Die Länder können bestimmen, daß der durch den Vollzug dieses Gesetzes und der ergänzenden landesrechtlichen Vorschriften entstehende Verwaltungsaufwand aus dem Aufkommen der Abwasserabgabe gedeckt wird.

(2) Maßnahmen nach Absatz 1 sind insbesondere:

1. der Bau von Abwasserbehandlungsanlagen,

2. der Bau von Regenrückhaltebecken und Anlagen zur Reinigung des Niederschlagswassers,

3. der Bau von Ring- und Auffangkanälen an Talsperren, See- und Meeresufern sowie von Hauptverbindungssammlern, die die Errichtung von Gemeinschaftskläranlagen ermöglichen,

4. der Bau von Anlagen zur Beseitigung des Klärschlammes,

5. Maßnahmen im und am Gewässer zur Beobachtung und Verbesserung der Gewässergüte wie Niederschlagswasseraufhöhung oder Sauerstoffanreicherung sowie zur Gewässerunterhaltung,

6. Forschung und Entwicklung von Anlagen oder Verfahren zur Verbesserung der Gewässergüte,

7. Ausbildung und Fortbildung des Betriebspersonals für Abwasserbehandlungsanlagen und anderen Anlagen zur Erhaltung und Verbesserung der Gewässergüte.

Fünfter Abschnitt

Gemeinsame Vorschriften; Schlußvorschriften

§ 14

Anwendung von Straf- und Bußgeldvorschriften der Abgabenordnung

Für die Hinterziehung von Abwasserabgaben gelten die Strafvorschriften des § 370 Abs. 1, 2 und 4 und des § 371 der Abgabenordnung (AO 1977) entsprechend, für die Verkürzung von Abwasserabgaben gilt die Bußgeldvorschrift des § 378 der Abgabenordnung (AO 1977) entsprechend.

§ 15

Ordnungswidrigkeiten

(1) Ordnungswidrig handelt, wer vorsätzlich oder fahrlässig

1. entgegen § 11 Abs. 2 Satz 1 die Berechnungen oder Unterlagen nicht, nicht richtig oder nicht vollständig vorlegt,

2. entgegen § 11 Abs. 2 Satz 2 dem Abgabepflichtigen die notwendigen Daten oder Unterlagen nicht, nicht richtig oder nicht vollständig überläßt,

(2) Die Ordnungswidrigkeit kann mit einer Geldbuße bis zu fünftausend Deutsche Mark geahndet werden.

§ 16

Stadtstaaten-Klausel

§ 1 findet auch Anwendung, wenn die Länder Berlin und Hamburg selbst abgabepflichtig sind. § 9 Abs. 2 Satz 1 und 2 gilt für die Länder Berlin und Hamburg mit der Maßgabe, daß sie sich auch selbst als abgabepflichtig bestimmen können.

§ 17

Berlin-Klausel

(gegenstandslos)

§ 18

(Inkrafttreten)

A.

(1) Die Bewertungen der Schadstoffe und Schadstoffgruppen sowie die Schwellenwerte ergeben sich aus folgender Tabelle:

Nr.	Bewertete Schadstoffe und Schadstoffgruppen	Einer Schadeinheit entsprechen jeweils folgende volle Meßeinheiten	Schwellenwerte nach Konzentration und Jahresmenge		
1	Oxidierbare Stoffe in chemischem Sauerstoffbedarf (CSB)	50 Kilogramm Sauerstoff	20 Milligramm je Liter und 250 Kilogramm Jahresmenge		
2	Phosphor	3 Kilogramm	0,1 Milligramm je Liter und 15 Kilogramm Jahresmenge		
3	Stickstoff	25 Kilogramm	5 Milligramm je Liter und 125 Kilogramm Jahresmenge		
4	Organische Halogenverbindungen als adsorbierbare organisch gebundene Halogene (AOX)	2 Kilogramm Halogen, berechnet als organisch gebundenes Chlor	100 Milligramm je Liter und 10 Kilogramm Jahresmenge		
5	Metalle und ihre Verbindungen:			und	
5.1	Quecksilber	20 Gramm	1 Mikrogramm	100	Gramm
5.2	Cadmium	100 Gramm	5 Mikrogramm	500	Gramm
5.3	Chrom	500 Gramm	50 Mikrogramm	2,5	Kilogramm
5.4	Nickel	500 Gramm	50 Mikrogramm	2,5	Kilogramm
5.5	Blei	500 Gramm	50 Mikrogramm	2,5	Kilogramm
5.6	Kupfer	1 000 Gramm Metall	100 Mikrogramm je Liter	5	Kilogramm Jahresmenge
6	Giftigkeit gegenüber Fischen	3 000 Kubikmeter Abwasser geteilt durch G_F	$G_F = 2$		

G_F ist der Verdünnungsfaktor, bei dem Abwasser im Fischtest nicht mehr giftig ist.

(2) Wird Abwasser in Küstengewässer eingeleitet, bleibt die Giftigkeit gegenüber Fischen insoweit unberücksichtigt, als sie auf dem Gehalt an solchen Salzen beruht, die den Hauptbestandteilen des Meerwassers gleichen. Das gleiche gilt für die Einleitung von Abwasser in Mündungsstrecken oberirdischer Gewässer in das Meer, die einen ähnlichen natürlichen Salzgehalt wie die Küstengewässer aufweisen.

B.

Die Schadstoffgehalte sowie die Giftigkeit gegenüber Fischen werden aus der nicht abgesetzten, homogenisierten Probe nach folgenden Verfahren bestimmt:

1. Oxidierbare Stoffe (CSB) — Der chemische Sauerstoffbedarf wird nach dem Dichromatverfahren unter Anwendung von Silbersulfat als Katalysator bestimmt, im übrigen nach Nummer 303 der Anlage zur Rahmen-AbwasserVwV vom 8. September 1989 (GMBl. S. 518).

2. Phosphor — Nach Aufschluß der Wasserprobe mit Kaliumperoxodisulfat wird der Gesamtphsosphatgehalt, berechnet als Phosphor, photometrisch bestimmt, im übrigen nach Nummer 108 der Anlage zur Rahmen-AbwasserVwV.

3. Stickstoff — Der Stickstoff wird als Summe der Einzelbestimmungen des Ammonium-Stickstoffs, des Nitrat-Stickstoffs und des Nitrit-Stickstoffs bestimmt. Dabei wird nach Destillation der Ammonium-Stickstoff maßanalytisch bestimmt, im übrigen nach Nummer 202 der Anlage zur Rahmen-AbwasserVwV; der Nitrat-Stickstoff wird ionenchromatographisch bestimmt, im übrigen nach Nummer 106 der Anlage zur Rahmen-AbwasserVwV; der Nitrit-Stickstoff wird durch Messungen der Extinktion bestimmt, im übrigen nach Nummer 107 der Anlage zur Rahmen-AbwasserVwV.

4. Organische Halogenverbindungen (AOX) — Die an Aktivkohle absorbierbaren organisch gebundenen Halogene werden im Sauerstoffstrom verbrannt, die Menge der dabei gebildeten Halogenwasserstoffe bestimmt und als Chlor angegeben, im übrigen nach Nummer 302 der Anlage zur Rahmen-AbwasserVwV.

5. Quecksilber — Nach Aufschluß der Wasserprobe mit Kaliumpermanganat und Kaliumperoxodisulfat wird das Quecksilber atomabsorptions- oder atomemmissionsspektrometrisch bestimmt, im übrigen nach Nr. 2.3.5 der 40. AbwasserVwV vom 5. September 1984 (GMBl. S. 354).

6. Cadmium, Chrom, Nickel, Blei, Kupfer	Nach Aufschluß der Wasserprobe mit Salpetersäure und Wasserstoffperoxid werden die Metalle atomabsorptions- und atomemissionsspektrometrisch bestimmt, im übrigen nach Nummer 207 (Cadmium) 209 (Chrom), 214 (Nickel), 206 (Blei) und 213 (Kupfer) der Anlage zur Rahmen-AbwasserVwV.
7. Fischgiftigkeit	Die Giftwirkung wird im Fischtest unter Verwendung der Goldorfe (Leuciscus idus melanotus) als Testfisch durch Ansetzen verschiedener Abwasserverdünnungen bestimmt, im übrigen nach Nummer 401 der Anlage zur Rahmen-AbwasserVwV.

3.

Gesetz zum Schutz vor schädlichen Umwelteinwirkungen durch Luftverunreinigungen, Geräusche, Erschütterungen und ähnliche Vorgänge (Bundes-Immissionsschutzgesetz — BImSchG)

vom 11. Mai 1990 (BGBl. I S. 870) in der Fassung der Bekanntmachung vom 14. Mai 1990 (BGBl. I S. 880), zuletzt geändert durch Gesetz vom 26. Juni 1992 (BGBl. I S. 1161)

(Auszug)

Erster Teil

Allgemeine Vorschriften

§ 1

Zweck des Gesetzes

Zweck dieses Gesetzes ist es, Menschen, Tiere und Pflanzen, den Boden, das Wasser, die Atmosphäre sowie Kultur- und sonstige Sachgüter vor schädlichen Umwelteinwirkungen und, soweit es sich um genehmigungsbedürftige Anlagen handelt, auch vor Gefahren, erheblichen Nachteilen und erheblichen Belästigungen, die auf andere Weise herbeigeführt werden, zu schützen und dem Entstehen schädlicher Umwelteinwirkungen vorzubeugen.

§ 2

Geltungsbereich

(1) Die Vorschriften dieses Gesetzes gelten für

1. die Errichtung und den Betrieb von Anlagen,

2. das Herstellen, Inverkehrbringen und Einführen von Anlagen, Brennstoffen und Treibstoffen, Stoffen und Erzeugnissen aus Stoffen nach Maßgabe der §§ 32 bis 37,

3. die Beschaffenheit, die Ausrüstung, den Betrieb und die Prüfung von Kraftfahrzeugen und ihren Anhängern und von Schienen-, Luft- und Wasserfahrzeugen sowie von Schwimmkörpern und schwimmenden Anlagen nach Maßgabe der §§ 38 bis 40 und

4. den Bau öffentlicher Straßen sowie von Eisenbahnen und Straßenbahnen nach Maßgabe der §§ 41 bis 43.

(2) Die Vorschriften dieses Gesetzes gelten nicht für Flugplätze und für Anlagen, Geräte, Vorrichtungen sowie Kernbrennstoffe und sonstige radioaktive Stoffe, die den Vorschriften des Atomgesetzes oder einer hiernach erlassenen Rechtsverordnung unterliegen, soweit es sich um den Schutz vor den Gefahren der Kernenergie und der

schädlichen Wirkung ionisierender Strahlen handelt. Sie gelten ferner nicht, soweit sich aus wasserrechtlichen Vorschriften des Bundes und der Länder zum Schutz der Gewässer etwas anderes ergibt.

§ 3

Begriffsbestimmungen

(1) Schädliche Umwelteinwirkungen im Sinne dieses Gesetzes sind Immissionen, die nach Art, Ausmaß oder Dauer geeignet sind, Gefahren, erhebliche Nachteile oder erhebliche Belästigungen für die Allgemeinheit oder die Nachbarschaft herbeizuführen.

(2) Immissionen im Sinne dieses Gesetzes sind auf Menschen, Tiere und Pflanzen, den Boden, das Wasser, die Atmosphäre sowie Kultur- und sonstige Sachgüter einwirkende Luftverunreinigungen, Geräusche, Erschütterungen, Licht, Wärme, Strahlen und ähnliche Umwelteinwirkungen.

(3) Emissionen im Sinne dieses Gesetzes sind die von einer Anlage ausgehenden Luftverunreinigungen, Geräusche, Erschütterungen, Licht, Wärme, Strahlen und ähnliche Erscheinungen.

(4) Luftverunreinigungen im Sinne dieses Gesetzes sind Veränderungen der natürlichen Zusammensetzung der Luft, insbesondere durch Rauch, Ruß, Staub, Gase, Aerosole, Dämpfe oder Geruchsstoffe.

(5) Anlagen im Sinne dieses Gesetzes sind

1. Betriebsstätten und sonstige ortsfeste Einrichtungen,

2. Maschinen, Geräte und sonstige ortsveränderliche technische Einrichtungen sowie Fahrzeuge, soweit sie nicht der Vorschrift des § 38 unterliegen, und

3. Grundstücke, auf denen Stoffe gelagert oder abgelagert oder Arbeiten durchgeführt werden, die Emissionen verursachen können, ausgenommen öffentliche Verkehrswege.

(6) Stand der Technik im Sinne dieses Gesetzes ist der Entwicklungsstand fortschrittlicher Verfahren, Einrichtungen oder Betriebsweisen, der die praktische Eignung einer Maßnahme zur Begrenzung von Emissionen gesichert erscheinen läßt. Bei der Bestimmung des Standes der Technik sind insbesondere vergleichbare Verfahren, Einrichtungen oder Betriebsweisen heranzuziehen, die mit Erfolg im Betrieb erprobt worden sind.

(7) Dem Herstellen im Sinne dieses Gesetzes steht das Verarbeiten, Bearbeiten oder sonstiges Behandeln, dem Einführen im Sinne dieses Gesetzes das sonstige Verbringen in den Geltungsbereich dieses Gesetzes gleich.

Zweiter Teil

Errichtung und Betrieb von Anlagen

Erster Abschnitt
Genehmigungsbedürftige Anlagen

§ 4
Genehmigung

(1) Die Errichtung und der Betrieb von Anlagen, die auf Grund ihrer Beschaffenheit oder ihres Betriebs in besonderem Maße geeignet sind, schädliche Umwelteinwirkungen hervorzurufen oder in anderer Weise die Allgemeinheit oder die Nachbarschaft zu gefährden, erheblich zu benachteiligen oder erheblich zu belästigen, bedürfen einer Genehmigung. Anlagen, die nicht gewerblichen Zwecken dienen und nicht im Rahmen wirtschaftlicher Unternehmungen Verwendung finden, bedürfen der Genehmigung nur, wenn sie in besonderem Maße geeignet sind, schädliche Umwelteinwirkungen durch Luftverunreinigungen oder Geräusche hervorzurufen. Die Bundesregierung bestimmt nach Anhörung der beteiligten Kreise (§ 51) durch Rechtsverordnung mit Zustimmung des Bundesrates die Anlagen, die einer Genehmigung bedürfen (genehmigungsbedürftige Anlagen).

(2) Anlagen des Bergwesens oder Teile dieser Anlagen bedürfen der Genehmigung nach Absatz 1 nur, soweit sie über Tage errichtet und betrieben werden. Keiner Genehmigung nach Absatz 1 bedürfen Tagebaue und die zum Betrieb eines Tagebaus erforderlichen sowie die zur Wetterführung unerläßlichen Anlagen.

§ 5
Pflichten der Betreiber
genehmigungsbedürftiger Anlagen

(1) Genehmigungsbedürftige Anlagen sind so zu errichten und zu betreiben, daß

1. schädliche Umwelteinwirkungen und sonstige Gefahren, erhebliche Nachteile und erhebliche Belästigungen für die Allgemeinheit und die Nachbarschaft nicht hervorgerufen werden können,

2. Vorsorge gegen schädliche Umwelteinwirkungen getroffen wird, insbesondere durch die dem Stand der Technik entsprechenden Maßnahmen zur Emmissionsbegrenzung,

3. Reststoffe vermieden werden, es sei denn, sie werden ordnungsgemäß und schadlos verwertet oder, soweit Vermeidung und Verwertung technisch nicht möglich oder unzumutbar sind, als Abfälle ohne Beeinträchtigung des Wohls der Allgemeinheit beseitigt, und

4. entstehende Wärme für Anlagen des Betreibers genutzt oder an Dritte, die sich zur Abnahme bereit erklärt haben, abgegeben wird, soweit dies nach Art und Standort der Anlagen technisch möglich und zumutbar sowie mit den Pflichten nach den Nummern 1 bis 3 vereinbar ist.

(2) Die Bundesregierung bestimmt nach Anhörung der beteiligten Kreise (§ 51) durch Rechtsverordnung mit Zustimmung des Bundesrates die Anlagen, bei denen nutzbare Wärme in nicht unerheblichem Umfang entstehen kann und die entsprechend den in der Rechtsverordnung näher zu bestimmenden Anforderungen nach Absatz 1 Nr. 4 errichtet und betrieben werden müssen.

(3) Der Betreiber hat sicherzustellen, daß auch nach einer Betriebseinstellung

1. von der Anlage oder dem Anlagengrundstück keine schädlichen Umwelteinwirkungen und sonstige Gefahren, erhebliche Nachteile und erhebliche Belästigungen für die Allgemeinheit und die Nachbarschaft hervorgerufen werden können und

2. vorhandene Reststoffe ordnungsgemäß und schadlos verwertet oder als Abfälle ohne Beeinträchtigung des Wohls der Allgemeinheit beseitigt werden.

§ 6
Genehmigungsvoraussetzungen

Die Genehmigung ist zu erteilen, wenn

1. sichergestellt ist, daß die sich aus § 5 und einer auf Grund des § 7 erlassenen Rechtsverordnung ergebenden Pflichten erfüllt werden, und

2. andere öffentlich-rechtliche Vorschriften und Belange des Arbeitsschutzes der Errichtung und dem Betrieb der Anlage nicht entgegenstehen.

§ 7
Rechtsverordnungen über Anforderungen an genehmigungsbedürftige Anlagen

(1) Die Bundesregierung wird ermächtigt, nach Anhörung der beteiligten Kreise (§ 51) durch Rechtsverordnung mit Zustimmung des Bundesrates vorzuschreiben, daß die Errichtung, die Beschaffenheit, der Betrieb, der Zustand nach Betriebseinstellung und die betreibereigene Überwachung genehmigungsbedürftiger Anlagen zur Erfüllung der sich aus § 5 ergebenden Pflichten bestimmten Anforderungen genügen müssen, insbesondere, daß

1. die Anlagen bestimmten technischen Anforderungen entsprechen müssen,

2. die von Anlagen ausgehenden Emissionen bestimmte Grenzwerte nicht überschreiten dürfen,

3. die Betreiber von Anlagen Messungen von Emissionen und Immissionen nach in der Rechtsverordnung näher zu bestimmenden Verfahren vorzunehmen haben oder vornehmen lassen müssen und

4. die Betreiber von Anlagen bestimmte sicherheitstechnische Prüfungen sowie bestimmte Prüfungen von sicherheitstechnischen Unterlagen nach in der Rechtsverordnung näher zu bestimmenden Verfahren durch einen Sachverständigen nach § 29 a

a) während der Errichtung oder sonst vor der Inbetriebnahme der Anlage,

b) nach deren Inbetriebnahme oder einer wesentlichen Änderung im Sinne des § 15,

c) in regelmäßigen Abständen oder

d) bei oder nach einer Betriebseinstellung

vornehmen lassen müssen, soweit solche Prüfungen nicht in Rechtsverordnungen nach § 24 der Gewerbeordnung vorgeschrieben sind.

(2) In der Rechtsverordnung kann bestimmt werden, inwieweit die nach Absatz 1 zur Vorsorge gegen schädliche Umwelteinwirkungen festgelegten Anforderungen nach Ablauf bestimmter Übergangsfristen erfüllt werden müssen, soweit zum Zeitpunkt des Inkrafttretens der Rechtsverordnung in einem Vorbescheid oder einer Genehmigung geringere Anforderungen gestellt worden sind. Bei der Bestimmung der Dauer der Übergangsfristen und der einzuhaltenden Anforderungen sind insbesondere Art, Menge und Gefährlichkeit der von den Anlagen ausgehenden Emissionen sowie die Nutzungsdauer und technische Besonderheiten der Anlagen zu berücksichtigen. Die Sätze 1 und 2 gelten entsprechend für Anlagen, die nach § 67 Abs. 2 anzuzeigen sind oder vor Inkrafttreten dieses Gesetzes nach § 16 Abs. 4 der Gewerbeordnung anzuzeigen waren.

(3) Soweit die Rechtsverordnung Anforderungen nach § 5 Abs. 1 Nr. 2 festgelegt hat, kann in ihr bestimmt werden, daß bei in Absatz 2 genannten Anlagen von den auf Grund der Absätze 1 und 2 festgelegten Anforderungen zur Vorsorge gegen schädliche Umwelteinwirkungen abgewichen werden darf. Dies gilt nur, wenn durch technische Maßnahmen an Anlagen des Betreibers oder Dritter insgesamt eine weitergehende Minderung von Emissionen derselben oder in ihrer Wirkung auf die Umwelt vergleichbaren Stoffen erreicht wird als bei Beachtung der auf Grund der Absätze 1 und 2 festgelegten Anforderungen und hierdurch der in § 1 genannte Zweck gefördert wird. In der Rechtsverordnung kann weiterhin bestimmt werden, inwieweit zur Erfüllung von zwischenstaatlichen Vereinbarungen mit Nachbarstaaten der Bundesrepublik Deutschland Satz 2 auch für die Durchführung technischer Maßnahmen an Anlagen gilt, die in den Nachbarstaaten gelegen sind.

(4) Zur Erfüllung von bindenden Beschlüssen der Europäischen Gemeinschaften kann die Bundesregierung zu dem in § 1 genannten Zweck mit Zustimmung des Bundesrates durch Rechtsverordnung Anforderungen an die Errichtung, die Beschaffenheit und den Betrieb, die Betriebseinstellung und betreibereigene Überwachung genehmigungsbedürftiger Anlagen vorschreiben.

(5) Wegen der Anforderungen nach Absatz 1 Nr. 1 bis 4, auch in Verbindung mit Absatz 4, kann auf jedermann zugängliche Bekanntmachungen sachverständiger Stellen verwiesen werden; hierbei ist

1. in der Rechtsverordnung das Datum der Bekanntmachung anzugeben und die Bezugsquelle genau zu bezeichnen,

2. die Bekanntmachung bei dem Deutschen Patentamt archivmäßig gesichert niederzulegen und in der Rechtsverordnung darauf hinzuweisen.

§ 8

Teilgenehmigung

Auf Antrag kann eine Genehmigung für

1. die Errichtung einer Anlage oder eines Teils einer Anlage oder

2. die Errichtung und den Betrieb eines Teils einer Anlage erteilt werden, wenn eine vorläufige Prüfung ergibt, daß die Voraussetzungen des § 6 im Hinblick auf die Errichtung und den Betrieb der gesamten Anlage vorliegen werden und ein berechtigtes Interesse an der Erteilung einer Teilgenehmigung besteht.

§ 9

Vorbescheid

(1) Auf Antrag kann durch Vorbescheid über einzelne Genehmigungsvoraussetzungen sowie über den Standort der Anlage entschieden werden, sofern die Auswirkungen der geplanten Anlage ausreichend beurteilt werden können und ein berechtigtes Interesse an der Erteilung eines Vorbescheides besteht.

(2) Der Vorbescheid wird unwirksam, wenn der Antragsteller nicht innerhalb von zwei Jahren nach Eintritt der Unanfechtbarkeit die Genehmigung beantragt; die Frist kann auf Antrag bis auf vier Jahre verlängert werden.

(3) Die Vorschriften der §§ 6 und 21 gelten sinngemäß.

§ 10

Genehmigungsverfahren

(1) Das Genehmigungsverfahren setzt einen schriftlichen Antrag voraus. Dem Antrag sind die zur Prüfung nach § 6 erforderlichen Zeichnungen, Erläuterungen und sonstigen Unterlagen beizufügen. Reichen die Unterlagen für die Prüfung nicht aus, so hat sie der Antragsteller auf Verlangen der zuständigen Behörde innerhalb einer angemessenen Frist zu ergänzen.

(2) Soweit Unterlagen Geschäfts- oder Betriebsgeheimnisse enthalten, sind die Unterlagen zu kennzeichnen und getrennt vorzulegen. Ihr Inhalt muß, soweit es ohne Preisgabe des Geheimnisses geschehen kann, so ausführlich dargestellt sein, daß es Dritten möglich ist, zu beurteilen, ob und in welchem Umfang sie von den Auswirkungen der Anlage betroffen werden können.

(3) Sind die Unterlagen vollständig, so hat die zuständige Behörde das Vorhaben in ihrem amtlichen Veröffentlichungsblatt und außerdem in örtlichen Tageszeitungen, die im Bereich des Standortes der Anlage verbreitet sind, öffentlich bekanntzumachen. Der Antrag und die Unterlagen sind, mit Ausnahme der Unterlagen nach Absatz 2 Satz 1, nach der Bekanntmachung einen Monat zur Einsicht auszulegen; bis zwei Wochen nach Ablauf der Auslegungsfrist können Einwendungen gegen das Vorhaben schriftlich oder zur Niederschrift bei der Behörde erhoben werden. In dem in Artikel 3 des Einigungsvertrages genannten Gebiet können während dieser Zeit Einwendungen nur schriftlich erhoben werden. Mit Ablauf der Einwendungsfrist sind alle Einwendungen ausgeschlossen, die nicht auf besonderen privatrechtlichen Titeln beruhen.

(4) In der Bekanntmachung nach Absatz 3 Satz 1 ist

1. darauf hinzuweisen, wo und wann der Antrag auf Erteilung der Genehmigung und die Unterlagen zur Einsicht ausgelegt sind;

2. dazu aufzufordern, etwaige Einwendungen bei einer in der Bekanntmachung zu bezeichnenden Stelle innerhalb der Einwendungsfrist vorzubringen; dabei ist auf die Rechtsfolgen nach Absatz 3 Satz 3 hinzuweisen;

3. ein Erörterungstermin zu bestimmen und darauf hinzuweisen, daß die formgerecht erhobenen Einwendungen auch bei Ausbleiben des Antragstellers oder von Personen, die Einwendungen erhoben haben, erörtert werden;

4. darauf hinzuweisen, daß die Zustellung der Entscheidung über die Einwendungen durch öffentliche Bekanntmachung ersetzt werden kann, wenn mehr als 300 Zustellungen vorzunehmen sind;

5. in dem in Artikel 3 des Einigungsvertrages genannten Gebiet darauf hinzuweisen, daß die Zustellung der Entscheidung über die Einwendungen durch öffentliche Bekanntmachung erfolgt.

(5) Die für die Erteilung der Genehmigung zuständige Behörde (Genehmigungsbehörde) holt die Stellungnahmen der Behörden ein, deren Aufgabenbereich durch das Vorhaben berührt wird.

(6) Nach Ablauf der Einwendungsfrist hat die Genehmigung die rechtzeitig gegen das Vorhaben erhobenen Einwendungen mit dem Antragsteller und denjenigen, die Einwendungen erhoben haben, zu erörtern. Einwendungen, die auf besonderen privatrechtlichen Titeln beruhen, sind auf den Rechtsweg vor den ordentlichen Gerichten zu verweisen.

(7) Der Genehmigungsbescheid ist schriftlich zu erlassen, schriftlich zu begründen und dem Antragsteller und den Personen, die Einwendungen erhoben haben, zuzustellen.

(8) Sind außer an den Antragsteller mehr als 300 Zustellungen vorzunehmen, so können diese Zustellungen durch öffentliche Bekanntmachung ersetzt werden. In dem in Artikel 3 des Einigungsvertrages genannten Gebiet erfolgt die Zustellung des Genehmigungsbescheides mit Ausnahme an den Antragsteller durch öffentliche Bekanntmachung. Die öffentliche Bekanntmachung wird dadurch bewirkt, daß der

verfügende Teil des Bescheides und die Rechtsbehelfsbelehrung in entsprechender Anwendung des Absatzes 3 Satz 1 bekanntgemacht werden; auf Auflagen ist hinzuweisen. In diesem Fall ist eine Ausfertigung des gesamten Bescheides vom Tage nach der Bekanntmachung an zwei Wochen zur Einsicht auszulegen. In der öffentlichen Bekanntmachung ist anzugeben, wo und wann der Bescheid und seine Begründung eingesehen und nach Satz 6 angefordert werden können. Mit dem Ende der Auslegungsfrist gilt der Bescheid als zugestellt; darauf ist in der Bekanntmachung hinzuweisen. Nach der öffentlichen Bekanntmachung können der Bescheid und seine Begründung bis zum Ablauf der Widerspruchsfrist von den Personen, die Einwendungen erhoben haben, schriftlich angefordert werden.

(9) Die Absätze 1 bis 8 gelten entsprechend für die Erteilung eines Vorbescheides.

(10) Die Bundesregierung wird ermächtigt, durch Rechtsverordnung mit Zustimmung des Bundesrates das Genehmigungsverfahren zu regeln; in der Rechtsverordnung kann auch das Verfahren bei Erteilung einer Genehmigung im vereinfachten Verfahren (§ 19) sowie bei der Erteilung eines Vorbescheides (§ 9) und einer Teilgenehmigung (§ 8) geregelt werden. In der Verordnung ist auch näher zu bestimmen, welchen Anforderungen das Genehmigungsverfahren für Anlagen genügen muß, für die nach Nummer 1 der Anlage zu § 3 des Gesetzes über die Umweltverträglichkeit eine Umweltverträglichkeitsprüfung durchzuführen ist.

(11) Der Bundesminister der Verteidigung wird ermächtigt, im Einvernehmen mit dem Bundesminister für Umwelt, Naturschutz und Reaktorsicherheit durch Rechtsverordnung mit Zustimmung des Bundesrates das Genehmigungsverfahren für Anlagen, die der Landesverteidigung dienen, abweichend von den Absätzen 1 bis 9 zu regeln.

(12) Absatz 11 gilt nicht im Land Berlin.

§ 10 a [1]

Verwaltungshilfe

(1) Bei Anlagen, die der Genehmigung nach Spalte 1 des Anhangs zur Vierten Verordnung zur Durchführung des Bundes-Immissionsschutzgesetzes bedürfen, soll in dem in Artikel 3 des Einigungsvertrages genannten Gebiet die zuständige Genehmigungsbehörde, nachdem sie geprüft hat, ob die geplante Anlage auf Grund der bestehenden Grundstücks- und Planungssituation realisierbar erscheint, dem Antragsteller aufgeben, eine Stellungnahme einer von ihr benannten Behörde zur Erfüllung der Genehmigungsvoraussetzungen durch die geplante Anlage beizubringen. Die Behörde muß in dem Gebiet des bisherigen Geltungsbereiches des Grundgesetzes liegen. Die Genehmigungsbehörde hat die Stellungnahme bei der Prüfung der Genehmigungsvoraussetzungen zu berücksichtigen.

---

[1] Anmerkung: § 10 a tritt am 30. 6. 94 außer Kraft.

(2) Bei anderen genehmigungsbedürftigen Anlagen kann eine Stellungnahme nach Absatz 1 gefordert werden, wenn dies wegen der Art, Menge und Gefährlichkeit der von der geplanten Anlage ausgehenden Emissionen oder wegen der technischen Besonderheiten dieser Anlage erforderlich ist.

(3) Von der Beibringung einer Stellungnahme nach Absatz 1 kann abgesehen werden, wenn dies wegen der Umstände des Einzelfalls, insbesondere wegen der technischen Auslegung der geplanten Anlage oder des Umfangs der Einzelprüfungen, nicht erforderlich ist.

(4) Soweit dies zur Durchführung von Prüfungen erforderlich ist, kann vom Antragsteller die Vorlage von Sachverständigengutachten verlangt werden.

§ 11

Einwendungen Dritter bei Teilgenehmigung und Vorbescheid

Ist eine Teilgenehmigung oder ein Vorbescheid erteilt worden, können nach Eintritt ihrer Unanfechtbarkeit im weiteren Verfahren zur Genehmigung der Errichtung und des Betriebes der Anlage Einwendungen nicht mehr auf Grund von Tatsachen erhoben werden, die im vorhergehenden Verfahren fristgerecht vorgebracht worden sind oder nach den ausgelegten Unterlagen hätten vorgebracht werden können.

§ 12

Nebenbestimmungen zur Genehmigung

(1) Die Genehmigung kann unter Bedingungen erteilt und mit Auflagen verbunden werden, soweit dies erforderlich ist, um die Erfüllung der in § 6 genannten Genehmigungsvoraussetzungen sicherzustellen.

(2) Die Genehmigung kann auf Antrag für einen bestimmen Zeitraum erteilt werden. Sie kann mit einem Vorbehalt des Widerrufs erteilt werden, wenn die genehmigungsbedürftige Anlage lediglich Erprobungszwecken dienen soll.

(3) Die Teilgenehmigung kann für einen bestimmten Zeitraum oder mit dem Vorbehalt erteilt werden, daß sie bis zur Entscheidung über die Genehmigung widerrufen oder mit Auflagen verbunden werden kann.

§ 13

Genehmigung und andere behördliche Entscheidungen

Die Genehmigung schließt andere, die Anlage betreffende behördliche Entscheidungen ein, insbesondere öffentlich-rechtliche Genehmigungen, Zulassungen, Verleihungen, Erlaubnisse und Bewilligungen, mit Ausnahme von Planfeststellungen, Zulassungen bergrechtlicher Betriebspläne, Zustimmungen sowie von behördlichen Entscheidungen auf Grund atomrechtlicher und, soweit es sich nicht um eine Eignungsfeststellung nach § 19 h Abs. 1 Satz 1 des Wasserhaushaltsgesetzes handelt, wasserrechtlicher Vorschriften. § 4 des Energiewirtschaftsgesetzes vom 13. Dezember 1935 (RGBl. I S. 1451), zuletzt geändert durch das Außenwirtschaftsgesetz vom 28. April 1961 (BGBl. I S. 481), bleibt unberührt.

§ 14

Ausschluß von privatrechtlichen Abwehransprüchen

Auf Grund privatrechtlicher, nicht auf besonderen Titeln beruhender Ansprüche zur Abwehr benachteiligender Einwirkungen von einem Grundstück auf ein benachbartes Grundstück kann nicht die Einstellung des Betriebes einer Anlage verlangt werden, deren Genehmigung unanfechtbar ist; es können nur Vorkehrungen verlangt werden, die die benachteiligenden Wirkungen ausschließen. Soweit solche Vorkehrungen nach dem Stand der Technik nicht durchführbar oder wirtschaftlich nicht vertretbar sind, kann lediglich Schadenersatz verlangt werden.

§ 15

Wesentliche Änderungen genehmigungsbedürftiger Anlagen

(1) Die wesentliche Änderung der Lage, der Beschaffenheit oder des Betriebs einer genehmigungsbedürftigen Anlage bedarf der Genehmigung. Über den Genehmigungsantrag ist innerhalb einer Frist von sechs Monaten zu entscheiden. Die zuständige Behörde kann die Frist um jeweils drei Monate verlängern, wenn dies wegen der Schwierigkeit der Prüfung erforderlich ist.

(2) Die zuständige Behörde darf von der Auslegung des Antrags und der Unterlagen sowie von der öffentlichen Bekanntmachung des Vorhabens nur absehen, wenn nicht zu besorgen ist, daß durch die Änderung zusätzliche oder andere Emissionen oder auf andere Weise Gefahren, Nachteile oder Belästigungen für die Allgemeinheit oder die Nachbarschaft herbeigeführt werden.

15 a

Zulassung vorzeitigen Beginns

(1) In einem Verfahren zur Erteilung einer Genehmigung nach § 15 kann die Genehmigungsbehörde zulassen, daß bereits vor Erteilung der Genehmigung mit der Errichtung der Anlagen begonnen wird, wenn

1. mit einer Entscheidung zugunsten des Trägers des Vorhabens gerechnet werden kann,

2. an der vorzeitigen Errichtung der Anlage wegen der zu erwartenden Verbesserung des Schutzes der Umwelt ein öffentliches Interesse besteht und

3. der Träger des Vorhabens sich verpflichtet, alle bis zur Entscheidung durch die Errichtung der Anlage verursachten Schäden zu ersetzen und, falls das Vorhaben nicht genehmigt wird, den früheren Zustand wiederherzustellen.

(2) Die Zulassung kann jederzeit widerrufen werden. Sie kann unter dem Vorbehalt von Auflagen erteilt oder mit Auflagen verbunden werden.

(3) Die zuständige Behörde kann die Leistung einer Sicherheit verlangen, soweit dies erforderlich ist, um die Erfüllung der Pflichten des Trägers des Vorhabens zu sichern.

§ 16
Mitteilungs- und Anzeigepflicht

(1) Unbeschadet des § 15 Abs. 1 ist der Betreiber verpflichtet, der zuständigen Behörde nach Ablauf von jeweils zwei Jahren mitzuteilen, ob und welche Abweichungen vom Genehmigungsbescheid einschließlich der in Bezug genommenen Unterlagen eingetreten sind. Dies gilt nicht für Angaben, die Gegenstand einer Emissionserklärung nach § 27 Abs. 1 sind. Die Sätze 1 und 2 gelten entsprechend für Anlagen, die nach § 67 Abs. 2 anzuzeigen sind oder vor Inkrafttreten dieses Gesetzes nach § 16 Abs. 4 der Gewerbeordnung anzuzeigen waren. § 52 Abs. 5 gilt sinngemäß.

(2) Beabsichtigt der Betreiber, den Betrieb einer genehmigungspflichtigen Anlage einzustellen, so hat er dies unter Angabe des Zeitpunktes der Einstellung der zuständigen Behörde unverzüglich anzuzeigen. Der Anzeige sind Unterlagen über die vom Betreiber vorgesehenen Maßnahmen zur Erfüllung der sich aus § 5 Abs. 3 ergebenden Pflichten beizufügen.

§ 17
Nachträgliche Anordnungen

(1) Zur Erfüllung der sich aus diesem Gesetz und der auf Grund dieses Gesetzes erlassenen Rechtsverordnungen ergebenden Pflichten können nach Erteilung der Genehmigung Anordnungen getroffen werden. Wird nach Erteilung der Genehmigung festgestellt, daß die Allgemeinheit oder die Nachbarschaft nicht ausreichend vor schädlichen Umwelteinwirkungen oder sonstigen Gefahren, erheblichen Nachteilen oder erheblichen Belästigungen geschützt ist, soll die zuständige Behörde nachträgliche Anordnungen treffen.

(2) Die zuständige Behörde darf eine nachträgliche Anordnung nicht treffen, wenn sie unverhältnismäßig ist, vor allem wenn der mit der Erfüllung der Anordnung verbundene Aufwand außer Verhältnis zu dem mit der Anordnung angestrebten Erfolg steht; dabei sind insbesondere Art, Menge und Gefährlichkeit der von der Anlage ausgehenden Emissionen und der von ihr verursachten Immissionen sowie die Nutzungsdauer und technische Besonderheiten der Anlage zu berücksichtigen. Darf eine nachträgliche Anordnung wegen Unverhältnismäßigkeit nicht getroffen werden, soll die zuständige Behörde die Genehmigung unter den Voraussetzungen des § 21 Abs. 1 Nr. 3 bis 5 ganz oder teilweise widerrufen; § 21 Abs. 3 bis 6 sind anzuwenden.

(3) Soweit durch Rechtsverordnung die Anforderungen nach § 5 Abs. 1 Nr. 2 abschließend festgelegt sind, dürfen durch nachträgliche Anordnungen weitergehende Anforderungen zur Vorsorge gegen schädliche Umwelteinwirkungen nicht gestellt werden.

(3 a) Die zuständige Behörde soll von nachträglichen Anordnungen absehen, soweit in einem vom Betreiber vorgelegten Plan technische Maßnahmen an dessen Anlagen oder an Anlagen Dritter vorgesehen sind, die zu einer weitergehenden Verringerung der Emissionsfrachten führen als die Summe der Minderungen, die durch den Erlaß nachträglicher Anordnungen zur Erfüllung der sich aus diesem Gesetz oder den auf Grund dieses Gesetzes erlassenen Rechtsverordnungen ergebenden Pflichten bei den beteiligten Anlagen erreichbar wäre und hierdurch der in § 1 genannte Zweck gefördert wird. Dies gilt nicht, soweit der Betreiber bereits zur Emissionsminderung auf Grund einer nachträglichen Anordnung nach Absatz 1 oder einer Auflage nach § 12 Abs. 1 verpflichtet ist oder eine nachträgliche Anordnung nach Absatz 1 Satz 2 getroffen werden soll. Der Ausgleich ist nur zwischen denselben oder in der Wirkung auf die Umwelt vergleichbaren Stoffen zulässig. Die Sätze 1 bis 3 gelten auch für nicht betriebsbereite Anlagen, für die die Genehmigung zur Errichtung und zum Betrieb erteilt ist oder für die in einem Vorbescheid oder einer Teilgenehmigung Anforderungen nach § 5 Abs. 1 Nr. 2 festgelegt sind. Die Durchführung der Maßnahmen des Plans ist durch Anordnung sicherzustellen.

(4) Ist es zur Erfüllung der Anordnung erforderlich, die Lage, die Beschaffenheit oder den Betrieb der Anlage wesentlich zu ändern und ist in der Anordnung nicht abschließend bestimmt, in welcher Weise sie zu erfüllen ist, so bedarf die Änderung der Genehmigung nach § 15.

(4 a) Nach der Einstellung des gesamten Betriebes können Anordnungen zur Erfüllung der sich aus § 5 Abs. 3 ergebenden Pflichten nur noch während eines Zeitraumes von zehn Jahren getroffen werden.

(5) Die Absätze 1 bis 4 a gelten entsprechend für Anlagen, die nach § 67 Abs. 2 anzuzeigen sind oder vor Inkrafttreten dieses Gesetzes nach § 16 Abs. 4 der Gewerbeordnung anzuzeigen waren.

§ 18

Erlöschen der Genehmigung

(1) Die Genehmigung erlischt, wenn

1. innerhalb einer von der Genehmigungsbehörde gesetzten angemessenen Frist nicht mit der Errichtung oder dem Betrieb der Anlage begonnen oder

2. eine Anlage während eines Zeitraumes von mehr als drei Jahren nicht mehr betrieben

worden ist.

(2) Die Genehmigung erlischt ferner, soweit das Genehmigungserfordernis aufgehoben wird.

(3) Die Genehmigungsbehörde kann auf Antrag die Fristen nach Absatz 1 aus wichtigem Grund verlängern, wenn hierdurch der Zweck des Gesetzes nicht gefährdet wird.

§ 19

Vereinfachtes Verfahren

(1) Durch Rechtsverordnung nach § 4 Abs. 1 Satz 3 kann vorgeschrieben werden, daß die Genehmigung von Anlagen bestimmter Art oder bestimmten Umfangs in einem vereinfachten Verfahren erteilt wird, sofern dies nach Art, Ausmaß und Dauer der von diesen Anlagen hervorgerufenen schädlichen Umwelteinwirkungen und sonstigen Gefahren, erheblichen Nachteilen und erheblichen Belästigungen mit dem Schutz der Allgemeinheit und der Nachbarschaft vereinbar ist.

(2) In dem vereinfachten Verfahren sind § 10 Abs. 2, 3, 4, 6, 8 und 9 sowie die §§ 11 und 14 nicht anzuwenden.

(3) Die Genehmigungsbehörde kann auf Antrag des Trägers des Vorhabens zulassen, daß die Genehmigung abweichend von den Absätzen 1 und 2 nicht in einem vereinfachten Verfahren erteilt wird.

§ 20

Untersagung, Stillegung und Beseitigung

(1) Kommt der Betreiber einer genehmigungsbedürftigen Anlage einer Auflage, einer vollziehbaren nachträglichen Anordnung oder einer abschließend bestimmten Pflicht aus einer Rechtsverordnung nach § 7 nicht nach und betreffen die Auflage, die Anordnung oder die Pflicht die Beschaffenheit oder den Betrieb der Anlage, so kann die zuständige Behörde den Betrieb ganz oder teilweise bis zur Erfüllung der Auflage, der Anordnung oder der Pflichten aus der Rechtsverordnung nach § 7 untersagen.

(2) Die zuständige Behörde soll anordnen, daß eine Anlage, die ohne die erforderliche Genehmigung errichtet, betrieben oder wesentlich geändert wird, stillzulegen oder zu beseitigen ist. Sie hat die Beseitigung anzuordnen, wenn die Allgemeinheit oder die Nachbarschaft nicht auf andere Weise ausreichend geschützt werden kann.

(3) Die zuständige Behörde kann den weiteren Betrieb einer genehmigungsbedürftigen Anlage durch den Betreiber oder einen mit der Leitung des Betriebes Beauftragten untersagen, wenn Tatsachen vorliegen, welche die Unzuverlässigkeit dieser Personen in bezug auf die Einhaltung von Rechtsvorschriften zum Schutz vor schädlichen Umwelteinwirkungen dartun, und die Untersagung zum Wohl der Allgemeinheit geboten ist. Dem Betreiber der Anlage kann auf Antrag die Erlaubnis erteilt werden, die Anlage durch eine Person betreiben zu lassen, die die Gewähr für den ordnungsgemäßen Betrieb der Anlage bietet. Die Erlaubnis kann mit Auflagen verbunden werden.

§ 21

Widerruf der Genehmigung

(1) Eine nach diesem Gesetz erteilte rechtmäßige Genehmigung darf, auch nachdem sie unanfechtbar geworden ist, ganz oder teilweise mit Wirkung für die Zukunft nur widerrufen werden,

1. wenn der Widerruf gemäß § 12 Abs. 2 Satz 2 oder Abs. 3 vorbehalten ist;

2. wenn mit der Genehmigung eine Auflage verbunden und der Begünstigte diese nicht oder nicht innerhalb einer ihm gesetzten Frist erfüllt hat;

3. wenn die Genehmigungsbehörde auf Grund nachträglich eingetretener Tatsachen berechtigt wäre, die Genehmigung nicht zu erteilen, und wenn ohne Widerruf das öffentliche Interesse gefährdet würde;

4. wenn die Genehmigungsbehörde auf Grund einer geänderten Rechtsvorschrift berechtigt wäre, die Genehmigung nicht zu erteilen, soweit der Betreiber von der Genehmigung noch keinen Gebrauch gemacht hat, und wenn ohne den Widerruf das öffentliche Interesse gefährdet würde;

5. um schwere Nachteile für das Gemeinwohl zu verhüten oder zu beseitigen.

(2) Erhält die Genehmigungsbehörde von Tatsachen Kenntnis, welche den Widerruf einer Genehmigung rechtfertigen, so ist der Widerruf nur innerhalb eines Jahres seit dem Zeitpunkt der Kenntnisnahme zulässig.

(3) Die widerrufene Genehmigung wird mit dem Wirksamwerden des Widerrufs unwirksam, wenn die Genehmigungsbehörde keinen späteren Zeitpunkt bestimmt.

(4) Wird die Genehmigung in den Fällen des Absatzes 1 Nr. 3 bis 5 widerrufen, so hat die Genehmigungsbehörde den Betroffenen auf Antrag für den Vermögensnachteil zu entschädigen, den dieser dadurch erleidet, daß er auf den Bestand der Genehmigung vertraut hat, soweit sein Vertrauen schutzwürdig ist. Der Vermögensnachteil ist jedoch nicht über den Betrag des Interesses hinaus zu ersetzen, das der Betroffene an dem Bestand der Genehmigung hat. Der auszugleichende Vermögensnachteil wird durch die Genehmigungsbehörde festgesetzt. Der Anspruch kann nur innerhalb eines Jahres geltend gemacht werden; die Frist beginnt, sobald die Genehmigungsbehörde den Betroffenen auf sie hingewiesen hat.

(5) Die Länder können die in Absatz 4 Satz 1 getroffene Bestimmung des Entschädigungspflichtigen abweichend regeln.

(6) Für Streitigkeiten über die Entschädigung ist der ordentliche Rechtsweg gegeben.

(7) Die Absätze 1 bis 6 gelten nicht, wenn eine Genehmigung, die von einem Dritten angefochten worden ist, während des Vorverfahrens oder während des verwaltungsgerichtlichen Verfahrens aufgehoben wird, soweit dadurch dem Widerspruch oder der Klage abgeholfen wird.

Zweiter Abschnitt

Nicht genehmigungsbedürftige Anlagen

§ 22

Pflichten der Betreiber nicht genehmigungsbedürftiger Anlagen

(1) Nicht genehmigungsbedürftige Anlagen sind so zu errichten und zu betreiben, daß

1. schädliche Umwelteinwirkungen verhindert werden, die nach dem Stand der Technik vermeidbar sind,

2. nach dem Stand der Technik unvermeidbare schädliche Umwelteinwirkungen auf ein Mindestmaß beschränkt werden und

3. die beim Betrieb der Anlagen entstehenden Abfälle ordnungsgemäß beseitigt werden können.

Für Anlagen, die nicht gewerblichen Zwecken dienen und nicht im Rahmen wirtschaftlicher Unternehmungen Verwendung finden, gilt die Verpflichtung des Satzes 1 nur, soweit sie auf die Verhinderung oder Beschränkung von schädlichen Umwelteinwirkungen durch Luftverunreinigungen oder Geräusche gerichtet ist.

(2) Weitergehende öffentlich-rechtliche Vorschriften bleiben unberührt.

§ 23

Anforderungen an die Errichtung, die Beschaffenheit und den Betrieb nicht genehmigungsbedürftiger Anlagen

(1) Die Bundesregierung wird ermächtigt, nach Anhörung der beteiligten Kreise (§ 51) durch Rechtsverordnung mit Zustimmung des Bundesrates vorzuschreiben, daß die Errichtung, die Beschaffenheit und der Betrieb nicht genehmigungsbedürftiger Anlagen bestimmten Anforderungen zum Schutz der Allgemeinheit und der Nachbarschaft vor schädlichen Umwelteinwirkungen sowie zur Vorsorge gegen schädliche Umwelteinwirkungen genügen müssen, insbesondere daß

1. die Anlagen bestimmten technischen Anforderungen entsprechen müssen,

2. die von Anlagen ausgehenden Emissionen bestimmte Grenzwerte nicht überschreiten dürfen und

3. die Betreiber von Anlagen Messungen von Emissionen und Immissionen nach in der Rechtsverordnung näher zu bestimmenden Verfahren vorzunehmen haben oder von einer in der Rechtsverordnung zu bestimmenden Stelle vornehmen lassen müssen.

Wegen der Anforderungen nach Satz 1 Nr. 1 bis 3 gilt § 7 Abs. 5 entsprechend.

(2) Soweit die Bundesregierung von der Ermächtigung keinen Gebrauch macht, sind die Landesregierungen ermächtigt, durch Rechtsverordnung Vorschriften im Sinne des Absatzes 1 zu erlassen. Die Landesregierungen können die Ermächtigung auf eine oder mehrere oberste Landesbehörden übertragen.

§ 24

Anordnungen im Einzelfall

Die zuständige Behörde kann im Einzelfall die zur Durchführung des § 22 und der auf dieses Gesetz gestützten Rechtsverordnungen erforderlichen Anforderungen treffen. Kann das Ziel der Anordnung auch durch eine Maßnahme zum Zwecke des Arbeitsschutzes erreicht werden, soll diese angeordnet werden.

§ 25

Untersagung

(1) Kommt der Betreiber einer Anlage einer vollziehbaren behördlichen Anordnung nach § 24 Satz 1 nicht nach, so kann die zuständige Behörde den Betrieb der Anlage ganz oder teilweise bis zur Erfüllung der Auflage untersagen.

(2) Wenn die von einer Anlage hervorgerufenen schädlichen Umwelteinwirkungen das Leben oder die Gesundheit von Menschen oder bedeutende Sachwerte gefährden, soll die zuständige Behörde die Errichtung oder den Betrieb der Anlage ganz oder teilweise untersagen, soweit die Allgemeinheit oder die Nachbarschaft nicht auf andere Weise ausreichend geschützt werden kann.

§ 52

Überwachung

(1) Die zuständigen Behörden haben die Durchführung dieses Gesetzes und der auf dieses Gesetz gestützten Rechtsverordnungen zu überwachen.

(2) Eigentümer und Betreiber von Anlagen sowie Eigentümer und Besitzer von Grundstücken, auf denen Anlagen betrieben werden, sind verpflichtet, den Angehörigen der zuständigen Behörde und deren Beauftragten Zutritt zu den Grundstücken und zur Verhütung dringender Gefahren für die öffentliche Sicherheit oder Ordnung auch zu Wohnräumen und die Vornahme von Prüfungen einschließlich der Ermittlung von Emissionen und Immissionen zu gestatten sowie die Auskünfte zu erteilen und die Unterlagen vorzulegen, die zur Erfüllung ihrer Aufgaben erforderlich sind. Das Grundrecht der Unverletzlichkeit der Wohnung (Artikel 13 des Grundgesetzes) wird insoweit eingeschränkt. Betreiber von Anlagen, für die ein Immissionsschutzbeauftragter oder ein Störfallbeauftragter bestellt ist, haben diesen auf Verlangen der zuständigen Behörde zu Überwachungsmaßnahmen nach Satz 1 hinzuzuziehen. Im Rahmen der Pflichten nach Satz 1 haben die Eigentümer und Betreiber der Anlagen Arbeitskräfte sowie Hilfsmittel, insbesondere Treibstoffe und Antriebsaggregate, bereitzustellen.

(3) Absatz 2 gilt entsprechend für Eigentümer und Besitzer von Anlagen, Stoffen, Erzeugnissen, Brennstoffen, Treibstoffen und Schmierstoffen, soweit diese der Regelung der nach den §§ 32 bis 35 oder 37 erlassenen Rechtsverordnung unterliegen. Die

Eigentümer und Besitzer haben den Angehörigen der zuständigen Behörde und deren Beauftragten die Einnahme von Strichprobe zu gestatten, soweit dies zur Erfüllung ihrer Aufgaben erforderlich ist.

(4) Kosten, die durch Prüfungen im Rahmen des Genehmigungsverfahrens entstehen, trägt der Antragsteller. Kosten, die bei der Entnahme von Stichproben nach Absatz 3 und deren Untersuchung entstehen, trägt der Auskunftspflichtige. Kosten, die durch sonstige Überwachungsmaßnahmen nach Absatz 2 oder 3 entstehen, trägt der Auskunftspflichtige, es sei denn, die Maßnahme betrifft die Ermittlung von Emissionen und Immissionen oder die Überwachung einer nicht genehmigungsbedürftigen Anlage; in diesen Fällen sind die Kosten dem Auskunftspflichtigen nur aufzuerlegen, wenn die Ermittlungen ergeben, daß

1. Auflagen oder Anordnungen nach den Vorschriften dieses Gesetzes oder der auf dieses Gesetz gestützten Rechtsverordnungen nicht erfüllt worden oder

2. Auflagen oder Anordnungen nach den Vorschriften dieses Gesetzes oder der auf dieses Gesetz gestützten Rechtsverordnungen geboten

sind.

(5) Der zur Auskunft Verpflichtete kann die Auskunft auf solche Fragen verweigern, deren Beantwortung ihn selbst oder einen der in § 383 Abs. 1 Nr. 1 bis 3 der Zivilprozeßordnung bezeichneten Angehörigen der Gefahr strafrechtlicher Verfolgung oder eines Verfahrens nach dem Gesetz über Ordnungswidrigkeiten aussetzen würde.

(6) Soweit zur Durchführung dieses Gesetzes oder der auf dieses Gesetz gestützten Rechtsverordnungen Immissionen zu ermitteln sind, haben auch die Eigentümer und Besitzer von Grundstücken, auf denen Anlagen nicht betrieben werden, den Angehörigen der zuständigen Behörde und deren Beauftragten den Zutritt zu den Grundstücken und zur Verhütung dringender Gefahren für die öffentliche Sicherheit und Ordnung auch zu Wohnräumen und die Vornahme der Prüfungen zu gestatten. Das Grundrecht der Unverletzlichkeit der Wohnung (Artikel 13 des Grundgesetzes) wird insoweit eingeschränkt. Bei Ausübung der Befugnisse nach Satz 1 ist auf die berechtigten Belange der Eigentümer und Besitzer Rücksicht zu nehmen; für entstandene Schäden hat das Land, im Falle des § 59 Abs. 1 der Bund, Ersatz zu leisten. Waren die Schäden unvermeidbare Folgen der Überwachungsmaßnahmen und haben die Überwachungsmaßnahmen zu Anordnungen der zuständigen Behörde gegen den Betreiber einer Anlage geführt, so hat dieser die Ersatzleistung dem Land oder dem Bund zu erstatten.

(7) Auf die nach den Absätzen 2, 3 und 6 erlangten Kenntnisse und Unterlagen sind die §§ 93, 97, 105 Abs. 1, § 111 Abs. 5 in Verbindung mit § 105 Abs. 1 sowie § 116 Abs. 1 der Abgabenordnung nicht anzuwenden. Dies gilt nicht, soweit die Finanzbehörden die Kenntnisse für die Durchführung eines Verfahrens wegen einer Steuerstraftat sowie eines damit zusammenhängenden Besteuerungsverfahrens benötigen, an deren Verfolgung ein zwingendes öffentliches Interesse besteht, oder soweit es sich um vorsätzlich falsche Angaben der Auskunftspflichtigen oder der für ihn tätigen Personen handelt.

§ 52 a

Mitteilungspflichten zur Betriebsorganisation

(1) Besteht bei Kapitalgesellschaften das vertretungsberechtigte Organ aus mehreren Mitgliedern oder sind bei Personengesellschaften mehrere vertretungsberechtigte Gesellschafter vorhanden, so ist der zuständigen Behörde anzuzeigen, wer von ihnen nach den Bestimmungen über die Geschäftsführungsbefugnis für die Gesellschaft die Pflichten des Betreibers der genehmigungsbedürftigen Anlage wahrnimmt, die ihm nach diesem Gesetz und nach den auf Grund dieses Gesetzes erlassenen Rechtsverordnungen und allgemeinen Verwaltungsvorschriften obliegen. Die Gesamtverantwortung aller Organmitglieder oder Gesellschafter bleibt hiervon unberührt.

(2) Der Betreiber der genehmigungsbedürftigen Anlage oder im Rahmen ihrer Geschäftsführungsbefugnis die nach Absatz 1 Satz 1 anzuzeigende Person hat der zuständigen Behörde mitzuteilen, auf welche Weise sichergestellt ist, daß die dem Schutz vor schädlichen Umwelteinwirkungen und vor sonstigen Gefahren, erheblichen Nachteilen und erheblichen Belästigungen dienenden Vorschriften und Anordnungen beim Betrieb beachtet werden.

§ 53

Bestellung eines Betriebsbeauftragten für Immissionsschutz

(1) Betreiber genehmigungsbedürftiger Anlagen haben einen oder mehrere Betriebsbeauftragte für Immissionsschutz (Immissionsschutzbeauftragte) zu bestellen, sofern dies im Hinblick auf die Art oder die Größe der Anlagen wegen der

1. von den Anlagen ausgehenden Emissionen,

2. technischen Probleme der Emissionsbegrenzung oder

3. Eignung der Erzeugnisse, bei bestimmungsgemäßer Verwendung schädliche Umwelteinwirkungen durch Luftverunreinigungen, Geräusche oder Erschütterungen hervorzurufen,

erforderlich ist. Der Bundesminister für Umwelt, Naturschutz und Reaktorsicherheit bestimmt nach Anhörung der beteiligten Kreise (§ 51) durch Rechtsverordnung mit Zustimmung des Bundesrates die genehmigungsbedürftigen Anlagen, deren Betreiber Immissionsschutzbeauftragte zu bestellen haben.

(2) Die zuständige Behörde kann anordnen, daß Betreiber genehmigungsbedürftiger Anlagen, für die Bestellung eines Immissionsschutzbeauftragten nicht durch Rechtsverordnung vorgeschrieben ist, sowie Betreiber nicht genehmigungsbedürftiger Anlagen einen oder mehrere Immissionsschutzbeauftragte zu bestellen haben, soweit sich im Einzelfall die Notwendigkeit der Bestellung aus den in Absatz 1 Satz 1 genannten Gesichtspunkten ergibt.

§ 54

Aufgaben

(1) Der Immissionsschutzbeauftragte berät den Betreiber und die Betriebsangehörigen in Angelegenheiten, die für den Immissionschutz bedeutsam sein können. Er ist berechtigt und verpflichtet,

1. auf die Entwicklung und Einführung
   a) umweltfreundlicher Verfahren, einschließlich Verfahren zur Vermeidung oder ordnungsgemäßen und schadlosen Verwertung der beim Betrieb entstehenden Reststoffe oder deren Beseitigung als Abfall sowie zur Nutzung von entstehender Wärme,
   b) umweltfreundlicher Erzeugnisse, einschließlich Verfahren zur Wiedergewinnung und Wiederverwendung,
   hinzuwirken,

2. bei der Entwicklung und Einführung umweltfreundlicher Verfahren und Erzeugnisse mitzuwirken, insbesondere durch Begutachtung der Verfahren und Erzeugnisse unter dem Gesichtspunkt der Umweltfreundlichkeit,

3. soweit dies nicht Aufgabe des Störfallbeauftragten nach § 58 b Abs. 1 Satz 2 Nr. 3 ist, die Einhaltung der Vorschriften dieses Gesetzes und der auf Grund dieses Gesetzes erlassenen Rechtsverordnungen und die Erfüllung erteilter Bedingungen und Auflagen zu überwachen, insbesondere durch Kontrolle der Betriebsstätte in regelmäßigen Abständen, Messungen von Emissionen und Immissionen, Mitteilung festgestellter Mängel und Vorschläge über Maßnahmen zur Beseitigung dieser Mängel,

4. die Betriebsangehörigen über die von der Anlage verursachten schädlichen Umwelteinwirkungen aufzuklären sowie über die Einrichtungen und Maßnahmen zu ihrer Verhinderung unter Berücksichtigung der sich aus diesem Gesetz oder Rechtsverordnungen auf Grund dieses Gesetzes ergebenden Pflichten.

(2) Der Immissionsschutzbeauftragte erstattet dem Betreiber jährlich einen Bericht über die nach Absatz 1 Satz 2 Nr. 1 bis 4 getroffenen und beabsichtigten Maßnahmen.

§ 55

Pflichten des Betreibers

(1) Der Betreiber hat den Immissionsschutzbeauftragten schriftlich zu bestellen und die ihm obliegenden Aufgaben genau zu bezeichnen. Der Betreiber hat die Bestellung des Immissionsschutzbeauftragten und die Bezeichnung seiner Aufgaben sowie Veränderungen in seinem Aufgabenbereich und dessen Abberufung der zuständigen Behörde unverzüglich anzuzeigen. Dem Immissionsschutzbeauftragten ist eine Abschrift der Anzeige auszuhändigen.

(1 a) Der Betreiber hat den Betriebs- oder Personalrat vor der Bestellung des Immissionsschutzbeauftragten unter Bezeichnung der ihm obliegenden Aufgaben zu unter-

richten. Entsprechendes gilt bei Veränderungen im Aufgabenbereich des Immissionsschutzbeauftragten und bei dessen Abberufung.

(2) Der Betreiber darf zum Immissionsschutzbeauftragten nur bestellen, wer die zur Erfüllung seiner Aufgaben erforderliche Fachkunde und Zuverlässigkeit besitzt. Werden der zuständigen Behörde Tatsachen bekannt, aus denen sich ergibt, daß der Immissionsschutzbeauftragte nicht die zur Erfüllung seiner Aufgaben erforderliche Fachkunde oder Zuverlässigkeit besitzt, kann sie verlangen, daß der Betreiber einen anderen Immissionsschutzbeauftragten bestellt. Der Bundesminister für Umwelt, Naturschutz und Reaktorsicherheit wird ermächtigt, nach Anhörung der beteiligten Kreise (§ 51) durch Rechtsverordnung mit Zustimmung des Bundesrates vorzuschreiben, welche Anforderungen an die Fachkunde und Zuverlässigkeit des Immissionsschutzbeauftragten zu stellen sind.

(3) Werden mehrere Immissionsschutzbeauftragte bestellt, so hat der Betreiber für die erforderliche Koordinierung in der Wahrnehmung der Aufgaben, insbesondere durch Bildung eines Ausschusses für Umweltschutz, zu sorgen. Entsprechendes gilt, wenn neben einem oder mehreren Immissionsschutzbeauftragten Betriebsbeauftragte nach anderen gesetzlichen Vorschriften bestellt werden. Der Betreiber hat ferner für die Zusammenarbeit der Betriebsbeauftragten mit den im Bereich des Arbeitsschutzes beauftragten Personen zu sorgen.

(4) Der Betreiber hat den Immissionsschutzbeauftragten bei der Erfüllung seiner Aufgaben zu unterstützen und ihm insbesondere, soweit dies zur Erfüllung seiner Aufgaben erforderlich ist, Hilfspersonal sowie Räume, Einrichtungen, Geräte und Mittel zur Verfügung zu stellen und die Teilnahme an Schulungen zu ermöglichen.

§ 56

Stellungnahme zu Entscheidungen des Betreibers

(1) Der Betreiber hat vor Entscheidungen über die Einführung von Verfahren und Erzeugnissen sowie vor Investitionsentscheidungen eine Stellungnahme des Immissionsschutzbeauftragten einzuholen, wenn die Entscheidungen für den Immissionsschutz bedeutsam sein können.

(2) Die Stellungnahme ist so rechtzeitig einzuholen, daß sie bei den Entscheidungen nach Absatz 1 angemessen berücksichtigt werden kann; sie ist derjenigen Stelle vorzulegen, die über die Einführung von Verfahren und Erzeugnissen sowie über die Investition entscheidet.

§ 57

Vortragsrecht

Der Betreiber hat durch innerbetriebliche Organisationsmaßnahmen sicherzustellen, daß der Immissionsschutzbeauftragte seine Vorschläge oder Bedenken unmittelbar der Geschäftsleitung vortragen kann, wenn er sich mit dem zuständigen Betriebsleiter nicht einigen konnte und er wegen der besonderen Bedeutung der Sache eine Entscheidung der Geschäftsleitung für erforderlich hält. Kann der Immissionsschutzbeauftragte sich über eine von ihm vorgeschlagene Maßnahme im Rahmen seines Aufgabenbereiches mit der Geschäftsleitung nicht einigen, so hat diese den Immissionsschutzbeauftragten umfassend über die Gründe ihrer Ablehnung zu unterrichten.

§ 58

Benachteiligungsverbot, Kündigungsschutz

(1) Der Immissionsschutzbeauftragte darf wegen der Erfüllung der ihm übertragenen Aufgaben nicht benachteiligt werden.

(2) Ist der Immissionsschutzbeauftragte Arbeitnehmer des zur Bestellung verpflichteten Betreibers, so ist die Kündigung des Arbeitsverhältnisses unzulässig, es sei denn, daß Tatsachen vorliegen, die den Betreiber zur Kündigung aus wichtigem Grund ohne Einhaltung einer Kündigungsfrist berechtigen. Nach der Abberufung als Immissionsschutzbeauftragter ist die Kündigung innerhalb eines Jahres, vom Zeitpunkt der Beendigung der Bestellung an gerechnet, unzulässig, es sei denn, daß Tatsachen vorliegen, die den Betreiber zur Kündigung aus wichtigem Grund ohne Einhaltung einer Kündigungsfrist berechtigen.

§ 58 a

Bestellung eines Störfallbeauftragten

(1) Betreiber genehmigungsbedürftiger Anlagen haben einen oder mehrere Störfallbeauftragte zu bestellen, sofern dies im Hinblick auf die Art und Größe der Anlage wegen der bei einer Störung des bestimmungsgemäßen Betriebs auftretenden Gefahren für die Allgemeinheit und die Nachbarschaft erforderlich ist. Die Bundesregierung bestimmt nach Anhörung der beteiligten Kreise (§ 51) durch Rechtsverordnung mit Zustimmung des Bundesrates die genehmigungsbedürftigen Anlagen, deren Betreiber Störfallbeauftragte zu bestellen haben.

(2) Die zuständige Behörde kann anordnen, daß Betreiber genehmigungsbedürftiger Anlagen, für die die Bestellung eines Störfallbeauftragten nicht durch Rechtsverordnung vorgeschrieben ist, einen oder mehrere Störfallbeauftragte zu bestellen haben, soweit sich im Einzelfall die Notwendigkeit der Bestellung aus dem in Absatz 1 Satz 1 genannten Gesichtspunkt ergibt.

§ 58 b

Aufgaben des Störfallbeauftragten

(1) Der Störfallbeauftragte berät den Betreiber in Angelegenheiten, die für die Sicherheit der Anlage bedeutsam sein können. Er ist berechtigt und verpflichtet,

1. auf die Verbesserung der Sicherheit der Anlage hinzuwirken,

2. dem Betreiber unverzüglich ihm bekanntgewordene Störungen des bestimmungsgemäßen Betriebs mitzuteilen, die zu Gefahren für die Allgemeinheit und die Nachbarschaft führen können,

3. die Einhaltung der Vorschriften dieses Gesetzes und der auf Grund dieses Gesetzes erlassenen Rechtsverordnungen sowie die Erfüllung erteilter Bedingungen und Auflagen im Hinblick auf die Verhinderung von Störungen des bestimmungsgemäßen Betriebs der Anlage zu überwachen, insbesondere durch Kontrolle der Betriebsstätte in regelmäßigen Abständen, Mitteilung festgestellter Mängel und Vorschläge zur Beseitigung dieser Mängel,

4. Mängel, die den vorbeugenden und abwehrenden Brandschutz sowie die technische Hilfeleistung betreffen, unverzüglich dem Betreiber zu melden.

(2) Der Störfallbeauftragte erstattet dem Betreiber jährlich einen Bericht über die nach Absatz 1 Satz 2 Nr. 1 bis 3 getroffenen und beabsichtigten Maßnahmen. Darüber hinaus ist er verpflichtet, die von ihm ergriffenen Maßnahmen zur Erfüllung seiner Aufgaben nach Absatz 1 Satz 2 Nr. 2 schriftlich aufzuzeichnen. Er muß diese Aufzeichnungen mindestens fünf Jahre aufbewahren.

§ 58 c

Pflichten und Rechte des Betreibers gegenüber dem Störfallbeauftragten

(1) Die in den §§ 55 und 57 genannten Pflichten des Betreibers gelten gegenüber dem Störfallbeauftragten entsprechend; in Rechtsverordnungen nach § 55 Abs. 2 Satz 3 kann auch geregelt werden, welche Anforderungen an die Fachkunde und Zuverlässigkeit des Störfallbeauftragten zu stellen sind.

(2) Der Betreiber hat vor Investitionsentscheidungen sowie vor der Planung von Betriebsanlagen und der Einführung von Arbeitsverfahren und Arbeitsstoffen eine Stellungnahme des Störfallbeauftragten einzuholen, wenn diese Entscheidung für die Sicherheit der Anlage bedeutsam sein können. Die Stellungnahme ist so rechtzeitig einzuholen, daß sie bei den Entscheidungen nach Satz 1 angemessen berücksichtigt werden kann; sie ist derjenigen Stelle vorzulegen, die die Entscheidung trifft.

(3) Der Betreiber kann dem Störfallbeauftragten für die Beseitigung und die Begrenzung der Auswirkungen von Störungen des bestimmungsgemäßen Betriebes, die zu Gefahren für die Allgemeinheit und die Nachbarschaft führen können oder bereits geführt haben, Entscheidungsbefugnisse übertragen.

§ 58 d

Verbot der Benachteiligung des Störfallbeauftragten, Kündigungsschutz

§ 58 gilt für den Störfallbeauftragten entsprechend.

§ 62

Ordnungswidrigkeiten

(1) Ordnungswidrig handelt, wer vorsätzlich oder fahrlässig

1. eine Anlage ohne die Genehmigung nach § 4 Abs. 1 errichtet,

2. einer auf Grund des § 7 erlassenen Rechtsverordnung oder auf Grund einer solchen Rechtsverordnung erlassenen vollziehbaren Anordnung zuwiderhandelt, soweit die Rechtsverordnung für einen bestimmten Tatbestand auf diese Bußgeldvorschrift verweist,

3. eine vollziehbare Auflage nach § 12 Abs. 1 nicht, nicht richtig, nicht vollständig oder nicht rechtzeitig erfüllt,

4. die Lage, die Beschaffenheit oder den Betrieb einer genehmigungspflichtigen Anlage ohne die Genehmigung nach § 15 Abs. 1 wesentlich ändert,

5. einer vollziehbaren Anordnung nach § 17 Abs. 1, auch in Verbindung mit Abs. 5, § 24 Satz 1, § 26 Abs. 1, § 28 Satz 1 oder § 29 nicht, nicht richtig, nicht vollständig oder nicht rechtzeitig nachkommt,

6. eine Anlage entgegen einer vollziehbaren Untersagung nach § 25 betreibt,

7. einer auf Grund der §§ 23, 32, 33 Abs. 1 Nr. 1, §§ 34, 35, 37, 38 Abs. 2, § 39 oder § 48 a erlassenen Rechtsverordnung oder einer auf Grund einer solchen Rechtsverordnung ergangenen vollziehbaren Anordnung zuwiderhandelt, soweit die Rechtsverordnung für einen bestimmten Tatbestand auf diese Bußgeldvorschrift verweist.

(2) Ordnungswidrig handelt ferner, wer vorsätzlich oder fahrlässig

1. entgegen § 16 Abs. 1 Satz 1, auch in Verbindung mit Satz 3, eine Mitteilung oder entgegen § 16 Abs. 2 eine Anzeige nicht, nicht richtig, nicht vollständig oder nicht rechtzeitig macht,

4. entgegen § 52 Abs. 2 Satz 1, 3 oder 4, auch in Verbindung mit Absatz 3 Satz 1 oder Absatz 6 Satz 1 Auskünfte nicht, nicht richtig, nicht vollständig oder nicht rechtzeitig erteilt, eine Maßnahme nicht duldet, Unterlagen nicht vorlegt, beauftragte Personen nicht hinzuzieht oder einer dort sonst genannten Verpflichtung zuwiderhandelt,

5. entgegen § 52 Abs. 3 Satz 2 die Entnahme von Stichproben nicht gestattet,

(3) Die Ordnungswidrigkeit nach Absatz 1 kann mit einer Geldbuße bis zu hunderttausend Deutsche Mark, die Ordnungswidrigkeit nach Absatz 2 mit einer Geldbuße bis zu zwanzigtausend Deutsche Mark geahndet werden.

§ 67 a
Überleitungsregelung aus Anlaß der Herstellung der Einheit Deutschlands

(1) In dem in Artikel 3 des Einigungsvertrages genannten Gebiet muß eine genehmigungsbedürftige Anlage, die vor dem 1. Juli 1990 errichtet worden ist oder mit deren Errichtung vor diesem Zeitpunkt begonnen wurde, innerhalb von sechs Monaten nach diesem Zeitpunkt der zuständigen Behörde angezeigt werden. Der Anzeige sind Unterlagen über Art, Umfang und Betriebsweise beizufügen.

(2) In dem in Artikel 3 des Einigungsvertrages genannten Gebiet darf die Erteilung einer Genehmigung zur Errichtung und zum Betrieb oder zur wesentlichen Änderung

der Lage, Beschaffenheit oder des Betriebs einer genehmigungsbedürtigen Anlage wegen der Überschreitung eines Immissionswertes durch die Immissionsvorbelastung nicht versagt werden, wenn

1. die Zusatzbelastung geringfügig ist und mit einer deutlichen Verminderung der Immissionsbelastung im Einwirkungsbereich der Anlage innerhalb von fünf Jahren ab Genehmigung zu rechnen ist oder

2. im Zusammenhang mit dem Vorhaben Anlagen stillgelegt oder verbessert werden und dadurch eine Verminderung der Vorbelastung herbeigeführt wird, die im Jahresmittel mindestens doppelt so groß ist wie die von der Neuanlage verursachte Zusatzbelastung.

(3) Soweit die Technische Anleitung zu Reinhaltung der Luft vom 27. Februar 1986 (GMBl. S. 95, 202) die Durchführung von Maßnahmen zur Sanierung von Altanlagen bis zu einem bestimmten Termin vorsieht, verlängern sich die hieraus ergebenden Fristen für das in Artikel 3 des Einigungsvertrages genannte Gebiet um ein Jahr; als Fristbeginn gilt der 1. Juli 1990.

4.

Gesetz über die Umweltverträglichkeitsprüfung (UVPG)

Vom 12. Februar 1990 (BGBl. I S. 205)

(Auszug)

§ 1

Zweck des Gesetzes

Zweck dieses Gesetzes ist es sicherzustellen, daß bei den in der Anlage zu § 3 aufgeführten Vorhaben zur wirksamen Umweltvorsorge nach einheitlichen Grundsätzen

1. die Auswirkungen auf die Umwelt frühzeitig und umfassend ermittelt, beschrieben und bewertet werden,

2. das Ergebnis der Umweltverträglichkeitsprüfung so früh wie möglich bei allen behördlichen Entscheidungen über die Zulässigkeit berücksichtigt wird.

§ 2

Begriffsbestimmungen

(1) Die Umweltverträglichkeitsprüfung ist ein unselbständiger Teil verwaltungsbehördlicher Verfahren, die der Entscheidungen über die Zulässigkeit von Vorhaben dienen. Die Umweltverträglichkeitsprüfung umfaßt die Ermittlung, Beschreibung und Bewertung der Auswirkungen eines Vorhabens auf

1. Menschen, Tiere und Pflanzen, Boden, Wasser, Luft, Klima und Landschaft, einschließlich der jeweiligen Wechselwirkungen,

2. Kultur- und sonstige Sachgüter.

Sie wird unter Einbeziehung der Öffentlichkeit durchgeführt. Wird über die Zulässigkeit eines Vorhabens im Rahmen mehrerer Verfahren entschieden, werden die in diesen Verfahren durchgeführten Teilprüfungen zu einer Gesamtbewertung aller Umweltauswirkungen, einschließlich der Wechselwirkungen, zusammengefaßt.

(2) Vorhaben sind nach Maßgabe der Anlage zu § 3

1. bauliche Anlagen, die errichtet und betrieben werden sollen,

2. sonstige Anlagen, die errichtet und betrieben werden sollen,

3. sonstige Eingriffe in Natur und Landschaft,

4. die wesentliche Änderung einer Anlage nach den Nummern 1 und 2, soweit sie erhebliche Auswirkungen auf die Umwelt haben kann.

(3) Entscheidungen im Sinne des Absatzes 1 Satz 1 sind

1. Bewilligung, Erlaubnis, Genehmigung, Planfeststellungsbeschluß und sonstige behördliche Entscheidungen über die Zulässigkeit von Vorhaben, die in einem Verwaltungsverfahren getroffen werden, mit Ausnahme von Anzeigeverfahren,

2. Linienbestimmungen und Entscheidungen in vorgelagerten Verfahren, die für anschließende Verfahren beachtlich sind,

3. Beschlüsse nach § 10 des Baugesetzbuches über die Aufstellung, Änderung oder Ergänzung von Bebauungsplänen, die die Grundlage für Entscheidungen über die Zulässigkeit von Vorhaben im Sinne der Anlage zu § 3 sein können, sowie Beschlüsse nach § 10 des Baugesetzbuches über Bebauungspläne, die Planfeststellungsbeschlüsse für Vorhaben im Sinne der Anlage zu § 3 ersetzen,

4. Beschlüsse über die Aufstellung, Änderung oder Ergänzung von Flächennutzungsplänen, die die Grundlage für Entscheidungen nach den Nummern 1 bis 3 sein können.

§ 3

Anwendungsbereich

(1) Der Umweltverträglichkeitsprüfung unterliegen die Vorhaben, die in der Anlage zu diesem Gesetz aufgeführt sind. Die Bundesregierung wird ermächtigt, durch Rechtsverordnung mit Zustimmung des Bundesrates

1. Vorhaben in die Anlage aufzunehmen, die erhebliche Auswirkungen auf die Umwelt haben können,

2. Vorhaben unter Beachtung der Rechtsakte des Rates oder der Kommission der Europäischen Gemeinschaften aus der Anlage herauszunehmen, die nach den vorliegenden Erkenntnissen keine erheblichen Auswirkungen auf die Umwelt besorgen lassen.

Rechtsverordnungen auf Grund dieser Ermächtigung bedürfen der Zustimmung des Bundestages. Die Zustimmung gilt als erteilt, wenn der Bundestag nicht innerhalb von drei Sitzungswochen nach Eingang der Vorlage der Bundesregierung die Zustimmung verweigert hat.

(2) Soweit zwingende Gründe der Verteidigung oder die Erfüllung zwischenstaatlicher Verpflichtungen es erfordern, kann der Bundesminister der Verteidigung nach Richtlinien, die im Einvernehmen mit dem Bundesminister für Umwelt, Naturschutz und Reaktorsicherheit festzulegen sind, für Vorhaben, die der Landesverteidigung dienen, die Anwendung dieses Gesetzes ausschließen oder Ausnahmen von den Anforderungen dieses Gesetzes zulassen. Dabei ist der Schutz vor schädlichen Umweltauswirkungen zu berücksichtigen. Sonstige Rechtsvorschriften, die das Zulassungsverfahren betreffen, bleiben unberührt. Der Bundesminister der Verteidigung unterrichtet den Bundesminister für Umwelt, Naturschutz und Reaktorsicherheit jährlich über die Anwendung dieses Absatzes.

(3) Absatz 2 gilt nicht im Land Berlin.

§ 4
Vorrang anderer Rechtsvorschriften

Dieses Gesetz findet Anwendung, soweit Rechtsvorschriften des Bundes oder der Länder die Prüfung der Umweltverträglichkeit nicht näher bestimmen oder in ihren Anforderungen diesem Gesetz nicht entsprechen. Rechtsvorschriften mit weitergehenden Anforderungen bleiben unberührt.

§ 5
Unterrichtung über den voraussichtlichen Untersuchungsrahmen

Sobald der Träger des Vorhabens die zuständige Behörde über das geplante Vorhaben unterrichtet, soll diese mit ihm entsprechend dem jeweiligen Planungsstand und auf der Grundlage geeigneter, vom Träger des Vorhabens vorgelegter Unterlagen den Gegenstand, Umfang und Methoden der Umweltverträglichkeitsprüfung sowie sonstige für die Durchführung der Umweltverträglichkeitsprüfung erhebliche Fragen erörtern. Hierzu können andere Behörden, Sachverständige und Dritte hinzugezogen werden. Die zuständige Behörde soll den Träger des Vorhabens über den voraussichtlichen Untersuchungsrahmen der Umweltverträglichkeitsprüfung sowie über Art und Umfang der nach § 6 voraussichtlich beizubringenden Unterlagen unterrichten. Verfügt die zuständige Behörde über Informationen, die für die Beibringung der Unterlagen nach § 6 zweckdienlich sind, soll sie diese Informationen dem Träger des Vorhabens zur Verfügung stellen.

§ 6
Unterlagen des Trägers des Vorhabens

(1) Der Träger des Vorhabens hat die entscheidungserheblichen Unterlagen über die Umweltauswirkungen des Vorhabens der zuständigen Behörde zu Beginn des Verfahrens vorzulegen, in dem die Umweltverträglichkeit geprüft wird. Setzt der Beginn des Verfahrens einen schriftlichen Antrag, die Einreichung eines Plans oder eine sonstige Handlung des Trägers des Vorhabens voraus, sind die nach Satz 1 erforderlichen Unterlagen so rechtzeitig vorzulegen, daß sie mit den übrigen Unterlagen ausgelegt werden können.

(2) Inhalt und Umfang der Unterlagen nach Absatz 1 bestimmen sich nach den Rechtsvorschriften, die für die Entscheidung über die Zulässigkeit des Vorhabens maßgebend sind. Die Absätze 3 und 4 sind anzuwenden, soweit die in diesen Absätzen genannten Unterlagen durch Rechtsvorschrift nicht im einzelnen festgelegt sind.

(3) Die Unterlagen nach Absatz 1 müssen zumindest folgende Angaben enthalten:

1. Beschreibung des Vorhabens mit Angaben über Standort, Art und Umfang sowie Bedarf an Grund und Boden,

2. Beschreibung von Art und Menge der zu erwartenden Emissionen und Reststoffe, insbesondere der Luftverunreinigungen, der Abfälle und des Anfalls von Abwasser

sowie sonstige Angaben, die erforderlich sind, um erhebliche Beeinträchtigungen der Umwelt durch das Vorhaben feststellen und beurteilen zu können,

3. Beschreibung der Maßnahmen, mit denen erhebliche Beeinträchtigungen der Umwelt vermieden, vermindert oder soweit möglich ausgeglichen werden, sowie der Ersatzmaßnahmen bei nicht ausgleichbaren aber vorrangigen Eingriffen in Natur und Landschaft,

4. Beschreibung der zu erwartenden erheblichen Auswirkungen des Vorhabens auf die Umwelt unter Berücksichtigung des allgemeinen Kenntnisstandes und der allgemein anerkannten Prüfungsmethoden.

Eine allgemein verständliche Zusammenfassung der in den Nummern 1 bis 4 genannten Angaben ist beizufügen.

(4) Die Unterlagen nach Absatz 1 müssen auch die folgenden Angaben enthalten, soweit sie für die Umweltverträglichkeitsprüfung nach der Art des Vorhabens erforderlich sind und ihre Beibringung für den Träger des Vorhabens zumutbar ist:

1. Beschreibung der wichtigsten Merkmale der verwendeten technischen Verfahren,

2. Beschreibung der Umwelt und ihrer Bestandteile unter Berücksichtigung des allgemeinen Kenntnisstandes und der allgemein anerkannten Prüfungsmethoden, soweit dies zur Feststellung und Beurteilung aller sonstigen für die Zulässigkeit des Vorhabens erheblichen Auswirkungen des Vorhabens auf die Umwelt erforderlich ist,

3. Übersicht über die wichtigsten, vom Träger des Vorhabens geprüften Vorhabenalternativen und Angabe der wesentlichen Auswahlgründe unter besonderer Berücksichtigung der Umweltauswirkungen des Vorhabens,

4. Hinweise auf Schwierigkeiten, die bei der Zusammenstellung der Angaben aufgetreten sind, z. B. technische Lücken oder fehlende Kenntnisse.

Die allgemein verständliche Zusammenfassung nach Absatz 3 Satz 2 muß sich auch auf die in den Nummern 1 bis 3 genannten Angaben erstrecken.

(5) Die Absätze 1 bis 4 finden entsprechende Anwendung, wenn die zuständige Behörde für diejenige öffentlich-rechtliche Körperschaft tätig wird, die Träger des Vorhabens ist.

§ 7

Beteiligung anderer Behörden

Die zuständige Behörde holt die Stellungnahmen der Behörden ein, deren Aufgabenbereich durch das Vorhaben berührt wird.

§ 9

Einbeziehung der Öffentlichkeit

(1) Die zuständige Behörde hat die Öffentlichkeit zu den Umweltauswirkungen des Vorhabens auf der Grundlage der ausgelegten Unterlagen nach § 6 anzuhören. Das Anhörungsverfahren muß den Anforderungen des § 73 Abs. 3 bis 7 des Verwaltungsverfahrensgesetzes entsprechen. Ändert der Träger des Vorhabens die nach § 6 erforderlichen Unterlagen im Laufe des Verfahrens, so kann von einer erneuten Anhörung der Öffentlichkeit abgesehen werden, soweit keine zusätzlichen oder anderen erheblichen Auswirkungen auf die Umwelt zu besorgen sind.

(2) Die zuständige Behörde hat den bekannten Betroffenen und denjenigen, über deren Einwendungen entschieden worden ist, die Entscheidung über die Zulässigkeit des Vorhabens und die Entscheidungsgründe zugänglich zu machen. Wird das Vorhaben abgelehnt, so sind die bekannten Betroffenen und diejenigen, die Einwendungen erhoben haben, von der Ablehnung zu benachrichtigen.

(3) Abweichend von den Absätzen 1 und 2 wird die Öffentlichkeit im vorgelagerten Verfahren dadurch einbezogen, daß

1. das Vorhaben öffentlich bekanntgemacht wird,

2. die nach § 6 erforderlichen Unterlagen während eines angemessenen Zeitraumes eingesehen werden können,

3. Gelegenheit zur Äußerung gegeben wird,

4. die Öffentlichkeit über die Entscheidung unterrichtet wird.

Rechtsansprüche werden durch die Einbeziehung der Öffentlichkeit nicht begründet; die Verfolgung von Rechten im nachfolgenden Zulassungsverfahren bleibt unberührt.

§ 10

Geheimhaltung und Datenschutz

Die Rechtsvorschriften über Geheimhaltung und Datenschutz bleiben unberührt.

§ 11

Zusammenfassende Darstellung der Umweltauswirkung

Die zuständige Behörde erarbeitet auf der Grundlage der Unterlagen nach § 6, der behördlichen Stellungnahmen nach den §§ 7 und 8 sowie der Äußerungen der Öffentlichkeit nach § 9 eine zusammenfassende Darstellung der Auswirkungen des Vorhabens auf die in § 2 Abs. 1 Satz 2 genannten Schutzgüter, einschließlich der Wechselwirkungen. Die Ergebnisse eigener Ermittlungen sind einzubeziehen. Die zusammenfassende Darstellung ist möglichst innerhalb eines Monats nach Abschluß der Erörterung im Anhörungsverfahren nach § 9 Abs. 1 Satz 2 zu erarbeiten. Die zusammenfassende Darstellung kann in der Begründung der Entscheidung über die Zulässigkeit des Vorhabens erfolgen.

§ 12

Bewertung der Umweltauswirkungen und Berücksichtigung des Ergebnisses bei der Entscheidung

Die zuständige Behörde bewertet die Umweltauswirkungen des Vorhabens auf der Grundlage der zusammenfassenden Darstellung nach § 11 und berücksichtigt diese Bewertung bei der Entscheidung über die Zulässigkeit des Vorhabens im Hinblick auf eine wirksame Umweltvorsorge im Sinne der §§ 1, 2 Abs. 1 Satz 2 und 4 nach Maßgabe der geltenden Gesetze.

§ 13

Vorbescheid und Teilzulassungen

(1) Vorbescheid und erste Teilgenehmigung oder entsprechend erste Teilzulassungen dürfen nur nach Durchführung einer Umweltverträglichkeitsprüfung erteilt werden. Die Umweltverträglichkeitsprüfung hat sich in den Fällen vorläufig auf die nach dem jeweiligen Planungsstand erkennbaren Umweltauswirkungen des Gesamtvorhabens und abschließend auf die Umweltauswirkungen zu erstrecken, die Gegenstand von Vorbescheid oder Teilzulassung sind. Diesem Umfang der Umweltverträglichkeitsprüfung ist bei der Unterrichtung über den voraussichtlichen Untersuchungsrahmen nach § 5 und bei den Unterlagen nach § 6 Rechnung zu tragen.

(2) Bei weiteren Teilgenehmigungen oder entsprechenden Teilzulassungen soll die Prüfung der Umweltverträglichkeit auf zusätzliche oder andere erhebliche Umweltauswirkungen des Vorhabens beschränkt werden. Absatz 1 gilt entsprechend.

§ 14

Zulassung eines Vorhabens durch mehrere Behörden

(1) Bedarf ein Vorhaben der Zulassung durch mehrere Behörden, so bestimmen die Länder eine federführende Behörde, die zumindest für die Aufgaben nach §§ 5 und 11 zuständig ist. Die Länder können der federführenden Behörde weitere Zuständigkeiten nach den §§ 6 bis 9 übertragen. Die federführende Behörde hat ihre Aufgaben im Zusammenwirken zumindest mit den Zulassungsbehörden und der Naturschutzbehörde wahrzunehmen, deren Aufgabenbereich durch das Vorhaben berührt wird.

(2) Die Zulassungsbehörden haben auf der Grundlage der zusammenfassenden Darstellung nach § 11 eine Gesamtbewertung der Umweltauswirkungen des Vorhabens vorzunehmen und diese nach § 12 bei den Entscheidungen zu berücksichtigen. Die federführende Behörde hat das Zusammenwirken der Zulassungsbehörden sicherzustellen.

§ 20

Verwaltungsvorschriften

Die Bundesregierung erläßt mit Zustimmung des Bundesrates allgemeine Verwaltungsvorschriften über

1. Kriterien und Verfahren, die zu dem in den §§ 1 und 12 genannten Zweck bei der Ermittlung, Beschreibung und Bewertung von Umweltauswirkungen (§ 2 Abs. 1 Satz 2) zugrunde zu legen sind,

2. Grundsätze für die Unterrichtung über den voraussichtlichen Untersuchungsrahmen nach § 5,

3. Grundsätze für die zusammenfassende Darstellung der Umweltauswirkungen nach § 11 und für die Bewertung nach § 12.

§ 22

Übergangsvorschrift

(1) Bereits begonnene Verfahren sind nach den Vorschriften dieses Gesetzes und den auf dieses Gesetz gestützten Rechts- und Verwaltungsvorschriften zu Ende zu führen, wenn das Vorhaben bei Inkrafttreten dieses Gesetzes oder im Zeitpunkt der erstmaligen Anwendbarkeit dieses Gesetzes auf Vorhaben nach den Nummern 1 und 2 der Anlage zu § 3 noch nicht öffentlich bekanntgemacht worden ist; dies gilt auch, wenn in einem Verfahren über einen Vorbescheid oder eine erste Teilgenehmigung oder entsprechende erste Teilzulassung entschieden werden soll. Ist in einem Verfahren über eine weitere Teilgenehmigung oder entsprechende Teilzulassung unter Einbeziehung der Öffentlichkeit zu entscheiden, gilt diese Regelung mit der Maßgabe, daß die Prüfung der Umweltverträglichkeit im nachfolgenden Verfahren auf zusätzliche oder andere erhebliche Umweltauswirkungen zu beschränken ist.

(2) Ist vor dem Inkrafttreten dieses Gesetzes mit der Beteiligung der Träger öffentlicher Belange nach § 4 des Baugesetzbuches begonnen oder der Entwurf des Bauleitplans nach § 3 Abs. 2 des Baugesetzbuchs öffentlich ausgelegt worden, sind auf den Bauleitplan die Vorschriften dieses Gesetzes nicht anzuwenden. Bauleitpläne, die vor dem Inkrafttreten dieses Gesetzes bekanntgemacht worden sind, bleiben durch die Vorschriften dieses Gesetzes unberührt.

Anlage (zu § 3)

Die Umweltverträglichkeitsprüfung ist durchzuführen für folgende Vorhaben:

1. Errichtung und Betrieb einer Anlage, die der Genehmigung in einem Verfahren unter Einbeziehung der Öffentlichkeit nach § 4 des Bundes-Immissionsschutzgesetzes bedarf und die im Anhang zu dieser Anlage aufgeführt ist, sowie die wesentliche Änderung der Lage, der Beschaffenheit oder des Betriebs einer solchen Anlage, wenn von der Einbeziehung der Öffentlichkeit nach § 15 Abs. 2 des Bundes-Immissionsschutzgesetzes nicht abgesehen wird und die Änderung erhebliche nachteilige Auswirkungen auf § 2 Abs. 1 Satz 2 genannte Schutzgüter haben kann;

4. Errichtung und Betrieb einer Abfallentsorgungsanlage sowie die wesentliche Änderung einer solchen Anlage oder ihres Betriebes, die der Planfeststellung nach § 7 des Abfallgesetzes bedürfen;

5. Bau und Betrieb sowie die wesentliche Änderung einer Abwasserbehandlungsanlage, die einer Zulassung nach § 18 c des Wasserhaushaltsgesetzes bedürfen;

5.

Gesetz über die Vermeidung und Entsorgung von Abfällen (Abfallgesetz — AbfG)

Vom 27. August 1986 (BGBl. I S. 1410, 1501), zuletzt geändert durch Gesetz vom 26. Juni 1992 (BGBl. I S. 1161)

Artikel 1

Abfallgesetz

§ 1
Begriffsbestimmungen und sachlicher Geltungsbereich

(1) Abfälle im Sinne dieses Gesetzes sind bewegliche Sachen, deren sich der Besitzer entledigen will oder deren geordnete Entsorgung zur Wahrung des Wohls der Allgemeinheit, insbesondere des Schutzes der Umwelt, geboten ist. Bewegliche Sachen, die der Besitzer der entsorgungspflichtigen Körperschaft oder dem von dieser beauftragten Dritten überläßt, sind auch im Falle der Verwertung Abfälle, bis sie oder die aus ihnen gewonnenen Stoffe oder erzeugte Energie dem Wirtschaftskreislauf zugefügt werden.

(2) Die Abfallentsorgung umfaßt das Gewinnen von Stoffen oder Energie aus Abfällen (Abfallverwertung) und das Ablagern von Abfällen sowie die hierzu erforderlichen Maßnahmen des Einsammelns, Beförderns, Behandelns und Lagerns.

(3) Die Vorschriften dieses Gesetzes gelten nicht für

1. die nach dem Tierkörperbeseitigungsgesetz,
   nach dem Fleischbeschaugesetz,
   nach dem Tierseuchengesetz,
   nach dem Pflanzenschutzgesetz
   und
   nach den auf Grund dieser Gesetze erlassenen Rechtsverordnungen zu beseitigenden Stoffe,

2. Kernstoffe und sonstige radioaktive Stoffe im Sinne des Atomgesetzes,

3. Abfälle, die beim Aufsuchen, Gewinnen, Aufbereiten und Weiterverarbeiten von Bodenschätzen in den der Bergaufsicht unterstehenden Betrieben anfallen, mit Ausnahme der §§ 5 a, 12, 14 Abs. 1 in Verbindung mit § 5 a und der sich hierauf beziehenden Bußgeldvorschriften,

4. nicht gefaßte gasförmige Stoffe,

5. Stoffe, die in Gewässer oder Abwasseranlagen eingeleitet oder eingebracht werden,

6. Stoffe, ausgenommen die von den §§ 2 Abs. 2 und 3, 5, 5 a und 15 erfaßten, die durch gemeinnützige Sammlung einer ordnungsgemäßen Verwertung zugeführt werden,

7. Stoffe, ausgenommen die von §§ 2 Abs. 2 und 3, 5, 5 a und 15 erfaßten, die durch gewerbliche Sammlung einer ordnungsgemäßen Verwertung zugeführt werden, sofern dies den entsorgungspflichtigen Körperschaften nachgewiesen wird und nicht überwiegende öffentliche Interessen entgegenstehen,

8. das Aufsuchen, Bergen, Befördern, Lagern, Behandeln und Vernichten von Kampfmitteln.

§ 1 a

Abfallvermeidung und Abfallverwertung

(1) Abfälle sind nach Maßgabe von Rechtsverordnungen auf Grund des § 14 Abs. 1 Nr. 3, 4 und Abs. 2 Satz 3 Nr. 2 bis 5 zu vermeiden. Die Pflichten der Betreiber genehmigungsbedürftiger Anlagen, Abfälle nach den Regelungen des Bundes-Immissionsschutzgesetzes durch den Einsatz reststoffarmer Verfahren oder durch Verwertung von Reststoffen zu vermeiden, bleiben unberührt.

(2) Abfälle sind nach Maßgabe des § 3 Abs. 2 Satz 3 oder, soweit dies Rechtsverordnungen nach § 14 Abs. 1 Nr. 2, 3 und Abs. 2 Satz 3 Nr. 2 bis 4 vorschreiben, zu verwerten.

§ 2

Grundsatz

(1) Abfälle, die im Geltungsbereich dieses Gesetzes anfallen, sind dort zu entsorgen, soweit § 13 nichts anderes zuläßt. Sie sind so zu entsorgen, daß das Wohl der Allgemeinheit nicht beeinträchtigt wird, insbesondere nicht dadurch, daß

1. die Gesundheit der Menschen gefährdet und ihr Wohlbefinden beeinträchtigt,

2. Nutztiere, Vögel, Wild und Fische gefährdet,

3. Gewässer, Boden und Nutzpflanzen schädlich beeinflußt,

4. schädliche Umwelteinwirkungen durch Luftverunreinigungen oder Lärm herbeigeführt,

5. die Belange des Naturschutzes und der Landschaftspflege sowie des Städtebaus nicht gewahrt oder

6. sonst die öffentliche Sicherheit und Ordnung gefährdet oder gestört werden.

Die Ziele und Erfordernisse der Raumordnung und Landesplanung sind zu beachten.

(2) An die Entsorgung von Abfällen aus gewerblichen oder sonstigen wirtschaftlichen Unternehmen oder öffentlichen Einrichtungen, die nach Art, Beschaffenheit oder Menge in besonderem Maße gesundheits-, luft- oder wassergefährdend, explosibel oder

brennbar sind oder Erreger übertragbarer Krankheiten enthalten oder hervorbringen können, sind nach Maßgabe dieses Gesetzes zusätzliche Anforderungen zu stellen. Abfälle im Sinne von Satz 1 werden von der Bundesregierung durch Rechtsverordnung mit Zustimmung des Bundesrates bestimmt.

(3) Die Bundesregierung wird ermächtigt, durch Rechtsverordnung mit Zustimmung des Bundesrates für bestimmte, in einer Rechtsverordnung nach Absatz 2 aufgeführte Stoffe, die keine Abfälle im Sinne dieses Gesetzes sind, sondern als Reststoffe verwertet werden sollen, die Überwachung, Genehmigungs- und Kennzeichnungspflicht in entsprechender Anwendung des § 11 Abs. 1 Satz 1, Abs. 2, 4 und 5, der §§ 12, 13 Abs. 1 Nr. 1, 2, 4 Buchstabe b und c und Nr. 5, Abs. 3 bis 6 sowie der §§ 13 a und 13 b anzuordnen, wenn von ihnen bei einem unsachgemäßen Befördern, Behandeln oder Lagern eine erhebliche Beeinträchtigung des Wohls der Allgemeinheit ausgehen kann. Die Genehmigung in entsprechender Anwendung des § 13 ist zu erteilen, wenn die Voraussetzungen des § 13 Abs. 1 Nr. 1 und 2, 4 Buchstabe b und c, Nr. 5 vorliegen; sie soll in der Regel für einen Zeitraum von zwei Jahren erteilt werden. § 12 Abs. 1 Satz 4 und 5 ist entsprechend anwendbar.

§ 3

Verpflichtung zur Entsorgung

(1) Der Besitzer hat Abfälle dem Entsorgungspflichtigen zu überlassen.

(2) Die nach Landesrecht zuständigen Körperschaften des öffentlichen Rechts haben die in ihrem Gebiet angefallenen Abfälle zu entsorgen. Sie können sich zur Erfüllung dieser Pflicht Dritter bedienen. Die Abfallverwertung hat Vorrang vor der sonstigen Entsorgung, wenn sie technisch möglich ist, die hierbei entstehenden Mehrkosten im Vergleich zu anderen Verfahren der Entsorgung nicht unzumutbar sind und für die gewonnenen Stoffe oder Energie ein Markt vorhanden ist oder insbesondere durch Beauftragung Dritter geschaffen werden kann. Abfälle sind so einzusammeln, zu befördern, zu behandeln und zu lagern, daß die Möglichkeiten zur Abfallverwertung genutzt werden können.

(3) Die in Absatz 2 genannten Körperschaften können mit Zustimmung der zuständigen Behörde Abfälle von der Entsorgung nur ausschließen, soweit sie diese nach ihrer Art oder Menge nicht mit den in Haushaltungen anfallenden Abfällen entsorgen können.

(4) Im Falle des Absatzes 3 ist der Besitzer zur Entsorgung der Abfälle verpflichtet. Absatz 2 Satz 2 bis 4 gilt entsprechend.

(5) Der Inhaber einer Abfallentsorgungsanlage kann durch die zuständige Behörde verpflichtet werden, einem nach Absatz 2 oder 4 zur Abfallentsorgung Verpflichteten die Mitbenutzung der Abfallentsorgungsanlage gegen angemessenes Entgelt zu gestatten, soweit dieser die Abfälle anders nicht zweckmäßig oder nur mit erheblichen Mehrkosten entsorgen kann und die Mitbenutzung für den Inhaber zumutbar ist. Kommt eine Einigung über das Entgelt nicht zustande, so wird es durch die zuständige Behörde festgesetzt.

(6) Die zuständige Behörde kann dem Inhaber einer Abfallentsorgungsanlage, der Abfälle wirtschaftlicher entsorgen kann als eine in Absatz 2 genannte Körperschaft, die Entsorgung dieser Abfälle auf seinen Antrag übertragen. Die Übertragung kann mit der Auflage verbunden werden, daß der Antragsteller alle in dem Gebiet dieser Körperschaft angefallenen Abfälle gegen Erstattung der Kosten entsorgt, wenn die Körperschaft die verbleibenden Abfälle nicht oder nur mit unverhältnismäßigem Aufwand entsorgen kann; das gilt nicht, wenn der Antragsteller darlegt, daß die Übernahme der Entsorgung unzumutbar ist.

(7) Der Abbauberechtigte oder Unternehmer eines Mineralgewinnungsbetriebes sowie der Eigentümer, Besitzer oder in sonstiger Weise Verfügungsberechtigte eines zur Mineralgewinnung genutzten Grundstücks kann von der zuständigen Behörde verpflichtet werden, die Entsorgung von Abfällen in freigelegten Bauen in seiner Anlage oder innerhalb seines Grundstücks zu dulden, den Zugang zu ermöglichen und dabei, soweit dies unumgänglich ist, vorhandene Betriebsanlagen oder Einrichtungen oder Teile derselben zur Verfügung zu stellen. Die ihm dadurch entstehenden Kosten hat der Entsorgungspflichtige zu erstatten. Die zuständige Behörde bestimmt den Inhalt dieser Verpflichtung. Der Vorrang der Mineralgewinnung gegenüber der Abfallentsorgung darf nicht beeinträchtigt werden. Für die aus der Abfallentsorgung entstehenden Schäden haftet der Duldungspflichtige nicht.

§ 4

Ordnung der Entsorgung

(1) Abfälle dürfen nur in den dafür zugelassenen Anlagen oder Einrichtungen (Abfallentsorgungsanlagen) behandelt, gelagert und abgelagert werden.

(2) Die zuständige Behörde kann im Einzelfall widerruflich Ausnahmen zulassen, wenn dadurch das Wohl der Allgemeinheit nicht beeinträchtigt wird.

(3) Abfälle im Sinne des § 2 Abs. 2 dürfen zum Einsammeln oder Befördern nur den nach § 12 hierzu Befugten und diesen nur dann überlassen werden, wenn eine Bescheinigung des Betreibers einer Abfallentsorgungsanlage vorliegt, aus der dessen Bereitschaft zur Annahme derartiger Abfälle hervorgeht; die Bescheinigung muß auch dann vorliegen, wenn der Besitzer diese Abfälle selbst befördert und dem Betreiber einer Abfallentsorgungsanlage zum Entsorgen überläßt.

(4) Die Landesregierungen können durch Rechtsverordnung die Entsorgung bestimmter Abfälle oder bestimmter Mengen dieser Abfälle, sofern ein Bedürfnis besteht und eine Beeinträchtigung des Wohls der Allgemeinheit nicht zu befürchten ist, außerhalb von Entsorgungsanlagen zulassen und die Voraussetzungen und die Art und Weise der Entsorgung festlegen. Die Landesregierungen können die Ermächtigung durch Rechtsverordnung ganz oder teilweise auf andere Behörden übertragen.

(5) Die Bundesregierung erläßt nach Anhörung der beteiligten Kreise mit Zustimmung des Bundesrates allgemeine Verwaltungsvorschriften über Anforderungen an die Entsorgung von Abfällen nach dem Stand der Technik, vor allem solcher im Sinne des § 2

Abs. 2. Hierzu sind auch Verfahren der Sammlung, Behandlung, Lagerung und Ablagerung festzulegen, die in der Regel eine umweltverträgliche Abfallentsorgung gewährleisten.

§ 4 a

Auskunftspflicht

Die zuständige Behörde hat dem nach § 3 Abs. 2 oder 4 zur Entsorgung Verpflichteten auf Anfrage Auskunft über vorhandene geeignete Abfallentsorgungsanlagen zu erteilen.

§ 5

Autowracks

(1) Auf Anlagen, die der Lagerung oder Behandlung von Autowracks dienen, finden die Vorschriften über Abfallentsorgungsanlagen Anwendung.

(2) Kraftfahrzeuge oder Anhänger ohne gültige Kennzeichen, die auf öffentlichen Flächen oder außerhalb im Zusammenhang bebauter Ortsteile abgestellt sind, gelten als Abfall, wenn keine Anhaltspunkte dafür sprechen, daß sie noch bestimmungsgemäß genutzt werden oder daß sie entwendet wurden, und wenn sie nicht innerhalb eines Monats nach einer am Fahrzeug angebrachten, deutlich sichtbaren Aufforderung entfernt worden sind.

§ 5 a

Altöle

(1) Auf Altöle finden die Vorschriften dieses Gesetzes auch Anwendung, wenn sie keine Abfälle im Sinne des § 1 Abs. 1 sind. Altöle sind gebrauchte halbflüssige oder flüssige Stoffe, die ganz oder teilweise aus Mineralöl oder synthetischem Öl bestehen, einschließlich ölhaltiger Rückstände aus Behältern, Emulsionen und Wasser-Öl-Gemische.

(2) Soweit Altöle der Verwertung in hierfür genehmigten Anlagen im Sinne des § 4 des Bundes-Immissionsschutzgesetzes zugeführt werden, finden nur die §§ 11, 11 a bis 11 f, 12 und § 14 Abs. 1 Anwendung. Die Bundesregierung bestimmt nach Anhörung der beteiligten Kreise durch Rechtsverordnung mit Zustimmung des Bundesrates bis zum 1. November 1987

1. die nach Ausgangsprodukt und Anfallstelle für eine Aufarbeitung geeigneten Altölarten und den darin zulässigen Anteil an einzelnen Stoffen oder Stoffgruppen, die eine Aufarbeitung erschweren oder sich in Produkten der Aufarbeitung anreichern können,

2. die Entnahme von Proben, den Verbleib und die Aufbewahrung von Rückstellungsproben und die hierfür anzuwendenden Verfahren,

3. die zur Bestimmung von einzelnen Stoffen oder Stoffgruppen erforderlichen Analysenverfahren.

(3) Wegen der Anforderungen nach Absatz 2 Satz 2 Nr. 2 und 3 kann auf jedermann zugängliche Bekanntmachungen sachverständiger Stellen verwiesen werden; hierbei ist

1. in der Rechtsverordnung das Datum der Bekanntmachung anzugeben und die Bezugsquelle genau zu bezeichnen,

2. die Bekanntmachung bei dem Deutschen Patentamt archivmäßig gesichert niederzulegen und in der Rechtsverordnung darauf hinzuweisen.

§ 5 b

Informations- und Rücknahmepflicht

Wer gewerbsmäßig Verbrennungsmotoren- oder Getriebeöle an Endverbraucher abgibt, ist ab 1. Juli 1987 verpflichtet, auf den von ihm abgegebenen Gebinden, am Ort des Verkaufs oder in sonstiger geeigneter Weise auf die Pflicht zur geordneten Entsorgung gebrauchter Verbrennungsmotoren- oder Getriebeöle hinzuweisen sowie am Verkaufort oder in dessen Nähe eine Annahmestelle für solche gebrauchten Öle einzurichten oder nachzuweisen. Die Annahmestelle muß gebrauchte Verbrennungsmotoren- oder Getriebeöle bis zur Menge der im Einzelfall abgegebenen Verbrennungsmotoren- und Getriebeöle kostenlos annehmen. Sie muß über eine Einrichtung verfügen, die es ermöglicht, den Ölwechsel fachgerecht durchzuführen. Art und Umfang der Hinweis-, Nachweis- und Annahmepflicht kann die Bundesregierung nach § 14 Abs. 1 Nr. 1, 2 und 3 durch Rechtsverordnung bestimmen.

§ 6

Abfallentsorgungspläne

(1) Die Länder stellen für ihren Bereich Pläne zur Abfallentsorgung nach überörtlichen Gesichtspunkten auf. In diesen Abfallentsorgungsplänen sind geeignete Standorte für die Abfallentsorgungsanlagen festzulegen. Die Abfallentsorgungspläne der Länder sollen aufeinander abgestimmt werden. Abfälle im Sinne des § 2 Abs. 2 sind in den Abfallentsorgungsplänen besonders zu berücksichtigen. Ferner kann in den Plänen bestimmt werden, welcher Träger vorgesehen ist und welcher Abfallentsorgungsanlage sich die Entsorgungspflichtigen zu bedienen haben. Die Festlegungen in den Abfallentsorgungsplänen können für die Entsorgungspflichtigen für verbindlich erklärt werden.

(2) Die Länder regeln das Verfahren zur Aufstellung der Pläne.

(3) Solange ein Abfallentsorgungsplan noch nicht aufgestellt ist, sind bestehende Abfallentsorgungsanlagen, die zum Behandeln, Lagern und Ablagern von Abfällen im Sinne des § 2 Abs. 2 geeignet sind, in einen vorläufigen Plan aufzunehmen. Die Absätze 1 und 2 finden keine Anwendung.

§ 7
Zulassung von Abfallentsorgungsanlagen

(1) Die Errichtung und der Betrieb von ortsfesten Abfallentsorgungsanlagen sowie die wesentliche Änderung einer solchen Anlage oder ihres Betriebes bedürfen der Planfeststellung durch die zuständige Behörde. Bei der Planfeststellung ist die Umweltverträglichkeit der Anlage zu prüfen.

(2) Die zuständige Behörde kann an Stelle eines Planfeststellungsverfahrens auf Antrag oder von Amts wegen ein Genehmigungsverfahren durchführen, wenn

1. die Errichtung und der Betrieb einer unbedeutenden Abfallentsorgungsanlage oder die wesentliche Änderung einer Abfallentsorgungsanlage oder ihres Betriebes beantragt wird oder

2. mit Einwendungen nicht zu rechnen ist oder

3. die Errichtung und der Betrieb einer Abfallentsorgungsanlage beantragt wird, die ausschließlich oder überwiegend der Entwicklung und Erprobung neuer Verfahren zur Behandlung und Verwertung von Abfällen dient und die Genehmigung für einen Zeitraum von höchstens zwei Jahren nach Inbetriebnahme der Anlage erteilt werden soll; dieser Zeitraum kann auf Antrag bis zu einem weiteren Jahr verlängert werden.

Abfallentsorgungsanlagen, in denen Stoffe aus den in Haushaltungen anfallenden Abfällen oder aus gleichartigen Abfällen durch Sortieren für den Wirtschaftskreislauf zurückgewonnen werden, gelten als unbedeutende Anlagen; das gleiche gilt für Anlagen zur Kompostierung von Abfällen mit einer Druchsatzleistung von bis zu 0,75 Tonnen je Stunde. Satz 1 Nr. 1 und 2 gilt nicht für die Errichtung und den Betrieb von Anlagen zur Verbrennung, zur chemischen Behandlung oder zur Ablagerung von Abfällen im Sinne des § 2 Abs. 2, wenn hiervon erhebliche Auswirkungen auf die Umwelt ausgehen können.

(3) Bei Abfallentsorgungsanlagen, die Anlagen im Sinne des § 4 des Bundes-Immissionsschutzgesetzes sind, ist Planfeststellungs- und Anhörungsbehörde die Behörde, deren Genehmigung nach § 4 des Bundes-Immissionsschutzgesetzes durch die Planfeststellung ersetzt wird.

§ 7 a
Zulassung vorzeitigen Beginns

(1) In einem Planfeststellungs- oder Genehmigungsverfahren kann die für die Feststellung des Planes oder Erteilung der Genehmigung zuständige Behörde unter dem Vorbehalt des Widerrufs zulassen, daß bereits vor Feststellung des Planes oder Erteilung der Genehmigung mit der Ausführung begonnen wird, wenn

1. mit einer Entscheidung zugunsten des Trägers des Vorhabens gerechnet werden kann,

2. an dem vorzeitigen Beginn ein öffentliches Interesse besteht und

3. der Träger des Vorhabens sich verpflichtet, alle bis zur Entscheidung durch die Ausführung verursachten Schäden zu ersetzen und, falls das Vorhaben nicht planfestgestellt oder genehmigt wird, den früheren Zustand wiederherzustellen.

(2) Die zuständige Behörde kann die Leistung einer Sicherheit verlangen, soweit dies erforderlich ist, um die Erfüllung der Verpflichtungen des Trägers des Vorhabens zu sichern.

§ 8
Nebenbestimmungen, Sicherheitsleistung, Versagung

(1) Der Planfeststellungsbeschluß nach § 7 Abs. 1 und die Genehmigung nach § 7 Abs. 2 können unter Bedingungen erteilt und mit Auflagen verbunden werden, soweit dies zur Wahrung des Wohls der Allgemeinheit erforderlich ist. Sie können befristet werden. Die Aufnahme, Änderung oder Ergänzung von Auflagen über Anforderungen an die Abfallentsorgungsanlagen oder ihren Betrieb ist auch nach dem Ergehen des Planfeststellungsbeschusses oder nach der Erteilung der Genehmigung zulässig.

(2) Die zuständige Behörde kann in der Planfeststellung oder in der Genehmigung verlangen, daß der Inhaber einer Abfallentsorgungsanlage für die Rekultivierung sowie zur Verhinderung oder Beseitigung von Beeinträchtigungen des Wohls der Allgemeinheit nach Stillegung der Anlage Sicherheit leistet.

(3) Der Planfeststellungsbeschluß oder die Genehmigung ist zu versagen, wenn das Vorhaben den für verbindlich erklärten Feststellungen eines Abfallentsorgungsplans zuwiderläuft. Sie sind ferner zu versagen, wenn

1. von dem Vorhaben Beeinträchtigungen des Wohls der Allgemeinheit zu erwarten sind, die durch Auflagen und Bedingungen nicht verhütet oder ausgeglichen werden können, oder

2. Tatsachen vorliegen, aus denen sich Bedenken gegen die Zuverlässigkeit der für die Einrichtung, Leitung oder Beaufsichtigung des Betriebes der Abfallentsorgungsanlage verantwortlichen Personen ergeben, oder

3. nachteilige Wirkungen auf das Recht eines anderen zu erwarten sind, die durch Auflagen oder Bedingungen weder verhütet noch ausgeglichen werden können, und der Betroffene widerspricht.

(4) Absatz 3 Satz 2 Nr. 3 gilt nicht, wenn das Vorhaben dem Wohl der Allgemeinheit dient. Wird in diesem Fall die Planfeststellung erteilt, ist der Betroffene für den dadurch eintretenden Vermögensnachteil in Geld zu entschädigen.

§ 8 a
Prüfung der Zulassungsvoraussetzungen

(1) In dem in Artikel 3 des Einigungsvertrages genannten Gebiet soll bei Anlagen, die der Planfeststellung nach § 7 Abs. 1 bedürfen, die zuständige Planfeststellungsbehörde, nachdem sie geprüft hat, ob die geplante Anlage auf Grund der bestehenden Grundstücks- und Planungssituation realisierbar erscheint, dem Antragsteller aufgeben, eine Stellungnahme einer von ihr benannten Behörde zur Erfüllung der Zulassungsvoraussetzungen durch die geplante Anlage beizubringen; die Behörde muß im bisherigen Geltungsbereich des Grundgesetzes liegen. Die Planfeststellungsbehörde hat die Stellungnahme bei der Prüfung der Zulassungsvoraussetzungen zu berücksichtigen.

(2) Bei anderen genehmigungsbedürftigen Anlagen nach § 7 Abs. 2 kann eine Stellungnahme nach Absatz 1 gefordert werden, wenn dies wegen der Art, Menge und

Gefährlichkeit der von der geplanten Anlage ausgehenden Emissionen oder wegen der technischen Besonderheiten dieser Anlage erforderlich ist.

(3) Von der Beibringung einer Stellungnahme nach Absatz 1 kann abgesehen werden, wenn dies wegen der Umstände des Einzelfalls, insbesondere wegen der technischen Auslegung der geplanten Anlage oder des Umfangs der Einzelprüfungen, nicht erforderlich ist.

(4) Soweit dies zur Durchführung von Prüfungen erforderlich ist, kann vom Antragsteller die Vorlage von Sachverständigengutachten verlangt werden.

(5) Einwendungen im Rahmen des Zulassungsverfahrens können innerhalb der gesetzlich festgelegten Frist nur schriftlich erhoben werden. Die Zustellung des Zulassungsbescheides nach § 7 Abs. 1 erfolgt durch öffentliche Bekanntmachung.

§ 8 b
Einwendungen im Rahmen des Zulassungsverfahrens

In dem in Artikel 3 des Einigungsvertrages genannten Gebiet können Einwendungen im Rahmen des Zulassungsverfahrens nach § 7 nur schriftlich erhoben werden. Die Zustellung des Zulassungsbescheides nach § 7 Abs. 1 erfolgt durch öffentliche Bekanntmachung.

§ 9
Bestehende Abfallentsorgungsanlagen

Die zuständige Behörde kann für ortsfeste Abfallentsorgungsanlagen, die vor dem 11. Juni 1972 betrieben wurden oder mit deren Einrichtung begonnen war, und für deren Betrieb Befristungen, Bedingungen und Auflagen anordnen. Sie kann den Betrieb dieser Anlagen ganz oder teilweise untersagen, wenn eine erhebliche Beeinträchtigung des Wohls der Allgemeinheit durch Auflagen, Bedingungen oder Befristungen nicht verhindert werden kann.

§ 9 a
Nachträgliche Anordnungen

(1) In dem in Artikel 3 des Einigungsvertrages genannten Gebiet kann die zuständige Behörde für ortsfeste Abfallentsorgungsanlagen, die vor dem 1. Juli 1990 betrieben wurden oder mit deren Errichtung begonnen war, Befristungen, Bedingungen und Auflagen für deren Einrichtung und Betrieb anordnen. § 9 Satz 2 gilt entsprechend.

(2) Bestehende Anlagen nach Absatz 1 Satz 1 sind bis zum 31. Dezember 1990 der zuständigen Behörde anzuzeigen. Soweit ein Betreiber nicht ermittelt werden kann, ist die zuständige Behörde erfassungs- und anzeigepflichtig. Der Anzeige sind Unterlagen über Art, Umfang und Betriebsweise beizufügen.

§ 10
Stillegung

(1) Der Inhaber einer ortsfesten Abfallentsorgungsanlage hat ihre beabsichtigte Stillegung der zuständigen Behörde unverzüglich anzuzeigen.

(2) Die zuständige Behörde soll den Inhaber verpflichten, auf seine Kosten das Gelände, das für die Abfallentsorgung verwandt worden ist, zu rekultivieren und sonstige Vorkehrungen zu treffen, die erforderlich sind, Beeinträchtigungen des Wohls der Allgemeinheit zu verhüten.

(3) Die Verpflichtung nach Absatz 1 besteht auch für Inhaber von Anlagen, in denen Abfälle im Sinne des § 2 Abs. 2 anfallen.

§ 10 a
Stillegung bestehender Abfallentsorgungsanlagen

(1) In dem in Artikel 3 des Einigungsvertrages genannten Gebiet hat der Inhaber einer bestehenden Abfallentsorgungsanlage nach § 9 a ihre beabsichtigte Stillegung der zuständigen Behörde unverzüglich anzuzeigen. § 9 a Abs. 2 Satz 2 gilt entsprechend.

(2) Der Anzeige nach Absatz 1 sind Unterlagen über Art, Umfang und Betriebsweise sowie die beabsichtigte Rekultivierung sowie sonstige Vorkehrungen zum Schutz des Wohls der Allgemeinheit beizufügen.

(3) § 10 Abs. 2 und 3 gelten entsprechend.

(4) Für Abfallentsorgungsanlagen, die vor dem 1. Juli 1990 stillgelegt wurden, gilt § 9 a Abs. 2 entsprechend. Satz 1 gilt für Anlagen nach § 10 Abs. 3 entsprechend.

§ 11
Anzeigepflicht und Überwachung

(1) Die Entsorgung von Abfällen unterliegt der Überwachung durch die zuständige Behörde. Diese kann die Überwachung auch auf stillgelegte Abfallentsorgungsanlagen und auf Grundstücke erstrecken, auf denen vor dem 11. Juni 1972 Abfälle angefallen sind, behandelt, gelagert oder abgelagert worden sind, wenn dies zur Wahrung des Wohls der Allgemeinheit erforderlich ist.

(2) Die zuständige Behörde kann von Besitzern solcher Abfälle, die nicht mit den in Haushaltungen anfallenden Abfällen entsorgt werden, Nachweise über deren Art, Menge und Entsorgung sowie die Führung von Nachweisbüchern, das Einbehalten von Belegen und deren Aufbewahrung verlangen. Nachweisbücher und Belege sind der zuständigen Behörde auf Verlangen zur Prüfung vorzulegen. Das Nähere über die Einrichtung, Führung und Vorlage der Nachweisbücher und das Einbehalten von Belegen sowie über die Aufbewahrungsfristen regelt der Bundesminister für Umwelt, Naturschutz und Reaktorsicherheit mit Zustimmung des Bundesrates durch Rechtsverordnung.

(3) Auch ohne besonderes Verlangen der zuständigen Behörde sind zur Führung eines Nachweisbuches nach Absatz 2 und zur Vorlage der für die zuständige Behörde bestimmten Belege, jedoch beschränkt auf Abfälle im Sinne des § 2 Abs. 2 verpflichtet

1. der Betreiber einer Anlage, in der Abfälle dieser Art anfallen,

2. jeder, der Abfälle dieser Art einsammelt oder befördert, sowie

3. der Betreiber einer Abfallentsorgungsanlage.

Wer eine der in den Nummern 1 bis 3 genannten Voraussetzungen erfüllt, hat dies der zuständigen Behörde anzuzeigen. Im übrigen bleibt Absatz 2 unberührt. Der Bundesminister für Umwelt, Naturschutz und Reaktorsicherheit bestimmt durch Rechtsverordnung mit Zustimmung des Bundesrates die unter Satz 1 Nr. 1 fallenden Anlagen und die Form der Anzeige nach Satz 2. Die zuständige Behörde kann auf Antrag oder von Amts wegen einen nach Satz 1 Verpflichteten von der Führung eines Nachweisbuches oder der Vorlage der Belege ganz oder für einzelne Abfallarten widerruflich freistellen, sofern dadurch eine Beeinträchtigung des Wohls der Allgemeinheit nicht zu befürchten ist. Sie soll bei freiwilliger oder durch Rechtsverordnung nach § 14 Abs. 1 Nr. 3 vorgeschriebener Rücknahme bestimmter Erzeugnisse durch den Vertreiber die Verwendung anderer, geeigneter Nachweise zulassen.

(4) Auskunft über Betrieb, Anlagen, Einrichtungen und sonstige der Überwachung unterliegende Gegenstände haben den Beauftragten der Überwachungsbehörde zu erteilen

1. Besitzer von Abfällen,

2. Entsorgungspflichtige,

3. Inhaber von Abfallentsorgungsanlagen, auch wenn diese stillgelegt sind,

4. frühere Inhaber von Abfallentsorgungsanlagen, auch wenn diese stillgelegt sind,

5. Eigentümer und Nutzungsberechtigte von in Absatz 1 Satz 2 bezeichneten Grundstücken,

6. frühere Eigentümer und Nutzungsberechtigte von in Absatz 1 Satz 2 bezeichneten Grundstücken.

Die in Satz 1 bezeichneten Auskunftspflichtigen haben von der zuständigen Behörde dazu beauftragten Personen zur Prüfung ihrer Verpflichtungen nach diesem Gesetz das Betreten der Grundstücke, Geschäfts- und Betriebsräume, die Einsicht in Unterlagen und die Vornahme von technischen Ermittlungen und Prüfungen zu gestatten. Die Wohnräume der Auskunftspflichtigen dürfen zu diesen Zwecken betreten werden, soweit dies zur Verhütung einer dringenden Gefahr für die öffentliche Sicherheit oder Ordnung erforderlich ist; das Grundrecht auf Unverletzlichkeit der Wohnung (Artikel 13 des Grundgesetzes) wird insoweit eingeschränkt. Soweit die Überwachungsbehörde prüft, ob in einer Anlage Abfälle anfallen, steht der Betreiber der Anlage dem Besitzer von Abfällen gleich. Betreiber von Abfallentsorgungsanlagen haben ferner die Anlagen zugänglich zu machen, die zur Überwachung erforderlichen Arbeitskräfte, Werkzeuge und Unterlagen zur Verfügung zu stellen sowie nach Anordnung der zuständigen Behörde Zustand und Betrieb der Anlage auf ihre Kosten prüfen zu lassen.

(5) Der zur Erteilung einer Auskunft Verpflichtete kann die Auskunft auf solche Fragen verweigern, deren Beantwortung ihn selbst oder einen der in § 383 Abs. 1 Nr. 1 bis 3 der Zivilprozeßordnung bezeichneten Angehörigen der Gefahr strafgerichtlicher Verfolgung oder eines Verfahrens nach dem Gesetz über Ordnungswidrigkeiten aussetzen würde.

§ 11 a

Bestellung eines Betriebsbeauftragten für Abfall

(1) Betreiber ortsfester Abfallentsorgungsanlagen haben einen oder mehrere Betriebsbeauftragte für Abfall zu bestellen. Das gleiche gilt für Betreiber von Anlagen, in denen regelmäßig Abfälle im Sinne des § 2 Abs. 2 anfallen. Der Bundesminister für Umwelt, Naturschutz und Reaktorsicherheit bestimmt durch Rechtsverordnung mit Zustimmung des Bundesrates die Anlagen, deren Betreiber Betriebsbeauftragte für Abfall zu bestellen haben.

(2) Die zuständige Behörde kann anordnen, daß Betreiber von Anlagen nach Absatz 1, für die die Bestellung eines Betriebsbeauftragten für Abfall nicht durch Rechtsverordnung vorgeschrieben ist, einen oder mehrere Betriebsbeauftragte für Abfall zu bestellen haben, soweit sich im Einzelfall die Notwendigkeit der Bestellung aus den besonderen Schwierigkeiten bei der Entsorgung der Abfälle ergibt.

§ 11 b

Aufgaben und Befugnisse

(1) Der Betriebsbeauftragte für Abfall ist berechtigt und verpflichtet,

1. den Weg der Abfälle von ihrer Entstehung oder Anlieferung bis zu ihrer Entsorgung zu überwachen,

2. die Einhaltung der für die Entsorgung von Abfällen geltenden Gesetze und Rechtsverordnungen sowie der auf Grund dieser Vorschriften erlassenen Anordnungen, Bedingungen und Auflagen zu überwachen, insbesondere durch Kontrolle der Betriebsstätte in regelmäßigen Abständen, Mitteilung festgestellter Mängel und Vorschläge über Maßnahmen zur Beseitigung dieser Mängel,

3. die Betriebsangehörigen über schädliche Umwelteinwirkungen aufzuklären, die von den Abfällen ausgehen können, welche in der Anlage anfallen oder entsorgt werden, sowie über Einrichtungen und Maßnahmen zu ihrer Verhinderung unter Berücksichtigung der für die Entsorgung von Abfällen geltenden Gesetze und Rechtsverordnungen,

4. in Betrieben nach § 11 a Abs. 1 Satz 2

   a) auf die Entwicklung und Einführung umweltfreundlicher Verfahren zur Reduzierung der Abfälle,

   b) auf die ordnungsgemäße und schadlose Verwertung der im Betrieb entstehenden Reststoffe oder,

   c) soweit dies technisch nicht möglich oder unzumutbar ist, auf die ordnungsgemäße Entsorgung dieser Reststoffe als Abfälle hinzuwirken,

5. bei Abfallentsorgungsanlagen auf Verbesserungen des Verfahrens der Abfallentsorgung einschließlich einer Verwertung von Abfällen hinzuwirken.

(2) Der Betriebsbeauftragte für Abfall erstattet dem Betreiber der Anlage jährlich einen Bericht über die nach Absatz 1 Nr. 1 bis 5 getroffenen und beabsichtigten Maßnahmen.

§ 11 c

Pflichten des Betreibers

(1) Der Betreiber hat den Betriebsbeauftragten für Abfall schriftlich zu bestellen; werden mehrere Betriebsbeauftragte für Abfall bestellt, sind die dem einzelnen Betriebsbeauftragten obliegenden Aufgaben genau zu bezeichnen. Die Bestellung ist der zuständigen Behörde anzuzeigen.

(2) Zum Betriebsbeauftragten für Abfall darf nur bestellt werden, wer die zur Erfüllung seiner Aufgaben erforderliche Sachkunde und Zuverlässigkeit besitzt. Werden der zuständigen Behörde Tatsachen bekannt, aus denen sich ergibt, daß der Betriebsbeauftragte nicht die zur Erfüllung seiner Aufgaben erforderliche Sachkunde oder Zuverlässigkeit besitzt, kann sie verlangen, daß der Betreiber einen anderen Betriebsbeauftragten bestellt.

(3) Werden mehrere Betriebsbeauftragte für Abfall bestellt, so hat der Betreiber für die erforderliche Koordinierung in der Wahrnehmung der Aufgaben zu sorgen. Entsprechendes gilt, wenn neben einem oder mehreren Betriebsbeauftragten für Abfall Betriebsbeauftragte nach anderen gesetzlichen Vorschriften bestellt werden. Der Betriebsbeauftragte für Abfall kann zugleich Betriebsbeauftragter nach anderen gesetzlichen Vorschriften sein, wenn sich die jeweils zuständigen Behörden im Hinblick auf die Umstände des Einzelfalles, insbesondere die Art und Größe des Betriebes, damit einverstanden erklären.

(4) Der Betreiber hat den Betriebsbeauftragten für Abfall bei der Erfüllung seiner Aufgaben zu unterstützen und ihm insbesondere, soweit dies zur Erfüllung seiner Aufgaben erforderlich ist, Hilfspersonal sowie Räume, Einrichtungen, Geräte und Mittel zur Verfügung zu stellen.

§ 11 d

Stellungnahme zu Investitionsentscheidungen

(1) Der Betreiber hat vor Investitionsentscheidungen, die für die Abfallentsorgung bedeutsam sein können, eine Stellungnahme des Betriebsbeauftragten für Abfall einzuholen.

(2) Die Stellungnahme ist so rechtzeitig einzuholen, daß sie bei der Investitionsentscheidung angemessen berücksichtigt werden kann; sie ist derjenigen Stelle vorzulegen, die über die Investition entscheidet.

§ 11 e

Vortragsrecht

Der Betreiber hat dafür zu sorgen, daß der Betriebsbeauftragte für Abfall seine Vorschläge und Bedenken unmittelbar der entscheidenden Stelle vortragen kann, wenn er sich mit dem zuständigen Betriebsleiter nicht einigen konnte und er wegen der besonderen Bedeutung der Sache eine Entscheidung dieser Stelle für erforderlich hält.

§ 11 f

Benachteiligungsverbot

Der Betriebsbeauftragte für Abfall darf wegen der Erfüllung der ihm übertragenen Aufgaben nicht benachteiligt werden.

§ 12

Einsammlungs- und Beförderungsgenehmigung

(1) Abfälle dürfen gewerbsmäßig oder im Rahmen wirtschaftlicher Unternehmen nur mit Genehmigung der zuständigen Behörde eingesammelt oder befördert werden. Dies gilt nicht

1. für die in § 3 Abs. 2 genannten Körperschaften sowie für die von diesen beauftragten Dritten,

2. für die Einsammlung oder Beförderung von Erdaushub, Straßenaufbruch und Bauschutt, soweit diese nicht durch Schadstoffe verunreinigt sind, sowie für Autowracks und Altreifen,

3. für die Einsammlung oder Beförderung geringfügiger Abfallmengen im Rahmen wirtschaftlicher Unternehmen, soweit die zuständige Behörde auf Antrag oder von Amts wegen diese von der Genehmigungspflicht nach Satz 1 freigestellt hat.

Die Genehmigung ist zu erteilen, wenn gewährleistet ist, daß eine Beeinträchtigung des Wohls der Allgemeinheit nicht zu besorgen ist, insbesondere keine Tatsachen bekannt sind, aus denen sich Bedenken gegen die Zuverlässigkeit des Antragstellers oder der für die Leitung und Beaufsichtigung des Betriebes verantwortlichen Personen ergeben, und die geordnete Entsorgung im übrigen sichergestellt ist. Werden Abfälle in eine Anlage zur vorbereitenden Behandlung oder Lagerung von Abfällen (Zwischenlager) befördert, hat der Antragsteller eine Bescheinigung des Betreibers vorzulegen, aus der hervorgeht, daß das Zwischenlager für diese Abfälle zugelassen ist und keine Vermischung mit solchen Abfällen erfolgen wird, die auf Grund von Nebenbestimmungen nach § 8 Abs. 1, Anordnungen nach § 9 oder auf Grund einer Rechtsverordnung nach § 14 Abs. 1 Nr. 2 getrennt gehalten werden müssen. Die Genehmigung kann unter Bedingungen erteilt und mit Auflagen verbunden werden, soweit dies zur Wahrung des Wohls der Allgemeinheit erforderlich ist. Sie kann befristet und unter dem Vorbehalt des Widerrufs erteilt werden.

(2) Zuständig ist die Behörde des Landes, in dessen Bereich die Abfälle eingesammelt werden oder die Beförderung beginnt. Bei freiwilliger oder durch Rechtsverordnung nach § 14 Abs. 1 Nr. 3 vorgeschriebener Rücknahme bestimmter Erzeugnisse durch den Vertreiber sowie im Falle des § 5 a ist für die Erteilung der Genehmigung die Behörde des Landes zuständig, in dem das Unternehmen seine Hauptniederlassung hat. Die Genehmigung gilt für den Geltungsbereich dieses Gesetzes.

(3) Die Bundesregierung wird ermächtigt, durch Rechtsverordnung mit Zustimmung des Bundesrates Vorschriften zu erlassen über

1. die Antragsunterlagen und die Form der Genehmigung,

2. die Festlegung der gebührenpflichtigen Tatbestände im einzelnen, die Gebührensätze sowie die Auslagenerstattung. Die Gebühr beträgt mindestens zehn Deutsche Mark; sie darf im Einzelfall zehntausend Deutsche Mark nicht übersteigen. Die Vorschriften des Verwaltungskostengesetzes sind anzuwenden.

(4) Rechtsvorschriften, die aus Gründen der Sicherheit im Zusammenhang mit der Beförderung gefährlicher Güter erlassen sind, bleiben unberührt.

§ 13

Grenzüberschreitender Verkehr

(1) Wer Abfälle in den, aus dem oder durch den Geltungsbereich dieses Gesetzes verbringen will, bedarf der Genehmigung der zuständigen Behörde. Sie darf nur erteilt werden, wenn

1. von der Beförderung, Behandlung, Lagerung oder Ablagerung der Abfälle keine Beeinträchtigung des Wohls der Allgemeinheit zu besorgen ist,

2. keine Tatsachen bekannt sind, aus denen sich Bedenken gegen die Zuverlässigkeit des Antragstellers oder der für die Beförderung der Abfälle verantwortlichen Personen ergeben,

wenn außerdem

3. beim Verbringen der Abfälle in den Geltungsbereich dieses Gesetzes

   a) Abfallentsorgungspläne nach § 6 Abs. 1 oder 3 nicht entgegenstehen,

   b) vom Antragsteller amtliche Erklärungen erbracht werden, daß die Entsorgung im Herkunftsstaat nicht ordnungsgemäß durchgeführt werden kann; dies gilt nicht, wenn Abfallentsorgungspläne nach § 6 Abs. 1 oder 3 oder sonstige planerische Festlegungen der Länder unabhängig hiervon eine Entsorgung im Geltungsbereich dieses Gesetzes vorsehen,

4. beim Verbringen der Abfälle aus dem Geltungsbereich dieses Gesetzes

   a) keine geeigneten Abfallentsorgungsanlagen in dem Land zur Verfügung stehen, in dem die Abfälle angefallen sind, und die Nutzung von Abfallentsorgungsanlagen eines anderen Landes nicht möglich ist oder für den Entsorgungspflichtigen eine unbillige Härte darstellen würde; dies gilt nicht, wenn Abfallentsorgungspläne nach § 6 Abs. 1 oder 3 die Entsorgung von Abfällen außerhalb des Geltungsbereichs dieses Gesetzes vorsehen,

   b) vom Antragsteller amtliche Erklärungen erbracht werden, daß die Abfälle im Empfängerstaat ordnungsgemäß entsorgt werden können und in den vom Transport berührten weiteren Staaten keine Bedenken gegen die Durchfuhr der Abfälle bestehen,

   c) von der Entsorgung im Empfängerstaat keine Beeinträchtigung des Wohls der Allgemeinheit im Geltungsbereich dieses Gesetzes zu besorgen ist;

5. beim Verbringen der Abfälle durch den Geltungsbereich dieses Gesetzes die in Nummer 4 Buchstabe b und c genannten Voraussetzungen vorliegen.

(2) Sollen die Abfälle mit dem Ziel ihrer Entsorgung auf Hoher See in den, aus dem oder durch den Geltungsbereich dieses Gesetzes verbracht werden, so ist die Genehmigung zu erteilen, wenn der Antragsteller die Erlaubnis nach Artikel 2 des Gesetzes vom 11. Februar 1977 zu den Übereinkommen vom 15. Februar 1972 und 29. Dezember 1972 zur Verhütung der Meeresverschmutzung durch das Einbringen von Abfällen durch Schiffe und Luftfahrzeuge (BGBl. 1977 II S. 165), das zuletzt durch Artikel 4 des Gesetzes vom 28. April 1980 (BGBl. II S. 606) geändert worden ist, vorlegt. In diesem Fall hat die zuständige Behörde lediglich die für die Beförderung erforderlichen Nebenbestimmungen festzulegen. Soll die Entsorgung auf Hoher See weder über einen Hafen im Geltungsbereich dieses Gesetzes noch durch ein Schiff erfolgen, das die Bundesflagge führt, darf die Genehmigung nur erteilt werden, wenn die zuständige Behörde nach Anhörung der für die Abfallentsorgung zuständigen Behörden der anderen Länder festgestellt hat, daß eine Entsorgung an Land im Sinne des Artikel 2 Abs. 1 Nr. 1 des in Satz 1 genannten Gesetzes nicht möglich ist und der Antragsteller eine Erlaubnis des Empfängerstaates nach Maßgabe der in Satz 1 genannten Abkommen vorlegt. Die Genehmigung darf nicht erteilt werden, wenn die Entsorgung auf See von einem Staat aus erfolgen soll, der den in Absatz 1 genannten Abkommen nicht beigetreten ist.

(3) Zuständig für die Erteilung der Genehmigung ist bei einer Verbringung nach Absatz 1 Nr. 3 die Behörde des Landes, in dem die Abfälle erstmals behandelt, gelagert oder abgelagert werden sollen, bei einer Verbringung nach Absatz 1 Nr. 4 oder 5 oder Absatz 2 die Behörde des Landes, in dem die Beförderung der Abfälle beginnt. Die obersten Landesbehörden der Länder, durch deren Gebiet Abfälle verbracht werden sollen, erhalten durch die Genehmigungsbehörden vor Beginn der Beförderung jeweils eine Ausfertigung der nach Absatz 1 erteilten Genehmigung.

(4) Die zuständige Behörde kann Proben der beförderten Abfälle entnehmen und untersuchen. Hierfür und für Amtshandlungen nach Absatz 1 Satz 1 werden Kosten (Gebühren und Auslagen) erhoben. Kostenschuldner ist der Antragsteller, bei der Entnahme und Untersuchung von Proben daneben auch der Beförderer.

(5) Die Bundesregierung wird ermächtigt, durch Rechtsverordnung mit Zustimmung des Bundesrates Vorschriften zu erlassen über

1. die Antragsunterlagen, die Form des Antrags und der Genehmigung,

2. die Beförderung, soweit dies zur Wahrung des Wohls der Allgemeinheit erforderlich ist,

3. die Bestimmung der gebührenpflichtigen Tatbestände im einzelnen, die Gebührensätze sowie die Auslagenerstattung; die Gebühr beträgt mindestens hundert Deutsche Mark; sie darf im Einzelfall zehntausend Deutsche Mark nicht übersteigen; die Vorschriften des Verwaltungskostengesetzes sind anzuwenden.

(6) Der Bundesminister für Umwelt, Naturschutz und Reaktorsicherheit gibt im Einvernehmen mit dem Bundesminister der Finanzen im Bundesanzeiger die Zollstellen bekannt, über die Abfälle in den, aus dem oder durch den Geltungsbereich dieses Gesetzes verbracht werden können.

§ 13 a

Mitwirkung anderer Behörden

(1) Die Zollstellen wirken bei der Überwachung des Verbringens von Abfällen in den, aus dem oder durch den Geltungsbereich dieses Gesetzes mit. Besteht der Verdacht eines Verstoßes gegen Verbote und Beschränkungen, die sich aus diesem Gesetz ergeben oder auf Grund dieses Gesetzes erlassen worden sind, unterrichten sie die zuständigen Behörden. In Fällen des Satzes 2 können sie Abfälle sowie deren Beförderungs- und Verpackungsmittel auf Kosten und Gefahr des Verfügungsberechtigten zurückweisen, bis zur Behebung der festgestellten Mängel sicherstellen oder anordnen, daß sie den zuständigen Behörden vorgeführt werden.

(2) Für das Gebiet des Freihafens Hamburg kann der Bundesminister der Finanzen die in Absatz 1 genannten Aufgaben durch Vereinbarung mit dem Senat der Freien und Hansestadt Hamburg dem Freihafenamt übertragen. § 14 Abs. 2 des Finanzverwaltungsgesetzes gilt entsprechend.

§ 13 b

Kennzeichnung der Fahrzeuge

Soweit eine Genehmigungspflicht nach § 12 oder § 13 besteht, müssen Fahrzeuge, mit denen Abfälle auf öffentlichen Straßen befördert werden, mit zwei rechteckigen rückstrahlenden weißen Warntafeln von 40 Zentimeter Grundlinie und mindestens 30 Zentimeter Höhe versehen sein; die Warntafeln müssen in schwarzer Aufschrift „A" (Buchstabenhöhe 20 Zentimeter, Schriftstärke 2 Zentimeter) tragen. Die Warntafeln sind während der Beförderung vorn und hinten am Fahrzeug senkrecht zur Fahrbahnachse und nicht höher als 1,50 Meter über der Fahrbahn deutlich sichtbar anzubringen. Bei Zügen muß die zweite Tafel an der Rückseite des Anhängers angebracht sein. Für das Anbringen von Warntafeln hat der Fahrzeugführer zu sorgen.

§ 13 c

Grenzüberschreitender Verkehr innerhalb der Europäischen Gemeinschaften

(1) Zur Umsetzung von Rechtsakten der Europäischen Gemeinschaften kann die Bundesregierung durch Rechtsverordnung mit Zustimmung des Bundesrates Vorschriften erlassen über

1. Abweichungen von den Genehmigungsvoraussetzungen des § 13 Abs. 1 Satz 2 für ein Verbringen von Abfällen in den, aus dem oder durch den Geltungsbereich dieses Gesetzes in einen anderen Mitgliedstaat der Europäischen Gemeinschaften, insbesondere über die Voraussetzungen, bei deren Vorliegen eine Bestätigung im Sinne des Artikel 4 Abs. 1 der Richtlinie des Rates über die Überwachung und Kontrolle der grenzüberschreitenden Verbringung gefährlicher Abfälle in der Gemeinschaft (84/631/EWG) die Genehmigung nach § 13 Abs. 1 Satz 1 ersetzt,

2. die Anwendung von § 12 auf die Einsammlung oder Beförderung der Abfälle, soweit nach Nummer 1 Abweichungen von § 13 Abs. 1 Satz 2 festgelegt werden,

141

3. das Verwaltungsverfahren zur Durchführung der Richtlinie des Rates über die Überwachung und Kontrolle der grenzüberschreitenden Verbringung gefährlicher Abfälle in der Gemeinschaft (84/631/EWG) sowie die Ausfüllung der in der Richtlinie enthaltenen Begriffe der Notifizierung, der Bestätigung und des Einwandes,

4. die Form und die Zuleitung der Unterlagen für die Notifizierung und die hierfür geltenden Fristen.

(2) § 13 Abs. 2 bis 6 bleibt unberührt.

§ 14

Kennzeichnung, getrennte Entsorgung, Rückgabe- und Rücknahmepflichten

(1) Die Bundesregierung wird ermächtigt, zur Vermeidung oder Verringerung schädlicher Stoffe in Abfällen oder zu ihrer umweltverträglichen Entsorgung nach Anhörung der beteiligten Kreise durch Rechtsverordnung mit Zustimmung des Bundesrates zu bestimmen, daß

1. Erzeugnisse wegen des Schadstoffgehalts der aus ihnen nach bestimmungsgemäßem Gebrauch in der Regel entstehenden Abfälle nur mit einer Kennzeichnung in Verkehr gebracht werden dürfen, die insbesondere auf die Notwendigkeit einer Rückgabe an Hersteller, Vertreiber oder an bestimmte Dritte hinweist, mit der die erforderliche besondere Abfallentsorgung sichergestellt wird (Kennzeichnungspflicht),

2. Abfälle mit besonderem Schadstoffgehalt, deren ordnungsgemäße Verwertung oder sonstige Entsorgung eine besondere Behandlung erfordern, von anderen Abfällen getrennt werden müssen und entsprechende Nachweise hierüber zu erbringen sind (Pflicht zu getrennter Entsorgung),

3. Vertreiber bestimmter Erzeugnisse verpflichtet sind, diese nur bei Eröffnung einer Rückgabemöglichkeit oder Erhebung eines Pfandes in den Verkehr zu bringen (Rücknahme- und Pfandpflicht),

4. bestimmte Erzeugnisse nur in bestimmter Beschaffenheit, für bestimmte Verwendungen, bei denen eine ordnungsgemäße Entsorgung der anfallenden Abfälle gewährleistet ist, oder überhaupt nicht in Verkehr gebracht werden dürfen, wenn bei ihrer Entsorgung die Freisetzung schädlicher Stoffe nicht oder nur mit unverhältnismäßig hohem Aufwand verhindert werden könnte.

(2) Die Bundesregierung legt zur Vermeidung oder Verringerung von Abfallmengen nach Anhörung der beteiligten Kreise binnen angemessener Frist zu erreichende Ziele für Vermeidung, Verringerung oder Verwertung von Abfällen aus bestimmten Erzeugnissen fest. Sie veröffentlicht die Festlegungen im Bundesanzeiger. Soweit zur Vermeidung oder Verringerung von Abfallmengen oder zur umweltverträglichen Entsorgung erforderlich, insbesondere soweit dies durch Zielfestlegungen nach Satz 1 nicht erreichbar ist, kann die Bundesregierung nach Anhörung der beteiligten Kreise durch Rechtsverordnung mit Zustimmung des Bundesrates bestimmen, daß bestimmte Erzeugnisse, insbesondere Verpackungen und Behältnisse,

1. in bestimmter Weise zu kennzeichnen sind,

2. nur in bestimmter, die Abfallentsorgung spürbar entlastender Weise, insbesondere in einer die mehrfache Verwendung oder die Verwertung erleichternden Form, in Verkehr gebracht werden dürfen,

3. nach Gebrauch zu umweltschonender Wiederverwendung, Verwertung oder sonstiger Entsorgung durch Hersteller, Vertreiber oder von diesen bestimmte Dritte zurückgenommen werden müssen und daß die Rückgabe durch geeignete Rücknahme- und Pfandsysteme sichergestellt werden muß,

4. nach Gebrauch vom Besitzer in einer bestimmten Weise, insbesondere getrennt von sonstigen Abfällen, überlassen werden müssen, um ihre Verwertung oder sonstige umweltverträgliche Entsorgung als Abfall zu ermöglichen oder zu erleichtern,

5. nur für bestimmte Zwecke in Verkehr gebracht werden dürfen.

§ 15
Aufbringen von Abwasser und ähnlichen Stoffen auf landwirtschaftlich genutzte Böden

(1) Die Vorschriften des § 2 Abs. 1 und des § 11 gelten entsprechend, wenn Abwasser, Klärschlamm, Fäkalien oder ähnliche Stoffe auch aus anderen als den in § 1 Abs. 1 genannten Gründen auf landwirtschaftlich, forstwirtschaftlich oder gärtnerisch genutzte Böden aufgebracht oder zu diesem Zweck abgegeben werden. Dies gilt für Jauche, Gülle oder Stallmist insoweit, als das übliche Maß der landwirtschaftlichen Düngung überschritten wird.

(2) Der Bundesminister für Umwelt, Naturschutz und Reaktorsicherheit wird ermächtigt, im Einvernehmen mit dem Bundesminister für Ernährung, Landwirtschaft und Forsten und mit dem Bundesminister für Jugend, Familie, Frauen und Gesundheit durch Rechtsverordnung mit Zustimmung des Bundesrates zur Wahrung des Wohls der Allgemeinheit, insbesondere bei der Erzeugung von Lebens- oder Futtermitteln, Vorschriften über die Abgabe und das Aufbringen der in Absatz 1 genannten Stoffe zu erlassen. Er kann hierbei die Abgabe und das Aufbringen

1. bestimmter Stoffe nach Maßgabe von Merkmalen wie Schadstoffgehalt im Stoff und im Boden, Betriebsgröße, Viehbestand, verfügbaren Flächen und ihrer Nutzung, Aufbringungsart und -zeit und natürlichen Standortverhältnissen beschränken oder verbieten,

2. von einer Untersuchung, Desinfektion oder Entgiftung dieser Stoffe, von der Einhaltung bestimmter Qualitätsanforderungen, von einer Untersuchung des Bodens oder einer anderen geeigneten Maßnahme abhängig machen.

(3) Die Landesregierungen können Rechtsverordnungen nach Absatz 2 über die Abgabe und das Aufbringen von Jauche, Gülle oder Stallmist erlassen, soweit der Bundesminister für Umwelt, Naturschutz und Reaktorsicherheit von der Ermächtigung keinen

Gebrauch macht; sie können die Ermächtigung durch Rechtsverordnung ganz oder teilweise auf andere Behörden übertragen.

(4) Wegen der Anforderungen nach Absatz 2 Satz 2 Nr. 1 und 2 und Absatz 3 kann auf jedermann zugängliche Bekanntmachungen sachverständiger Stellen verwiesen werden; § 5 a Abs. 3 Nr. 1 und 2 ist anzuwenden.

(5) Die zuständige Behörde kann im Einzelfall das Aufbringen von Abwasser, Klärschlamm, Fäkalien oder ähnlichen Stoffen auf landwirtschaftlich, forstwirtschaftlich oder gärtnerisch genutzte Böden und die Abgabe zu diesem Zweck verbieten oder beschränken, soweit durch die aufzubringenden Stoffe oder durch Schadstoffkonzentrationen im Boden eine Beeinträchtigung des Wohls der Allgemeinheit zu besorgen ist. Entsprechendes gilt für das Aufbringen von Jauche, Gülle oder Stallmist, wenn das übliche Maß der landwirtschaftlichen Düngung überschritten wird und dadurch insbesondere eine schädliche Beeinflussung von Gewässern zu besorgen ist.

(6) Die Vorschriften des Wasserrechts bleiben unberührt.

§ 16

Anhörung beteiligter Kreise

Soweit Ermächtigungen zum Erlaß von Rechtsverordnungen und allgemeinen Verwaltungsvorschriften die Anhörung der beteiligten Kreise vorschreiben, ist ein jeweils auszuwählender Kreis von Vertretern der Wissenschaft, der Betroffenen, der beteiligten Wirtschaft, des beteiligten Verkehrswesens und der für die Abfallentsorgung zuständigen obersten Landesbehörden zu hören.

§ 17

(aufgehoben)

§ 18

Ordnungswidrigkeiten

(1) Ordnungswidrig handelt, wer vorsätzlich oder fahrlässig

1. entgegen § 4 Abs. 1 Abfälle außerhalb einer dafür zugelassenen Abfallentsorgungsanlage behandelt, lagert oder ablagert oder einer Rechtsverordnung nach § 4 Abs. 4 zuwiderhandelt, soweit sie für einen bestimmten Tatbestand auf diese Bußgeldvorschrift verweist,

2. entgegen § 4 Abs. 3 Abfälle im Sinnes des § 3 Abs. 2 zum Einsammeln, Befördern oder Entsorgen überläßt,

2a. entgegen § 5 b Satz 1 keine Annahmestelle einrichtet oder seiner Hinweis- oder Nachweispflicht nicht nachkommt,

3. entgegen § 7 Abs. 1 oder 2 Satz 1 ohne die erforderliche Planfeststellung oder Genehmigung eine Abfallentsorgungsanlage errichtet oder die Anlage oder ihren Betrieb wesentlich ändert,

4. einer vollziehbaren Auflage nach § 8 Abs. 1 Satz 1 oder einer vollziehbaren Anordnung nach § 15 Abs. 5 zuwiderhandelt,

5. einer Anzeigepflicht nach § 10 Abs. 1 oder § 11 Abs. 3 Satz 2, auch in Verbindung mit § 10 Abs. 3 oder § 15 Abs. 1, zuwiderhandelt,

6. entgegen § 11 Abs. 2 Satz 1 oder 2, auch in Verbindung mit § 15 Abs. 1, Nachweise über Art, Menge oder Entsorgung von Abfällen nicht erbringt, Nachweisbücher nicht führt oder der zuständigen Behörde nicht zur Prüfung vorlegt oder Belege nicht einbehält, aufbewahrt oder zur Prüfung vorlegt, obwohl die zuständige Behörde dies verlangt,

7. entgegen § 11 Abs. 3 Satz 1, auch in Verbindung mit § 15 Abs. 1, über Abfälle im Sinne des § 2 Abs. 2 ein Nachweisbuch nicht führt oder Belege der zuständigen Behörde nicht zur Prüfung vorlegt,

8. entgegen § 11 Abs. 4, auch in Verbindung mit§ 15 Abs. 1, das Betreten eines Grundstücks oder einer Wohnung nicht gestattet, eine Auskunft nicht, nicht rechtzeitig, unvollständig oder nicht richtig erteilt, Abfallentsorgungsanlagen nicht zugänglich macht, Arbeitskräfte oder Werkzeuge oder Unterlagen nicht zur Verfügung stellt oder eine angeordnete Prüfung nicht vornehmen läßt,

8a. entgegen § 11 a Abs. 1 Satz 1 oder 2 oder entgegen einer vollziehbaren Anordnung nach § 11 a Abs. 2 einen Betriebsbeauftragten für Abfall nicht bestellt,

9. entgegen § 12 Abs. 1 Satz 1 Abfälle ohne Genehmigung gewerbsmäßig oder im Rahmen wirtschaftlicher Unternehmen einsammelt oder befördert oder einer vollziehbaren Auflage nach § 12 Abs. 1 Satz 5 zuwiderhandelt,

10. entgegen § 13 Abs. 1 Satz 1 Abfälle ohne Genehmigung in den, aus dem oder durch den Geltungsbereich dieses Gesetzes verbringt oder einer mit einer Genehmigung nach § 13 Abs. 1 Satz 1 verbundenen vollziehbaren Auflage zuwiderhandelt,

10a. als Fahrzeugführer entgegen § 13 b die Warntafel nicht oder nicht vorschriftsmäßig anbringt,

11. einer Rechtsverordnung nach § 2 Abs. 3 Satz 1, § 5 a Abs. 2 Satz 2 Nr. 1, § 11 Abs. 2 Satz 3, nach dieser Vorschrift auch in Verbindung mit § 15 Abs. 1, oder nach § 13 Abs. 5 Nr. 2, § 14 Abs. 1 oder Abs. 2 Satz 3, § 15 Abs. 2 oder 3 zuwiderhandelt, soweit sie für einen bestimmten Tatbestand auf diese Bußgeldvorschrift verweist.

(2) Die Ordnungswidrigkeit kann mit einer Geldbuße bis zu hunderttausend Deutsche Mark geahndet werden.

§ 18 a

Einziehung

Ist eine Ordnungswidrigkeit nach § 18 Abs. 1 Nr. 1, 9, 10 oder 11 begangen worden, so können Gegenstände,

1. auf die sich die Ordnungswidrigkeit bezieht oder

2. die zur Begehung oder Vorbereitung gebraucht wurden oder bestimmt gewesen sind,

eingezogen werden. § 23 des Gesetzes über Ordnungswidrigkeiten ist anzuwenden.

§ 19

Zuständige Behörden

Die Landesregierungen oder die von ihnen bestimmten Stellen bestimmen die für die Ausführung dieses Gesetzes zuständigen Behörden, soweit die Regelung nicht durch Landesgesetz erfolgt.

§§ 20 bis 29

(aufgehoben)

§ 29 a

Vollzug im Bereich der Bundeswehr

(1) Soweit es Gründe der Verteidigung zwingend erfordern, ist der Bund für einzelne Abfälle aus dem Bereich der Bundeswehr entsorgungspflichtig. Der Bundesminister der Verteidigung oder die von ihm bestimmte Stelle ist insoweit die für die Ausführung dieses Gesetzes zuständige Behörde.

(2) Der Bundesminister für Verteidigung wird ermächtigt, aus zwingenden Gründen der Verteidigung und zur Erfüllung zwischenstaatlicher Verpflichtungen für die Entsorgung von Abfällen im Sinne des Absatzes 1 aus dem Bereich der Bundeswehr Ausnahmen von diesem Gesetz und den auf dieses Gesetz gestützten Rechtsverordnungen zulassen.

(3) Die Absätze 1 und 2 gelten nicht im Land Berlin.

§ 30

Aufhebung des Altölgesetzes, Überleitungsbestimmungen

(1) Das Altölgesetz in der Fassung der Bekanntmachung vom 11. Dezember 1979 (BGBl. I S. 2113) mit seinen Ausführungsbestimmungen wird nach Maßgabe des Absatzes 2 aufgehoben.

(2) Bis zum Auslaufen der Kostenzuschüsse am 31. Dezember 1989 bleiben die §§ 1, 2 Abs. 1 und 2, § 3 Abs. 4 Satz 2 sowie die §§ 4 und 5 des Altölgesetzes, die Erste Verordnung zur Durchführung des Altölgesetzes in der Fassung vom 28. Mai 1982 (BGBl. I S. 653) sowie die Richtlinien über die Gewährung von Zuschüssen nach dem Altölgesetz in Kraft. Der Betrag der Ausgleichsabgabe wird auf zwanzig Deutsche Mark für 100 kg abgabepflichtige Waren festgesetzt. Der Ermittlung der beseitigten Altölmengen wird der Altölbegriff des § 5 a dieses Gesetzes zugrundegelegt.

(3) Die nach Auslaufen der Kostenzuschüsse verbleibenden Mittel des Rückstellungsfonds werden in den Bundeshaushalt übernommen.

(4) Bis zum 31. Dezember 1989 gelten die mit dem Bundesamt für gewerbliche Wirtschaft abgeschlossenen Verträge über die Abholung von Altölen als Genehmigung nach § 12 dieses Gesetzes. Wer gewerbsmäßig oder im Rahmen wirtschaftlicher Unternehmen Altöle einsammelt oder befördert, hat dies der zuständigen Behörde unter Vorlage des mit dem Bundesamt für gewerbliche Wirtschaft abgeschlossenen Vertrages innerhalb von drei Monaten nach Inkrafttreten dieses Gesetzes anzuzeigen.

§ 31

Berlin-Klausel

Dieses Gesetz gilt nach Maßgabe des § 13 Abs. 1 des Dritten Überleitungsgesetzes auch im Land Berlin. Rechtsverordnungen, die auf Grund dieses Gesetzes erlassen werden, gelten im Land Berlin nach § 14 des Dritten Überleitungsgesetzes.

§ 32

Außerkrafttreten

§ 8 a Abs. 1 bis 4 treten am 30. Juni 1994 außer Kraft.

Artikel 3

Berlin-Klausel

Dieses Gesetz gilt nach Maßgabe des § 13 Abs. 1 des Dritten Überleitungsgesetzes auch im Land Berlin.

Artikel 4

Inkrafttreten, Außerkrafttreten

Dieses Gesetz tritt am ersten Tage des auf die Verkündung folgenden dritten Kalendermonats in Kraft. Gleichzeitig tritt das Abfallbeseitigungsgesetz in der Fassung der Bekanntmachung vom 5. Januar 1977 (BGBl. I S. 41, 228), zuletzt geändert durch das Gesetz vom 18. Februar 1986 (BGBl. I S. 265), außer Kraft.

6.

Strafgesetzbuch (StGB)

In der Fassung der Bekanntmachung vom 10. März 1987
(BGBl. I S. 945, ber. S. 1160, geändert durch Gesetz v. 12. 9. 1990,
BGBl. I S. 2002)

(Auszug)

Zweiter Abschnitt.

Die Tat

Erster Titel

Grundlagen der Strafbarkeit

§ 13
Begehen durch Unterlassen

(1) Wer es unterläßt, einen Erfolg abzuwenden, der zum Tatbestand eines Strafgesetzes gehört, ist nach diesem Gesetz nur dann strafbar, wenn er rechtlich dafür einzustehen hat, daß der Erfolg nicht eintritt, wenn das Unterlassen der Verwirklichung des gesetzlichen Tatbestandes durch ein Tun entspricht.

(2) Die Strafe kann nach § 49 Abs. 1 gemildert werden.

§ 14
Handeln für einen anderen

(1) Handelt jemand

1. als vertretungsberechtigtes Organ einer juristischen Person oder als Mitglied eines solchen Organs,

2. als vertretungsberechtigter Gesellschafter einer Personenhandelsgesellschaft oder

3. als gesetzlicher Vertreter eines anderen,

so ist ein Gesetz, nach dem besondere persönliche Eigenschaften, Verhältnisse oder Umstände (besonders persönliche Merkmale) die Strafbarkeit begründen auch auf den Vertreter anzuwenden, wenn diese Merkmale zwar nicht bei ihm, aber bei dem Vertretenen vorliegen.

(2) Ist jemand von dem Inhaber eines Betriebs oder einem sonst dazu Befugten

1. beauftragt, den Betrieb ganz oder zum Teil zu leiten, oder

2. ausdrücklich beauftragt, in eigener Verantwortung Aufgaben wahrzunehmen, die dem Inhaber des Betriebs obliegen,

und handelt er auf Grund dieses Auftrags, so ist ein Gesetz, nach dem besondere persönliche Merkmale die Strafbarkeit begründen, auch auf den Beauftragten anzuwenden, wenn diese Merkmale zwar nicht bei ihm, aber bei dem Inhaber des Betriebs vorliegen. Dem Betrieb im Sinne des Satzes 1 steht das Unternehmen gleich. Handelt jemand auf Grund eines entsprechenden Auftrags für eine Stelle, die Aufgaben der öffentlichen Verwaltung wahrnimmt, so ist Satz 1 sinngemäß anzuwenden.

(3) Die Absätze 1 und 2 sind auch dann anzuwenden, wenn die Rechtshandlung, welche die Vertretungsbefugnis oder das Auftragsverhältnis begründen sollte, unwirksam ist.

§ 15

Vorsätzliches und fahrlässiges Handeln

Strafbar ist nur vorsätzliches Handeln, wenn nicht das Gesetz fahrlässiges Handeln ausdrücklich mit Strafe bedroht.

Achtundzwanzigster Abschnitt

Straftaten gegen die Umwelt

§ 324

Verunreinigung eines Gewässers

(1) Wer unbefugt ein Gewässer verunreinigt oder sonst dessen Eigenschaften nachteilig verändert, wird mit Freiheitsstrafe bis zu fünf Jahren oder mit Geldstrafe bestraft.

(2) Der Versuch ist strafbar.

(3) Handelt der Täter fahrlässig, so ist die Strafe Freiheitsstrafe bis zu zwei Jahren oder Geldstrafe.

§ 329

Gefährdung schutzbedürftiger Gebiete

(1) Wer entgegen einer auf Grund des Bundes-Immissionsschutzgesetzes erlassenen Rechtsverordnung über ein Gebiet, das eines besonderen Schutzes vor schädlichen Umwelteinwirkungen durch Luftverunreinigungen oder Geräusche bedarf oder in dem während austauscharmer Wetterlagen ein starkes Anwachsen schädlicher Umwelteinwirkungen durch Luftverunreinigungen zu befürchten ist, Anlagen innerhalb des Gebiets betreibt, wird mit Freiheitsstrafe bis zu zwei Jahren oder mit Geldstrafe bestraft. Ebenso wird bestraft, wer innerhalb eines solchen Gebiets Anlagen entgegen einer vollziehbaren Anordnung betreibt, die auf Grund einer in Satz 1 bezeichneten Rechtsverordnung ergangen ist. Die Sätze 1 und 2 gelten nicht für Kraftfahrzeuge, Schienen-, Luft- oder Wasserfahrzeuge.

149

(2) Wer innerhalb eines Wasser- oder Heilquellenschutzgebiets entgegen einer zu deren Schutz erlassenen Rechtsvorschrift

1. betriebliche Anlagen zum Lagern, Abfüllen oder Umschlagen wassergefährdender Stoffe betreibt,

2. Rohrleitungsanlagen zum Befördern wassergefährdender Stoffe betreibt oder

3. im Rahmen eines Gewerbebetriebs Kies, Sand, Ton oder andere feste Stoffe abbaut,

wird mit Freiheitsstrafe bis zu zwei Jahren oder mit Geldstrafe bestraft.

(3) Ebenso wird bestraft, wer innerhalb eines Naturschutzgebiets oder eines Nationalparks oder innerhalb einer als Naturschutzgebiet einstweilig sichergestellten Fläche entgegen einer zu deren Schutz erlassenen Rechtsvorschrift oder vollziehbaren Untersagung

1. Bodenschätze oder andere Bodenbestandteile abbaut oder gewinnt,

2. Abgrabungen oder Aufschüttungen vornimmt,

3. Gewässer schafft, verändert oder beseitigt,

4. Moore, Sümpfe, Brüche oder sonstige Feuchtgebiete entwässert oder

5. Wald rodet

und dadurch wesentliche Bestandteile eines solchen Gebiets beeinträchtigt.

(4) Handelt der Täter fahrlässig, so ist die Strafe Freiheitsstrafe bis zu einem Jahr oder Geldstrafe.

§ 330
Schwere Umweltgefährdung

(1) Mit Freiheitsstrafe von drei Monaten bis zu fünf Jahren wird bestraft, wer

1. eine Tat nach § 324 Abs. 1, § 326 Abs. 1 oder 2, § 327 Abs. 1 oder 2, § 328 Abs. 1 oder 2 oder nach § 329 Abs. 1 bis 3 begeht,

2. beim Betrieb einer Anlage, insbesondere einer Betriebsstätte oder Maschine, gegen eine Rechtsvorschrift, vollziehbare Untersagung, Anordnung oder Auflage verstößt, die dem Schutz vor Luftverunreinigungen, Lärm, Erschütterungen, Strahlen oder sonstigen schädlichen Umwelteinwirkungen oder anderen Gefahren für die Allgemeinheit oder die Nachbarschaft dient,

3. eine Rohrleitungsanlage zum Befördern wassergefährdender Stoffe oder eine betriebliche Anlage zum Lagern, Abfüllen oder Umschlagen wassergefährdender Stoffe ohne die erforderliche Genehmigung, Eignungsfeststellung oder Bauartzulassung oder entgegen einer vollziehbaren Untersagung, Anordnung oder Auflage, die dem Schutz vor schädlichen Einwirkungen auf die Umwelt dient, oder unter grob pflichtwidrigem Verstoß gegen die allgemein anerkannten Regeln der Technik betreibt oder

4. Kernbrennstoffe, sonstige radioaktive Stoffe, explosionsgefährliche Stoffe oder sonstige gefährliche Güter als Führer eines Fahrzeugs oder als sonst für die Sicherheit oder die Beförderung Verantwortlicher ohne die erforderliche Genehmigung oder Erlaubnis oder entgegen einer vollziehbaren Untersagung, Anordnung oder Auflage, die dem Schutz vor schädlichen Einwirkungen auf die Umwelt dient, oder unter grob pflichtwidrigem Verstoß gegen Rechtsvorschriften zur Sicherung vor den von diesen Gütern ausgehenden Gefahren befördert, versendet, verpackt oder auspackt, verlädt oder entlädt, entgegennimmt oder anderen überläßt oder Kennzeichnungen unterläßt

und dadurch Leib oder Leben eines anderen, fremde Sachen von bedeutendem Wert, die öffentliche Wasserversorgung oder eine staatlich anerkannte Heilquelle gefährdet. Satz 1 Nr. 2 gilt nicht für Kraftfahrzeuge, Schienen-, Luft- oder Wasserfahrzeuge.

(2) Ebenso wird bestraft, wer durch eine der in Absatz 1 Satz 1 Nr. 1 bis 4 bezeichneten Handlungen

1. die Eigenschaften eines Gewässers oder eines landwirtschaftlich, forstwirtschaftlich oder gärtnerisch genutzten Bodens derart beeinträchtigt, daß das Gewässer oder der Boden auf längere Zeit nicht mehr wie bisher genutzt werden kann oder

2. Bestandteile des Naturhaushalts von erheblicher ökologischer Bedeutung derart beeinträchtigt, daß die Beeinträchtigung nicht, nur mit unverhältnismäßigen Schwierigkeiten oder erst nach längerer Zeit wieder beseitigt werden kann.

Absatz 1 Satz 2 gilt entsprechend.

(3) Der Versuch ist strafbar.

(4) In besonders schweren Fällen ist die Strafe Freiheitsstrafe von sechs Monaten bis zu zehn Jahren. Ein besonders schwerer Fall liegt in der Regel vor, wenn der Täter durch die Tat

1. Leib oder Leben einer großen Zahl von Menschen gefährdet oder

2. den Tod oder eine schwere Körperverletzung (§ 224) eines Menschen leichtfertig verursacht.

(5) Wer in den Fällen des Absatzes 1 oder 2 die Gefahr oder die Beeinträchtigung fahrlässig verursacht, wird mit Freiheitsstrafe bis zu fünf Jahren oder mit Geldstrafe bestraft.

(6) Wer in den Fällen des Absatzes 1 oder 2 fahrlässig handelt und die Gefahr oder die Beeinträchtigung fahrlässig verursacht, wird mit Freiheitsstrafe bis zu drei Jahren oder mit Geldstrafe bestraft.

§ 330 a

Schwere Gefährdung durch Freisetzen von Giften

(1) Wer Gifte in der Luft, in einem Gewässer, im Boden oder sonst verbreitet oder freisetzt und dadurch einen anderen in die Gefahr des Todes oder einer schweren Körperverletzung (§ 224) bringt, wird mit Freiheitsstrafe von sechs Monaten bis zu zehn Jahren bestraft.

(2) Wer die Gefahr fahrlässig verursacht, wird mit Freiheitsstrafe bis zu fünf Jahren oder mit Geldstrafe bestraft.

§ 330 b

Tätige Reue

(1) Das Gericht kann in den Fällen des § 330 Abs. 1 und 5 in Verbindung mit Absatz 1 und des § 330 a die Strafe nach seinem Ermessen mildern (§ 49 Abs. 2) oder von einer Bestrafung nach diesen Vorschriften absehen, wenn der Täter freiwillig die Gefahr abwendet, bevor ein erheblicher Schaden entsteht. Unter denselben Voraussetzungen wird der Täter nicht nach § 330 Abs. 6 in Verbindung mit Absatz 1 bestraft.

(2) Wird ohne Zutun des Täters die Gefahr abgewendet, so genügt sein freiwilliges und ernsthaftes Bemühen, dieses Ziel zu erreichen.

§ 330 c

Einziehung

Ist eine Straftat nach § 326 Abs. 1 oder 2, § 327 Abs. 1 oder § 328 Abs. 1 oder 2 begangen worden, so können

1. Gegenstände, die durch die Tat hervorgebracht oder zu ihrer Begehung oder Vorbereitung gebraucht worden oder bestimmt gewesen sind, und

2. Gegenstände, auf die sich die Tat bezieht,

eingezogen werden.

§ 330 d

Begriffsbestimmungen

Im Sinne dieses Abschnitts ist

1. ein Gewässer:

   ein oberirdisches Gewässer und das Grundwasser im räumlichen Geltungsbereich dieses Gesetzes und das Meer;

2. eine kerntechnische Anlage:

   eine Anlage zur Erzeugung oder zur Bearbeitung oder Verarbeitung oder zur Spaltung von Kernbrennstoffen oder zur Aufarbeitung bestrahlter Kernbrennstoffe;

3. eine betriebliche Anlage zum Lagern, Abfüllen oder Umschlagen wassergefährdender Stoffe:

   auch eine Anlage in einem öffentlichen Unternehmen;

4. ein gefährliches Gut:

   ein Gut im Sinne des Gesetzes über die Beförderung gefährlicher Güter und einer darauf beruhenden Rechtsverordnung und im Sinne der Rechtsvorschriften über die internationale Beförderung gefährlicher Güter im jeweiligen Anwendungsbereich.

II.
Verordnungen

1.

Verordnung über die Herkunftsbereiche von Abwasser (Abwasserherkunftsverordnung — AbwHerkV)

Vom 3. Juli 1987 (BGBl. I S. 1578)

zuletzt geändert durch Verordnung vom 27. 5. 1991 (BGBl. I S. 1197)

Auf Grund des § 7 a Abs. 1 Satz 4 des Wasserhaushaltsgesetzes in der Fassung der Bekanntmachung vom 23. September 1986 (BGBl. I S. 1529) verordnet die Bundesregierung mit Zustimmung des Bundesrates:

§ 1

Als Herkunftsbereiche im Sinne des § 7 a Abs. 1 Satz 4 des Wasserhaushaltsgesetzes werden bestimmt:

1. Im Bereich Wärmeerzeugung, Energie, Bergbau:

   a) Behandlung von Rauchgasen und Abluft, Schlacken, Kondensaten aus Feuerungsanlagen

   b) Kühlsysteme

   c) Kohleveredlung und -wertstoffgewinnung, Brikettierung

   e) Herstellung von Hartbrandkohle, Aktivkohle, Ruß

2. Im Bereich Steine und Erden, Baustoffe, Gas, Keramik:

   a) Herstellung on Faserzement und Faserzementerzeugnissen

   b) Herstellung und Verarbeitung von Glas, Glasfasern, Mineralfasern

   c) Herstellung keramischer Erzeugnisse

3. Im Bereich Metall

   a) Metallbearbeitung und Metallverarbeitung:
   Galvaniken, Beizereien, Anodisierbetriebe, Brünierereien, Feuerverzinkereien, Härtereien, Leiterplattenherstellung, Batterieherstellung, Emaillierbetriebe, Mechanische Werkstätten, Gleitschleifereien

   b) Herstellung von Eisen und Stahl einschließlich Gießereien

   c) Herstellung von Nichteisenmetallen einschließlich Gießereien

   d) Herstellung von Ferrolegierungen

153

4. Im Bereich anorganische Chemie:
   a) Herstellung von Grundchemikalien
   b) Herstellung von Mineralsäuren, Basen, Salzen
   c) Herstellung von Alkalien, Alkalilaugen und Chlor durch Alkalichloridelektrolyse
   d) Herstellung von mineralischen Düngemitteln (außer Kali), phosphorsauren Salzen, Futterphosphaten
   e) Herstellung von Soda
   f) Herstellung von Korund
   g) Herstellung von anorganischen Pigmenten, Mineralfarben
   h) Herstellung von Halbleitern, Gleichrichtern, Fotozellen
   i) Herstellung von Sprengmitteln einschließlich Pyrotechnik
   j) Herstellung hochdisperser Oxide
   k) Herstellung von Bariumverbindungen

5. Im Bereich organische Chemie:
   a) Herstellung von Grundchemikalien
   b) Herstellung von Farbstoffen, Farben, Anstrichstoffen
   c) Herstellung und Verarbeitung von Chemiefasern
   d) Herstellung und Verarbeitung von Kunststoffen, Gummi, Kautschuk
   e) Herstellung von halogenorganischen Verbindungen
   f) Herstellung von organischen Sprengmitteln, Festbrennstoffen
   g) Herstellung von Leder-, Papier-, Textilhilfsmitteln
   h) Herstellung von Arzneimitteln
   i) Herstellung von Bioziden
   j) Herstellung von Rohstoffen für Wasch- und Reinigungsmittel
   k) Herstellung von Kosmetika, Körperpflegemitteln
   l) Herstellung von Gelatine, Hautleim, Klebstoffen

6. Im Bereich Mineralöl, synthetische Öle
   a) Mineralölverarbeitung, Herstellung und Veredlung von Mineralölprodukten, Herstellung von Kohlenwasserstoffen
   b) Rückgewinnung von Öl aus Öl-Wassergemischen, Emulsionsspaltanlagen, Altölaufbereitung
   c) Herstellung von synthetischen Ölen

7. Im Bereich Druckereien, Reproduktionsanstalten, Oberflächenbehandlung und Herstellung von bahnenförmigen Materialien aus Kunststoffen, sonstige Verarbeitung von Harzen und Kunststoffen:
   a) Herstellung von Druck- und grafischen Erzeugnissen, Reproduktionsanstalten
   b) Kopier- und Entwicklungsanstalten
   c) Herstellung von Folien, Bild- und Tonträgern
   d) Herstellung beschichteter und getränkter Materialien

8. Im Bereich Holz, Zellstoff, Papier:
   a) Herstellung von Zellstoff, Papier und Pappe
   b) Herstellung und Beschichtung von Holzfaserplatten

9. Im Bereich Textil, Leder, Pelze:
   a) Textilherstellung, Textilveredlung
   b) Lederherstellung, Lederveredlung, Lederfaserstoffherstellung, Pelzveredlung
   c) Chemischreinigungen, Wäschereien, Putztuchwäschereien, Wollwäschereien

10. Sonstige Bereiche:
   a) Verwertung, Behandlung, Lagerung, Umschlag und Ablagerung von Abfällen und Reststoffen, Lagerung, Umschlag und Abfüllen von Chemikalien
   b) Medizinische und naturwissenschaftliche Forschung und Entwicklung, Krankenhäuser, Artzpraxen, Röntgeninstitute, Laboratorien, technische Prüfstände
   c) Technische Reinigungsbetriebe, Behälterreinigung, Desinfektion
   d) Fahrzeugwerkstätten, Fahrzeugwaschanlagen
   e) Wasseraufbereitung
   f) Maler-, Lackierbetriebe
   g) Herstellung und Veredlung von pflanzlichen und tierischen Extrakten
   h) Herstellung und Verwendung von Mikroorganismen und Viren und andere biotechnische Verfahren

§ 2

Diese Verordnung gilt nach § 14 des Dritten Überleitungsgesetzes in Verbindung mit § 44 des Wasserhaushaltsgesetzes auch im Land Berlin.

§ 3

Diese Verordnung tritt am Tage nach der Verkündung in Kraft.

III.
Verwaltungsvorschriften

1.

Allgemeine Rahmen-Verwaltungsvorschrift über Mindestanforderungen an das Einleiten von Abwasser in Gewässer — Rahmen-AbwasserVwV —

Vom 8. September 1989 (GMBl. 1989 S. 518),

in der Neufassung vom 25. November 1992

Nach § 7 a Abs. 1 Satz 3 des Wasserhaushaltsgesetzes (WHG) in der Fassung der Bekanntmachung vom 23. September 1986 (BGBl. I S. 1529) in Verbindung mit der Abwasserherkunftsverordnung vom 3. Juli 1987 (BGBl. I S. 1578) und, soweit in den Anhängen abfallrechtliche Anforderungen gestellt werden, nach § 4 Abs. 5 des Abfallgesetzes (AbfG) vom 27. August 1986 (BGBl. I S. 1410) wird folgende allgemeine Verwaltungsvorschrift erlassen:

1   Anwendungsbereich

1.1   Diese allgemeine Verwaltungsvorschrift gilt für in Gewässer einzuleitendes Abwasser, dessen Schmutzfracht im wesentlichen aus den in den Anhängen aufgeführten Anwendungsbereichen stammt.

1.2   Diese allgemeine Verwaltungsvorschrift gilt nicht, soweit in den Anhängen ihre Anwendung ausdrücklich ausgeschlossen ist.

2   Anforderungen

2.1   Unbeschadet strengerer Anforderungen im wasserrechtlichen Vollzug werden nach § 7 a Abs. 1 Satz 3 WHG die in den Anhängen enthaltenen Anforderungen an das Einleiten von Abwasser festgelegt.

2.2   Soweit in den Anhängen nichts anderes geregelt ist, ist folgendes zu beachten:

2.2.1   Die in den Anhängen genannten Werte beziehen sich auf das Abwasser im Ablauf der Abwasserbehandlungsanlage. Sie dürfen nicht entgegen den jeweils in Betracht kommenden Regeln der Technik durch Verdünnung oder Vermischung erreicht werden.

2.2.2   Den in den Anhängen genannten Werten liegen die in der Anlage enthaltenen oder gleichwertige Analysen- und Meßverfahren zugrunde.

2.2.3 Ist eine qualifizierte Stichprobe vorgesehen, so umfaßt diese mindestens fünf Stichproben, die, in einem Zeitraum von höchstens zwei Stunden im Abstand von nicht weniger als zwei Minuten entnommen, gemischt werden.

Ist ein produktionsspezifischer Frachtwert (z. B. m^3/t, g/t, kg/t) festgelegt, bezieht sich dieser auf die dem wasserrechtlichen Bescheid zugrundeliegende Produktionskapazität.

2.2.4 Ein entsprechend den Anhängen und den vorstehenden Nummern festgesetzter Wert ist einzuhalten.

Er gilt auch als eingehalten, wenn die Ergebnisse der letzten fünf im Rahmen der staatlichen Gewässeraufsicht durchgeführten Überprüfungen in vier Fällen diesen Wert nicht überschreiten und kein Ergebnis diesen Wert um mehr als 100 v. H. übersteigt.

Überprüfungen, die länger als drei Jahre zurückliegen, bleiben unberücksichtigt.

3   Inkrafttreten, Aufheben von Verwaltungsvorschriften ([1])

([1]) Hinweis der Autoren:
1. Die Rahmen-Abwasser VwV einschließlich der Anhänge 1-3, 5, 6, 8-12, 14, 15, 21, 25, 30, 39-41, 47, 49-52 ist am 1. 1. 1990 in Kraft getreten.
2. Die Anhänge 7, 16, 17, 18 19 B, 22, 26, 36, 37 und 45 zur Rahmen-Abwasser VwV sind am 1. 1. 1992 in Kraft getreten.

Analysen- und Meßverfahren

Nr. Parameter/Titel	Verfahren

I. Allgemeine Verfahren

1.	Homogenisierung der Probe für alle Parameter, die in der Originalprobe (Gesamt-Probe) bestimmt werden	entsprechend DIN 38402-A 30 (Ausgabe Juli 1986) In Anwesenheit leicht flüchtiger Stoffe ist im geschlossenen Gefäß und kühl zu homogenisieren.
2.	Abwasservolumenstrom	entsprechend DIN 19559 (Ausgabe Juli 1983)

II. Analysenverfahren

1. Anionen

101	Borat-Bor	DIN 38405-D 17 (Ausgabe März 1981)
102	Chlorid	entsprechend DIN 38405-D 19 (Ausgabe Februar 1988)
103	Cyanid leicht freisetzbar	DIN 38405-D 13-2 (Ausgabe Februar 1981)
104	Cyanid, gesamt, in der Originalprobe	DIN 38405-D 13-1 (Ausgabe Februar 1981)
105	Fluorid	DIN 38405-D 4-1 (Ausgabe Juli 1985)
106	Nitrat-Stickstoff	entsprechend DIN 38405-D 19 (Ausgabe Februar 1988) Bei der Bestimmung von Stickstoff, gesamt, als Summe von Ammonium-, Nitrit- und Nitrat-Stickstoff kann der Nitrit-Stickstoff zeitgleich mit der Bestimmung von Ammonium- und Nitrat-Stickstoff bestimmt werden.
107	Nitrit-Stickstoff	DIN 38405-D 10 (Ausgabe Februar 1981)
108	Phosphor, gesamt, in der Originalprobe	DIN 38405-D 11-4 (Ausgabe Oktober 1983) Aufschluß nach Punkt 8.5.1
109	Sulfat	entsprechend DIN 38405-D 19 (Ausgabe Februar 1988)

Nr.	Parameter/Titel	Verfahren
110	Sulfid, gelöst	DIN 38405-D 26 (Ausgabe April 1989
111	Sulfit	entsprechend DIN 38405-D 19 (Ausgabe Februar 1988)

2. Kationen

Nr.	Parameter/Titel	Verfahren
201	Aluminium in der Originalprobe	DIN 38406-E 22 (Ausgabe März 1988)
202	Ammonium-Stickstoff	DIN 38406-E 5-2 (Ausgabe Oktober 1983)
203	Antimon in der Originalprobe	DIN 38406-E 22 (Ausgabe März 1988)
204	Arsen in der Originalprobe	DIN 38405-D 18 (Ausgabe September 1985) Aufschluß gemäß Punkt 10.1
205	Barium in der Originalprobe	DIN 38406-E 22 (Ausgabe März 1988)
206	Blei in der Originalprobe	DIN 38406-E 6-3 (Ausgabe Mai 1981)
207	Cadmium in der Originalprobe	DIN 38406-E 19-3 (Ausgabe Juli 1980)
208	Calcium in der Originalprobe	DIN 38406-E 3-2 (Ausgabe September 1982)
209	Chrom in der Originalprobe	DIN 38406-E 22 (Ausgabe März 1988)
210	Chrom (VI)	DIN 38405-D 24 (Ausgabe Mai 1987)
211	Cobalt in der Originalprobe	DIN 38406-E 22 (Ausgabe März 1988)
212	Eisen in der Originalprobe	DIN 38406-E 22 (Ausgabe März 1988)
213	Kupfer in der Originalprobe	DIN 38406-E 22 (Ausgabe März 1988)
214	Nickel in der Originalprobe	DIN 38406-E 22 (Ausgabe März 1988)
215	Quecksilber in der Originalprobe	DIN 38406-E 12-3 (Ausgabe Juli 1980)
216	Silber in der Originalprobe	DIN 38406-E 22 (Ausgabe März 1988)

Nr.	Parameter/Titel	Verfahren
217	Thallium in der Originalprobe	entsprechend DIN 38406-E 22 (Ausgabe März 1988)
218	Vanadium in der Originalprobe	DIN 38406-E 22 (Ausgabe März 1988)
219	Zink in der Originalprobe	DIN 38406-E 22 (Ausgabe März 1988)
220	Zinn in der Originalprobe	DIN 38406-E 22 (Ausgabe März 1988)
221	Titan in der Originalprobe	DIN 38406-E 22 (Ausgabe März 1988)
3.	**Einzelstoffe, Summenparameter, Gruppenparameter**	
301	Abfiltrierbare Stoffe in der Originalprobe	DIN 38409-H 2-3 (Ausgabe März 1987) Glasfaserfilter
302	Adsorbierbare organisch gebunde- ne Halogene (AOX) in der Origi- nalprobe, angegeben als Chlorid	DIN 38409-H 14 (Ausgabe März 1985) Durchführung nach Abschnitt 8.2.2 nach Nummer 501 dieser Anlage
303	Chemischer Sauerstoffbedarf (CSB) in der Originalprobe	DIN 38409-H 41 (Ausgabe Dezember 1980)
304	Chemischer Sauerstoffbedarf (CSB) in der Originalprobe unter Abzug des durch H_2O_2 (sh.Nr. 308) verursachten CSB-Anteils	DIN 38409-H 41 (Ausgabe Dezember 1980)
305	Organisch gebundener Kohlenstoff, gesamt (TOC)	DIN 38409-H 3 (Ausgabe Juni 1983)
306	Biochemischer Sauerstoffbedarf in 5 Tagen in der Originalprobe	DIN 38409-H 51 (Ausgabe Mai 1987) unter zusätzlicher Hemmung der Nitrifika- tion von 5 mg Allylthioharnstoff; Animpfung mit Impfmaterial aus einer Kläranlage
307	Biologische Abbaubarkeit (Elimi- nierbarkeit) von der filtrierten Probe, bestimmt als CSB- oder DOC Abbaugrad (Eliminations- grad)	DIN 38412-L 25 (Ausgabe Januar 1984) Es wird das Inokolum mit 1 g TS im Test- ansatz verwendet. (Abschnitt 8.1 Abs. 1) Die Dauer des Eliminationstests entspricht der Zeit, die erforderlich ist, um den CSB-Eliminationsgrad des Gesamtabwassers

der realen Abwasserreinigungsanlage in der
Testsimulation für das Gesamtabwasser zu
erreichen.
Die bei Punkt 4 genannten Einschränkungen sollen nicht beachtet werden. Die
CSB-Konzentration im Testansatz (CSB
zwischen 100 und 1 000 mg/l) soll dem realen Abwasserverdünnungsverhältnis weitge-
hendst entsprechen.

Nr.	Parameter/Titel	Verfahren
308	Wasserstoffperoxid (H_2O_2)	DIN 38409-H 15 (Ausgabe Juni 1987)
309	Schwerflüchtige lipophile Stoffe (extrahierbar) in der Originalprobe	DIN 38409-H 17 (Ausgabe Mai 1981)
310	Kohlenwasserstoffe	DIN 38409-H 18 (Ausgabe Februar 1981)
311	Direkt abscheidbare lipophile Leichtstoffe in der Originalprobe	DIN 38409-H 19 (Ausgabe Februar 1986) Mittel aus 2 Proben
312	Phenolindex nach Destillation und Farbstoffextraktion in der Originalprobe	DIN 38409-H 16-2 (Ausgabe Juni 1984)
313	Chlor, gesamt	DIN 38408-G 4-1 (Ausgabe Juni 1984)
314	Chlor, freies	DIN 38408-G 4-1 (Ausgabe Juni 1984)
315	Hexachlorbenzol in der Originalprobe	DEV-Vorschlag F2 (14. Lieferung 1985)
316	Trichlorethen in der Originalprobe	DIN 38407-F 4 (Ausgabe Mai 1988)
317	1.1.1 Trichlorethan in der Originalprobe	DIN 38407-F 4 (Ausgabe Mai 1988)
318	Tetrachlorethen in der Originalprobe	DIN 38407-F 4 (Ausgabe Mai 1988)
319	Trichlormethan in der Originalprobe	DIN 38407-F 4 (Ausgabe Mai 1988)
320	Tetrachlormethan in der Originalprobe	DIN 38407-F 4 (Ausgabe Mai 1988)

Nr.	Parameter/Titel	Verfahren
321	Dichlormethan in der Originalprobe	DIN 38407-F 4 (Ausgabe Mai 1988)
322	Hydrazin	DIN 38413-P 1 (Ausgabe März 1982)
323	Tenside, anionische	DIN 38409-H 23-1 (Ausgabe Mai 1980)
324	Tenside, nichtionische	DIN 38409-H 23-2 (Ausgabe Mai 1980)
325	Tenside, kationische	DIN 38409-H 20 (Ausgabe Juli 1989)
326	Bismut Komplexierungsindex (I_{BiK})	DIN 38409-H 26 (Ausgabe Mai 1989)
327	Anilin in der Originalprobe	entsprechend DIN 38404-F4 (Ausgabe Mai 1988) Extraktion mit Dichlormethan bei pH 12, GC-Trennung an DB 17 und OV 101, Detektor: N-P-Detektor
328	Hexachlorcyclohexan (HCH) in der Originalprobe	DEV F 2 (Vorschlag) 14. Lieferung 1985)
329	Hexachlorbutadien (HCBd) in der Originalprobe	DIN 38407-F4 (Ausgabe Mai 1988)
330	Aldrin, Dieldrin, Endrin, Isodrin „Drine" in der Originalprobe	DEV F 2 (Vorschlag) (14. Lieferung 1985)
331	Flüchtige organisch gebundene Halogene in der Originalprobe, angegeben als Chlorid	DIN 38409-H14 (Ausgabe März 1985) Durchführung nach Abschnitt 8.2.1, Zeilen 1 bis 12
332	1,2-Dichlorethan in der Originalprobe	DIN 38407-F 4 (Ausgabe Mai 1988)
333	Trichlorbenzol als Summe der drei Isomere in der Originalprobe	DEV F 2 (Vorschlag) (14. Lieferung 1985)
334	Endosulfan in der Originalprobe	DEV F 2 (Vorschlag) (14. Lieferung 1985)

Nr.	Parameter/Titel	Verfahren
335	Benzol und Homologe in der Originalprobe	DIN 38407-F9-2 (Ausgabe Mai 1991)
336	Sulfid- und Merkaptan-Schwefel in der Originalprobe	nach Nummer 502 dieser Anlage

4. Biologische Testverfahren

Nr.	Parameter/Titel	Verfahren
401	Fischgiftigkeit G_F in der Originalprobe	DIN 38412-L 31 (Ausgabe März 1989)
402	Daphniengiftigkeit G_D in der Originalprobe	DIN 38412-L 30 (Ausgabe März 1981)
403	Algengiftigkeit G_A in der Originalprobe	DIN 38412-L33 (Ausgabe März 1991)
404	Bakterienleuchthemmung G_L in der Originalprobe	DIN 38412-L34 (Ausgabe März 1991) mit der Maßgabe, daß die bei Punkt 5 in Satz 5 genannten Ergänzungen nicht zu beachten sind

III. Hinweise und Erläuterungen

501 Hinweise zum AOX-Verfahren (Nr. 302)

1. Feststoffe

Die Feststoffpartikel aus der Abwasserprobe sollen vollständig auf die Säule gebracht werden. Dies wird z.B. dadurch erreicht, daß durch entsprechende Anordnung der Pumpeinheit die Feststoffe von oben auf die Säule sedimentiert werden. Die Keramikwolle und die darauf befindlichen Feststoffpartikel müssen mitverbrannt werden.

2. Aktivkohle

Es werden Aktivkohlequalitäten nach den Empfehlungen des Herstellers verwendet (z. B. Aktivkohle von 100 µm mit enger Korngrößenverteilung).

3. Hohe Chloridkonzentration und Bestimmungsgrenzen

Bei Chloridkonzentrationen, die erheblich über 1 g/l liegen, muß zur Verringerung des Blindwertes zusätzlich zur Verdünnung der Spülschritt mit Nitrat-Lösung wiederholt werden.

4. Brom- und Jodgehalte

Anorganische Brom- und Jodgehalte können die Bestimmung stören. Durch Zugabe von Natriumsulfit können mögliche Störungen erheblich vermindert werden. In Anwesenheit organischer Brom- und Jodverbindungen kann die Ionenchromatografie als Detektionsverfahren angewandt werden.

1. Allgemeine Angaben

Sulfidschwefel kommt in Wässern in Abhängigkeit vom pH-Wert als gelöster Schwefelwasserstoff (H_2S), in Form von Hydrogensulfid-Ionen (HS^-) oder in Form von Sulfid-Ionen (S^{2-}) vor. Merkaptane finden sich entsprechend als RSH oder als Merkaptid-Ionen (RS^-). Bei Zutritt von Luftsauerstoff werden sowohl Sulfide als auch Merkaptane rasch zu Disulfiden oxidiert und entgehen dadurch der Bestimmung.

2. Grundlage

Sulfide und Merkaptane werden mit Silbernitrat in alkalischer Lösung titriert. Dabei entstehen schwerlösliche Silberverbindungen. Die Endpunkte der jeweiligen Umsetzung werden durch das Umschlagspotential einer Meßkette angezeigt.

Hinweise: Die stark alkalischen Analysenbedingungen haben zur Folge, daß grundsätzlich Sulfid bzw. Merkaptid, nicht aber Schwefelwasserstoff und Merkaptan bestimmt werden. Daher ist es angebracht, das Analysenergebnis als Sulfid-Schwefel bzw. Merkaptan-Schwefel zu berechnen. Es kann jedoch als Schwefelwasserstoff oder als Ethylmerkaptan ausgedrückt werden.

Bei Kenntnis des pH-Wertes der Originalprobe lassen sich bei Bedarf die tatsächlichen Verhältnisse an Schwefelwasserstoff, Hydrogensulfid oder Sulfid einerseits bzw. Merkaptanen oder Merkaptiden andererseits errechnen.

Inwieweit Schwermetallsulfide mit bestimmt werden, hängt vom jeweiligen Löslichkeitsprodukt ab.

3. Anwendungsbereich

Es wird mit einer 0,02 molaren Silbernitratlösung titriert. Der Verbrauch von 1 ml dieser Lösung entspricht 0,32064 mg Sulfid-Schwefel bzw. 0,64128 mg Merkaptan-Schwefel. Unter den Analysenbedingungen und in Abhängigkeit des Auflösungsvermögens der benutzten Titrationseinrichtungen (z. B. 100 Mikroliter) können absolut 0,032064 mg oder bei Einsatz von 100 ml Probe 0,32064 mg/l Sulfid-Schwefel nachgewiesen werden (entsprechend 0,64128 mgl/l Merkaptan-Schwefel).

4. Geräte

Massivsilberelektrode mit Sulfidüberzug, Bezugselektrode Silber, Silberchlorid mit gesättigter Kaliumnitratlösung als Zwischenelektrolyt und Schliffdiaphragma.

Titrationsvorrichtung

Magnetrührer

5. Chemikalien

Stickstoff

Destilliertes Wasser, N_2-gesättigt

Natronlauge 4 Mol/l: 106 g Natriumhydroxid werden in einem 1 Liter-Meßkolben mit 600 ml destilliertem Wasser gelöst; anschließend wird auf 1 000 ml mit destilliertem Wasser aufgefüllt. Die Lösung wird in einer 1 l-Polyethylenflasche aufbewahrt.

Ammoniaklösung 0,5 Mol/l: 40 ml einer 25%igen Ammoniaklösung werden in einem 1 l-Meßkolben mit destilliertem Wasser auf 1 000 ml aufgefüllt. Die Aufbewahrung der Lösung erfolgt in einer 1 l-Polyethylenflasche.

Silbernitratlösung 0,02 Mol/l AgNO₃

6. Probenahme und Konservierung

Die Proben sollen möglichst sofort analysiert werden. Sofern dies nicht möglich ist, müssen die Proben analysengerecht abgefüllt werden. Hierzu sind in eine 250 ml-Polyethylenflasche 25 ml der Natronlauge (gemäß Nummer 5 dieses Abschnitts) vorzulegen und mit 100 ml bzw. mit der mit destilliertem Wasser auf 100 ml verdünnten Probe zu versetzen.

7. Durchführung

25 ml der Natronlauge (gemäß Nummer 5 dieses Abschnitts) sind in einem 250 ml Titriergefäß vorzulegen, sofern die Probe nicht schon entsprechend vorbehandelt wurde. Hierzu pipettiert man 10 ml der Ammoniaklösung (gemäß Nummer 5 dieses Abschnitts), bevor 100 ml der Probe zugegeben werden. Falls vorbehandelt, wird die Ammoniaklösung vorgelegt und die konservierte Probe zugegeben. Als Probenvolumen können ggf. geringere Mengen, welche mit destilliertem Wasser (gemäß Nummer 5 dieses Abschnitts) auf 100 ml verdünnt werden, zudosiert werden. Das Titriergefäß ist zu verschließen, über die Probe ist ein kräftiger Stickstoffstrom zu leiten. Während der Titration muß mit einer mittleren Drehzahl gerührt werden. Die eintauchende Elektrode soll nicht im Rührkegel liegen, die Pipettenspitze soll ca. 1 cm von der Elektrode entfernt sein und ca. 0,5 cm tiefer als diese liegen.

Es kann sowohl dynamisch als auch durch Zugabe gleichbleibender Volumina titriert werden. Da die Umschlagspotentiale der Elektrode von der Matrix abhängen können, ist es vorteilhaft, diese durch Aufstockung bekannter Konzentrationen an Sulfid bzw. Merkaptan zu ermitteln.

8. Auswertung

Die Massenkonzentration an Sulfid-Schwefel wird berechnet nach der Gleichung:

$$c(S^{2-}) \quad = \quad \frac{V1 \times F \times 320,64}{ml \; Probe} \quad [mg/l]$$

Die Massenkonzentration an Merkaptan-Schwefel wird berechnet nach der Gleichung:

$$c(S\text{-}RSH) \quad = \quad \frac{(V2 - V1) \times F \times 641,28}{ml \; Probe} \quad [mg/l]$$

F   :   Faktor der 0,02 Mol/l AgNO₃-Lösung

V1   :   Volumen in ml der verbrauchten 0,02 Mol/l Silbernitratlösung bis zum 1. Äquivalenzpunkt

V2   :   Volumen in ml der verbrauchten 0,02 Mol/l Silbernitratlösung bis zum 2. Äquivalenzpunkt

165

9. Angabe der Ergebnisse

Für die Massenkonzentration an Sulfid-Schwefel (S^{2-}) oder Merkaptan-Schwefel (S-RSH) werden auf 0,1 mg/l gerundete Werte mit nicht mehr als 2 signifikanten Stellen angegeben.

Beispiel:

Sulfid-Schwefel	3,4 mg/l
Merkaptan-Schwefel	0,6 mg/l

Gemeinden

1 Anwendungsbereich

1.1 Abwasser,

1.1.1 das in Kanalisationen gesammelt wird und im wesentlichen stammt aus

1.1.1.1 Haushaltungen oder

1.1.1.2 Haushaltungen und Anlagen, die gewerblichen oder landwirtschaftlichen Zwecken dienen, sofern die Schädlichkeit dieses Abwassers mittels biologischer Verfahren mit gleichem Erfolg wie bei Abwasser aus Haushaltungen verringert werden kann;

1.1.2 das von einzelnen eingeleitet wird und im wesentlichen stammt aus

1.1.2.1 Haushaltungen oder Einrichtungen wie Gemeinschaftsunterkünften, Hotels und Gaststätten oder

1.1.2.2 Anlagen, die anderen als den in Nummer 1.1.2.1 genannten gewerblichen Zwecken dienen, sofern es dem Abwasser der Nummer 1.1.2.1 entspricht;

1.1.3 das in einer Flußkläranlage behandelt worden ist, sofern es nach seiner Herkunft den Nummern 1.1.1 oder 1.1.2 entspricht.

1.2 Ausgenommen sind Kleineinleitungen im Sinne des § 8 in Verbindung mit § 9 Abs. 2 Satz 2 des Abwasserabgabengesetzes.

2 Anforderungen

2.1 An das Einleiten des Abwassers werden folgende Anforderungen nach den allgemein anerkannten Regeln der Technik gestellt:

Proben nach Größenklassen der Abwasserbehandlungsanlagen	Chemischer Sauerstoffbedarf (CSB) mg/l	Biochemischer Sauerstoffbedarf in 5 Tagen (BSB_5) mg/l	Ammoniumstickstoff (*) (NH_4-N) mg/l	Stickstoff, gesamt (*) als Summe von Ammonium-, Nitritund Nitrat-Stickstoff	Phosphor gesamt (P_{ges}) mg/l
Qualifizierte Stichprobe oder 2-Std.-Mischprobe					
Größenklasse 1 kleiner als 60 kg/d BSB_5 (roh)	150	40	—	—	—

(*) Diese Anforderung gilt bei einer Abwassertemperatur von 12° C und größer im Ablauf des biologischen Reaktors der Abwasserbehandlungsanlage. An die Stelle von 12° C kann auch die zeitliche Begrenzung vom 1. Mai bis 31. Oktober treten.

Proben nach Größenklassen der Abwasserbehandlungsanlagen	Chemischer Sauerstoffbedarf (CSB) mg/l	Biochemischer Sauerstoffbedarf in 5 Tagen (BSB$_5$) mg/l	Ammonium-stickstoff (*) (NH$_4$-N) mg/l	Stickstoff, gesamt (*) als Summe von Ammonium-, Nitrit- und Nitrat-Stickstoff	Phosphor gesamt (Pges) mg/l
		Qualifizierte Stichprobe oder 2-Std.-Mischprobe			
Größenklasse 2 60 bis kleiner 300 kg/d BSB$_5$ (roh)	110	25	—	—	—
Größenklasse 3 300 bis kleiner 1 200 kg/d BSB$_5$ (roh)	90	20	10	18 (**)	—
Größenklasse 4 1 200 bis kleiner 6 000 kg/d BSB$_5$ (roh)	90	20	10	18 (**)	2
Größenklasse 5 6 000 kg/d BSB$_5$ (roh) und größer	75	15	10	18 (**)	1

(*) Diese Anforderung gilt bei einer Abwassertemperatur von 12° C und größer im Ablauf des biologischen Reaktors der Abwasserbehandlungsanlage. An die Stelle von 12° C kann auch die zeitliche Begrenzung vom 1. Mai bis 31. Oktober treten.

(**) Im wasserrechtlichen Bescheid kann eine höhere Konzentration bis zu 25 mg/l zugelassen werden, wenn die Verminderung der Gesamtstickstofffracht mindestens 70 v.H. beträgt. Die Verminderung bezieht sich auf das Verhältnis der Stickstofffracht im Zulauf zu derjenigen im Ablauf in einem repräsentativen Zeitraum, der 24 Stunden nicht überschreiten soll. Für die Fracht im Zulauf ist die Summe aus organischem und anorganischem Stickstoff zu Grunde zu legen.

2.2 Ist bei Teichanlagen, die für eine Aufenthaltszeit von 24 Stunden und mehr bemessen sind, eine Probe durch Algen deutlich gefärbt, so sind der CSB und der BSB_5 von der algenfreien Probe zu bestimmen. In diesem Fall erniedrigen sich die in Nr. 2.1 festgelegten Werte beim CSB um 15 mg/l und bei BSB_5 um 5 mg/l.

2.3 Die Zuordnung eines Einleiters in eine der in Nummer 2.1 festgelegten Größenklassen richtet sich nach den Bemessungswerten der Abwasserbehandlungsanlage, wobei die BSB_5-Fracht des unbehandelten Schmutzwassers — BSB_5 (roh) — zugrunde gelegt wird.

2.4 In den Fällen, in denen als Bemessungswert für eine Abwasserbehandlungsanlage allein der BSB_5-Wert des sedimentierten Schmutzwassers zugrunde gelegt ist, sind folgende Werte für die Einstufung maßgebend:

Größenklasse 1 kleiner als 40 kg/d BSB_5 (sed.)

Größenklasse 2 40 bis 200 kg/d BSB_5 (sed.)

Größenklasse 3 größer als 200 bis 800 kg/d BSB_5 (sed.)

Größenklasse 4 größer als 800 bis 4000 kg/d BSB_5 (sed.)

Größenklasse 5 größer als 4000 kg/d BSB_5 (sed.)

Braunkohle-Brikettfabrikation

1   Anwendungsbereich

1.1   Abwasser, dessen Schmutzfracht im wesentlichen aus der Braunkohle-Brikett-fabrikation stammt oder im Zusammenhang mit der Fabrikation anfällt.

1.2   Ausgenommen ist Abwasser aus

— Kühlsystemen

— der Betriebswasseraufbereitung

— der Rauchgaswäsche

2   Anforderungen

2.1   An das Einleiten des Abwassers werden folgende Anforderungen nach den allgemein anerkannten Regeln der Technik gestellt:

2.1.1 Schmutzwassermenge in 2 Stunden: 0,6 m³/t

2.1.2 Abwasserinhaltsstoffe:

	Abfiltrierbare Stoffe	Chemischer Sauerstoffbedarf (CSB)
	qualifizierte Stichprobe oder 2-Std.-Mischprobe	
Konzentrationswert	50 mg/l	50 mg/l
Frachtwert	18 g/t	—

Die produktionsspezifischen Werte (m³/t, g/t) beziehen sich auf die installierte maximale Trocknerleistung — ausgedrückt in Menge Trockenkohle pro 2 Stunden — mit einem Massenanteil an Wasser von 16 bis 18 %; sind Produktionskapazitäten auf Trockenkohle mit anderen Massenanteilen an Wasser als 16—18 % bezogen, sind bei der Berechnung der Trocknerleistung 17 % zugrunde zu legen.

Die Schadstofffracht wird aus den Konzentrationswerten der 2-Stunden-Mischprobe oder der qualifizierten Stichprobe und dem Abwasservolumenstrom in 2 Stunden bestimmt.

Milchverarbeitung

1   Anwendungsbereich

1.1   Abwasser, dessen Schmutzfracht im wesentlichen aus der Anlieferung, Umfüllung oder Verarbeitung von Milch oder Milchprodukten stammt und das in Milchwerken, Molkereien, Käsereien und anderen Betrieben dieser Art anfällt.

1.2   Ausgenommen ist Abwasser aus

1.2.1   milchverarbeitenden Betrieben mit einer Schmutzfracht im Rohabwasser von weniger als 3 kg BSB_5 pro Tag

1.2.2   Durch- und Ablaufskühlsystemen.

2   Anforderungen

2.1   An das Einleiten des Abwassers werden folgende Anforderungen nach den allgemein anerkannten Regeln der Technik gestellt:

	Chemischer Sauerstoffbedarf (CSB)	Biochemischer Sauerstoffbedarf in 5 Tagen (BSB_5)	Ammonium-Stickstoff ([1]) (NH_4-N)	Phosphor gesamt ([2])
		qualifizierte Stichprobe oder 2-Std.-Mischprobe		
	mg/l	mg/l	mg/l	mg/l
Abwasser	110	25	10	2

Sofern die dem wasserrechtlichen Bescheid zugrundeliegende tägliche Abwassermenge 500 m³ übersteigt, darf Abwasser aus Abwasserbehandlungsanlagen nur eingeleitet werden, wenn die Anlage mit einer gezielten Denitrifikation betrieben wird.

2.2   Ist bei Teichanlagen, die für eine Aufenthaltszeit von 24 Stunden und mehr bemessen sind und bei denen die dem wasserrechtlichen Bescheid zugrundeliegende tägliche Abwassermenge 500 m³ nicht übersteigt, eine Probe durch Algen deutlich gefärbt, so sind der CSB und der BSB_5 von der algenfreien Probe zu bestimmen. In diesem Fall erniedrigen sich die in Nummer 2.1 festgelegten Werte beim CSB um 15 mg/l und beim BSB_5 um 5 mg/l.

---

[1]) Diese Anforderung gilt, wenn die dem wasserrechtlichen Bescheid zugrundeliegende tägliche Abwassermenge 500 m³ übersteigt. Sie gilt ferner nur bei einer Abwassertemperatur von 12° C und mehr im Ablauf des biologischen Reaktors der Abwasserbehandlungsanlage.
[2]) Diese Anforderung gilt, wenn die dem wasserrechtlichen Bescheid zugrundeliegende tägliche Abwassermenge 2000 m³ übersteigt.

Herstellung von Obst- und Gemüseprodukten

1 Anwendungsbereich

1.1 Abwasser, dessen Schmutzfracht im wesentlichen aus der Herstellung von Obst- und Gemüseprodukten sowie von Fertiggerichten auf überwiegender Basis von Obst und Gemüse stammt.

1.2 Ausgenommen ist Abwasser aus der Herstellung von Babynahrung, Tees und Heilkräutererzeugnissen.

2 Anforderungen

2.1 An das Einleiten des Abwassers werden folgende Anforderungen nach den allgemein anerkannten Regeln der Technik gestellt:

Proben	Chemischer Sauerstoffbedarf (CSB) mg/l	Biochemischer Sauerstoffbedarf in 5 Tagen (BSB$_5$) mg/l	Ammonium-Stickstoff (*) (NH$_4$-N) mg/l
qualifizierte Stichprobe oder 2-Std.-Mischprobe	110	25	10

Sofern die dem wasserrechtlichen Bescheid zugrundeliegende tägliche Abwassermenge 500 m³ übersteigt, darf Abwasser aus Abwasserbehandlungsanlagen nur eingeleitet werden, wenn die Anlage mit einer gezielten Denitrifikation betrieben wird.

Muß entsprechend den allgemein anerkannten Regeln der Technik Phosphor zur ordnungsgemäßen Behandlung des Abwassers in einer biologischen Kläranlage zudosiert werden, gilt folgende Anforderung für Phosphor, gesamt:

Phosphor, gesamt   3 mg/l   in der qualifizierten Stichprobe oder der 2-Std.-Mischprobe

sofern die dem waserrechtlichen Bescheid zugrundeliegende tägliche Abwassermenge 1000 m³ übersteigt.

2.2 Ist bei Teichanlagen, die für eine Aufenthaltszeit von 24 Stunden und mehr bemessen sind und bei denen die dem wasserrechtlichen Bescheid zugrundeliegende tägliche Abwassermenge 500 m³ nicht übersteigt, eine Probe durch Algen deutlich gefärbt, so sind der CSB und der BSB$_5$ von der algenfreien Probe zu bestimmen. In diesem Fall erniedrigen sich die in Nummer 2.1 festgelegten Werte beim CSB um 15 mg/l und beim BSB$_5$ und 5 mg/l.

(*) Diese Anforderung gilt, wenn die dem wasserrechtlichen Bescheid zugrundeliegende tägliche Abwassermenge 500 m³ übersteigt. Sie gilt ferner nur bei einer Abwassertemperatur von 12° C und mehr im Ablauf des biologischen Reaktors der Abwasserbehandlungsanlage.

Herstellung von Erfrischungsgetränken und Getränkeabfüllung

1 Anwendungsbereich

1.1 Abwasser, dessen Schmutzfracht im wesentlichen stammt aus der

1.1.1 Herstellung von Tafel-, insbesondere Mineralwasser, Heilwasser sowie von Erfrischungsgetränken.

1.1.2 Abfüllung von Getränken aller Art, sofern das Abwasser aus der Abfüllung nicht gemeinsam mit Abwasser aus der Herstellung der Getränkegrundstoffe sowie der Essenzen für Erfrischungsgetränke behandelt wird.

1.2 Ausgenommen ist Abwasser aus Durch- und Ablaufkühlsystemen.

2 Anforderungen

2.1 An das Einleiten des Abwassers werden folgende Anforderungen nach den allgemein anerkannten Regeln der Technik gestellt:

Proben	Chemischer Sauerstoff- bedarf (CSB)	Biochemischer Sauerstoffbedarf in 5 Tagen (BSB₅)	Ammonium- Stickstoff (*)
	mg/l	mg/l	mg/l
qualifizeirte Stichprobe oder 2-Std.-Mischprobe	110	25	2

2.2 Ist bei Teichanlagen, die für eine Aufenthaltszeit von 24 Stunden und mehr bemessen sind und bei denen die dem wasserrechtlichen Bescheid zugrundeliegende tägliche Abwassermenge 500 m³ nicht übersteigt, eine Probe durch Algen deutlich gefärbt, so sind der CSB und der BSB_5 von der algenfreien Probe zu bestimmen. In diesem Fall erniedrigen sich die in Nummer 2.1 festgelegten Werte beim CSB um 15 mg/l und beim BSB_5 und 5 mg/l.

(*) Diese Anforderung gilt, wenn die dem wasserrechtlichen Bescheid zugrundeliegende tägliche Abwassermenge 2 000 m³ übersteigt.

Fischverarbeitung

1 Anwendungsbereich

1.1 Abwasser, dessen Schmutzfracht im wesentlichen aus der Fischverarbeitung stammt.

1.2 Abwasser, das sowohl aus der Fischverarbeitung als auch aus Haushaltungen und Anlagen im Sinne der Nummer 1.1.1.2 des Anhangs 1 stammt unter der Voraussetzung, daß im Rohabwasser die CSB-Fracht des Abwassers aus der Fischverarbeitung in der Regel mehr als zwei Drittel der Gesamtfracht und die BSB$_5$-Fracht mindestens 600 kg pro Tag beträgt.

2 Anforderungen

An das Einleiten des Abwassers werden folgende Anforderungen nach den allgemein anerkannten Regeln der Technik gestellt:

Proben	Chemischer Sauerstoffbedarf (CSB)	Biochemischer Sauerstoffbedarf in 5 Tagen (BSB$_5$)	Ammonium- Stickstoff ([1]) NH$_4$-N	Stickstoff gesamt ([1]), als Summe von Ammonium-, Nitrit- und Nitratstickstoff	Phosphor gesamt ([2])
	mg/l	mg/l	mg/l	mg/l	mg/l
qualifizierte Stichprobe oder 2-Std.-Mischprobe	110	25	10	25 ([2a])	2 ([3])

([1]) Diese Anforderung gilt, wenn die dem wasserrechtlichen Bescheid zugrundeliegende tägliche Abwassermenge 500 m³ übersteigt. Sie gilt ferner nur bei einer Abwassertemperatur von 12 °C und größer im Ablauf des biologischen Reaktors der Abwasserbehandlungsanlage.

([2]) Diese Anforderung gilt, wenn die dem wasserrechtlichen Bescheid zugrundeliegende tägliche Abwassermenge 2 000 m³ übersteigt.

([2a]) Im wasserrechtlichen Bescheid kann eine höhere Konzentration bis zu 40 mg/l zugelassen werden, wenn die Verminderung der Gesamtstickstofffracht mindestens 70 v. H. beträgt. Die Verminderung bezieht sich auf das Verhältnis der Stickstofffracht im Zulauf zu derjenigen im Ablauf in einem repräsentativen Zeitraum, der 24 Stunden nicht überschreiten soll. Für die Fracht im Zulauf ist die Summe aus organischem und anorganischem Stickstoff zugrunde zu legen.

([3]) Für Abwasser, dessen BSB$_5$ (roh)-Fracht 6 000 kg/d oder mehr beträgt, gilt 1 mg/l.

Kartoffelverarbeitung

1 Anwendungsbereich

1.1 Abwasser, dessen Schmutzfracht im wesentlichen aus der Kartoffelverarbeitung für die menschliche Ernährung stammt.

1.2 Ausgenommen ist Abwasser aus

1.2.1 der Kartoffelverarbeitung in Brennereien, Stärkefabriken, Betrieben zur Trocknung pflanzlicher Produkte für die Futtermittelherstellung und Betrieben zur Herstellung von Obst- und Gemüseprodukten.

1.2.2 Kühlsystemen und der Betriebswasseraufbereitung.

2 Anforderungen

2.1 An das Einleiten des Abwassers werden folgende Anforderungen nach den allgemein anerkannten Regeln der Technik gestellt:

Proben	Chemischer Sauerstoffbedarf (CSB)	Biochemischer Sauerstoffbedarf in 5 Tagen (BSB$_5$)	Ammonium-Stickstoff ([1]) (NH$_4$-N)	Phosphor gesamt ([2])
	mg/l	mg/l	mg/l	mg/l
qualifizierte Stichprobe oder 2-Std.-Mischprobe	150	25	10	2

Sofern die dem wasserrechtlichen Bescheid zugrundeliegende tägliche Abwassermenge 500 m³ übersteigt, darf Abwasser aus Abwasserbehandlungsanlagen nur eingeleitet werden, wenn die Anlage mit einer gezielten Denitrifikation betrieben wird.

2.2 Ist bei Teichanlagen, die für eine Aufenthaltszeit von 24 Stunden und mehr bemessen sind und bei denen die dem wasserrechtlichen Bescheid zugrundeliegende tägliche Abwassermenge 500 m³ nicht übersteigt, eine Probe durch Algen deutlich gefärbt, so sind der CSB und der BSB$_5$ von der algenfreien Probe zu bestimmen. In diesem Fall erniedrigen sich die in Nummer 2.1 festgelegten Werte beim CSB um 15 mg/l und beim BSB$_5$ um 5 mg/l.

---

[1] Diese Anforderung gilt, wenn die dem wasserrechtlichen Bescheid zugrundeliegende tägliche Abwassermenge 500 m³ übersteigt. Sie gilt ferner nur bei einer Abwassertemperatur von 12° C und mehr im Ablauf des biologischen Reaktors der Abwasserbehandungsanlage.

[2] Diese Anforderung gilt, wenn die dem wasserrechtlichen Bescheid zugrundeliegende tägliche Abwassermenge 2 000 m³ übersteigt.

Herstellung von Beschichtungsstoffen und Lackharzen

1 Anwendungsbereich

1.1 Abwasser, dessen Schmutzfracht im wesentlichen aus folgenden Herstellungsbereichen stammt:

1.1.1 wäßrige Dispersionsfarben, kunstharzgebundene Putze und wasserverdünnbare Beschichtungsstoffe

1.1.2 Lackharze

1.1.3 Beschichtungsstoffe auf Lösemittelbasis mit Nebenbetrieben.

1.2 Ausgenommen ist Abwasser aus

1.2.1 Kühlsystemen und aus der Betriebswasseraufbereitung

1.2.2 der Herstellung von organischen Farbpigmenten

1.2.3 der Herstellung von anorganischen Pigmenten.

2 Anforderungen

An das Einleiten des Abwassers werden folgende Anforderungen gestellt:

2.1 Anforderungen nach den allgemein anerkannten Regeln der Technik:

2.1.1 Allgemeine Anforderungen

		qualifizierte Stichprobe oder 2-Std-Mischprobe
Chemischer Sauerstoffbedarf (CSB)	mg/l	120
Biochemischer Sauerstoffbedarf in 5 Tagen (BSB$_5$)	mg/l	20

2.1.2 Bei Abwasserströmen mit einer CSB-Konzentration von 50 g/l und mehr ist der Chemische Sauerstoffbedarf auf mindestens 500 mg/l zu vermindern.

2.2 Anforderungen nach dem Stand der Technik:

2.2.1 Allgemeine Anforderungen

— Bei der Erzeugung von Vakuum im Produktionsprozeß darf kein Abwasser anfallen.

— Das Abwasser darf keine Quecksilberverbindungen und organischen Zinnverbindungen enthalten, die aus dem Einsatz als Konservierungsstoffe sowie mikrobizider Zusatzstoffe stammen.

Fischgiftigkeit als Verdünnungsfaktor G_F	2

2.2.2 Anforderungen an das Abwasser aus einem der folgenden Herstellungsbereiche:

Herstellungsbereich	1.1.1	Behälterreinigung mit Lauge (Laugenreinigung) der Nummer 1.1.3
	qualifizierte Stichprobe oder 2-Std.-Mischprobe	
Barium (¹)	mg/l 2	2
Blei	mg/l 0,5	0,5
Cadmium	mg/l 0,1	0,1
Chrom	mg/l 0,5	0,5
Cobalt (¹)	mg/l 1	1
Kupfer	mg/l 0,5	0,5
Nickel	mg/l 0,5	0,5
Zink (¹)	mg/l 2	2
Zinn	mg/l —	1
AOX (²)	mg/l 1	1
leichtflüchtige halogenierte Kohlenwasserstoffe (LHKW) (²) (³)	mg/l 0,1	—

2.2.3 Das bei der Ablöschung des Destillationssumpfes aus der Lösemittelrückgewinnung nach Nummer 1.1.3 anfallende Abwasser darf nicht abgeleitet werden.

2.3 Abweichend von der Nummer 2.2.1 der Rahmen-AbwasserVwV beziehen sich die Werte der Nummer 2.2.2 auf das Abwasser im Ablauf der Abwasservorbehandlungsanlage.

2.4 Der Nachweis, daß Quecksilber- oder organische Zinnverbindungen gemäß Nummer 2.2.1 nicht eingesetzt werden, kann dadurch erbracht werden, daß von den Herstellern Angaben vorliegen, nach denen die zur Konservierung oder mikrobiziden Einstellung verwendeten Einsatz- oder Hilfsstoffe derartige Verbindungen nicht enthalten.

2.5 Ein in Nummer 2.2.2 für die leichtflüchtigen halogenierten Kohlenwasserstoffe (LHKW) bestimmter Wert gilt auch als eingehalten, wenn nachgewiesen ist, daß leichtflüchtige halogenierte Kohlenwasserstoffe in der Produktion und für Reinigungszwecke nicht eingesetzt werden.

(¹) Die Parameter müssen nur dann in den wasserrechtlichen Bescheid aufgenommen werden, wenn sie im Abwasser zu erwarten sind.
(²) Stichprobe.
(³) Summe aus Trichlorethen und Tetrachlorethen, 1, 1, 1-Trichlorethan, Dichlormethan, gerechnet als Chlor.

Fleischwirtschaft

1   Anwendungsbereich

1.1   Abwasser, dessen Schmutzfracht im wesentlichen aus der Schlachtung, der Bearbeitung und Verarbeitung von Fleisch einschließlich der Darmbearbeitung sowie der Herstellung von Fertiggerichten auf überweigender Basis von Fleisch stammt.

1.2   Ausgenommen ist Abwasser

1.2.1   aus Kleineinleitungen mit einer Schmutzfracht im Rohabwasser von weniger als 10 kg BSB_5 pro Woche,

1.2.2   aus Kühlsystemen und aus der Betriebswasseraufbereitung,

1.2.3   überwiegend aus der Bearbeitung und Verarbeitung tierischer Fette sowie der Verwertung tierischer Nebenprodukte.

2   Anforderungen

2.1   An das Einleiten des Abwassers werden folgende Anforderungen nach den allgemein anerkannten Regeln der Technik gestellt:

Proben	Chemischer Sauerstoffbedarf (CSB)	Biochemischer Sauerstoffbedarf in 5 Tagen (BSB_5)	Ammonium-Stickstoff ([1]) (NH_4-N)	Phosphor gesamt ([2])
	mg/l	mg/l	mg/l	mg/l
qualifizierte Stichprobe oder 2-Std.-Mischprobe	110	25	10	2

Sofern die dem wasserrechtlichen Bescheid zugrundeliegende tägliche Abwassermenge 500 m³ übersteigt, darf Abwasser aus Abwasserbehandlungsanlagen nur eingeleitet werden, wenn die Anlage mit einer gezielten Denitrifikation betrieben wird.

2.2   Ist bei Teichanlagen, die für eine Aufenthaltszeit von 24 Stunden und mehr bemessen sind und bei denen die dem wasserrechtlichen Bescheid zugrundeliegende tägliche Abwassermenge 500 m³ nicht übersteigt, eine Probe durch Algen deutlich gefärbt, so sind der CSB und der BSB_5 von der algenfreien Probe zu bestimmen. In diesem Fall erniedrigen sich die in Nummer 2.1 festgelegten Werte beim CSB um 15 mg/l und beim BSB_5 um 5 mg/l.

---

[1] Diese Anforderung gilt, wenn die dem wasserrechtlichem Bescheid zugrundeliegende tägliche Abwassermenge 500 m³ übersteigt. Sie gilt ferner nur bei einer Abwassertemperatur von 12° C und mehr im Ablauf des biologischen Reaktors der Abwasserbehandlungsanlage.

[2] Diese Anforderung gilt, wenn die dem wasserrechtlichen Bescheid zugrundeliegende tägliche Abwassermenge 2 000 m³ übersteigt.

Brauereien

1   Anwendungsbereich

1.1   Abwasser, dessen Schmutzfracht im wesentlichen aus dem Brauen von Bier stammt. Das gilt auch für die integrierte Mälzerei, soweit sie nur den Bedarf der jeweiligen Brauerei abdeckt.

1.2   Ausgenommen ist Abwasser aus Kühlsystemen.

2   Anforderungen

2.1   An das Einleiten des Abwassers werden folgende Anforderungen nach den allgemein anerkannten Regeln der Technik gestellt:

Proben	Chemischer Sauerstoffbedarf (CSB)	Biochemischer Sauerstoffbedarf in 5 Tagen (BSB$_5$)	Ammonium-Stickstoff (^{1}) (NH$_4$-N)	Phosphor gesamt (^{2})
	mg/l	mg/l	mg/l	mg/l
qualifizierte Stichprobe oder 2-Std.-Mischprobe	110	25	10	2

Sofern die dem wasserrechtlichen Bescheid zugrundeliegende tägliche Abwassermenge 500 m³ übersteigt, darf Abwasser aus Abwasserbehandlungsanlagen nur eingeleitet werden, wenn die Anlage mit einer gezielten Denitrifikation betrieben wird.

2.2   Ist bei Teichanlagen, die für eine Aufenthaltszeit von 24 Stunden und mehr bemessen sind und bei denen die dem wasserrechtlichen Bescheid zugrundeliegende tägliche Abwassermenge 500 m³ nicht übersteigt, eine Probe durch Algen deutlich gefärbt, so sind der CSB und der BSB$_5$ von der algenfreien Probe zu bestimmen. In diesem Fall erniedrigen sich die in Nummer 2.1 festgelegten Werte beim CSB um 15 mg/l und beim BSB$_5$ um 5 mg/l.

(^{1}) Diese Anforderung gilt, wenn die dem wasserrechtlichen Bescheid zugrundeliegende tägliche Abwassermenge 500 m³ übersteigt. Sie gilt ferner nur bei einer Abwassertemperatur von 12° C und mehr im Ablauf des biologischen Reaktors der Abwasserbehandlungsanlage.

(^{2}) Diese Anforderung gilt, wenn die dem wasserrechtlichen Bescheid zugrundeliegende tägliche Abwassermenge 2 000 m³ übersteigt.

Herstellung von Alkohol und alkoholischen Getränken

1 Anwendungsbereich

1.1 Abwasser, dessen Schmutzfracht im wesentlichen aus der Herstellung, Verarbeitung und Abfüllung von Alkohol aus gesetzlich zugelassenem Brenngut sowie aus der Herstellung, Verarbeitung und Abfüllung von alkoholischen Getränken stammt.

1.2 Ausgenommen ist Abwasser aus

1.2.1 Abfindungsbrennereien im Sinne des § 57 des Branntweinmonopolgesetzes

1.2.2 der Bereitung von Wein und Obstwein, dem Brauen von Bier sowie der Alkoholherstellung aus Melasse

1.2.3 Kühlsystemen und der Betriebswasseraufbereitung.

2 Anforderungen

2.1 An das Einleiten des Abwassers werden folgende Anforderungen nach den allgemein anerkannten Regeln der Technik gestellt:

Proben	Chemischer Sauerstoffbedarf (CSB)	Biochemischer Sauerstoffbedarf in 5 Tagen (BSB$_5$)	Ammonium-Stickstoff (*) (NH$_4$-N)
	mg/l	mg/l	mg/l
qualifizierte Stichprobe oder 2-Std.-Mischprobe	110	25	10

Bei Stapelteichen gelten alle Werte für die Stichprobe.

Sofern die dem wasserrechtlichen Bescheid zugrundeliegende tägliche Abwassermenge 500 m³ übersteigt, darf Abwasser aus Abwasserbehandlungsanlagen nur eingeleitet werden, wenn die Anlage mit einer gezielten Denitrifikation betrieben wird.

Muß entsprechend den allgemein anerkannten Regeln der Technik Phosphor zur ordnungsgemäßen Behandlung des Abwassers in einer biologischen Kläranlage zudosiert werden, gilt folgende Anforderung für Phosphor, gesamt:

(*) Diese Anforderung gilt, wenn die dem wasserrechtlichen Bescheid zugrundeliegende tägliche Abwassermenge 500 m³ übersteigt. Sie gilt ferner nur bei einer Abwassertemperatur von 12° C und mehr im Ablauf des biologischen Reaktors der Abwasserbehandlungsanlage.

Phosphor, gesamt   3 mg/l   in der qualifizierten
Stichprobe oder
2-Std.-Mischprobe

sofern die dem wasserrechtlichen Bescheid zugrundeliegende tägliche Abwassermenge 1 000 m³ übersteigt.

2.2   Ist bei Teichanlagen, die für eine Aufenthaltszeit von 24 Stunden und mehr bemessen sind und bei denen die dem wasserrechtlichen Bescheid zugrundeliegende tägliche Abwassermenge 500 m³ nicht übersteigt, eine Probe durch Algen deutlich gefärbt, so sind der CSB und der BSB$_5$ von der algenfreien Probe zu bestimmen. In diesem Fall erniedrigen sich die in Nummer 2.1 festgelegten Werte beim CSB um 15 mg/l und beim BSB$_5$ um 5 mg/l.

2.3   Die Werte der Nummer 2.1 beziehen sich bei Stapelteichen auf ihre Beschaffenheit vor dem Ablassen. Sie gelten als nicht eingehalten, wenn der Stapelteich vor Erreichen der in Nummer 2.1 festgelegten Werte abgelassen wird.

Trocknung pflanzlicher Produkte für die Futtermittelherstellung

1   Anwendungsbereich

1.1   Abwasser, dessen Schmutzfracht im wesentlichen aus der direkten und indirekten Trocknung pflanzlicher Produkte für die Futtermittelherstellung stammt.

1.2   Ausgenommen ist Abwasser aus der Trocknung pflanzlicher Produkte für die Futtermittelherstellung als Nebenproduktion.

2   Anforderungen

2.1   An das Einleiten des Abwassers werden folgende Anforderungen nach den allgemein anerkannten Regeln der Technik gestellt:

Proben	Chemischer Sauerstoffbedarf (CSB)	Biochemischer Sauerstoffbedarf in 5 Tagen (BSB$_5$)
	mg/l	mg/l
qualifizierte Stichproben oder 2-Std.-Mischprobe	110	25

Bei Stapelteichen gelten alle Werte für die Stichprobe.

2.2   Ist bei Teichanlagen, die für eine Aufenthaltszeit von 24 Stunden und mehr bemessen sind und bei denen die dem wasserrechtlichen Bescheid zugrundeliegende tägliche Abwassermenge 500 m^3 nicht übersteigt, eine Probe durch Algen deutlich gefärbt, so sind der CSB und der BSB$_5$ von der algenfreien Probe zu bestimmen. In diesem Fall erniedrigen sich die in Nummer 2.1 festgelegten Werte beim CSB um 15 mg/l und beim BSB$_5$ um 5 mg/l.

2.3   Die Werte der Nummer 2.1 beziehen sich bei Stapelteichen auf ihre Beschaffenheit vor dem Ablassen. Sie gelten als nicht eingehalten, wenn der Stapelteich vor Erreichen der in Nummer 2.1 festgelegten Werte abgelassen wird.

Herstellung von Hautleim, Gelatine und Knochenleim

1 Anwendungsbereich

1.1 Abwasser, dessen Schmutzfracht im wesentlichen aus der Verarbeitung von tierischen Schlachtnebenprodukten zu Hautleim, Gelatine und Knochenleim stammt.

1.2 Ausgenommen ist Abwasser aus Durch- und Ablaufkühlsystemen.

2 Anforderungen

2.1 An das Einleiten des Abwassers werden folgende Anforderungen nach den allgemein anerkannten Regeln der Technik gestellt:

Proben	Chemischer Sauerstoff-bedarf (CSB)	Biochemischer Sauerstoffbedarf in 5 Tagen (BSB$_5$)	Ammonium-Stickstoff (*) (NH$_4$-N)
	mg/l	mg/l	mg/l
qualifizierte Stichprobe oder 2-Std.-Mischprobe	110	25	10

Sofern die dem wasserrechtlichen Bescheid zugrundeliegende tägliche Abwassermenge 500 m³ übersteigt, darf Abwasser aus Abwasserbehandlungsanlagen nur eingeleitet werden, wenn die Anlage mit einer gezielten Denitrifikation betrieben wird.

2.2 Muß entsprechend den allgemein anerkannten Regeln der Technik Phosphor zur ordnungsgemäßen Behandlung des Abwassers in einer biologischen Kläranlage zudosiert werden, gilt folgende Anforderung für Phosphor, gesamt:

Phosphor, gesamt   3 mg/l   in der qualifizierten
                                Stichprobe oder 2-Std.-Mischprobe,

sofern die dem wasserrechtlichen Bescheid zugrundeliegende tägliche Abwassermenge 1 000 m³ übersteigt.

(*) Diese Anforderung gilt, wenn die dem wasserrechtlichen Bescheid zugrundeliegende tägliche Abwassermenge 100 m³ übersteigt. Sie gilt ferner nur bei einer Abwassertemperatur von 12° C und mehr im Ablauf des biologischen Reaktors der Abwasserbehandlungsanlage.

Steinkohlenaufbereitung

1   Anwendungsbereich

Abwasser, dessen Schmutzfracht im wesentlichen aus der Steinkohlenaufberei-
tung stammt.

2   Anforderungen

An das Einleiten des Abwassers werden folgende Anforderungen nach den
allgemein anerkannten Regeln der Technik gestellt:

Proben	Abfiltrierbare Stoffe mg/l	Chemischer Sauerstoffbedarf (CSB) mg/l
Stichprobe	80	—
qualifizierte Stichprobe oder 2-Std.-Mischprobe	—	100

Herstellung keramischer Erzeugnisse

1 Anwendungsbereich

1.1 Abwasser, dessen Schmutzfracht im wesentlichen aus der gewerblichen Herstellung keramischer Erzeugnisse stammt.

1.2 Ausgenommen ist Abwasser aus

— Kühlsystemen,

— der Betriebswasseraufbereitung,

— betrieblichen Sanitäranlagen.

2 Anforderungen

An das Einleiten von Abwasser werden folgende Anforderungen gestellt:

2.1 Anforderungen an den Abwasservolumenstrom

2.1.1 Abwasser aus dem Feuerfestbereich, der Schleifwerkzeugherstellung und der Ziegelherstellung darf nicht eingeleitet werden. Diese Anforderung entfällt bei der Reinigung und Wartung der Produktionsanlagen sowie bei der Wäsche von Rohstoffen. Soweit Abwasser eingeleitet wird, gelten die Anforderungen nach den Nummern 2.2 und 2.3.

2.1.2 Abwasser aus der Fliesen- und Spaltplattenproduktion sowie der Piezo-Keramik darf nur eingeleitet werden, wenn es beim Produktionsprozeß wieder verwendet worden ist. Hierbei ist das Gesamtabwasser bei der Fliesen- und Spaltplattenproduktion mindestens zu 50 % und bei der Piezo-Keramik mindestens zu 30 % wiederzuverwenden.

Diese Anforderung entfällt, wenn während Produktionsumstellungen eine Kreislaufführung nicht möglich ist oder die Kreislaufanlage gereinigt oder gewartet wird.

Soweit das Abwasser nicht wiederzuverwenden ist, gelten für das Einleiten des Abwassers die Anforderungen nach den Nummern 2.2 und 2.3.

2.2 Anforderungen nach den allgemein anerkannten Regeln der Technik:

2-Std.-Mischprobe oder qualifizierte Stichprobe:

	mg/l
Abfiltrierbare Stoffe	70
Chemischer Sauerstoffbedarf (CSB)	80
Bei einer Wiederverwendungsrate des Gesamtabwassers von mindestens 50 %:	
Chemischer Sauerstoffbedarf (CSB)	100 mg/l

2.3　Anforderungen nach dem Stand der Technik:
2-Std.-Mischprobe oder qualifizierte Stichprobe:

	mg/l
Blei	0,5
Cadmium	0,07
Chrom, gesamt	0,1
Cobalt	0,1
Kupfer	0,1
Nickel	0,1
Zink	2

Die Anforderungen gelten nicht für Abwasser aus der Herstellung glasierter Erzeugnisse, wenn die Produktionsabwassermenge 4 m³ pro Tag nicht übersteigt, sofern aus dem Glasierbereich Abwasser nicht anfällt oder gesondert erfaßt und nach abfallrechtlichen Vorschriften entsorgt wird.

2.4　Die Anforderungen der Nummer 2.3 gelten auch als eingehalten, wenn eine durch Prüfzeichen oder nach Landesrecht zugelassene Abwasserbehandlungsanlage entsprechend der Zulassung eingebaut, betrieben und gewartet sowie vor Inbetriebnahme und in regelmäßigen Abständen von nicht länger als 5 Jahren nach Landesrecht auf ihren ordnungsgemäßen Zustand überprüft wird.

Zuckerherstellung

1 Anwendungsbereich

1.1 Abwasser, dessen Schmutzfracht im wesentlichen aus der Gewinnung von festen und flüssigen Zuckern sowie Sirupen aus Zuckerrüben und Zuckerrohr stammt

1.2 Ausgenommen ist Abwasser aus Kühlsystemen und aus der Betriebswasseraufbereitung sowie aus der Wäsche von Rauchgasen.

2 Anforderungen

2.1 An das Einleiten des Abwassers werden folgende Anforderungen nach den allgemein anerkannten Regeln der Technik gestellt:

2.1.1 Gesamtabwasser

Qualifizierte Stichprobe oder 2-Std.-Mischprobe

Chemischer Sauerstoff- bedarf (CSB)	Biochemischer Sauerstoffbedarf in 5 Tagen (BSB$_5$)	Ammonium- Stickstoff (NH$_4$-N)	Stickstoff als Summe von Ammonium-, Nitrit- und Nitratstickstoff	Phosphor gesamt (Pges)
mg/l	mg/l	mg/l	mg/l	mg/l
250	25	10	30	2

Eine höhere Konzentration für den Parameter Stickstoff als Summe von Ammonium-, Nitrit- und Nitrat-Stickstoff ist zulässig, wenn die Verminderung der Stickstofffracht mindestens 70 v.H. beträgt und eine Konzentration von 50 mg/l in der qualifizierten Stichprobe oder 2-Std.-Mischprobe nicht überschritten wird. Die Verminderung bezieht sich auf das Verhältnis der Stickstofffracht im Zulauf zum biologischen Reaktor der Abwasserbehandlungsanlage zu derjenigen im Ablauf in einem repräsentativen Zeitraum, der 24 Stunden nicht überschreiten soll. Für die Fracht im Zulauf ist die Summe aus organischem und anorganischem Stickstoff zugrunde zu legen.

2.1.2 Sperr- und Kondensationswasser

Sperr- und Kondensationswasser ist, soweit es nicht innerbetrieblich wiederverwendet werden kann, getrennt vom übrigen Abwasser abzuleiten, wenn die unter Nummer 2.1.1 genannten Konzentrationen unterschritten werden.

2.2 Die Werte der Nummer 2.1 beziehen sich bei Stapelteichen auf die Beschaffenheit des Abwassers vor dem Ablassen. Sie gelten als nicht eingehalten, wenn der Stapelteich vor Erreichen der in Nummer 2.1 festgelegten Werte abgelassen wird.

Bei Stapelteichen gelten alle Werte für die Stichprobe.

Herstellung von Papier und Pappe

1   Anwendungsbereich

1.1   Abwasser, dessen Schmutzfracht im wesentlichen aus folgenden Bereichen der Herstellung von Papier und Pappe stammt:

1.1.1   Ungeleimte, holzfreie Papiere

1.1.2   Geleimte, holzfreie Papiere

1.1.3   Hochausgemahlene Papiere (aus reinem Zellstoff) und Spezialpapiere mit mehr als einem Sortenwechsel je Arbeitstag im Jahresdurchschnitt

1.1.4   Echt Pergament

1.1.5   Gestrichene, holzfreie Papiere (über 10 g Strichgewicht je m²)

1.1.6   Holzhaltige Papiere (Holzstoff aus integrierter Erzeugung, nicht überwiegend aus Altpapier)

1.1.7   Überwiegend aus Altpapier hergestellte Papiere

1.1.8   Asbestpapier und -pappe

Als „Asbest" gelten folgende Silikate mit Faserstruktur:
— Krokydolith (blauer Asbest)
— Aktinolith
— Chrysotil (weißer Asbest)
— Anthophyllit
— Amosit (Grünerit-Asbest)
— Tremolit

1.2   Ausgenommen ist Abwasser aus Kühlsystemen und aus der Betriebswasseraufbereitung.

2   Anforderungen

An das Einleiten von Abwasser werden folgende Anforderungen gestellt:

2.1 Anforderungen nach den allgemein anerkannten Regeln der Technik

Herstellungsbereiche		1.1.1	1.1.2	1.1.3	1.1.4	1.1.5	1.1.6	1.1.7
		2-Std.-Mischprobe			oder		qualifizierte Stichprobe	
Abfiltrierbare Stoffe	mg/l	50 (^{1})	50 (^{1})	50 (^{1})	50 (^{1})	—	—	—
Chemischer Sauerstoffbedarf (CSB)	kg/t	3	6	9	12	2	3 (5) (^{2})	5
Biochemischer Sauerstoffbedarf in 5 Tagen (BSB$_5$)	mg/l	25	25	25	—	25	25	25 (^{3})
	kg/t	1	2	3	6	—	—	—
Stickstoff als Summe aus Ammonium-, Nitrit- und Nitratstickstoff	mg/l	10 (^{4})	10 (^{4})	10 (^{4})	—	10 (^{4})	10 (^{4})	10 (^{4})
Phosphor, gesamt	mg/l	2 (^{5})	2 (^{5})	2 (^{5})	2 (^{5})	2 (^{5})	2 (^{5})	2 (^{5})

Die produktionsspezifischen Frachtwerte (kg/t) beziehen sich auf die dem wasserrechtlichen Bescheid zugrunde liegende Maschinenkapazität. Die Schadstofffracht wird aus den Konzentrationswerten der 2-Std.-Mischprobe oder der qualifizierten Stichprobe und aus dem mit der Probenahme korrespondierenden Abwasservolumenstrom bestimmt.

2.2 Anforderungen nach dem Stand der Technik

2.2.1 Allgemeine Anforderung

Das Abwasser darf organisch gebundene Halogenverbindungen, Benzol, Toluol und Xylole nicht enthalten, die aus Löse- und Reinigungsmitteln stammen.

Der Nachweis, daß diese Stoffe nicht eingesetzt werden, kann dadurch erbracht werden, daß alle eingesetzten Löse- und Reinigungsmittel in einem Betriebstagebuch aufgeführt werden und Herstellerangaben vorliegen, nach denen die Löse- und Reinigungsmittel organisch gebundene Halogenverbindungen, Benzol, Toluol und Xylole nicht enthalten.

(^{1}) Die Anforderung entfällt, wenn das Abwasser biologisch behandelt wird.

(^{2}) Die Anforderung 5 kg/t gilt, wenn das Abwasser aus Herstellungen stammt, bei denen über 50 % des Faserstoffs thermomechanischer Holzstoff ist oder der überwiegende Anteil des Holzstoffs mit Wasserstoff-Peroxid gebleicht wird.

(^{3}) Bei einem spezifischen Abwasseranfall unter 10 m^3/t (bezogen auf die Jahresschmutzwassermenge und die Maschinenkapazität) gilt der sich aus einer spezifischen Fracht von 0,25 kg/t ergebende Konzentrationswert, maximal jedoch 50 mg/l.

(^{4}) Die Anforderung gilt, wenn die dem wasserrechtlichen Bescheid zugrunde liegende tägliche Abwassermenge 500 m^3 übersteigt.

(^{5}) Die Anforderung gilt, wenn die dem wasserrechtlichen Bescheid zugrunde liegende tägliche Abwassermenge 1 000 m^3 übersteigt.

2.2.2 Anforderungen für die einzelnen Herstellungsbereiche

Herstellungsbereiche		1.1.1	1.1.2	1.1.3	1.1.4	1.1.5	1.1.6	1.1.7
		2-Std.-Mischprobe			oder		qualifizierte Stichprobe	
Adsorbierbare organisch gebundene Halogene (AOX)	kg/t	0,04 [6]	0,04 [6]	0,04 [6]	0,025	0,02 [6]	0,01 [6]	0,012 [6]

Die produktionsspezifischen Werte (kg/t) beziehen sich auf die in zwei Stunden eingeleitete Fracht und die dem wasserrechtlichen Bescheid zugrunde liegende Maschinenkapazität, ausgedrückt in Tonnen Papier pro zwei Stunden.

Bei der Herstellung von Asbestpapier und -pappe (Herstellungsbereich 1.1.8) darf Abwasser nicht anfallen, es sei denn, die Produktionseinheit wird routinemäßig gereinigt oder gewartet. In diesem Fall gelten folgende Anforderungen:

	Konzentration in der Stichprobe	produktionsspezifische Fracht
Abfiltrierbare Stoffe als Leitparameter für gefährliche Stoffe [7]	30 mg/l	50 g/t

Die Werte gelten für die Stichprobe, wobei sich der Frachtwert auf den bei Reinigung und Wartung abgeleiteten Abwasservolumenstrom und die dem wasserrechtlichen Bescheid zugrunde liegende Produktionskapazität für die Herstellung von Asbestpapier und -pappe zwischen zwei routinemäßigen Reinigungen und Wartungen bezieht.

---

[6] Weist ein Einleiter nach, daß die Anforderung durch den unvermeidbaren Einsatz von chlorhydrinhaltigen Naßfestmitteln nicht eingehalten werden kann, kann bei naßfesten Papieren mit mindestens 25 % relativem Naßbruchwiderstand und bei Dekorpapieren ein Wert bis 0,2 kg/t und bei naßfesten Papieren mit weniger als 25 % relativem Naßbruchwiderstand ein Wert bis 0,12 kg/t festgesetzt werden.

[7] DIN 38409-H2-2, Ausführung nach Punkt 5.2 (Ausgabe März 1987).

Mälzereien

1 Anwendungsbereich

1.1 Abwasser, dessen Schmutzfracht im wesentlichen aus der Herstellung von Malz aus Getreide stammt.

1.2 Ausgenommen ist Abwasser

1.2.1 aus der in eine Brauerei integrierten Mälzerei, soweit sie nur den Bedarf der jeweiligen Brauerei abdeckt, sowie

1.2.2 aus Kühlsystemen und aus der Betriebswasseraufbereitung.

2 Anforderungen

2.1 An das Einleiten des Abwassers werden folgende Anforderungen nach den allgemein anerkannten Regeln der Technik gestellt:

Proben	Chemischer Sauerstoffbedarf (CSB)	Biochemischer Sauerstoffbedarf in 5 Tagen (BSB$_5$)
	mg/l	mg/l
qualifizierte Stichprobe oder 2-Std.-Mischprobe	110	25

2.2 Ist bei Teichanlagen, die für eine Aufenthaltszeit von 24 Stunden und mehr bemessen sind und bei denen die dem wasserrechtlichen Bescheid zugrundeliegende tägliche Abwassermenge 500 m^3 nicht übersteigt, eine Probe durch Algen deutlich gefärbt, so sind der CSB und der BSB$_5$ von der algenfreien Probe zu bestimmen. In diesem Fall erniedrigen sich die in Nummer 2.1 festgelegten Werte beim CSB um 15 mg/l und beim BSB$_5$ um 5 mg/l.

Mischabwasser

1   Anwendungsbereich

1.1   Abwasser, dessen Schmutzfracht im wesentlichen aus Abwasserströmen unterschiedlicher Art und Herkunft eines Industriebetriebes stammt.

1.2   Ausgenommen ist

1.2.1   Abwasser, für das insgesamt ein anderer Anhang dieser Verwaltungsvorschrift oder eine andere Abwasserverwaltungsvorschrift anzuwenden ist oder für das sich strengere Anforderungen mit Hilfe einer Mischungsrechnung aus Anforderungen anderer Anhänge oder anderer Abwasserverwaltungsvorschriften ergeben.

1.2.2   Abwasser aus Kühlsystemen

2   Anforderungen

2.1   Allgemeine Anforderungen

Das Abwasser darf nur eingeleitet werden, wenn in einem Abwasserkataster nachgewiesen wird, daß

2.1.1   der Abwasservolumenstrom so gering gehalten wird, wie dies durch folgende Maßnahmen erreicht werden kann:

— Einsatz wassersparender Verfahren bei Wasch- und Reinigungsvorgängen wie Gegenstromwäsche, Kreislaufführung

— Mehrfachnutzung von Prozeßwasser

— Indirektkühlung und Kondensation von Brüden und flüssigen organischen Stoffen statt Einspritzkühlung mit Wasser

— Einsatz abwasserfreier Verfahren zur Vakuumerzeugung und bei der Ablufttreinigung, wenn gefährliche Stoffe ins Abwasser gelangen können

und

2.1.2   die Schadstofffracht nach Prüfung der Möglichkeiten im Einzelfall durch folgende Maßnahmen verringert wird:

— Aufbereitung von Mutterlaugen zur Stoffrückgewinnung

— Substitution von gefährlichen Betriebs- und Hilfsstoffen,

— Verfahrensumstellungen zur verstärkten Rückhaltung oder Rückgewinnung von Stoffen innerhalb der Produktion

— Auswahl von schadstoffarmen Roh- und Hilfsstoffen.

2.2 Anforderungen nach den allgemein anerkannten Regeln der Technik

2.2.1 Chemischer Sauerstoffbedarf (CSB)

Es ist die CSB-Gesamtfracht je 0,5 oder 2 Stunden zu begrenzen, die sich aus den Einzelfrachten der Abwasserströme ergibt. Die CSB-Fracht wird bestimmt aus der CSB-Konzentration in der qualifzierten Stichprobe oder der 2-Std.-Mischprobe und dem mit der Probenahme korrespondierenden Volumenstrom in 0,5 oder 2 Stunden. Für die Einzelfrachten sind der jeweilige unter Beachtung der Nummer 2.1 ermittelte Abwasservolumenstrom in 0,5 oder 2 Stunden und die folgenden Konzentrationen zugrunde zu legen. Bei der Zuordnung der CSB-Belastung in den Abwasserströmen zu den unter 2.2.1.1 bis 2.2.1.3 genannten Konzentrationsbereichen ist die Belastung des Abwassers vor der Vermischung mit anderen Abwasserströmen zu berücksichtigen. Dies gilt nicht für Abwasserströme, deren CSB-Fracht weniger als 1 v. H. der CSB-Gesamtfracht beträgt.

2.2.1.1 Für Abwasserströme, deren CSB-Konzentration am Ort des Anfalls ständig mehr als 50 000 mg/l beträgt, ist eine CSB-Konzentration von 2 500 mg/l zugrunde zu legen.

2.2.1.2 Für Abwasserströme, deren CSB-Konzentration am Ort des Anfalls ständig mehr als 750 mg/l beträgt, ist eine CSB-Konzentration zugrunde zu legen, die einer Verminderung des CSB um 90 von Hundert entspricht.

2.2.1.3 Für Abwasserströme, deren CSB-Konzentration am Ort des Anfalls ständig 750 mg/l oder weniger beträgt, ist eine CSB-Konzentration von 75 mg/l zugrunde zu legen.

2.2.1.4 Für Abwasserströme, deren CSB-Konzentration am Ort des Anfalls ständig weniger als 75 mg/l beträgt, ist die tatsächliche CSB-Konzentration zugrunde zu legen.

2.2.2 Werden im Einvernehmen mit der Wasserbehörde zum Erreichen der festgelegten Gesamtfrachten nach Nummer 2.2.1 verfahrensintegrierte Maßnahmen angewandt und führen diese zu einer Verringerung der zur Ermittlung der Einzelfrachten maßgebenden Ausgangskonzentration für den Ort des Anfalls, so gilt für die Ermittlung der CSB-Gesamtfracht die ursprüngliche Ausgangskonzentration.

2.2.3 Die nach Nummer 2.2.1 für den Ablauf der zentralen Abwasserbehandlungsanlage ermittelte CSB-Fracht gilt auch als eingehalten, wenn unter Beachtung der Nummer 2.1 eine CSB-Konzentration von 75 mg/l in der 2-Std.-Mischprobe oder qualifizierten Stichprobe eingehalten wird.

2.2.4 Sonstige Parameter

Unter Beachtung der Nummer 2.1 sind am Ort des Anfalls oder nach Behandlung folgende Anforderungen einzuhalten:

	2-Std.-Mischprobe oder qualifizierte Stichprobe mg/l
Stickstoff als Summe von Ammonium-,Nitrit- und Nitratstickstoff (Gesamtstickstoff)	50
Phosphor	2
Fluorid (^{1})	70

Für Gesamtstickstoff kann eine höhere Konzentration bis zu 75 mg/l festgelegt werden, wenn bei der jeweiligen Einleitung in das Gewässer eine Verminderung der Stickstofffracht um 75 von Hundert eingehalten wird.

2.3 Anforderungen nach dem Stand der Technik für Abwasser, das ganz oder zum Teil aus einem oder mehreren der in der Abwasserherkunftsverordnung genannten Bereiche stammt.

2.3.1 Fischgiftigkeit

Verdünnungsfaktor $G_F = 2$

Ist das Abwasser durch Chlorid belastet, kann ein höherer Verdünnungsfaktor zugelassen werden.

Der Verdünnungsfaktor darf in der qualifizierten Stichprobe oder der 2-Std.-Mischprobe jedoch nicht höher sein als derjenige Zahlenwert, der sich ergibt, wenn die Chloridkonzentration im Abwasser, ausgedrückt in Gramm pro Liter, durch den Zahlenwert Acht geteilt und danach um den Wert Eins erhöht wird. Entspricht der sich daraus ergebende Zahlenwert nicht einem Verdünnungsfaktor der im Bestimmungsverfahren festgesetzten Verdünnungsfolge, so gilt der nächsthöhere Verdünnungsfaktor.

Für Abwasser, das in einer zentralen biologischen Abwasserbehandlungsanlage abschließend behandelt wird, gilt diese Anforderung für den Ablauf der Anlage.

Die Anforderung entfällt, wenn das Abwasser vor Einleiten in ein Gewässer zur gemeinsamen Behandlung mit Abwasser, das unter den Anwendungsbereich des Anhangs 1 (Gemeinden) fällt, in eine öffentliche Abwasseranlage eingeleitet wird.

2.3.2 Organische Halogenverbindungen

2.3.2.1 Adsorbierbare organisch gebundene Halogene (AOX)

Es ist die AOX-Gesamtfracht je 0,5 oder 2 Stunden zu begrenzen, die sich aus den Einzelfrachten der Abwasserströme aus der Herstellung, Weiterverarbeitung oder Anwendung von Stoffen ergibt. Es sind die Einzelfrachten zugrunde zu legen, die sich bei einer AOX-Konzentration von 1 mg/l und dem unter Beachtung der Nummer 2.1 ermittelten jeweiligen Abwasservolumenstrom in 0,5 oder 2 Stunden ergeben. Dabei sind Abwasserströme, in denen eine

---

(^{1}) Bestimmung des anorganisch gebundenen Gesamtfluorids nach Aufschluß und Destillation gemäß DIN 38405-D 4-2 (Ausgabe Juli 1985)

194

Konzentration von 1 mg/l unterschritten wird, dann zu berücksichtigen, wenn diese Konzentration durch gezielte Maßnahmen erreicht worden ist. Statt dessen kann für Abwasser aus der Herstellung oder Weiterverarbeitung von Stoffen eine AOX-Fracht von 20 Gramm pro Tonne Produktionskapazität der organischen Zielprodukte in 0,5 oder 2 Stunden zugrunde gelegt werden. Für Abwasser aus der Herstellung von Acetaldehyd ist eine AOX-Fracht von 30 Gramm pro Tonne Produktionskapazität zugrunde zu legen.

Für die Bestimmung der festgelegten AOX-Fracht gilt Nr. 2.2.1, Satz 2 entsprechend.

Zum Erreichen der AOX-Gesamtfracht dürfen nur Anlagen berücksichtigt werden, bei denen die Umwelt nicht in anderer Weise schädlicher beeinträchtigt wird.

Bei Abwasserströmen, die unter den Anwendungsbereich eines anderen Anhangs oder einer anderen Abwasserverwaltungsvorschrift fallen, ist die aus den dort festgelegten Anforderungen ermittelte Fracht bei der Festlegung der zulässigen AOX-Gesamtfracht zu berücksichtigen.

2.3.2.2 Einzelstoffe

Im Abwasser aus der

— Herstellung von C_1-Chlorkohlenwasserstoffen durch Methanchlorierung und Methanolveresterung

— Herstellung von Tetrachlormethan und Tetrachlorethen durch Perchlorierung

ist entsprechend der Richtlinie des Rates der Europäischen Gemeinschaft 76/464/EWG in Verbindung mit 86/280/EWG und 88/347/EWG eine AOX-Fracht von 10 g/t Produktionskapazität der organischen Zielprodukte in 0,5 oder 2 Stunden einzuhalten.

2.3.2.3 Im Abwasser, das flüchtige organisch gebundene Halogene enthält, ist deren Konzentration am Ort des Anfalls auf 10 mg/l in der Stichprobe zu vermindern. Diese Anforderung gilt als eingehalten, wenn die geforderte Konzentration vor dem Einlauf in eine Kanalisation erreicht wird, ohne daß vorher ein Austrittverlust zu besorgen oder das Abwasser verdünnt worden ist.

2.3.3 Sonstige Stoffe

Stoffe		Konzentrationswerte [mg/l]	
		I	II
Quecksilber	(Hg)	0,05	0,001
Cadmium	(Cd)	0,2	0,005
Kupfer	(Cu)	0,5	0,1
Nickel	(Ni)	0,5	0,05
Blei	(Pb)	0,5	0,05
Chrom gesamt	(Cr)	0,5	0,05
Chrom VI	(Cr VI)	0,1	0,05
Zink	(Zn)	2	0,2
Zinn	(Sn)	2	0,2

Es ist je Stoff die Gesamtfracht je 0,5 oder 2 Stunden für die in der Tabelle genannten Stoffe zu begrenzen, die sich aus den Einzelfrachten der Abwasserströme ergibt. Für Abwasser aus der Herstellung, Weiterverarbeitung oder Anwendung dieser Stoffe ist die Fracht zugrunde zu legen, die sich aus dem Konzentrationswert I und dem unter Beachtung von Nummer 2.1 ermittelten Abwasservolumenstrom für den Ort des Anfalls in 0,5 oder 2 Stunden ergibt. Soweit Abwasser nicht aus der Herstellung, Weiterverarbeitung oder Anwendung der in der Tabelle genannten Stoffe stammt, aber das Abwasser dennoch mit solchen Stoffen unterhalb der Konzentrationswerte I belastet ist, sind für die Bestimmung der Gesamtfracht die Konzentrationswerte II zugrunde zu legen. Für die Bestimmung der Frachten gilt Nr. 2.2.1, Satz 2 entsprechend.

Zum Erreichen der Gesamtfracht je Stoff dürfen nur Anlagen berücksichtigt werden, bei denen die Umwelt nicht in anderer Weise schädlicher beeinträchtigt wird.

Lederherstellung, Pelzveredlung, Lederfaserstoffherstellung

1 Anwendungsbereich

1.1 Abwasser, dessen Schmutzfracht im wesentlichen stammt aus der
— Lederherstellung
— Pelzveredlung
— Lederfaserstoffherstellung
— Häute- und Fellkonservierung

1.2 Ausgenommen ist Abwasser aus Kühlsystemen

2 Anforderungen

An das Einleiten des Abwassers werden folgende Anforderungen gestellt:

2.1 Anforderungen an Teilströme nach dem Stand der Technik

2.1.1 Abwasser aus dem Weichen, Äschern, Entkälken jeweils einschließlich Spülen

Sulfid 2 mg/l   2-Std.-Mischprobe oder
                        qualifizierte Stichprobe

2.1.2 Abwasser aus der Pelzentfettung

Das Abwasser darf nur diejenigen halogenierten Lösemittel enthalten, die nach der 2. BImSchV vom 10. Dezember 1990 (BGBl. I S. 2694) eingesetzt werden dürfen. Diese Anforderung gilt auch als eingehalten, wenn der Nachweis erbracht wird, daß nur zugelassene halogenierte Lösemittel eingesetzt werden.

Im übrigen darf für LHKW ([1]) der Wert von 0,1 mg/l in der Stichprobe nicht überschritten werden.

2.1.3 Abwasser aus der Beize der Pelzfärbung einschließlich Spülen

Chrom VI 0,05 mg/l   2-Std.-Mischprobe oder
                        qualifizierte Stichprobe

2.1.4 Abwasser aus der Gerbung einschließlich Abwelken und Neutralisation, aus der Naßzurichtung (Nachgerbung, Färben, Fetten) jeweils einschließlich Spülen oder aus der Lederfaserstoffherstellung

Chrom, gesamt 1 mg/l   2-Std.-Mischprobe oder
                        qualifizierte Stichprobe

2.2 Anforderungen an das Gesamtabwasser

2.2.1 Anforderungen nach den allgemein anerkannten Regeln der Technik

---

([1]) Summe aus Trichlorethen, Tetrachlorethen, 1,1,1-Trichlorethan, Dichlormethan — gerechnet als Chlor.

2.2.1.1 Allgemeine Anforderungen

2-Std.-Mischprobe oder qualifizierte Stichproben

Chemischer Sauerstoffbedarf (CSB)	mg/l	250
Biochemischer Sauerstoffbedarf in 5 Tagen (BSB$_5$)	mg/l	25
Ammoniumstickstoff ([1]) (NH$_4$-N)	mg/l	10
Phosphor gesamt	mg/l	2

2.2.1.2 Für Abwasser, bei dem davon auszugehen ist, daß sein Gehalt an chemischem Sauerstoffbedarf (CSB) im Zulauf der biologischen Stufe im Monatsmittel mehr als 2 500 mg/l begträgt, gilt abweichend von Nummer 2.2.1.1 für den CSB folgende Anforderung:

Chemischer Sauerstoffbedarf (CSB)	Ein Ablaufwert in der 2-Std.-Mischprobe oder der qualifizierten Stichprobe, der einer Verminderung des CSB um mindestens 90 v. H. entspricht.

2.2.1.3 Für Abwasser, bei dem davon auszugehen ist, daß sein Gehalt an biochemischem Sauerstoffbedarf in fünf Tagen (BSB$_5$), im Zulauf der biologischen Stufe im Monatsmittel mehr als 1 000 mg/l beträgt, gilt abweichend von Nummer 2.2.1.1 für den BSB$_5$ folgende Anforderung:

Biochemischer Sauerstoffbedarf in 5 Tagen (BSB$_5$)	Ein Ablaufwert in der 2-Std.-Mischprobe oder der qualifizierten Stichprobe, der einer Verminderung des BSB$_5$ um mindestens 97,5 v. H. entspricht.

Die Verminderung des CSB bzw. des BSB$_5$ bezieht sich auf das Verhältnis der Schmutzfracht im Zulauf der biologischen Stufe zu derjenigen im Ablauf der zentralen Abwasserbehandlungsanlage in 24 Stunden. Für die Schmutzfracht des Zulaufs ist die der Erlaubnis zugrunde zu legende Belastung der biologischen Stufe maßgebend. Der Umfang der Verminderung ist auf der Grundlage von Bemessung und Funktionsweise der Abwasserbehandlungsanlage zu beurteilen.

2.2.2 Anforderungen nach dem Stand der Technik

Fischgiftigkeit als Verdünnungsfaktor G$_F$ ([2])	4	2-Std.-Mischprobe oder qualifizierte Stichprobe
Adsorbierbare organisch gebundene Halogene (AOX) ([2])	0,5	mg/l Stichprobe

---

([1]) Die Anforderung gilt nur bei einer Abwassertemperatur von 12 °C und größer im Ablauf der biologischen Stufe der Abwasserbehandlungsanlage.

([2]) Diese Anforderung gilt nicht, wenn das Abwasser vor Einleitung in ein Gewässer gemeinsam mit Abwasser aus einem anderen Herkunftsbereich biologisch behandelt wird. Die Anforderung für die Fischgiftigkeit gilt im übrigen nur für das Einleiten von Abwasser aus der Pelzveredlung. Für Lederherstellung und Lederfaserstoffherstellung gilt G$_F$ = 2.

2.3   Aus der Häute- und Fellkonservierung dürfen keine Stoffe ins Abwasser gelangen.

2.4   Abweichend von der Nummer 2.2.1 der Rahmen-AbwasserVwV beziehen sich die Werte der Nummer 2.1 auf das Abwasser im Ablauf der jeweiligen Abwasservorbehandlungsanlage.

Steine und Erden

1 Anwendungsbereich

1.1 Abwasser einschließlich dem produktionsspezifisch verunreinigten Niederschlagswasser, dessen Schmutzfracht im wesentlichen aus folgenden Herstellungsbereichen stammt:

1.1.1 Gewinnung und Aufbereitung von Naturstein, Quarz, Sand und Kies sowie Herstellung von Bleicherde, Kalk und Dolomit

1.1.2 Herstellung von Kalksandstein

1.1.3 Herstellung von Beton und Betonerzeugnissen

1.1.4 Herstellung von Faserzement einschließlich Asbestzement

Als „Asbest" gelten folgende Silikate mit Faserstruktur:
— Krokydolith (blauer Asbest)
— Aktinolith
— Anthophyllit
— Chrysotil (weißer Asbest)
— Amosit (Grünerit-Asbest)
— Tremolit

1.2 Ausgenommen ist

1.2.1 Abwasser, das in ein beim Abbau von mineralischen Rohstoffen entstandenes oberirdisches Gewässer eingeleitet wird, sofern das Wasser nur zum Waschen der dort gewonnenen Erzeugnisse gebraucht wird und keine anderen Stoffe als die abgebauten enthält und soweit gewährleistet ist, daß diese Stoffe nicht in andere Gewässer gelangen,

1.2.2 Sanitärabwasser,

1.2.3 Abwasser aus Kühlsystemen und aus der Betriebswasseraufbereitung,

1.2.4 Abwasser aus Rauchgaswäsche.

2 Anforderungen

An das Einleiten des Abwassers werden folgende Anforderungen gestellt:

2.1 Anforderungen nach den allgemein anerkannten Regeln der Technik

2.1.1 2-Std.-Mischprobe oder qualifizierte Stichprobe

Herstellungsbereiche	1.1.1	1.1.2
Abfiltrierbare Stoffe mg/l	100	100
Chemischer Sauerstoffbedarf (CSB) ([1]) mg/l	—	150

2.1.2 Bei der Herstellung von Beton- und Betonerzeugnissen (Herstellungsbereich 1.1.3) darf Abwasser nicht eingeleitet werden.

2.1.3 Bei der Herstellung von Faserzement einschließlich Asbestzement (Herstellungsbereich 1.1.4) darf Abwasser nicht eingeleitet werden. Dies gilt nicht, wenn die Produktionseinheit routinemäßig gereinigt oder gewartet wird. In diesem Fall gelten folgende Anforderungen:

Parameter	Konzentration in der qualifizierten Stichprobe oder 2-Std.-Mischprobe	produktions- spezifische Fracht
	mg/l	g/t
Chemischer Sauerstoffbedarf (CSB)	80	160

Der produktionsspezifische Frachtwert bezieht sich auf die qualifizierte Stichprobe oder die 2-Std.-Mischprobe, den bei der Reinigung und Wartung abgeleiteten Abwasservolumenstrom und die dem wasserrechtlichen Bescheid zugrunde liegende Produktionskapazität für die Herstellung von Faserzement und Asbestzement zwischen zwei routinemäßigen Reinigungen und Wartungen.

2.2 Anforderungen nach dem Stand der Technik

Für den Herstellungsbereich 1.1.4 gelten zusätzlich zur Nummer 2.1.3 folgende Anforderungen:

([1]) Ist keine Anforderung festgelegt, ist der jeweilige Stoff oder die jeweilige Stoffgruppe im Abwasser des Herstellungsbereiches nicht zu erwarten.

Parameter	Konzentration in der Stichprobe	produktions- spezifische Fracht
	mg/l	g/t
Abfiltrierbare Stoffe ([1]) ([2])	30	40
AOX	0,1	0,2
Chrom, gesamt ([3])	0,4	0,8
Chrom (VI)	0,1	0,2

Die produktionsspezifischen Frachtwerte beziehen sich bei den abfiltrierbaren Stoffen, beim AOX und Chrom (VI) auf die Stichprobe, für Chrom, gesamt, auf die qualifizierte Stichprobe oder die 2-Std.-Mischprobe, den bei der Reinigung und Wartung abgeleiteten Abwasservolumenstrom und die dem wasserrechtlichen Bescheid zugrunde liegende Produktionskapazität für die Herstellung von Faserzement und Asbestzement zwischen zwei routinemäßigen Reinigungen und Wartungen.

([1]) Als Leitparameter für gefährliche Stoffe.
([2]) DIN 38409-H2-2, Ausführung nach Punkt 5.2 (Ausgabe März 1987).
([3]) Aus der qualifizierten Stichprobe oder 2-Std.-Mischprobe.

Sodaherstellung

1 Anwendungsbereich

1.1 Abwasser, dessen Schmutzfracht im wesentlichen aus der Herstellung von Soda nach dem Ammoniak-Soda-Verfahren stammt.

1.2 Ausgenommen ist Abwasser aus Kühlsystemen, sofern es nicht betriebsbedingt dem Produktionsabwasser zugesetzt wird.

2 Anforderungen

2.1 An das Einleiten des Abwassers werden folgende Anforderungen gestellt:

Parameter		qualifizierte Stichprobe oder 2-Stunden-Mischprobe	
		allgemein anerkannte Regeln der Technik	Stand der Technik
Abfiltrierbare Stoffe	kg/t	130	
Chlorid	kg/t	1 200	
Stickstoff aus Ammoniumverbindungen	kg/t	0,9	
Chemischer Sauerstoffbedarf (CSB)	kg/t	1,4	
Quecksilber (Hg)	g/t		0,1
Cadmium (Cd)	g/t		0,8
Kupfer (Cu)	g/t		10
Nickel (Ni)	g/t		10
Blei (Pb)	g/t		15
Chrom (Cr)	g/t		12
Fischgiftigkeit als Verdünnungsfaktor G_F	–		32

Die produktionsspezifischen Frachtwerte beziehen sich auf die während der mit der Probenahmezeit korrespondierenden Produktionszeit hergestellte Menge Soda (Na_2CO_3), bestimmt über die Calciumkonzentration — nach Filtration — im Abwasser aus derselben 2-Stunden-Mischprobe. Dabei entsprechen 1 Gramm Calcium-Ionen 2,64 Gramm hergestelltem Soda. Die Schadstofffracht wird aus Konzentrationswerten der 2-Stunden-Mischprobe oder der qualifizierten Stichprobe und dem Abwasservolumenstrom in zwei Stunden bestimmt.

Der Verdünnungsfaktor G_F für die Fischgiftigkeit bezieht sich auf einen produktionsspezifischen Abwasseranfall von 10 m³ pro Tonne produzierten Sodas.

Herstellung von Kohlenwasserstoffen

1 Anwendungsbereich

1.1 Abwasser, dessen Schmutzfracht im wesentlichen aus folgenden Bereichen der Herstellung von Kohlenwasserstoffen stammt:

— Erzeugung bestimmter Kohlenwasserstoffe — im wesentlichen Olefinkohlenwasserstoffe mit 2 bis 4 Kohlenstoffatomen sowie Benzol, Toluol und Xylole — aus Mineralölprodukten durch Cracken unter Zuhilfenahme von Dampf (Steamcracking),

— Erzeugung reiner Kohlenwasserstoffe oder bestimmter Mischungen von Kohlenwasserstoffen aus Mineralölprodukten mittels physikalischer Trennmethoden,

— Umwandlung von Kohlenwasserstoffen in andere Kohlenwasserstoffe durch die chemischen Verfahren der Hydrierung, Dehydrierung, Alkylierung, Dealkylierung, Hydrodealkylierung, Isomerisierung oder Disproportionierung.

Hierzu zählt auch das im Prozeßbereich der Herstellungsanlagen mit Kohlenwasserstoffen in Kontakt kommende Niederschlagswasser.

1.2 Ausgenommen ist Abwasser aus

— Kühlsystemen und der Betriebswasseraufbereitung,

— der Erzeugung reiner Paraffine aus Paraffingatschen,

— der Erdölverarbeitung.

2 Anforderungen

An das Einleiten von Abwasser werden folgende Anforderungen gestellt:

2.1 Anforderungen nach den allgemein anerkannten Regeln der Technik

	qualifizierte Stichprobe oder 2-Std.-Mischprobe
	mg/l
Chemischer Sauerstoffbedarf (CSB)	120
Biochemischer Sauerstoffbedarf in 5 Tagen (BSB$_5$)	25
Stickstoff als Summe von Ammonium-, Nitrit- und Nitrat-Stickstoff	25
Phosphor, gesamt	1,5
Kohlenwasserstoffe, gesamt	2

Für den CSB ist eine höhere Konzentration zulässig, wenn in einer zentralen Abwasserbehandlungsanlage die CSB-Fracht um mindestens 80 vom Hundert vermindert und eine CSB-Konzentration von 190 mg/l in der qualifizierten Stichprobe oder 2-Std.-Mischprobe nicht überschritten wird.

Die Verminderung der CSB-Fracht bezieht sich auf das Verhältnis der CSB-Fracht im Ablauf des Schwerkraftölabscheiders zu derjenigen des Ablaufs der biologischen Abwasserbehandlungsanlage in einem repräsentativen Zeitraum, der 24 Stunden nicht überschreiten soll.

Für Stickstoff ist eine höhere Konzentration zulässig, wenn in einer zentralen Abwasserbehandlungsanlage die Stickstofffracht um mindestens 75 vom Hundert vermindert wird. Die Verminderung der Stickstofffracht bezieht sich auf das Verhältnis der Stickstofffracht im Ablauf des Schwerkraftölabscheiders zu derjenigen des Ablaufs der biologischen Abwasserbehandlungsanlage in einem repräsentativen Zeitraum, der 24 Stunden nicht überschreiten soll.

2.2 Anforderungen nach dem Stand der Technik

2.2.1 Anforderungen an Abwasser aus der Ethylbenzol- und Cumolherstellung

	Stichprobe
Adsorbierbare organisch gebundene Halogene (AOX)	1 mg/l

2.2.2 Anforderungen an das Gesamtabwasser

	qualifizierte Stichprobe oder 2-Std.-Mischprobe
	mg/l
Phenolindex nach Destillation und Farbstoffextraktion	0,15
Adsorbierbare organisch gebundene Halogene (AOX)	0,1 0,15 [1]
Summe von Sulfiden und Mercaptanen	0,6
Summe der Aromaten (Benzol und Homologe)	0,05

2.3 Abweichend von der Nummer 2.2.1 der Rahmen-AbwasserVwV bezieht sich der Wert der Nummer 2.2.1 dieses Anhangs auf das Abwasser im Ablauf der Abwasservorbehandlungsanlage.

---

[1] Dieser Wert gilt für die Kohlenwasserstoffherstellung einschließlich Ethylbenzol- und Cumolherstellung.

Herstellung anorganischer Pigmente

1   Anwendungsbereich

1.1   Abwasser, dessen Schmutzfracht im wesentlichen aus der Herstellung anorganischer Pigmente folgender Herkunftsbereiche stammt:

    1.1.1   Blei- und Zinkpigmente

    1.1.2   Cadmiumpigmente

    1.1.3   Lithopone, Zinksulfidpigment und gefälltes Bariumsulfat

    1.1.4   Eisenblaupigmente

    1.1.5   Silikatische Füllstoffe

    1.1.6   Eisenoxidpigmente

    1.1.7   Chromoxidpigmente

    1.1.8   Mischphasenpigmente, Pigment- und Farbkörpermischungen und Fritten

    1.1.9   Titandioxidpigmente

1.2   Ausgenommen ist Abwasser aus der Herstellung von hochdispersen Oxiden, Tonträgerpigmenten sowie aus Kühlsystemen und aus der Betriebswasseraufbereitung.

2   Anforderungen

An das Einleiten des Abwassers werden folgende Anforderungen an die Herkunftsbereiche gestellt:

2.1.   Anforderungen nach den allgemein anerkannten Regeln der Technik ([1])

([1]) Ist keine Anforderung festgelegt, ist der jeweilige Stoff oder die jeweilige Stoffgruppe im Abwasser des Herkunftsbereiches nicht zu erwarten.

Herkunftsbereiche		1.1.1	1.1.2	1.1.3	1.1.4	1.1.5	1.1.6	1.1.7	1.1.8	1.1.9
Chemischer Sauerstoff-	mg/l	100	150	100	—	—	—	70	100	—
bedarf (CSB)	kg/l	—	—	—	4	0,6	4	—	—	8
Stickstoff aus Ammonium- verbindungen (NH$_4$-N)	mg/l	—	—	—	—	—	10	—	—	—
Chlorid	kg/t	—	—	—	—	—	—	—	—	23[6]
Sulfat	kg/t	—	—	—	1 500	600	1 600[2] 40[3]	1 200	—	500
Sulfit	mg/l	—	—	20	—	—	—	20	—	—
Eisen	kg/t	—	—	—	1	—	0,5[4] 1[5]	—	—	—

Das Abwasser aus dem Herkunftsbereich 1.1.9 darf feste Abfälle, stark saure Abfälle und behandelte Abfälle im Sinne von Artikel 2 der Richtlinie des Rates vom 21. Juni 1989 über die Modalitäten zur Vereinheitlichung der Programme zur Verringerung und späteren Unterbindung der Verschmutzung durch Abfälle der Titandioxid-Industrie (89/428/EWG) nicht enthalten. Es darf nur eingeleitet werden, wenn es einer gezielten Schadstoffminderung für die Stoffe Eisen, Titan und Vanadium unterzogen wird. Die produktionsspezifischen Frachtwerte (kg/t) beziehen sich auf die dem wasserrechtlichen Bescheid zugrundeliegende Produktionskapazität. Die Schadstofffracht wird aus den Konzentrationswerten der 2-Std.-Mischprobe oder der qualifizierten Stichprobe und aus dem mit der Probeentnahme korrespondierenden Abwasservolumenstrom bestimmt.

3.3 Anforderungen nach dem Stand der Technik ([1])

2-St.-Mischprobe oder qualifizierte Stichprobe

Herkunftsbereiche		1.1.1	1.1.2	1.1.3	1.1.4	1.1.5	1.1.6	1.1.7	1.1.8	1.1.9
Anilin ([3])	kg/t	—	—	—	—	—	0,2	—	—	—
Barium	mg/l	—	—	2	—	—	—	—	—	—
Blei	kg/t	0,04	—	—	—	—	—	—	—	0,03
Cadmium	mg/l	—	—	0,01	—	—	—	—	—	—
	kg/t	—	0,15	—	—	—	—	—	—	0,002

([1]) Ist keine Anforderung festgelegt, ist der jeweilige Stoff oder die jeweilige Stoffgruppe im Abwasser des Herkunftsbereiches nicht zu erwarten.

([2]) gilt für die Eisenoxidpigmentherstellung nach dem Fäll- und Penniman-Verfahren

([3]) gilt für die Eisenoxidpigmentherstellung nach dem Anilinverfahren

([4]) gilt für Eisenoxidpigmente und technische Eisenoxide

([5]) gilt für transparente und hochreine Eisenoxidpigmente

([6]) gilt für die Titandioxidherstellung nach dem Chloridverfahren im Sinne von Artikel 6 Buchstabe b der Richtlinie des Rates vom 21. Juli 1989 über die Modalitäten zur Vereinheitlichung der Verschmutzung durch Abfälle der Titandioxid-Industrie (89/428/EWG)

207

		1.1.1	1.1.2	1.1.3	1.1.4	1.1.5	1.1.6	1.1.7	1.1.8	1.1.9
Chrom	mg/l	—	—	—	—	—	—	—	0,5	—
	kg/t	0,03	—	—	—	—	—	0,02	—	0,05
Cobalt	mg/l	—	—	—	—	—	—	—	1	—
Cyanid, leicht freisetzbar	kg/t	—	—	—	0,1	—	—	—	—	—
Cyanid, ges.	kg/t	—	—	—	1	—	—	—	—	—
Kupfer	mg/l	—	—	—	—	—	—	—	0,5	—
	kg/t	—	—	—	—	—	—	—	—	0,02
Nickel	mg/l	—	—	—	—	—	—	—	0,5	—
	kg/t	—	—	—	—	—	—	—	—	0,015
Quecksilber	g/t	—	—	—	—	—	—	—	—	1,5
Sulfid	mg/l	—	—	1	—	—	—	—	—	—
Zink	mg/l	2	2	2	—	—	—	—	0,5	—

Fischgiftigkeit
Verdünnungsfaktor $G_F = 2$

Ist das Abwasser durch Chlorid oder Sulfat belastet, kann ein höherer Verdünnungsfaktor zugelassen werden.

Der Verdünnungsfaktor G_F darf in der 2-Std.-Mischprobe oder der qualifizierten Stichprobe jedoch nicht höher sein als derjenige Zahlenwert, der sich ergibt, wenn die Summe der Konzentrationen aus Chlorid und Sulfat im Abwasser, ausgedrückt in Gramm pro Liter, durch den Zahlenwert Acht geteilt und danach um den Wert Eins erhöht wird. Entspricht der sich daraus ergebende Zahlenwert nicht einem Verdünnungsfaktor der im Bestimmungsverfahren festgesetzten Verdünnungsfolge, so gilt der nächsthöhere Verdünnungsfaktor.

Die Anforderung an die Fischgiftigkeit entfällt, wenn das Abwasser vor dem Einleiten in ein Gewässer zur gemeinsamen Behandlung mit Abwasser, das unter den Anwendungsbereich des Anhanges 1 (Gemeinden) fällt, in eine öffentliche Abwasseranlage eingeleitet wird.

Die produktionsspezifischen Frachtwerte (kg/t; g/t) beziehen sich auf die dem wasserrechtlichen Bescheid zugrundeliegende Produktionskapazität, bei der Herstellung von Cadmiumpigmenten auf die eingesetzte Cadmiummenge. Die Schadstofffracht wird aus den Konzentrationswerten der qualifizierten Stichprobe oder der 2-Std.-Mischprobe und aus dem mit der Probeentnahme korrespondierenden Abwasservolumenstrom bestimmt.

Nichteisenmetallherstellung

1 Anwendungsbereich

1.1 Abwasser, dessen Schmutzfracht im wesentlichen aus der Herstellung und dem Gießen der Nichteisenmetalle Blei, Kupfer, Zink, Aluminium und der dabei anfallenden Nebenprodukte sowie aus der Halbzeugherstellung stammt.

1.2 Ausgenommen ist Abwasser aus
— der Herstellung von Ferrolegierungen
— der Herstellung und dem Gießen anderer als der unter der Nummer 1.1 genannten Nichteisenmetalle
— Kühlsystemen und der Betriebswasseraufbereitung.

2 Anforderungen

2.1 An das Einleiten von Abwasser — außer dem aus der Herstellung von Aluminiumoxid, der Aluminiumverhüttung und dem Gießen von Aluminium sowie aus der Aluminiumhalbzeugherstellung — werden folgende Anforderungen gestellt:

2.1.1 Anforderungen nach den allgemein anerkannten Regeln der Technik:

Chemischer Sauerstoffbedarf (CSB)   kg/t 1,5
Eisen   kg/t 0,1

Die produktionsspezifischen Frachtwerte (kg/t) beziehen sich auf die dem wasserrechtlichen Bescheid zugrundeliegende Produktionskapazität an Blei, Kupfer, Zink und Nebenprodukte. Die Schadstofffracht wird aus den Konzentrationswerten der 2-Std.-Mischprobe oder der qualifizierten Stichprobe und aus dem mit der Probenahme korrespondierenden Abwasservolumenstrom bestimmt.

2.1.2 Anforderungen nach dem Stand der Technik

2.1.2.1 Anforderungen an die Schadstoffkonzentration:

Parameter		qualifizierte Stichprobe oder 2-Std.-Mischprobe
Cadmium	mg/l	0,2
Quecksilber	mg/l	0,05
Zink ([1])	mg/l	1
Blei	mg/l	0,5
Kupfer	mg/l	0,5

Parameter		qualifizierte Stichprobe oder 2-Std.-Mischprobe
Arsen[1])	mg/l	0,1
Nickel	mg/l	0,5
Thallium[1])	mg/l	1
Chrom	mg/l	0,5
Chrom VI[2])	mg/l	0,1
Cobalt[1])	mg/l	1
Silber[1])	mg/l	0,1
Zinn[1])	mg/l	2
Cyanid (leicht freisetzbar)[1])[2])	mg/l	0,1
Sulfid (gelöst)[1])[2])	mg/l	1
AOX[2])	mg/l	1
Fischgiftigkeit als Verdünnungsfaktor G_F		4

2.1.2.2 Anforderungen an die Schadstofffracht

Abwasser darf nur eingeleitet werden, wenn seine Schadstofffracht durch folgende Maßnahmen gering gehalten wird:

— Reduzierung des Abwasservolumenstromes durch:
  ○ weitgehende Kreislaufführung von Wasch- und Kühlwässern und/oder Reihenschaltung von z. B. Kühlwässern
  ○ Mehrfachnutzung von aufbereitetem Abwasser und Nutzung von Niederschlagswasser bei geeigneten Einsatzmöglichkeiten
  ○ Trennung behandlungsbedürftiger von nicht behandlungsbedürftigen Abwässern
  ○ Vermeidung abwasserintensiver Prozeßtechnologien
— Substitution von behandlungsbedürftigen Betriebs- und Hilfsstoffen.

Sofern die dem wasserrechtlichen Bescheid zugrundeliegende Produktionskapazität an Blei, Kupfer, Zink und Nebenprodukten mehr als 10 Tonnen pro Tag beträgt, gelten zusätzlich zu den Anforderungen an die Schadstoffkonzentration der Nr. 2.1.2.1 diejenigen Frachtwerte, die sich aus der Anwendung der vorstehenden Maßnahmen zur Reduzierung der Schadstofffrachten ergeben. Hierbei dürfen folgende produktionsspezifische Frachtwerte nicht überschritten werden:

Parameter	produktionsspezifische Fracht g/t
Cadmium	3
Quecksilber	1
Zink[1])	30

Parameter	produktionsspezifische Fracht g/t
Blei	15
Kupfer	10
Arsen ([1])	2
Nickel	15
Chrom	10

Die produktionsspezifischen Frachtwerte (Gramm pro Tonne) beziehen sich auf die dem wasserrechtlichen Bescheid zugrundeliegende Produktionskapazität an Blei, Kupfer, Zink und Nebenprodukten.

Die Schadstofffracht wird aus den Konzentrationswerten der 2-Std.-Mischprobe oder der qualifizierten Stichprobe und aus dem mit der Probenahme korrespondierenden Abwasservolumenstrom bestimmt.

2.1.2.3 Anforderungen an Teilströme

Weisen Abwasserteilströme einen Gehalt an Cadmium über 2 mg/l beziehungsweise an Quecksilber über 0,2 mg/l auf, sind diese Gehalte in einer Vorbehandlungsanlage mindestens auf die Werte der Nummer 2.1.2.1 zu vermindern. Diese Anforderung gilt nicht, wenn in einer nachgeschalteten Abwasserbehandlungsanlage, die für die Behandlung des mit diesen Stoffen belasteten Abwassers bestimmt ist, mindestens die gleiche Verminderung der Gesamtfracht, jeweils bezogen auf Cadmium und Quecksilber, erreicht wird.

2.2 An das Einleiten von Abwasser aus der Herstellung von Aluminiumoxid, der Aluminiumverhüttung und dem Gießen von Aluminium sowie aus der Aluminiumhalbzeugherstellung in Gewässer werden folgende Anforderungen gestellt:

2.2.1 Anforderungen nach den allgemein anerkannten Regeln der Technik:

	Aluminium- oxid- herstellung	Aluminium- verhütung	Gießen von Aluminium sowie aus der Aluminiumhalb- zeugherstellung
	qualifizierte Stichprobe oder 2-Std.-Mischprobe		
Chemischer Sauerstoffbedarf (CSB) kg/t	0,5	0,3	0,5
Kohlenwasserstoffe, gesamt kg/t	–	0,02	0,05
Aluminium kg/t	0,009	0,02	–
Fluorid kg/t	–	0,3	0,3

211

Die produktionsspezifischen Frachtwerte (kg/t) beziehen sich auf die dem wasserrechtlichen Bescheid zugrundeliegende Produktionskapazität. Die Schadstofffracht wird aus den Konzentrationswerten der 2-Std.-Mischprobe oder der qualifizierten Stichprobe und aus dem mit der Probeentnahme korrespondierenden Abwasservolumenstrom bestimmt.

2.2.2 Anforderungen nach dem Stand der Technik:

An das Abwasser aus der Abluftbehandlung der Chlorraffination von Aluminium werden folgende Anforderungen gestellt:

Das Abwasser aus der Abluftbehandlung der Chlorraffination von Aluminium darf nur eingeleitet werden, wenn der Einsatz von Chlor oder chlorabspaltenden Substanzen und des Frischwassers so gering wie möglich gehalten wird.

Hierbei dürfen folgende Anforderungen nicht überschritten werden.

		qualifizierte Stichprobe oder 2-Stunden-Mischprobe
Freies Chlor	mg/l	0,5 ([3])
Hexachlorbenzol (HCB)	mg/l	0,003 ([4])
AOX	mg/l	1 ([3])

2.3 Abweichend von der Nummer 2.2.1 der Rahmen-AbwasserVwV beziehen sich die Werte der Nummern 2.1.2.3 und 2.2.2 auf das Abwasser im Ablauf der Abwasservorbehandlungsanlage.

2.4 Abweichend von der Nummer 2.2.4 der Rahmen-AbwasserVwV beträgt die höchstens zulässige Überschreitung bei Cadmium und Quecksilber 50 v. H."

([1]) Die Parameter müssen nur dann in den wasserrechtlichen Bescheid aufgenommen werden, wenn sie im Abwasser zu erwarten sind.
([2]) Stichprobe
([3]) Aus der Stichprobe.
([4]) Aber nicht mehr als 0,3 mg HCB pro Tonne chlorierend behandeltes Aluminium (Legierung).

Metallbearbeitung, Metallverarbeitung

1 Anwendungsbereich

1.1 Abwasser, dessen Schmutzfracht im wesentlichen aus einem oder mehreren der folgenden Herkunftsbereiche einschließlich der zugehörigen Vor-, Zwischen- und Nachbehandlung stammt:

1.1.1 Galvanik

1.1.2 Beizerei

1.1.3 Anodisierbetrieb

1.1.4 Brüniererei

1.1.5 Feuerverzinkerei, Feuerverzinnerei

1.1.6 Härterei

1.1.7 Leiterplattenherstellung

1.1.8 Batterieherstellung

1.1.9 Emailierbetrieb

1.1.10 Mechanische Werkstätte

1.1.11 Gleitschleiferei

1.1.12 Lackierbetrieb

1.2 Ausgenommen ist

1.2.1 Abwasser aus Kühlsystemen und der Betriebswasseraufbereitung sowie

1.2.2 Niederschlagswasser.

2 Anforderungen

An das Einleiten des Abwassers werden folgende Anforderungen gestellt:

2.1 Allgemeine Anforderungen nach dem Stand der Technik

2.1.1 Abwasser darf nur eingeleitet werden, wenn seine Schadstofffracht durch folgende Maßnahmen gering gehalten wird:

— Behandlung von Prozeßbädern mittels geeigneter Verfahren wie Membranfiltration, Ionenaustauscher, Elektrolyse, thermische Verfahren, um eine möglichst lange Standzeit der Prozeßbäder zu erreichen

— Rückhalten von Badinhaltsstoffen mittels geeigneter Verfahren wie verschleppungsarmer Warentransport, Spritzschutz, optimierte Badzusammensetzung

— Mehrfachnutzung von Spülwasser mittels geeigneter Verfahren wie Kaskadenspülung, Kreislaufspültechnik mittels Ionenaustauscher

— Rückgewinnen oder Rückführen von dafür geeigneten Badinhaltsstoffen aus Spülbädern in die Prozeßbäder

213

— Rückgewinnen von EDTA (EDTA = Ethylendiamintetraessigsäure und ihre Salze) aus Chemisch-Kupferbädern und deren Spülbädern

2.1.2 Das Abwasser aus Entfettungsbädern, Entmetallisierungsbädern und Nickelbädern darf kein EDTA enthalten.

2.2 Anforderungen an Teilströme nach dem Stand der Technik

2.2.1 Das Abwasser darf nur diejenigen halogenierten Lösemittel enthalten, die nach der 2. BImSchV vom 10. Dezember 1990 (BGBl. I S. 2694) eingesetzt werden dürfen. Diese Anforderung gilt auch als eingehalten, wenn der Nachweis erbracht wird, daß nur zugelassene halogenierte Lösemittel eingesetzt werden.

Im übrigen darf für LHKW ([6]) der Wert von 0,1 mg/l in der Stichprobe nicht überschritten werden.

2.2.2 Abwasser aus cadmiumhaltigen Bädern einschließlich Spülen

Cadmium   0,2 mg/l   2-Std.-Mischprobe oder qualifizierte Stichprobe ([3])

2.2.3 Quecksilberhaltiges Abwasser

Quecksilber   0,05 mg/l 2-Std.-Mischprobe oder qualifizierte Stichprobe ([3])

2.3 Anforderungen an das Abwasser aus einem der folgenden Herkunftsbereiche

2.3.1 Anforderungen nach den allgemein anerkannten Regeln der Technik ([1])

Herkunfts-bereiche		1.1.1	1.1.2	1.1.3	1.1.4	1.1.5	1.1.6	1.1.7	1.1.8	1.1.9	1.1.10	1.1.11	1.1.12
2-Std.-Mischprobe oder qualifizierte Stichprobe ([3])													
Aluminium	mg/l	3	3	3	–	–	–	–	–	2	3	3	3
Stickstoff aus Ammonium-verbindungen	mg/l	100	30	–	30	30	50	50	50	20	30	–	–
Chemischer Sauerstoff-bedarf (CSB)	mg/l	400	100	100	200	200	400	600	200	100	400	400	300
Eisen	mg/l	3	3	–	3	3	–	3	3	3	3	3	3
Fluorid	mg/l	50	20	50	–	50	–	50	–	50	30	–	–
Stickstoff aus Nitrit	mg/l	–	5	5	5	–	5	–	–	5	5	–	–
Kohlenwasser-stoffe	mg/l[2])	10	10	10	10	10	10	10	10	10	10	10	10
Phosphor	mg/l	2	2	2	2	2	2	2	2	2	2	2	2

214

2.3.2 Anforderungen nach dem Stand der Technik ([1])

Herkunfts-bereiche		1.1.1[4]	1.1.2	1.1.3	1.1.4	1.1.5	1.1.6	1.1.7	1.1.8	1.1.9	1.1.10	1.1.11	1.1.12
		2-Std.-Mischprobe oder qualifizierte Stichprobe[3]											
AOX	mg/l[2])	1	1	1	1	1	1	1	1	1	1	1	1
Arsen	mg/l	0,1	–	–	–	–	–	0,1	0,1	–	–	–	–
Barium	mg/l	–	–	–	–	–	2	–	–	–	–	–	–
Blei	mg/l	0,5	–	–	–	0,5	–	0,5	0,5	0,5	0,5	–	0,5
Cadmium	mg/l	0,2	–	–	–	0,1	–	–	0,2[8])	0,2	0,1	–	0,2
	kg/t[5])	0,3	–	–	–	–	–	–	1,5	–	–	–	–
Freies Chlor	mg/l[2])	0,5	0,5	–	0,5	–	0,5	–	–	–	0,5	–	–
Chrom	mg/l	0,5	0,5	0,5	0,5	–	–	0,5	–	0,5	0,5	0,5	0,5
Chrom VI	mg/l	0,1	0,1	0,1	0,1	–	–	0,1	–	0,1	0,1	–	0,1
LHKW[6])	mg/l[2])	0,1	0,1	0,1	0,1	0,1	0,1	0,1	0,1	0,1	0,1	0,1	0,1
Cobalt	mg/l	–	–	1	–	–	–	–	–	1	–	–	–
Cyanid, leicht freisetzbar	mg/l	0,2	–	–	–	–	1	0,2	–	–	0,2	–	–
Fischgiftigkeit als Verdünnungsfaktor G_F[9])		6	4	2	6	6	6	6	6	4	6	6	6
Kupfer	mg/l	0,5	0,5·	–	–	–	–	0,5	0,5	0,5	0,5	0,5	0,5
Nickel[7])	mg/l	0,5	0,5	–	0,5	–	–	0,5	0,5	0,5	0,5	0,5	0,5
Quecksilber	mg/l	–	–	–	–	–	–	–	0,05	–	–	–	–
	kg/t[5])	–	–	–	–	–	–	–	0,03	–	–	–	–
Selen	mg/l	–	–	–	–	–	–	–	–	1	–	–	–
Silber	mg/l	0,1	–	–	–	–	–	0,1	0,1	–	–	–	–
Sulfid	mg/l	1	1	–	1	–	–	1	1	1	–	–	–
Zinn	mg/l	2	–	2	–	2	–	2	–	–	–	–	–
Zink	mg/l	2	2	2	–	2	–	–	2	2	2	2	2

2.4 Anforderungen an Abwasser aus mehreren Herkunftsbereichen der Nummer 1.1

Für Abwasser, dessen Schmutzfracht im wesentlichen aus zwei oder mehr Herkunftsbereichen der Nummer 1.1 stammt, sind aus den Anforderungen der Nummer 2.3 entsprechende Anforderungen abzuleiten. Wird Abwasser aus zwei oder mehr Herkunftsbereichen gemeinsam behandelt, muß die gleiche Verminderung der Gesamtfracht bezogen auf den jeweiligen Parameter wie bei einer getrennten Behandlung erreicht werden.

2.5   Abweichend von der Nummer 2.2.1 der Rahmen-AbwasserVwV beziehen sich die Werte der Nummer 2.2 dieses Anhanges auf das Abwasser im Ablauf der Abwasservorbehandlungsanlagen für den jeweiligen Parameter, die Werte der Nummer 2.3 auf das Abwasser im Ablauf der Abwasserendbehandlungsanlage des jeweiligen Herkunftsbereiches.

2.6   Die Anforderungen als produktionsspezifische Frachtwerte in der Nummer 2.3.2, Spalten 1.1.1 für Cadmium und 1.1.8 für Cadmium und Quecksilber gelten als eingehalten, wenn die Anforderungen der Nummern 2.1.1 und 2.2.2 bzw. 2.2.3 sowie die jeweiligen Konzentrationswerte für Cadmium oder Quecksilber der Spalten 1.1.1 und 1.1.8 der Nummer 2.3.2 eingehalten werden.

2.7   Die Anforderung an den AOX in den Herkunftsbereichen 1.1.1 und 1.1.10 gilt auch als eingehalten, wenn

2.7.1   die in der Produktion eingesetzten Hydrauliköle, Befettungsmittel und Wasserverdränger keine organischen Halogenverbindungen enthalten,

2.7.2   die in der Produktion und bei der Abwasserbehandlung eingesetzte Salzsäure keine höhere Verunreinigung durch organische Halogenverbindungen und Chlor aufweist, als nach DIN 19610 (Ausgabe November 1975) für Salzsäure zur Aufbereitung von Betriebswasser zulässig ist,

2.7.3   die bei der Abwasserbehandlung eingesetzten Eisen- und Aluminiumsalze keine höhere Belastung an organischen Halogenverbindungen aufweisen als 100 Milligramm bezogen auf ein Kilogramm Eisen bzw. Aluminium in den eingesetzten Behandlungsmitteln,

2.7.4   nach Prüfung der Möglichkeit im Einzelfall

— cyanidische Bäder durch cyanidfreie ersetzt sind,

— Cyanide ohne Einsatz von Natriumhypochlorit entgiftet werden und

— nur Kühlschmierstoffe eingesetzt werden, in denen organische Halogenverbindungen nicht enthalten sind.

---

[1] Ist kein Wert festgelegt, ist der jeweilige Stoff oder die jeweilige Stoffgruppe im Abwasser des Herkunftsbereiches nicht zu erwarten.
[2] Stichproben.
[3] Bei Chargenanlagen gelten alle Werte für die Stichprobe.
[4] Beim Galvanisieren von Glas gelten nur die Anforderungen für Kupfer, Nickel und die Fischgiftigkeit; für die Fischgiftigkeit gilt der Verdünnungsfaktor $G_F = 2$.
[5] Die Frachtwerte beziehen sich auf die jeweilige Menge an verwendetem Cadmium oder Quecksilber.
[6] Summe aus Trichlorethen, Tetrachlorethen, 1,1,1-Trichlorethan, Dichlormethan — gerechnet als Chlor.
[7] Bei chemisch-reduktiver Nickelabscheidung 1 mg/l.
[8] Bei Primärzellenfertigung gilt ein Wert von 0,1 mg/l.
[9] Die Anforderung an die Fischgiftigkeit entfällt, wenn das Abwasser vor Einleiten in ein Gewässer zusätzlich gemeinsam mit Abwasser, das unter den Anwendungsbereich des Anhanges 1 (Gemeinden) der Rahmen-AbwasserVwV fällt, biologisch behandelt wird.

216

Der Nachweis, daß die Anforderungen der Nummern 2.7.1-2.7.3 eingehalten sind, kann dadurch erbracht werden, daß die eingesetzten Betriebs- und Hilfsstoffe in einem Betriebstagebuch aufgeführt sind sowie Herstellerangaben vorliegen, nach denen diese Stoffe organische Halogenverbindungen nicht enthalten.

Die Regelung der Nummer 2.7 gilt bis zum 31. Dezember 1994.

Herstellung und Verarbeitung von Glas und künstlichen Mineralfasern

1   Anwendungsbereich

1.1   Abwasser, dessen Schmutzfracht im wesentlichen aus der Herstellung und Verarbeitung von Glas und künstlichen Mineralfasern einschließlich Bearbeitung stammt.

1.2   Ausgenommen ist Abwasser aus

— Kühlsystemen und Betriebswasseraufbereitungen

— der Galvanisierung von Glas.

2   Anforderungen

An das Einleiten des Abwassers werden folgende Anforderungen gestellt:

2.1   Anforderungen nach den allgemein anerkannten Regeln der Technik:

		Stichprobe	qualifizierte Stichprobe oder 2-Std.- Mischprobe
Abfiltrierbare Stoffe	mg/l	30	—
Chemischer Sauerstoffbedarf (CSB)	mg/l	—	130
Sulfat (SO_4^{2-})	mg/l	—	3 000
Fluorid (F^-)	mg/l	—	30

2.2   Anforderungen nach dem Stand der Technik

2.2.1 Das Abwasser darf keine Halogenkohlenwasserstoffe enthalten, die aus Hilfs- und Zusatzstoffen wie z. B. Kühlschmierstoffen stammen. Diese Anforderung gilt als eingehalten, wenn der Nachweis erbracht wird, daß nur Hilfs- und Zusatzstoffe eingesetzt werden, die keine Halogenkohlenwasserstoffe enthalten.

2.2.2 Mechanische Bearbeitung (Bereich Bleiglas, Spezialglas, Optisches Glas, Flachglas):

— Abwasser ist im Kreislauf zu führen.

— Abwasser darf nur abgeleitet werden, soweit es bei geschlossener Kreislaufführung durch Verschleppung und Verspritzung bzw. bei der vollständigen Erneuerung des Kreislaufes anläßlich von längeren Betriebsstillständen (z. B. Betriebsurlaub), Wartung, Reinigung und Produktionsumstellungen unabdingbar ist oder bei Abspreng- und Schleifmaschinen eine Kreislaufführung wegen schädlicher Auswirkungen auf die Maschinen nicht möglich ist.

In diesen Fällen dürfen folgende Konzentrationen nicht überschritten werden (qualifizierte Stichprobe oder 2-Stunden-Mischprobe):

Arsen (As)   0,3 mg/l
Antimon (Sb) 0,3 mg/l
Barium (Ba)   3   mg/l
Blei (Pb)   0,5 mg/l

— Bei Einleitungen von weniger als 8 Kubikmeter Abwasser je Tag gelten die Konzentrationswerte für Arsen, Antimon, Barium und Blei, die abfiltrierbaren Stoffe sowie gegebenenfalls die in Nummer 2.3 genannten Schwermetalle auch als eingehalten, wenn eine durch Prüfzeichen oder gegebenenfalls nach Landesrecht zugelassene Abwasserbehandlungsanlage eingebaut und betrieben, regelmäßig entsprechend der Zulassung gewartet und in regelmäßigen Abständen von nicht länger als 5 Jahren nach Landesrecht auf ihren ordnungsgemäßen Zustand überprüft wird. Diese Regelung gilt nicht für den Bereich Flachglas.

— Schleifschlämme sind vom Abwasser abzutrennen, vom sonstigen Abwasser fernzuhalten und nach den Maßgaben des Abfallrechts ordnungsgemäß zu entsorgen.

2.2.3 Chemische Oberflächenbehandlung (Bereich Bleiglas, Spezialglas, Optisches Glas)

Es dürfen folgende hilfsstoffspezifische Frachten, bezogen auf den Flußsäureeinsatz (HF), nicht überschritten werden:

Blei (Pb): 50 Gramm je Tonne eingesetzte HF[1])
Arsen (As): 50 Gramm je Tonne eingesetzte HF[1])

Die Anforderungen beziehen sich auf:

— Schadstoffkonzentration in der qualifizierten Stichprobe oder der 2-Std.-Mischprobe (C) in Gramm je Kubikmeter

— Abwasseranfall in den 4 Wochen vor der Probenahme (Q) in Kubikmeter

— Flußsäureeinsatz in 4 Wochen vor der Probenahme (HF) in Tonnen

— Konzentration der Säure in Von-Hundert-Teilen (P). Die hilfsstoffspezifische Schadstofffracht ermittelt sich nach der Formel

$$\text{Hilfstoffspezfische Fracht} = \frac{C \times Q \times 100}{HF \times P}$$

Darüber hinaus darf eine Barium-Konzentration von 3 mg/l nicht überschritten werden (qualifizierte Stichprobe oder 2-Stunden-Mischprobe).

Ätzschlämme sind vom Abwasser abzutrennen, vom sonstigen Abwasser fernzuhalten und nach den Maßgaben des Abfallrechts ordnungsgemäß zu entsorgen.

Aus der Abgaswäsche darf kein Abwasser anfallen. Die flüssigen Rückstände sind nach den Maßgaben des Abfallrechts ordnungsgemäß zu entsorgen.

2.2.4 Versilbern und Verkupfern von Flachglas (Spiegelherstellung)

— Es dürfen folgende produktionsspezifische Frachten, bezogen auf die Kapazität an Glasfläche pro Stunde, nicht überschritten werden:

$Cu = 6 \text{ mg/m}^2$, $Ag = 3 \text{ mg/m}^2$, $Zn = 30 \text{ mg/m}^2$.

Der produktionsspezifische Frachtwert bezieht sich auf die dem wasserrechtlichen Bescheid zugrundeliegende Produktionskapazität. Die Schadstofffracht je Stunde wird aus der Schadstoff-Konzentration (qualifizierte Stichprobe oder 2-Stunden-Mischprobe) und dem Abwasservolumenstrom je Stunde bestimmt.

— Silber- und kupferhaltige Schlämme sind vom Abwasser abzutrennen, vom sonstigen Abwasser fernzuhalten und nach den Maßgaben des Abfallrechts ordnungsgemäß zu entsorgen.

2.3 Die Parameter der Nummern 2.1 und 2.2 müssen nur dann in den wasserrechtlichen Bescheid aufgenommen werden, wenn sie auf Grund der vorliegenden Produktion bzw. Bearbeitung im Abwasser zu erwarten sind.

Werden in den Bereichen der Nummern 2.2.2 und 2.2.3 Hilfs- oder Zusatzstoffe eingesetzt, die eines oder mehrere der nachfolgend genannten Schwermetalle enthalten, gelten für diese folgende Anforderungen:

Kupfer (Cu)   0,5 mg/l
Nickel (Ni)   0,5 mg/l
Chrom (Cr)   0,5 mg/l
Cadmium (Cd) 0,1 mg/l

Die Werte beziehen sich auf die qualifizierte Stichprobe oder die 2-Stunden-Mischprobe.

2.4 Wird Abwasser aus mehreren Herstellungsbereichen gemeinsam behandelt, muß, bezogen auf den jeweiligen Parameter, mindestens die gleiche Verminderung der Gesamtfracht an Schadstoffen erreicht werden, wie bei einer getrennten Behandlung.

(¹) Für Betriebe mit einem Säureverbrauch von weniger als 1 t HF (100 %) in 4 Wochen gelten folgende Frachtwerte: 250 g Blei/t HF, 250 g Arsen/t HF

Erdölverarbeitung

1   Anwendungsbereich

1.1   Abwasser, dessen Schmutzfracht im wesentlichen aus der Verarbeitung von Erdöl (Rohöl) oder seinen Produkten in Raffinerien — einschließlich solchen mit teilweiser oder ausschließlicher Schmierölproduktion — stammt

1.2   Ausgenommen ist Abwasser aus
— der Betriebswasseraufbereitung und aus Kühlsystemen,
— der Herstellung von Kohlenwasserstoffen.

2   Anforderungen

An das Einleiten des Abwassers werden folgende Anforderungen gestellt:

2.1   Anforderungen nach den allgemein anerkannten Regeln der Technik

	qualifizierte Stichprobe oder 2-Std.-Mischprobe mg/l
Chemischer Sauerstoffbedarf (CSB)	80
Biochemischer Sauerstoffbedarf in 5 Tagen (BSB$_5$)	25
Stickstoff als Summe von Ammonium-, Nitrit- und Nitrat-Stickstoff	40
Phosphor, gesamt	1,5
Kohlenwasserstoffe, gesamt	2

Für den CSB ist eine höhere Konzentration zulässig, wenn in einer zentralen Abwasserbehandlungsanlage die CSB-Fracht um mindestens 80 vom Hundert vermindert und eine CSB-Konzentration von 100 mg/l in der qualifizierten Stichprobe oder 2-Std.-Mischprobe nicht überschritten wird. Die Verminderung der CSB-Fracht bezieht sich auf das Verhältnis der CSB-Fracht des Ablaufs des Schwerkraftölabscheiders zu derjenigen des Ablaufs der biologischen Abwasserbehandlungsanlage in einem repräsentativen Zeitraum, der 24 Stunden nicht überschreiten soll.

Für Stickstoff ist eine höhere Konzentration zulässig, wenn in einer zentralen Abwasserbehandlungsanlage die Stickstofffracht um mindestens 75 vom Hundert vermindert wird. Die Verminderung der Stickstofffracht bezieht sich auf das Verhältnis der Stickstofffracht im Ablauf des Schwerkraftölabscheiders zu derjenigen des Ablaufs der biologischen Abwasserbehandlungsanlage in einem repräsentativen Zeitraum, der 24 Stunden nicht überschreiten soll.

2.2   Anforderungen nach dem Stand der Technik:

2.2.1   Anforderungen an Abwasser aus der Entparaffinierung

	Stichprobe
Adsorbierbare organisch gebundene Halogene (AOX)	0,5 mg/l

2.2.2   Anforderungen an das Gesamtabwasser

	qualifizierte Stichprobe oder 2-Std.-Mischprobe mg/l
Phenolindex nach Destillation und Farbstoffextraktion	0,15
Adsorbierbare organisch gebundene Halogene (AOX)	0,1
Summe von Sulfiden und Mercaptanen	0,6
Cyanid, leicht freisetzbar	0,1

2.3   Anforderungen an die Schadstofffracht

Neben den Anforderungen der Nummer 2.1 und 2.2.2 sind die Schadstofffrachten festzulegen, die sich aus den dort festgesetzten Konzentrationswerten und einem spezifischen Abwasseranfall von 0,5 m³/t Einsatzprodukt ergeben. Für die Schmierölherstellung ist ein spezifischer Abwasseranfall von 1,3 m³/t Einsatzprodukt zugrunde zu legen.

2.4   Abweichend von der Nummer 2.2.1 der Rahmen-AbwasserVwV bezieht sich der Wert der Nummer 2.2.1 dieses Anhangs auf das Abwasser der Abwasservorbehandlungsanlage.

Wäsche von Rauchgasen aus Feuerungsanlagen

1   Anwendungsbereich

1.1   Abwasser, dessen Schmutzfracht aus der Wäsche von Rauchgasen aus Feuerungsanlagen stammt.

1.2   Ausgenommen ist Abwasser aus

— sonstigen industriellen Abgaswaschanlagen,

— Kreislaufkühlsystemen von Kraftwerken und industriellen Prozessen sowie

— sonstigen Anfallstellen bei der Dampferzeugung.

2   Anforderungen

2.1   An das Einleiten von Abwasser aus der Rauchgaswäsche von Feuerungsanlagen werden an die Schadstoffkonzentration folgende Anforderungen gestellt:

2.1.1   Anforderungen nach den allgemein anerkannten Regeln der Technik

	Konzentration aus der 2-Std.-Mischprobe oder der qualifizierten Stichprobe mg/l
Abfiltrierbare Stoffe	30
Chemischer SDauerstoffbedarf (CSB) bei Einsatz von:	
– Branntkalk	80
– Kalkstein	150
Sulfat	2 000
Sulfit	20
Fluorid	30

2.1.2   Anforderungen nach dem Stand der Technik

	Konzentration aus der 2-Std.-Mischprobe oder der qualifizierten Stichprobe mg/l
Cadmium	0,05
Quecksilber	0,05
Chrom	0,5
Nickel	0,5
Kupfer	0,5
Blei	0,1
Zink	1,0
Sulfid	0,2

Der Verdünnungsfaktor G_F für die Fischgiftigkeit darf nicht höher sein als derjenige Zahlenwert, der sich ergibt, wenn die Chloridkonzentration im Abwasser, ausgedrückt in Gramm pro Liter, durch den Zahlenwert Acht geteilt und danach um den Wert Eins erhöht wird. Entspricht der sich daraus ergebende Zahlenwert nicht einem Verdünnungsfaktor der im Bestimmungsverfahren festgesetzten Verdünnungsfolge, so gilt der nächsthöhere Verdünnungsfaktor.

2.2   An das Einleiten von Abwasser aus der Rauchgaswäsche von nachfolgend genannten Feuerungsanlagen werden nach dem Stand der Technik folgende Anforderungen an die Schadstofffracht gestellt:

2.2.1 Steinkohlekraftwerke

Parameter	Fracht in Milligramm je Kilogramm Chlorid ([2]) ([3])
Cadmium	1,8
Quecksilber	1,8
Chrom	18
Nickel	18
Kupfer	18
Blei	3,6
Zink	36
Sulfid	7,2

2.2.2 Braunkohlekraftwerke, bei Chlorid-Gehalten von bis zu 0,05 Gewichtsprozent.

Parameter	Fracht in Gramm je Stunde und je 300 Megawatt installierte elektrische Leistung mg/l
Cadmium	0,1
Quecksilber	0,1
Kupfer	1
Nickel	1
Chrom	1
Blei	0,2
Zink	2
Sulfid	0,4

2.2.3 Hausmüllverbrennungsanlagen

Abwasser aus der Rauchgasreinigung darf nicht eingeleitet werden.

Können die infolge dieser Anforderung beim Betrieb der Rauchgaswechanlage entstehenden Reststoffe nicht nordnungsgemäßn und schadlos entsorgt werden, gelten folgende Anforderungen:

Parameter	Fracht in Milligramm je Tonne Abfall ([2]) ([3])
Cadmium	15
Quecksilber	15
Chrom	150
Nickel	150
Kupfer	150
Blei	30
Zink	300
Sulfid	60

2.3 Die Einhaltung der Anforderung nach Nummer 2.1.1 für den Chemischen Sauerstoffbedarf (CSB) kann auch durch die Bestimmung des Gesamten organischen Kohlenstoffs (TOC) überprüft werden. In diesem Fall ist für den CSB der dreifache Wert des TOC, bestimmt in Milligramm je Liter, einzusetzen.

2.4 Abweichend von Nummer 2.2.4 der Rahmenverwaltungsvorschrift beträgt die höchstens zulässige Überschreitung 50 v. H.

([1]) Nach Abzug der mit dem Einsatzwasser zugeführten CSB-Vorbelastung.
([2]) Die Frachtbezugsgröße Chlorid berechnet sich aus folgenden Angaben, die dem die ABwassereinleitung zulassenden Bescheid zugrundeliegen: Verfeuerte Steinkohle bei Vollast (t/h) und Chloridgehalt der eingesetzten Steinkohle.
([3]) Übersteigt die durch das Einsatzwasser verursachte Chloridkonzentration des Abwassers den Wert von 2 g/l, so ist der übersteigende Chloridgehalt als Fracht der berechneten Chloridfracht aus der verfeuerten Steinkohle hinzuzurechnen.
([4]) Die Frachtbezugsgröße Abfall bezieht sich auf die dem wasserrechtlichen Bescheid zugrundeliegende Kapazität der Hausmüllverbrennungsanlage.

Mineralölhaltiges Abwasser

1 Anwendungsbereich

1.1 Abwasser, dessen Schmutzfracht im wesentlichen aus Betriebsstätten mit regelmäßigem Anfall von mineralölverschmutztem Abwasser stammt, das bei der
Instandhaltung, Entkonservierung und Reinigung von Fahrzeugen anfällt.

1.2 Ausgenommen ist Abwasser aus

1.2.1 der Schiffsentsorgung

1.2.2 der Metallbearbeitung und -verarbeitung sowie der Lackiererei

1.2.3 der Innenreinigung von Transportbehältern.

2 Anforderungen

An das Einleiten des Abwassers werden folgende Anforderungen gestellt:

2.1 Anforderungen nach dem Stand der Technik:

2.1.1 Das Abwasser darf organisch gebundene Halogenverbindungen nicht enthalten,
die aus Wasch- und Reinigungsmitteln oder sonstigen Betriebs- und Hilfsstoffen
stammen.

2.1.2 Abwasser, ausgenommen Abwasser aus maschineller Fahrzeugreinigung durch
Waschanlagen, sofern der Anfall an mineralölhaltigem Schmutzwasser 1 m³ pro
Tag übersteigt.

		Stichprobe
Kohlenwasserstoffe, gesamt (^{1})	mg/l	20

2.2 Abweichend von der Nummer 2.2.1 der Rahmen-AbwasserVwV bezieht sich der
Wert der Nummer 2.1.2 auf das Abwasser im Ablauf der Abwasservorbehandlungsanlage.

2.3 Der Nachweis, daß gemäß der Anforderung nach Nummer 2.1.1 organisch
gebundene Halogenverbindungen nicht eingesetzt werden, kann dadurch
erbracht werden, daß alle jeweils eingesetzten Wasch- und Reinigungsmittel oder

---

(^{1}) als Leitparameter für gefährliche Stoffe.

sonstigen Betriebs- und Hilfsstoffe in einem Betriebstagebuch aufgeführt werden und Herstellerangaben vorliegen, nach denen die Wasch- und Reinigungsmittel oder sonstigen Betriebs- und Hilfsstoffe organisch gebundene Halogenverbindungen nicht enthalten.

2.4 Ein in Nummer 2.1.2 bestimmter Wert für Kohlenwasserstoffe, gesamt, gilt auch als eingehalten, wenn

— in den Ablauf vor Vermischung mit sonstigem Abwasser eine Abscheideanlage, bestehend aus einem Leichtflüssigkeitsabscheider nach DIN 1999 mit zusätzlicher Koaleszensabscheidung (Koaleszensabscheider), eingebaut oder eine zugelassene gleichwertige Behandlungsanlage betrieben wird,

— in die Anlage nur Abwasser eingeleitet wird, das Wasch- und Reinigungsmittel oder instabile Emulsionen enthält, die erfahrungsgemäß die Reinigungsleistung der Anlage im Sinne der Nummer 2.1.2 nicht beeinträchtigen,

— die Abscheideanlage nach DIN 1999 mit zusätzlicher Koaleszensabscheidung so dimensioniert ist, daß im Ablauf bei Verwendung eines Heizöl-Wassergemisches gemäß den Prüfanforderungen der DIN 1999, Teil 3, eine Restkonzentration von 5 mg/l Heizöl nicht überschritten wird,

— für die Wartung der Anlage ein Wartungsvertrag mit einem fachkundigen Betrieb besteht,

— die Anlage in Abständen von nicht länger als 5 Jahren nach Landesrecht auf ihren ordnungsgemäßen Zustand überprüft wird und

— der Dimensionierung der Abscheideanlage nach DIN 1999 mit zusätzlicher Kaleszensabscheidung ein Abwasseranfall bei Trockenwetter von 4 l/s zugrunde gelegt wurde und dieser nicht überschritten wird.

Zahnbehandlung

1 Anwendungsbereich

1.1 Abwasser, dessen Schmutzfracht im wesentlichen aus Behandlungsplätzen in Zahnarztpraxen und Zahnkliniken, bei denen Amalgam anfällt, stammt.

1.2 Ausgenommen

1.2.1 Abwasser aus der Filmentwicklung

1.2.2 sanitäres Abwasser.

2 Anforderungen

An das Einleiten des Abwassers werden folgende Anforderungen nach dem Stand der Technik gestellt:

2.1 Die Amalgamfracht des Rohabwassers aus den Behandlungsplätzen ist vor der Vermischung mit sonstigem Sanitärabwasser um 95 % zu verringern.

2.2 Die in Nummer 2.1 bestimmte Anforderung ist einzuhalten. Sie gilt als eingehalten, wenn

2.2.1 in den Ablauf der Behandlungsplätze vor Vermischung mit dem sonstigen Sanitärabwasser ein durch Prüfzeichen und gegebenenfalls nach Landesrecht zugelassener Amalgamabscheider eingebaut und betrieben wird und dieser einen Abscheidewirkungsgrad von mindestens 95 % aufweist;

2.2.2 Abwasser, das beim Umgang mit Amalgam anfällt, über den Amalgamabscheider geleitet wird;

2.2.3 für die Absaugung des Abwassers der Behandlungsplätze Verfahren angewendet werden, die den Einsatz von Wasser so gering halten, daß der Amalgamabscheider seinen vorgeschriebenen Wirkungsgrad einhalten kann;

2.2.4 der Amalgamabscheider regelmäßig entsprechend der Zulassung gewartet und entleert wird und hierüber schriftliche Nachweise (Wartungsbericht, Abnahmebescheinigung für Abscheidegut) geführt werden und

2.2.5 der Amalgamabscheider in Abständen von nicht länger als 5 Jahren nach Landesrecht auf seinen ordnungsgemäßen Zustand überprüft wird.

3 Abfallrechtliche Anforderungen an die Entsorgung des Abscheidegutes

Das abgeschiedene Amalgam ist in einem dazu geeigneten Behälter aufzufangen und über die Anforderungen der Nummer 2.2.4 hinaus gemäß den geltenden Hygienebestimmungen und — soweit es sich bei dem Abscheidegut um Abfälle i.S. des Abfallgesetzes handelt — den abfallrechtlichen Vorschriften einer Verwertung zuzuführen.

Ablagerung von Siedlungsabfällen

1 Anwendungsbereich

Abwasser, dessen Schmutzfracht im wesentlichen aus der Ablagerung von Siedlungsabfällen (Hausmüll und gewerbliche Abfälle, die nach Art und Menge gemeinsam mit Hausmüll abgelagert werden können) stammt.

2 Anforderungen

An das Einleiten des Abwassers werden folgende Anforderungen gestellt:

2.1 Anforderungen nach den allgemein anerkannten Regeln der Technik

2.1.1 Schadstoffkonzentrationen

		qualifizierte Stichprobe oder 2-Std.-Mischprobe
Biochemischer Sauerstoffbedarf in fünf Tagen (BSB$_5$)	mg/l	20
Chemischer Sauerstoffbedarf (CSB)	mg/l	200
Ammonium-Stickstoff (NH$_4$-N)	mg/l	50

2.1.2 Für Abwasser, bei dem davon auszugehen ist, daß sein Gehalt an chemischem Sauerstoffbedarf (CSB) vor der Behandlung mehr als 4000 mg/l beträgt, gilt abweichend von Nr. 2.1.1 für den CSB folgende Anforderung:

Chemischer Sauerstoffbedarf
Ein Ablaufwert in der 2-Std.-Mischprobe, der einer Verminderung des CSB um mindestens 95 v. H. entspricht.

Die Verminderung des CSB bezieht sich auf das Verhältnis der Schmutzfracht im Zulauf zu derjenigen im Ablauf der Abwasserbehandlungsanlage in 24 Stunden. Für die Schmutzfracht des Zulaufs ist die der Erlaubnis zugrunde zu legende Belastung der Anlage maßgebend. Der Umfang der Verminderung ist auf der Grundlage von Bemessung und Funktionsweise der Abwasserbehandlungsanlage zu beurteilen.

2.1.3 Das Abwasser darf bei gemeinsamer biologischer Endbehandlung mit Abwasser anderer Herkunft nur eingeleitet werden, wenn durch einen Abbautest gemäß Nummer 307 der Anlage zur Rahmen-VwV nachgewiesen wird, daß der CSB durch biochemischen Abbau um 75 % abgebaut wird. Diese Anforderung gilt nicht, wenn das Abwasser vor der biologischen Endbehandlung mit Abwasser anderer Herkunft bereits einen CSB von weniger als 400 mg/l aufweist.

2.2   Anforderungen nach dem Stand der Technik:

	qualifizerte Stichprobe oder 2-Std.-Mischprobe
Abfiltrierbare Stoffe	20 mg/l ([1])
Fischgiftigkeit als Verdünnungsfaktor G_F	2
Adsorbierbare organisch gebundene Halogene (AOX)	0,5 mg/l
Quecksilber	0,05 mg/l
Cadmium	0,1 mg/l
Chrom	0,5 mg/l
Nickel	0,5 mg/l
Blei	0,5 mg/l
Kupfer	0,5 mg/l
Zink	2,0 mg/l

([1]) Als Leitparameter für weitere, nicht einzeln festgelegte gefährliche Stoffe.

Chemischreinigung

1   Anwendungsbereich

Abwasser, dessen Schmutzfracht im wesentlichen aus der Chemischreinigung von Textilien und Teppichen sowie von Waren aus Pelzen und Leder unter Verwendung von Lösemitteln mit Halogenkohlenwasserstoffen gemäß der 2. BImSchV vom 10. 12. 1990 (BGBl. I S. 2694) stammt.

2   Anforderungen

An das Einleiten des Abwassers werden folgende Anforderungen nach dem Stand der Technik gestellt:

2.1   Das Abwasser darf nur diejenigen halogenierten Lösemittel enthalten, die nach der 2. BImSchV vom 10. 12. 1990 (BGBl. I S. 2694) in Chemischreinigungen eingesetzt werden dürfen.

2.2   Adsorbierbare organisch gebundene Halogene (AOX, bestimmt als Chlor)

Größenklassen der Anlage	Konzentration Stichprobe mg/l	1 Std.-Fracht ([1]), bezogen auf die Füllmengenkapazität an Behandlungsgut mg/kg
bei einer Füllmengenkapazität der Chemischreinigungsmaschine(n) bis zu 50 kg Behandlungsgut	0,5	—
mehr als 50 kg Behandlungsgut	0,5	0,25

Soweit mehrere Chemischreinigungsmaschinen im selben Betrieb betrieben werden, ist die Größenklasse maßgebend, die sich aus der Summe der Füllmengenkapazität an Behandlungsgut der Einzelanlagen ergibt.

2.3   Die Anforderung der Nummer 2.1 gilt als eingehalten, wenn der Nachweis erbracht wird, daß nur zugelassene Halogenkohlenwasserstoffe eingesetzt werden.

([1]) Bestimmt aus der Stichprobe und der 1-Std.-Wassermenge.

2.4   Ein in Nr. 2.2 für AOX bestimmter Wert gilt auch als eingehalten, wenn der Gehalt an Halogenkohlenwasserstoffen im Abwasser über die eingesetzten Einzelstoffe bestimmt wurde und in der Summe, gerechnet als Chlor, die Werte aus Nummer 2.2 nicht übersteigt.

2.5   Ein in Nr. 2.2 und 2.4 bestimmter Wert gilt auch als eingehalten, wenn eine durch Prüfzeichen oder ggf. nach Landesrecht zugelassene Abwasserbehandlungsanlage entsprechend der Zulassung eingebaut, betrieben und gewartet sowie vor Inbetriebnahme und in regelmäßigen Abständen von nicht länger als 5 Jahren nach Landesrecht auf ihren ordnungsgemäßen Zustand überprüft wird.

2.

19. Allgemeine Verwaltungsvorschrift, Teil A, über Mindestanforderungen an das Einleiten von Abwasser in Gewässer (Zellstofferzeugung) — 19. AbwasserVwV, Teil A —

Vom 18. Mai 1989

(GMBl. I S. 399)

Nach § 7 a Abs. 1 Satz 3 des Wasserhaushaltsgesetzes in der Fassung der Bekanntmachung vom 23. September 1986 (BGBl. I S. 1529) in Verbindung mit der Abwasserherkunftsverordnung vom 3. Juli 1987 (BGBl. I S. 1578) wird folgende allgemeine Verwaltungsvorschrift erlassen:

1   Anwendungsbereich

1.1   Diese allgemeine Verwaltungsvorschrift gilt für in Gewässer einzuleitendes Abwasser, dessen Schmutzfracht im wesentlichen aus der Erzeugung von Zellstoff stammt.

1.2   Diese allgemeine Verwaltungsvorschrift gilt nicht für das Einleiten von Abwasser aus Kühlsystemen und aus der Betriebswasseraufbereitung.

2   Anforderungen

2.1   Unbeschadet strengerer Anforderungen im wasserrechtlichen Vollzug werden nach § 7 a Abs. 1 Satz 3 WHG an das Einleiten des Abwassers folgende Anforderungen gestellt:

2.1.1   Anforderungen nach den allgemein anerkannten Regeln der Technik:

Chemischer Sauerstoffbedarf (CSB)	kg/t 70	(24-Std.-Mischprobe)
Biochemischer Sauerstoffbedarf in 5 Tagen (BSB_5)	kg/t 5	(24-Std.-Mischprobe)

2.1.2   Anforderungen nach dem Stand der Technik:

Adsorbierbare organisch gebundene Halogene (AOX)	kg/t 1 [1]	(Stichprobe)
Fischgiftigkeit als Verdünnungsfaktor G_F	2	(24-Std.-Mischprobe)

Die produktionsspezifischen Werte (kg/t) beziehen sich auf die dem wasserrechtlichen Bescheid zugrundeliegende Produktionskapazität (Zellstofffertigprodukt lufttrocken — lutro —) in 24 Stunden.

2.2   Die Werte der Nummer 2.1 beziehen sich auf das Abwasser im Ablauf der Abwasserbehandlungsanlage. Den Werten liegen folgende oder gleichwertige Analysenverfahren zugrunde:

2.2.2   Chemischer Sauerstoffbedarf (CSB) von der nicht abgesetzten, homogenisierten Probe: DIN 38409-H41 (Ausgabe Dezember 1986)

---

[1] Diese Anforderung gilt bis 31. 12. 1992 nicht für die Erzeugung von hochviskosem Chemiezellstoff (Kappazahl größer 20).

Homogenisierung der Probe: DIN 38402-A30
(Ausgabe Juli 1986)

2.2.3 Biochemischer Sauerstoffbedarf in 5 Tagen (BSB$_5$) aus der nicht abgesetzten, homogenisierten Probe: DIN 38409-H51
(Ausgabe Mai 1987) unter Hemmung der Nitrifikation; Animpfung mit Impfmaterial aus einer Kläranlage

2.2.4 Adsorbierbare organisch gebundene Halogene (AOX) von der nicht abgesetzten, homogenisierten Probe, angegeben als Chlor: DIN 38409-H14
(Ausgabe März 1985)

2.2.5 Fischgiftigkeit als Verdünnungsfaktor G$_F$ aus der nicht abgesetzten, homogenisierten Probe: DIN 38412-L 20
(Ausgabe Dezember 1980)

2.3 Ein in Nummer 2.1 bestimmter Wert ist einzuhalten. Er gilt mit Ausnahme des Wertes für die Fischgiftigkeit auch als eingehalten, wenn das arithmetische Mittel der Ergebnisse aus den letzten fünf im Rahmen der staatlichen Gewässeraufsicht durchgeführten Untersuchungen diesen Wert nicht überschreitet. Der in Nummer 2.1.2 für Fischgiftigkeit bestimmte Wert gilt auch als eingehalten, wenn die Ergebnisse der letzten fünf im Rahmen der staatlichen Gewässeraufsicht durchgeführten Untersuchungen in vier Fällen diesen Wert nicht überschreiten und kein Ergebnis diesen Wert um mehr als 100 v. H. übersteigt.

Untersuchungen, die länger als drei Jahre zurückliegen, bleiben unberücksichtigt.

2.4 Dieser Festsetzungsart wird folgende Festsetzungsart gleichgesetzt:

Ein in Nummer 2.1 bestimmter Wert ist einzuhalten. Er gilt auch als eingehalten, wenn die Ergebnise der letzten fünf im Rahmen der staatlichen Gewässeraufsicht durchgeführten Untersuchungen in vier Fällen diesen Wert nicht überschreiten und kein Ergebnis den Wert um mehr als 100 v. H. übersteigt.

Untersuchungen, die länger als drei Jahre zurückliegen, bleiben unberücksichtigt.

3 Diese allgemeine Verwaltungsvorschrift tritt am 1. Januar 1990 in Kraft. Gleichzeitig tritt die Neunzehnte Allgemeine Verwaltungsvorschrift über Mindestanforderungen an das Einleiten von Abwasser in Gewässer, soweit die Zellstofferzeugung berührt ist — 19. AbwasserVwV — vom 15. Januar 1982 (GMBl. S. 59) außer Kraft.

48. Allgemeine Verwaltungsvorschrift über Anforderungen an das Einleiten von Abwasser in Gewässer (Verwendung bestimmter gefährlicher Stoffe) — 48. AbwasserVwV —

Vom 9. Januar 1989 (GMBl. I S. 42)

zuletzt geändert am 4. 3. 1992 (GMBl. I S.)

Nach § 7 a Abs. 1 Satz 3 des Wasserhaushaltsgesetzes (WHG) in der Fassung der Bekanntmachung vom 23. September 1986 (BGBl. I S. 1529) in Verbindung mit der Abwasserherkunftsverordnung vom 3. Juli 1987 (BGBl. I S. 1578) wird mit Zustimmung des Bundesrates folgende allgemeine Verwaltungsvorschrift erlassen:

1   Anwendungsbereich

1.1 Diese allgemeine Verwaltungsvorschrift gilt für in Gewässer einzuleitendes Abwasser, dessen Schmutzfracht im wesentlichen aus der Verwendung von Stoffen stammt, die in den Anhängen aufgeführt sind.

Verwendung im Sinne dieser Verwaltungsvorschrift ist jedes industrielle Verfahren, bei dem die in den Anhängen genannten Stoffe oder ihre Verbindungen hergestellt oder benutzt werden, oder jedes andere industrielle Verfahren, bei dem diese Stoffe auftreten.

1.2 Diese allgemeine Verwaltungsvorschrift gilt nicht, soweit

— in den Anhängen ihre Anwendung ausdrücklich ausgeschlossen ist;
— eine andere allgemeine Verwaltungsvorschrift nach § 7 a Abs. 1 Satz 3 WHG anzuwenden ist und die dort gestellten Anforderungen gleich streng oder strenger als diejenigen dieser Verwaltungsvorschrift sind.

2   Anforderungen

2.1 Unbeschadet strengerer Anforderungen im wasserrechtlichen Vollzug werden nach § 7 a Abs. 1 Satz 3 WHG die in den Anhängen enthaltenen Anforderungen an das Einleiten von Abwasser festgelegt.

2.2 Soweit in den Anhängen nichts anderes geregelt ist, ist folgendes zu beachten:

2.2.1 Ist dort für Produktionsbereiche eine Stofffracht in 24 Stunden festgelegt, so kann eine Stofffracht auch bezogen auf die 2-Std.-Mischprobe oder qualifizierte Stichprobe[1]) und den der Probeentnahme vorausgehenden Abwasservolumenstrom in 24 Stunden festgelegt werden; in diesem Falle kann der zweifache Frachtwert festgesetzt werden. Ferner ist die Stoffkonzentration für die 2-Std.-Mischprobe oder die qualifizierte Stichprobe festzulegen, die sich aus dem zweifachen Frachtwert in 24 Stunden und dem produktionsspezifischen Abwasservolumenstrom in 24 Stunden ergibt.

2.2.2 Für in den Anhängen nicht genannte Produktionsbereiche, bei denen Abwasser mit den in den Anhängen genannten Stoffen oder ihren Verbindungen anfällt, sind im Einzelfall auf der Grundlage des § 7 a Abs. 1 WHG Anforderungen für die Konzentration und die Fracht zu stellen. Sind die Verhältnisse dieser Bereiche mit denen der jeweiligen in den Anhängen genannten Bereiche vergleichbar, sind Werte festzulegen, die den in den Anhängen jeweils genannten Werten entsprechen. Sind diese Bereiche außerdem einem der Herkunftsbereiche der Abwasserherkunftsverordnungen zuzuordnen, sind vergleichbare Werte nach dem Stand der Technik festzulegen.

2.2.3 Die in den Anhängen genannten Werte beziehen sich auf das Abwasser im Ablauf des Betriebes oder der Betriebseinheit, in der die dort genannten Stoffe oder deren Verbindungen verwendet werden. Werden Abwässer mit diesen Stoffen oder Verbindungen außerhalb des Betriebes oder der Betriebseinheit in einer Abwasserbehandlungsanlage behandelt, die für die Behandlung des mit diesen Stoffen oder ihren Verbindungen belasteten Abwassers bestimmt ist, beziehen sich die Werte auf das Abwasser im Ablauf dieser Abwasserbehandlungsanlage.

2.2.4 Den in den Anhängen genannten Werten liegen die dort genannten Analysen- und Meßverfahren zugrunde.

2.2.5 Ein entsprechend den Anhängen und den vorstehenden Nummern gesetzter Wert ist einzuhalten.

Er gilt auch als eingehalten, wenn das arithmetische Mittel der Ergebnisse aus den letzten fünf im Rahmen der staatlichen Gewässeraufsicht durchgeführten Überprüfungen diesen Wert nicht überschreitet. Überprüfungen, die länger als drei Jahre zurückliegen, bleiben unberücksichtigt.

2.2.6 Anstelle der in Nummer 2.2.5 festgelegten Festsetzungsart ist folgende Festsetzungsart zulässig:

Ein entsprechend den Anhängen und den vorstehenden Nummern festgesetzter Wert ist einzuhalten.

Er gilt auch als eingehalten, wenn die Ergebnisse der letzten fünf im Rahmen der staatlichen Gewässeraufsicht durchgeführten Überprüfungen in vier Fällen diesen Wert nicht überschreiten und kein Ergebnis die Werte um mehr als 50 v. H. übersteigt.

Überprüfungen, die länger als drei Jahre zurückliegen, bleiben unberücksichtigt.

Anforderungen für Cadmium

1 Die Anforderungen gelten für den Stoff Cadmium (Cd), ausgenommen die Herstellung von Phosphorsäure und/oder Phosphatdüngemitteln aus Phosphormineralien.

2 Anforderungen nach den allgemein anerkannten Regeln der Technik

Cadmium   0,2 mg/l
als 2-Std.-Mischprobe
oder als qualifizierte Stichprobe

Diese Anforderung entfällt, wenn die Festsetzungen im wasserrechtlichen Bescheid der Nummer 3 entsprechen.

3 Anforderungen nach dem Stand der Technik

Für die nachstehenden Produktionsbereiche gelten folgende produktionsspezifische Frachtwerte (kg/t); sie beziehen sich auf die dem wasserrechtlichen Bescheid zugrundeliegende Kapazität für die Verwendung von Cadmium in 24 Stunden:

	Cadmium kg/t
Herstellung von Cadmiumverbindungen	0,5
Herstellung von Stabilisatoren	0,5

4 Analysen- und Meßverfahren

Cadmium, gesamt, von der nicht abgesetzten, homogenisierten Probe:	DIN 38 406-E 22 (Ausgabe März 1988)
Abwasservolumenstrom:	DIN 19559 (Ausgabe Juli 1983)

237

Anforderungen für Hexachlorcyclohexan

1 Die Anforderungen gelten für den Stoff Hexachlorcyclohexan (HCH). HCH umfaßt die Isomere des 1, 2, 3, 4, 5, 6-Hexachlorcyclohexans.

2 Anforderungen nach dem Stand der Technik

Für die nachstehenden Produktionsbereiche gelten folgende produktionsspezifische Frachtwerte (g/t); sie beziehen sich auf die dem wasserrechtlichen Bescheid zugrundeliegende Kapazität für die Verwendung von HCH in 24 Stunden:

	HCH g/t
Herstellung von HCH	2
Extraktion von Lindan	4
Herstellung von HCH und Extraktion, gemeinsam	5

Die vorgenannten Anforderungen gelten auch, wenn unmittelbar mit der Herstellung von HCH und/oder Extraktion von Lindan eine Lindan-Formulierung durchgeführt wird.

Wird nur Lindan formuliert, darf kein Abwasser anfallen.

3 Analysen- und Meßverfahren

HCH, gesamt, von der nicht abgesetzten, homogenisierten Probe:	DEV F2 (Vorschlag) (14. Lieferung 1985)[2]
Abwasservolumenstrom:	DIN 19559 (Ausgabe Juli 1983)

Anforderungen für Hexachlorbenzol

1 Die Anforderungen gelten für den Stoff Hexachlorbenzol (HCB)

2 Anforderungen nach dem Stand der Technik

Abwasser aus der Herstellung und der Weiterverarbeitung von Hexachlorbenzol darf nur eingeleitet werden, wenn ein produktionsspezifischer Frachtwert von 10 g/t HCB nicht überschritten wird. Dieser Wert bezieht sich auf die dem wasserrechtlichen Bescheid zugrundeliegende Produktionskapazität in 24 Stunden für die angegebene Produktion.

3 Analysen- und Meßverfahren

Homogenisierung der Probe	entsprechend DIN 38402-A 30 (Ausgabe Juli 1986) In Anwesenheit leicht flüchtiger Stoffe ist im geschlossenen Gefäß und kühl zu homogenisieren.
Abwasservolumenstrom	entsprechend DIN 19559 (Ausgabe Juli 1988)
Hexachlorbenzol in der Originalprobe	DEV-Vorschlag-F2 (14. Lieferung 1985)[2])

Anhang 4 aufgehoben

239

Anforderungen für Aldrin, Dieldrin, Endrin, Isodrin

1 Die Anforderungen gelten für die Stoffe Aldrin, Dieldrin, Endrin, Isodrin.

Aldrin ist die chemische Verbindung $C_{12}H_8Cl_6$, 1, 2, 3, 4, 10, 10-Hexachlor-1, 4, 4a, 5, 8, 8a-hexahydro-1, 4-endo-5, 8-exo-dimethanonaphtalin.

Dieldrin ist die chemische Verbindung $C_{12}H_8Cl_6O$, 1, 2, 3, 4, 10, 10-Hexachlor-6, 7-epoxy-1, 4, 4a, 5, 6, 7, 8, 8a-octahydro-1, 4-endo-5, 8-exodimethanonaphtalin.

Endrin ist die chemische Verbindung $C_{12}H_8Cl_6O$, 1, 2, 3, 4, 10, 10-Hexachlor-6, 7-epoxy-1, 4, 4a, 5, 6, 7, 8, 8a-octahydro-1, 4-endo-5, 8-endo-dimethanonaphtalin.

Isodrin ist die chemische Verbindung $C_{12}H_8Cl_6O$, 1, 2, 3, 4, 10, 10-Hexachlor-1, 4, 4a, 5, 8, 8a-hexahydro-1, 4-endo-5, 8-endo-dimethanonaphtalin.

2 Anforderungen nach dem Stand der Technik

Für die Verwendung von Aldrin und/oder Dieldrin und/oder Endrin, einschließlich Formulierung dieser Stoffe, gilt folgender produktionsspezifischer Frachtwert (g/t); er bezieht sich auf die dem wasserrechtlichen Bescheid zugrundeliegende Gesamtkapazität für die Verwendung von Aldrin, Dieldrin und Endrin in 24 Stunden. Falls das Abwasser auch Isodrin enthält, gilt die Anforderung für die Summe der Stoffe Aldrin, Dieldrin, Endrin und Isodrin.

	Aldrin, Dieldrin, Endrin g/t
Herstellung einschließlich Formulierung von Aldrin, Dieldrin und Endrin	3

3 Analysen- und Meßverfahren

„Drine" gesamt von der nicht abgesetzten, homogenisierten Probe:	DEV F2 (Vorschlag) (14. Lieferung 1985)[2])
Homogenisierung der Probe	entsprechend DIN 38402-A 30 (Ausgabe Juli 1986)
Abwasservolumenstrom	entsprechend DIN 19559 (Ausgabe Juli 1988)

Anforderungen für DDT, Pentachlorphenol

1 Die Anforderungen gelten für die Stoffe DDT und Pentachlorphenol (PCP).

Im Sinne dieses Anhangs gelten als „DDT" folgende Verbindungen:

— die Summe der Isomere 1,1,1-Trichlor-2,2 bis (p-Chlorphenyl)-ethan

— 1,1,1-Trichlor-2-(o-Chlorphenyl)-2-(p-Chlorphenyl)-ethan

— 1,1 Dichlor-2,2 bis (p-Chlorphenyl)-ethen

— 1,1 Dichlor-2,2 bis (p-Chlorphenyl)-ethan.

Pentachlorphenol (PCP) ist die chemische Verbindung 2, 3, 4, 5, 6-Pentachlor-1-Hydroxybenzol und ihre Salze.

2 Anforderungen nach dem Stand der Technik

Bei der Herstellung, Verwendung und Formulierung von DDT oder Pentachlorphenol anfallendes Abwasser darf nicht eingeleitet werden.

Anforderungen für Endosulfan

1 Die Anforderungen gelten für den Stoff Endosulfan.

Endosulfan ist die chemische Verbindung 6, 7, 8, 9, 10, 10-Hexachlor-1, 5, 5a, 6, 9, 9a-hexa-hydro-6, 9-methano-2, 3, 4-benzo-(e)-dioxathiepin-3-oxid.

2 Anforderungen nach dem Stand der Technik

	g/t Endosulfan	Stichprobe µg/l Endosulfan
Herstellung und Formulierung von Endosulfan im gleichen Betrieb	0,23	15
Formulierung von Endosulfan	0,03	30

Die produktionsspezifischen Frachtwerte (g/t) beziehen sich auf die dem wasserrechtlichen Bescheid zugrunde liegende Produktionskapazität für die Verwendung von Endosulfan in 0,5 oder 2 Stunden bezogen auf die Stichprobe und den mit der Probenahme korrespondierenden Abwasservolumenstrom in 24 Stunden.

3 Analysen- und Meßverfahren

Endosulfan von der nicht abgesetzten, homogenisierten Probe:	DEV-F2 (Vorschlag) 14. Lieferung 1985)[2]
Homogenisierung der Probe	entsprechend DIN 38402-A 30 (Ausgabe Juli 1986)
Abwasservolumenstrom	entsprechend DIN 19559 (Ausgabe Juli 1988)

---

[1] Mindestens 5 Stichproben im Abstand von nicht weniger als 2 Minuten, gemischt.
[2] Deutsche Einheitsverfahren zur Wasser-, Abwasser- und Schlammuntersuchung Herausgeber: Fachgruppe Wasserchemie der Gesellschaft Deutscher Chemiker, Verlag-Chemie, Weinheim (Bergstraße).
[3] als Leiparameter für gefährliche Stoffe.

4.

Allgemeine Verwaltungsvorschrift
über den Mindestinhalt von Bewirtschaftungsplänen

Vom 19. September 1978 (GMBl. S. 466)

Nach § 36 b Abs. 7 des Wasserhaushaltsgesetzes in der Fassung der Bekanntmachung vom 16. Oktober 1976 (BGBl. I S. 3017) wird mit Zustimmung des Bundesrates folgende allgemeine Verwaltungsvorschrift erlassen:

1. Anwendungsbereich

Diese allgemeine Verwaltungsvorschrift gilt für Bewirtschaftungspläne, die nach § 36 b des Wasserhaushaltsgesetzes für oberirdische Gewässer oder Gewässerteile (Gewässer) aufgestellt werden. Sie enthält Grundsätze über die Kennzeichnung der Merkmale für die Beschaffenheit des Wassers und bestimmt, welche Merkmale in die Bewirtschaftungspläne zwingend aufzunehmen sind und wie diese Merkmale zu ermitteln sind.

2. Grundsätze über die Kennzeichnung der Merkmale für die Beschaffenheit des Wassers

In den Bewirtschaftungsplänen sind die Merkmale für die Beschaffenheit des Wassers durch sieben Güteklassen für Fließgewässer und durch vier Trophiestufen für stehende Gewässer sowie durch chemische und physikalische Merkmale zu kennzeichnen. Die chemischen oder physikalischen Merkmale werden als Konzentration oder vergleichbare Maßeinheiten, bezogen auf den für die Bewirtschaftung maßgeblichen Gewässerzustand, angegeben. Die Gewässergüteklassen und Trophiestufen werden wie folgt bezeichnet:

2.1 Gewässergüte der fließenden Gewässer

2.1.1 Güteklasse I: unbelastet bis sehr gering belastet

Gewässerabschnitte mit reinem, stets annähernd sauerstoffgesättigtem und nährstoffarmem Wasser; geringer Bakteriengehalt; mäßig dicht besiedelt, vorwiegend von Algen, Moosen, Strudelwürmern und Insektenlarven; Laichgewässer für Edelfische.

2.1.2 Güteklasse I/II: gering belastet

Gewässerabschnitte mit geringer anorganischer oder organischer Nährstoffzufuhr ohne nennenswerte Sauerstoffzehrung; dicht und meist in großer Artenvielfalt besiedelt.

2.1.3 Güteklasse II: mäßig belastet

Gewässerabschnitte mit mäßiger Verunreinigung und guter Sauerstoffversorgung; sehr große Artenvielfalt und Individuendichte von Algen, Schnecken, Kleinkrebsen, Insektenlarven; Wasserpflanzenbestände decken größere Flächen; ertragreiche Fischgewässer.

2.1.4 Güteklasse II/III: kritisch belastet

Gewässerabschnitte, deren Belastung mit organischen, sauerstoffzehrenden Stoffen einen kritischen Zustand bewirkt; Fischsterben infolge Sauerstoffmangels möglich; Rückgang der Artenzahl bei Makroorganismen; gewisse Arten neigen zu Massenentwicklung; Algen bilden häufig größere flächendeckende Bestände.

2.1.5 Güteklasse III: stark verschmutzt

Gewässerabschnitte mit starker organischer, sauerstoffzehrender Verschmutzung und meist niedrigem Sauerstoffgehalt; örtlich Faulschlammablagerungen; flächendeckende Kolonien von fadenförmigen Abwasserbakterien und festsitzenden Wimpertieren übertreffen das Vorkommen von Algen und höheren Pflanzen; nur wenige, gegen Sauerstoffmangel unempfindliche tierische Makroorganismen wie Schwämme, Egel, Wasserasseln, kommen bisweilen massenhaft vor; geringe Fischereierträge; mit periodischen Fischsterben ist zu rechnen.

2.1.6 Güteklasse III/IV: sehr stark verschmutzt

Gewässerabschnitte mit weitgehend eingeschränkten Lebensbedingungen durch sehr starke Verschmutzung mit organischen, sauerstoffzehrenden Stoffen, oft durch toxische Einflüsse verstärkt; zeitweilig totaler Sauerstoffschwund; Trübung durch Abwasserschwebstoffe; ausgedehnte Faulschlammablagerungen, durch rote Zuckmückenlarven oder Schlammröhren-Würmer dicht besiedelt; Rückgang fadenförmiger Abwasserbakterien; Fische nicht auf Dauer und dann nur örtlich begrenzt anzutreffen.

2.1.7 Güteklasse IV: übermäßig verschmutzt

Gewässerabschnitte mit übermäßiger Verschmutzung durch organische sauerstoffzehrende Abwässer; Fäulnisprozesse herrschen vor; Sauerstoff über lange Zeit in sehr niedrigen Konzentrationen vorhanden oder gänzlich fehlend; Besiedelung vorwiegend durch Bakterien, Geißeltierchen und freilebende Wimpertierchen; Fische fehlen; bei starker toxischer Belastung biologische Verödung.

2.2 Trophiestufen der stehenden Gewässer

Für die stehenden Gewässer wird der Trophiegrad als Ausdruck der Gewässergüte entsprechend beschrieben und dargestellt.

2.2.1 Oligotrophe Seen

Klare, nährstoffarme Seen mit geringer Planktonproduktion, die am Ende der Stagnationsperiode auch in der Tiefe noch mit über 70 % Sauerstoff gesättigt sind.

2.2.2 Mesotrophe Seen

Seen mit geringem Nährstoffangebot, mäßiger Planktonproduktion und Sichttiefen von über 2 m, die im Tiefenwasser am Ende der Stagnationsperiode zu 30 bis 70 % mit Sauerstoff gesättigt sind.

2.2.3 Eutrophe Seen

Nährstoffreiche, im Tiefenwasser am Ende der Stagnationsperiode sauerstoffarme (0 bis 30 % Sättigung), im Oberflächenwasser zeitweise mit Sauerstoff übersättigte Seen mit Sichttiefen von meist unter 2 m und hoher Planktonproduktion.

2.2.4 Polytrophe Seen

Seen mit sehr hohem, stets verfügbarem Nährstoffangebot; Tiefenwasser schon im Sommer sauerstofffrei mit zeitweiser Schwefelwasserstoffentwicklung; Oberflächenwasser zeitweise stark mit Sauerstoff übersättigt; Sichttiefe sehr gering; Massenentwicklung von Phytoplankton.

3.   Farbliche Kennzeichnung der Gewässergüteklassen und der Trophiestufen

In der kartenmäßigen Ausweisung der Gewässergüteklassen und der Trophiestufen werden dargestellt:

3.1   Für Fließgewässer die Hauptstufen I, II, III und IV in den Farben blau, grün, gelb und rot, die Zwischenstufen I/II, II/III, III/IV in den Farben hellblau, hellgrün und orange.

3.2   Für stehende Gewässer die Trophiestufen oligotroph, mesotroph, eutroph und polytroph in den Farben blau, hellblau, grün und gelb.

4.   Zwingend aufzunehmende Merkmale für die Beschaffenheit des Wassers oberirdischer Gewässer

4.1   Unabhängig von der Nutzung sind aufzunehmen:

Güteklasse
Sauerstoffgehalt
Temperatur
Biochemischer Sauerstoffbedarf (BSB_5)
Chemischer Sauerstoffbedarf (CSB)

4.2   Zusätzlich sind für stehende Gewässer aufzunehmen:
Gesamtphosphor (gelöst)
Nitrat

4.3   Zusätzliche nutzungsbezogene Merkmale

Soweit für bestimmte Nutzungen in Vorschriften der Europäischen Gemeinschaften oder anderen Rechtsvorschriften zwingende Grenzwerte für die Güte des Wassers vorgeschrieben sind, sind auch deren Merkmale für die betreffenden Gewässer oder Gewässerteile aufzunehmen, wenn hierfür ein Sanierungs- oder Bewirtschaftungsbedürfnis besteht.

5. Ermittlung der Merkmale

Soweit für die Ermittlung der Merkmale nach Abschnitt 4 Bestimmungen der Europäischen Gemeinschaften über Meßmethoden (Probenahme- und Analysenverfahren) nicht erlassen sind, wird hierfür die Anwendung der Deutschen Einheitsverfahren zur Wasser-, Abwasser- und Schlammuntersuchung (DEV) empfohlen.

5.1 Nachstehende Merkmale sind wie folgt zu ermitteln:

5.1.1 Sauerstoff DEV G 2—1

5.1.2 Temperatur (Wasser) DEV C 4

5.1.3 BSB_5 DEV H $5a_1$

5.1.4 CSB DEV H 4—2

5.1.5 Gesamtphosphor DEV D 11—A 1 a

5.1.6 Nitrat DEV D 9 1

5.2 Die Güteklassen und Trophiestufen werden nach der von der Länderarbeitsgemeinschaft (LAWA) herausgegebenen Richtlinie „Grundlagen und Methoden der Gewässerkartierung" ermittelt.

C Landesrechtliche Vorschriften

I.
Gesetze

1.

Wassergesetz für das Land Nordrhein-Westfalen (Landeswassergesetz — LWG —) in der Fassung der Bekanntmachung vom 9. Juni 1989 (GV.NW. S. 384), zuletzt geändert durch Gesetz vom 29. April 1992 (GV.NW. S. 175)

(Auszug)

Erster Teil

Einleitende Bestimmungen

§ 1

(Zu § 1 WHG)
Sachlicher Geltungsbereich

(1) Dieses Gesetz gilt für die in § 1 Abs. 1 Nrn. 1 und 2 des Wasserhaushaltsgesetzes aufgeführten Gewässer sowie für Handlungen und Anlagen, die sich auf die Gewässer und ihre Nutzungen auswirken oder auswirken können.

(2) Von den Bestimmungen des Wasserhaushaltsgesetzes mit Ausnahme des § 22 und den Bestimmungen dieses Gesetzes werden ausgenommen:

1. Grundstücke, die zur Fischzucht oder Fischhaltung oder zu sonstigen Zwecken mit Wasser bespannt sind und mit einem oberirdischen Gewässer nur durch künstliche Vorrichtungen in Verbindung stehen;

2. Straßenseitengräben, wenn sie nicht der Vorflut der Grundstücke anderer Eigentümer dienen.

§ 2

Ziel der Wasserwirtschaft

(1) Ziel der Wasserwirtschaft ist es, die Gewässer vor vermeidbaren Beeinträchtigungen zu schützen und eine mit Rücksicht auf den Wasserhaushalt gebotene sparsame Verwendung des Wassers zu erreichen. Die Gewässer sind so zu bewirtschaften, daß sie dem Wohl der Allgemeinheit und im Einklang mit ihm auch dem Nutzen einzelner dienen. Dies erfordert die Ordnung des Wasserhaushalts als Bestandteil von Natur und Landschaft und als Grundlage für die Wasserversorgung, die Abwasserbeseitigung und andere Gewässernutzungen.

(2) Die Ziele und Erfordernisse der Raumordnung und Landesplanung sind zu beachten.

Zweiter Teil

Oberirdische Gewässer

Abschnitt I

Einteilung der Gewässer, Begriffsbestimmungen

§ 3

Einteilung der Gewässer, Begriffsbestimmungen

(1) Oberirdische Gewässer werden eingeteilt in

1. Gewässer erster Ordnung:
   die in dem anliegenden Verzeichnis aufgeführten Gewässerstrecken;
2. Gewässer zweiter Ordnung:
   alle anderen Gewässer.

Anlagen zur Ableitung von Abwasser und gesammeltem Niederschlagswasser und das in ihnen vom natürlichen Wasserhaushalt abgesonderte Wasser sind nicht Gewässer.

(2) Ein natürliches Gewässer gilt als solches auch nach künstlicher Veränderung. Triebwerkskanäle und Bewässerungskanäle gelten, soweit sie als Gewässer anzusehen sind, im Zweifel als künstliches Gewässer.

(3) Fließende Gewässer im Sinne dieses Gesetzes sind oberirdische Gewässer mit ständigem oder zeitweiligem Abfluß, die der Vorflut für Grundstücke mehrerer Eigentümer dienen.

§ 17

(Zu § 27 WHG)

Reinhalteordnungen

Zuständig für den Erlaß von Reinhalteordnungen ist die obere Wasserbehörde.

Abschnitt II

Wassergefährdende Stoffe

§ 18

(Zu §§ 19 a bis 19 l, 26, 34 WHG)

Wassergefährdende Stoffe

(1) Der Minister für Umwelt, Raumordnung und Landwirtschaft und der Minister für Stadtentwicklung, Wohnen und Verkehr werden ermächtigt, im Einvernehmen mit dem Minister für Arbeit, Gesundheit und Soziales und dem Minister für Wirtschaft, Mittelstand und Technologie und im Einvernehmen mit dem Ausschuß für Landwirtschaft, Forsten und Naturschutz und dem Ausschuß für Umweltschutz und Raumord-

nung des Landtags durch Rechtsverordnung eine Anzeigepflicht für denjenigen zu begründen, der

a) Anlagen zum Umgang mit wassergefährdenden Stoffen im Sinne des § 19 g des Wasserhaushaltsgesetzes einbauen, aufstellen, betreiben, wesentlich ändern oder

b) Anlagen zum Befördern solcher Stoffe errichten oder betreiben will.

(2) Der Minister für Umwelt, Raumordnung und Landwirtschaft und der Minister für Stadtentwicklung, Wohnen und Verkehr werden ermächtigt, im Einvernehmen mit dem Minister für Arbeit, Gesundheit und Soziales und dem Minister für Wirtschaft, Mittelstand und Technologie zum Schutze der Gewässer durch Rechtsverordnung zu bestimmen, wie Anlagen im Sinne des Absatzes 1 beschaffen sein, hergestellt, errichtet, eingebaut, aufgestellt, geändert und betrieben werden müssen und wo diese Anlagen nicht errichtet, eingebaut oder aufgestellt und betrieben werden dürfen. In der Rechtsverordnung können insbesondere Vorschriften erlassen werden über

1. technische Anforderungen an Anlagen im Sinne des Absatzes 1. Als allgemein anerkannte Regeln der Technik im Sinne des § 19 g Abs. 3 des Wasserhaushaltsgesetzes gelten auch technische Vorschriften und Baubestimmungen, die vom Minister für Umwelt, Raumordnung und Landwirtschaft oder dem Minister für Stadtentwicklung, Wohnen und Verkehr durch Bekanntgabe im Ministerialblatt eingeführt sind;

2. die Überwachung von Anlagen im Sinne des Absatzes 1 und ihre Überprüfung durch Sachverständige;

3. die Zulassung von Sachverständigen nach § 19 i des Wasserhaushaltsgesetzes und die Bestimmung von Tätigkeiten nach § 19 l Abs. 1 Satz 2 des Wasserhaushaltsgesetzes, die nicht von Fachbetrieben durchgeführt werden müssen;

4. die Gebühren und Auslagen, die für vorgeschriebene oder behördlich angeordnete Überwachungen und Prüfungen von dem Betreiber einer Anlage im Sinne des Absatzes 1 an einen Betrieb oder Sachverständigen im Sinne des § 19 i des Wasserhaushaltsgesetzes zu entrichten sind. Die Gebühren werden nur zur Deckung des mit den Überwachungen und Prüfungen verbundenen Personal- und Sachaufwandes erhoben. Es kann bestimmt werden, daß eine Gebühr auch für eine Prüfung erhoben werden kann, die nicht begonnen oder nicht zu Ende geführt worden ist, wenn die Gründe vom Betreiber zu vertreten sind. Die Höhe der Gebührensätze richtet sich nach der Zahl der Stunden, die ein Überwachungsbetrieb oder Sachverständiger durchschnittlich benötigt. In der Rechtsverordnung können auch nur Gebührenhöchstsätze festgelegt werden. Auf bundesrechtliche Vorschriften kann Bezug genommen werden.

(3) Zuständige Behörde im Sinne des § 19 a Abs. 1 Satz 1 des Wasserhaushaltsgesetzes ist die obere Wasserbehörde; zuständige Behörde im Sinne des § 19 f Abs. 1 Satz 2 des Wasserhaushaltsgesetzes ist das Landesoberbergamt. Diese Behörden sind auch für die Entgegennahme der Anzeigen gemäß § 19 d Nr. 1 a des Wasserhaushaltsgesetzes zuständig. Der Vollzug der §§ 19 g, 19 i, 19 k und 19 l des Wasserhaushaltsgesetzes sowie der Rechtsverordnungen nach Absatz 1 und Absatz 2 Satz 1 obliegt, soweit nichts anderes bestimmt ist, der unteren Wasserbehörde. Über Eingungsfeststellungen

nach § 19 h Abs. 1 Satz 1 des Wasserhaushaltsgesetzes entscheidet die untere Wasserbehörde. Über Bauartzulassungen nach § 19 h Abs. 1 Satz 2 des Wasserhaushaltsgesetzes entscheidet das Landesamt für Wasser und Abfall. In den der Bergaufsicht unterstehenden Betrieben obliegen der Vollzug der Rechtsverordnungen nach Absatz 1 und Absatz 2 Satz 1 sowie die Eignungsfeststellung nach § 19 h Abs. 1 Satz 1 des Wasserhaushaltsgesetzes dem Bergamt.

(4) Treten wassergefährdende Stoffe aus einer Anlage im Sinne des Absatzes 1 aus und ist zu befürchten, daß diese in ein oberirdisches Gewässer, in den Untergrund oder in die Kanalisation eindringen, so ist dies unverzüglich der örtlichen Ordnungsbehörde anzuzeigen. Anzeigepflichtig ist, wer die Anlage betreibt, instandhält, instandsetzt, reinigt oder prüft.

(5) Die Genehmigung nach § 19 a des Wasserhaushaltsgesetzes zur Errichtung und zum Betrieb von Rohrleitungsanlagen zum Befördern anderer wassergefährdender Stoffe als Öl oder Gas sowie die wesentliche Änderung der Anlage oder ihres Betriebes kann nur in einem Verfahren erteilt werden, das den Anforderungen des Gesetzes über die Umweltverträglichkeitsprüfung im Lande Nordrhein-Westfalen (UVPG NW) vom 29. April 1992 (GV. NW. S. 175) entspricht. Dies gilt nicht für Rohrleitungsanlagen, die den Bereich eines Werksgeländes nicht überschreiten oder die Zubehör einer Anlage zum Lagern solcher Stoffe sind.

Vierter Teil

Grundlagen der Wasserwirtschaft Bewirtschaftung der Gewässer

§ 19

Grundlagen der Wasserwirtschaft

(1) Das Landesamt für Wasser und Abfall und die Staatlichen Ämter für Wasser- und Abfallwirtschaft ermitteln die Grundlagen des Wasserhaushalts. Sie haben dabei die Regeln und Bestimmungen über das Erheben, Auswerten und Darstellen der Grundlagen des Wasserhaushalts anzuwenden, die vom Minister für Umwelt, Raumordnung und Landwirtschaft durch Bekanntgabe im Ministerialblatt eingeführt werden. Soweit solche Regeln nicht veröffentlicht sind, müssen mindestens die allgemein anerkannten Regeln der Technik angewandt werden. Die in Satz 1 genannten Ämter ermitteln ferner im Zusammenwirken mit den Fachverbänden der Wasser- und Abfallwirtschaft den Stand der für die Wasserwirtschaft bedeutsamen Technik und beteiligen sich an dessen Entwicklung, soweit dies für die Bedürfnisse der Wasserwirtschaftsverwaltung des Landes erforderlich ist. Die Ergebnisse dieser Ermittlungen sind bei allen behördlichen Entscheidungen zu berücksichtigen. Das Landesamt für Wasser und Abfall und die Staatlichen Ämter für Wasser- und Abfallwirtschaft geben über ihre Ermittlungen den Wasserbehörden, den Gemeinden und Gemeindeverbänden, den Wasserverbänden und anderen Trägern öffentlicher Belange Auskunft; sie können auch private Interessenten beraten.

(2) Absatz 1 Satz 2 und 3 gelten entsprechend für Gemeinden und Gemeindeverbände, Wasserverbände und andere öffentlich-rechtliche Körperschaften, soweit diese zur Erfüllung ihrer Aufgaben Grundlagen des Wasserhaushaltes ermitteln.

(3) Gemeinden und Gemeindeverbände, Wasserverbände und andere öffentlich-rechtliche Körperschaften sind auf Verlangen verpflichtet, den Wasserbehörden, dem Landesamt für Wasser und Abfall und den Staatlichen Ämtern für Wasser- und Abfallwirtschaft ihnen bekannte wasserwirtschaftliche und für die Wasserwirtschaft bedeutsame Daten, Tatsachen und Erkenntnisse mitzuteilen.

§ 20

(Zu § 36 WHG)
Wasserwirtschaftliche Rahmenpläne

(1) Die oberste Wasserbehörde legt die Flußgebiete oder Wirtschaftsräume oder Teile von solchen fest, für die gemäß § 36 des Wasserhaushaltsgesetzes ein wasserwirtschaftlicher Rahmenplan aufzustellen ist. Sie kann bestimmen, daß ein Rahmenplan in sachlichen und räumlichen Teilabschnitten aufgestellt wird.

(2) Die wasserwirtschaftlichen Rahmenpläne werden von den Staatlichen Ämtern für Wasser- und Abfallwirtschaft unter Beteiligung der betroffenen Behörden und der Träger öffentlicher Belange erarbeitet und von den oberen Wasserbehörden nach Beteiligung der Bezirksplanungsräte gemäß § 7 Abs. 2 des Landesplanungsgesetzes aufgestellt.

(3) Änderungen und Ergänzungen erfolgen im Verfahren des Absatzes 2.

(4) Die wasserwirtschaftlichen Rahmenpläne sind bei den behördlichen Entscheidungen als Richlinien zu berücksichtigen.

§ 21

(Zu § 36 b WHG)
Bewirtschaftungspläne

(1) Die oberste Wasserbehörde legt die Gewässer oder Teile von Gewässern fest, für die ein Bewirtschaftungsplan (§ 36 b des Wasserhaushaltsgesetzes) aufgestellt werden soll. Sie kann bestimmen, daß ein Bewirtschaftungsplan in sachlichen und räumlichen Teilen aufgestellt wird.

(2) Die obere Wasserbehörde benennt nach Anhörung des Bezirksplanungsrats unter Beteiligung der betroffenen Behörden und der Träger öffentlicher Belange die für die Bewirtschaftung des Gewässers maßgebenden Schutzziele und Hauptnutzungsarten. Auf dieser Grundlage wird der Bewirtschaftungsplan vom Staatlichen Amt für Wasser- und Abfallwirtschaft erarbeitet; die obere Wasserbehörde stellt den Bewirtschaftungsplan nach Anhörung der von den im Plan vorgesehenen Maßnahmen Betroffenen im Benehmen mit dem Bezirksplanungsrat auf.

(3) Änderungen und Ergänzungen erfolgen im Verfahren des Absatzes 2. Sollen nur die erforderlichen Maßnahmen (§ 36 b Abs. 3 Nrn. 3 und 4 des Wasserhaushaltsgesetzes) erweitert oder verändert werden, ohne daß dadurch die Schutzziele und Hauptnutzungsarten verändert werden, ist die Beteiligung des Bezirksplanungsrats entbehrlich.

(4) Die Bewirtschaftungspläne sind für alle behördlichen Entscheidungen verbindlich.

§ 22

Einsicht

Ausfertigungen der wasserwirtschaftlichen Rahmenpläne und der Bewirtschaftungspläne sind bei den Staatlichen Ämtern für Wasser- und Abfallwirtschaft sowie bei den unteren Wasserbehörden, deren Amtsbezirk von den Plänen berührt wird, zur Einsichtnahme aufzubewahren.

§ 23

(Zu § 36 a WHG)
Veränderungssperren

Zuständig für den Erlaß von Veränderungssperren ist die obere Wasserbehörde.

Fünfter Teil

Benutzung der Gewässer

Abschnitt I
Gemeinsame Bestimmungen

§ 24

(Zu § 4 WHG)
Inhalt von Erlaubnis und Bewilligung

(1) In der Erlaubnis und Bewilligung sind insbesondere Ort, Art, Umfang und Zweck der zulässigen Gewässerbenutzung sowie Art und Umfang der dem Gewässerbenutzer obliegenden Überwachungsmaßnahmen festzulegen. Die Erlaubnis wird unbeschadet der Rechte Dritter erteilt.

(2) Nebenbestimmungen sind insbesondere zulässig, um nachteilige Wirkungen für das Wohl der Allgemeinheit zu verhüten oder auszugleichen und um sicherzustellen, daß die der Gewässerbenutzung dienenden Anlagen technisch einwandfrei gestaltet und betrieben werden. Ansprüche gegen die Wasserbehörden auf Festsetzung von Nebenbestimmungen bestehen nicht.

§ 25

(Zu § 7 WHG)
Erlaubnis

(1) Unterliegt ein Vorhaben der Umweltverträglichkeitsprüfung, kann die für eine damit verbundene erstmalige oder in ihrem Umfang erweiterte Gewässerbenutzung erforderliche Erlaubnis nur in einem Verfahren erteilt werden, das den Anforderungen des Gesetzes über die Umweltverträglichkeitsprüfung im Lande Nordrhein-Westfalen entspricht.

(2) Die Erlaubnis kann ganz oder teilweise widerrufen werden, insbesondere wenn

a) von der weiteren Benutzung eine Beeinträchtigung des Wohls der Allgemeinheit zu erwarten ist, die nicht durch nachträgliche Anordnungen verhütet oder ausgeglichen werden kann, oder

b) der Unternehmer den Zweck der Benutzung geändert, sie über den Rahmen der Erlaubnis hinaus ausgedehnt oder Nebenbestimmungen nicht erfüllt hat.

Im übrigen gelten die §§ 48 bis 50 des Verwaltungsverfahrensgesetzes für das Land Nordrhein-Westfalen (Verwaltungsverfahrensgesetz).

§ 25 a

Gehobene Erlaubnis

(1) Die Erlaubnis kann auf Antrag als gehobene Erlaubnis erteilt werden, wenn dafür ein öffentliches Interesse oder ein berechtigtes Interesse des Unternehmers besteht. Sie darf für das Einbringen und Einleiten von Stoffen in ein Gewässer sowie für Benutzungen im Sinne des § 3 Abs. 2 Nr. 2 des Wasserhaushaltsgesetzes nicht erteilt werden. Für die gehobene Erlaubnis gelten § 8 Abs. 3 und 5, § 10 des Wasserhaushaltsgesetzes und § 27 dieses Gesetzes entsprechend.

(2) Wegen nachteiliger Wirkungen einer Benutzung, für die eine gehobene Erlaubnis erteilt ist, kann der Betroffene (§ 8 Abs. 3 des Wasserhaushaltsgesetzes, § 27 dieses Gesetzes) gegen den Inhaber der Erlaubnis keine Ansprüche geltend machen, die auf Unterlassung der Benutzung gerichtet sind. Vertragliche Ansprüche bleiben unberührt.

§ 29

(Zu § 18 WHG)
Ausgleich von Rechten und Befugnissen

Der Ausgleich von Rechten und Befugnissen im Sinne von § 18 des Wasserhaushaltsgesetzes ist in einer dem Interesse aller am Verfahren Beteiligten nach billigem Ermessen entsprechenden Weise unter Berücksichtigung der erlaubnisfreien Benutzungen vorzunehmen. Ausgleichszahlungen sind nur insoweit festzusetzen, als Nachteile nicht durch Vorteile aufgewogen werden.

§ 30

(Zu §§ 7, 8, 14, 15 WHG)
Zuständigkeiten

(1) Zuständige Wasserbehörde für die Erteilung, die Rücknahme und den Widerruf einer Bewilligung oder einer Erlaubnis sowie für nachträgliche Anforderungen und Maßnahmen nach § 5 des Wasserhaushaltsgesetzes ist unbeschadet § 14 des Wasserhaushaltsgesetzes

1. die allgemeine Wasserbehörde bei Aufstauen und Absenken von oberirdischen Gewässern und bei Entnehmen fester Stoffe aus oberirdischen Gewässern;

2. die obere Wasserbehörde bei Unternehmen zum Entnehmen und Ableiten von Wasser aus oberirdischen Gewässern und zum Einbringen und Einleiten von Stoffen in oberirdische Gewässer von mehr als insgesamt zweihundert Kubikmetern in zwei Stunden oder eines entsprechend geringeren Volumenstroms in einem kürzeren Zeitraum, sowie bei Unternehmen zum Entnehmen, Zutagefördern, Zutageleiten

von Grundwasser von mehr als insgesamt sechshunderttausend Kubikmetern im Jahr und bei Aufstauen von Grundwasser; bei Gewässerbenutzungen im Zusammenhang mit dem Bau und Betrieb von Talsperren;

3. in den Fällen des § 14 Abs. 2 und 5 des Wasserhaushaltsgesetzes das Landesoberbergamt;

4. die untere Wasserbehörde bei allen anderen Gewässerbenutzungen.

(2) Die nach Absatz 1 Nrn. 1, 2 und 4 zuständige Wasserbehörde entscheidet auch über die Rücknahme und den Widerruf alter Rechte und alter Befugnisse sowie über nachträgliche Einschränkungen nach § 5 des Wasserhaushaltsgesetzes.

(3) Zuständig für den Ausgleich von Rechten und Befugnissen ist die obere Wasserbehörde.

(4) Werden Anträge, bei denen die Voraussetzungen des § 28 vorliegen, bei verschiedenen zuständigen Behörden gestellt, so entscheidet, wenn es sich um gleichgeordnete Behörden handelt, diejenige Behörde, die für den zuerst gestellten Antrag zuständig ist, im übrigen die Behörde der höheren Stufe im Sinne des § 136.

(5) Die nach den Absätzen 1 bis 4 zuständige Behörde hat an Stelle der sonst zuständigen Behörde auch zu entscheiden, ob die beabsichtigte Benutzung und die der Benutzung dienenden Anlagen den Vorschriften des Ordnungsbehördengesetzes und den auf seiner Grundlage erlassenen Verordnungen entsprechen.

(6) Die in den Fällen des § 14 Abs. 3 bis 5 des Wasserhaushaltsgesetzes für das Wasser zuständige Behörde ist die Behörde, die nach Absatz 1 Nrn. 1, 2 und 4 für die Zulassung der Gewässerbenutzung zuständig wäre.

(7) Zuständig für die Entgegennahme von Anzeigen gemäß § 17 a des Wasserhaushaltsgesetzes ist die allgemeine Wasserbehörde.

§ 31
Außerbetriebsetzen, Beseitigen und Ändern von Benutzungsanlagen

(1) Stauanlagen und Anlagen zum Aufstauen, Absenken, Ableiten und Umleiten von Grundwasser dürfen nur mit Genehmigung der allgemeinen Wasserbehörde dauernd außer Betrieb gesetzt oder beseitigt werden. Ist die Benutzung durch eine andere Behörde zugelassen worden, erteilt diese die Genehmigung im Einvernehmen mit der allgemeinen Wasserbehörde. Die Genehmigung darf nur versagt werden, wenn andere durch das Außerbetriebsetzen oder Beseitigen der Anlage geschädigt werden würden und sie sich dem Anlageeigentümer und der allgemeinen Wasserbehörde gegenüber verpflichten, nach Wahl des Anlageeigentümers die Kosten der Erhaltung der Anlage ihm zu ersetzen oder statt seiner die Anlage zu erhalten. Sie müssen sich auch verpflichten, dem Anlageeigentümer andere Nachteile zu ersetzen und für die Erfüllung ihrer Verpflichtung Sicherheit zu leisten. Über die Höhe der hiernach zu erbringenden Leistungen entscheidet im Streitfall die allgemeine Wasserbehörde. Sie hat auf Antrag

des Anlageeigentümers eine Frist zu bestimmen, binnen derer die in den Sätzen 2 und 3 bezeichneten Verpflichtungen übernommen werden müssen, widrigenfalls die Genehmigung erteilt wird. Die Fristbestimmung ist ortsüblich öffentlich bekanntzumachen. Der Staat und die Gebietskörperschaften sind von der Sicherheitsleistung frei; die allgemeine Wasserbehörde kann sonstige öffentlich-rechtliche Körperschaften von der Sicherheitsleistung befreien.

(2) Anlagen zur Benutzung eines Gewässers sind nach Wegfall der Benutzungsbefugnis zu beseitigen, sobald die allgemeine Wasserbehörde es anordnet; dabei kann verlangt werden, daß der frühere Zustand wiederhergestellt wird.

(3) Anlagen zur Benutzung eines Gewässers dürfen geändert werden, wenn dadurch die Benutzung nicht über das zugelassene Maß hinaus erweitert wird und ordnungsrechtliche Vorschriften nicht entgegenstehen. Die beabsichtigte Änderung ist zwei Monate vorher unter Beifügung der zur Beurteilung erforderlichen Zeichnungen, Nachweise und Beschreibungen der nach § 30 zuständigen Wasserbehörde anzuzeigen.

(4) Für die Anlagen, die auf Grund einer Erlaubnis oder Bewilligung, eines alten Rechts oder einer alten Befugnis errichtet sind, gelten die Vorschriften der Absätze 1 und 2 nur, soweit bei Erteilung der Erlaubnis, der Bewilligung, des alten Rechts oder der alten Befugnis nichts anderes bestimmt ist.

§ 32
Notfälle, wasserwirtschaftliche Ermittlungen

(1) Erlaubnisfrei sind Maßnahmen, die in Notfällen für die Dauer der Gefahr getroffen werden. Die allgemeine Wasserbehörde ist unverzüglich zu verständigen.

(2) Keiner Erlaubnis bedarf das Entnehmen von Wasserproben und das Wiedereinleiten der Proben nach ihrer Untersuchung.

Sechster Teil
Wasserversorgung und Abwasserbeseitigung

Abschnitt I
Gemeinsame Bestimmungen

§ 45
Wasserentnahme und Abwassereinleitung

(1) Benutzungen nach § 3 Abs. 1 Nrn. 1 und 6 des Wasserhaushaltsgesetzes dürfen nur zugelassen werden, wenn das Gewässer in seiner Bedeutung für die vorhandene Tier- und Pflanzenwelt nicht nachhaltig beeinträchtigt wird, soweit nicht überwiegende Belange des Wohls der Allgemeinheit oder im Einklang damit auch der Nutzen einzelner etwas anderes erfordern.

(2) Will jemand Wasser aus einem Gewässer entnehmen und ist er ganz oder teilweise zur Beseitigung des aus der Entnahme herrührenden Abwassers verpflichtet (§§ 53, 53 a und 54), darf die Wasserentnahme nur zugelassen werden, wenn die Erfüllung der ihn

treffenden Abwasserbeseitigungspflicht gesichert ist. Erfaßt die ihn treffende Abwasserbeseitigungspflicht auch die Einleitung des Abwassers, darf die Wasserentnahme nur zugelassen werden, wenn die Abwassereinleitung den Anforderungen des § 52 Abs. 1 entsprechend zugelassen ist oder zugleich mit der Entnahme zugelassen wird.

(3) Die Zulassung von Benutzungen nach § 3 Abs. 1 Nr. 6 des Wasserhaushaltsgesetzes muß den Anforderungen des Gesetzes über die Umweltverträglichkeitsprüfung im Lande Nordrhein-Westfalen entsprechen, sofern die Gesamtförderung aus einer Wassergewinnungsanlage jährlich fünf Mio Kubikmeter übersteigt. Diese Vorschrift findet keine Anwendung, wenn die Umweltverträglichkeit in einem Verfahren nach § 52 Abs. 2 a Bundesberggesetz oder gemäß § 52 Abs. 2 b Bundesberggesetz in einem besonderen Verfahren im Sinne von § 54 Abs. 2 Satz 3 Bundesberggesetz geprüft wird, und wenn im letztgenannten Verfahren die Durchführung einer Umweltverträglichkeitsprüfung gewährleistet ist, die den Anforderungen des Bundesberggesetzes entspricht.

§ 46

Enteignungsrecht

Soweit für Zwecke der öffentlichen Wasserversorgung oder der öffentlichen Abwasserbeseitigung die Entziehung oder die Beschränkung von Grundeigentum oder Rechten an Grundeigentum im Wege der Enteignung erforderlich ist, stellt der Regierungspräsident die Zulässigkeit der Enteignung fest. Er ist auch zuständig für die Anordnung des vereinfachten Enteignungsverfahrens. Im übrigen gelten die allgemeinen enteignungsrechtlichen Vorschriften.

Abschnitt III

Abwasserbeseitigung

§ 51

(Zu § 18 a WHG)
Begriffsbestimmungen, Geltungsbereich

(1) Abwasser im Sinne dieses Gesetzes sind das durch häuslichen, gewerblichen landwirtschaftlichen oder sonstigen Gebrauch in seinen Eigenschaften veränderte und das bei Trockenwetter damit zusammen abfließende Wasser (Schmutzwasser) sowie das von Niederschlägen aus dem Bereich von bebauten oder befestigten Flächen abfließende und gesammelte Wasser (Niederschlagswasser). Als Schmutzwasser gelten auch die aus Anlagen zum Behandeln, Lagern und Ablagern von Abfällen austretenden und gesammelten Flüssigkeiten.

(2) Die Bestimmungen dieses Abschnittes gelten nicht

1. für das in landwirtschaftlichen Betrieben anfallende Abwasser, das im Rahmen der pflanzenbedarfsgerechten Düngung auf landwirtschaftlich, forstwirtschaftlich oder gärtnerisch genutzte Böden ohne Beeinträchtigungen des Wohls der Allgemeinheit im Einklang mit den wasserrechtlichen, abfallrechtlichen und immissionsschutzrechtlichen Bestimmungen aufgebracht wird,

2. für unverschmutztes Abwasser, welches zur Gewinnung von Wärme abgekühlt wurde,

3. für Niederschlagswasser, welches auf überwiegend zu Wohnzwecken genutzten Gebieten anfällt und ohne Beeinträchtigung des Wohls der Allgemeinheit versickert, verregnet, verrieselt oder in ein Gewässer eingeleitet werden kann.

Unberührt bleibt das Recht der Gemeinde, durch Satzung zu fordern, daß im Fall der Nummer 1 das häusliche Abwasser und im Fall der Nummer 3 das Niederschlagswasser an eine öffentliche Abwasseranlage angeschlossen wird; fordert die Gemeinde den Anschluß, finden die Vorschriften dieses Abschnittes Anwendung.

(3) Abwasserbehandlungsanlage im Sinne dieses Abschnittes ist eine Einrichtung, die dazu dient, die Schadwirkung des Abwassers zu vermindern oder zu beseitigen und den anfallenden Klärschlamm für eine ordnungsgemäße Beseitigung aufzubereiten. Sie ist öffentliche Abwasserbehandlungsanlage, wenn sie dem allgemeinen Gebrauch dient.

§ 52

(Zu §§ 7 a, 18 a, 27, 36 b WHG)
Anforderungen an Abwassereinleitungen

(1) Abwassereinleitungen in ein Gewässer dürfen nicht erlaubt werden, wenn und soweit sie

a) den in Bewirtschaftungsplänen und Reinhalteordnungen festgelegten Grenzen,

b) den sich aus den Anforderungen nach § 7 a Abs. 1 des Wasserhaushaltsgesetzes ergebenden Grenzen,

c) der ordnungsgemäßen Erfüllung der Abwasserbeseitigungspflicht

nicht entsprechen oder

d) gegen verbindliche zwischenstaatliche Vereinbarungen oder bindende Beschlüsse der Europäischen Gemeinschaften über die Beschaffenheit von Abwassereinleitungen verstoßen.

Die §§ 6 und 36 b Abs. 6 des Wasserhaushaltsgesetzes und § 2 dieses Gesetzes bleiben unberührt.

(2) Entsprechen bereits zugelassene Abwassereinleitungen nicht den Anforderungen nach Absatz 1, hat die nach § 30 Abs. 1 und 2 zuständige Wasserbehörde durch nachträgliche Anforderungen und Maßnahmen nach § 5 des Wasserhaushaltsgesetzes, durch Rücknahme oder Widerruf des Rechts oder der Befugnis (§§ 12 und 15 Abs. 4 des Wasserhaushaltsgesetzes, § 25 Abs. 2 dieses Gesetzes) sicherzustellen, daß die Abwassereinleitungen innerhalb einer angemessenen Frist diesen Anforderungen entsprechen, sofern sie nicht ganz einzustellen sind. Die in Bewirtschaftungsplänen, Abwasserbeseitigungsplänen oder in zwischenstaatlichen Vereinbarungen vorgesehenen und die in bindenden Beschlüssen der Europäischen Gemeinschaften vorgeschriebenen Fristen sind zu beachten.

§ 53

(Zu § 18 a WHG)
Pflicht zur Abwasserbeseitigung

(1) Die Gemeinden haben das auf ihrem Gebiet anfallende Abwasser zu beseitigen und die dazu notwendigen Anlagen (Abwasseranlagen) zu betreiben, soweit nicht nach den

folgenden Vorschriften andere zur Abwasserbeseitigung verpflichtet sind oder ein für verbindlich erklärter Abwasserbeseitigungsplan andere zur Abwasserbeseitigung verpflichtete Träger ausweist. Die Verpflichtung der Gemeinden zur Abwasserbeseitigung umfaßt auch das Einsammeln und Abfahren des in Kleinkläranlagen anfallenden Schlamms und dessen Aufbereitung für eine ordnungsgemäße Beseitigung. Soweit dies noch erforderlich ist, haben die Gemeinden die notwendigen Abwasseranlagen in angemessenen Zeiträumen zu errichten, zu erweitern oder den Anforderungen des § 18 b des Wasserhaushaltsgesetzes und des § 57 dieses Gesetzes anzupassen. Die Gemeinden legen der oberen Wasserbehörde eine Übersicht über den Stand der öffentlichen Abwasserbeseitigung sowie über den Stand der öffentlichen Abwasserbeseitigung sowie über die zeitliche Abfolge und die geschätzten Kosten der nach Satz 2 noch erforderlichen Maßnahmen vor (Abwasserbeseitigungskonzept). Das Abwasserbeseitigungskonzept jeweils im Abstand von fünf Jahren erneut vorzulegen. Es wird von der Gemeinde erarbeitet, im Gebiet von Abwasserverbänden im Benehmen mit dem Abwasserverband. Die vom Abwasserverband gemäß § 54 Abs. 1 als Verbandsunternehmen übernommenen Maßnahmen sind nachrichtlich auszuweisen. Die oberste Wasserbehörde bestimmt durch Verwaltungsvorschrift, welche Angaben in das Abwasserbeseitigungskonzept zwingend aufzunehmen sind und in welcher Form sie dargestellt werden. Die obere Wasserbehörde kann zur Durchführung einzelner nach Satz 3 erforderlicher Maßnahmen angemessene Fristen setzen, wenn solche Maßnahmen im Abwasserbeseitigungskonzept nicht oder erst nach Ablauf unangemessen langer Zeiträume vorgesehen sind oder wenn die Gemeinde ohne zwingenden Grund die Durchführung von im Abwasserbeseitigungskonzept vorgesehenen Maßnahmen verzögert.

(2) Werden einem Indirekteinleiter Maßnahmen der Abwasserbeseitigung auferlegt, ist er insoweit abwasserbeseitigungspflichtig.

(3) Zur Beseitigung von Niederschlagswasser, welches von Straßenoberflächen außerhalb im Zusammenhang bebauter Ortsteile anfällt, ist der Träger der Straßenbaulast verpflichtet.

(4) Die untere Wasserbehörde kann die Gemeinde auf ihren Antrag widerruflich ganz oder teilweise von der Pflicht zur Abwasserbeseitigung für Grundstücke außerhalb im Zusammenhang bebauter Ortsteile freistellen und diese Pflicht auf die Nutzungsberechtigten der Grundstücke übertragen, wenn eine Übernahme des Abwassers wegen technischer Schwierigkeiten oder wegen eines unverhältnismäßig hohen Aufwandes nicht angezeigt ist, das Wohl der Allgemeinheit der gesonderten Abwasserbeseitigung nicht entgegensteht und der Nutzungberechtigte eine Abwasserbehandlungsanlage betreibt, die den allgemein anerkannten Regeln der Technik entspricht. Die Pflicht zur Überwachung der Anlage verbleibt bei der Gemeinde. Hierbei kann sie sich der Hilfe Dritter bedienen. Die untere Wasserbehörde kann auf Antrag der Gemeinde darüber hinaus bei landwirtschaftlichen Betrieben dem Nutzungsberechtigten der Grundstücke die Pflicht zum Abfahren und Aufbereiten des anfallenden Schlamms übertragen, wenn die Schlammbehandlung in der Kleinkläranlage den allgemein anerkannten Regeln der Technik entspricht und der Schlamm auf eigenbewirtschaftete Ackerflächen unter Beachtung der geltenden abfallrechtlichen Bestimmungen aufgebracht wird.

(5) Die nach § 30 Abs. 1 für die Erlaubnis der Einleitung zuständige Wasserbehörde kann die Gemeinde auf ihren Antrag widerruflich ganz oder teilweise von der Pflicht zur Beseitigung von Abwasser aus gewerblichen Betrieben und anderen Anlagen freistellen und diese Pflicht auf den gewerblichen Betrieb oder den Betreiber der Anlage übertragen, soweit das Abwasser zur gemeinsamen Fortleitung oder Behandlung in einer öffentlichen Abwasseranlage ungeeignet ist oder zweckmäßiger getrennt beseitigt wird. Unter den gleichen Voraussetzungen kann die nach § 30 Abs. 1 für die Erlaubnis der Einleitung zuständige Wasserbehörde nach Anhörung der Gemeinde die Pflicht zur Abwasserbeseitigung ganz oder teilweise einem Gewerbebetrieb oder dem Betreiber der Anlage auf seinen Antrag widerruflich übertragen. Sollen kommunales Abwasser und Abwasser aus einem gewerblichen Betrieb gemeinsam behandelt werden, kann die zuständige Wasserbehörde die Abwasserbehandlung mit Zustimmung der betroffenen Gemeinde und des gewerblichen Betriebes auf diesen übertragen, wenn die Abwasserbehandlung durch den gewerblichen Betrieb zweckmäßiger ist.

(6) Abwasserbeseitigungspflichtige können sich mit Genehmigung der oberen Wasserbehörde zur gemeinsamen Durchführung der Abwasserbeseitigung zusammenschließen. Sie sind zur gemeinsamen Durchführung verpflichtet, wenn anders die Abwasserbeseitigung nicht ordnungsgemäß durchgeführt werden kann oder wenn die gemeinsame Durchführung zweckmäßiger ist. Dies ist insbesondere der Fall, wenn durch die gemeinsame Durchführung

a) eine Beeinträchtigung des Wohls der Allgemeinheit, insbesondere eine Gewässerverunreinigung vermieden oder verringert, oder

b) die Abwasserbeseitigung insgesamt wirtschaftlicher gestaltet werden kann.

(7) Obliegt die Abwasserbeseitigungspflicht nicht einer öffentlich-rechtlichen Körperschaft, hält die untere Wasserbehörde den Verpflichteten zur Erfüllung seiner Pflicht an. Hat er mehr als zweihundert Kubikmeter Abwasser je zwei Stunden zu beseitigen, ist die obere Wasserbehörde zuständig.

§ 53 a

Übergangsregelung

Kann die Gemeinde das Abwasser aus einem Gewerbebetrieb, einer anderen Anlage oder das Abwasser, das auf Grundstücken anfällt, in Erfüllung der ihr nach § 53 Abs. 1 insgesamt obliegenden Verpflichtungen erst später übernehmen, hat bis zur Übernahme derjenige das Abwasser zu beseitigen und die für die Zwischenzeit erforderlichen Sanierungsmaßnahmen durchzuführen, bei dem das Abwasser anfällt. Ihm können die dafür erforderlichen Genehmigungen erteilt und die Abwassereinleitung erlaubt werden, bis die Übernahme des Abwassers durch die Gemeinde erfolgt ist.

§ 54

(Zu § 18 a WHG)
Abwasserbeseitigungspflicht im Gebiet von Abwasserverbänden

(1) Im Gebiet eines Abwasserverbandes obliegt für Abwasseranlagen, die für mehr als fünfhundert Einwohner bemessen sind, dem Verband

1. die Übernahme, Behandlung und Einleitung von Schmutzwasser oder mit Niederschlagswasser vermischtem Schmutzwasser,

2. die Rückhaltung von Abwasser aus öffentlichen Kanalisationen in dazu bestimmten Sonderbauwerken, sofern das Abwasser vom Verband gemäß Nummer 1 zu behandeln ist.

Soweit dies noch erforderlich ist, hat der Verband die dazu notwendigen Anlagen in angemessenen Zeiträumen zu errichten, zu erweitern oder den Anforderungen des § 18 b des Wasserhaushaltsgesetzes und des § 57 dieses Gesetzes anzupassen. In Einzelfällen kann die obere Wasserbehörde im Einvernehmen mit dem Verband und der betroffenen Gemeinde bestimmmen, daß Pflichten des Satzes 1 ganz oder teilweise der Gemeinde obliegen, sofern deren Erfüllung durch die Gemeinde zweckmäßiger ist. § 53 Abs. 5 gilt entsprechend.

(2) Soweit Aufgaben, die dem Verband nach Absatz 1 obliegen, von einem bisher dazu Verpflichteten wahrgenommen werden, hat dieser die Aufgaben weiter zu erfüllen, bis der Verband sie übernimmt.

(3) Der Abwasserverband legt der oberen Wasserbehörde für die Gemeindegebiete innerhalb des Verbandsgebietes im Benehmen mit den betroffenen Gemeinden eine Übersicht über die zeitliche Abfolge und die geschätzten Kosten der nach Absatz 1 Satz 2 noch erforderlichen Maßnahmen vor. § 53 Abs. 1 Sätze 5 und 9 gelten entsprechend. Die Vorschriften über die Verbandsaufsicht bleiben unberührt.

(4) Abwasserverbände sind an Stelle Dritter zu weiteren Maßnahmen der Abwasserbeseitigung berechtigt und verpflichtet, soweit und solange sie diese als Verbandsunternehmen übernehmen. Die Übernahme bedarf der Zustimmung der sonst zur Abwasserbeseitigung Verpflichteten.

§ 55

(Zu § 18 a WHG)
Inhalt des Abwasserbeseitigungsplans

(1) Im Abwasserbeseitigungsplan sind neben den Angaben nach § 18 a Abs. 3 Satz 2 des Wasserhaushaltsgesetzes auch die Gewässerabschnitte auszuweisen, in die eingeleitet werden soll. Für Errichtung und Inbetriebnahme von Abwasseranlagen können Fristen festgelegt werden.

(2) Sind zugunsten eines Unternehmens der Wassergewinnung für die Wasserversorgung besondere Maßnahmen der Abwasserbeseitigung vorgesehen, ist im Abwasserbeseitigungsplan eine pauschale Ausgleichszahlung festzusetzen, die der Träger der Wassergewinnung dem Träger der Abwasserbeseitigung zum Ausgleich für dessen erhöhten Aufwand zu zahlen hat.

§ 56

(Zu § 18 a WHG)

Aufstellen des Abwasserbeseitigungsplans, Verbindlichkeit

(1) Die obere Wasserbehörde legt die Planungsräume fest, für die Abwasserbeseitigungspläne aufzustellen sind. Sie hat dabei insbesondere solche Räume zu berücksichtigungengen, in denen über den Erlaß einer Schutzgebietsverordnung hinaus besondere Maßnahmen der Abwasserbeseitigung zugunsten eines Unternehmens der Wassergewinnung für die Wasserversorgung erforderlich sind.

(2) Die Gemeinden erarbeiten die Pläne im Benehmen mit der unteren Wasserbehörde sowie mit den zur Abwasserbeseitigung Verpflichteten, bei denen mehr als zweihundert Kubikmeter Abwasser je zwei Stunden anfällt, und den Unternehmen der Wassergewinnung für die öffentliche Wasserversorgung. Die obere Wasserbehörde kann dafür Fristen setzen und nach deren Ablauf die Pläne selbst erarbeiten. Die Pläne werden von der oberen Wasserbehörde nach Anhörung der für die Abwasserbeseitigung im Plan vorgesehenen Träger durch ordnungsbehördliche Verordnung aufgestellt; von der Anhörung können diejenigen Träger ausgenommen werden, die nicht mehr als ein Kubikmeter Abwasser je zwei Stunden zu beseitigen haben.

(3) Umfaßt ein Planungsraum mehrere Gemeinden, haben sie den Abwasserbeseitigungsplan gemeinsam zu erarbeiten.

(4) Im Gebiet von Abwasserverbänden erarbeiten diese die Pläne. Zur Aufstellung des Abwasserbeseitigungsplans bedarf die obere Wasserbehörde in diesem Fall des Einvernehmens der Aufsichtsbehörde des Abwasserverbandes; zur Durchführung des Abwasserbeseitigungsplans ist die aufsichtsbehördliche Genehmigung des Unternehmens nicht erforderlich. Absatz 2 Satz 2 gilt sinngemäß.

(5) Abwasserbeseitigungspläne können im Verfahren der Absätze 2 bis 4 geändert und ergänzt werden.

(6) Die Festlegungen in den Plänen sind verbindlich. Die nach § 53 Abs. 3 und 4 getroffenen Ausnahmeregelungen sind zu berücksichtigen.

§ 57

(Zu § 18 b WHG)

Bau und Betrieb von Abwasseranlagen

(1) Die gemäß § 18 b Abs. 1 des Wasserhaushaltsgesetzes für die Errichtung und den Betrieb von Abwasseranlagen jeweils in Betracht kommenden Regeln der Technik sind insbesondere die technischen Bestimmungen für den Bau, den Betrieb und die Unterhaltung von Abwasseranlagen, die vom Minister für Umwelt, Raumordnung und Landwirtschaft durch Bekanntgabe im Ministerialblatt eingeführt werden. Berühren sie bauaufsichtliche Belange, werden sie im Einvernehmen mit dem Minister für Stadtentwicklung, Wohnen und Verkehr eingeführt.

(2) Entsprechen vorhandene Abwasseranlagen nicht den Anforderungen nach § 18 b Abs. 1 des Wasserhaushaltsgesetzes und nach Absatz 1 dieser Vorschrift, hat sie der Unternehmer innerhalb einer angemessenen Frist diesen Anforderungen anzupassen.

(3) Abwasserbehandlungsanlagen sind nach den hierfür jeweils in Betracht kommenden Regeln der Technik so zu errichten, zu betreiben und zu unterhalten, daß sie geeignet sind, die in der Erlaubnis zur Einleitung oder in der Genehmigung zur Indirekteinleitung festgelegten Werte, mindestens jedoch die den allgemein anerkannten Regeln der Technik entsprechenden Werte. Zur Unterhaltung der Anlagen gehören insbesondere die notwendigen Vorkehrungen, um Störungen im Betrieb der Anlage und Reparaturen, die die Ablaufwerte verschlechtern, vorzubeugen. Treten gleichwohl Betriebsstörungen ein, die zur Überschreitung von Überwachungswerten geführt haben, oder sind Reparaturen unvermeidlich, die eine Überschreitung befürchten lassen, hat der Betreiber die notwendigen Maßnahmen zu treffen, um die nachteiligen Auswirkungen nach Dauer und Umfang möglichst gering zu halten und Wiederholungen möglichst zu vermeiden. Er ist verpflichtet, die nach § 116 Abs. 2 zuständige Wasserbehörde und das Staatliche Amt für Wasser- und Abfallwirtschaft über solche Reparaturen rechtzeitig, sowie über Ursache, Art, Auswirkungen und voraussichtliche Dauer solcher Betriebsstörungen unverzüglich zu unterrichten. Er hat auch anzugeben, welche Maßnahmen er nach den Sätzen 2 und 3 getroffen hat und noch treffen wird. Der Betrieb und die Unterhaltung von Abwasserbehandlungsanlagen sind durch Personal mit den erforderlichen beruflichen Qualifikationen sicherzustellen.

§ 58
Genehmigung von Abwasseranlagen

(1) Die Pläne zur Erstellung oder wesentlichen Veränderung sowie der Betrieb von Kanalisationsnetzen für die öffentliche Abwasserbeseitigung oder die private Abwasserbeseitigung von befestigten gewerblichen Flächen, die größer als drei Hektar sind, bedürfen der Genehmigung durch die nach § 30 Abs. 1 für die Erlaubnis der Abwassereinleitungen aus dem Netz zuständige Wasserbehörde. Ist die der Erstellung oder wesentlichen Veränderung von Kanalisationsnetzen für die öffentliche Abwasserbeseitigung zugrundeliegende Planung bei Inkrafttreten dieses Gesetzes bereits genehmigt, ist lediglich die Genehmigung für den Betrieb dieser Netze einzuholen. Für bei Inkrafttreten dieses Gesetzes bereits bestehende Kanalisationsnetze ist die nach den Sätzen 1 und 2 erforderliche Genehmigung bis spätestens zum 31. Dezember 1989 zu beantragen; die Genehmigung gilt bis zur Entscheidung über den rechtzeitig gestellten Antrag als erteilt.

(2) Bau und Betrieb sowie die wesentliche Änderung einer Abwasserbehandlungsanlage bedürfen der Genehmigung. Von der Genehmigungspflicht ausgenommen sind mechanisch wirkende Abwasserbehandlungsanlagen einfacher Bauart, die keiner Steuerung des Betriebs bedürfen; sie werden durch Rechtsverordnung der obersten Wasserbehörde festgelegt. Das Genehmigungsverfahren muß den Anforderungen des Gesetzes über die Umweltverträglichkeitsprüfung im Lande Nordrhein-Westfalen entsprechen, sofern die Abwasserbehandlungsanlage für mehr als 3 000 kg/d BSB_5 (roh) oder für mehr als 1 500 Kubikmeter Abwasser in zwei Stunden (ausgenommen Kühlwasser) ausgelegt ist. Die Genehmigung schließt die Genehmigung nach § 60 Abs. 1 der Landesbauordnung und die Zustimmung nach § 75 der Landesbauordnung ein; § 60 Abs. 2 der Landesbauordnung bleibt unberührt. Die Genehmigung wird von der nach § 30 Abs. 1 für die

Erlaubnis der Einleitung zuständigen Wasserbehörde erteilt, sofern das Abwasser in eine öffentliche Kanalisation eingeleitet wird, von der unteren Wasserbehörde. In den der Bergaufsicht unterstehenden Betrieben ist das Landesoberbergamt für die Genehmigung zuständig.

Eine wesentliche Änderung einer Abwasserbehandlungsanlage liegt dann vor, wenn durch eine bauliche Veränderung der Anlage oder durch die damit verbundene Änderung ihres Betriebes nachteilige Auswirkungen auf

1. Menschen, Tiere und Pflanzen, Boden, Wasser, Luft, Klima und Landschaft einschließlich der jeweiligen Wechselwirkungen,

2. Kultur- und sonstige Sachgüter

eintreten können.

(2 a) Werden Abwasserbehandlungsanlagen serienmäßig hergestellt, können sie vom Landesamt für Wasser und Abfall der Bauart nach zugelassen werden. Die Bauartzulassung kann inhaltlich beschränkt, befristet und mit Nebenbestimmungen verbunden werden. Bauartzulassungen aus dem übrigen Bundesgebiet gelten auch in Nordrhein-Westfalen.

Ein baurechtliches Prüfzeichen oder eine baurechtliche Zulassung ersetzt die Bauartzulassung. Für diese Anlagen entfällt die Genehmigungspflicht. Die Sätze 1 bis 3 sind nicht anzuwenden, wenn für die Genehmigung der Abwasserbehandlungsanlage ein Genehmigungsverfahren nach Absatz 2 Satz 3 durchzuführen ist.

(3) Die Genehmigung darf nur versagt oder mit Nebenbestimmungen verbunden werden, wenn das wohl der Allgemeinheit es erfordert. Leitet der Betreiber der Abwasserbehandlungsanlage das Abwasser in eine öffentliche Kanalisation ein, ohne daß er dafür eine Genehmigung nach § 59 bedarf, kann ihm aufgegeben werden, bestimmte Werte im Ablauf der Anlage einzuhalten.

§ 59

Indirekteinleitungen

(1) Die oberste Wasserbehörde wird ermächtigt, durch ordnungsbehördliche Verordnung die Einleitung von Abwasser mit gefährlichen Stoffen (§ 7 a Abs. 1 und 3 des Wasserhausaltsgesetzes) in öffentliche Abwasseranlagen (Indirekteinleitung) zu untersagen oder einer widerruflichen Genehmigung durch die untere Wasserbehörde zu unterwerfen. Die untere Wasserbehörde kann im Genehmigungsverfahren widerruflich zulassen, daß der Antragsteller bereits vor Erteilung der Genehmigung die Einleitung in eine öffentliche Abwasseranlage vornimmt, wenn mit einer Entscheidung zu seinen Gunsten gerechnet werden kann. Die Zulassung kann befristet und mit Bedingungen und Auflagen verbunden werden.

(2) In der Genehmigung sind dem Stand der Technik entsprechende Anforderungen an die Indirekteinleitung festzulegen, sofern nicht die Genehmigung zu versagen ist, oder in entsprechender Anwendung von § 6 des Wasserhaushaltsgesetzes schärfere Anforde-

rungen zu stellen sind. Dem Indirekteinleiter kann insbesondere aufgegeben werden, dem Abwasser bestimmte Stoffe fernzuhalten, im Abwasser bestimmte Werte einzuhalten, bestimmte Verfahren und Betriebsweisen bei der Herstellung von Produkten und bei der Anwendung gefährlicher Stoffe einzuhalten und bestimmte Abwasserbehandlungsanlagen zu betreiben. Die im Abwasser einzuhaltenden Werte können auch für den Ort des Anfalls des Abwassers oder für Abwasserströme vor einer der Indirekteinleitung vorausgehenden Vermischung des Abwassers festgelegt werden. Die Genehmigung kann mit weiteren Nebenbestimmungen verbunden werden, um nachteilige Wirkungen für das Wohl der Allgemeinheit zu verhüten oder auszugleichen.

(3) Stand der Technik im Sinne dieser Vorschrift ist der Entwicklungsstand verfügbarer fortschrittlicher Verfahren, Einrichtungen und Betriebsweisen zur bestmöglichen Begrenzung von Emissionen gefährlicher Stoffe im Abwasser, ohne daß dadurch die Umwelt in anderer Weise schädlicher beeinträchtigt wird. Soweit Indirekteinleitungen unter den Anwendungsbereich von Verwaltungsvorschriften der Bundesregierung nach § 7 a Abs. 1 des Wasserhaushaltsgesetzes fallen, gelten deren Anforderungen an gefährliche Stoffe als dem Stand der Technik im Sinne dieser Vorschrift entsprechend.

(4) § 5 des Wasserhaushaltsgesetzes ist entsprechend anzuwenden.

(5) Die Betreiber von öffentlichen Abwasseranlagen haben ungenehmigte, aber genehmigungspflichtige Indirekteinleitungen und Verstöße gegen Anforderungen in einer Genehmigung unverzüglich der unteren Wasserbehörde mitzuteilen.

§ 60
Selbstüberwachung von Abwassereinleitungen

(1) Wer Abwasser in ein Gewässer einleitet, ist verpflichtet, das Abwasser durch eigenes Personal mit geeigneter Vorbildung zu untersuchen oder auf seine Kosten durch eine von ihm beauftragte geeignete Stelle untersuchen zu lassen. Die oberste Wasserbehörde wird ermächtigt, durch Rechtsverordnung im Einvernehmen mit dem Ausschuß für Landwirtschaft, Forsten und Naturschutz des Landtags Gruppen von Abwassereinleitern, deren Abwasser keiner Behandlung bedarf oder von deren Abwassereinleitungen keine erhebliche Beeinträchtigung des Wasserhaushalts zu erwarten ist, von dieser Verpflichtung zu befreien.

(2) Die oberste Wasserbehörde wird ermächtigt, durch Rechtsverordnung Regelungen zu treffen über

1. die Ermittlung der Abwassermenge,

2. Häufigkeit, Dauer sowie Art und Umfang der Probeentnahmen,

3. die Behandlung und Untersuchung der entnommenen Proben insbesondere darüber, welche Merkmale und Inhaltsstoffe des Abwassers zu untersuchen sind, wie bei den Untersuchungen zu verfahren ist und in welcher Art und in welchem Umfang Untersuchungsergebnisse aufzuzeichnen sind.

(3) Die nach § 30 Abs. 1 für die Erlaubnis der Abwassereinleitung zuständige Wasserbehörde kann den Abwassereinleiter von der Untersuchungspflicht nach den Absätzen 1 und 2 ganz oder teilweise befreien, wenn keine erhebliche Beeinträchtigung des Wasserhaushalts zu erwarten ist.

(4) Die Untersuchungsergebnisse sind von demjenigen, der die Untersuchung durchgeführt hat, mindestens drei Jahre aufzubewahren und auf Anforderung dem Staatlichen Amt für Wasser- und Abfallwirtschaft unmittelbar vorzulegen.

§ 60 a

Selbstüberwachung von Indirekteinleitungen

Wer Abwasser genehmigungspflichtig in eine öffentliche Abwasseranlage einleitet, kann von der unteren Wasserbehörde zur Selbstüberwachung, insbesondere dazu verpflichtet werden, Betriebseinrichtungen und Abwasserbehandlungsanlagen nachzuweisen, Aufzeichnungen über Betriebsvorgänge und eingesetzte Stoffe zu fertigen und das Abwasser durch eine von der oberen Wasserbehörde zugelassene Stelle untersuchen zu lassen. Die untere Wasserbehörde kann widerruflich zulassen, daß der Indirekteinleiter die Untersuchungen ganz oder teilweise selbst durchführt. Der Abwassereinleiter hat die Nachweise, Aufzeichnungen und Untersuchungsergebnisse der unteren Wasserbehörde und dem Betreiber der öffentlichen Abwasseranlage in den von der unteren Wasserbehörde bestimmten Zeitabständen ohne besondere Aufforderung regelmäßig vorzulegen. § 60 Abs. 2 gilt entsprechend.

§ 61

Selbstüberwachung von Abwasseranlagen

(1) Wer eine nach § 58 genehmigungspflichtige Abwasseranlage betreibt, ist verpflichtet, ihren Zustand, ihre Unterhaltung und ihren Betrieb selbst zu überwachen und hierüber Aufzeichnungen zu fertigen. Die Aufzeichnungen sind mindestens drei Jahre lang aufzubewahren und auf Verlangen der nach § 116 Abs. 2 zuständigen Wasserbehörde, dem Staatlichen Amt für Wasser- und Abfallwirtschaft und dem Landesamt für Wasser und Abfall vorzulegen. § 60 Abs. 1 Satz 3 gilt entsprechend. Kommt der Betreiber einer Abwasserbehandlungsanlage seinen Verpflichtungen nach § 57 Abs. 3 nicht rechtzeitig nach, kann er von der nach § 58 für die Genehmigung zuständigen Wasserbehörde verpflichtet werden, auf seine Kosten die Anlage oder Teile von ihr regelmäßig durch einen von der oberen Wasserbehörde zugelassenen Sachverständigen überprüfen zu lassen. Die zuständige Wasserbehörde legt dabei Art, Umfang und Häufigkeit der Überprüfungen fest. Der Sachverständige hat das Prüfergebnis, insbesondere bei der Überprüfung festgestellte Mängel, dem Betreiber, festgestellte Mängel auch der zuständigen Wasserbehörde mitzuteilen. Der Betreiber hat die Mängel unverzüglich abzustellen und die zuständige Wasserbehörde darüber zu unterrichten.

(2) Die oberste Wasserbehörde wird ermächtigt, durch Rechtsverordnung Regelungen zu treffen über

1. die vom Betreiber zu beobachtenden Einrichtungen und Vorgänge, die Häufigkeit der Beobachtung, die Art und den Umfang der zu ermittelnden Betriebskenndaten und die Häufigkeit ihrer Ermittlung sowie Art und Umfang der Aufzeichnungen über die Beobachtungen und Ermittlungen,

2. die Verpflichtung des Betreibers, Unterlagen den in Absatz 1 Satz 2 genannten Behörden und Fachdienststellen ohne besondere Aufforderung regelmäßig vorzulegen,

3 die ohne besondere wasserbehördliche Anordnung von Sachverständigen im Auftrag und auf Kosten des Betreibers regelmäßig zu überprüfenden Anlagen oder Anlageteile sowie über die Art, den Umfang und die Häufigkeit der Überprüfungen.

(3) Bei Abwassereinleitungen kann die nach § 30 Abs. 1 für die Erlaubnis zuständige Wasserbehörde und bei Indirekteinleitungen die untere Wasserbehörde den Abwassereinleiter oder den Indirekteinleiter von der Pflicht zur Selbstüberwachung nach den Absätzen 1 und 2 ganz oder teilweise befreien, wenn keine erhebliche Beeinträchtigung des Wohls der Allgemeinheit zu erwarten ist.

§ 62
(Zu §§ 21 a, 21 b, 21 c WHG)
Zuständigkeiten im Zusammenhang mit Gewässerschutzbeauftragten

Zuständig für

1. Anordnungen nach § 21 a Abs. 2 des Wasserhaushaltsgesetzes (Bestellung eines Gewässerschutzbeauftragten im Einzelfall),

2. Regelungen nach § 21 b Abs. 3 des Wasserhaushaltsgesetzes (Regelung der Aufgaben der Gewässerschutzbeauftragten im Einzelfall),

3. die Entgegennahme von Anzeigen nach § 21 c Abs. 1 Satz 2 des Wasserhaushaltsgesetzes (Anzeige der Bestellung) und

4. Anordnungen nach § 21 c Abs. 2 Satz 2 des Wasserhaushaltsgesetzes (Bedenken gegen Gewässerschutzbeauftragte)

sind die nach § 30 Abs. 1 für die Erlaubis der Abwassereinleitung zuständigen Wasserbehörden, in den der Bergaufsicht unterstehenden Betrieben die Bergämter.

§ 63
(Zu § 21 g WHG)
Gewässerschutzbeauftragte bei Abwasserverbänden

Der Gewässerschutzbeauftragte eines Abwasserverbandes wird von dessen Vorstand bestellt.

Siebenter Teil

Abwasserabgabe

Abschnitt I
Abgabepflicht, Umlage der Abgabe

§ 64
(Zu §§ 8, 9 AbwAG)
Abgabepflicht anderer als der Abwassereinleiter

(1) Die Gemeinden sind außer für eigene Einleitungen auch an Stelle der Abwassereinleiter abgabepflichtig, die weniger als acht Kubikmeter je Tag Schmutzwasser aus Haushaltungen oder ähnliches Schmutzwasser einleiten (Kleineinleiter). Sie sind ferner, vorbehaltlich der Regelung in Absatz 2, für alle Einleitungen von Niederschlagswasser aus öffentlichen Kanalisationen (§ 7 Abs. 1 Satz 1 des Abwasserabgabengesetzes) abgabepflichtig.

(2) Der Einleiter von Abwasser aus einer Abwasserbehandlungsanlage ist außer für seine Einleitung auch an Stelle Dritter für die Einleitungen von Niederschlagswasser aus einer Kanalisation abgabepflichtig, sofern aus ihr Niederschlagswasser ganz oder teilweise seiner Abwasserbehandlungsanlage zugeführt wird.

§ 65
(Zu § 9 AbwAG)
Umlage der Abgabe durch Gemeinden und Abwasserverbände

(1) Die Gemeinden wälzen

1. die von ihnen für eigene Einleitungen zu entrichtenden,

2. die von ihnen nach § 64 Abs. 1 an Stelle von Abwassereinleitern zu entrichtenden und

3. die nach Absatz 2 von Abwasserverbänden auf sie umgelegten

Abwassergaben durch Gebühren nach §§ 6 und 7 des Kommunalabgabengesetzes auf die Eigentümer und Nutzungsberechtigten der Grundstücke, auf denen das Abwasser anfällt, und auf die Abwassereinleiter ab. Die Abwälzung kann im Rahmen der Erhebung von Abwassergebühren erfolgen.

(2) Die Abwasserverbände legen die für die eigenen Einleitungen, für Einleitungen Dritter im Sinne des § 64 Abs. 2 und für Flußkläranlagen zu entrichtenden Abwasserabgaben im Rahmen der Erhebung von Verbandsbeiträgen auf die Mitglieder um, deren Abwasser der Verband ganz oder teilweise behandelt und einleitet.

(3) Bei der Abwälzung und der Umlage nach den Absätzen 1 und 2 ist von Maßstäben auszugehen, die zu der Schädlichkeit des Abwassers nicht in einem offensichtlichen Mißverhältnis stehen.

§ 66

(Zu § 10 AbwAG)
Ausnahmen von der Abgabepflicht, Aufrechnung

(1) Die obere Wasserbehörde kann den Einleiter von Abwasser in Untergrundschichten, in denen das Grundwasser wegen seiner natürlichen Beschaffenheit für eine Trinkwassergewinnung mit den herkömmlichen Aufbereitungsverfahren nicht geeignet ist, von der Abgabepflicht auf Antrag widerruflich befreien, wenn die Einleitung in den Untergrund im Interesse des Wohls der Allgemeinheit einer Einleitung in ein oberirdisches Gewässer vorzuziehen ist.

(2) Der Abgabepflichtige hat im Fall des § 10 Abs. 3 des Abwasserabgabengesetzes dem zuständigen Staatlichen Amt für Wasser- und Abfallwirtschaft innerhalb eines Monats nach dem Zeitpunkt der vorgesehenen Inbetriebnahme der Abwasserbehandlungsanlage anzuzeigen, ob die Anlage in Betrieb genommen wurde.

(3) Können die gemäß § 10 Abs. 4 des Abwasserabgabengesetzes zur Hälfte aufrechenbaren zusätzlichen Aufwendungen für die Errichtung einer Abwasserbehandlungsanlage nicht gesondert ausgewiesen werden, richtet sich deren Höhe nach dem Vomhundertsatz, um den der von der Abwasserbehandlungsanlage zu erwartende Überwachungswert den den allgemein anerkannten Regeln der Technik entsprechenden Überwachungswert unterschreitet. Der dem Eineinhalbfachen dieses Vomhundertsatzes entsprechende Anteil an den Gesamtkosten gilt als zuätzliche Aufwendungen.

Abschnitt II

Bewertungsgrundlagen

§ 67

(aufgehoben)

§ 68

(Zu § 3 AbwAG)
Besonderheiten bei Nachklärteichen

Wird ein Gewässer oder ein Gewässerteil als Nachklärteich zur Abwasserbehandlung in Anspruch genommen und ist er der Abwasserbehandlungsanlage klärtechnisch unmittelbar zugeordnet, bleibt auf Antrag des Abgabepflichtigen die Zahl der Schadeneinheiten insoweit außer Ansatz, als sie nach dem geschätzten Wirkungsgrad der zur Nachklärung errichteten und betriebenen Einrichtungen vermindert wird. Den Umfang der Verminderung schätzt das Staatliche Amt für Wasser- und Abfallwirtschaft.

Abschnitt III

Ermitteln der Schädlichkeit

§ 69

(Zu §§ 2, 4, 9 AbwAG)
Ermitteln auf Grund des wasserrechtlichen Bescheides

(1) Die nach § 30 Abs. 1 und 2 zuständige Wasserbehörde hat in dem die Abwassereinleitung zulassenden oder sie nachträglich beschränkenden Bescheid zur Ermittlung der Zahl der Schadeinheiten der Schmutzwassereinleitung von Amts wegen festzusetzen

1. die Jahresschmutzwassermenge,

2. die Überwachungswerte (§ 4 Abs. 1 des Abwasserabgabengesetzes).

Sofern Schmutzwasser und Niederschlagswasser vermischt eingeleitet werden, sind die Jahresschmutzwassermenge für das Schmutzwasser und die Überwachungswerte für das Abwasser (§ 2 Abs. 1 des Abwasserabgabengesetzes) festzusetzen. Enthalten bereits erteilte Bescheide die nach den Sätzen 1 und 2 erforderlichen Angaben nicht, sind die Bescheide nachträglich zu ergänzen. Die festgesetzte Jahresschmutzwassermenge ist mindestens einmal in fünf Jahren zu überprüfen und erforderlichenfalls neu festzusetzen. Der Einleiter hat dazu auf Anforderung die Jahresschmutzwassermenge entsprechend Absatz 2 zu ermitteln und bis zum 1. März des darauf folgenden Jahres der nach Satz 1 zuständigen Behörde zusammen mit den dabei zugrundegelegten Meßergebnissen und Daten mitzuteilen.

(2) Die Jahresschmutzwassermenge wird aus einzelnen von Niederschlag unbeeinflußten Schmutzwassermengen in kürzeren Zeiträumen hochgerechnet. Dabei sind regelmäßig wiederkehrende Schwankungen des Schmutzwasseranfalls im Verlauf des Jahres oder kürzerer Zeitabschnitte angemessen zu berücksichtigen.

(3) Die Überwachungswerte werden für

1. die oxidierbaren Stoffe (CSB) in Milligramm Sauerstoffbedarf (O_2) je Liter,

2. die organischen Halogenverbindungen als adsorbierbare organisch gebundene Halogene (AOX) in Mikrogramm je Liter,

3. Quecksilber, Cadmium, Chrom, Nickel, Blei, Kupfer und ihre Verbindungen in Mikrogramm Metall je Liter,

4. die Giftigkeit gegenüber Fischen, ermittelt als Verdünnungsfaktor des Abwassers in ganzen Zahlen,

bestimmt aus der nicht abgesetzten homogenisierten Probe, festgesetzt.

(4) Wird das Wasser eines Gewässers in einer Flußkläranlage gereinigt, kann die obere Wasserbehörde durch Rechtsverordnung bestimmen, daß die Abgabe für Schmutzwassereinleitungen in dem Bereich, für den die Kläranlage bestimmt ist (Einzugsbereich der Kläranlage), vom Betreiber der Flußkläranlage zu zahlen ist und nach der Zahl der Schadeinheiten im Gewässer unterhalb der Flußkläranlage berechnet wird. In der

Verordnung sind die Gewässer oder Gewässerabschnitte zu bestimmen, die zum Einzugsbereich der Kläranlage gehören; dabei sind unverschmutzte oder zur Sanierung vorgesehene Gewässer oder Gewässerabschnitte nicht einzubeziehen. Der Einzugsbereich ist der Entwicklung jeweils anzupassen. Die wasserrechtliche oder verbandsaufsichtliche Genehmigung der Flußkläranlage gilt als Bescheid im Sinne des § 4 Abs. 2 des Abwasserabgabengesetzes, wenn in ihr die nach Absatz 1 erforderlichen Angaben enthalten sind. Der für die Flußkläranlage Abgabepflichtige zahlt auch die Abgabe für das über eine öffentliche Kanalisation im Einzugsgebiet der Flußkläranlage eingeleitete Niederschlagswasser. Die in § 73 Abs. 2 vorgesehene Freistellung von der Abgabepflicht gilt auch, wenn die entsprechenden Voraussetzungen im Zusammenhang mit dem Betrieb der Flußkläranlage vorliegen.

(5) Ein Abwassereinleiter, dessen Abwassereinleitung nicht durch einen den Anforderungen des § 4 Abs 1 des Abwasserabgabengesetzes in Verbindung mit Absatz 1 dieser Vorschrift entsprechenden Bescheid zugelassen ist, hat der nach Absatz 1 zuständigen Behörde unverzüglich die Daten und Unterlagen vorzulegen und die Auskünfte zu erteilen, die zur Ermittlung der nach Absatz 1 in den Bescheid aufzunehmenden Angaben erforderlich sind. Er hat insbesondere die jährlich zum 1. März von ihm für das vorangegangene Jahr entsprechend Absatz 2 ermittelte Jahresschmutzwassermenge und die dabei zugrundegelegten Meßergebnisse und Daten mitzuteilen. Er hat ferner die erforderlichen Ermittlungen zu dulden. § 117 findet Anwendung.

(6) Erklärt ein Abwassereinleiter gemäß § 4 Abs. 5 des Abwasserabgabengesetzes gegenüber der Festsetzungsbehörde, daß er im Erklärungszeitraum eine geringere als die im Bescheid für einen bestimmten Zeitraum begrenzte Abwassermenge einhalten wird, hat er auch anzugeben, auf Grund welcher besonderen Verhältnisse die geringere Abwassermenge zu erwarten ist, und nachzuweisen, welche Schmutzwassermenge sich für den Erklärungszeitraum daraus ergibt. Treffen diese Angaben und Nachweise nicht zu oder weist die Festsetzungsbehörde nach, daß die vom Abwassereinleiter erklärte Abwassermenge überschritten wurde, ist für den gesamten Erklärungszeitraum die diesem Zeitraum entsprechende Schmutzwassermenge der Festsetzung der Jahresschmutzwassermenge im Bescheid zu entnehmen. Der Abwassereinleiter hat die zur Überprüfung seiner Angaben erforderlichen Ermittlungen zu dulden. § 117 findet Anwendung.

§ 70

(Zu §§ 4, 5 AbwAG)
Überwachung der Abwassereinleitung

Die Überwachung nach § 4 Abs. 4 und 5 und nach § 6 Abs. 1 und 2 des Abwasserabgabengesetzes obliegt der für die Überwachung der Abwassereinleitung nach § 120 zuständigen Stelle. § 117 findet Anwendung.

§ 71

(aufgehoben)

§ 72

(Zu § 6 AbwAG)
Ermitteln in sonstigen Fällen

Zuständig für die Schätzung der Überwachungswerte und der Jahresschmutzwassermenge nach § 6 Abs. 1 Sätze 3 und 4 des Abwasserabgabengesetzes ist die Festsetzungsbehörde. § 117 findet Anwendung.

§ 73

(Zu §§ 7, 8 AbwAG)
Abgabefreiheit bei Kleineinleitungen und bei Einleitung von verschmutztem Niederschlagswasser

(1) Bei der Berechnung der Zahl der Schadeinheiten für Kleineinleitungen nach § 8 des Abwasserabgabengesetzes bleiben die Einwohner unberücksichtigt, deren gesamtes Schmutzwasser im Rahmen landbaulicher Bodenbehandlung auf landwirtschaftlich, forstwirtschaftlich oder gärtnerisch genutzte Böden aufgebracht wird oder deren gesamtes Schmutzwasser in einer Abwasserbehandlungsanlage behandelt wird, sofern die Gemeinde ihrer Verpflichtung zum Einsammeln, Abfahren und Aufbereiten des in der Anlage anfallenden Schlamms gemäß § 53 Abs. 1 nachkommt.

(2) Die Einleitung von Niederschlagswasser (§ 7 des Abwasserabgabengesetzes) bleibt auf Antrag abgabefrei, wenn die Anlagen zur Beseitigung des Niederschlagswassers und deren Betrieb den dafür in Betracht kommenden Regeln der Technik nach § 18 b Abs. 1 des Wasserhaushaltsgesetzes und des § 57 Abs. 1 dieses Gesetzes und die Einleitung des mit Niederschlagswasser vermischten Abwassers hinsichtlich der in § 69 Abs. 3 dieses Gesetzes genannten Parameter den Mindestanforderungen nach § 7 a Abs. 1 des Wasserhaushaltsgesetzes entsprechen. Enthält die Genehmigung nach § 58 Abs. 1 oder die Erlaubnis für die Einleitung schärfere Anforderungen, müssen auch diese eingehalten sein.

§ 74

(Zu § 4 AbwAG)
Abzug der Vorbelastung

(1) Zuständig für die Schätzung der Vorbelastung nach § 4 Abs. 3 Satz 1 des Abwasserabgabengesetzes ist die Festsetzungsbehörde.

(2) Die obere Wasserbehörde wird ermächtigt, durch Rechtsverordnung

1. die Gewässer oder Gewässerabschnitte, für die der Abzug der Vorbelastung einheitlich vorzunehmen ist, und

2. die für den Verlauf des Gewässers oder Gewässerabschnittes maßgeblichen einheitlichen mittleren Schadstoffkonzentrationen und den mittleren Verdünnungsfaktor der Vorbelastung

festzulegen. Die einheitlichen mittleren Schadstoffkonzentrationen und der mittlere Verdünnungsfaktor sind auf der Grundlage von Gewässeruntersuchungen und unter Berücksichtigung der zu erwartenden Veränderungen des Gewässers für einen Zeitraum festzulegen, der fünf Jahre nicht unterschreiten soll.

Abschnitt IV
Festsetzen und Erheben der Abgabe

§ 75
(Zu § 11 AbwAG)
Abgabeerklärung

Wird die Abgabe nicht auf Grund des die Abwassereinleitung zulassenden Bescheids oder auf Grund der Genehmigung einer Flußkläranlage ermittelt, hat der Abgabepflichtige unbeschadet seiner Verpflichtung nach § 6 Abs. 1 des Abwasserabgabengesetzes die für die Ermittlung oder Schätzung der Abgabe notwendigen Daten und Unterlagen der Festsetzungsbehörde unaufgefordert spätestens drei Monate nach Ablauf des Veranlagungszeitraums vorzulegen (Abgabeerklärung). Ist der Abgabepflichtige nicht selbst Abwassereinleiter, hat ihm dieser die notwendigen Daten und Unterlagen zur Verfügung zu stellen. Die Festsetzungsbehörde kann die Frist zur Abgabeerklärung längstens um ein halbes Jahr verlängern.

§ 76
Festsetzungsbehörde

Zuständig für die Schätzung der Abwasserabgabe ist das Landesamt für Wasser und Abfall (Festsetzungsbehörde).

§ 77
Festsetzen der Abgabe

(1) Die Abgabe wird von der Festsetzungsbehörde jährlich festgesetzt. Der Festsetzungsbescheid bedarf der Schriftform und ist zuzustellen.

(2) Die Festsetzungsfrist für die Veranlagungszeiträume 1989 bis 1992 beträgt drei Jahre nach Ablauf des Veranlagungszeitraums, im Fall der Abgabeerklärung seit Vorlage der notwendigen Daten und Unterlagen; danach beträgt die Festsetzungsfrist zwei Jahre. Die Festsetzungsfrist beträgt zehn Jahre, soweit eine Abgabe hinterzogen oder leichtfertig verkürzt worden ist.

§ 78

Fälligkeit, Verjährung

(1) Die Abgabe ist innerhalb von drei Monaten nach Zustellung des Festsetzungsbescheides zu entrichten.

(2) Der Anspruch auf Zahlung der Abgabe und der Anspruch auf Erstattung überzahlter Beträge verjähren in fünf Jahren. Die Verjährung beginnt mit Ablauf des Kalenderjahres, in dem die Abgabe fällig geworden oder in dem der Erstattungsanspruch entstanden ist.

§ 79

(aufgehoben)

§ 80

Einziehen der Abgabe, Stundung, Erlaß

(1) Die Abgabe wird von der Festsetzungsbehörde eingezogen.

(2) Die Festsetzungsbehörde kann die Abgabe ganz oder teilweise stunden, wenn die Einziehung bei Fälligkeit eine erhebliche Härte für den Abgabeschuldner bedeuten würde und der Anspruch durch die Stundung nicht gefährdet erscheint.

(3) Die Festsetzungsbehörde kann die Abgabe ganz oder teilweise erlassen, wenn deren Einziehung nach Lage des einzelnen Falles unbillig wäre; unter den gleichen Voraussetzungen können bereits entrichtete Beträge erstattet oder angerechnet werden.

Abschnitt V

Verwenden der Abgabe

§ 81

(Zu § 13 AbwAG)
Zweckbindung

(1) Die Einnahmen aus der Abgabe werden nach Abzug des Aufwands gemäß § 82 entsprechend der Zweckbindung in § 13 des Abwasserabgabengesetzes verwendet.

(2) Der gleichen Zweckbindung unterliegen Rückflüsse aus Zuwendungen, die aus dem Aufkommen der Abwasserabgabe gewährt wurden.

§ 82

(Zu § 13 AbwAG)
Verwaltungsaufwand

Der für Festsetzen und Erheben der Abgabe entstehende Aufwand wird ganz, der bei der Überwachung gemäß § 4 Abs. 4 und 5, § 6 des Abwasserabgabengesetzes und § 70 dieses Gesetzes entstehende Aufwand wird zu einem Drittel aus dem Aufkommen gedeckt.

§ 83

(Zu § 13 AbwAG)
Mittelvergabe

(1) Aus dem Abgabeaufkommen sind unter Berücksichtigung

1. örtlicher und regionaler Schwerpunkte für die Sanierung von Gewässern und

2. sektoraler Schwerpunkte der Gewässerverschmutzung durch besonders schädliche Faktoren

Maßnahmen, die der Erhaltung oder Verbesserung der Gewässergüte dienen, zu fördern. Dabei sind die in Bewirtschaftungsplänen vorgesehenen Maßnahmen vorrangig zu berücksichtigen.

(2) Die oberste Wasserbehörde fördert die einzelnen Maßnahmen in der Reihenfolge ihrer Dringlichkeit nach Weisung des Ministers für Umwelt, Raumordnung und Landwirtschaft.

§ 85

Entsprechende Anwendung anderer Vorschriften

Bei Vollzug des Siebenten Teil dieses Gesetzes sind folgende Vorschriften in ihrer jeweils geltenden Fassung entsprechend anzuwenden:

1. aus der Abgabenordnung die Bestimmungen über

   a) den Steuerpflichtigen nach §§ 34 und 35,

   b) das Steuerschuldverhältnis nach §§ 42, 44, 45 und 48,

   c) die Haftung §§ 69 bis 71, 73 bis 75 und 77,

   d) Fristen, Termine, Wiedereinsetzung §§ 108 bis 110,

   e) Form, Inhalt, Berichtigung von Steuererklärungen §§ 150 Abs. 1, 153 Abs. 1,

   f) Aufrechnung § 226, Verzinsung §§ 234 bis 236 Abs. 1 und 2, jedoch ohne Nr. 2 b, § 237 Abs. 1, 2 und 4, § 238, Säumniszuschläge § 240;

2. aus dem Bürgerlichen Gesetzbuch die Bestimmungen über die Art der Sicherheitsleistung §§ 232, 234 und 240.

Elfter Teil

Gewässeraufsicht

Abschnitt I

Allgemeine Vorschriften

§ 116

Aufgabe und Zuständigkeit

(1) Aufgabe der Gewässeraufsicht ist es,

1. die Gewässer und ihre Benutzung,

1a. die Indirekteinleitungen,

2. die Beschaffenheit des Rohwassers für die öffentliche Trinkwasserversorgung,

3. die Wasserschutzgebiete,

4. die Überschwemmungsgebiete,

5. die Talsperren und Rückhaltebecken,

6. die Deiche,

7. die Anlagen, die unter das Wasserhaushaltsgesetz, dieses Gesetz oder die dazu erlassenen Vorschriften fallen,

zu überwachen. Zur Gewässeraufsicht gehören auch die Bauüberwachung und Bauzustandsbesichtigung der baulichen Anlagen, bei deren Genehmigung nach den Vorschriften dieses Gesetzes auch die Einhaltung der baurechtlichen Vorschriften zu prüfen ist. Werden Gewässerbenutzungen ohne die erforderliche Erlaubnis oder Bewilligung ausgeübt, Indirekteinleitungen ohne die erforderliche Genehmigung vorgenommen, Gewässer ohne die erforderliche Planfeststellung oder Genehmigung ausgebaut, Anlagen ohne die erforderliche Genehmigung, Eignungsfeststellung oder Bauartzulassung errichtet, eingebaut, betrieben oder wesentlich geändert, kann die nach Absatz 2 zuständige Behörde verlangen, daß ein entsprechender Antrag gestellt wird.

(2) Die Gewässeraufsicht obliegt der allgemeinen Wasserbehörde, soweit nichts anderes bestimmt ist. Die Überwachung

1. von Abwassereinleitungen obliegt der Wasserbehörde, die nach § 30 Abs. 1 für die Erlaubnis zuständig wäre,

1a. von Indirekteinleitungen obliegt der unteren Wasserbehörde,

2. der Beschaffenheit des Rohwassers und von Aufbereitungsanlagen für die öffentliche Trinkwasserversorgung obliegt der Wasserbehörde, die nach § 30 Abs. 1 für die Erlaubnis oder Bewilligung der Rohwasserentnahme zuständig wäre,

3. von Abwasseranlagen obliegt der Wasserbehörde, die nach § 58 für die Genehmigung zuständig wäre.

§ 18 Abs. 3 Satz 3 bleibt unberührt. In den der Bergaufsicht unterstehenden Betrieben nimmt das Bergamt die Gewässeraufsicht im Zusammenwirken mit der nach den Sätzen 1 und 2 zuständigen Wasserbehörde wahr.

(3) Bei der Überwachung

1. der Abwassereinleitungen und der Indirekteinleitungen,

2. der Beschaffenheit des Rohwassers für die öffentliche Trinkwasserversorgung,

3. der Abwasserbehandlungsanlagen und der Aufbereitungsanlagen für die öffentliche Trinkwasserversorgung,

4. der Gewässer und Anlagen, deren Überwachung der oberen Wasserbehörde obliegt, namentlich der Talsperren und Rückhaltebecken im Sinne des § 105, der Deiche an Gewässern erster Ordnung

werden die nach Absatz 2 zuständigen Wasserbehörden von den Staatlichen Ämtern für Wasser- und Abfallwirtschaft und dem Landesamt für Wasser und Abfall unterstützt.

(4) Wer glaubhaft macht, daß er durch die Änderung der Beschaffenheit eines Gewässers einen Schaden erlitten hat und daß er ein rechtliches Interesse an den mit dem Schadensereignis in zeitlichem, räumlichem oder sachlichem Zusammenhang stehenden Erkenntnissen hat, kann insoweit von der nach Absatz 2 für die Gewässeraufsicht zuständige Behörde, in den Fällen des Absatzes 3 auch vom Staatlichen Amt für Wasser- und Abfallwirtschaft und vom Landesamt für Wasser und Abfall Auskunft verlangen und die verfügbaren Akten, Daten und Unterlagen einsehen. Die Rechte nach Satz 1 stehen auch demjenigen zu, der als Schädiger zum Schadensersatz in Anspruch genommen wird. Die Behörde oder Dienststelle ist zur Auskunft und zur Gestattung der Einsichtnahme nicht verpflichtet, soweit sie die ordnungsgemäße Erfüllung der Aufgaben der Behörde oder Dienststelle beeinträchtigen würde, die Vorgänge nach einem Gesetz geheimgehalten werden müssen oder das Geheimhaltungsinteresse dritter Personen überwiegt.

§ 117

Besondere Pflichten

(1) Die Bediensteten der für die Gewässeraufsicht zuständigen Wasserbehörde, des Landesamts für Wasser und Abfall, der Staatlichen Ämter für Wasser- und Abfallwirtschaft und die mit Berechtigungsausweis versehenen Beauftragten dieser Behörden und Fachdienststellen sind befugt, zur Überwachung nach § 21 des Wasserhaushaltsgesetzes, zur Ermittlung der Grundlagen des Wasserhaushalts und zur Durchführung der Gewässeraufsicht Gewässer zu befahren und Grundstücke zu betreten. Die Eigentümer und Nutzungsberechtigten haben das Betreten von Grundstücken und Räumen zu dulden und die zu überwachenden Anlagen und die damit zusammenhängenden Einrichtungen zugänglich zu machen, erforderliche Auskünfte zu erteilen, die erforderlichen Arbeitskräfte, Unterlagen und Werkzeuge zur Verfügung zu stellen und technische Ermittlungen und Prüfungen zu dulden.

(2) Der zur Erteilung einer Auskunft Verpflichtete kann die Auskunft auf solche Fragen verweigern, deren Beantwortung ihn selbst oder einen der in § 383 Abs. 1 Nrn. 1 bis 3 der Zivilprozeßordnung bezeichneten Angehörigen der Gefahr strafrechtlicher Verfolgung oder eines Verfahrens nach dem Gesetz über Ordnungswidrigkeiten aussetzen würde.

§ 118
Kosten der Gewässeraufsicht

Wird zu Maßnahmen der Gewässeraufsicht dadurch Anlaß gegeben, daß jemand unbefugt handelt oder Auflagen nicht erfüllt, können ihm die Kosten dieser Maßnahmen auferlegt werden. Zu diesen Kosten gehören insbesondere Kosten für die Ermittlung des Schadens und der Verantwortlichen.

§ 119
Gemeinsame Durchführung von Aufgaben

Sind Gemeinden, Kreise oder Wasserverbände nach diesem Gesetz zur gemeinsamen Durchführung einer Aufgabe verpflichtet und kommen sie ihrer Verpflichtung nicht oder nur unzureichend nach, können sie zu einer öffentlich-rechtlichen Körperschaft nach den dafür geltenden Vorschriften zusammengeschlossen werden.

Abschnitt II
Besondere Vorschriften

§ 120
Überwachung von Abwassereinleitungen

Abwassereinleitungen von im Jahresdurchschnitt mehr als ein Kubikmeter je zwei Stunden sind in der Weise zu überwachen, daß mehrmals im Jahr Proben zu entnehmen und zu untersuchen sind. Ausgenommen sind Einleitungen von Abwasser, das keiner Behandlung bedarf, und Abwassereinleitungen, von denen keine erhebliche Beeinträchtigung des Wasserhaushalts zu erwarten ist. Die zur Überwachung erforderlichen Probeentnahmen und Untersuchungen werden von den Staatlichen Ämtern für Wasser- und Abfallwirtschaft oder in den von der oberen Wasserbehörde festgelegten Fällen von Untersuchungsstellen durchgeführt, die im Auftrag der Staatlichen Ämter für Wasser- und Abfallwirtschaft tätig werden. Im einzelnen Fall dürfen keine Untersuchungsstellen beauftragt werden, die für den Abwassereinleiter auf wasserwirtschaftlichem Gebiet gegen Entgelt bereits in anderer Weise, insbesondere als Gutachter oder im Rahmen der Selbstüberwachung tätig sind. In Fällen, die einen hohen Spezialisierungsgrad oder einen hohen apparativen Aufwand erfordern, wird das Landesamt für Wasser und Abfall auf Ersuchen der Staatlichen Ämter für Wasser- und Abfallwirtschaft tätig.

§ 121

Gewässerschau

(1) Die fließenden Gewässer zweiter Ordnung sind, soweit es zur Überwachung der ordnungsmäßigen Gewässerunterhaltung geboten ist, zu schauen. Dabei ist festzustellen, ob das Gewässer ordnungsgemäß unterhalten ist. Die Gewässerschau wird von der unteren Wasserbehörde, bei den von Unterhaltungsverbänden unterhaltenen Gewässern und Gewässerstrecken von der Aufsichtsbehörde des Unterhaltungsverbandes durchgeführt. Ist der Minister für Umwelt, Raumordnung und Landwirtschaft Aufsichtsbehörde des Unterhaltungsverbandes, führt die obere Wasserbehörde die Gewässerschau durch. Dem Staatlichen Amt für Wasser- und Abfallwirtschaft ist Gelegenheit zur Teilnahme zu geben.

(2) Den zur Gewässerunterhaltung Verpflichteten, den Eigentümer und Anliegern des Gewässers, den zur Benutzung des Gewässers Berechtigten, den Fischereiberechtigten und der unteren Landschaftsbehörde ist Gelegenheit zur Teilnahme und zur Äußerung zu geben, und in den Fällen, in denen die untere Wasserbehörde die Schau nicht selbst durchführt, auch dieser. Die Schautermine sind zwei Wochen vorher ortüblich öffentlich bekanntzumachen.

§ 125

Verändern oberirdischer Gewässer

(1) Zugunsten eines Unternehmens der Entwässerung oder der Abführung von Abwasser können die Eigentümer und Nutzungsberechtigten eines fließenden Gewässers und die Eigentümer und Nutzungsberechtigten der zur Durchführung des Unternehmens erforderlichen Grundstücke verpflichtet werden, die zur Herbeiführung eines besseren Wasserabflusses dienenden Veränderungen des Gewässers (Vertiefungen, Verbreiterungen, Durchstiche, Verlegungen) zu dulden.

(2) Absatz 1 gilt nur, wenn das Unternehmen anders nicht zweckmäßiger oder nur mit erheblichem Mehraufwand durchgeführt werden kann, der von dem Unternehmen zu erwartende Nutzen den Schaden der Betroffenen erheblich übersteigt und das Wohl der Allgemeinheit nicht entgegensteht.

§ 126

Benutzen oberirdischer Gewässer

(1) Zugunsten der auf einer Erlaubnis oder Bewilligung beruhenden Benutzung eines oberirdischen Gewässers, die der Gewässereigentümer nicht schon nach § 13 zu dulden hat, können der Eigentümer und der Nutzungsberechtigte des Gewässers verpflichtet werden, die Benutzung des Gewässers zu dulden.

(2) § 125 Abs. 2 gilt sinngemäß.

(3) Mit dem Erlöschen der Erlaubnis oder Bewilligung enden die hiermit in Zusammenhang stehenden Zwangsrechte.

§ 128

Durchleiten von Wasser und Abwasser

(1) Zugunsten eines Unternehmens der Entwässerung oder Bewässerung von Grundstücken, zum Schutz vor oder zum Ausgleich von Beeinträchtigungen des Natur- und Wasserhaushalts durch Wasserentzug, der Fortleitung von Wasser oder Abwasser und zugunsten einer Stauanlage können die Eigentümer und Nutzungsberechtigten der zur Durchführung des Unternehmens erforderlichen Grundstücke und Gewässer verpflichtet werden, das ober- und unterirdische Durchleiten von Wasser und Abwasser und die Unterhaltung der Leitungen zu dulden.

(2) Wasser und Abwasser dürfen nur in dichten Leitungen durchgeleitet werden, wenn sonst das Durchleiten Nachteile oder Belästigungen herbeiführen würde.

(3) § 125 Abs. 2 gilt sinngemäß.

§ 129

Mitbenutzen von Anlagen

(1) Der Unternehmer einer Grundstücksentwässerungs-, Wasserversorgungs- oder Abwasseranlage kann verpflichtet werden, deren Mitbenutzung einem anderen zu gestatten, wenn dieser die Entwässerung, Wasserversorgung, Abwasserbehandlung oder Abwasserfortleitung anders nicht zweckmäßig oder nur mit erheblichem Mehraufwand ausführen kann und das Wohl der Allgemeinheit nicht entgegensteht. Der Unternehmer einer Abwasseranlage kann auch dann verpflichtet werden, wenn die gemeinsame Benutzung der Anlagen in einem Abwasserbeseitigungsplan vorgesehen ist. Soll die Mitbenutzung in der Durchleitung von Wasser durch eine fremde Wasserversorgungsleitung bestehen, so kann sie nur einem Unternehmen der öffentlichen Wasserversorgung zugebilligt werden.

(2) Das Zwangsrecht kann nur erteilt werden, wenn der Betrieb der Anlagen des Unternehmers nicht wesentlich beeinträchtigt wird und der Mitbenutzer einen angemessenen Teil der Anlage- und Unterhaltungskosten übernimmt.

(3) Ist die Mitbenutzung zweckmäßig nur bei entsprechender Veränderung der Anlage möglich, so ist der Unternehmer verpflichtet, die Veränderung nach eigener Wahl entweder selbst vorzunehmen oder zu dulden. Den Aufwand der Veränderung trägt der Mitbenutzer.

(4) Die Absätze 1 bis 3 finden auch Anwendung auf den Unternehmer einer Grundstückbewässerungsanlage zugunsten der Eigentümer von Grundstücken, die zur Herstellung der Anlage in Anspruch genommen sind.

§ 130

Einschränkende Vorschriften

Die Vorschriften der §§ 125, 126 und 128 gelten nicht für Gebäude, Hofräume, Gärten und Parkanlagen. Ein Zwangsrecht kann jedoch erteilt werden, wenn Wasser oder Abwasser unterirdisch und in dichten Leitungen durchgeleitet werden soll.

§ 131

Entschädigungspflicht, Sonstiges

(1) In den Fällen des §§ 124 bis 129 ist der Betroffene zu entschädigen. Zur Entschädigung ist verpflichtet, wer die Erteilung des Zwangsrechts beantragt.

(2) § 8 Abs. 6 des Wasserhaushaltsgesetzes und § 26 Abs. 1 dieses Gesetzes gelten sinngemäß.

§ 132

Vorbereitung des Unternehmens

Auf Handlungen, die zur Vorbereitung eines die Erteilung eines Zwangsrechts rechtfertigenden Unternehmens erforderlich sind, ist § 5 des Gesetzes über die Enteignung von Grundeigentum vom 11. Juni 1874 (PrGS. NW. S. 47), zuletzt geändert durch Gesetz vom 28. November 1961 (GV. NW. S. 305) entsprechend anzuwenden. Die dort vorgeschriebene öffentliche Bekanntmachung kann unterbleiben.

§ 133

Zuständigkeit

Zuständig für die Erteilung von Zwangsrechten ist die untere Wasserbehörde; in den Fällen des § 126 findet § 30 entsprechende Anwendung.

Dreizehnter Teil

Entschädigung

§ 134

(Zu §§ 12, 15, 17, 19 WHG)
Entschädigungspflichtiger

In den Fällen des § 12 Abs. 1, § 15 Abs. 4 Satz 1 und § 17 Abs. 3 Satz 1 des Wasserhaushaltsgesetzes und im Fall des § 166 dieses Gesetzes ist das Land zur Entschädigung verpflichtet. Ist ein anderer als das Land durch die die Entschädigungspflicht auslösende Anordnung unmittelbar begünstigt, hat er dem Land die Entschädigung nach dem Maß seines Vorteils zu erstatten, soweit nicht im Einzelfall Billigkeitsgründe entgegenstehen. Die obere Wasserbehörde setzt den zu erstattenden Betrag fest.

§ 135

(Zu § 20 WHG)
Grunderwerbspflicht, Zuständigkeit

(1) Wird die Nutzung eines Grundstücks infolge der die Entschädigungspflicht auslösenden Verfügung unmöglich gemacht oder erheblich erschwert, so kann der Grund-

stückseigentümer verlangen, daß der Entschädigungspflichtige das betroffene Grundstück zum gemeinen Wert erwirbt. Ist der nicht betroffene Rest eines nur teilweise betroffenen Grundstücks nach seiner bisherigen Bestimmung nicht mehr zweckmäßig zu nutzen, so kann der Grundstückseigentümer den Erwerb auch des Restes verlangen.

(2) Ist das in das Eigentum des Entschädigungspflichtigen übergehende Grundstück mit Rechten Dritter belastet, so sind die Artikel 52 und 53 Abs. 1 des Einführungsgesetzes zum Bürgerlichen Gesetzbuch anzuwenden.

(3) Zuständig für die Entscheidung über die Entschädigung sind

1. der Regierungspräsident in den Fällen, in denen das Land zur Entschädigung verpflichtet ist, und für Entschädigungen, zu denen Dritte als Folge der Festsetzung von Wasser- und Heilquellenschutzgebieten verpflichtet sind,

2. in allen anderen Fällen die Behörde, welche die die Entschädigungspflicht auslösende behördliche Verfügung erläßt.

(4) § 20 des Wasserhaushaltsgesetzes und Absätze 1 und 2 dieser Vorschrift gelten sinngemäß für die nach den Vorschriften dieses Gesetzes zu leistende Entschädigung.

Vierzehnter Teil

Wasserbehörden

§ 136

Behördenaufbau

Oberste Wasserbehörde ist
der Minister für Umwelt, Raumordnung und Landwirtschaft,
obere Wasserbehörde
der Regierungspräsident,
untere Wasserbehörde
der Kreis und die kreisfreie Stadt.

§ 137

Allgemeine Wasserbehörde

Allgemeine Wasserbehörde ist

1. die obere Wasserbehörde

für Gewässer erster Ordnung,

für die mit Gewässern erster Ordnung in Verbindung stehenden Schiffahrtshäfen einschließlich ihrer Verbindungsstrecken,

für Talsperren, Hochwasserrückhaltebecken (§ 105 Abs. 2) und Rückhaltebecken außerhalb von Gewässern (§ 105 Abs. 3),

für Deiche an Gewässern erster Ordnung und sonstige Deiche, soweit sie im Rückstaugebiet von Gewässern erster Ordnung liegen;

2. die untere Wasserbehörde

für alle anderen Gewässer und Anlagen.

§ 138

Wasserbehörden als Sonderordnungsbehörden

Die Wasserbehörden sind Sonderordnungsbehörden. Die ihnen nach dem Wasserhaushaltsgesetz und diesem Gesetz obliegenden Aufgaben gelten als solche der Gefahrenabwehr. Ihre Befugnisse zur Gefahrenabwehr auf Grund allgemeinen Ordnungsrechts bleiben unberührt.

§ 139

Aufsichtsbehörden

(1) Die Aufsicht über die unteren Wasserbehörden führt die obere Wasserbehörde. Die Aufsicht über die Bergämter im Rahmen der Gewässeraufsicht führt das Landesoberbergamt.

(2) Die oberste Aufsicht wird von der obersten Wasserbehörde geführt.

§ 140

Bestimmung der zuständigen Behörde in besonderen Fällen

(1) Ist in derselben Sache die örtliche oder sachliche Zuständigkeit mehrerer Wasserbehörden oder mehrerer Staatlicher Ämter für Wasser- und Abfallwirtschaft begründet oder ist es zweckmäßig, eine Angelegenheit in benachbarten Bezirken einheitlich zu regeln, kann die gemeinsame nächsthöhere Behörde die zuständige Behörde bestimmen.

(2) Ist auch eine Behörde eines anderen Landes zuständig, so kann die Landesregierung mit der zuständigen Behörde des anderen Landes die gemeinsame zuständige Behörde vereinbaren.

Fünfzehnter Teil

Verwaltungsverfahren

Abschnitt I

Allgemeine Bestimmungen

§ 141

Geltungsbereich von Verordnungen

(1) Erstreckt sich der Geltungsbereich einer Verordnung oder einzelner ihrer Bestimmung nicht auf das Gebiet des Landes, eines Regierungsbezirks oder einer Gebietskör-

perschaft, ist der Geltungsbereich in der Verordnung zu beschreiben oder in Karten, Plänen oder Verzeichnissen darzustellen, die einen Bestandteil der Verordnung bilden. Die Karten, Pläne oder Verzeichnisse müssen erkennen lassen, welche Grundflächen von der Verordnung betroffen werden. Im Zweifel gilt ein Eigentümer oder Nutzungsberechtigter als nicht betroffen.

(2) Sind Karten, Pläne oder Verzeichnisse Bestandteile einer Verordnung, kann die Verkündung dieser Teile dadurch ersetzt werden, daß sie während der Geltungsdauer der Verordnung zu jedermanns Einsicht bei den Gemeinden ausgelegt werden, deren Gebiet von der Verordnung betroffen wird, sofern der Inhalt der Karten, Pläne oder Verzeichnisse zugleich in der Verordnung grob umschrieben wird. Im textlichen Teil der Verordnung müssen Ort und Zeit der Auslegung bezeichnet sein.

§ 142

Sicherheitsleistung

(1) Die zuständige Behörde kann die Leistung einer Sicherheit verlangen, soweit sie erforderlich ist, um die Erfüllung von Nebenbestimmungen und sonstigen Verpflichtungen zu sichern. Der Staat und die Gebietskörperschaften sind von der Sicherheitsleistung frei; dasselbe gilt für sonstige öffentlich-rechtliche Körperschaften, sofern nicht im Einzelfall etwas anderes bestimmt wird.

(2) Auf Sicherheitsleistungen im Rahmen dieses Gesetzes sind die §§ 232 und 234 bis 240 des Bürgerlichen Gesetzbuches anzuwenden.

§ 152

Grundsatz

(1) Im Planfeststellungsverfahren nach Teil V Abschnitt 2 des Verwaltungsverfahrensgesetzes ergehen die Entscheidungen über die Festlegung eines Plans für

1. den Gewässerausbau,

2. den Deichbau und

3. die Durchführung von Verbandsunternehmen (§ 170 Abs. 2).

Pläne für einen Ausbau nach § 31 Abs. 1 Satz 1 des Wasserhaushaltsgesetzes sowie für Deich- und Dammbauten, die einer Planfeststellung nach § 31 des Wasserhaushaltsgesetzes bedürfen, dürfen nur in einem Verfahren festgestellt werden, das den Anforderungen des Gesetzes über die Umweltverträglichkeitsprüfung im Lande Nordrhein-Westfalen entspricht.

(2) Ist ein Vorhaben nach Absatz 1 fertiggestellt, ist der festgestelltePlan dem Enteignungsverfahren zugrunde zu legen und für die Enteignungsbehörde bindend.

§ 154

Festsetzen

(1) Vor Festsetzung der Entschädigung hat die zuständige Behörde auf eine gütliche Einigung der Beteiligten hinzuwirken. Kommt eine Einigung zustande, so hat sie diese zu beurkunden und den Beteiligten auf Antrag eine Ausfertigung der Urkunde zuzustellen. In der Urkunde sind der Entschädigungspflichtige und der Entschädigungsberechtigte zu bezeichnen.

(2) Kommt eine Einigung nicht zustande, so setzt die zuständige Behörde die Entschädigung durch schriftlichen Bescheid fest. In dem Bescheid sind der Entschädigungspflichtige und der Entschädigungsberechtigte zu bezeichnen. Der Bescheid ist den Beteiligten mit einer Belehrung über Zulässigkeit, Form und Frist der Klage zuzustellen.

(3) Wird der Entschädigungspflichtige verpflichtet, ein Grundstück zu erwerben (§ 135 Abs. 1), so hat die zuständige Behörde unverzüglich das Grundbuchamt um Eintragung eines Vermerks über die Verpflichtung zu ersuchen. Der Vermerk wirkt gegenüber dem öffentlichen Glauben des Grundbuchs wie eine Vormerkung zu Sicherung des Anspruchs auf Übertragung des Eigentums.

§ 155

Rechtsweg

(1) Wegen der Festsetzung der Entschädigung können die Beteiligten binnen einer Notfrist von drei Monaten nach Zustellung des Festsetzungsbescheides Klage vor den ordentlichen Gerichten erheben.

(2) Die Klage geben den Entschädigungspflichtigen wegen der Entschädigung in Geld ist auf Zahlung des verlangten Betrages oder Mehrbetrages zu richten. Die Klage gegen den Entschädigungsberechtigten ist darauf zu richten, daß die Entschädigung unter Aufhebung oder Abänderung des Festsetzungsbescheides anderweitig festgesetzt wird. Klagt der Entschädigungspflichtige, hat er die Kosten des ersten Rechtszuges in jedem Fall zu tragen.

§ 156

Vollstreckbarkeit

(1) Die Niederschrift über die Einigung nach § 154 Abs. 1 ist nach Zustellung an die Beteiligten vollstreckbar. Der Festsetzungsbescheid nach § 154 Abs. 2 ist den Beteiligten gegenüber vollstreckbar, wenn er für diese unanfechtbar geworden ist oder das Gericht ihn für vorläufig vollstreckbar erklärt hat.

(2) Die Zwangsvollstreckung richtet sich nach den Vorschriften der Zivilprozeßordnung über die Vollstreckung von Urteilen in bürgerlichen Rechtsstreitigkeiten. Die

vollstreckbare Ausfertigung wird von dem Urkundsbeamten der Geschäftsstelle des Amtsgerichts erteilt, in dessen Bezirk die mit dem Festsetzungsverfahren befaßte Behörde ihren Sitz hat, und, wenn das Verfahren bei einem Gericht anhängig ist, von dem Urkundsbeamten der Geschäftsstelle dieses Gerichts. In den Fällen der §§ 731, 767 bis 770, 785, 786, 791 der Zivilprozeßordnung tritt das Amtsgericht, in dessen Bezirk die mit dem Festsetzungverfahren befaßte Behörde ihren Sitz hat, an die Stelle des Prozeßgerichts.

Sechzehnter Teil

Wasserbuch

§ 157

(Zu § 37 WHG)

Einrichtung

(1) Die oberste Wasserbehörde bestimmt, wie das Wasserbuch einzurichten und zu führen ist.

(2) Das Wasserbuch wird von der oberen Wasserbehörde angelegt und geführt.

(3) Berührt ein Gewässer mehrere Regierungsbezirke, kann die oberste Wasserbehörde eine obere Wasserbehörde mit der Anlegung und Führung des Wasserbuches betrauen.

(4) Bei den unteren Wasserbehörden und den Staatlichen Ämtern für Wasser- und Abfallwirtschaft sind beglaubigte Auszüge der Wasserbücher niederzulegen.

§ 158

(Zu § 37 WHG)

Eintragung

(1) In das Wasserbuch sind außer den in § 37 des Wasserhaushaltsgesetzes genannten Rechtsverhältnissen einzutragen

1. Heilquellenschutzgebiete,

2. die von den §§ 91 und 94 abweichenden Unterhaltungspflichten,

3. die Zwangsrechte.

(2) Rechtsverhältnisse von untergeordneter Bedeutung werden unbeschadet § 16 Abs. 1 des Wasserhaushaltsgesetzes nicht eingetragen. Erloschene Rechte sind zu löschen.

(3) Die Eintragungen im Wasserbuch haben keine rechtsbegründende oder rechtsändernde Wirkung.

§ 159
(Zu § 37 WHG)
Verfahren

(1) Eintragungen in das Wasserbuch werden von Amts wegen vorgenommen, sobald das Rechtsverhältnis nachgewiesen ist.

(2) Alte Rechte und alte Befugnisse, deren Rechtsbestand nicht nachgewiesen ist, sind bei der Eintragung als „behauptete Rechte und Befugnisse" zu kennzeichnen; ihre Eintragung soll unterbleiben, wenn ihr Bestand offenbar unmöglich ist.

§ 160
(Zu § 37 WHG)
Einsicht

(1) Die Einsicht in das Wasserbuch, seine Auszüge (§ 157 Abs. 4) und diejenigen Urkunden, auf die in der Eintragung Bezug genommen wird, ist jedem gestattet. Beglaubigte Auszüge sind auf Verlangen gegen Kostenersatz zu fertigen.

(2) Die Einsicht in solche Urkunden, die Mitteilungen über geheimzuhaltende Betriebseinrichtungen oder Betriebsweisen enthalten, ist nur nach Zustimmung dessen gestattet, der an der Geheimhaltung ein berechtigtes Interesse hat.

Siebzehnter Teil

Bußgeldbestimmungen

§ 161

Bußgeldvorschriften

(1) Ordnungswidrig handelt unbeschadet § 41 des Wasserhaushaltsgesetzes und § 15 des Abwasserabgabengesetzes, wer vorsätzlich oder fahrlässig

2. einer ordnungsbehördlichen Verordnung nach § 14 Abs. 1 Satz 1, § 16 Abs. 3 Satz 1, § 37 Abs. 3 oder 4, § 44 Abs. 1, § 59 Abs. 1 oder § 114 Abs. 1 oder 2 zuwiderhandelt, sofern die ordnungsbehördliche Verordnung für einen bestimmten Tatbestand auf diese Bußgeldbestimmungen verweist.

4. einer Rechtsverordnung nach § 18 Abs. 1 oder 2, § 60 Abs. 2 oder § 61 Abs. 2 zuwiderhandelt, sofern die Rechtsverordnung für einen bestimmten Tatbestand auf diese Bußgeldbestimmung verweist,

5. entgegen § 18 Abs. 4 Satz 1 seiner Anzeigepflicht nicht nachkommt,

6. entgegen § 31 Abs. 1 Satz 1 eine Anlage ohne Genehmigung dauernd außer Betrieb setzt oder beseitigt,

7. entgegen § 31 Abs. 3 Satz 2 seiner Anzeigepflicht nicht nachkommt.

12. entgegen §§ 53 Abs. 2, 4 oder 5, 53 a Satz 1 seiner Verpflichtung zur Abwasserbeseitigung nicht, nicht richtig, nicht vollständig oder nicht rechtzeitig nachkommt,

12 a. entgegen § 57 Abs. 3 Satz 4 seiner Unterrichtungspflicht nicht oder nicht rechtzeitig nachkommt.

12 b. entgegen § 58 Abs. 2 oder 2 a Abwasserbehandlungsanlagen ohne Genehmigung oder Zulassung betreibt,

12 c. als Indirekteinleiter eine ihm gemäß § 59 Abs. 2 aufgegebene Bedingung, Auflage oder Anforderung nicht oder nicht rechtzeitig erfüllt,

12 d. entgegen § 59 Abs. 5 seiner Mitteilungspflicht nicht oder nicht rechtzeitig nachkommt,

13. entgegen § 60 Abs. 1 Satz 1 das Abwasser nicht untersucht oder nicht untersuchen läßt,

13 a. entgegen § 60 a Abs. 4 die Untersuchungsergebnisse nicht aufbewahrt,

13 b. entgegen § 60 a Satz 1 seiner Verpflichtung zur Selbstüberwachung nicht nachkommt,

13 c. entgegen § 60 Satz 3 die Nachweise, Aufzeichnungen und Untersuchungsergebnisse der Abwasserüberwachung der unteren Wasserbehörde und dem Betreiber der öffentlichen Abwasseranlage nicht, nicht vollständig oder nicht fristgemäß vorlegt,

14. entgegen § 61 Abs. 1 Satz 2 die Aufzeichnungen über die Selbstüberwachung nicht aufbewahrt,

15. entgegen § 66 Abs. 2 der Anzeigepflicht über die Inbetriebnahme einer Abwasserbehandlungsanlage nicht nachkommt,

16. entgegen § 75 Satz 1 seine Abgabeerklärung nicht, nicht richtig, nicht vollständig oder nicht rechtzeitig vorlegt,

In den Fällen der Nummern 2 und 4 ist eine auf einen bestimmten Tatbestand bezogene Verweisung nicht erforderlich, soweit die Rechtsverordnung oder ordnungbehördliche Verordnung vor dem 1. April 1970 ergangen ist.

(2) Ordnungswidrig handelt unbeschadet § 41 des Wasserhaushaltsgesetzes und § 15 des Abwasserabgabengesetzes ferner, wer

4. entgegen § 117 das Betreten von Grundstücken, Anlagen und Räumen nicht gestattet, Anlagen oder Einrichtungen nicht zugänglich macht oder die erforderlichen Arbeitskräfte, Unterlagen oder Werkzeuge nicht zur Verfügung stellt.

(3) Ordnungswidrig handelt auch, wer wider besseres Wissen unrichtige Angaben macht oder unrichtige Pläne oder Unterlagen vorlegt, um einen nach diesem Gesetz vorgesehenen Verwaltungsakt zu erwirken oder zu verhindern.

(4) Die Ordnungswidrigkeit kann mit einer Geldbuße bis zu hunderttausend Deutsche Mark geahndet werden.

§ 161 a

Zuwiderhandlungen gegen Abwassersatzungen der Gemeinden

In den Abwassersatzungen der Gemeinden kann geregelt werden, daß vorsätzliche oder fahrlässige Zuwiderhandlungen mit Geldbußen bis hunderttausend Deutsche Mark geahndet werden.

§ 162

Zuständige Verwaltungsbehörde

Zuständige Verwaltungsbehörde für die Verfolgung und Ahndung von Ordnungswidrigkeiten nach dem Wasserhaushaltsgesetz, dem Abwasserabgabengesetz und diesem Gesetz sind

1. bei Verstößen gegen eine Hafenverordnung nach § 37 Abs. 3 Nr. 2 oder Abs. 4 die örtliche Ordnungsbehörde,

2. bei Verstößen gegen das Abwasserabgabengesetz und §§ 66 Abs. 2 und 75 das Landesamt für Wasser und Abfall,

3. bei den übrigen Verstößen die nach § 116 Abs. 2 für die Gewässeraufsicht zuständige Behörde.

§ 170

(Zu § 13 WHG)
Sondervorschriften für Wasserverbände

(1) Ist das nach dem Wasserhaushaltsgesetz oder diesem Gesetz erlaubnis- oder genehmigungspflichtige Unternehmen eines Wasserverbands Gegenstand einer Plangenehmigung durch die Aufsichtsbehörde des Verbands, so entscheidet über die Erteilung der Erlaubnis oder Genehmigung die für die Plangenehmigung zuständige Behörde. Ist für die Plangenehmigung der Minister für Umwelt, Raumordnung und Landwirtschaft zuständig, entscheidet die obere Wasserbehörde über die Erteilung der Erlaubnis oder Genehmigung.

(2) Die Pläne für die Durchführung von Unternehmen der Wasserverbände können in einem Planfeststellungsverfahren festgestellt werden, wenn der Verband es beantragt oder nach der Entscheidung der Aufsichtsbehörde des Verbands mit einer erheblichen Beeinträchtigung des Wohls der Allgemeinheit oder mit Einwendungen zu rechnen ist. Zuständig für die Durchführung des Planfeststellungsverfahrens ist die obere Wasserbehörde. § 45 Abs. 3 und § 58 Abs. 2 Sätze 3, 4 und 7 sind entsprechend anzuwenden.

Gewässer erster Ordnung

I. Landesgewässer

Bezeichnung des Gewässers	Endpunkte des Gewässers	
Bocholter Aa	Brüggenhütte	Landesgrenze
Ems	Wehr in Warendorf	Schönefliether Wehr
Glenne	Einmündung des Haustenbaches	Lippe
Lippe	Einmündung der Pader bei Schloß Neuhaus	Rhein
Rheinberger Altrhein (Rheinberger Kanal)	Brücke an der Mündung des Moersbaches	Rhein
Ruhr	Einmündung der Möhne	oberhalb der Schloßbrücke in Mülheim (Ruhr)
Sieg	Landesgrenze	Rhein

Zu den vorstehend aufgeführten Gewässerstrecken gehören die natürlichen Gewässer, die sich von ihnen abzweigen und wieder mit ihnen vereinen (Nebenarme), Altarme und ihre Mündungsarme.

II. Bundeswasserstraßen

1. Dortmund-Ems-Kanal
2. Ems
3. Ems-Weser-Elbe-Kanal
4. Griethauser Altrhein
5. Lippe-Seitenkanal
6. Rhein
7. Rhein-Herne-Kanal mit Verbindungskanal zur Ruhr
8. Ruhr
9. Spoy-Kanal
10. Weser

mit den im Verzeichnis der Reichswasserstraßen (Anlage A zu dem Gesetz über den Staatsvertrag betreffend den Übergang der Wasserstraßen von den Ländern auf das Reich vom 29. Juli 1921, RGBl. S. 961) aufgeführten, in Nordrhein-Westfalen liegenden Strecken.

2.

Abfallgesetz für das Land Nordrhein-Westfalen
(Landesabfallgesetz — LAbfG —)

Vom 21. Juni 1988 (GV.NW. S. 250), zuletzt geändert durch Gesetz
vom 14. Januar 1992 (GV.NW. S. 32)

Auszug

Erster Teil

Einleitende Bestimmungen

§ 1
Ziele der Abfallwirtschaft

(1) Ziele der Abfallwirtschaft sind, im Einklang mit § 1a des Abfallgesetzes (AbfG)

1. Abfälle und Schadstoffe in Abfällen soweit wie möglich zu vermeiden oder zu verringern;

2. angefallene Abfälle, insbesondere Glas, Papier, Metall, Kunststoff, Bauschutt und Grünabfälle in den Stoffkreislauf zurückzuführen (Vorrang der stofflichen Verwertung);

3. nicht verwertbare Abfälle soweit erforderlich zu behandeln;

4. nicht weiter zu behandelnde Abfälle umweltverträglich abzulagern.

Bei Maßnahmen der Abfallvermeidung und Abfallentsorgung ist der Stand der Technik einzuhalten. Stand der Technik im Sinne dieser Vorschrift ist der Entwicklungsstand verfügbarer fortschrittlicher Verfahren, Einrichtungen und Betriebsweisen zur Erreichung der Ziele der Abfallwirtschaft, ohne daß dadurch die Umwelt in anderer Weise mehr beeinträchtigt wird. Soweit Maßnahmen unter den Anwendungsbereich von Verwaltungsvorschriften der Bundesregierung nach § 4 Abs. 5 AbfG fallen, gelten deren Anforderungen als Stand der Technik im Sinne dieses Gesetzes.

(2) Zur Erreichung der Ziele wird das Land insbesondere unterstützen

1. das schadstoff- und abfallarme Herstellen, Be- und Verarbeiten und Inverkehrbringen von Erzeugnissen,

2. die Erhöhung der Gebrauchsdauer, Haltbarkeit und Reparaturfreundlichkeit von Erzeugnissen,

3. die Steigerung der Wiederverwendung oder Mehrfachverwendung von Erzeugnissen,

4. die Entwicklung und Anwendung von Verfahren zur umweltverträglichen Verwertung von Abfällen,

5. die Verminderung des Schadstoffgehalts in Erzeugnissen und Abfällen.

§ 2

Pflichten der öffentlichen Hand

(1) Die Dienststellen des Landes, die Gemeinden und Gemeindeverbände sowie die sonstigen der Aufsicht des Landes unterstehenden Körperschaften, Anstalten und Stiftungen des öffentlichen Rechts sind verpflichtet, durch ihr Verhalten zur Erfüllung der Ziele des § 1 Abs. 1 beizutragen. Insbesondere haben sie

1. bei der Gestaltung von Arbeitsabläufen, der Beschaffung oder Verwendung von Material und Gebrauchsgütern, bei Bauvorhaben und sonstigen Aufträgen Erzeugnisse zu berücksichtigen, die sich durch Langlebigkeit, Reparaturfreundlichkeit und Wiederverwendbarkeit oder Verwertbarkeit auszeichnen, im Vergleich zu anderen Erzeugnissen zu weniger oder zu schadstoffärmeren Abfällen führen oder aus Reststoffen oder Abfällen hergestellt worden sind,

2. Dritte zu einer Handhabung entsprechend Nummer 1 zu verpflichten, wenn sie diesen ihre Einrichtungen oder Grundstücke zur Verfügung stellen.

(2) Soweit die in Absatz 1 genannten juristischen Personen an Gesellschaften des privaten Rechts beteiligt sind, wirken sie im Rahmen ihrer Möglichkeiten darauf hin, daß die Gesellschaften die Verpflichtungen des Absatzes 1 beachten.

§ 3

Abfallberatung

Die Kreise und kreisfreien Städte sind zur ortsnahen Information und Beratung über Möglichkeiten der Vermeidung und Verwertung von Abfällen verpflichtet; die Kreise können diese Aufgabe auf die kreisangehörigen Gemeinden mit deren Einverständnis übertragen.

Zweiter Teil

Grundlagen der Abfallwirtschaft

§ 4

Grundlagen der Abfallwirtschaft

(1) Das Landesamt für Wasser und Abfall und die Staatlichen Ämter für Wasser- und Abfallwirtschaft ermitteln im Zusammenwirken mit den entsorgungspflichtigen Körperschaften und Fachverbänden die Grundlagen der Abfallwirtschaft und den Stand der für die Abfallwirtschaft bedeutsamen Technik und beteiligen sich an deren Entwicklung soweit dies für die Bedürfnisse der Abfallwirtschaftsverwaltung des Landes erforderlich ist. Die Ergebnisse dieser Ermittlungen sind bei allen behördlichen Entscheidungen zu berücksichtigen. Das Landesamt für Wasser und Abfall und die Staatlichen Ämter für Wasser- und Abfallwirtschaft geben über ihre Ermittlungen den Abfallentsorgungspflichtigen, den zuständigen Behörden, den nach § 29 des Bundesnaturschutzgesetzes anerkannten Naturschutzverbänden und anderen Trägern öffentlicher Belange Auskunft.

(2) Die für die Abfallentsorgungsplanung und die Zulassung von Abfallentsorgungsanlagen zuständigen Behörden können die für die Abfallentsorgungsplanung und die im Rahmen der Zulassung von Abfallentsorgungsanlagen notwendigen Erkenntnisse selbst ermitteln.

(3) Das Landesamt für Ökologie, Landschaftsentwicklung und Forstplanung ermittelt Grundlagen über Wirkungen der Verwertung von Stoffen im Sinne von § 15 AbfG auf Böden und Pflanzen.

(4) Körperschaften des öffentlichen Rechts sind verpflichtet, soweit Rechtsgründe nicht entgegenstehen, auf Verlangen dem Landesamt für Wasser und Abfall, den Staatlichen Ämtern für Wasser- und Abfallwirtschaft, der Landesanstalt für Ökologie, Landschaftsentwicklung und Forstplanung und den in Absatz 2 genannten Behörden ihnen bekannte abfallwirtschaftliche und für die Abfallwirtschaft bedeutsame Daten, Tatsachen und Erkenntnisse mitzuteilen.

(5) Entsorgungspflichtige Körperschaften, Abfallwirtschaftsbehörden, das Landesamt für Wasser und Abfall und die Staatlichen Ämter für Wasser- und Abfallwirtschaft sind befugt, bei der Aufstellung von Abfallwirtschaftskonzepten und Abfallentsorgungsplänen Daten zu benutzen, die im Rahmen der Überwachung und bei statistischen Erhebungen gewonnen werden. Zur Überwachung des Abfallgesetzes und dieses Gesetzes sind die Abfallwirtschaftsbehörden, das Landesamt für Wasser und Abfall und die Staatlichen Ämter für Wasser- und Abfallwirtschaft befugt, Daten zu erheben, zu benutzen und gegenseitig zu übermitteln, soweit dies zur rechtmäßigen Erfüllung ihrer Aufgaben erforderlich ist.

(6) Das Landesamt für Datenverarbeitung und Statistik ist befugt, auf statistischen Erhebungen beruhende Daten den in Absatz 5 genannten Stellen zu übermitteln. Vor einer Übermittlung von Daten nach Satz 1 und Absatz 5 Satz 1 sind personenbezogene Daten so zu verändern, daß ein Bezug zu einer natürlichen Person nicht mehr herstellbar ist.

Dritter Teil
Entsorgungspflichtige Körperschaften des öffentlichen Rechts, Abfallwirtschaftskonzepte, Abfallbilanzen

§ 5
Entsorgungspflichtige Körperschaften des öffentlichen Rechts

(1) Die Kreise und kreisfreien Städte sind, soweit in den nachfolgenden Absätzen nichts anderes bestimmt ist, entsorgungspflichtige Körperschaften des öffentlichen Rechts im Sinne von § 3 Abs. 2 AbfG.

(2) Die Entsorgungspflicht umfaßt insbesondere das Einsammeln und Befördern von Abfällen, Maßnahmen zur Vermeidung und Verwertung von Abfällen, die Standortfindung, Planung, Errichtung, Erweiterung, Um- und Nachrüstung und den Betrieb der zur Entsorgung ihres Gebietes notwendigen Abfallentsorgungsanlagen.

(3) Abfälle aus Haushaltungen, die wegen ihres Schadstoffgehalts zur Wahrung des Wohls der Allgemeinheit einer getrennten Entsorgung bedürfen, hat die entsorgungspflichtige Körperschaft getrennt zu entsorgen. Dies gilt auch für Kleinmengen vergleichbarer Abfälle aus Gewerbe- und Dienstleistungsbetrieben, soweit sie mit den in Satz 1 genannten Abfällen entsorgt werden können.

(4) Abfälle sind auf Verlangen der entsorgungspflichtigen Körperschaft getrennt zu halten und zu bestimmten Sammelstellen oder Behandlungsanlagen zu bringen, wenn dadurch bestimmte Abfallarten verwertet oder für sie vorgesehene Entsorgungswege genutzt werden können. Bei der Durchführung genehmigungsbedürftiger Baumaßnahmen, insbesondere beim Abbruch baulicher Anlagen, sind Bauabfälle (Bodenaushub, Bauschutt, Baustellenabfälle) vom Zeitpunkt ihrer Entstehung an voneinander getrennt zu halten, soweit dies für ihre ordnungsgemäße Verwertung erforderlich ist. Besitzer von Abfällen, die nach § 3 Abs. 3 AbfG von der Entsorgungspflicht ausgeschlossen sind, haben auf Verlangen der unteren Abfallwirtschaftsbehörde die Abfälle getrennt zu halten. Soweit Kreise von ihrer Ermächtigung nach Satz 1 keinen Gebrauch machen, kann die kreisangehörige Gemeinde im Benehmen mit dem Kreis durch Satzung verlangen, daß Abfälle getrennt zu halten und zu bestimmten Sammelstellen zu bringen sind.

(5) Wird ein System nach § 6 Abs. 3 Satz 1 der Verpackungsverordnung (VerpackV) vom 12. Juni 1991 (BGBl. I S. 1234) errichtet, so sind die öffentliche Interessen an einer geordneten Entsorgung sicherzustellen; dies ist in der Regel mit der Übernahme der Sammlung und Sortierung durch die entsorgungspflichtigen Körperschaften selbst oder von ihnen beauftragte Dritte gegen ein angemessenes Entgelt gewährleistet. Der Träger des Systems nach § 6 Abs. 3 Satz 1 VerpackV kann der Beauftragung beitreten.

(6) Die kreisangehörigen Gemeinden haben die in ihrem Gebiet anfallenden Abfälle einzusammeln und zu den Abfallentsorgungsanlagen oder zu den Müllumschlagstationen zu befördern, soweit diese von Kreisen oder in deren Auftrag betrieben werden. Die Pflicht zur Einsammlung umfaßt auch das Einsammeln der im Gemeindegebiet fortgeworfenen und verbotswidrig abgelagerten Abfälle einschließlich der Auto-, Motorrad- und anderer Zweiradwracks von den der Allgemeinheit zugänglichen Grundstücken, wenn Maßnahmen gegen den Verursacher nicht möglich oder nicht vertretbar sind und kein anderer verpflichtet ist. Die Kreise können auf die kreisangehörigen Gemeinden und kreisangehörige Gemeinden auf die Kreise Entsorgungsaufgaben einvernehmlich übertragen.

(7) Kreise, kreisfreie Städte und kreisangehörige Gemeinden können sich zur Erfüllung ihrer Aufgaben der Formen kommunaler Zusammenarbeit nach den Vorschriften des Gesetzes über kommunale Gemeinschaftsarbeit vom 1. Oktober 1979 (GV. NW. S. 621) in der jeweils geltenden Fassung bedienen sowie geeignete Dritte damit beauftragen.

(8) Soweit Abwasserverbände die Abwasserbeseitigung als Verbandsunternehmen übernommen haben, sind diese zur Entsorgung der in den Verbandsanlagen anfallenden Klärschlämme und sonstigen festen Stoffe verpflichtet. § 6 Abs. 1 Sätze 3 und 4 sind entsprechend anzuwenden.

(9) Zur Entsorgung von Abfällen, die im Bereich von Straßen außerhalb im Zusammenhang bebauter Ortsteile anfallen, ist der Träger der Straßenbaulast verpflichtet.

§ 5 a
Kommunales Abfallwirtschaftskonzept

(1) Die Kreise und kreisfreien Städte stellen in ihrem Gebiet Abfallwirtschaftskonzepte auf. Besteht in dem Gebiet der entsorgungspflichtigen Körperschaft ein Abfallentsorgungsplan, so sind dessen Festlegungen zu beachten.

(2) Das Abfallwirtschaftskonzept gibt eine Übersicht über den Stand der öffentlichen Abfallentsorgung. Es enthält mindestens

1. Angaben über Art, Menge und Verbleib der in dem Entsorgungsgebiet anfallenden Abfälle,

2. Darstellungen der getroffenen und geplanten Maßnahmen zur Vermeidung und Verwertung der nicht ausgeschlossenen Abfälle,

3. die begründete Festlegung der Abfälle, die durch Satzung von der Entsorgungspflicht ausgeschlossen sind,

4. den Nachweis einer zehnjährigen Entsorgungssicherheit,

5. Angaben über die zeitliche Abfolge und die geschätzten Bau- und Betriebskosten der zur Entsorgung des Gebietes notwendigen Abfallentsorgungsanlagen.

Das Abfallwirtschaftskonzept der Kreise enthält auch die erforderlichen Festlegungen für die Maßnahmen der kreisangehörigen Gemeinden; diese Festlegungen werden in Form einer Satzung erlassen. Vor Erlaß des Abfallwirtschaftskonzeptes der Kreise sind die kreisangehörigen Gemeinden zu hören. Das Ergebnis der Prüfung vorgebrachter Bedenken und Anregungen ist den Gemeinden mitzuteilen. Das Abfallwirtschaftskonzept ist fortzuschreiben und der oberen Abfallwirtschaftsbehörde im Abstand von fünf Jahren erneut vorzulegen.

(3) Die oberste Abfallwirtschaftsbehörde bestimmt durch Rechtsverordnung, in welchem Umfang Angaben nach Absatz 2 in das Abfallwirtschaftskonzept aufzunehmen sind, bis zu welchem Zeitpunkt und in welcher Form sie dargestellt werden.

(4) Die obere Abfallwirtschaftsbehörde kann zur Durchführung einzelner Maßnahmen angemessene Fristen setzen, wenn solche Maßnahmen im Abfallwirtschaftskonzept nicht oder erst nach Ablauf unangemessen langer Zeiträume vorgesehen sind oder wenn die entsorgungspflichtige Körperschaft ohne zwingenden Grund die Durchführung von im Abfallwirtschaftskonzept vorgesehenen Maßnahmen verzögert. Eine Verpflichtung zur Mitbenutzung einer Abfallentsorgungsanlage nach § 3 Abs. 5 AbfG soll erst erfolgen, wenn die entsorgungspflichtige Körperschaft, die die Mitbenutzung einer fremden Abfallentsorgungsanlage anstrebt, der oberen Abfallwirtschaftsbehörde ihr Abfallwirtschaftskonzept vorlegt und dieses nach Form und Inhalt den Anforderungen der Absätze 1 und 2 genügt.

(5) Das kommunale Abfallwirtschaftskonzept ist in geeigneter Weise der Öffentlichkeit zugänglich zu machen. Jeder Bürger hat das Recht, in das Abfallwirtschaftskonzept Einsicht zu nehmen.

§ 5 b

Betriebliches Abfallwirtschaftskonzept

(1) Erzeuger von Abfällen nach § 2 Abs. 2 AbfG, bei denen jährlich mehr als insgesamt 500 kg anfallen, sowie Erzeuger von Abfällen im Sinne der Anlage zu diesem Gesetz, die 2 000 Jahrestonnen je Abfallschlüssel überschreiten, haben erstmalig ein Jahr nach Inkrafttreten dieses Gesetzes ein betriebliches Abfallwirtschaftskonzept für alle im Betrieb anfallenden Abfallstoffe zu erarbeiten, fortzuschreiben und auf Verlangen der zuständigen Abfallwirtschaftsbehörde vorzulegen. Besteht in dem Gebiet ein Abfallentsorgungsplan, so sind dessen Festlegungen zu beachten. Die Pflichten der Betreiber genehmigungsbedürftiger Anlagen, Abfälle nach den Regelungen des Bundes-Immissionsschutzgesetzes durch den Einsatz reststoffarmer Verfahren oder durch Verwertung von Reststoffen zu vermeiden, bleibt unberührt.

(2) Das betriebliche Abfallwirtschaftskonzept enthält mindestens

1. Angaben über Art, Menge und Verbleib der zu entsorgenden Abfälle,

2. Darstellung der getroffenen und geplanten Abfallvermeidungs- und Verwertungsmaßnahmen,

3. Nachweis einer fünfjährigen Entsorgungssicherheit, bei Eigenentsorgern einschließlich der notwendigen Standort- und Anlageplanung,

4. Ausführungen zur umweltverträglichen Entsorgbarkeit der erzeugten Produkte nach Wegfall der Nutzung.

(3) Soweit das betriebliche Abfallwirtschaftskonzept nicht vorgelegt wird oder erhebliche Mängel aufweist, kann die zuständige Abfallwirtschaftsbehörde auf Kosten des Abfallerzeugers fachtechnische Sachverständigengutachten zum notwendigen Inhalt der betrieblichen Abfallwirtschaftskonzepte einholen. Dem von der zuständigen Abfallwirtschaftsbehörde beauftragten Sachverständigen hat der Abfallerzeuger das Betreten der Grundstücke, Geschäfts- und Betriebsräume, die Einsicht in Unterlagen und die Vornahme von technischen Ermittlungen und Prüfungen zu gestatten und die erforderlichen Auskünfte zu erteilen.

§ 5 c

Abfallbilanzen

(1) Die entsorgungspflichtigen Körperschaften und die Erzeuger von Abfällen im Sinne des § 5 b erstellen bis zum 31. März, erstmals im Jahr nach Inkrafttreten des Gesetzes, jeweils für das abgelaufene Jahr eine Bilanz über Art und Verbleib der entsorgten Abfälle einschließlich deren Verwertung. Soweit Abfälle nicht verwertet wurden, ist dies zu begründen.

(2) Die Abfallbilanz ist jährlich in geeigneter Weise der Öffentlichkeit zugänglich zu machen und auf Verlangen den zuständigen Abfallwirtschaftsbehörden vorzulegen.

§ 6

Abfallentsorgungsverbände

(1) Abfallentsorgungsverbände als Körperschaften des öffentlichen Rechts können nach Maßgabe des Absatzes 3 und des § 5 Abs. 7 durch Zusammenschluß Entsorgungspflichtiger nach § 3 Abs. 2 und Abs. 4 AbfG gebildet werden. Mit Entstehung der neuen Körperschaft ist diese zur Abfallentsorgung verpflichtet. Der Abfallentsorgungsverband legt der oberen Abfallwirtschaftsbehörde für sein Verbandsgebiet ein im Benehmen mit den betroffenen Kreisen und kreisfreien Städten erarbeitetes Abfallwirtschaftskonzept vor. § 5 a gilt entsprechend.

(2) Ein Abfallentsorgungsverband kann gegen den Widerspruch von Beteiligten gebildet werden, wenn dies aus Gründen des öffentlichen Wohls geboten ist. Ein Zusammenschluß ist aus Gründen des öffentlichen Wohls insbesondere geboten, wenn dadurch die zweckmäßige Erfüllung der Entsorgungspflicht erst ermöglicht wird oder von Abfallentsorgungsanlagen ausgehende Beeinträchtigungen des Wohls der Allgemeinheit vermieden werden.

(3) Soll ein Abfallentsorgungsverband nur oder überwiegend Entsorgungspflichtige nach § 3 Abs. 4 AbfG zusammenschließen, sind für den Verband einschließlich seiner Gründung die Vorschriften der Ersten Wasserverbandsverordnung vom 3. September 1937 (RGBl. I S. 933) in der jeweils gültigen Fassung entsprechend anwendbar, soweit in diesem Gesetz nichts anderes bestimmt ist. Auf Antrag eines Beteiligten kann der Minister für Umwelt, Raumordnung und Landwirtschaft im Einvernehmen mit dem Innenminister bestimmen, daß Satz 1 auch für einen sonstigen Abfallentsorgungsverband gilt.

(4) Die Verbandsaufsicht über Abfallentsorgungsverbände nach Absatz 4 führt die obere Abfallwirtschaftsbehörde.

§ 7

Übertragung von Entsorgungspflichten

(1) Der Minister für Umwelt, Raumordnung und Landwirtschaft kann durch Rechtsverordnung im Einvernehmen mit dem Innenminister bestimmen, daß die Entsorgungspflicht einzelner Körperschaften des öffentlichen Rechts ganz oder teilweise auf eine andere Körperschaft des öffentlichen Rechts übergeht, sofern dies aus Gründen des Wohls der Allgemeinheit geboten ist.

(2) Vor Erlaß der Rechtsverordnung sollen die entsorgungspflichtigen Körperschaften gehört werden.

§ 8
Ausschluß von der Entsorgungspflicht

Der in § 3 Abs. 3 AbfG vorgesehene Ausschluß von Abfällen von der Entsorgung kann in Übereinstimmung mit dem kommunalen Abfallwirtschaftskonzept nach § 5 a mit Zustimmung der zuständigen Behörde durch Entscheidung im Einzelfall oder allgemein durch Satzung erfolgen und auf die bezeichneten Abfälle insgesamt oder auf Teilmengen erstreckt werden.

§ 9
Satzung

(1) Die entsorgungspflichtigen Körperschaften des öffentlichen Rechts, ausgenommen Abfallentsorgungsverbände nach § 6 Abs. 3, regeln die Abfallentsorgung durch Satzung. Die Satzung muß insbesondere Vorschriften darüber enthalten, in welcher Weise, an welchem Ort und zu welcher Zeit der Körperschaft die Abfälle zu überlassen sind und unter welchen Voraussetzungen die von der Körperschaft zu entsorgenden Abfälle als angefallen gelten. Die Satzung kann Anschluß- und Benutzungszwang vorschreiben. § 19 der Gemeindeordnung gilt entsprechend. Für Abfälle im Sinne von § 3 Abs. 3 AbfG kann bestimmt werden, daß der Besitzer für ihre Beförderung zur Abfallentsorgungsanlage zu sorgen hat.

(2) Zu den ansatzfähigen Kosten im Sinne des Kommunalabgabengesetzes rechnen alle Aufwendungen für von den entsorgungspflichtigen Körperschaften selbst oder in ihrem Auftrag wahrgenommenen abfallwirtschaftlichen Aufgaben einschließlich der Vermeidung und Verwertung, insbesondere auch die Kosten der Beratung der Abfallbesitzer und der getrennten Erfassung von Abfällen außerhalb der regelmäßigen Grundstücksentsorgung, sowie Aufwendungen für Vorkehrungen im Sinne des § 10 Abs. 2 AbfG, insbesondere auch die Zuführung der Rücklagen für die vorhersehbaren späteren Kosten der Nachsorge und die Kosten der Nachsorge für stillgelegte Anlagen der Abfallentsorgung, soweit sie nicht durch Rücklagen gedeckt sind; stillgelegte Anlagen der Abfallentsorgung gelten, solange sie der Nachsorge bedürfen, als Teil der bestehenden Gesamtanlage der entsorgungspflichtigen Körperschaft. Mit dem Gebührenmaßstab sollen wirksame Anreize zur Vermeidung und Verwertung von Abfällen geschaffen werden. Satzungsregelungen, die diesen Anforderungen nicht entsprechen, gelten längstens bis zum 31. Dezember 1993.

(3) Die Kreise können die ihnen durch die Abfallentsorgung erwachsenen Ausgaben nach den Vorschriften über die Mehr- oder Minderbelastung einzelner Kreisteile oder durch die Erhebung von Gebühren decken. Die kreisangehörigen Gemeinden bringen die von ihnen wegen der Abfallentsorgung an die Kreise zu zahlenden Beträge in entsprechender Anwendung des § 7 Abs. 1 Sätze 1, 2 und 4 des Kommunalabgabengesetzes auf.

(4) Absatz 1 Satz 2 gilt entsprechend für die Satzung eines Abfallentsorgungsverbandes nach § 6 Abs. 3. Die Satzung kann die Erhebung von Gebühren und Beiträgen in entsprechender Anwendung der Vorschriften des Kommunalabgabenrechts vorsehen.

(5) In den Satzungen können vorsätzliche oder fahrlässige Zuwiderhandlungen mit Geldbußen bis zu hunderttausend Deutsche Mark geahndet werden.

Vierter Teil

Lizenz zur Behandlung und Ablagerung ausgeschlossener Abfälle

§ 10

Lizenz

(1) Wer Abfälle, die nach § 11 Abs. 3 AbfG der Nachweispflicht unterliegen oder Abfälle im Sinne der Anlage zu diesem Gesetz im Gebiet des Landes behandelt oder ablagert, bedarf der Lizenz. Die Lizenzvergabe erfolgt durch das Landesamt für Wasser und Abfall.

(2) Die Lizenz darf nur erteilt werden, wenn die mit ihr beabsichtigte Nutzung mit den abfallwirtschaftlichen Zielvorstellungen des Landes, insbesondere den Abfallentsorgungsplänen, im Einklang steht. Sie kann befristet und mit anderen Nebenbestimmungen erteilt werden. Die Lizenz kann widerrufen werden, wenn nachträglich Tatsachen bekannt werden, aus denen sich Bedenken gegen die Zuverlässigkeit der für die Errichtung, Leitung oder Beaufsichtigung des Betriebes der Abfallentsorgungsanlage verantwortlichen Personen ergeben.

(3) Die Lizenz gilt den Abfallentsorgern als erteilt, die bei Inkrafttreten dieses Gesetzes rechtmäßig Abfälle im Gebiet des Landes behandeln oder ablagern. Sie wird den Abfallentsorgern bestätigt. Dabei können Befristungen und Auflagen erteilt werden.

(4) Die Übertragung der Lizenz bedarf der Zustimmung des Landesamtes für Wasser und Abfall. Bei der Zustimmung gelten die Bestimmungen des Absatzes 2.

§ 11

Lizenzentgelt; zuständige Behörde

(1) Für die Nutzung der Lizenz wird ein Lizenzentgelt erhoben.

(2) Die Lizenzentgelte werden nach Anhörung der beteiligten Kreise durch Rechtsverordnung des Ministers für Umwelt, Raumordnung und Landwirtschaft im Einvernehmen mit dem Ausschuß für Umweltschutz und Raumordnung des Landtages festgesetzt. Dabei können feste Sätze für bestimmte Abfallarten unter Berücksichtigung ihres Gefahrenpotentials und der Art der Entsorgung vorgeschrieben werden; Eigenentsorgern kann gegenüber Fremdentsorgern ein Abschlag von bis zu zwanzig vom Hundert eingeräumt werden. Die Lizenzentgelte sollen ferner so berechnet werden, daß ein jährliches Aufkommen von 50 Mio. DM nicht wesentlich überschritten wird. Weicht das Lizenzentgeltaufkommen von diesem Betrag ab, erwachsen hieraus keine Rückerstattungsansprüche.

(3) Die Verpflichtung zur Entrichtung des Lizenzentgeltes beginnt am 1. Juli 1989.

(4) Zuständig für die Festsetzung und die Einziehung des Lizenzentgeltes ist das Landesamt für Wasser und Abfall.

§ 11a

Vorauszahlungen

(1) Die Lizenzpflichtigen haben jeweils am 1. Juli, erstmalig am 1. Juli 1992, Vorauszahlungen für den laufenden Festsetzungszeitraum zu entrichten.

(2) Die Vorauszahlung beträgt 50 vom Hundert des zuletzt festgesetzen Jahresbetrages.

§ 12

Erklärungspflicht

(1) Der Lizenznehmer hat zur Erhebung der Lizenzentgelte notwendige Angaben, insbesondere die Menge und die Arten der von ihm im vorangegangenen Jahr behandelten oder abgelagerten Abfälle, jeweils bis zum 1. April des nachfolgenden Jahres dem Landesamt für Wasser und Abfall schriftlich zu erklären. Das Landesamt für Wasser und Abfall kann die Abgabe der Erklärung verlangen, wenn der Abgabetermin nicht eingehalten wird. Kommt der Lizenznehmer seiner Erklärungspflicht nicht oder nur unvollständig nach, kann das Landesamt für Wasser und Abfall die Menge der behandelten und abgelagerten Abfälle schätzen.

(2) Das Landesamt für Wasser und Abfall ist befugt, Einsicht in die Unterlagen des Lizenznehmers zu nehmen. § 11 Abs. 4 Sätze 2 und 3 AbfG gelten sinngemäß.

(3) Das Landesamt für Wasser und Abfall ist berechtigt, zur Ermittlung der Menge und der Arten der vom Lizenznehmer behandelten und abgelagerten Abfälle Daten, Tatsachen und Erkenntnisse der Abfallwirtschaftsbehörden zu verwerten.

§ 13

Berechung und Fälligkeit

(1) Festsetzungszeitraum für das Lizenzentgelt ist das Kalenderjahr. Der Festsetzungsbescheid bedarf der Schriftform und ist zuzustellen.

(2) Das Lizenzentgelt ist innerhalb von drei Monaten nach Zustellung des Festsetzungsbescheides an das Landesamt für Wasser und Abfall zu entrichten. § 193 BGB gilt entsprechend.

§ 14

Entsprechende Anwendung anderer Vorschriften, Stundung, Erlaß

(1) Beim Vollzug des Vierten Teils dieses Gesetzes sind folgende Vorschriften in ihrer jeweils gültigen Fassung entsprechend anzuwenden:

1. aus der Abgabenordnung die Bestimmungen über

   a) den Steuerpflichtigen §§ 34 und 35,

   b) das Steuerschuldverhältnis §§ 42, 44, 45 und 48,

   c) die Haftung §§ 69 bis 71, 73 bis 75 und 77,

   d) Fristen, Termine, Wiedereinsetzung §§ 108 bis 110,

   e) Form, Inhalt und Berichtigung von Steuererklärungen § 150 Abs. 1, § 153 Abs. 1,

   f) Aufrechnung § 226, Verzinsung §§ 234 bis 236 Abs. 1 und 2, jedoch ohne Nr. 2 Buchstabe b, § 237 Abs. 1, 2 und 4, § 238, Säumniszuschläge § 240.

2. aus dem Bürgerlichen Gesetzbuch die Bestimmungen über die Art der Sicherheitsleistung §§ 232, 234 bis 240.

(2) Das Landesamt für Wasser und Abfall kann das Lizenzentgelt ganz oder teilweise stunden, wenn die Einziehung bei Fälligkeit eine erhebliche Härte für den Lizenznehmer bedeuten würde und der Anspruch durch die Stundung nicht gefährdet erscheint.

(3) Das Landesamt für Wasser und Abfall kann das Lizenzentgelt ganz oder teilweise erlassen, wenn dessen Einziehung nach Lage des einzelnen Falles unbillig wäre.

§ 15

Zweckbindung

(1) Das Aufkommen aus den Lizenzentgelten ist zweckgebunden und gemäß § 2 des Gesetzes über die Gründung des Abfallentsorgungs- und Altlastensanierungsverbandes Nordrhein-Westfalen ausschließlich zu verwenden für

1. Maßnahmen zur Abwehr von Gefahren aus Altlasten, die von den zuständigen Behörden im Wege der Ersatzvornahme oder im Vorgriff auf die spätere Feststellung einer Ordnungspflicht durchgeführt werden und für Maßnahmen auf Grundstücken, bei denen die Ordnungspflicht im Wege des Erwerbs vor dem 31. Dezember 1990 auf die Gemeinde oder den Kreis übergegangen ist, und

2. Aufwendungen für die Sicherung oder Sanierung von Altlasten, um Grundstücke, auf denen Maßnahmen nach Nummer 1 durchgeführt werden, einer von der Gemeinde angestrebten Nutzungsart zuzuführen, soweit diese Aufwendungen und die angestrebte Nutzung in einem angemessenen Verhältnis stehen, und

3. die Entwicklung neuer Technologien zur Vermeidung und Entsorgung von Abfällen, die nach § 3 Abs. 3 AbfG ausgeschlossen sind, sowie die Planung und Errichtung von Entsorgungsanlagen für solche Abfälle und die in § 2 Abs. 1 Nr. 2 des Gesetzes über die Gründung des Abfallentsorgungs- und Altlastensanierungsverbandes Nordrhein-Westfalen genannten Vorlaufkosten. Der für die Erteilung oder Bestätigung der Lizenzen und die bestandskräftige Festsetzung sowie die Einziehung der Lizenzentgelte entstehende Aufwand wird aus dem Aufkommen der Lizenzentgelte gedeckt;

4. Beratung, Aus- und Fortbildung auf dem Gebiet der Vermeidung und Verwertung von Abfällen.

(2) Der Zweckbindung nach Absatz 1 Satz 1 unterliegen auch Rückflüsse aus finanziellen Leistungen, die aus dem Aufkommen der Lizenzentgelte erbracht wurden.

Fünfter Teil

Abfallentsorgungspläne

§ 16

Abfallentsorgungsplan

(1) Der Abfallentsorgungsplan besteht aus zeichnerischen und textlichen Darstellungen. Er kann in räumlichen oder sachlichen Teilabschnitten aufgestellt werden.

(2) Der Abfallentsorgungsplan enthält mindestens Angaben über

1. Ziele zur Abfallvermeidung und -verwertung,

2. Bedarf an Abfallentsorgungsanlagen unter Zugrundelegung einer zehnjährigen Entsorgungssicherheit,

3. bestehende Entsorgungsanlagen sowie Entsorgungswege hinsichtlich Art und Menge der Abfälle,

4. geeignete Standorte für künftige Abfallentsorgungsanlagen.

Bei der Aufstellung des Abfallentsorgungsplanes werden die Abfallwirtschaftskonzepte berücksichtigt.

(3) Die oberste Abfallwirtschaftsbehörde kann für bestimmte Abfallarten, insbesondere für Abfallarten nach § 2 Abs. 2 AbfG, Rahmenrichtlinien zu den Abfallentsorgungsplänen erlassen.

(4) Die Ziele, Grundsätze und Erfordernisse der Raumordnung und Landesplanung sind bei der Aufstellung des Abfallentsorgungsplanes zu beachten.

§ 17

Aufstellung des Abfallentsorgungsplans

(1) Der Abfallentsorgungsplan wird von der oberen Abfallwirtschaftschaftsbehörde im Benehmen mit dem Bezirksplanungsrat aufgestellt und bekanntgegeben. Die betroffenen kreisfreien Städte, Kreise und kreisangehörigen Gemeinden sowie Abfallentsorgungsverbände nach § 6 und der Abfallentsorgungs- und Altlastensanierungsverband Nordrhein-Westfalen sind bei der Aufstellung des Abfallentsorgungsplans zu beteiligen. Soweit Abfälle in einem der Bergaufsicht unterliegenden Betrieb entsorgt werden sollen, wird der Plan im Einvernehmen mit dem Landesoberbergamt aufgestellt. Andere Körperschaften des öffentlichen Rechts, deren Belange von den Plänen berührt werden,

sollen vor Aufstellung der Abfallentsorgungspläne gehört werden; dabei ist ein Ausgleich der Interessen anzustreben.

(2) Die Abfallentsorgungspläne für benachbarte Regierungsbezirke sind untereinander abzustimmen. Kommt eine Einigung nicht zustande, entscheidet die oberste Abfallwirtschaftsbehörde.

(3) Abweichend von Absatz 1 kann die oberste Abfallwirtschaftsbehörde im Benehmen mit den für die Abfallentsorgung und die Kommunalpolitik zuständigen Ausschüssen des Landtags und im Einvernehmen mit den beteiligten Landesministern Abfallentsorgungspläne für solche Abfälle aufstellen, für deren Entsorgung Abfallentsorgungsanlagen von überregionaler Bedeutung erforderlich sind. Absatz 1 Sätze 2 und 4 gelten entsprechend.

(4) Der Abfallentsorgungsplan kann jederzeit in dem Verfahren, das für die Aufstellung gilt, geändert oder ergänzt werden. Es ist fortzuschreiben und spätestens im Abstand von zehn Jahren nach Aufstellung erneut bekanntzugeben.

(5) Die Abfallentsorgungspläne werden mit ihrer Bekanntgabe Richtlinien für alle behördlichen Entscheidungen, Maßnahmen und Planungen, die für die Abfallentsorgung Bedeutung haben.

§ 18
Verbindlichkeitserklärungen des Abfallentsorgungsplans

(1) Die oberste und die obere Abfallwirtschaftsbehörde werden ermächtigt, durch Rechtsverordnung die Festlegung in den von ihnen aufgestellten Abfallentsorgungsplänen ganz oder teilweise für die Entsorgungspflichtigen für verbindlich zu erklären. Die oberste Abfallwirtschaftsbehörde erläßt die Rechtsverordnungen im Einvernehmen mit den beteiligten Landesministern. Die obere Abfallwirtschaftsbehörde erläßt die Rechtsverordnung im Einvernehmen mit dem Landesoberbergamt, soweit sich die Verbindlichkeitserklärung auf Abfälle erstreckt, die in einem der Bergaufsicht unterstehenden Betrieb entsorgt werden sollen. Die Rechtsverordnung kann hinsichtlich bestimmter Abfallarten oder für einzelne Gruppen von Entsorgungspflichtigen Ausnahmen von der Verpflichtung zulassen, sich einer in dem Plan ausgewiesenen Abfallentsorgungsanlage zu bedienen. Sie kann außerdem Bestimmungen nach § 19 Abs. 1 Satz 2 enthalten.

(2) Hat die Verordnung einen räumlichen Teilabschnitt des Abfallentsorgungsplans zum Inhalt, muß sie die Abgrenzung des Plangebietes klar erkennen lassen. Sofern eine Bezugnahme auf die Grenzen eines Verwaltungsgebietes nicht möglich ist, kann die Abgrenzung durch eine grobe Umschreibung im Wortlaut der Verordnung erfolgen, wenn das Plangebiet in Karten dargestellt ist, die einen Bestandteil der Verordnung bilden. Werden diese Karten nicht im Verkündungsblatt veröffentlicht, so wird ihre Verkündung dadurch ersetzt, daß Ausfertigungen von ihnen bei den kreisfreien Städten und Kreisen, deren Gebiete betroffen sind, niedergelegt und archivmäßig aufbewahrt werden, um zur kostenlosen Einsicht während der Dienststunden der jeweiligen Gebietskörperschaft für jedermann auszuliegen. Hierauf ist in der Verordnung hinzuweisen.

§ 19

Verbringung von Abfällen in das Plangebiet

(1) Wer Abfälle, die außerhalb des Geltungsbereichs des verbindlichen Abfallentsorgungsplans entstanden sind, zum Zwecke des Behandelns, Lagerns oder Ablagerns in das Plangebiet verbringen will, bedarf dazu der Genehmigung der zuständigen Behörde. Die Rechtsverordnung nach § 18 Abs. 1 soll bestimmen, für welche Vorgänge der Abfallentsorgung oder für welche Abfälle es einer Genehmigung nicht bedarf.

(2) Die Genehmigung nach Absatz 1 Satz 1 darf nur versagt oder mit Bedingungen und Auflagen verbunden oder befristet erteilt werden, wenn das Wohl der Allgemeinheit es erfordert, insbesondere wenn die Ziele und Erfordernisse der Abfallentsorgungsplanung des Landes durch eine der in Absatz 1 Satz 1 genannten Maßnahmen beeinträchtigt würden.

Sechster Teil

Abfallentsorgungsanlagen

§ 20

Erkunden geeigneter Standorte

(1) Eigentümer und Nutzungsberechtigte von Grundstücken haben zu dulden, daß Beauftragte der entsorgungspflichtigen Körperschaft oder der oberen Abfallwirtschaftsbehörde oder — mit deren Genehmigung — des Trägers der Maßnahme zum Zwecke des Erkundens geeigneter Standorte für Abfallentsorgungsanlagen Grundstücke betreten und Vermessungen, Boden- und Grundwasseruntersuchungen oder ähnliche Arbeiten ausführen. Die Absicht, Grundstücke zu betreten und solche Arbeiten auszuführen, ist dem Eigentümer und Nutzungsberechtigten der Grundstücke vorher bekanntzugeben.

(2) Auf Antrag eines Beteiligten entscheidet die obere Abfallwirtschaftsbehörde über das Bestehen sowie Art und Umfang der Duldungspflicht.

(3) Die entsorgungspflichtige Körperschaft oder die obere Abfallwirtschaftsbehörde hat nach Abschluß der Arbeiten den früheren Zustand der Grundstücke unverzüglich wiederherzustellen. Die obere Abfallwirtschaftsbehörde kann anordnen, daß bei dem Erkunden geschaffene Einrichtungen aufrechtzuerhalten sind.

(4) Eigentümer und Nutzungsberechtigte von Grundstücken können für die durch die Arbeiten entstandenen Vermögensnachteile Ersatz in Geld verlangen. Der Ersatzanspruch richtet sich gegen die entsorgungspflichtige Körperschaft, wenn deren Beauftragte die Arbeiten durchgeführt, und gegen das Land, wenn Beauftragte der oberen Abfallwirtschaftsbehörde die Arbeiten vorgenommen haben.

(5) Das Land kann Ersatz der ihm entstehenden Kosten von dem verlangen, der für den Standort, auf den sich die Arbeiten und die Maßnahmen nach Absatz 1 beziehen, einen

Antrag nach § 7 AbfG stellt. Der Ersatzanspruch haftet dem Inhaber von dinglichen Rechten, mit denen das Grundstück belastet ist, in entsprechender Anwendung der Artikel 52 und 53 des Einführungsgesetzes zum Bürgerlichen Gesetzbuch.

(6) Kommt eine Einigung über die Höhe des Entschädigungsanspruchs nicht zustande, entscheidet die obere Abfallwirtschaftsbehörde auf Antrag. Für die Kosten des Verfahrens gilt Absatz 4 entsprechend.

§ 21

Genehmigung für Abfallentsorgungsanlagen und Einwendungen in Planfeststellungsverfahren

(1) Mit dem Antrag auf Erteilung der Genehmigung für eine Abfallentsorgungsanlage nach § 7 Abs. 2 AbfG ist der Plan des Vorhabens einzureichen. § 73 Abs. 1 Satz 2 Verwaltungsverfahrensgesetz für das Land Nordrhein-Westfalen (VwVfG. NW.) findet Anwendung.

(2) Die Genehmigung erlischt, wenn innerhalb von fünf Jahren nach Eintritt der Unanfechtbarkeit der Genehmigung mit der Ausführung des Vorhabens nicht begonnen wird.

(3) Die Einwendungen im Planfeststellungsverfahren nach § 7 Abs. 1 AbfG sind dem Antragsteller bekanntzugeben. Den beteiligten Behörden sind die Einwendungen bekanntzugeben, die ihren Aufgabenbereich berühren. Auf Verlangen des Einwenders können dessen Name und Anschrift vor der Bekanntgabe unkenntlich gemacht werden.

§ 22

Veränderungssperre

(1) Vom Beginn der Offenlegung der Pläne im Planfeststellungsverfahren an (§ 73 Abs. 3 VwVfG. NW.) dürfen auf den vom Plan erfaßten Flächen wesentlich wertsteigernde oder die Errichtung der geplanten Anlage erheblich erschwerende Veränderungen nicht vorgenommen werden (Veränderungssperre). Veränderungen, die vorher begonnen worden sind, Unterhaltungsarbeiten und die Fortführung einer bisher ausgeübten Nutzung werden hiervon nicht berührt.

(2) Die Veränderungssperre tritt nach Ablauf von vier Jahren außer Kraft. Die obere Abfallwirtschaftsbehörde kann durch Rechtsverordnung eine einmalige Verlängerung der Veränderungssperre bis zu zwei Jahren anordnen, wenn besondere Umstände, insbesondere die Abstimmung mit anderen Planungsmaßnahmen oder die Berücksichtigung neuer technischer Erkenntnisse dies erfordern.

(3) Dauert die Veränderungssperre länger als zwei Jahre, kann der Eigentümer für die dadurch entstandenen Vermögensnachteile vom Träger der geplanten Abfallentsorgungsanlage eine angemessene Entschädigung in Geld verlangen. Die Entscheidung trifft die obere Abfallwirtschaftsbehörde.

(4) Die für die Planfeststellung zuständige Behörde kann von der Veränderungssperre Ausnahmen zulassen, wenn überwiegende öffentliche Belange nicht entgegenstehen und die Einhaltung der Veränderungssperre zu einer offenbar nicht beabsichtigten Härte führen würde.

§ 23
Enteignung nach Planfeststellung

(1) Zur Ausführung eines vollziehbaren Planfeststellungsbeschlusses nach § 74 Abs. 1 oder 3 VwVfG. NW. haben die entsorgungspflichtigen Körperschaften des öffentlichen Rechts oder der Träger der Maßnahme das Enteignungsrecht.

(2) Der festgestellte Plan ist dem Enteignungsverfahren zugrunde zu legen und für die Enteignungsbehörde bindend. Das Landesenteignungs- und -entschädigungsgesetz (EEG NW) ist anzuwenden.

§ 24
Abfalltechnische Überwachung und Abnahme

(1) Die Errichtung und die Änderung von Abfallentsorgungsanlagen, die einer Planfeststellung oder einer Genehmigung nach § 7 AbfG bedürfen, unterliegen der abfalltechnischen Überwachung und der Abnahme durch das örtlich zuständige Staatliche Amt für Wasser- und Abfallwirtschaft oder die sonst nach diesem Gesetz hierfür zuständige Behörde. Vor der Abnahme darf die Anlage nur mit Zustimmung der für die Planfeststellung oder die Genehmigung zuständigen Behörde in Betrieb genommen werden.

(2) In den Fällen des § 7 Abs. 3 AbfG ist für die abfalltechnische Überwachung und die Abnahme das Staatliche Gewerbeaufsichtsamt zuständig.

§ 25
Selbstüberwachung

(1) Wer eine Abfallentsorgungsanlage errichtet oder betreibt, ist verpflichtet, durch eine beauftragte Stelle auf seine Kosten die Errichtung und den Betrieb der Anlage überwachen und im Einwirkungsbereich der Anlage anfallendes Sicker- und Oberflächenwasser und das Grundwasser sowie von der Anlage ausgehende Emissionen untersuchen und darüber Aufzeichnungen fertigen zu lassen. Die Beauftragung bedarf der Zustimmung der für die Überwachung zuständigen Behörde. Mit der Untersuchung von Abfällen, Sicker-, Oberflächen- und Grundwasser dürfen nur von der oberen Abfallwirtschaftsbehörde widerruflich zugelassene Stellen beauftragt werden. Die für die Überwachung des Betriebes zuständige Behörde kann widerruflich zulassen, daß der Anlagenbetreiber die Überwachungen und die Untersuchungen ganz oder teilweise selbst durchführt. Die Aufzeichnungen sind mindestens fünf Jahre lang aufzubewahren und auf Verlangen der für die Überwachung des Betriebes zuständigen Behörde, dem

Staatlichen Amt für Wasser- und Abfallwirtschaft und dem Landesamt für Wasser und Abfall vorzulegen. Die zuständige Behörde kann eine längere Aufbewahrungsfrist anordnen.

(2) Die oberste Abfallwirtschaftsbehörde wird ermächtigt, durch ordnungsbehördliche Verordnung Regelungen zu treffen über

1. die Art und Häufigkeit der zu überwachenden und zu untersuchenden Vorgänge,

2. die Art der Betriebskenndaten und die Häufigkeit ihrer Ermittlung.

3. die Verpflichtung, Unterlagen den in Absatz 1 genannten Behörden und Fachdienststellen regelmäßig und ohne besondere Aufforderung vorzulegen.

(3) Die für die Überwachung des Betriebes zuständige Behörde kann den Betreiber von der Überwachungs- und Untersuchungspflicht nach Absatz 1 ganz oder teilweise befreien, wenn keine Einwirkungen zu erwarten sind.

(4) Weitergehende Anforderungen in Zulassungen nach § 7 AbfG und Anordnungen nach § 9 AbfG bleiben unberührt.

(5) Eigentümer und Nutzungsberechtigte von Grundstücken im Einwirkungsbereich von Abfallentsorgungsanlagen sind verpflichtet, Untersuchungen nach Absätzen 1 und 4 zu dulden und den Zugang zu den Grundstücken zu ermöglichen. Sie können für hierbei entstandene Vermögensnachteile vom Betreiber der Abfallentsorgungsanlage Ersatz in Geld verlangen. § 20 Abs. 1 Satz 2, Abs. 2, 3 und 6 Satz 1 gilt entsprechend.

§ 26

Betriebsführung

Die Betreiber von Abfallentsorgungsanlagen haben sachkundiges und zuverlässiges Personal zu beschäftigen, das in der Lage ist, den Betrieb der Anlage zu führen, insbesondere die Anlieferung von Abfällen wirksam zu kontrollieren. Sie haben durch geeignete Bedienungs- und Sicherheitsanweisungen und durch Schulung des Personals Fehlverhalten vorzubeugen und die betroffenen Arbeitnehmer über die in den betrieblichen Gefahrenabwehrplänen für Betriebsstörungen enthaltenen Verhaltensregeln zu unterweisen.

§ 27

Betriebsstörungen

(1) Die Betreiber von Abfallentsorgungsanlagen haben Störungen des Anlagenbetriebs unverzüglich der Überwachungsbehörde anzuzeigen, wenn schädliche Auswirkungen auf die Umwelt zu besorgen sind.

(2) Weitergehende Bestimmungen in Zulassungen nach § 7 AbfG und Anordnungen nach § 9 AbfG bleiben unberührt.

Siebter Teil

Altlasten

§ 28

Begriffsbestimmungen und sachlicher Geltungsbereich

(1) Altlasten sind Altablagerungen und Altstandorte, sofern von diesen nach den Erkenntnissen einer im einzelnen Fall vorausgegangenen Untersuchung und einer darauf beruhenden Beurteilung durch die zuständige Behörde eine Gefahr für die öffentliche Sicherheit oder Ordnung ausgeht.

(2) Altlast-Verdachtsflächen sind Altablagerungen und Altstandorte, soweit ein hinreichender Verdacht besteht, daß von ihnen eine Gefahr für die öffentliche Sicherheit oder Ordnung ausgeht oder künftig ausgehen kann.

(3) Altablagerungen sind

1. stillgelegte Anlagen zum Ablagern von Abfällen,

2. Grundstücke, auf denen vor dem 11. Juni 1972 Abfälle abgelagert worden sind,

3. sonstige stillgelegte Aufhaldungen und Verfüllungen.

(4) Altstandorte sind

1. Gründstücke stillgelegter Anlagen, in denen mit umweltgefährdenden Stoffen umgegangen worden ist, soweit es sich um Anlagen der gewerblichen Wirtschaft oder im Bereich öffentlicher Einrichtungen gehandelt hat, ausgenommen der Umgang mit Kernbrennstoffen und sonstigen radioaktiven Stoffen im Sinne des Atomgesetzes,

2. Grundstücke, auf denen im Bereich der gewerblichen Wirtschaft und im Bereich öffentlicher Einrichtungen sonst mit umweltgefährdenden Stoffen umgegangen worden ist, ausgenommen der Umgang mit Kernbrennstoffen und sonstigen radioaktiven Stoffen im Sinne des Atomgesetzes, das Aufbringen von Abwasser, Klärschlamm, Fäkalien oder ähnlichen Stoffen und von festen Stoffen, die aus oberirdischen Gewässern entnommen worden sind, sowie das Aufbringen und Anwenden von Pflanzenbehandlungs- und Düngemitteln.

(5) Die Vorschriften des Siebten Teils dieses Gesetzes dienen nicht dem Aufsuchen und Bergen von Kampfmitteln.

§ 29

Erhebungen über Altablagerungen und Altstandorte

(1) Die unteren Abfallwirtschaftsbehörden führen Erhebungen über Altlast-Verdachtsflächen durch. Erhebungen über Altlast-Verdachtsflächen, die durch Aufsuchen, Gewinnen, Aufbereiten und Weiterverarbeiten von Bodenschätzen entstanden sind, führt das Landesoberbergamt durch. Die Aufgaben anderer Behörden zur Ermittlung und Abwehr von Gefahren bleiben unberührt.

(2) Haben andere Behörden Altablagerungen und Altstandorte zu überwachen, unterstützen diese die unteren Abfallwirtschaftsbehörden und das Landesoberbergamt bei den Erhebungen nach Absatz 1. Bei Erhebungen nach Absatz 1 sind die für die Erforschung und Abwehr von Gefahren und die für die Feststellung der Ordnungspflichtigen benötigten Daten, Tatsachen und Erkenntnisse zu sammeln und aufzubereiten, die bei Behörden und Einrichtungen des Landes, Gemeinden und Gemeindeverbänden sowie dem Entsorgungsverband vorhanden sind oder über die Dritte nach diesem Gesetz oder nach anderen Gesetzen Auskunft zu geben haben; die Erhebungen können sich auch auf sonstige Angaben Dritter erstrecken, sofern diese dem Zweck der Erhebungen dienen. Die Erhebungen nach Absatz 1 umfassen Daten, Tatsachen und Erkenntnisse über

1. Lage, Größe und Zustand der Altablagerungen und Altstandorte,

2. den früheren Betrieb und die stillgelegten Anlagen und Einrichtungen,

3. Art, Menge und Beschaffenheit der Abfälle und Stoffe, die abgelagert worden sein können oder mit denen umgegangen worden sein kann,

4. Umwelteinwirkungen einschließlich möglicher Gefährdungen der Gesundheit, die von den Altablagerungen und Altstandorten ausgehen oder zu besorgen sind,

5. frühere, bestehende und geplante Nutzungen der Altablagerungen und Altstandorte und ihrer Umgebung,

6. Eigentümer und Nutzungsberechtigte, frühere Eigentümer und Nutzungsberechtigte, Inhaber stillgelegter Abfallentsorgungsanlagen oder sonstiger stillgelegter Anlagen sowie

7. die sonstigen für die Erforschung und Abwehr von Gefahren und die Feststellung der Ordnungspflichtigen bedeutsamen Sachverhalte und Rechtsverhältnisse.

(3) Die Behörden und Einrichtungen des Landes, die Gemeinden und Gemeindeverbände sowie der Entsorgungsverband teilen den in Absatz 1 genannten Behörden die ihnen vorliegenden Daten, Tatsachen und Erkenntnisse über Altablagerungen und Altstandorte mit.

(4) Eigentümer und Nutzungsberechtigte von Grundstücken sind verpflichtet, ihnen bekannt gewordene Ablagerungen von Abfällen im Sinne von § 2 Abs. 2 AbfG auf ihren Grundstücken unverzüglich der unteren Abfallwirtschaftsbehörde anzuzeigen. Soweit Grundstücke betroffen sind, die der Bergaufsicht unterliegen, ist die Anzeige dem Bergamt zu erstatten.

(5) Für die Anzeigepflicht nach Absatz 4 findet § 11 Abs. 5 AbfG Anwendung.

§ 30

Grundlagenermittlung

(1) Das Landesamt für Wasser und Abfall und die Staatlichen Ämter für Wasser- und Abfallwirtschaft ermitteln im Zusammenwirken mit Sachverständigen und Behörden, deren Belange berührt sind, die fachlichen Grundlagen für die Erforschung und

Abwehr von Gefahren, die von Altablagerungen und Altstandorten ausgehen können. Sie werden dabei vom Geologischen Landesamt unterstützt. Soweit es sich um die Wirkungen von Schadstoffen auf Böden und Pflanzen handelt, obliegen solche Ermittlungen der Landesanstalt für Ökologie, Landschaftsentwicklung und Forstplanung. Das Landesamt für Wasser und Abfall und die Staatlichen Ämter für Wasser- und Abfallwirtschaft ermitteln ferner den Stand der für die Gefahrenabwehr gegenüber Altlasten bedeutsamen Technik und beteiligen sich an deren Entwicklung.

(2) Das Landesamt für Wasser und Abfall, die Landesanstalt für Ökologie, Landschaftsentwicklung und Forstplanung und die Staatlichen Ämter für Wasser- und Abfallwirtschaft geben über ihre Ermittlungen den zuständigen Behörden des Landes und des Bundes, den Gemeinden und Gemeindeverbänden sowie anderen Trägern öffentlicher Belange Auskunft.

§ 31

Kataster

(1) Die unteren Abfallwirtschaftsbehörden und das Landesoberbergamt führen ein Kataster über die in ihren Zuständigkeitsbereich fallenden Altablagerungen und Altstandorte. In die Kataster sind die Daten, Tatsachen und Erkenntnisse aufzunehmen, die über Altablagerungen und Altstandorte erhoben und bei deren Untersuchung, Beurteilung und Sanierung sowie bei der Durchführung sonstiger Maßnahmen oder der regelmäßigen Überwachung ermittelt werden. Die Kataster sind laufend fortzuschreiben.

(2) Die unteren Abfallwirtschaftsbehörden und das Landesoberbergamt übermitteln den Staatlichen Ämtern für Wasser- und Abfallwirtschaft zur Wahrnehmung der in § 30 Abs. 1 genannten Aufgaben sowie der Aufgaben auf dem Gebiet der Wasser- und Abfallwirtschaft die in diesem Zusammenhang gewonnenen Daten, Tatsachen und Erkenntnisse. Diese werden von den Staatlichen Ämtern für Wasser- und Abfallwirtschaft in Dateien geführt und in Karten dargestellt. Die oberste Abfallwirtschaftsbehörde kann in Verwaltungsvorschriften die Form bestimmen, in der die in Satz 1 genannten Daten, Tatsachen und Erkenntnisse an die Staatlichen Ämter für Wasser- und Abfallwirtschaft zu übermitteln sind.

(3) Die obere und die oberste Abfallwirtschaftsbehörde sowie das Landesamt für Wasser und Abfall und die Landesanstalt für Ökologie, Landschaftsentwicklung und Forstplanung können sich über den Inhalt des Katasters unterrichten.

(4) Für den Inhalt der Kataster und Dateien besteht eine zeitlich unbeschränkte Aufbewahrungspflicht. Ausnahmen können die Aufsichtsbehörden gegenüber den allgemeinen und Sonderordnungsbehörden sowie das Landesamt für Wasser und Abfall gegenüber den Staatlichen Ämtern für Wasser- und Abfallwirtschaft zulassen.

§ 32

Weitergabe der Erkenntnisse

(1) Die unteren Abfallwirtschaftsbehörden und das Landesoberbergamt treffen bei den Altlast-Verdachtsflächen, die unter § 10 Abs. 2 und § 11 Abs. 1 AbfG fallen, die erforderlichen Maßnahmen und Anordnungen. Sie unterrichten in den Fällen, in denen die Erforschung und Abwehr von Gefahren anderen Behörden obliegt, diese über die Ergebnisse der Erhebungen nach § 29 Abs. 1. Die Aufgaben dieser Behörden bleiben unberührt.

(2) Die katasterführenden Behörden, die Staatlichen Ämter für Wasser- und Abfallwirtschaft und das Landesamt für Wasser und Abfall sind befugt, anderen Behörden und Einrichtungen des Landes sowie den Gemeinden und Gemeindeverbänden Daten, Tatsachen und Erkenntnisse über Altablagerungen und Altstandorte mitzuteilen, soweit dies zur Wahrnehmung der diesen Stellen obliegenden Aufgaben erforderlich ist. Auf Verlangen teilen die katasterführenden Behörden ihnen vorliegende Daten, Tatsachen oder Erkenntnisse den Eigentümern und Nutzungsberechtigten mit; sie können auch Dritte unterrichten, soweit diese ein berechtigtes Interesse an der Kenntnis der zu übermittelnden Daten darlegen.

(3) Soweit Behörden oder andere Stellen Erkenntnisse über Altablagerungen und Altstandorte der Öffentlichkeit zugänglich machen, darf die Bekanntgabe keine Angaben enthalten, die einen Bezug auf eine bestimmte oder bestimmbare natürliche Person zulassen. Dies gilt nicht, wenn solche Angaben offenkundig sind oder ihre Bekanntgabe zur Abwehr von Gefahren oder aus anderen überwiegenden Gründen des Gemeinwohls erforderlich ist.

§ 33

Verlassene Anlagen

(1) Soweit für Abfallentsorgungsanlagen, die vor Inkrafttreten des Landesabfallgesetzes vom 18. Dezember 1973 stillgelegt worden sind, nach anderen Bestimmungen Maßnahmen der in § 10 Abs. 2 AbfG genannten Art nicht möglich sind, obliegen diese den Kreisen und kreisfreien Städten. Die Eigentümer und Nutzungsberechtigten der betroffenen Grundstücke sind verpflichtet, die Durchführung der erforderlichen Maßnahmen zu dulden.

(2) Hat sich durch Maßnahmen nach Absatz 1 der Nutzungswert eines betroffenen Grundstücks wesentlich erhöht, kann der Kreis oder die kreisfreie Stadt vom Eigentümer einen Ausgleich in Geld verlangen.

Achter Teil

Behörden und Zuständigkeiten

§ 34

Behördenaufbau

Oberste Abfallwirtschaftsbehörde ist

der Minister für Umwelt, Raumordnung und Landwirtschaft,

obere Abfallwirtschaftsbehörde

der Regierungspräsident,

untere Abfallwirtschaftsbehörde

der Kreis und die kreisfreie Stadt.

§ 35

Abfallwirtschaftsbehörden als Sonderordnungsbehörden

(1) Der Vollzug der Vorschriften des Abfallgesetzes und dieses Gesetzes wird von der zuständigen Behörde als Sonderordnungsbehörde (§ 12 Ordnungsbehördengesetz — OBG —) überwacht.

(2) Die den Abfallwirtschaftsbehörden nach dem Abfallgesetz und diesem Gesetz obliegenden Aufgaben gelten als solche der Gefahrenabwehr.

(3) Die Befugnisse der Abfallwirtschaftsbehörden zur Gefahrenabwehr auf Grund allgemeinen Ordnungsrechts bleiben unberührt.

§ 36

Kosten der Überwachung

Wird zu Maßnahmen der Überwachung dadurch Anlaß gegeben, daß jemand unbefugt handelt oder Auflagen nicht erfüllt, können ihm die Kosten dieser Maßnahmen auferlegt werden. Zu diesen Kosten gehören auch die Kosten für die Schadensermittlung und die Ermittlung der Verantwortlichen.

§ 37

Aufsichtsbehörden

Die Aufsicht über die unteren Abfallwirtschaftsbehörden führt die obere Abfallwirtschaftsbehörde. Die oberste Aufsicht wird von der obersten Abfallwirtschaftsbehörde geführt. § 39 Abs. 1 Satz 1 bleibt unberührt.

§ 38

Zuständigkeiten

(1) Zuständige Behörde im Sinne des Abfallgesetzes und dieses Gesetzes oder der auf Grund dieser Gesetze ergangenen Rechtsverordnungen ist, soweit nichts anderes bestimmt ist, die obere Abfallwirtschaftsbehörde. Der Oberkreisdirektor als untere staatliche Verwaltungsbehörde ist gegenüber kreisangehörigen Gemeinden zuständige Behörde

1. für die Überwachung nach § 11 Abs. 1 AbfG,

2. für Entscheidungen über die Zustimmung nach § 3 Abs. 3 AbfG in Verbindung mit § 8 dieses Gesetzes.

(2) Folgende Aufgaben der zuständigen Behörde nimmt die untere Abfallwirtschaftsbehörde wahr, es sei denn, diese Aufgaben sind gegenüber kreisfreien Städten oder Kreisen wahrzunehmen:

1. Ausnahmegenehmigungen zum Behandeln, Lagern oder Ablagern von Abfällen außerhalb der dafür zugelassenen Abfallentsorgungsanlagen (§ 4 Abs. 2 AbfG),

2. Entscheidungen über Anlagen, die der Lagerung oder Behandlung von Autowracks sowie deren Überwachung dienen (§ 5 Abs. 1 AbfG),

3. Entscheidungen über Anlagen, die der Lagerung, Ablagerung und Behandlung von Bodenaushub, Bauschutt, Straßenaufbruch und vergleichbaren Abfällen dienen sowie deren Überwachung,

4. Entscheidungen über Errichtung und Betrieb von unbedeutenden Abfallentsorgungsanlagen und deren wesentliche Änderung sowie über Errichtung und Betrieb von Abfallentsorgungsanlagen, bei denen mit Einwendungen nicht zu rechnen ist und deren wesentliche Änderung (§ 7 Abs. 2 Nr. 1 und 2 AbfG) sowie jeweils deren Überwachung,

5. Entscheidung über die Vorlage des betrieblichen Abfallwirtschaftskonzeptes nach § 5 b und der Abfallbilanzen nach § 5 c, wenn der Erzeuger der Abfälle diese nicht selbst, sondern durch Dritte entsorgt (Fremdentsorger),

6. Entgegennahme von Anzeigen über beabsichtigte Stillegungen von ortsfesten Abfallentsorgungsanlagen (§ 10 Abs. 1 AbfG) und von Anlagen, in denen Abfälle im Sinne von § 2 Abs. 2 AbfG anfallen (§ 10 Abs. 3 AbfG),

7. Anordnungen zur Verpflichtung des Inhabers einer stillzulegenden Abfallentsorgungsanlage, das für diese verwandte Gelände zu rekultivieren und sonstige erforderliche Vorkehrungen zu treffen (§ 10 Abs. 2 AbfG),

8. Entgegennahme der Anzeige über die Bestellung eines Betriebsbeauftragten für Abfall (§ 11 c Abs. 1 Satz 2 AbfG) und für Amtshandlungen im Zusammenhang mit der Bestellung eines oder mehrerer Betriebsbeauftragter für Abfall (§ 11 a AbfG),

9. ordnungsrechtliche Maßnahmen gegen die unerlaubte Errichtung oder den unerlaubten Betrieb von Abfallentsorgungsanlagen und gegen die unerlaubte Errich-

tung und den unerlaubten Betrieb von Anlagen, die der Lagerung oder Behandlung von Autowracks dienen,

10. ordnungsrechtliche Verfolgung der Fälle, in denen Abfälle verbotswidrig außerhalb einer dafür zugelassenen Abfallentsorgungsanlage behandelt, gelagert oder abgelagert werden (§ 4 Abs. 1 AbfG).

(3) Folgende Aufgaben der zuständigen Behörden nehmen die unteren Abfallwirtschaftsbehörden wahr:

1. die Überwachung der Entsorgung von Abfällen durch den Besitzer (§ 3 Abs. 4 AbfG),

2. die Überwachung der Altölentsorgung (§§ 5 a und 5 b AbfG) sowie den Vollzug der auf Grund dieser Vorschriften ergangenen und ergehenden Rechtsverordnungen mit Ausnahme der Entscheidungen über Anlagen im Sinne von §§ 7 und 9 AbfG und der Anlagen, die zwischen dem 11. Juni 1972 und dem 1. November 1987 errichtet und betrieben worden sind,

3. den Vollzug von § 11 Abs. 2 und 3 AbfG und der auf Grund dieser Vorschriften ergangenen und ergehenden Rechtsverordnungen,

4. die Bestätigung der Zulässigkeit der Verwertung von Reststoffen (§ 25 Abfall- und Reststoffüberwachungs-Verordnung) bei Verwendung in einer Anlage, die keine genehmigungsbedürftige Anlage nach § 4 Bundes-Immissionsschutzgesetz ist.

5. den Vollzug einer auf Grund von § 14 AbfG ergangenen und ergehenden Rechtsverordnung.

(4) Die Aufgaben der zuständigen Behörde für den Vollzug des § 15 AbfG und der auf Grund dieser Vorschriften ergangenen und ergehenden Rechtsverordnungen nehmen die unteren Abfallwirtschaftsbehörden wahr, es sei denn, diese Aufgaben sind gegenüber kreisfreien Städten und Kreisen wahrzunehmen. Die Behörden entscheiden im Benehmen mit

1. dem Geschäftsführer der Kreisstelle der Landwirtschaftskammer als Landesbeauftragtem im Kreis, wenn die Stoffe auf landwirtschaftlich oder gärtnerisch genutzte Böden,

2. der unteren Forstbehörde, wenn die Stoffe auf forstwirtschaftlich genutzte Böden

aufgebracht werden sollen. Entscheidet die obere Abfallwirtschaftsbehörde, ist das Benehmen des Direktors der Landwirtschaftskammer als Landesbeauftragten einzuholen.

§ 39
Zuständigkeit anderer Behörden

(1) In den der Bergaufsicht unterliegenden Betrieben sind die Bergbehörden für den Vollzug des Abfallgesetzes und dieses Gesetzes zuständig. Zuständige Behörde im Sinne von § 3 Abs. 7 und von § 7 Abs. 1 und 2 AbfG ist das Landesoberbergamt. Es entscheidet im Einvernehmen mit der nach § 38 Abs. 1 Satz 1 zuständigen Behörde.

315

Einsammlungs- und Beförderungsgenehmigungen im Sinne von § 12 AbfG für Abfälle, die in den der Bergaufsicht unterliegenden Betrieben anfallen, erteilt das Bergamt, soweit die Abfälle in einem der Bergaufsicht unterliegenden Betrieb entsorgt werden. Werden die Abfälle außerhalb von der Bergaufsicht unterliegenden Betrieben entsorgt, ist die obere Abfallwirtschaftsbehörde zuständig. Im übrigen obliegt der Vollzug des Abfallgesetzes und dieses Gesetzes in den der Bergaufsicht unterliegenden Betrieben den Bergämtern.

(2) Die Befugnisse der Gewerbeaufsichtsbehörden auf Grund anderer Gesetze als des Abfallgesetzes und dieses Gesetzes bleiben unberührt. Eine Entscheidung nach § 7 Abs. 2 AbfG bedarf des Einvernehmens mit der nach § 38 Abs. 1 Satz 1 zuständigen Behörde. Die Bestätigung der Zulässigkeit der Verwertung von Reststoffen (§ 25 Abfall- und Reststoffüberwachungs-Verordnung) in einer nach § 4 Bundes-Immissionsschutzgesetz genehmigungsbedürftigen Anlage obliegt der nach dem Immissionsschutzrecht zuständigen Behörde.

§ 40

Bestimmung der zuständigen Behörde in besonderen Fällen

(1) Ist in derselben Sache die örtliche oder sachliche Zuständigkeit mehrerer Abfallwirtschaftsbehörden oder mehrerer Staatlicher Ämter für Wasser- und Abfallwirtschaft begründet oder ist es zweckmäßig, eine Angelegenheit in benachbarten Bezirken einheitlich zu regeln, kann die gemeinsame nächsthöhere Behörde die zuständige Behörde bestimmen.

(2) Zuständig für die Erteilung landesweiter Genehmigungen nach § 12 Abs. 1 AbfG ist die obere Abfallwirtschaftsbehörde, in deren Bezirk das Unternehmen seinen Geschäftssitz hat.

(3) Ist auch die Behörde eines anderen Landes zuständig, kann die Landesregierung mit der zuständigen Behörde des anderen Landes die gemeinsam zuständige Behörde vereinbaren.

§ 41

Beteiligung

(1) Die zuständigen Behörden werden beim Vollzug des Abfallgesetzes und dieses Gesetzes von den Staatlichen Ämtern für Wasser- und Abfallwirtschaft und vom Landesamt für Wasser und Abfall unterstützt; das Landesamt für Wasser und Abfall wird auf Ersuchen der oberen Abfallwirtschaftsbehörde tätig. Das Landesamt für Wasser und Abfall, die Staatlichen Ämter für Wasser- und Abfallwirtschaft, die Geschäftsführer der Kreisstellen der Landwirtschaftskammern als Landesbeauftragte im Kreis, die unteren Forstbehörden und die Direktoren der Landwirtschaftskammern als Landesbeauftragte können dazu selbständig in Abstimmung mit den in Satz 1 genannten Behörden die nach § 11 Abs. 4 AbfG zugelassenen Untersuchungen bei den Besitzern von Abfällen und von Stoffen im Sinne von § 15 AbfG sowie bei den Betreibern der Abfallentsorgungsanlagen vornehmen und auch sonst erforderliche

Feststellungen treffen. Entscheidet die untere Abfallwirtschaftsbehörde, hat diese in Fällen von überörtlicher Bedeutung die Stellungnahme des Staatlichen Amtes für Wasser- und Abfallwirtschaft herbeizuführen. Will sie Bedenken des Staatlichen Amtes für Wasser- und Abfallwirtschaft gegen die in Aussicht genommene Entscheidung nicht Rechnung tragen, ist die Weisung der oberen Abfallwirtschaftsbehörde einzuholen.

(2) Die für den Vollzug des § 15 AbfG zuständigen Behörden werden auf ihr Ersuchen durch die Landesanstalt für Ökologie, Landschaftsentwicklung und Forstplanung unterstützt. Diese kann dazu Untersuchungen von Böden, auf die Stoffe im Sinne von § 15 AbfG aufgebracht worden sind oder aufgebracht werden sollen, sowie an den darauf angebauten Pflanzen durchführen.

§ 42

Unterrichtung durch die örtlichen Ordnungsbehörden

Die örtlichen Ordnungsbehörden haben die zuständigen Behörden über Erkenntnisse zu unterrichten, die ein Eingreifen dieser Behörden erfordern könnten.

Neunter Teil

Verfahren bei Entschädigung

§ 43

Verfahren bei Entschädigung

Für die nach § 22 Abs. 3 zu leistende Entschädigung, für den nach § 20 Abs. 4 oder § 25 Abs. 5 zu leistenden Ersatz, für das nach § 3 Abs. 5 Satz 2 AbfG festzusetzende Entgelt, für die nach § 3 Abs. 7 Satz 3 AbfG zu bestimmende Verpflichtung und für die nach § 8 Abs. 4 Satz 2 AbfG zu leistende Entschädigung sind die Vorschriften des Landesenteignungs- und -entschädigungsgesetzes (EEG NW) anzuwenden.

Zehnter Teil

Bußgeldvorschriften

§ 44

Bußgeldvorschrift

(1) Ordnungswidrig handelt, wer

1. entgegen einer vollziehbaren Anordnung nach § 5 Abs. 4 Abfälle nicht getrennt hält und entsorgt,

2. entgegen § 10 Abs. 1 Abfälle ohne Lizenz behandelt oder ablagert,

3. entgegen § 12 Abs. 1 Satz 1 die Erklärung nicht, nicht richtig, nicht vollständig oder nicht rechtzeitig vorlegt,

317

4. vorsätzlich oder fahrlässig entgegen § 19 Abs. 1 Satz 1 Abfälle, die außerhalb des Geltungsbereichs eines verbindlichen Abfallentsorgungsplans entstanden sind, zum Zweck des Behandelns, Lagerns oder Ablagerns ohne Genehmigung in das Plangebiet verbringt oder einer mit einer solchen Genehmigung verbundenen vollziehbaren Auflage nach § 19 Abs. 2 zuwiderhandelt,

5. entgegen dem Verbot des § 22 Abs. 1 Satz 1 Veränderungen vornimmt,

6. entgegen § 24 Abs. 1 Satz 2 ohne Zustimmung eine Abfallentsorgungsanlage vor der Abnahme in Betrieb nimmt,

7. entgegen § 25 Abs. 1 Satz 1 Untersuchungen nicht durchführt,

8. entgegen § 25 Abs. 1 Satz 5 Aufzeichnungen über die Selbstüberwachung nicht aufbewahrt,

9. entgegen § 27 Abs. 1 Störungen des Anlagebetriebes nicht unverzüglich anzeigt.

10. entgegen § 29 Abs. 4 ihm bekannt gewordene Ablagerungen nicht oder nicht rechtzeitig anzeigt.

(2) Die Ordnungswidrigkeit kann mit einer Geldbuße bis zu hunderttausend Deutsche Mark geahndet werden.

§ 45

Zuständigkeit für die Verfolgung und Ahndung von Ordnungswidrigkeiten

Zuständige Verwaltungsbehörde ist für die Verfolgung und Ahndung von Ordnungswidrigkeiten die für den Vollzug des Abfallgesetzes, dieses Gesetzes und der auf Grund dieser Gesetze ergangenen Rechtsverordnungen jeweils zuständigen Behörden. Handelt es sich um die Verfolgung und Ahndung von Verstößen durch die kreisfreie Stadt oder den Kreis gegen § 11 Abs. 2 und 3 AbfG und gegen eine auf § 11 Abs. 2 AbfG gestützte Rechtsverordnung, ist die obere Abfallwirtschaftsbehörde zuständig.

Elfter Teil

Übergangs- und Schlußbestimmungen

§ 46

Durchführung des Gesetzes

Der Minister für Umwelt, Raumordnung und Landwirtschaft erläßt im Einvernehmen mit den beteiligten Ministern die zur Durchführung des Abfallgesetzes und dieses Gesetzes erforderlichen Verwaltungsvorschriften.

§ 47

Inkrafttreten (*)

(*) Das Gesetz zur Änderung des LAbfG vom 14. Januar 1992 ist am Tage nach der Verkündung in Kraft getreten (31. Januar 1992)

Die Kennzeichnung von Abfällen nach den §§ 5b und 10 LAbfG ergeben sich aus der nachfolgenden Tabelle:

Abfallschlüssel	Bezeichnung	Herkunft
134 02	Konfiskate	Schlachterei
171 01	Rinden	Sägewerke Zellstoff-, Holzschliff- und Papiererzeugung
171 02	Schwarten, Spreissel	Sägewerke, Holzverarbeitung
171 03	Sägemehl und Sägespäne	Sägewerke, Holzverarbeitung
171 14	Schlamm und Staub aus Spanplattenherstellung	Herstellung von Holzspanplatten
172 01	Holzemballagen, Holzabfälle	Gewerbliche Wirtschaft
172 02	Bau- und Abbruchholz	Baugewerbe, Gebäudeabbruch, Gewerbliche Wirtschaft
172 03	Holzwolle	Gewerbliche Wirtschaft
184 01	Rückstände aus Papierherstellung (Spuckstoffe)	Papier- und Pappeerzeugung, Altpapieraufbereitung
187 01	Schnitt- und Stanzabfälle	Papier- und Pappeverarbeitung, Druckerei, Buchbinderei
187 06	Papierklischees, Makulatur	Druckerei, Chemigraphisches Gewerbe
187 16	Papierfilter, Zellstofftücher oder Verpackungsmaterial	Gewerbliche Wirtschaft, Chemische Industrie
187 18	Altpapier	Papier- und Pappeverarbeitung, Gewerbliche Wirtschaft, Büros, Haushalte, Handel
311 02	Siliziumdioxid — Tiegelbruch	Metallerzeugung, Gießerei
311 03	Ofenausbruch aus metallurgischen Prozessen	Metallerzeugung, Gießerei
311 04	Ofenausbruch aus nichtmetallurgischen Prozessen	Verarbeitung von Steinen und Erden. Herstellung von keramischen Erzeugnissen, Herstellung und Verarbeitung von Glas
311 05	Ausbruch aus Feuerungs- und Verbrennungsanlagen	Feuerungs- und Verbrennungsanlagen
311 06	Dolomit	Öfen der Metallerzeugung
311 07	Chrommagnesit	Öfen der Metallerzeugung (Fehlchargen)
312 09	Eisensilikatschlacke	Eisen- und Stahlerzeugung, Eisen-, Stahl- und Tempergießerei
312 18	Elektroofenschlacken	Metallerzeugung

Abfallschlüssel	Bezeichnung	Herkunft
312 19	Hochofenschlacken	Eisen- und Stahlerzeugung
312 20	Konverterschlacken	Eisen- und Stahlerzeugung
313 01	Filterstäube	Feuerungsanlagen
313 05	Braunkohlenasche	Braunkohlenfeuerung
313 06	Holzasche	Holzfeuerung und Räuchereien
313 07	Schlacke und Aschen aus Dampferzeugern ohne Schmelzkammergranulat und ohne Grobaschen (Brennkammeraschen) aus der Trockenfeuerung bei Steinkohlekraftwerken	Feuerungsanlagen
313 08	Schlacken und Aschen aus Abfallverbrennungsanlagen	Hausmüllverbrennungsanlagen, Klärschlammverbrennungsanlagen, Sulfitablaugeverbrennung
313 15	Rea-Gipse	Abgasreinigung von Feuerungsanlagen
314 01	Gießerei-Altsande	Eisen-, Stahl- und Tempergießerei
314 02	Putzereisandrückstände, Stahlsandrückstände	Eisen-, Stahl- und Tempergießerei
314 07	Keramikabfälle	Herstellung von keramischen Erzeugnissen
314 09	Bauschutt (nicht Baustellenabfälle)	Baugewerbe, Gebäudeabbruch
314 10	Straßenaufbruch	Straßenbau
314 11	Bodenaushub	Hoch- und Tiefbau
314 14	Schamotteabfälle	Herstellung und Verarbeitung von Schamotte
314 15	Formlehmabfälle	Glockengießereien, Kunstgießereien
314 16	Mineralfaserabfälle	Herstellung und Verarbeitung von Steinwolle, Glaswolle
314 18	Gesteinstäube, Polierstäube	Bearbeitung von Natur- und Kunststeinen, Steinschleiferei
314 22	Kiesabbrände	Chemische Industrie, Herstellung von Schwefelsäure
314 25	Formsande	Gießerei
314 49	Strahlmittelrückstände	Mechanische Oberflächenbehandlung

316 01	Schlämme aus der Beton- und Fertigmörtelherstellung	Herstellung von Fertigbeton und Betonsteinerzeugnissen
316 08	Rotschlamm	Aluminiumerzeugung, Aufbereitung von Tonerde
316 12	Kalkschlamm	Verarbeitung von Kalk
316 13	Gipsschlamm	Herstellung von Gipserzeugnissen
316 14	Schlamm aus Eisenhütten	Eisen- und Stahlerzeugung
316 16	Schlamm aus Gießereien	Gießerei
316 25	Erdschlämme, Sandschlämme	Gewinnung von Sand und Kies, Hoch- und Tiefbau
316 27	Aluminiumoxidschlämme	Aluminiumerzeugung
316 34	Carbonatationsschlamm	Zuckerindustrie
316 35	Rübenerde	Zuckerindustrie
315 01	Eisenhaltiger Staub ohne schädliche Beimengen	Eisen- und Stahlerzeugung, Eisen-, Stahl- und Tempergießerei, Verarbeitung von Eisen und Stahl, Schleiferei
513 09	Eisenhydroxid	Oberflächenbehandlung von Eisen und Stahl, Beizerei, Ätzerei
549 12	Bitumenabfälle, Asphaltabfälle, Brikettabfälle	Chemische Industrie, Baugewerbe
582 06	Filtertücher und -säcke	Gewerbliche Wirtschaft
582 07	Textiles Verpackungsmaterial	Gewerbliche Wirtschaft
582 08	Polierwolle und -filze	Gewerbliche Wirtschaft
912 06	Baustellenabfälle (nicht Bauschutt)	
941 01	Sedimentationsschlamm	Wasseraufbereitung
941 02	Schlamm aus Wasserenthärtung	Wasseraufbereitung
941 03	Schlamm aus Eisenfällung	Wasseraufbereitung
941 04	Schlamm aus Manganfüllung	Wasseraufbereitung
941 05	Schlamm aus Kesselwasseraufbereitung	Wasseraufbereitung

II.
Verordnungen

1.

Ordnungsbehördliche Verordnung über die Genehmigungspflicht für die Einleitung von Abwasser mit gefährlichen Stoffen in öffentliche Abwasseranlagen (VGS)

Vom 25. September 1989 (GV. NW. 1989 S. 564), geändert durch Verordnung vom 19. Oktober 1991 (GV.NW. S. 405)

Aufgrund des § 59 Abs. 1 des Landeswassergesetzes — LWG — in der Neufassung der Bekanntmachung vom 9. Juni 1989 (GV. NW. S. 384), zuletzt geändert durch Gesetz vom 20. Juni 1989 (GV. NW. S. 366), wird verordnet:

§ 1

Genehmigungspflicht

(1) Abwasser mit gefährlichen Stoffen (§ 7 a Abs. 1 und 3 des Wasserhaushaltsgesetzes) aus den in der Anlage 1 aufgeführten Herkunftsbereichen darf nur mit widerruflicher Genehmigung der unteren Wasserbehörde in öffentliche Abwasseranlagen eingeleitet werden. Die Genehmigungspflicht nach Satz 1 entfällt, sofern eine für einen der in der Anlage 1 genannten Herkunftsbereiche gemäß § 7 a Abs. 1 Satz 3 des Wasserhaushaltsgesetzes nach dem 1. Juli 1989 ergangene Allgemeine Verwaltungsvorschrift der Bundesregierung

a) Anforderungen nach dem Stand der Technik nicht enthält oder

b) die Anforderungen nach dem Stand der Technik davon abhängig macht, daß die Abwassereinleitung bestimmte Schwellenwerte erreicht oder übersteigt und die Indirekteinleitung diese Schwellenwerte nicht erreicht oder übersteigt.

(2) Genehmigungspflichtig ist auch die Indirekteinleitung von Abwasser, dessen Schmutzfracht aus der Verwendung eines Stoffes stammt, der in Anlage 2 aufgeführt ist, sofern eine allgemeine Verwaltungsvorschrift der Bundesregierung betreffend die Verwendung bestimmter gefährlicher Stoffe dafür Anforderungen an Direkteinleitungen enthält. Verwendung im Sinne dieser Bestimmung ist jedes industrielle Verfahren, bei dem der in Anlage 2 aufgeführte Stoff oder seine Verbindungen hergestellt oder benutzt werden, oder jedes andere industrielle Verfahren, bei dem dieser Stoff oder eine seiner Verbindungen auftreten.

§ 2

Ordnungswidrigkeiten

Nach § 161 Abs. 1 Nr. 2 und Abs. 4 LWG kann mit Geldbuße bis zu einhunderttausend Deutsche Mark belegt werden, wer vorsätzlich oder fahrlässig entgegen § 1 Abwasser mit gefährlichen Stoffen ohne Genehmigung in eine öffentliche Abwasseranlage einleitet.

§ 3

Inkrafttreten, Übergangsregelung

(1) Diese Verordnung tritt am 1. Januar 1990 in Kraft. Gleichzeitig tritt die ordnungsbehördliche Verordnung über die Genehmigungspflicht für die Einleitung von wassergefährdenden Stoffen und Stoffgruppen in öffentliche Abwasseranlagen (VGS) vom 21. August 1986 (GV. NW. S. 656) außer Kraft.

(2) Für im Zeitpunkt des Inkrafttretens dieser Verordnung bereits bestehende nach § 1 genehmigungspflichtige Einleitungen in öffentliche Abwasseranlagen ist die Genehmigung bis spätestens 31. Dezember 1990 zu beantragen. Sie gilt bis zur Entscheidung über den rechtzeitig gestellten Antrag für den bei Inkrafttreten dieser Verordnung vorhandenen Umfang der Einleitung als erteilt.

(3) Anträge, die aufgrund der Verordnung über die Genehmigungspflicht für die Einleitung von wassergefährdenden Stoffen und Stoffgruppen in öffentliche Abwasseranlagen (VGS) vom 21. August 1986 bis zum Inkrafttreten dieser Verordnung gestellt wurden, gelten als Anträge im Sinne des Absatzes 2. Einleitungen, die bei Inkrafttreten dieser Verordnung nach der Verordnung vom 21. August 1986 genehmigt sind, gelten auch nach dieser Verordnung als genehmigt.

Herkunftsbereiche von Abwasser mit gefährlichen Stoffen

1. Wärmeerzeugung, Energie, Bergbau:

   a) Behandlung von Rauchgasen und Abluft, Schlacken, Kondensaten aus Feuerungsanlagen

   b) Kühlsysteme

   c) Kohle-, Erzaufbereitung

   d) Kohleveredlung und -wertstoffgewinnung, Brikettierung

   e) Herstellung von Hartbrandkohle, Aktivkohle, Ruß

2. Steine und Erden, Baustoffe, Glas, Keramik:

   a) Herstellung von Faserzement und Faserzementerzeugnissen

   b) Herstellung und Verarbeitung von Glas, Glasfasern, Mineralfasern

   c) Herstellung keramischer Erzeugnisse

3. Metall:

   a) Metallbearbeitung und Metallverarbeitung:

   Galvaniken, Beizereien, Anodisierbetriebe, Brüniererreien, Feuerverzinkereien, Härtereien, Leiterplattenherstellung, Batterieherstellung, Emaillierbetriebe, Mechanische Werkstätten, Gleitschleifereien

   b) Herstellung von Eisen und Stahl einschließlich Gießerei

   c) Herstellung von Nichteisenmetallen einschließlich Gießereien

   d) Herstellung von Ferrolegierungen

4. Anorganische Chemie:

   a) Herstellung von Grundchemikalien

   b) Herstellung von Mineralsäuren, Basen, Salzen

   c) Herstellung von Alkalien, Alkalilaugen und Chlor durch Alkalichloridelektrolyse

   d) Herstellung von mineralischen Düngemitteln (außer Kali), phosphorsauren Salzen, Futterphosphaten

   e) Herstellung von Soda

   f) Herstellung von Korund

   g) Herstellung von anorganischen Pigmenten, Mineralfarben

   h) Herstellung von Halbleitern, Gleichrichtern, Fotozellen

   i) Herstellung von Sprengmitteln einschließlich Pyrotechnik

j) Herstellung hochdisperser Oxide

k) Herstellung von Bariumverbindungen

5. Organische Chemie:

   a) Herstellung von Grundchemikalien

   b) Herstellung von Farbstoffen, Farben, Anstrichstoffen

   c) Herstellung und Verarbeitung von Chemiefasern

   d) Herstellung und Verarbeitung von Kunststoffen, Gummi, Kautschuk

   e) Herstellung von halogenorganischen Verbindungen

   f) Herstellung von organischen Sprengmitteln, Festbrennstoffen

   g) Herstellung von Leder-, Papier-, Textilhilfsmitteln

   h) Herstellung von Arzneimitteln

   i) Herstellung von Bioziden

   j) Herstellung von Rohstoffen für Wasch- und Reinigungsmittel

   k) Herstellung von Kosmetika, Körperpflegemitteln

   l) Herstellung von Gelatine, Hautleim, Klebstoffen

6. Mineralöl, synthetische Öle:

   a) Mineralölverarbeitung, Herstellung und Veredlung von Mineralölprodukten, Herstellung von Kohlenwasserstoffen

   b) Rückgewinnung von Öl aus Öl-Wassergemischen, Emulsionsspaltanlagen, Altölaufbereitung

   c) Herstellung von synthetischen Ölen

7. Druckereien, Reproduktionsanstalten, Oberflächenbehandlung und Herstellung von bahnenförmigen Materialien aus Kunststoffen, sonstige Verarbeitung von Harzen und Kunststoffen:

   a) Herstellung von Druck- und grafischen Erzeugnissen, Reproduktionsanstalten

   b) Kopier- und Entwicklungsanstalten

   c) Herstellung von Folien, Bild- und Tonträgern

   d) Herstellung beschichteter und getränkter Materialien

8. Holz, Zellstoff, Papier:

   a) Herstellung von Zellstoff, Papier und Pappe

   b) Herstellung und Beschichtung von Holzfaserplatten

9. Textil, Leder, Pelze:

   a) Textilherstellung, Textilverarbeitung

b) Lederherstellung, Lederveredlung, Lederfaserstoffherstellung, Pelzveredlung

c) Chemischreinigungen, Wäschereien, Putztuchwäschereien, Wollwäschereien

10. Sonstiges:

a) Verwertung, Behandlung, Lagerung, Umschlag und Ablagerung von Abfällen und Reststoffen, Lagerung, Umschlag und Abfüllen von Chemikalien

b) Medizinische und naturwissenschaftliche Forschung und Entwicklung, Krankenhäuser, Arztpraxen, Röntgeninstitute, Laboratorien, technische Prüfstände

c) Technische Reinigungsbetriebe, Behälterreinigung, Desinfektion

d) Fahrzeugwerkstätten, Fahrzeugwaschanlagen

e) Wasseraufbereitung

f) Maler-, Lackierbetriebe

g) Herstellung und Veredlung von pflanzlichen und tierischen Extrakten

h) Herstellung und Verwendung von Mikroorganismen und Viren und andere biotechnische Verfahren

i) Anlagen zur Bodenwäsche

Gefährliche Stoffe

1 Aldrin, Dieldrin, Endrin, Isodrin

2 Asbest

Im Sinne dieser Anlage gelten als „Asbest" folgende Silicate mit Faserstruktur:
— Krokydolith (blauer Asbest),
— Aktinolith,
— Anthophyllit,
— Chrysotil (weißer Asbest)
— Amosit (Grünerit-Asbest)
— Tremolit

3 Cadmium

4 Chlor

5 DDT

6 1,2 Dichlorethan

7 Hexachlorbenzol

8 Hexachlorbutadien

9 Hexachlorcyclohexan

10 Pentachlorphenol

11 Quecksilber

12 Tetrachlorethen

13 Tetrachlormethan (Tetrachlorkohlenstoff)

14 Trichlorbenzol

15 Trichlorethen

16 Trichlormethan (Chloroform)

2.

Verordnung über Art und Häufigkeit der Selbstüberwachung von Abwasserbehandlungsanlagen und Abwassereinleitungen (Selbstüberwachungsverordnung — SüwV)

Vom 18. August 1989 (GV. NW. 1989 S. 494)

Auf Grund des § 60 Abs. 2 und des § 61 Abs. 2 des Landeswassergesetzes — LWG — in der Fassung der Bekanntmachung vom 9. Juni 1989 (GV. NW. S. 384) wird verordnet:

§ 1

Geltungsbereich

Diese Verordnung gilt für die Selbstüberwachung

1. des Betriebs von Abwasserbehandlungsanlagen mit einer Ausbaugröße von mehr als 50 EW, in denen Abwasser mit vorwiegend organischen Inhaltsstoffen durch mechanisch-biologische oder mechanisch-biologisch-chemische Verfahren behandelt wird, und

2. der Einleitung von Abwasser aus diesen Anlagen in ein Gewässer.

§ 2

Zustands- und Funktionskontrollen der Abwasserbehandlungsanlage

Der für den Betrieb der Abwasserbehandlungsanlage Verantwortliche ist verpflichtet, täglich, bei Anlagen mit einer Ausbaugröße von weniger als 500 EW arbeitstäglich, einen Kontrollgang über die Anlage vorzunehmen, um sich von Zustand und Funktion der für den Betrieb der Anlage wesentlichen klärtechnischen und maschinellen Einrichtungen zu überzeugen.

Insbesondere sind

1. der Zulauf hinsichtlich Auffälligkeiten wie z. B. Farbe, Geruch, Öl,

2. die Funktion der Vorklärbecken hinsichtlich Auffälligkeiten wie z. B. Schlammauftrieb,

3. bei Belebungsbecken die Funktion der Belüftungseinrichtungen und das Aussehen des Schlamms,

4. bei Tropfkörpern der Zustand der Oberfläche, die Funktion der beweglichen Teile und die Abwasserverteilung,

5. bei Scheibentauchkörpern der Scheibenbewuchs,

6. bei Abwasserteichen die Funktion der Belüftungseinrichtungen und der Zustand des Abwassers im Teich hinsichtlich Auffälligkeiten wie z. B. Algenbildung, Schlammauftrieb, Aufstieg von Faulgasen, Geruch,

7. die Funktion der Nachklärbecken hinsichtlich Auffälligkeiten wie z. B. Schlammauftrieb und Schlammabtrieb,

8. die Funktion von Dosiereinrichtungen für den Eintrag von Chemikalien zu überprüfen. Soweit automatische Überwachungs- und Meldeeinrichtungen eine gleich große Sicherheit der Zustands- und Funktionskontrolle gewährleisten, treten sie an die Stelle des Kontrollganges.

§ 3

Ermittlung von Betriebskenndaten

(1) Die Verpflichtung zur Ermittlung von Betriebskenndaten nach § 61 LWG umfaßt die Ermittlung der Daten nach Maßgabe der Anlage I und deren Aufzeichnung im Betriebstagebuch. Die dazu erforderlichen Einrichtungen und Meßgeräte sind vorzuhalten und müssen mindestens den allgemein anerkannten Regeln der Technik (a.a.R.d.T.) entsprechen.

(2) Die Betreiber, insbesondere benachbarter Abwasserbehandlungsanlagen, können die nach Absatz 1 erforderlichen Ermittlungen und die Aufzeichnungen hierüber durch schriftliche Vereinbarung gemeinsam organisieren. In diesem Falle haben sie der nach § 116 Abs. 2 LWG zuständigen Wasserbehörde die Vereinbarung in Abschrift zu überlassen.

§ 4

Selbstüberwachung der Abwassereinleitung

Die Verpflichtung zur Untersuchung der Abwassereinleitung gemäß § 60 LWG wird durch die Ermittlungen und Aufzeichnungen nach § 3 vorbehaltlich weitergehender Anordnungen der Wasserbehörde erfüllt.

§ 5

Betriebstagebuch

(1) Die nach §§ 2 bis 4 geforderten Kontrollen, Ermittlungen und Untersuchungen sowie besondere Betriebszustände sind im Betriebstagebuch zu vermerken.

(2) Die Eintragungen hat der für den Betrieb der Abwasserbehandlungsanlage Verantwortliche spätestens am folgenden Arbeitstag gegenzuzeichnen, sofern sie nicht von ihm selbst vorgenommen werden. Der vom Betreiber mit der Aufsicht über die Abwasserbehandlungsanlage Beauftragte hat mindestens einmal monatlich in das Betriebstagebuch auf der Anlage Einsicht zu nehmen und dies im Betriebstagebuch zu vermerken.

(3) Das Betriebstagebuch kann auch auf einer ADV-Anlage mit täglichem Ausdruck geführt werden. Die Ausdrucke sind in übersichtlicher und allgemein verständlicher Form zu gestalten.

(4) Das Betriebstagebuch muß auf der Abwasserbehandlungsanlage für die zuständige Wasserbehörde und das Staatliche Amt für Wasser- und Abfallwirtschaft einsehbar sein.

(5) Das Betriebstagebuch und die in der Anlage I geforderten Aufzeichnungen sind mindestens 3 Jahre aufzubewahren.

§ 6

Bezugsverfahren

Die für die Ermittlung der Betriebskenndaten und für die Selbstüberwachung der Abwassereinleitung notwendigen Messungen und Bestimmungen sind nach den in Anlage II hierfür angegebenen Bezugsverfahren durchzuführen. Zur Untersuchung des Abwassers können alternative Verfahren angewandt werden. Die Bedingungen zur Anwendung dieser Verfahren sind in der Anlage III festgelegt.

§ 7

Vorbehalt

Die Befugnis der zuständigen Wasserbehörde, in der Genehmigung der Abwasserbehandlungsanlage oder in der Erlaubnis der Abwassereinleitung von dieser Verordnung abweichende Anordnungen zu treffen, insbesondere weitere Zustands- und Funktionskontrollen, die Ermittlung weiterer Betriebskenndaten, die Selbstüberwachung weiterer Inhaltsstoffe im Abwasser oder eine größere Häufigkeit dieser Vorgänge zu fordern, bleibt unberührt. In begründeten Ausnahmefällen kann die zuständige Wasserbehörde den Umfang der Selbstüberwachung verringern.

§ 8

Inkrafttreten

Diese Verordnung tritt am 1. Januar 1990 in Kraft.

Mindestumfang
der Selbstüberwachung von Abwasserbehandlungsanlagen nach § 61 LWG

Ausbaugröße 51-500 EW

Untersuchungsgegenstand	Betriebs-kenndaten	Einheit	Häufigkeit der Untersuchung	Art der Bestimmung, Durchführung und Protokollierung
Zu- oder Ablauf	Abwasser-durchfluß	l/s	vierteljährlich	Kurzzeitmessung mit Meßwehr, Meßgefäß etc. Messung gemäß [1]), 1mal jährlich in den Nachtstunden
Zulauf	pH-Wert	–	wöchentlich	Messung gemäß [1])
	Leitfahigkeit	mS/m	wöchentlich	Messung gemäß [1])
Zulauf zum biologischen Reaktor	$BSB_{5\ ges}$ (m. ATH)	mg/l	vierteljährlich	Messung gemäß [1])
	CSB_{ges}	mg/l	vierteljährlich	Messung gemäß [1])
Biologischer Reaktor	Temperatur	°C	wöchentlich	
– Belebungsbecken	Schlammvo-lumenanteil	ml/l	wöchentlich	Messung gemäß [1])
	Schlamm-trockensub-stanz	g/l	vierteljährlich	
	Schlammin-dex	ml/g	vierteljährlich	
	O_2-Konzen-tration	mg/l	wöchentlich	Messung gemäß [1])
– Belüftete Teiche – Tauchkörper	O_2-Konzen-tration	mg/l	wöchentlich	Momentwert mit Uhrzeit, Messung im letzten belüfteten Teich bzw. in der letzten Kaskade

Fortsetzung Ausbaugröße 51-500 EW

Untersuchungsgegenstand	Betriebs- kenndaten	Einheit	Häufigkeit der Untersuchung	Art der Bestimmung, Durchführung und Protokollierung
Nachklärung	Trübung z. B. Sichttie- fe	cm	wöchentlich	Messung gemäß [1]
Ablauf der Abwas- serbehandlungs- anlage	CSB_{ges} $BSB_{5\ ges}$ (m. ATH)	mg/l mg/l	vierteljährlich vierteljährlich	Messung gemäß [1] Messung gemäß [1]
Schlammabgabe	Naß- schlammenge	m³	nach Anfall	Protokollierung von Datum, Menge und Verbleib
	entwässerte Schlammenge	m³	nach Anfall	Protokollierung von Datum, Menge und Verbleib
	Trockenrück- stand	%	jährlich	

[1] Messungen an unterschiedlichen Wochentagen und Tageszeiten, um ein repräsentatives Bild zu erhalten.

Mindestumfang
der Selbstüberwachung von Abwasserbehandlungsanlagen nach § 61 LWG

Ausbaugröße 501-5.000 EW

Untersuchungsgegenstand	Betriebs-kenndaten	Einheit	Häufigkeit der Untersuchung	Art der Bestimmung, Durchführung und Protokollierung
Zu- oder Ablauf	Abwasser-durchfluß	l/s	kontinuierlich	Registrierung des Momentwertes auf Schreibstreifen Mengenintegration mittels Zählwerk o.ä. Protokollierung von minimalem und maximalem Durchfluß und der Tagesabwassermenge
Rechengut	Menge	m³	nach Anfall	Protokollierung von Datum, Menge und Verbleib
Sandfanggut	Menge	m³	nach Anfall	Protokollierung von Datum, Menge und Verbleib
Zulauf (Vorklärung)	ph-Wert Leitfähigkeit	– mS/m	arbeitstäglich arbeitstäglich	Messung gemäß [1] Messung gemäß [1]
Zulauf zum biologischen Reaktor	$BSB_{5\ ges}$ (m. ATH)	mg/l	monatlich jährlich	Messung gemäß [1] 24h-Ganglinie
	CSB_{ges}	mg/l	monatlich jährlich	Messung gemäß [1] 24h-Ganglinie
Biologischer Reaktor	Temperatur	°C	wöchentlich	
– Belebungsbecken	Schlamm-volumenanteil	ml/l	arbeitstäglich	Messung gemäß [1]

1. Fortsetzung Ausbaugröße 501-5.000 EW

Untersuchungsgegenstand	Betriebs-kenndaten	Einheit	Häufigkeit der Untersuchung	Art der Bestimmung, Durchführung und Protokollierung
– Belebungsbecken	Schlamm-trocken-substanz	g/l	monatlich	Messung gemäß [1]
	Schlamm-index	ml/g	monatlich	Messung gemäß [1]
	Rücklauf-schlamm-Trocken-substanz	g/l	monatlich	Messung gemäß [1]
	Rücklauf-verhältnis	%	monatlich	Messung gemäß [1]
	O_2-Konzen-tration	mg/l	konti-nuierlich	Registrierung des Momentwertes auf Schreibstreifen
– Belüftete Teiche	O_2-Konzen-tration	mg/l	konti-nuierlich	Registrierung des Momentwertes auf Schreibstreifen
– Tauchkörper				Messung im letzten belüfteten Teich bzw. in der letzten Kaskade
Chemisch-physika-lische Dosiereinrich-tungen	Dosierung, Verbrauch	l/d oder kg/d	arbeitstäglich	Protokollierung der Einsatzstoffe (Produktname)
Nachklärung	Trübung, z. B. Sichttiefe	cm	arbeitstäglich	Messung gemäß [1]
Ablauf der Abwasserbehand-lungsanlage	CSB_{ges}	mg/l	monatlich jährlich	Messung gemäß [1] 24h-Ganglinie, Mes-sung gemäß [2]
	$BSB_{5\,ges}$ (m. ATH)	mg/l	monatlich jährlich	Messung gemäß [1] 24h-Ganglinie, Mes-sung gemäß [2]
	pH-Wert	–	wöchentlich	Messung gemäß [1]

2. Fortsetzung Ausbaugröße 501-5.000 EW

Untersuchungsgegenstand	Betriebs-kenndaten	Einheit	Häufigkeit der Untersuchung	Art der Bestimmung, Durchführung und Protokollierung
Fremdstoffe [3])	Menge	m³	nach Anfall	Protokollierung von Datum, Herkunft, Menge und Verbleib
Schlammanfall	Menge	m³	arbeitstäglich	
Schlammwasser	Menge	m³	arbeitstäglich	Protokollierung getrennt nach Anfall-stellen
Schlammabgabe	Naßschlamm-menge	m³	nach Anfall	Protokollierung von Datum, Menge und Verbleib
	entwässerte Schlamm-menge	m³	nach Anfall	Protokollierung von Datum, Menge und Verbleib
	Trocken-rückstand	%	vierteljährlich	

([1]) Messungen an unterschiedlichen Wochentagen und/oder Tageszeiten, um ein repräsentatives Bild zu erhalten.
([2]) 6 × 2h-Mischproben über den Tag verteilt mit 2h-Lücken.
([3]) Fremdstoffe sind die mit Fahrzeugen zur Anlage angelieferten Abwässer und Schlämme, z. B. Deponiesickerwasser, Schlamm von Kleinkläranlagen.

Mindestumfang
der Selbstüberwachung von Abwasserbehandlungsanlagen nach § 61 LWG

Ausbaugröße 5.001-50.000 EW

Untersuchungsgegenstand	Betriebs-kenndaten	Einheit	Häufigkeit der Untersuchung	Art der Bestimmung, Durchführung und Protokollierung
Zu- oder Ablauf	Abwasser-durchfluß	l/s	konti-nuierlich	Registrierung des Momentwertes auf Schreibstreifen Mengenintegration mittels Zählwerk o.ä. Protokollierung von minimalem und maximalem Durchfluß und der Tagesabwassermenge
Rechengut	Menge	m³	nach Anfall	Protokollierung von Datum, Menge und Verbleib
Sandfanggut	Menge	m³	nach Anfall	Protokollierung von Datum, Menge und Verbleib
Zulauf (Vorklärung)	pH-Wert	–	konti-nuierlich	Registrierung auf Schreibstreifen und tägliche Protokollierung von Minimum/ Maximum mit Uhrzeit
	Leitfähigkeit	mS/m	konti-nuierlich	
Zulauf zum biologischen Reaktor	$BSB_{5\,ges}$ (m. ATH)	mg/l	wöchentlich jährlich	Messung gemäß [1] 24h-Ganglinie, Messung gemäß [2]
	CSB_{ges}	mg/l	wöchentlich jährlich	Messung gemäß [1] 24h-Ganglinie, Messung gemäß [2]
	P_{ges} [3]	mg/l	wöchentlich jährlich	Messung gemäß [1] 24h-Ganglinie, Messung gemäß [1]

Untersuchungsgegenstand	Betriebs-kenndaten	Einheit	Häufigkeit der Untersuchung	Art der Bestimmung, Durchführung und Protokollierung
	NH_4-N	mg/l	wöchentlich jährlich	Messung gemäß [1] 24h-Ganglinie, Messung gemäß [2]
Biologischer Reaktor	Temperatur	°C	wöchentlich	
– Belebungsbecken	Schlamm-volumen-anteil	ml/l	arbeitstäglich	Messung gemäß [1]
	Schlamm-trocken-substanz	g/l	wöchentlich	Messung gemäß [1]
	Schlamm-index	ml/g	wöchentlich	Messung gemäß [1]
	Rücklauf-schlamm-Trocken-substanz	g/l	wöchentlich	Messung gemäß [1]
	Rücklauf-verhältnis	%	wöchentlich	Messung gemäß [1]
	O_2-Konzen-tration	mg/l	konti-nuierlich	Registrierung des Momentwertes auf Schreibstreifen
	mikroskopi-sches Bild	–	monatlich	
– Tauchkörper	O_2-Konzen-tration	mg/l	konti-nuierlich	Registrierung des Momentwertes auf Schreibstreifen Messung in der letz-ten Kaskade

2. Fortsetzung Ausbaugröße 5.001-50.000 EW

Untersuchungsgegenstand	Betriebs-kenndaten	Einheit	Häufigkeit der Untersuchung	Art der Bestimmung, Durchführung und Protokollierung
– Tropfkörper – Tauchkörper	mikrosko-pisches Bild	–	monatlich	
Chemisch-physi-kalische Dosierein-richtungen	Dosierung, Verbrauch	l/d oder kg/d	arbeitstäglich	Protokollierung der Einsatzstoffe (Pro-duktname)
Nachklärung	Trübung, z. B. Sichttiefe	cm	arbeitstäglich	Messung gemäß [1]
Ablauf der Abwasserbehand-lungsanlage	CSB_{ges}	mg/l	wöchentlich jährlich	Messung gemäß [1] 24h-Ganglinie, Messung gemäß [2]
	$BSB_{5\,ges}$ (m. ATH)	mg/l	wöchentlich jährlich	Messung gemäß [1] 24h-Ganglinie, Messung gemäß [2]
	pH-Wert	–	arbeitstäglich	Messung gemäß [1]
	NH_4-N	mg/l	wöchentlich jährlich	Messung gemäß [1] 24h-Ganglinie, Messung gemäß [2]
	NO_3-N	mg/l	wöchentlich jährlich	Messung gemäß [1] 24h-Ganglinie, Messung gemäß [2]
	P_{ges} [3]	mg/l	wöchentlich jährlich	Messung gemäß [1] 24h-Ganglinie, Messung gemäß [2]
Fremdstoffe [4]	Menge	m³	nach Anfall	Protokollierung von Datum, Herkunft, Menge und Verbleib
Schlammanfall	Menge	m³	arbeitstäglich	
	Trockenrück-stand Rohschlamm	%	monatlich	
	Glühverlust	%	monatlich	

3. Fortsetzung Ausbaugröße 5.001-50.000 EW

Untersuchungsgegenstand	Betriebs-kenndaten	Einheit	Häufigkeit der Untersuchung	Art der Bestimmung, Durchführung und Protokollierung
Schlammfaulung	Temperatur	°C	arbeitstäglich	
	pH-Wert	–	arbeitstäglich	
	Gasanfall	m³	arbeitstäglich	
	Trockenrück-stand	%	monatlich	
	Glühverlust	%	monatlich	
Schlammwasser	Menge	m³/d	arbeitstäglich	Protokollierung ge-trennt nach Anfall-stellen
	absetzbare Stoffe	ml/l	monatlich	Protokollierung ge-trennt nach Anfall-stellen
	$BSB_{5\,ges}$ oder	mg/l	monatlich	Protokollierung ge-trennt nach Anfall-stellen
	CSB_{ges}	mg/l	monatlich	Protokollierung ge-trennt nach Anfall-stellen
	P_{ges}[3])	mg/l	monatlich	Protokollierung ge-trennt nach Anfall-stellen
Schlammabgabe	Naßschlamm-menge	m³	nach Anfall	Protokollierung von Datum, Menge und Verbleib
	entwässerte Schlamm-menge	m³	nach Anfall	Protokollierung von Datum, Menge und Verbleib
	Trocken-rückstand	%	vierteljährlich	

[1] Messungen an unterschiedlichen Wochentagen und/oder Tageszeiten, um ein repräsentatives Bild zu erhalten.
[2] 6 × 2h-Mischproben über den Tag verteilt mit 2h-Lücken.
[3] ab 20 000 EW
[4] Fremdstoffe sind die mit Fahrzeugen zur Anlage angelieferten Abwässer und Schlämme, z. B. Deponiesickerwasser, Schlamm von Kleinkläranlagen.

Mindestumfang
der Selbstüberwachung von Abwasserbehandlungsanlagen nach § 61 LWG

Ausbaugröße > 50.000 EW

Untersuchungsgegenstand	Betriebs-kenndaten	Einheit	Häufigkeit der Untersuchung	Art der Bestimmung, Durchführung und Protokollierung
Zu- oder Ablauf	Abwasser-durchfluß	l/s	konti-nuierlich	Registrierung des Momentwertes auf Schreibstreifen Mengenintegration mittels Zählwerk o.ä. Protokollierung von minimalem und ma-ximalem Durchfluß und der Tagesabwas-sermenge
Rechengut	Menge	m³	nach Anfall	Protokollierung von Datum, Menge und Verbleib
Sandfanggut	Menge	m³	nach Anfall	Protokollierung von Datum, Menge und Verbleib
Zulauf (Vorklärung)	pH-Wert	–	konti-nuierlich	Registrierung auf Schreibstreifen und tägliche Protokollie-rung von Minimum/ Maximum mit Uhr-zeit
	Leitfähigkeit	mS/m	konti-nuierlich	
	$BSB_{5\,ges}$ (m. ATH)	mg/l	monatlich	Messung gemäß [1]
	CSB_{ges}	mg/l	monatlich	Messung gemäß [1]
Zulauf zum biologischen Reaktor	$BSB_{5\,ges}$ (m. ATH)	mg/l	wöchentlich jährlich	Messung gemäß [1] 24h-Ganglinie, Messung gemäß [2]
Zulauf zum biologischen Reaktor	CSB_{ges}	mg/l	wöchentlich jährlich	Messung gemäß [1] 24h-Ganglinie, Messung gemäß [2]

340

1. Fortsetzung Ausbaugröße > 50.000 EW

Untersuchungsgegenstand	Betriebs-kenndaten	Einheit	Häufigkeit der Untersuchung	Art der Bestimmung, Durchführung und Protokollierung
	P_{ges}	mg/l	wöchentlich jährlich	Messung gemäß [1] 24h-Ganglinie, Messung gemäß [2]
	NH_4-N	mg/l	wöchentlich jährlich	Messung gemäß [1] 24h-Ganglinie, Messung gemäß [2]
Biologischer Reaktor	Temperatur	°C	wöchentlich	
– Belebungsbecken	Schlamm-volumen-anteil	ml/l	arbeits-täglich [3]	Messung gemäß [1]
	Schlamm-trocken-substanz	g/l	arbeits-täglich [3]	Messung gemäß [1]
	Schlamm-index	ml/g	arbeits-täglich [3]	Messung gemäß [1]
	Rücklauf-schlamm-Trocken-substanz	g/l	wöchentlich	Messung gemäß [1]
	Rücklauf-verhältnis	%	wöchentlich	Messung gemäß [1]
	O_2-Konzen-tration	mg/l	konti-nuierlich	Registrierung des Momentwertes auf Schreibstreifen
	mikrosko-pisches Bild	–	monatlich	
– Tropfkörper	mikrosko-pisches Bild	–	monatlich	
Chemisch-physi-kalische Dosierein-richtungen	Dosierung, Verbrauch	l/d oder kg/d	arbeitstäg-lich [3]	Protokollierung der Einsatzstoffe (Pro-duktname)

2. Fortsetzung Ausbaugröße > 50.000 EW

Untersuchungsgegenstand	Betriebs-kenndaten	Einheit	Häufigkeit der Untersuchung	Art der Bestimmung, Durchführung und Protokollierung
Nachklärung	Trübung, z. B. Sichttiefe	cm	arbeitstäg-lich [3]	Messung gemäß [1]
Ablauf der Abwasserbehand-lungsanlage	CSB_{ges}	mg/l	arbeitstäg-lich [3] jährlich	Messung gemäß [1] 24h-Ganglinie, Messung gemäß [2]
	$BSB_{5\ ges}$ (m. ATH)	mg/l	wöchentlich jährlich	Messung gemäß [1] 24h-Ganglinie, Messung gemäß [2]
	pH-Wert	–	arbeitstäg-lich [3]	Messung gemäß [1]
	NH_4-N	mg/l	wöchentlich jährlich	Messung gemäß [1] 24h-Ganglinie, Messung gemäß [2]
	NO_3-N	mg/l	wöchentlich jährlich	Messung gemäß [1] 24h-Ganglinie, Messung gemäß [2]
	P_{ges}	mg/l	wöchentlich jährlich	Messung gemäß [1] 24h-Ganglinie, Messung gemäß [2]
Fremdstoffe [4]	Menge	m³	nach Anfall	Protokollierung von Datum, Herkunft, Menge und Verbleib
Schlammanfall	Menge	m³	arbeitstäg-lich [3]	
	Trockenrück-stand	%	wöchentlich	
	Glühverlust	%	wöchentlich	
Schlammfaulung	Temperatur	°C	konti-nuierlich	Registrierung auf Schreibstreifen
Schlammfaulung	pH-Wert	–	konti-nuierlich	Registrierung auf Schreibstreifen

3. Fortsetzung Ausbaugröße > 50.000 EW

Untersuchungsgegenstand	Betriebs-kenndaten	Einheit	Häufigkeit der Untersuchung	Art der Bestimmung, Durchführung und Protokollierung
	Gasanfall	m³	arbeitstäg-lich ³)	
	Trockenrück-stand	%	wöchentlich	
	Glühverlust	%	wöchentlich	
Schlammwasser	Menge	m³	arbeitstäg-lich ³)	Protokollierung ge-trennt nach Anfall-stellen
	absetzbare Stoffe	ml/l	monatlich	Protokollierung ge-trennt nach Anfall-stellen
	$BSB_{5\ ges}$ oder CSB_{ges}	mg/l	monatlich	Protokollierung ge-trennt nach Anfall-stellen
	P_{ges}	mg/l	monatlich	Protokollierung ge-trennt nach Anfall-stellen
Schlammabgabe	Naßschlamm-menge	m³	nach Anfall	Protokollierung von Datum, Menge und Verbleib
	entwässerte Schlamm-menge	m³	arbeitstäg-lich ³)	Protokollierung von Datum, Menge und Verbleib
	Trocken-rückstand	%	monatlich	

(¹) Messungen an unterschiedlichen Wochentagen und/oder Tageszeiten, um ein repräsentatives Bild zu erhalten.
(²) 12 × 2h-Mischproben.
(³) Für Anlagen > 250.000 EW gilt: Statt arbeitstäglich täglich.
(⁴) Fremdstoffe sind die mit Fahrzeugen zur Anlage angelieferten Abwässer und Schlämme, z. B. Deponiesickerwasser, Schlamm von Kleinkläranlagen.

343

lfd. Nr.	Meßgröße	Verfahrenscharakteristik	Maß-einheit	Bezugsverfahren	Konservierungsmaßnahmen sofern die Analyse nicht innerhalb von 36 h nach Probenahme erfolgt
1	Temperatur	Elektrometrisch oder Hg-Thermometer	°C	DIN 3804 – C 4 Dez. 1976	S
2	pH-Wert	Elektrometrische Messung	–	DIN 38404 – C 5 Jan. 1984	S
3	Elektrische Leitfähigkeit	Bezugstemperatur 25°C	mS/m	DIN 38404 – C 8 Sept. 1985	S
4	Absetzbare Stoffe Volumenanteil	–	ml/l	DIN 38409 – H 9 Juli 1980	S
5	Trübung	Sichttiefe mit Sichtscheibe	cm	DIN 38404 – C 2-3 Dez. 1976	S
6	Biochemischer Sauerstoffbedarf mit ATH, gesamt (BSB$_5$-ATH)	Sauerstoffverbrauch in 15 Tagen	mg/l	DIN 38409 – H 51 Mai 1987	Tiefgefrieren bei – 18°C, auftauen mit max. 50°C warmem Wasser
7	Chemischer Sauerstoffbedarf, gesamt (CSB)	Oxidation mit Kaliumdichromat	mg/l	DIN 38409 – H 41 – 1,2 Dez 1980	Tiefgefrieren bei – 18°C, auftauen mit max. 50°C warmem Wasser

noch Anlage II

lfd. Nr.	Meßgröße	Verfahrenscharakteristik	Maßeinheit	Bezugsverfahren	Konservierungsmaßnahmen sofern die Analyse nicht innerhalb von 36 h nach Probenahme erfolgt
8	Ammonium-N	Maßanalytisch nach Destillation	mg/l	DIN 38406 – E 5 – 2 Okt. 1983	Analyse muß innerhalb von 36 h erfolgen (Probe kühl lagern, 4°C)
9	Nitrat-N	Ionenchromatographisch	mg/l	Entsprechend DIN 39405 – D 19 Febr. 1988	Analyse muß innerhalb von 36 h erfolgen (Probe kühl lagern, 4°C)
10	Phosphor, gesamt	Aufschluß mit $K_2S_2O_3$ oder HNO_3/H_2SO_4	mg/l	DIN 38405 – D 11 – 4 Okt. 1983	Wird gemäß DIN konserviert
11a	Sauerstoff	Jodometrisch nach Winkler	mg/l	DIN 38408 – G 21 Mai 1984	Wird gemäß DIN konserviert
11b	Sauerstoff	mit Sauerstoffsonde	mg/l	DIN 38408 – G 22 Nov. 1986	S
12	Schlammvolumenanteil	Schlammvolumen nach 30 Minuten	ml/l	DIN 38414 – S10 Sept. 1981	S
13	Trockensubstanz, Schlamm	–	g/l	DIN 38414 – S 2 Nov. 1985	Analyse muß innerhalb von 36 h erfolgen (Probe kühl lagern, 4°C)

lfd. Nr.	Meßgröße	Verfahrenscharakteristik	Maß- einheit	Bezugsverfahren	Konservierungsmaßnah- men sofern die Analyse nicht innerhalb von 36 h nach Probenahme erfolgt
14	Trockenrückstand, Schlamm	–	%	DIN 38414 – S 2 Nov. 1985	Analyse muß innerhalb von 36 h erfolgen (Probe kühl lagern, 4°C)
15	Glühverlust, Schlamm	–	%	DIN 38414 – S 3 Nov. 1985	–
16	Schlammindex	Berechnet aus Schlammvo- lumenanteil und Trocken- substanz, Schlamm	ml/g	DIN 38414 – S 10 Sept. 1981	–

S = Sofortuntersuchung

Anwendung von Alternativverfahren
(vereinfachtes Verfahren)

1. Auswahl von Alternativverfahren

Die Alternativverfahren sind so auszuwählen, daß die Meßgrößen in ihren möglichen Schwankungsbreiten erfaßt werden können. Der Anwendungsbereich des Alternativverfahrens sollte sich von $\frac{1}{5}$ bis zum Vierfachen des zu erwartenden mittleren Meßwertes an der jeweiligen Meßstelle erstrecken. Verdünnungsschritte sind zulässig.

Es ist der Nachweis zu erbringen, daß das Alternativverfahren an Standardlösungen einen Verfahrensvariationskoeffizient (V) aufweist, der den in der Tabelle 1 angegebenen Wert nicht überschreitet.

Tabelle 1: Zulässige Verfahrensvariationskoeffizienten

lfd. Nr. (s. Anl.)	Parameter	Vmax. in %
6	BSB_5 mit ATH	10
7	CSB	5
8	Ammonium-N	5
9	Nitrat-N	5
10	Phosphor, gesamt	5
11	O_2	5

Der Verfahrensvariationskoeffizient wird entsprechend DIN 38 402-A51 (Mai 1986) für den entsprechenden Anwendungsbereich bestimmt. Dieser Nachweis kann vom Gerätehersteller erbracht werden.

Bei den Meßgrößen Temperatur, Absetzbare Stoffe, Volumenanteil und Schlammvolumenanteil sollte das empfohlene DIN-Verfahren angewandt werden.

2. Eignungsprüfung

Vor dem erstmaligen Einsatz eines Alternativverfahrens ist an zwei Meßstellen der Abwasserbehandlungsanlage (u. a. am Ablauf, sofern in der Anlage I eine Meßstelle vorgesehen ist) durch Vergleichsmessungen mit dem Bezugsverfahren die Eignung festzustellen und das Betriebspersonal einzuweisen. Dort, wo in der Anlage I für die betreffende Meßgröße nur eine Meßstelle vorgesehen ist, entfällt die zweite Vergleichsmessung.

3. Bedingungen beim Einsatz von Alternativverfahren

Beim Einsatz von Alternativverfahren sind in halbjährlichen Abständen an zwei Meßstellen der Abwasserbehandlungsanlage (u. a. am Ablauf, sofern in Anlage I eine Meßstelle vorgesehen ist) Parallelluntersuchungen mit dem Bezugsverfahren durchzuführen. Dort, wo in der Anlage I für die betreffende Meßgröße nur eine Meßstelle vorgesehen ist, entfällt die zweite Parallellunterschung.

Wenn die dabei festgestellten Abweichungen vom Meßwert des Bezugsverfahrens den in Tabelle 2 festgelegten Wert überschreiten, muß eine Überprüfung erfolgen ggf. unter Einschaltung des StAWA.

Tabelle 2: Zulässige Abweichungen vom Bezugsverfahren

lfd. Nr.	Meßgröße	zulässige Abweichung (±)
2	pH-Wert	5 %
3	Elektrische Leitfähigkeit	5 %
6	Biochemischer Sauerstoffbedarf	30 %
7	Chemischer Sauerstoffbedarf	30 %
8	Ammonium-N	30 %
9	Nitrat-N	30 %
10	Phosphor, gesamt	30 %
11	Sauerstoff	10 %
13	Trockensubstanz, Schlamm	10 %
14	Trockenrückstand, Schlamm	10 %
15	Glühverlust, Schlamm	10 %

3.

Verordnung über Anlagen zum Lagern, Abfüllen und Umschlagen wassergefährdender Stoffe (VAwS)

Vom 31. Juli 1981 (GV. NW. 1981 S. 490)

Aufgrund des § 18 Abs. 2 des Wassergesetzes für das Land Nordrhein-Westfalen (Landeswassergesetz — LWG) vom 4. Juli 1979 (GV. NW. S. 488) sowie hinsichtlich des § 24 Satz 2 auch aufgrund des § 83 Abs. 2 Satz 2, des § 96 Abs. 7 und des § 102 Abs. 1 der Bauordnung für das Land Nordrhein-Westfalen (BauO NW) in der Fassung der Bekanntmachung vom 27. Januar 1970 (GV. NW S. 96), zuletzt geändert durch Gesetz vom 27. März 1979 (GV. NW. S. 122), wird im Einvernehmen mit dem Minister für Arbeit, Gesundheit und Soziales und dem Minister für Wirtschaft, Mittelstand und Verkehr verordnet:

Inhaltsverzeichnis

Erster Teil

Allgemeine Vorschriften

Zweiter Teil

Lagern und Abfüllen flüssiger Stoffe

Dritter Teil

Lagern fester Stoffe;
Umschlagen fester und flüssiger Stoffe

Vierter Teil

Bußgeldvorschrift

Fünfter Teil

Übergangs- und Schlußvorschriften

Erster Teil:

Allgemeine Vorschriften

§ 1

Anwendungsbereich

(1) Die Verordnung gilt für Anlagen nach § 19 g Abs. 1 und 2 des Wasserhaushaltsgesetzes (WHG) zum Lagern, Abfüllen und Umschlagen wassergefährdender Stoffe. Die Verordnung gilt nicht, soweit die Anlagen für die Zwecke nach § 19 h Abs. 2 des Wasserhaushaltsgesetzes verwendet werden. Die Verordnung gilt ferner nicht für Anlagen zur unterirdischen behälterlosen Lagerung (Tiefspeicherung) wassergefährdender Stoffe.

(2) Sofern nichts anderes bestimmt ist, gelten die nachfolgenden Vorschriften für Anlagen auch für einzelne Anlagenteile, insbesondere Lagerbehälter, Rohrleitungen, Sicherheitseinrichtungen und sonstige technische Schutzvorkehrungen.

§ 2

Lagerbehälter und Rohrleitungen

(1) Lagerbehälter sind ortsfeste oder zum Lagern aufgestellte ortsbewegliche Behälter. Kommunizierende Behälter gelten als ein Behälter.

(2) Unterirdische Lagerbehälter sind Behälter, die vollständig im Erdreich eingebettet sind. Behälter, die nur teilweise im Erdreich eingebettet sind, sowie Behälter, die so aufgestellt sind, daß Undichtigkeiten nicht zuverlässig und schnell erkennbar sind, werden unterirdischen Behältern gleichgestellt. Alle übrigen Lagerbehälter gelten als oberirdische Lagerbehälter.

(3) Unterirdische Rohrleitungen sind Rohrleitungen, die vollständig oder teilweise im Erdreich oder in Bauteilen verlegt sind.

§ 3

Allgemein anerkannte Regeln der Technik
(Zu § 19 g WHG)

(1) Anlagen nach § 1 müssen über die Anforderungen des § 19 g Abs. 3 des Wasserhaushaltsgesetzes hinaus in ihrer Beschaffenheit, insbesondere technischem Aufbau, Werkstoff und Korrosionsschutz, mindestens den allgemein anerkannten Regeln der Technik entsprechen.

(2) Als allgemein anerkannte Regeln der Technik im Sinne des Absatzes 1 und des § 19 g Abs. 3 des Wasserhaushaltsgesetzes gelten insbesondere die technischen Vorschriften und die technischen Baubestimmungen, die der Minister für Ernährung, Landwirtschaft und Forsten oder der Minister für Landes- und Stadtentwicklung durch Bekanntgabe im Ministerialblatt (Gliederungsnummern 772 und 232 382 der Sammlung des bereinigten Ministerialblatts) einführen; bei der Bekanntgabe kann die Wiedergabe des Inhalts der technischen Vorschriften und technischen Baubestimmungen durch einen Hinweis auf ihre Fundstelle ersetzt werden.

§ 4

Anforderungen an Rohrleitungen
(Zu § 19 g WHG)

Undichtheiten von Rohrleitungen müssen leicht und zuverlässig feststellbar sein. Die Wirksamkeit von Sicherheitseinrichtungen muß leicht überprüfbar sein. Alle Rohrleitungen sind so anzuordnen, daß sie gegen nicht beabsichtigte Beschädigungen geschützt sind.

§ 5

Antrag auf Eignungsfeststellung
oder Bauartzulassung
(Zu § 19 h Abs. 1 Satz 1 und 2 WHG)

Eine Eignungsfeststellung nach § 19 h Abs. 1 Satz 1 des Wasserhaushaltsgesetzes wird auf Antrag des Betreibers für eine einzelne Anlage, eine Bauartzulassung nach § 19 h Abs. 1 Satz 2 des Wasserhaushaltsgesetzes auf Antrag des Herstellers oder Einfuhrunternehmens für serienmäßig hergestellte Anlagen erteilt. Mit dem Antrag auf Eignungsfeststellung oder Bauartzulassung sind zur Beurteilung erforderliche Pläne (Zeichnungen, Nachweise und Beschreibungen) sowie erforderliche gewerberechtliche Bauartzulassungen und baurechtliche Prüfzeichenbescheide, allgemeine bauaufsichtliche Zulassungen und bauaufsichtliche Zustimmungen im Einzelfall vorzulegen. Soweit solche Entscheidungen nach den gewerberechtlichen oder baurechtlichen Vorschriften nicht erforderlich sind, ist dem Antrag auf Eignungsfeststellung oder Bauartzulassung ein Gutachten eines Sachverständigen über die Eignung beizufügen, es sei denn, die nach § 18 Abs. 3 des Landeswassergesetzes zuständige Behörde verzichtet auf ein Gutachten.

§ 6

Umfang von Eignungsfeststellung
und Bauartzulassung

Sind nur Teile einer Anlage nicht einfacher oder herkömmlicher Art, bedürfen sie nur einer Eignungsfeststellung oder Bauartzulassung. Soweit eine Bauartzulassung vorliegt, ist eine Eignungsfeststellung nicht erforderlich.

§ 7

Voraussetzungen für Eignungsfeststellung
und Bauartzulassung
(Zu § 19 Abs. 1 Satz 1 und 2 WHG)

Eine Eignungsfeststellung oder Bauartzulassung darf nur erteilt werden, wenn der Antragsteller den Nachweis führt, daß die Voraussetzungen des § 19 g Abs. 1 oder 2 des Wasserhaushaltsgesetzes erfüllt sind. Diese Voraussetzungen sind dann erfüllt, wenn die Anlagen zumindest ebenso sicher sind wie die in §§ 13, 20 und 21 beschriebenen Anlagen einfacher oder herkömmlicher Art. Eine Eignungsfeststellung kann ausnahmsweise auch dann erteilt werden, wenn aufgrund der örtlichen Verhältnisse, insbesondere im Zusammenhang mit der Art der gelagerten Stoffe, feststeht, daß der in § 19 g Abs. 1 oder 2 des Wasserhaushaltsgesetzes geforderte Schutz der Gewässer gewährleistet ist.

§ 8

Weitergehende Anforderungen,
Prüfungen wegen der Besorgnis einer Wassergefährdung

Die nach § 18 Abs. 3 des Landeswassergesetzes zuständige Behörde kann an die Verwendung einer Anlage, die einfacher oder herkömmlicher Art ist oder für die eine Bauartzulassung erteilt ist, im Einzelfall weitergehende Anforderungen stellen, wenn andernfalls aufgrund der besonderen Umstände die Voraussetzungen des § 19 g Abs. 1 oder 2 des Wasserhaushaltsgesetzes nicht erfüllt sind. Sie kann für diese Anlagen sowie für Anlagen, die der Eignung nach festgestellt sind, wegen der Besorgnis einer Wassergefährdung (§ 19 i Satz 3 Nr. 4 des Wasserhaushaltsgesetzes) Prüfungen anordnen.

§ 9

Betriebs- und Verhaltensvorschriften

Wer eine Anlage betreibt, hat diese bei Schadensfällen und Betriebsstörungen unverzüglich außer Betrieb zu nehmen und zu entleeren, wenn er eine Gefährdung oder Schädigung der Gewässer nicht auf andere Weise verhindern oder unterbinden kann.

§ 10

Unzulässigkeit des Einbaus
und der Aufstellung von Anlagen ohne Eignungsfeststellung oder Bauartzulassung

Anlagen, deren Verwendung nach § 19 h des Wasserhaushaltsgesetzes nur nach Eignungsfeststellung oder Bauartzulassung zulässig ist, dürfen vor deren Erteilung nicht eingebaut oder aufgestellt werden.

§ 11

Sachverständige
(Zu § 19 i Satz 3 WHG)

Sachverständige im Sinne des § 19 i Satz 3 des Wasserhaushaltsgesetzes und dieser Verordnung sind die Sachverständigen im Sinne des § 16 Abs. 1 der Verordnung über brennbare Flüssigkeiten — VbF — vom 27. Februar 1980 (BGBl. I S. 229) in der jeweils geltenden Fassung.

§ 12

Sachverständigengebühren

(1) Die Sachverständigen nach § 11 erheben für die nach dieser Verordnung vorgeschriebenen oder angeordneten Prüfungen in entsprechender Anwendung der Kostenordnung für die Prüfung überwachungsbedürftiger Anlagen (Anhang V — Gebühren für die Prüfung von Anlagen zur Lagerung, Abfüllung und Beförderung brennbarer Flüssigkeiten) vom 31. Juli 1970 (BGBl I S. 1162) in der jeweils geltenden Fassung.

(2) Bei der Überprüfung von Behältern werden abweichend von den Gebühren nach Anhang V Nr. 1 der Kostenordnung für Behälter mit einem Rauminhalt bis 3 000 Liter nur 50 v. H., für Behälter mit einem Rauminhalt über 3 000 Liter bis 6 000 Liter nur 75 v. H. der Gebühren für Behälter mit einem Rauminhalt bis 10 000 Liter erhoben. Für mehrere gleichzeitig oder unmittelbar nacheinander durchgeführte Prüfungen an einem oberirdischen Behälter wird nur eine Gebühr erhoben.

Zweiter Teil

Lagern und Abfüllen flüssiger Stoffe

§ 13

Anlagen einfacher oder herkömmlicher Art
(Zu § 19 h Abs. 1 Satz 1 WHG)

(1) Anlagen mit oberirdischen Lagerbehältern für flüssige Stoffe, bei denen der Rauminhalt aller Behälter mehr als 300 Liter in Gebäuden oder mehr als 1 000 Liter im Freien beträgt, sowie Anlagen mit unterirdischen Lagerbehältern für flüssige Stoffe sind einfacher oder herkömmlicher Art, wenn

1. hinsichtlich ihres technischen Aufbaus

   a) die Lagerbehälter doppelwandig sind oder als einwandige Behälter in einem flüssigkeitsdichten Auffangraum stehen,

   und

   b) Undichtheiten der Behälterwände durch ein Leckanzeigegerät selbsttätig angezeigt werden, ausgenommen bei oberirdischen Behältern im Auffangraum,

   und

   c) Auffangräume nach Buchstabe a) so bemessen sind, daß die dem Rauminhalt aller Behälter entsprechende Lagermenge zurückgehalten werden kann. Dient ein Auffangraum mehreren oberirdischen Lagerbehältern, ist für seine Bemessung nur der Rauminhalt des größten Behälters maßgebend. Abläufe des Auffangraumes sind nur bei oberirdischen Lagerbehältern zulässig; sie müssen absperrbar und gegen unbefugtes Öffnen gesichert sein;

   sowie

2. für ihre Einzelteile, insbesondere zu deren Werkstoff und Bauart, technische Vorschriften oder technische Baubestimmungen gemäß § 3 Abs. 2 eingeführt sind und die Einzelteile diesen entsprechen oder für Schutzvorkehrungen ein wasserrechtliche oder gewerberechtliche Bauartzulassung oder ein baurechtliches Prüfzeichen erteilt ist (§ 19 h Abs. 1 Sätze 2 und 5 des Wasserhaushaltsgesetzes).

(2) Rohrleitungen sind einfacher und herkömmlicher Art, wenn sie

1. doppelwandig sind und Undichtheiten der Rohrwände durch ein Leckanzeigegerät selbsttätig angezeigt werden, das eine wasserrechtliche oder gewerberechtliche Bauartzulassung oder ein baurechtliches Prüfzeichen hat, oder

2. als Saugleitungen ausgebildet sind, in denen die Flüssigkeitsäule bei Undichtheiten abreißt, oder

3. aus Metall bestehen, das gegen Korrosion so beständig ist, daß Undichtheiten nicht zu besorgen sind; unterirdische Leitungen aus Stahl müssen kathodisch gegen Außenkorrosion geschützt sein, oder

4. mit einem flüssigkeitsdichten Schutzrohr versehen oder in einem flüssigkeitsdichten Kanal verlegt sind und auslaufende Flüssigkeit in einer Kontrolleinrichtung sichtbar wird; in diesen Fällen dürfen die Rohrleitungen keine brennbaren Flüssigkeiten im Sinne der Verordnung über brennbare Flüssigkeiten mit einem Flammpunkt unter 55° C führen.

(3) Anlagen zum Lagern flüssiger Stoffe, die nur in erwärmtem Zustand pumpfähig sind, sind einfacher oder herkömmlicher Art.

(4) Kleinere als die in Absatz 1 genannten oberirdischen Anlagen sind einfacher oder herkömmlicher Art, sofern für sie technische Vorschriften oder technische Baubestimmungen gemäß § 3 Abs. 2 eingeführt sind und sie diesen entsprechen.

§ 14

Abfüllplätze
(Zu § 19 g WHG)

Werden wassergefährdende flüssige Stoffe in Betriebsstätten regelmäßig abgefüllt, muß der Abfüllplatz so beschaffen sein, daß auslaufende Stoffe nicht in ein oberirdisches Gewässer, eine Abwasseranlage oder in den Boden gelangen können.

§ 15

Anlagen in Schutzgebieten

(1) Im Fassungsbereich und in der engeren Zone von Schutzgebieten ist das Lagern wassergefährdender flüssiger Stoffe unzulässig. Die nach § 18 Abs. 3 des Landeswassergesetzes zuständige Behörde kann für standortgebundene Anlagen mit oberirdischen Behältern und oberirdischen Rohrleitungen Ausnahmen zulassen, wenn dies überwiegende Gründe des Wohls der Allgemeinheit erfordern.

(2) In der weiteren Zone von Schutzgebieten dürfen Anlagen nur verwendet werden, wenn sie in ihrem technischen Aufbau den Anlagen nach § 13 Abs. 1 Nr. 1 entsprechen: Rohrleitungen dürfen nur verwendet werden, wenn sie § 13 Abs. 2 entsprechen. Bei bestehenden Anlagen darf der Rauminhalt eines unterirdischen Lagerbehälters 40 000 Liter, eines oberirdischen Lagerbehälters 100 000 Liter nicht übersteigen. Die Errichtung neuer Anlagen ist nur zulässig, wenn der Gesamtrauminhalt der Anlage mit unterirdischen Lagerbehältern 40 000 Liter, mit ausschließlich oberirdischen Lagerbehältern 100 000 Liter nicht übersteigt. Auf die Bemessung des Auffangraumes findet § 13 Abs. 1 Nr. 1 Buchstabe c) Satz 2 keine Anwendung. Abläufe des Auffangraumes sind auch bei oberirdischen Behältern nicht zulässig.

(3) Weitergehende Anforderungen, Beschränkungen oder Ausnahmen in Schutzgebieten durch Anordnungen oder Verordnungen nach § 19 des Wasserhaushaltsgesetzes in Verbindung mit § 14 Abs. 1, § 15 Abs. 4 und § 16 Abs. 3 und 4 des Landeswassergesetzes bleiben unberührt.

(4) Schutzgebiete im Sinne dieser Vorschrift sind

1. Wasserschutzgebiete nach § 19 Abs. 1 Nrn. 1 und 2 des Wasserhaushaltsgesetzes,

2. Heilquellenschutzgebiete nach § 16 Abs. 3 des Landeswassergesetzes,

3. Gebiete, für die eine Veränderungssperre zur Sicherung von Planungen für Vorhaben der Wassergewinnung nach § 36 a Abs. 1 des Wasserhaushaltsgesetzes erlassen und

4. Gebiete, für die ein Verfahren auf Festsetzung als Wasserschutzgebiet oder Heilquellenschutzgebiet eingeleitet ist, wenn seit der Einleitung des Verfahrens noch keine vier Jahre vergangen sind. Das Verfahren gilt als eingeleitet, wenn eine vorläufige Anordnung nach § 15 Abs. 4 des Landeswassergesetzes erlassen oder eine zumindest vorläufige Planung zu jedermanns Einsicht offengelegt ist.

Ist die weitere Zone eines Schutzgebietes unterteilt, gilt als Schutzgebiet nur deren innerer Bereich.

§ 16

Kennzeichnungspflicht, Merkblatt

(1) Serienmäßig hergestellte Anlagen und Anlagenteile sind vom Hersteller mit einer deutlich lesbaren Kennzeichnung zu versehen, aus der sich ergibt, welche flüssigen Stoffe in der Anlage gelagert oder abgefüllt werden dürfen.

(2) Der Betreiber von Anlagen zum Lagern wassergefährdender flüssiger Stoffe hat das im Ministerialblatt für das Land Nordrhein-Westfalen veröffentlichte und in der Sammlung des bereinigten Ministerialblattes (SMBl. NW.) unter der Gliederungsnummer 772 enthaltene Merkblatt „Betriebs- und Verhaltensvorschriften für das Lagern wassergefährdender flüssiger Stoffe" an gut sichtbarer Stelle in der Nähe der Anlage dauerhaft anzubringen und das Bedienungspersonal über dessen Inhalt zu unterrichten.

§ 17

Befüllen und Entleeren
(Zu § 19 k WHG)

(1) Zum Befüllen und Entleeren müssen die Rohre und Schläuche dicht und tropfsicher verbunden sein; bewegliche Leitungen müssen in ihrer gesamten Länge dauernd einsehbar und bei Dunkelheit ausreichend beleuchtet sein.

(2) Behälter in Anlagen zum Lagern von Heizöl EL, Dieselkraftstoff und Ottokraftstoff dürfen aus Straßentankwagen und Aufsetztanks nur unter Verwendung einer

selbsttätig schließenden Abfüllsicherung befüllt werden. Dies gilt nicht für einzeln benutzte oberirdische Behälter mit einem Rauminhalt von nicht mehr als 1 000 Liter in Anlagen zum Lagern von Heizöl EL und Dieselkraftstoff. Behälter in Anlagen zum Lagern von Heizöl EL, Dieselkraftstoff und Ottokraftstoff sowie anderer flüssiger Stoffe dürfen nur mit festen Leitungsanschlüssen und unter Verwendung einer Überfüllsicherung, die rechtzeitig vor Erreichen des zulässigen Flüssigkeitsstandes den Füllvorgang unterbricht oder akustischen Alarm auslöst, befüllt werden, wenn dafür technische Vorschriften gemäß § 3 Abs. 2 eingeführt sind.

(3) Auf Lagerbehältern, die mit festen Leitungsanschlüssen befüllt werden können, muß der zulässige Betriebsdruck angegeben sein.

§ 18
Überprüfungen von Anlagen
für flüssige Stoffe
(Zu § 19 i Satz 3 WHG)

(1) Der Betreiber hat nach Maßgabe des § 19 i Satz 3 Nrn. 1, 2 und 3 des Wasserhaushaltsgesetzes durch Sachverständige (§ 11) überprüfen zu lassen:

1. Anlagen mit unterirdischen Lagerbehältern,

2. Anlagen mit oberirdischen Lagerbehältern mit einem Gesamtrauminhalt über 40 000 Liter,

3. unterirdische Rohrleitungen, auch wenn sie nicht Teile einer prüfpflichtigen Anlage sind,

4. Anlagen, für welche Prüfungen in einer Eignungsfeststellung oder Bauartzulassung nach § 19 h Abs. 1 Satz 1 oder 2 des Wasserhaushaltsgesetzes, in einer gewerberechtlichen Bauartzulassung oder in einem Bescheid über ein baurechtliches Prüfzeichen vorgeschrieben sind; sind darin kürzere Prüffristen festgelegt, gelten diese.

Satz 1 gilt nicht für Anlagen zum Lagern flüssiger Stoffe, die nur in erwärmtem Zustand pumpfähig sind.

(2) In Schutzgebieten (§ 15) hat der Betreiber Anlagen mit oberirdischen Lagerbehältern mit einem Gesamtrauminhalt über 1 000 Liter nach Maßgabe des § 19 i Satz 3 Nrn. 1, 2 und 3 des Wasserhaushaltsgesetzes überprüfen zu lassen. Der Betreiber hat Anlagen mit oberirdischen Lagerbehältern zur Lagerung von Heizöl EL und Dieselkraftstoff mit einem Gesamtrauminhalt von mehr als 1 000 bis 5 000 Liter nach Maßgabe des § 19 i Satz 3 Nrn. 1 und 3 des Wasserhaushaltsgesetzes überprüfen zu lassen.

(3) Die nach § 18 Abs. 3 des Landeswassergesetzes zuständige Behörde kann wegen der Besorgnis einer Wassergefährdung (§ 19 i Satz 3 Nr. 4 des Wasserhaushaltsgesetzes) kürzere Prüffristen bestimmen. Sie kann im Einzelfall Anlagen nach Absatz 1 von der Prüfpflicht befreien, wenn aufgrund der örtlichen Verhältnisse und der Art der gelagerten Stoffe gewährleistet ist, daß eine von der Anlage ausgehende Wassergefährdung ebenso rechtzeitig erkannt wird wie bei Bestehen der allgemeinen Prüfpflicht.

(4) Die Prüfungen nach den Absätzen 1, 2 und 3 entfallen, soweit die Anlage zu denselben Zeitpunkten oder innerhalb gleicher oder kürzerer Zeiträume nach anderen Rechtsvorschriften zu prüfen ist und der nach § 18 Abs. 3 des Landeswassergesetzes zuständigen Behörde ein Prüfbericht vorgelegt wird, aus dem sich der ordnungsgemäße Zustand der Anlage im Sinne dieser Verordnung und der §§ 19 g und 19 h des Wasserhaushaltsgesetzes ergibt.

(5) Der Betreiber hat dem Sachverständigen vor der Prüfung die für die Anlage erteilten behördlichen Bescheide sowie die vom Hersteller ausgehändigten Bescheinigungen vorzulegen. Der Sachverständige hat über jede durchgeführte Prüfung dem Betreiber und der nach § 18 Abs. 3 des Landeswassergesetzes zuständigen Behörde unverzüglich einen Prüfbericht vorzulegen.

(6) Die wiederkehrenden Prüfungen nach den Absätzen 1 und 2 entfallen, wenn der Betreiber der nach § 18 Abs. 3 des Landeswassergesetzes zuständigen Behörde die Stillegung der Anlage schriftlich anzeigt und eine Bescheinigung eines Fachbetriebes (§ 19 l des Wasserhaushaltsgesetzes) über die ordnungsgemäße Entleerung und Reinigung beifügt. Maßgeblich ist der Zeitpunkt des Eingangs der Anzeige bei der Behörde.

§ 19

Erweiterte Anwendung der Verordnung
über brennbare Flüssigkeiten

Die Vorschriften der Verordnung über brennbare Flüssigkeiten (VbF) über allgemeine Anforderungen, weitergehende Anforderungen und Ausnahmen (§§ 4 bis 6) und Bauartzulassungen (§ 12) sind in ihrer jeweils geltenden Fassung auch auf solche Anlagen zum Lagern und Abfüllen brennbarer Flüssigkeiten anzuwenden, die weder gewerblichen noch wirtschaftlichen Zwecken dienen und in deren Gefahrenbereich auch keine Arbeitnehmer beschäftigt werden. Ausgenommen sind die in § 1 Abs. 3 und 4 und § 2 VbF bezeichneten Anlagen.

Dritter Teil:

Lagern fester Stoffe;
Umschlagen fester und flüssiger Stoffe

§ 20

Anlagen einfacher oder herkömmlicher Art
zum Lagern fester Stoffe
(Zu § 19 h Abs. 1 WHG)

Anlagen zum Lagern fester Stoffe sind einfacher oder herkömmlicher Art, wenn die Anlagen eine gegen die gelagerten Stoffe unter allen Betriebs- und Witterungsbedingungen beständige und undurchlässige Bodenfläche haben und die Stoffe in

a) dauernd dicht verschlossenen, gegen versehentliche Beschädigung geschützten und gegen Witterungseinflüsse und das Lagergut beständigen Behältern oder Verpackungen oder

b) in geschlossenen Lagerräumen gelagert werden. Geschlossenen Lagerräumen stehen überdachte Lagerplätze gleich, die gegen Witterungseinflüsse durch Überdachung und seitlichen Abschluß so geschützt sind, daß das Lagergut nicht austreten kann.

§ 21

Anlagen einfacher oder herkömmlicher Art zum Umschlagen fester und flüssiger Stoffe
(Zu § 19 h Abs. 1 Satz 1 WHG)

Anlagen zum Umschlagen fester und flüssiger Stoffe sind einfacher oder herkömmlicher Art, wenn

1. der Platz, auf dem umgeschlagen wird, eine gegen die Stoffe unter allen Betriebs- und Witterungsbedingungen beständige und undurchlässige Bodenfläche hat,

2. die Bodenfläche durch ein Gefälle, Bordschwellen oder andere technische Schutzvorkehrungen zu einem Auffangraum ausgebildet ist, der über ein dichtes Ableitungssystem an eine Sammel-, Abscheide- oder Aufbereitungsanlage angeschlossen ist, und

3. beim Umschlagen von flüssigen Stoffen und Schüttgut die Anlage zusätzlich mit Einrichtungen ausgestattet ist oder Vorkehrungen getroffen sind, durch die ein Austreten der festen oder flüssigen Stoffe vermieden wird, und für die Einrichtungen oder Vorkehrungen eine wasserrechtliche oder gewerberechtliche Bauartzulassung oder ein baurechtliches Prüfzeichen erteilt ist (§ 19 h Abs. 1 Sätze 2 und 5 des Wasserhaushaltsgesetzes).

Vierter Teil:

Bußgeldvorschrift

§ 22

Ordnungswidrigkeiten

Ordnungswidrig im Sinne des § 161 Abs. 1 Nr. 5 des Landeswassergesetzes handelt, wer vorsätzlich oder fahrlässig

1. entgegen § 3 Abs. 1 hinsichtlich technischem Aufbau, Werkstoff und Korrosionsschutz die allgemein anerkannten Regeln der Technik nicht einhält,

2. eine vollziehbare Auflage nicht, nicht richtig, nicht vollständig oder nicht rechtzeitig erfüllt, die in einer Eignungsfeststellung oder einer Bauartzulassung nach § 5 festgesetzt ist,

3. entgegen § 9 bei Schadensfällen und Betriebsstörungen eine Anlage nicht unverzüglich außer Betrieb nimmt und entleert,

4. entgegen § 10 eine Anlage oder Anlagenteile einbaut oder aufstellt, deren Eignung nicht festgestellt ist,

5. entgegen § 15 Abs. 1 und 2 in Schutzgebieten eine Anlage oder Anlagenteile einbaut, aufstellt oder verwendet,

6. entgegen § 16 Abs. 1 Anlagen oder Anlagenteile nicht oder nicht richtig mit einer Kennzeichnung versieht,

7. entgegen § 17 Abs. 1 Rohre und Schläuche verwendet, die nicht dicht und tropfsicher verbunden sind

8. entgegen § 17 Abs. 2 Lagerbehälter ohne selbsttätig schließende Abfüll- oder Überfüllsicherungen befüllt oder befüllen läßt,

9. entgegen §§ 18 oder 23 Abs. 3 eine Anlage nicht oder nicht rechtzeitig überprüfen läßt.

Fünfter Teil:

Übergangs- und Schlußvorschriften

§ 23

Bestehende Anlagen, frühere Eignungsfeststellungen

(1) Die Vorschriften dieser Verordnung gelten auch für Anlagen, die bei Inkrafttreten dieser Vorschriften bereits eingebaut oder aufgestellt waren (bestehende Anlagen).

(2) Für bestehende Anlagen gilt die Eignungsfeststellung als erteilt, wenn die Verwendung am 1. Oktober 1976 nach bisherigem Recht zulässig war. Die nach § 18 Abs. 3 des Landeswassergesetzes zuständige Behörde kann an die Anlage zusätzliche Anforderungen stellen, wenn dies zur Erfüllung des § 19 g Abs. 1 oder 2 des Wasserhaushaltsgesetzes erforderlich ist.

(3) Der Betreiber hat bestehende Anlagen, die aufgrund dieser Verordnung erstmalig einer Prüfung im Sinne des § 18 bedürfen, spätestens bis zum 30. Juni 1983 durch einen Sachverständigen überprüfen zu lassen. Dies gilt nicht, wenn in einer Eignungsfeststellung oder Bauartzulassung eine Ausnahme von der Prüfpflicht erteilt oder eine andere Frist für die erstmalige Prüfung bestimmt worden ist.

(4) Die Feststellungen der Eignung mit allgemeiner Wirkung nach § 4 Abs. 3 und § 5 Abs. 5 der Lagerbehälter-Verordnung — VLwF — vom 19. April 1968 (GV. NW. S. 158), zuletzt geändert durch Verordnung vom 13. Dezember 1973 (GV. NW. 1974 S. 2), gilt als für den Geltungsbereich dieser Verordnung wirksame Eignungsfeststellung für Anlagen, die bis zum 30. Juni 1983 entsprechend diesen Feststellungen eingebaut, aufgestellt oder umgerüstet sind, fort.

§ 24

Inkrafttreten

Diese Verordnung tritt am 1. Januar 1982 in Kraft.

III.
Verwaltungsvorschriften

1.
Verwaltungsvorschrift über den Mindestinhalt der Abwasserbeseitigungskonzepte der Gemeinden und die Form ihrer Darstellung

RdErl. d. Ministers für Ernährung, Landwirtschaft und Forsten
v. 2. 10. 1984 — III B 5 — 673/2-30369

(MBl. NW. S. 1597)

Übersicht

361

Zur Durchführung von § 53 Abs. 1 des Landeswassergesetzes — LWG — vom 4. Juli 1979 (GV. NW. S. 488), zuletzt geändert durch Gesetz vom 20. Dezember 1983 (GV. NW. S. 644) — SGV. NW. 77 —, ergeht folgende Verwaltungsvorschrift:

1 Allgemeines zum Abwasserbeseitigungskonzept

1.1 Rechtsgrundlage

Nach § 53 Abs. 1 LWG haben die Gemeinden, soweit dies noch erforderlich ist, die zur ordnungsgemäßen Abwasserbeseitigung notwendigen Abwasseranlagen in angemessenen Zeiträumen zu errichten, zu erweitern oder den allgemein anerkannten Regeln der Abwassertechnik anzupassen. Der Stand der öffentlichen Abwasserbeseitigung im Gemeindegebiet sowie die zeitliche Abfolge und die geschätzten Kosten der zur Erfüllung der Abwasserbeseitigungspflicht noch notwendigen Baumaßnahmen der Gemeinde sind in einem Abwasserbeseitigungskonzept darzustellen.

1.2 Vorlage

Die Gemeinde legt das Abwasserbeseitigungskonzept der oberen Wasserbehörde vor. Eine weitere Ausfertigung erhalten nachrichtlich die untere Wasserbehörde und das Staatliche Amt für Wasser- und Abfallwirtschaft.

Das Abwasserbeseitigungskonzept bedarf nicht der Genehmigung durch die obere Wasserbehörde. Solange diese der Gemeinde keine Beanstandungen mitteilt, kann die Gemeinde davon ausgehen, daß die obere Wasserbehörde die Realisierung der Konzepte in dem dafür von der Gemeinde vorgesehenen zeitlichen Rahmen als ordnungsgemäße Erfüllung der Abwasserbeseitigungspflicht nach § 53 Abs. 1 Satz 2 LWG ansieht. Erfolgt eine Beanstandung später als sechs Monate seit Vorlage des Konzepts, darf sie nicht dazu führen, daß von der Gemeinde bereits eingeleitete Maßnahmen beeinträchtigt werden.

1.3 Notwendige wasserrechtliche Verfahren

Das Konzept enthält keine prüffähigen Details zur technischen Lösung der einzelnen Vorhaben. Zu deren fachlichen und wasserrechtlichen Überprüfung sind die im Wasserrecht vorgeschriebenen Verfahren zur

— Erlaubnis der Abwassereinleitung oder Umstellung bereits erteilter Rechte und Befugnisse (§§ 2, 3, 5, 7 WHG),

— Genehmigung der technischen Planung für Erstellung oder wesentliche Veränderung von Kanalisationsnetzen (§ 58 Abs. 1 LWG),

— Genehmigung von Bemessung, Gestaltung und Betrieb von Abwasserbehandlungsanlagen (§ 58 Abs. 2 LWG)

durchzuführen.

Daraus können sich u. U. Änderungen des Konzepts oder zeitliche Verschiebungen ergeben. Sie werden bei Fortschreibung des Konzepts (Nr. 6) berücksichtigt.

1.4 Abgrenzung zum Abwasserbeseitigungsplan

Das Abwasserbeseitigungskonzept der Gemeinde ist nicht gleichzusetzen mit dem in §§ 18 a Abs. 3 WHG, 55 LWG eingeführten Abwasserbeseitigungsplan. Dessen Regelungsgehalt geht wesentlich weiter. Abwasserbeseitigungspläne können wegen des damit verbundenen Aufwands nicht im ganzen Land oder in ganzen Regierungsbezirken flächendeckend in Angriff genommen werden, sondern nur dort, wo besonders komplexe wasserwirtschaftliche Zusammenhänge oder überörtliche Gesichtspunkte oder besondere Maßnahmen zugunsten eines Unternehmens der Wassergewinnung für die öffentliche Wasserversorgung und die Festsetzung einer pauschalen Ausgleichszahlung es erfordern.

Auch in den von der oberen Wasserbehörde zur Aufstellung von Abwasserbeseitigungsplänen festgelegten Planungsräumen (§ 56 Abs. 1 LWG) sind die Gemeinden zur Vorlage des Abwasserbeseitigungskonzepts verpflichtet. Das Abwasserbeseitigungskonzept ist in diesen Fällen ein Vorstufe zum Abwasserbeseitigungsplan und zeitlich im voraus zu erarbeiten.

2 Mindestinhalt

Das Abwasserbeseitigungskonzept muß mindestens enthalten:

— die Erfassung der Abwassereinleitungen und Übergabestellen (Nr. 2.1),

— Angaben zur Abwasserbehandlung (Nr. 2.2),

— Angaben zur Entwässerung (Nr. 2.3),

— die Darstellung von Verbindungen, Zuleitungen und Ableitungen (Nr. 2.4),

— Angaben über die noch notwendigen Baumaßnahmen (Nr. 2.5).

Die Befugnis der oberen Wasserbehörde bleibt unberührt, in einzelnen Fällen Ergänzungen zu fordern, wenn und soweit dies zur Überprüfung des Konzepts erforderlich ist. Die Überprüfung erstreckt sich darauf,

— ob die noch notwendigen Baumaßnahmen vollständig ausgeführt sind und

— ob ihre Durchführung in angemessenen Zeiträumen vorgesehen ist.

Im einzelnen ist zu beachten:

2.1 Erfassung der Abwassereinleitungen und Übergabestellen

Es sind alle derzeitigen, künftigen und künftig wegfallenden Abwassereinleitungen und Übergabestellen im Sinne dieser Verwaltungsvorschrift zu erfassen.

Dabei sind als Abwassereinleitung nur die Schmutzwassereinleitungen der Gemeinde zu erfassen, also Einleitungen von Schmutzwasser (§ 51 Abs. 1 LWG) aus Trennkanalisationen oder zusammen mit Niederschlagswasser aus Mischkanalisationen. Nicht zu erfassen sind Einleitungen aus den Regenentlastungen der Mischkanalisation. Ebenso sind nicht zu erfassen die Einleitungen Dritter, z. B. Einleitungen von Abwasserverbänden oder industriellen Direkteinleitern.

Übergabestelle ist die Stelle, an der die Gemeinde Schmutzwasser aus Trennkanalisation oder Abwasser aus Mischkanalisation einer anderen Gemeinde oder einem Abwasserverband zur weiteren Abwasserbeseitigung übergibt.

2.2 Angaben zur Abwasserbehandlung

Das Abwasserbeseitigungskonzept gibt für jede Abwassereinleitung Auskunft über

— den Standort der vorhandenen Abwasserbehandlungsanlagen, deren Kapazität und Auslastung bzw. Überlastung,

— die noch notwendigen Baumaßnahmen zur Sanierung vorhandener Abwasserbehandlungsanlagen,

— die neu zu errichtenden Abwasserbehandlungsanlagen, deren Standort und vorgesehene Kapazität,

— die künftig wegfallenden Abwasserbehandlungsanlagen und deren Standort.

2.3 Angaben zur Entwässerung

2.3.1 Die Teilentwässerungsgebiete sind abzugrenzen. Teilentwässerungsgebiet ist das Einzugsgebiet, dessen Kanalisation in einem funktionalen Zusammenhang steht. In der Praxis werden die Teilentwässerungsgebiete in der Regel jeweils einem im Zusammenhang bebauten Ortsteil oder einen entwässerungstechnisch als Einheit anzusehenden Stadtteil umfassen. Dabei ist zu unterscheiden, ob das Teilentwässerungsgebiet zur Sammlung und Ableitung von Schmutzwasser schon kanalisiert ist oder noch kanalisiert werden muß.

2.3.2 Für die ganz oder teilweise bereits kanalisierten Teilentwässerungsgebiete sind Angaben erforderlich

— zum Verfahren der Entwässerung (Misch- oder Trennverfahren, nur Schmutzwasserableitung),

— über die notwendigen Baumaßnahmen zur Sanierung der vorhandenen Kanalisation,

— über die notwendigen Ergänzungsmaßnahmen zur Vervollständigung der Kanalisation im Teilentwässerungsgebiet (Anschluß weiterer Straßenzüge).

2.3.3 Für noch nicht kanalisierte Teilentwässerungsgebiete sind Angaben erforderlich über

— das beabsichtigte Entwässerungsverfahren und

— die Durchführung der Kanalisation, evtl. in Teilabschnitten.

Hierunter fallen auch Gebiete, die nur eine Regenwasserkanalisation haben.

2.4 Verbindungen, Zuleitungen und Ableitungen

2.4.1 Darzustellen sind die vorhandenen oder künftigen Verbindungen von Teilentwässerungsgebieten untereinander sowie die Zuleitungen zu den Abwasserbehandlungsanlagen und die Ableitungen zu den Abwassereinleitungen oder Übergabestellen.

Dies gilt auch für die noch zu kanalisierenden Gebiete.

2.4.2 Übernimmt die Gemeinde derzeit oder künftig Abwasser aus dem Gebiet einer anderen Gemeinde, sind die Übernahmestelle, die Zuleitung zur Abwasserbehandlungsanlage und die Ableitung zur Abwassereinleitung darzustellen.

2.5 Angaben über die noch notwendigen Baumaßnahmen

2.5.1 Die jeweils nach Nr. 2.2 und 2.3 noch notwendigen Baumaßnahmen sind getrennt für die einzelnen Abwassereinleitungen bzw. für die einzelnen Teilentwässerungsgebiete aufzuführen. Dabei können mehrere kleine Vorhaben unter einer Sammelbezeichnung zusammengefaßt werden.

2.5.2 Die geschätzten Kosten der Maßnahme sind auszuweisen. Die Kostenschätzungen sollen dem derzeitigen Stand der Planung und allgemeinen Erfahrungssätzen für vergleichbare Vorhaben nach dem Preisniveau zur Zeit der Schätzung entsprechen.

2.5.3 Angaben zum Baubeginn

Es sind folgende Zeiträume zu unterscheiden:

— Die ersten 5 Jahre: Für diesen Zeitraum ist das Jahr des Baubeginns anzugeben.

— Die sich daran anschließenden 7 Jahre:

Hier werden die Baumaßnahmen eingeordnet, die in diesem Zeitraum begonnen werden sollen. Das Jahr des Baubeginns wird nicht mehr genannt.

— Der Zeitraum, der nach 12 Jahren beginnt:

Hier werden alle Baumaßnahmen eingeordnet, die frühestens nach Ablauf von 12 Jahren begonnen werden können. Eine nähere zeitliche Festlegung erfolgt nicht mehr.

3 **Form der Darstellung**

Der in Nr. 2 geforderte Mindestinhalt des Abwasserbeseitigungskonzeptes wird in einem Übersichtsplan und in Listen dargestellt.

3.1 Übersichtsplan

3.1.1 Für den Übersichtsplan ist der Maßstab

1 : 10 000 oder
1 : 25 000

zu wählen.

3.1.2 Der Übersichtsplan enthält:

— die Kennzeichnung der Einleitungen und Übergabestellen (Nr. 2.1) in je einer unterschiedlichen Farbe;

— die Kennzeichnung der Standorte der Abwasserbehandlungsanlagen (Nr. 2.2);

— die Abgrenzung der kanalisierten und der noch zu kanalisierenden Teilentwässerungsgebiete (Nr. 2.3) in derselben Farbe wie die zugehörige Einleitung oder Übergabestelle; dabei sind die Flächen der kanalisierten Gebiete farbig anzulegen, die nicht kanalisierten Gebiete nur farbig zu umranden; soll ein bereits an eine Abwassereinleitung oder Übergabestelle angeschlossenes Teilentwässerungsgebiet später an eine andere Abwassereinleitung oder Übergabestelle angeschlossen werden, wird es zusätzlich mit der Farbe der künftigen Einleitung oder Übergabestelle umrandet;

— die Kennzeichnung der Übernahmestellen (Nr. 2.4.2);

— die schematische Darstellung von Verbindungen, Zuleitungen, Ableitungen (Nr. 2.4); die Darstellung des genauen Verlaufs des Sammler ist nicht erforderlich;

— die Umgrenzung der Schutzzonen I bis III A von ausgewiesenen oder geplanten Wasserschutzgebieten.

In den Übersichtsplan sind auch die Ordnungsnummern der Abwassereinleitungen und Übergabestellen (Nr. 3.3.1) sowie der Teilentwässerungsgebiete (Nr. 3.3.2) einzutragen.

3.1.3 Es sind folgende Symbole zu verwenden:

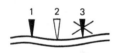

Einleitung
1. vorhanden (farbig anlegen)
2. geplant (farbig umranden)
3. künftig wegfallend (farbig anlegen)

Übergabestelle/Übernahmestelle
1. vorhanden (farbig anlegen)
2. geplant (farbig umranden)
3. künftig wegfallend (farbig anlegen)

Abwasserbehandlungsanlage
1. vorhanden und ausreichend
2. sanierungsbedürftig
3. neu zu errichten
4. künftig wegfallend

Abgrenzung der Teilentwässerungsgebiete
1. Kanalisation vorhanden (Fläche farbig anlegen)
2. Kanalisation geplant (Fläche farbig umranden)

Schematische Darstellung der Verbindungen, Zuleitungen und Ableitungen
1. vorhanden
2. geplant

Schutzzonen
(Fläche umranden)

3.2 Listen

3.2.1 Die Erfassung der Abwassereinleitungen (Nr. 2.1) und die Angaben zur Abwasserbehandlung (Nr. 2.2) erfolgen in den Listen I nach dem Muster der Anlage 1. Für jede Abwassereinleitung ist eine Liste auszufüllen.

3.2.2 Die Angaben zur Entwässerung (Nr. 2.3) sind in die Listen II A oder II B nach dem Muster der Anlagen 2 und 3 einzutragen. Für jedes Teilentwässerungsgebiet ist eine Liste auszufüllen. Ist das Teilentwässerungsgebiet schon ganz oder teilweise kanalisiert, ist die Liste II A (Anlage 2) zu verwenden. Die notwendigen Ergänzungsmaßnahmen werden in der 3. Spalte mit „E", die notwendigen Sanierungsmaßnahmen, z. B. Bau von Rückhaltebecken, mit „S" charakterisiert. Ist das Teilentwässerungsgebiet noch nicht kanalisiert, ist die Liste II B (Anlage 3) zu verwenden. Es können jeweils mehrere Straßenzüge zu einheitlichen Bauabschnitten zusammengefaßt werden.

3.2.3 Alle noch notwendigen Baumaßnahmen sind insgesamt in ihrer zeitlichen Abfolge in der Liste III nach dem Muster der Anlage 4 zusammenzustellen.

3.3 Ordnungsnummern

3.3.1 Die Abwassereinleitungen und Übergabestellen (Nr. 2.1) sind fortlaufend zu numerieren.

367

3.3.2 Jedes Teilentwässerungsgebiet (Nr. 2.3) erhält eine Ordnungsnummer mit zwei Kennzahlen:

— Die erste Kennzahl übernimmt die Nummer der Abwassereinleitung bzw. Übergabestelle, an die das Teilentwässerungsgebiet angeschlossen ist oder nach Durchführung der Kanalisation angeschlossen werden soll.

— Die zweite Kennzahl bezeichnet die einzelnen Teilentwässerungsgebiete, die ihrerseits fortlaufend numeriert werden.

3.3.3 Die im Konzept vorgesehenen Baumaßnahmen werden durch Ordnungsnummern mit drei Kennzahlen charaktersiert:

— Auch hier bezeichnet die erste Kennzahl die Abwassereinleitung bzw. die Übergabestelle.

— Die zweite Kennzahl läßt erkennen, ob die Maßnahme die Abwasserbehandlung betrifft (= 0) oder ob sie die Entwässerung betrifft; in diesem Fall wird die Ordnungsnummer des von der Maßnahme betroffenen Teilentwässerungsgebiets übernommen.

— Die dritte Kennzahl bezeichnet die Maßnahmen selbst, die ihrerseits fortlaufend numeriert werden.

4 Besonderheiten in Gebieten der Abwässerverbände

Nach § 54 Abs. 1 LWG geht die Abwasserbeseitigungspflicht im Gebiet eines Abwasserverbandes auf den Verband über, soweit er einzelne Maßnahmen der Abwasserbeseitigung in das Verbandsunternehmen übernimmt. Dieser Zugriff ist schon dann erfolgt, wenn der Verband beschließt, die Maßnahme durch ein bestimmtes Projekt innerhalb eines festgelegten Zeitraums zu realisieren. Die dabei an die Bestimmtheit der zeitlichen Festlegungen zu stellenden Anforderungen entsprechen denen nach Nr. 2.5.3. Im Gebiet der Abwasserverbände wird die Pflicht zur Abwasserbeseitigung regelmäßig in Maßnahmen, die der Gemeinde obliegen (namentlich das Sammeln des Abwassers) und Maßnahmen des Verbandes (namentlich das Behandeln und Einleiten von Abwasser) aufgeteilt sein. Daraus ergibt sich die Notwendigkeit, das kommunale Abwasserbeseitigungskonzept und die Planungen und Tätigkeiten des Verbandes sachlich und zeitlich abzustimmen. Der Verband ist daher bei der Erarbeitung des Abwasserbeseitigungskonzepts gem. § 53 Abs. 1 LWG zu beteiligen.

Im Abwasserbeseitigungskonzept sind die Tätigkeiten des Verbandes und seine noch vorgesehenen Maßnahmen zur Beseitigung des kommunalen Abwassers nachrichtlich aufzuführen. Dabei sind folgende Fallgruppen zu unterscheiden:

4.1 **Fallgruppe 1:** Übernahme des Abwassers ist bereits erfolgt

Der Verband übernimmt bereits das Abwasser aus einzelnen oder allen Teilentwässerungsgebieten der Gemeinde, reinigt es in einer Verbandskläranlage und leitet es anschließend in ein Gewässer ein.

In diesen Fällen ist im Übersichtsplan oder einem besonderen Hinweisblatt für jede Übergabestelle die zugehörige Verbandskläranlage zu benennen.

368

4.2 **Fallgruppe 2:** Übernahme des Abwassers aus bereits kanalisierten Teilentwässerungsgebieten soll künftig erfolgen

Der Verband wird das Abwasser aus bereits kanalisierten Teilentwässerungsgebieten erst später in eine Verbandskläranlage übernehmen.

In diesen Fällen wird die derzeitige Einleitung der Gemeinde im Abwasserbeseitigungskonzept erfaßt. In der Liste I (nach dem Muster der Anlage 1) sind im Abschnitt „Neubau Kläranlage" die Bezeichnung der Verbandskläranlage, zu der das Abwasser künftig geleitet werden soll, und ggf. die Angaben zum Baubeginn der Verbandskläranlage (entspr. der Nr. 2.5.3) nachrichtlich aufzunehmen. Die Kostenschätzung entfällt.

4.3 **Fallgruppe 3:** Übernahme des Abwassers aus noch nicht kanalisierten Teilentwässerungsgebieten soll künftig erfolgen

Der Verband wird das Abwasser aus noch nicht kanalisierten Teilentwässerungsgebieten im Anschluß an die Kanalisierung in eine vorhandene oder geplante Verbandskläranlage übernehmen. Es sind für die künftige Zuleitung zur Verbandskläranlage Angaben entsprechend der Nr. 4.1 erforderlich.

4.4 Späterer Zugriff durch den Verband

Solange der Abwasserverband die Übernahme des Abwassers noch nicht in seine Verbandsplanung aufgenommen hat, ist der Zugriff gem. § 54 Abs. 1 LWG noch nicht erfolgt, die Gemeinde also selbst zur Abwasserbeseitigung verpflichtet. Die noch notwendigen Maßnahmen sind im Konzept als eigene Maßnahmen der Gemeinde vorzusehen.

Es treten die in § 53 Abs. 1 und Abs. 2 LWG vorgesehenen Rechtsfolgen ein:

— Der Verband kann zwar später noch zugreifen, im Falle des § 54 Abs. 2 Satz 2 LWG jedoch nur im Einvernehmen mit der Gemeinde.

— Der Verband ist gem. § 54 Abs. 1 Satz 2 LWG an den im Abwasserbeseitigungskonzept vorgesehenen Zeitraum für die Durchführung der Maßnahmen gebunden.

4.5 Einzugsbereich von Flußkläranlagen

Die oberen Wasserbehörden sind ermächtigt, für die Abwasserbeseitigungskonzepte im Einzugsbereich von Flußkläranlagen abweichende Forderungen an Mindestinhalt und Darstellung der Konzepte zuzulassen.

5 **Übergabe von Abwasser an eine andere Gemeinde**

Die Nummern 4.1 bis 4.3 sind entsprechend anzuwenden.

6 **Fortschreibung des Abwasserbeseitigungskonzeptes**

Gem. § 53 Abs. 1 Satz 4 LWG ist das Abwasserbeseitigungskonzept jeweils im Abstand von 5 Jahren fortgeschrieben vorzulegen. Die Fortschreibung des

Konzepts hat den gleichen Mindestinhalt und die gleiche Form wie das erste Konzept. In der erneuten Vorlage sind in einem zusätzlichen besonderen Bericht kenntlich zu machen:

— Die Maßnahmen, die bereits durchgeführt sind.

— Die Maßnahmen, deren Realisierung sich zeitlich verschiebt und die Gründe dafür.

— Maßnahmen, die nicht mehr erforderlich sind, mit Angabe der Gründe für den Wegfall.

— Maßnahmen, die neu hinzugekommen sind.

7 Übergangsregelung

Hat eine Gemeinde der oberen Wasserbehörde ein Abwasserbeseitigungskonzept schon vor Erlaß dieser Verwaltungsvorschrift vorgelegt, erübrigt sich eine erneute Vorlage, wenn das vorgelegte Konzept den in Nr. 2 geforderten Mindestinhalt bereits enthält und nur in der Form der Darstellung von den Anforderungen nach Nr. 3 abweicht. In diesen Fällen ist erst die Fortschreibung nach Ablauf von 5 Jahren den Anforderungen nach Nr. 3 anzupassen. Enthält das bereits vorgelegte Konzept den nach Nr. 2 geforderten Mindestinhalt noch nicht, ist das Konzept den Anforderungen dieser Verwaltungsvorschrift entsprechend erneut vorzulegen.

Liste I

Erfassung der Abwassereinleitung und Angaben zur Abwasserbehandlung

Gemeinde:

Abwassereinleitung:

☐ Einleitung in Betrieb	Nr. im Ü.-Plan:	Einl.-Nr. LWA*):	angeschlossen:	E + EWG	noch anzuschließen:	E + EGW
☐ Einleitung geplant	Nr. im Ü.-Plan:		anzuschließen:	E + EGW	

Angaben zur Abwasserbehandlung

☐ Abwasserbehandlungsanlage vorhanden   derzeitige Kapazität für   E + EGW

  ☐ sanierungsbedürftig

  ☐ vorgesehene Maßnahmen

Ordnungs-nummer	Bezeichnung	geschätzte Kosten in Mio DM	Angaben zum Baubeginn

☐ Abwasserbehandlungsanlage wird außer Betrieb genommen im Jahr:

  Ersatzmaßnahme:

  ☐ Wegfall der Einleitung im Jahr:

☐ Abwasserbehandlungsanlage nicht vorhanden

  ☐ Wegfall der Einleitung im Jahr:

  Ersatzmaßnahme:

☐ Neubau Abwasserbehandlungsanlage   vorgesehene Kapazität für   E + EGW

Ordnungs-nummer	Bezeichnung	geschätzte Kosten in Mio DM	Angaben zum Baubeginn

*) Einleitungsnummer des Landesamtes für Wasser und Abfall

Nr. im Übersichtsplan:

Anlage 2

Liste II A
Angaben zur Entwässerung

Gemeinde:

Teilentwässerungsgebiet   Ordnungsnummer im Übersichtsplan:

☐ Kanalisation vorhanden   ☐ Trennverfahren   ☐ Mischverfahren   ☐ nur Schmutzwasserableitung

Sanierungsmaßnahme (S)

Ergänzungsmaßnahme (E)

vorgesehene Baumaßnahmen

Ordnungs-nummer	Bezeichnung	S/E	geschätzte Kosten in Mio DM	Angaben zum Baubeginn

Ordnungsnummer im Übersichtsplan:

Liste II B
Angaben zur Entwässerung

Gemeinde:

Teilentwässerungsgebiet: Ordnungsnummer im Übersichtsplan:

☐ Kanalisation nicht vorhanden

beabsichtigtes

Entwässerungsverfahren: ☐ Trennverfahren ☐ Mischverfahren ☐ nur Schmutzwasserableitung

vorgesehene Bauabschnitte

Ordnungs-nummer	Bezeichnung	geschätzte Kosten in Mio DM	Angaben zum Baubeginn

Ordnungsnummer im Übersichtsplan:

Anlage 4

Liste III

Gesamtzusammenstellung aller noch notwendigen Baumaßnahmen nach der zeitlichen Abfolge

Gemeinde:

Lfd. Nr.	Angaben zum Baubeginn	Ordnungs- nummer	vorgesehene Maßnahmen	geschätzte Kosten in Mio DM

Summe: ....

2.

Verwaltungsvorschrift über die Aufstellung von Abwasserbeseitigungskonzepten der Abwasserverbände

RdErl. d. Ministeriums für Umwelt,
Raumordnung und Landwirtschaft v. 26. 2. 1991 —
IV B 5 — 673/2 — 33436

(MBl. NW. 1991 S. 660)

Zur Durchführung von § 54 des Wassergesetzes für das Land Nordrhein-Westfalen — LWG — in der Bekanntmachung der Neufassung vom 9. Juni 1989 (GV. NW. S. 384), zuletzt geändert durch Gesetz vom 20. Juni 1989 (GV. NW. S. 366) — SGV. NW. 77 — ergeht folgende Verwaltungsvorschrift:

1 Gesetzliche Regelung der Abwasserbeseitigungspflicht von Abwasserverbänden

1.1 Gesetzliche Verpflichtung der Abwasserverbände

Nach § 54 Abs. 1 LWG obliegt es den Abwasserverbänden, in ihren Verbandsgebieten für Abwasseranlagen, die für mehr als 500 Einwohner bemessen sind,

— das Schmutzwasser und das mit Schmutzwasser vermischte Niederschlagswasser zu behandeln und einzuleiten und

— das Abwasser aus öffentlichen Kanalisationen in dazu bestimmten Sonderbauwerken zurückzuhalten, sofern das Abwasser vom Verband zu behandeln ist.

Abwasserverband ist ein Wasserverband, zu dessen Aufgaben die Abwasserbeseitigung gehört.

1.2 Zulässige Abweichungen

1.2.1 Nach § 54 Abs. 1 Satz 3 LWG kann die obere Wasserbehörde in Einzelfällen bestimmen, daß die unter Nummer 1.1 genannten Pflichten ganz oder teilweise der Gemeinde obliegen, sofern deren Erfüllung durch die Gemeinde zweckmäßiger ist. Diese „Rückübertragung" der Abwasserbeseitigungspflicht kann aber nur im Einvernehmen mit dem Abwasserverband und der betroffenen Gemeinde erfolgen.

1.2.2 Umgekehrt kann der Abwasserverband nach § 54 Abs. 4 LWG auch über die gesetzlich geregelte Verpflichtung hinaus weitere Maßnahmen der Abwasserbeseitigung übernehmen. Die Übernahme bedarf der Zustimmung des sonst zur Abwasserbeseitigung Verpflichteten.

1.3 Übergangsregelung

Bis die Abwasserverbände die ihnen nach § 54 Abs. 1 LWG obliegenden Aufgaben übernehmen, bleiben die Gemeinden nach §§ 54 Abs. 2, 53 LWG auch insoweit abwasserbeseitigungspflichtig, d. h. sie sind verpflichtet, die dazu dienenden Anlagen zu betreiben und, soweit erforderlich, zu errichten bzw. zu sanieren.

Solange der Verband die Maßnahmen der Abwasserbeseitigung einschließlich der Sanierungen, zu denen er nach § 54 Abs. 1 LWG verpflichtet ist, noch nicht durchführt, nehmen die Gemeinden die notwendigen Sanierungsmaßnahmen in das kommunale Abwasserbeseitigungskonzept auf. In diesen Fällen ist § 53 Abs. 1 Satz 6 LWG zu beachten.

2   **Maßnahmen der Abwasserverbände zur Erfüllung ihrer Abwasserbeseitigungspflicht**

Den Abwasserverbänden obliegt es, die gemäß § 54 Abs. 1 Satz 1 LWG notwendigen Abwasseranlagen

— zu übernehmen oder, soweit erforderlich, neu zu errichten, zu erweitern oder an die Anforderungen der §§ 18 b WHG und 57 LWG anzupassen

sowie

— diese Anlagen zu betreiben und zu unterhalten.

2.1   Übernahme des Abwassers

Das vom Abwasserverband zu behandelnde Abwasser übernimmt er an der im Einvernehmen mit der Gemeinde festgelegten Übernahmestelle. Übernahmestelle ist der Punkt, von dem aus der Abwasserverband die öffentlich-rechtliche Verantwortung für die weiteren Maßnahmen der Abwasserbeseitigung trifft.

In Sonderfällen kann der Abwasserverband das übernommene Abwasser an einer festzulegenden Übergabestelle zum Weitertransport einer Gemeinde wieder übergeben und später das Abwasser erneut übernehmen.

2.2   Anlagen zur Behandlung des Abwassers

Hierunter fallen Anlagen zur

— Endbehandlung des Abwassers einer Mischkanalisation (Kläranlagen) und zur

— Behandlung von Mischwasser, welches zur Entlastung der Kanalisation abgeschlagen und in ein Gewässer eingeleitet wird.

Die Steuerung der Entleerung von nicht ständig gefüllten Regenbecken einer Trennkanalisation und die Zuführung des Beckeninhalts zur Kläranlage sind zwischen dem Abwasserverband und seinen Mitgliedern zu regeln.

Übernimmt der Abwasserverband das Niederschlagswasser aus der Entleerung und führt es im Mischwasserkanal zur Kläranlage, entsteht seine Verpflichtung zur Behandlung des so entstandenen Mischwassers.

376

2.3   Einleitung des Abwassers

Das behandelte Abwasser ist vom Abwasserverband aus den Anlagen gemäß Nummer 2.2 einem Gewässer zuzuleiten und dort einzuleiten.

2.4   Rückhaltung von Abwasser in Sonderbauwerken

2.4.1   bei Trennkanalisation:

Für Niederschlagswasser besteht keine Verpflichtung des Abwasserverbandes zum Bau und Betrieb von Regenbecken, denn Niederschlagswasser ist vom Abwasserverband nicht nach § 54 Abs. 1 Nr. 1 LWG zu behandeln und daher auch nicht zurückzuhalten.

Das Schmutzwasser wird vom Abwasserverband in einer Kläranlage gereinigt; sofern erforderlich, hat er den Zufluß zur Kläranlage zu dosieren.

2.4.2   bei Mischkanalalisation:

Hierunter fallen:

Anlagen zur Rückhaltung von Mischwasser in der Kanalisation, sofern deren Bemessung, Gestaltung und Betrieb auf die ordnungsgemäße Abwasserreinigung in der Kläranlage nicht nur unerheblichen Einfluß haben.

Der Bau und der Betrieb von Regenüberläufen fällt nicht unter die Verbandspflicht.

3.   **Verbandskonzept zur Abwasserbeseitigung**

3.1   Vorlage

Nach § 54 Abs. 3 LWG legen die Abwasserverbände im Benehmen mit den betroffenen Gemeinden der oberen Wasserbehörde eine Übersicht über die zeitliche Abfolge und die geschätzten Kosten der zur Erfüllung ihrer Abwasserbeseitigungspflicht noch erforderlichen Maßnahmen vor (Verbandskonzept zur Abwasserbeseitigung). Das Konzept ist jeweils im Abstand von 5 Jahren erneut vorzulegen.

Eine weitere Ausfertigung erhalten nachrichtlich die vom jeweiligen Konzept betroffenen Gemeinden, die unteren Wasserbehörden und das Staatliche Amt für Wasser- und Abfallwirtschaft.

Das Konzept bedarf nicht der Genehmigung durch die obere Wasserbehörde. Solange diese dem Abwasserverband keine Beanstandungen mitteilt, kann der Abwasserverband davon ausgehen, daß die obere Wasserbehörde die Realisierung der Konzepte in dem dafür von dem Abwasserverband vorgesehenen zeitlichen Rahmen als ordnungsgemäße Erfüllung der durch § 54 Abs. 1 Satz 2 LWG begründeten Pflichten ansieht. Erfolgt eine Beanstandung später als sechs Monate seit Vorlage des Konzeptes, darf sie nicht dazu führen, daß vom Abwasserverband bereits eingeleitete Maßnahmen beeinträchtigt werden.

3.2   Planungsraum

Das Konzept bezieht sich grundsätzlich auf ein Gemeindegebiet. Mehrere
Gemeindegebiete können in einem Konzept zusammengefaßt werden, sofern die
Vergleichbarkeit und Abstimmung mit den kommunalen Konzepten gewährlei-
stet bleibt.

3.3   Notwendiger Inhalt

Jedes Verbandskonzept zur Abwasserbeseitigung soll

— einen Übersichtsplan im Maßstab bis zu 1:25 000

— Angaben zu den Kläranlagen (Aufstellung 1 — Anlage 1 —)

— Angaben zu den Sonderbauwerken in der Kanalisation (Aufstellung 2 —
  Anlage 2—)

— Angaben zu Abwasserleitungen (Aufstellung 3 — Anlage 3 —)

— chronologische Gesamtzusammenstellung aller noch notwendigen Maßnahmen (Aufstellung 4 — Anlage 4 —)

enthalten.

3.3.1 Im Übersichtsplan sind mit Angabe der jeweiligen Ordnungsnummern (Nr. 3.5)
       schematisch darzustellen:

— die Lage der Übernahme- und Übergabestellen,

— der Verlauf der Zulaufleitungen, Verbindungsleitungen und der Ablaufleitungen des Abwasserverbandes, die länger als 200 Meter sind,

— die Lage der Kläranlagen,

— die Einleitung aus den Kläranlagen,

— die Lage der Sonderbauwerke.

Es sind folgende Symbole zu verwenden:

— Kennzeichnung der Übernahmestellen

1 vorhanden
2 vorgesehen
3 wegfallend

— Kennzeichnung der Übergabestellen an Dritte (Gemeinden)

1 vorhanden
2 vorgesehen
3 wegfallend

378

— Schematische Darstellung von Zulaufleitungen, Verbindungsleitungen und Ablaufleitungen > 200 m

1 vorhanden
2 vorgesehen
3 wegfallend

— Kennzeichnung der Kläranlagen

1 vorhanden, nicht sanierungsbedürftig
2 vorhanden, sanierungsbedürftig
3 neu zu errichten
4 wegfallend

— Kennzeichnung der Einleitungen aus den Kläranlagen

1 vorhanden
2 vorgesehen
3 künftig wegfallend

— Kennzeichnung der Sonderbauwerke

1 vorhanden, nicht sanierungsbedürftig
2 vorhanden, sanierungsbedürftig
3 neu zu errichten
4 wegfallend

3.3.2 Angaben zu Kläranlagen

Das Verbandskonzept gibt in Aufstellung 1 Auskunft über

— vorhandene, vom Abwasserverband betriebene Kläranlagen,

— vom Abwasserverband noch zu übernehmende Kläranlagen,

— die noch notwendigen Baumaßnahmen zur Sanierung der vom Abwasserverband betriebenen oder zu übernehmenden Kläranlagen,

— neu zu errichtende Kläranlagen,

— verbandliche, kommunale oder private Kläranlagen, die außer Betrieb genommen werden.

3.3.3 Angaben zu den Sonderbauwerken in der Kanalisation

In der Aufstellung 2 sind sowohl die Sonderbauwerke zur Behandlung von Mischwasser (Nr. 2.2) als auch die Sonderbauwerke zur Rückhaltung von Abwasser (Nr. 2.4) aufzuführen.

Es sind Angaben erforderlich über

— vorhandene, vom Abwasserverband betriebene Sonderbauwerke,

— vom Abwasserverband noch zu übernehmende Sonderbauwerke,

— die noch notwendigen Baumaßnahmen zur Sanierung vorhandener oder zu übernehmender Sonderbauwerke,

— vom Abwasserverband neu zu errichtende Sonderbauwerke,

— wegfallende Sonderbauwerke.

3.3.4 Angaben zu Abwasserleitungen

In die Aufstellung 3 sind nur Abwasserleitungen des Abwasserverbandes mit mehr als 200 Meter Länge aufzunehmen.

3.4 Angaben zu Baubeginn, Zeitpunkt der Übernahme, Kostenschätzung

3.4.1 Baubeginn

In den Aufstellungen 1 bis 3 sind folgende Zeiträume zu unterscheiden:

— Die ersten 5 Jahre:
Für diesen Zeitraum ist das Jahr des Baubeginns anzugeben.

— Die sich daran anschließenden 7 Jahre:
Hier werden die Baumaßnahmen eingeordnet, die in diesem Zeitraum begonnen werden sollen. Das Jahr des Baubeginns wird nicht mehr genannt.

— Der Zeitraum, der nach 12 Jahren beginnt:
Hier werden alle Baumaßnahmen eingeordnet, die frühestens nach Ablauf von 12 Jahren begonnen werden können. Eine nähere zeitliche Festlegung erfolgt nicht mehr.

3.4.2 Zeitpunkt der Übernahme

Hier ist immer das Jahr der Übernahme anzugeben. Ist die Angabe eines konkreten Jahres bei der Konzepterstellung noch nicht möglich, ist der Zeitraum anzugeben, in dem die Übernahme erfolgen soll. Dieser Zeitraum sollte 5 Jahre nicht überschreiten.

3.4.3 Kostenschätzungen

Die Kostenschätzungen sollen dem derzeitigen Stand der Planung und allgemeinen Erfahrungssätzen für vergleichbare Vorhaben nach dem Preisniveau zur Zeit der Schätzung entsprechen.

3.5 Ordnungsnummern

Die Ordnungsnummer ist nach den folgenden Kriterien zu vergeben:

Ordnungsnummer

Kläranlage (1. Kennzahl)	Typ (2. Kennzahl)	Lfd. Nr. (3. Kennzahl)	Baumaßnahme (4. Kennzahl)
Numerierung des Abwasserverbandes beginnend mit 1	0 = für die Kläranlage	00 = für die Kläranlage	0 = keine Baumaßnahme 9 = Baumaßnahme
	1 = Übernahme- und Übergabestelle		
	2 = Zulauf- und Ablaufleitungen, Verbindungsleitungen > 200 m		
	3 = Sonderbauwerke		

Die Kennzahlen sind durch Punkte zu trennen.

3.5.1 Zur Kläranlage (1. Kennzahl):

Die Kläranlagen (Nr. 3.3.2) sind fortlaufend zu numerieren.

3.5.2 Zum Typ (2. Kennzahl):

Die Zahlen 0 bis 3 sind dem jeweiligen Typ zuzuordnen.

3.5.3 Zur laufenden Nummer (3. Kennzahl):

Die Kläranlage selbst ist bei der dritten Kennzahl mit „00" zu belegen. Bei den Typen 1, 2 und 3 ist jeweils eine fortlaufende Numerierung vorzunehmen.

3.5.4 Zur Baumaßnahme (4. Kennzahl):

Die 4. Kennzahl bringt zum Ausdruck, ob für den jeweiligen Typ eine Baumaßnahme vorgesehen ist (= 9) oder ob keine Maßnahme erforderlich ist (= 0).

Sofern an einer Kläranlage mehrere Baumaßnahmen durchzuführen sind, sind lediglich in der Aufstellung 1 die Maßnahmen fortlaufend zu numerieren. Diese

381

Numerierung läßt die Ordnungsnummer selbst jedoch unberührt. Die 4. Kennzahl „9" kann erst nach der Durchführung sämtlicher Teilmaßnahmen an der Kläranlage im Rahmen der Fortschreibung des Konzeptes auf „0" umgestellt werden.

3.5.5 Beispiel für das Ordnungsnummernsystem

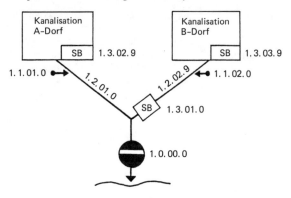

3.6 Fortschreibung des Verbandskonzeptes

Gemäß § 54 Abs. 3 Satz 2 i.V.m. § 53 Abs. 1 Satz 5 LWG ist das Verbandskonzept jeweils im Abstand von 5 Jahren fortgeschrieben vorzulegen. Die Fortschreibung des Konzepts hat den gleichen Inhalt und die gleiche Form wie das erste Konzept. In der erneuten Vorlage sind in einem zusätzlichen besonderen Bericht kenntlich zu machen:

— die Maßnahmen, die bereits durchgeführt sind,

— die Maßnahmen, deren Realisierung sich zeitlich verschiebt und die Gründe dafür,

— Maßnahmen, die nicht mehr erforderlich sind, mit Angabe der Gründe für den Wegfall,

— Maßnahmen, die neu hinzugekommen sind.

Auch der weitere Inhalt (Nr. 3.7) sollte fortgeschrieben werden.

3.7 Weiterer Inhalt

In das Konzept können je nach den örtlichen Verhältnissen weitere Aussagen aufgenommen werden, zum Beispiel:

— Die Kennzeichnung angeschlossener und anzuschließender Entwässerungsgebiete. Dies empfiehlt sich insbesondere im ländlichen Raum, wenn mehrere Entwässerungsgebiete an die Kläranlage angeschlossen sind.

— Die Hauptverbindungssammler der Gemeinden. Dies empfiehlt sich bei einer Trennkanalisation.

Werden die vorstehenden zusätzlichen Angaben gemacht, sind folgende Symbole zu verwenden:

— Kennzeichnung der kanalisierten Entwässerungsgebiete

▨ Anschluß vorhanden

☐ Anschluß geplant

— Kennzeichnung der Hauptverbindungssammler der Gemeinden

— · — vorhanden

— · · — geplant

4. **Übersicht über das Unternehmen des Verbandes**

Die in den einzelnen Sondergesetzen für die Verbände vorgesehene Verpflichtung zur Vorlage einer Gesamtübersicht über die zeitliche Abfolge und die geschätzten Kosten aller zur Erfüllung der Abwasserbeseitungspflicht noch notwendigen Baumaßnahmen des Verbandes bei der Aufsichtsbehörde besteht neben der Pflicht zur Vorlage der für die einzelnen Gemeindegebiete zu erstellenden Abwasserbeseitigungskonzepte bei den Regierungspräsidenten.

Konzept-Nummer: ....

Aufstellung 1
Angaben zur Kläranlage

Gemeinde(n) .... Regionalschlüssel: ....

Ordn.-Nr.: .... Einleitungsnummer (LWA): .... Größenklasse: ....

Name der Kläranlage: ....

( ) Kläranlage vorhanden

    ( ) Vom Abwasserverband betrieben

    ( ) Vom Abwasserverband zu übernehmen

    Betreiber: ....

    geschätzte Übernahmekosten: .... DM

    Zeitpunkt der Übernahme: ....

    ( ) nicht sanierungsbedürftig

    ( ) sanierungsbedürftig

    Grund: ....

    Vorgesehene Maßnahmen

Lfd. Nr.	Art der Maßnahme	geschätzte Kosten	Baubeginn

    ( ) wird außer Betrieb genommen im Jahr ....

    Ersatzmaßnahme: ....

( ) Kläranlage neu zu errichten

vorgesehene Kapazität	geschätzte Kosten	Baubeginn

Der Kläranlage zugeordnete Übernahmestellen

Ordn.-Nr.: ...... ( ) vorhanden EZ: .... EGW: .... EW: ....

                 ( ) vorgesehen EZ: .... EGW: .... EW: ....

                 ( ) wegfallend EZ: .... EGW: .... EW: ....

Ordn.-Nr.: ...... ( ) vorhanden EZ: .... EGW: .... EW: ....

                 ( ) vorgesehen EZ: .... EGW: .... EW: ....

                 ( ) wegfallend EZ: .... EGW: .... EW: ....

EZ, EGW und EW bezogen auf die BSB_5-Fracht

Aufstellung 2

Angaben zu Sonderbauwerken
(für jede Übernahmestelle)

Gemeinde: ....   angeschlossene Kanalisation   Übernahmestelle

Bezeichnung: .... Ordn.-Nr. ....

( ) Sonderbauwerke vorhanden

Ordn.-Nr.	Bezeichnung und Art des Bauwerkes	Volumen	V* (X)	zu übernehmen		
				Betreiber	geschätzte Kosten	Zeitpunkt der Übernahme

( ) Sonderbauwerke zu sanieren

Ordn.-Nr.	geschätzte Kosten	Baubeginn

( ) Sonderbauwerke neu zu errichten

Ordn.-Nr.	Bezeichnung und Art des Bauwerkes	Volumen	geschätzte Kosten	Baubeginn

( ) Sonderbauwerke wegfallend

Ordn.-Nr.	Bezeichnung und Art des Bauwerkes	Volumen	Zeitpunkt der Außerbetriebnahme	Ersatzmaßnahme

---

* V = vom Abwasserverband betrieben

Aufstellung 3

Angaben zu Zulaufleitungen, Verbindungsleitungen, Ablaufleitungen
(für jede Übernahmestelle)

Gemeinde: .... angeschlossene Kanalisation   Übernahmestelle

Bezeichnung: .... Ordn.-Nr. ....

( ) Leitungen vorhanden

Ordn.-Nr.	Bezeichnung und Art der Leitung	Länge, Durch-messer	V* (X)	zu übernehmen		
				Betreiber	geschätzte Kosten	Zeitpunkt der Über-nahme

( ) Leitungen zu sanieren

Ordn.-Nr.	geschätzte Kosten	Baubeginn

( ) Leitungen neu zu errichten

Ordn.-Nr.	Bezeichnung und Art der Leitung	Länge, Durchmesser	geschätzte Kosten	Baubeginn

( ) Leitungen wegfallend

Ordn.-Nr.	Bezeichnung und Art der Leitung	Länge, Durchmesser	Zeitpunkt der Außer-betrieb-nahme	Ersatz-maßnahme

* V = vom Abwasserverband betrieben

Aufstellung 4

Chronologische Gesamtzusammenstellung aller noch notwendigen Maßnahmen

Regierungsbezirk: ....

Lfd. Nr.	Ordn.-Nr.	vorgesehene Maßnahme*)	Baubeginn/ Übernahme	geschätzte Kosten

---

*) N = Neuerrichtung, S = Sanierung, Ü = Übernahme

3.

Erfüllung der Abwasserbeseitigungspflicht durch die Gemeinden und hierfür zulässige Organisationsformen

Gem. RdErl. d. Innenministers — III B 4-5/701-7638/88 — u. d. Ministers
für Umwelt, Raumordnung und Landwirtschaft — III B 5 - 673/2 - 28832 —
III B 6 - 6100/2 - 32738 — v. 3. 1. 1989

(MBl. NW. 1989 S. 83)

Schutz und Reinhaltung der Gewässer sind Schwerpunkte der Umweltpolitik der Landesregierung.

Die Gewässerpolitik der Landesregierung zielt darauf ab,

— die Wasserversorgung von Bevölkerung und Wirtschaft langfristig zu sichern,

— die Gewässer vorbeugend vor Gefährdung zu schützen,

— den ökologischen Wert der Gewässer zu bewahren, zu verbessern oder wiederherzustellen.

Wegen der neuen strengeren Anforderungen an die Beschaffenheit der einzuleitenden Abwässer werden die Gemeinden große Anstrengungen unternehmen müssen, die Anlagen der Abwasserbeseitigung durch Neubau, Ergänzung oder Erweiterung den veränderten Anforderungen anzupassen. Die Landesregierung sieht in dieser Aufgabe einen Schwerpunkt der kommunalen Aufgabenerfüllung bis zum Ende dieses Jahrhunderts.

Zur Erfüllung der Abwasserbeseitigungspflicht der Gemeinden ist neben der Finanzierung auch die Wahl der geeigneten Organisationsform von besonderer Bedeutung. Dabei ist zu berücksichtigen, daß die Abwasserbeseitigung zu den Pflichtaufgaben der kommunalen Selbstverwaltung gehört. Es ist daher grundsätzlich in die alleinige Entscheidung der Gemeinden gestellt, den für die Aufgabenerfüllung geeigneten organisatorischen Rahmen zu schaffen.

Zum Betrieb der Abwasserbeseitigung bieten sich verschiedene Organisationsformen an. Es ist Ausdruck der Organisationshoheit der Gemeinden, über die geeignete Organisationsform unter Abwägung verschiedener Gesichtspunkte selbst zu entscheiden. Im Hinblick auf § 63 GO ist es für den wirtschaftlichen Betrieb einer Einrichtung der Gemeinde eine wichtige Voraussetzung, daß die Gemeinde Benutzungsgebühren erhebt, die nach betriebswirtschaftlichen Grundsätzen (erforderlichenfalls auf der Grundlage des Wiederbeschaffungszeitwerts) kostendeckend sind. Nach dem KAG haben die Gemeinden darüber zu entscheiden, ob die Gebührenrechnung auf der Grundlage des Anschaffungs- bzw. Herstellungswerts oder des Wiederbeschaffungszeitwerts erfolgt. Eine volle Substanzerhaltung ist gesichert, wenn der Wiederbeschaffungszeitwert zugrunde gelegt wird. Die damit möglichen speziellen Einnahmen bieten in Verbindung mit einem angemessenen Fremdmitteleinsatz und gegebenenfalls der Förderung des Landes die Finanzierungsgrundlage für alle notwendigen Maßnahmen zur Abwasserbeseitigung.

Der Jahresrechnungsstatistik ist zu entnehmen, daß die Gemeinden in den Jahren 1980 bis 1986 für die Abwasserbeseitigung Gesamtausgaben von rd. 23,2 Mrd. DM getätigt haben. Nach Abzug der in diesem Zeitraum eingenommenen Gebühren, Beiträge und Investitionszuweisungen verbleiben noch rd. 7,6 Mrd. DM, die aus anderen Haushaltseinnahmen aufgebracht wurden.

Die betriebswirtschaftlichen Grundsätze gelten gleichermaßen für alle Organisationsformen der Abwasserbeseitigung (§ 6 Abs. 2 Satz 1 KAG). Kostendeckende Entgelte werden erreicht, wenn diese mindestens

— die Betriebskosten (Personalausgaben, Unterhaltung und Ergänzung der Anlagen und Geräte, Abwasserabgabe),

— die Abschreibungen (erforderlichenfalls auf der Grundlage des Wiederbeschaffungszeitwerts) sowie

— die angemessene Verzinsung des Anlagekapitals (Herstellungs- bzw. Wiederbeschaffungszeitwert abzüglich Zuwendungen des Landes und gegebenenfalls der Anschlußbeiträge nach § 8 KAG)

decken.

Im folgenden werden Klarstellungen zum Umfang und zum Zeitrahmen der gemeindlichen Abwasserbeseitigungspflicht sowie Hinweise und Erläuterungen zu den in Betracht kommenden Organisationsformen gegeben.

1 Abwasserbeseitigungspflicht der Gemeinden

Die Gemeinden sind nach § 53 Abs. 1 Landeswassergesetz zur Abwasserbeseitigung verpflichtet. Es handelt sich um eine pflichtige Selbstverwaltungsaufgabe, die die Gemeinden unter Beachtung der Vorschriften des Wasserhaushaltsgesetzes, des Landeswassergesetzes und der dazu ergangenen Verwaltungsvorschriften zu erfüllen haben.

Von dieser Pflichtaufgabe sind die Gemeinden nur befreit, soweit im Landeswassergesetz Einschränkungen (§ 51 LWG) oder andere Träger (§ 53 LWG) vorgesehen sind, soweit die Abwasserbeseitigungspflicht auf Dritte durch Verwaltungsakt der zuständigen Wasserbehörde übertragen wurde (§ 53 LWG) oder soweit Abwasserverbände Maßnahmen als Verbandsunternehmen übernommen haben (§ 54 LWG). Die Gemeinden können in ihren Entwässerungssatzungen keine hiervon abweichenden Regelungen treffen.

1.1 Umfang der Abwasserbeseitigungspflicht

Die Abwasserbeseitigungspflicht der Gemeinden umfaßt grundsätzlich die Pflicht,

— das auf dem Gemeindegebiet anfallende Abwasser entgegenzunehmen, zu sammeln, fortzuleiten, zu behandeln und in ein Gewässer einzuleiten oder in Sonderfällen zu versickern, zu verregnen oder zu verrieseln,

— den Fäkalschlamm aus Kleinkläranlagen einzusammeln, abzufahren und in eine geeignete öffentliche Abwasseranlage zu verbringen

und

— den Klärschlamm aus öffentlichen Abwasseranlagen sowie den Fäkalschlamm aus Kleinkläranlagen für eine ordnungsgemäße Beseitigung aufzubereiten.

Zur Abwasserbeseitigungspflicht gehört auch die Pflicht, die zur Abwasserbeseitigung notwendigen öffentlichen Anlagen entsprechend den dafür in Betracht kommenden technischen Regeln zu betreiben und, soweit erforderlich, zu errichten, zu erweitern oder nachzurüsten.

1.2   Fristen für notwendigen Baumaßnahmen

Die Abwasserbeseitigungskonzepte der Gemeinden gemäß § 53 Abs. 1 LWG dokumentieren die Gesamtheit der notwendigen Baumaßnahmen, ihre zeitliche Abfolge und die geschätzten Kosten. Die hinnehmbaren Zeiträume für Sanierungsmaßnahmen hängen vor allem von der wasserwirtschaftlichen Dringlichkeit der Maßnahmen ab.

Durch die Vorlage des Abwasserbeseitigungskonzeptes geht die Gemeinde eine Selbstbindung an die von ihr vorgesehenen Fristen ein. Die Abwasserbeseitigungskonzepte werden von den Regierungspräsidenten daraufhin überprüft, ob die darin genannten Maßnahmen vollständig und die dafür vorgesehenen Fristen angemessen sind. Kann die Gemeinde eine Frist nicht einhalten, hat sie im Einzelfall den zwingenden Grund darzulegen, der die Einhaltung der ursprünglich vorgesehenen Frist für den Baubeginn verhindert. Dazu reicht der Hinweis auf ausbleibende oder hinter den Erwartungen der Gemeinde zurückbleibende Zuwendungen des Landes nicht aus. Liegt ein solcher zwingender Grund nicht vor, ist der Regierungspräsident nach § 53 Abs. 1 LWG gehalten, der Gemeinde von sich aus eine Frist zu setzen.

1.3   Finanzierung

Der nicht aus anderen Mitteln (ggf. einschl. Landeszuwendungen) finanzierte Investitionsaufwand für wasserwirtschaftliche Maßnahmen ist im Rahmen der Gesamtdeckung aus vermögenswirksamen Einnahmen der Gemeinde zu finanzieren. Soweit andere vermögenswirksame Einnahmen nicht zur Verfügung stehen, ist die Gemeinde zur Deckung auf Kreditaufnahmen angewiesen.

Die Kommunalaufsichtsbehörden werden gebeten, bei der Genehmigung des Gesamtbetrages der Kredite den finanzwirtschaftlichen Zusammenhang des Finanzierungsbedarfs für wasserwirtschaftliche Investitionen mit der Refinanzierung aus kostendeckenden Entgelten („Rentierlichkeit" der Kreditaufnahmen) zu berücksichtigen. Bei der Kreditgenehmigung ist zu beachten, daß es sich bei diesen Maßnahmen um rentierliche Investitionen handelt, die durch Beiträge und Gebühren finanziert werden.

2 Organisationsformen zur Erfüllung der Abwasserbeseitigungspflicht

Einrichtungen der Abwasserbeseitigung werden regelmäßig als kostenrechnende Einrichtungen im Haushalt der Gemeinde geführt. Nach § 88 Abs. 2 GO können Einrichtungen jedoch auch wie Eigenbetriebe geführt werden. Es steht grundsätzlich im Ermessen der Gemeinden, die kostenrechnenden Einrichtungen ganz oder teilweise als Eigenbetriebe zu führen. Daneben kann die Gemeinde zwischen der Gründung einer Gesellschaft privaten Rechts (§ 89 GO) oder der Einschaltung Dritter über Geschäftsbesorgungsverträge als Erfüllungsgehilfen bei Wahrung der Verantwortlichkeit der Gemeinde für die Abwasserbeseitigung (§§ 51 ff. LWG) wählen.

Vor derartigen Organisationsentscheidungen ist sorgfältig zu prüfen, welche Auswirkungen die Führung von kostenrechnenden Einrichtungen als Sondervermögen oder andere Organisationsformen auf die Haushaltswirtschaft der Gemeinde haben. Insbesondere ist die Pflicht zu einer dauerhaft ausgeglichenen Haushaltswirtschaft zu beachten.

2.1 Abwasserbeseitigung als Regiebetrieb

2.1.1 Bei dieser Organisationsform wird die Abwasserbeseitigungseinrichtung als kostenrechnende Einrichtung im kommunalen Haushalt geführt. Wegen der Einbindung in die kommunale Organisation haben Rat und Verwaltung der Gemeinde volle Einwirkungsmöglichkeit auf den Regiebetrieb.

2.1.2 Beim Regiebetrieb werden die vereinnahmten Gebühren im kommunalen Haushalt im Rahmen des Gesamtdeckungsprinzips veranschlagt. Die Vorteile des Gesamtdeckungsprinzips liegen in der Förderung einer flexiblen Haushaltswirtschaft. Der Kommunalhaushalt ermöglicht nämlich eine möglichst weitgehende Investitionsfinanzierung aus Eigenmitteln; die Inanspruchnahme fremdfinanzierter Mittel wird auf das notwendige Maß beschränkt. Eine aufgesplitterte „Töpfchenwirtschaft" für Einzelmaßnahmen wird verhindert. Auf konjunkturelle Erfordernisse und Förderprogramme des Staates kann schnell reagiert werden. Demgegenüber führt die organisatorische Verselbständigung wesentlicher kommunaler Aufgaben im Ergebnis zu einer „Skelettierung" der kommunalen Haushalte und zur Übertragung wesentlicher Entscheidungsbefugnisse vom Rat der Gemeinde auf andere Organe. Vorteile bietet der Regiebetrieb daher sowohl aus der Sicht des kommunalen Haushaltsrechts als auch unter dem Gesichtspunkt der Sicherung der uneingeschränkten Verantwortung des Rates der Gemeinde.

2.1.3 Das von den Gemeinden veranschlagte Entgeltaufkommen im Bereich der Abwasserbeseitigung muß in der Regel kostendeckend sein. Die Kosten der Abwasserbeseitigungseinrichtungen sind dabei in vollem Umfang nach betriebswirtschaftlichen Grundsätzen zu ermitteln. Maßgebend ist § 6 Abs. 2 KAG und § 12 GemHVO.

2.2 Eigenbetriebsmodell

Die Vorschrift des § 88 Abs. 2 Satz 2 GO stellt es in das Ermessen der Gemeinden, das Eigenbetriebsmodell auch für die Führung von Einrichtungen zu nutzen. Der Eigenbetrieb wird als rechtlich unselbständiges Sondervermögen mit eigener Organisation, Wirtschaftsführung und Rechnungslegung nach Maßgabe der Betriebssatzung geführt. Die Einnahmen fließen dem Sondervermögen zu. Der Einfluß des Rates und der Verwaltung der Gemeinde ist auf wesentliche Entscheidungen beschränkt. Unter dem Gesichtspunkt einer wirtschaftlichen Verwaltung kann des Eigenbetriebsmodell, insbesondere im Fall der Betriebsführung durch die Stadtwerke, zu verwaltungsmäßigen Erleichterungen bei einer einheitlichen Organisation (gemeinsame Gebührenerhebungen, koordinierte Planung und Durchführung von Baumaßnahmen, einheitliche Rechnungslegung und Betriebsabrechnung) führen.

Soweit dem Eigenbetriebsmodell unter wirtschaftlichen Gesichtspunkten der Vorzug gegeben werden soll, müssen folgende Mindestvoraussetzungen in jedem Fall berücksichtigt werden:

— Bei der Ausgliederung müssen das Anlagevermögen sachgerecht bewertet und Kredite in sachgerecht ermitteltem Umfang in die Eröffnungsbilanz übernommen werden.

— In Anwendung der Regelungen des KAG müssen auch hier kostendeckende Entgelte erhoben sowie insbesondere eine Eigenkapitalverzinsung erwirtschaftet werden.

2.2.1 Die Vorschriften über die Eigenbetriebe lassen Abweichungen aus Gründen der Eigenart der jeweiligen Einrichtung und der Praktikabilität grundsätzlich zu. Abweichungen von der Eigenbetriebsverordnung dürfen jedoch die Führung der Einrichtung als Sondervermögen sowie die Rechnungslegung und Prüfung nach der für die Eigenbetriebe vorgesehenen Systematik nicht gefährden. Deshalb besteht für Abweichungen von Vorschriften über das Rechnungswesen grundsätzlich weniger Spielraum als von den Bestimmungen, die die Organisation des Sondervermögens regeln. Auch zur Organisation des Sondervermögens (Verfassung und Verwaltung) kann jedoch auf ein Mindestmaß an Regelung nicht verzichtet werden. In diesem Rahmen sind Mindestregelungen über die Art der Betriebsführung (z. B. eigenständige „Werkleitung" und eigenständiger „Werksausschuß" oder anderweitige Regelung über die Wahrnehmung dieser Funktionen, so etwa Betriebsführung durch Stadtwerke, oder Wahrnehmung durch andere Dienstkräfte bzw. Fachausschüsse der Gemeinde) und deren Zuständigkeiten sowie über die Zuständigkeiten des Rates erforderlich.

2.2.2 Für die Entgeltsbedarfsberechnung (Benutzungsgebühren oder privatrechtliche Entgelte) gilt unabhängig von der Betriebsform ausschließlich die kommunalabgabenrechtliche Regelung des § 6 KAG. Diese Vorschrift geht davon aus, daß im Rahmen der nach betriebswirtschaftlichen Grundsätzen ansatzfähigen Kosten (§ 6 Abs. 2 KAG) das gesamte Anlagevermögen (erforderlichenfalls auf der

Grundlage des Wiederbeschafffungszeitwerts) die Basis für die Abschreibungen bildet. Die Abschreibung vom ungekürzten Anlagevermögen dient dabei der Substanzerhaltung des Anlagevermögens und — soweit erforderlich — der rechtzeitigen Ansammlung von Finanzmitteln für spätere Erneuerungen bzw. Ersatzbeschaffungen.

Werden kostenrechnende Einrichtungen wie Eigenbetriebe geführt, sind die abgabenrechtlichen Grundsätze gleichwohl einzuhalten. Daraus folgt, daß das für Bauzuschüsse bei Eigenbetrieben vorgesehene Abzugs- bzw. Auflösungsverfahren (§ 22 Abs. 3 der EigVO in der Fassung der Bekanntmachung vom 1. Juni 1988 — GV. NW. S. 324/SGV. NW. 641 —) auf Anschlußbeiträge nach § 8 KAG nicht anwendbar ist. Der Anwendung dieses Verfahrens auf kostenrechnende Einrichtungen, die wie Eigenbetriebe geführt werden, steht entgegen, daß der Anschlußbeitrag nach § 8 Abs. 2 KAG ein eigenständiges Entgelt für einen dem Grundstückseigentümer gewährten Vorteil (Steigerung des objektiven Gebrauchswertes eines Grundstücks) darstellt. Anschlußbeiträge sind somit nicht als Vorauszahlungen auf künftige Betriebsleistungen anzusehen. Dabei ist auch zu berücksichtigen, daß der Kanalanschlußbeitrag nur für die Herstellung bzw. Anschaffung und für die Erweiterung einer Anlage, nicht aber für die Erneuerung bzw. für die Ersatzbeschaffung erhoben wird (§ 8 Abs. 2 Satz 1 KAG).

Aus dieser Konzeption des Beitrages folgt, daß bei der Berechnung der Entgelte (Benutzungsgebühren nach § 6 KAG) Abschreibungen von ungekürzten Anlagevermögen (auch Abschreibungen auf „beitragsfinanzierte" Anlagegüter) vorzunehmen sind. Lediglich bei der Verzinsung bleibt der aus Beiträgen und Zuschüssen Dritter aufgebrachte Eigenkapitalanteil außer Betracht (§ 6 Abs. 2 Satz 2 zweiter Halbsatz KAG). Damit hat der Gesetzgeber im KAG zum Ausdruck gebracht, daß er die Entgeltpflichtigen in diesem Umfang bei der Entgeltberechnung entlasten will. Da demgemäß nach kommunalabgaberechtlicher Regelung in der Regel eine volle Wirtschaftlichkeit der laufenden Entgelte gewährleistet ist, liegen insoweit auch die tatbestandsmäßigen Voraussetzungen für die Anwendung des Abzugs- bzw. Auflösungsverfahrens nach § 20 Abs. 3 EigVO nicht vor.

2.2.3 Zu den Kosten, die nach § 6 Abs. 2 KAG aus Gebühren oder aus privatrechlichen Entgelten zu decken sind, gehört auch eine angemessene Verzinsung des Eigenkapitals. Die Gewinn- und Verlustrechnung des Eigenbetriebs sieht die Eigenkapitalverzinsung als Aufwandposten nicht vor, sondern setzt die Berücksichtigung der Eigenkapitalverzinsung in der Kostenrechnung (Entgeltbedarfsrechnung) und somit in den Umsatzerlösen der Gewinn- und Verlustrechnung voraus. Bei der Führung von kostenrechnenden Einrichtungen in Eigenbetriebsform wird daher in der Gewinn- und Verlustrechnung im allgemeinen ein Gewinn (mindestens in Höhe der Eigenkapitalverzinsung) auszuweisen sein, damit der abgabenrechtlichen Verpflichtung zur angemessenen Eigenkapitalverzinsung Rechnung getragen wird. Der auf der Kalkulation der Eigenkapitalverzinsung beruhende Gewinnanteil soll an den Haushalt der Gemeinde abgeführt werden. Andererseits hat die Gemeinde die notwendige Eigenkapitalausstattung des Betriebs sicherzustellen (§ 10 EigVO) und erforderlichenfalls Kapitalzuführungen vorzunehmen.

2.3 Kommunale Zusammenarbeit

Nach § 1 Abs. 1 des Gesetzes über kommunale Gemeinschaftsarbeit (GKG) können Gemeinden Aufgaben, zu deren Erfüllung sie gesetzlich verpflichtet sind, gemeinsam wahrnehmen. In Verbindung mit § 53 Abs. 6 LWG kommt hiernach sowohl die Bildung eines Abwasserzweckverbandes (§§ 44 ff. GKG) als auch der Abschluß einer öffentlich-rechtlichen Vereinbarung (Übernahme oder Durchführung der Aufgabe für eine andere Gemeinde, §§ 23 ff. GKG) in Betracht. Derartige Zusammenschlüsse bedürfen der Genehmigung durch die obere Wasserbehörde in Verbindung mit der zuständigen Kommunalaufsichtsbehörde.

2.4 Einschaltung Dritter als Erfüllungsgehilfen

Die Abwasserbeseitigung ist gemäß §§ 53 ff. LWG eine Pflichtaufgabe der Gemeinden. Diese Aufgabe kann von der Gemeinde nicht auf eine von ihr gegründete Gesellschaft privaten Rechts (§ 89 GO) oder auf private Dritte übertragen werden. Daher ist eine Privatisierung der Abwasserbeseitigung in dem Sinne, daß die Gesellschaft oder der private Dritte die volle Aufgabenverantwortung übernimmt, rechtlich nicht möglich. Die Gemeinde kann sich jedoch zur Erfüllung ihrer Abwasserbeseitigungspflicht kommunaler Gesellschaften (z. B. Einschaltung der Stadtwerke GmbH) oder privater Betreiber als „Erfüllungsgehilfen" bedienen. Die Gemeinde bleibt auch in diesen Fällen abwasserbeseitigungspflichtig. Die Abwassergebühren werden weiterhin von ihr erhoben. Rechtsbeziehungen bestehen nur zwischen der Kommune und dem Betreiber, der ein privatrechtliches Entgelt für seine Leistungen erhält.

Die Einschaltung Dritter in die Aufgabendurchführung kommt nur dann in Betracht, wenn dies bei Abwägung aller Vor- und Nachteile wirtschaftlicher ist, ohne daß dadurch die Betriebssicherheit leidet. Dabei sind auch steuerliche Auswirkungen zu bedenken; entsprechend gilt dies auch für die Einschaltung kommunaler Gesellschaften.

Bei der Einschaltung privater Dritter sind die Bindung der Gemeinde an die Monopolstellung des Betreibers, die fortbestehende Gewährleistungspflicht der Gemeinde gegenüber ihren Bürgern sowie das Risiko eines evtl. Konkurses des Betreibers zu beachten. Vor einer Einschaltung privater Dritter bei der Abwasserbeseitigung sollten diese Gesichtspunkte sehr sorgfältig geprüft werden.

2.4.1 Bei der Gestaltung der Entgelte ist auch in diesen Fällen das Äquivalenzprinzip strikt einzuhalten. Bei dem Äquivalenzprinzip handelt es sich um die abgabenrechtliche Ausgestaltung des allgemeinen verfassungsrechtlichen Grundsatzes der Verhältnismäßigkeit der in § 6 Abs. 3 KAG seinen Niederschlag gefunden hat. Zwischen der Gebühr und dem tatsächlichen Wert der in Anspruch genommenen Leistung der Einrichtung darf kein Mißverhältnis bestehen. Dabei ist der kommunalabgaberechtliche Kostenbegriff (vgl. § 6 Abs. 1 Satz 2 i. V. m. Abs. 2 KAG) zu beachten.

Die vorgenannten Grundsätze sind nach der Rechtsprechung des Bundesgerichtshofs auch bei einer Einschaltung Dritter anzuwenden (vgl. Urteil v. 5. 4. 1984, BGHZ 91, 84 = DVBl. 1984, 1118). Danach sind unterschiedliche Gestaltungsfreiräume bei der Festlegung der Höhe der Gebühren nicht gegeben.

2.4.2 Bei der Einschaltung von privaten Unternehmen als Erfüllungsgehilfen muß — unabhängig von den Eigentumsverhältnissen an den Abwasseranlagen — sichergestellt sein, daß die Verantwortung der Gemeinde für die ordnungsgemäße Erfüllung der Abwasserbeseitigungspflicht erhalten bleibt. Das bedeutet:

— Die Gemeinde bleibt ordnungsrechtlich verantwortlich für die Einhaltung der Überwachungswerte in der Erlaubnis der Abwassereinleitung. Das wirkt sich ggf. auch auf die strafrechtliche Verantwortlichkeit von Bediensteten aus.

— Die Gemeinde bleibt Betreiberin der Kläranlage. Sie ist verantwortlich für deren Zustand, deren Wartung und deren Betrieb. Setzt sie einen Dritten als Erfüllungsgehilfen ein,

— muß sie sich die notwendigen Weisungsbefugnisse gegenüber dem von der beauftragten Firma eingesetzten Personal vorbehalten,

— muß sie die Organisation und die Betriebsabläufe auf der Kläranlage regelmäßig überwachen, ebenso die Wartung,

— muß sie sich von der ordnungsgemäßen Funktion der Kläranlage im Rahmen der Selbstüberwachung regelmäßig überzeugen.

— Die Gemeinde bleibt verpflichtet, notwendige Erweiterungen und Nachrüstungen der Kläranlage herbeizuführen. Dies hat besondere aktuelle Bedeutung wegen der neuerdings geforderten Einschränkung des Nährstoffeintrags in die Gewässer.

Die Einschaltung eines privaten Unternehmens als Erfüllungsgehilfen befreit also die Gemeinde nicht von den ihr obliegenden Sorgfaltspflichten.

2.4.3 Wird im Zusammenhang mit der Einschaltung eines privaten Unternehmens als Erfüllungsgehilfen das Eigentum an Betriebsgrundstücken — unbeschadet des Fortbestehens der Betreiberverantwortlichkeit der Gemeinde — auf diesen oder auf Dritte übertragen, ist hinsichtlich etwa gewährter Landesmittel folgendes zu beachten: Die Verpflichtung der Gemeinde zur Rückzahlung vor Ablauf der Bindungsfrist besteht auch dann, wenn sie das Eigentum am Kläranlagengrundstück auf einen Erfüllungsgehilfen übertragen hat und der Betrieb der Kläranlage aus Gründen, die die Gemeinde nicht zu vertreten hat, eingestellt werden muß. Den Gemeinden wird empfohlen, zur Sicherung der Rückzahlungsverpflichtung eine dingliche Absicherung (z. B. Sicherungshypothek) zu vereinbaren.

4.

Anforderungen an die öffentliche Niederschlagsentwässerung im Trennverfahren

RdErl. d. Ministers für Umwelt, Raumordnung und Landwirtschaft v. 4. 1. 1988 — III B 6-6100/4-30438/III B 5-673/4/2-32213

(MBl. NW. 1988 S. 164)

1   Die nachstehenden Anforderungen zur Schadstoffrückhaltung bei der Niederschlagsentwässerung über öffentliche Kanalisationen im Trennverfahren werden hiermit nach § 57 Abs. 1 Landeswassergesetz (LWG) als allgemein anerkannte Regeln der Abwassertechnik eingeführt und bekanntgemacht.

Öffentliche Kanalisationen sind alle Kanalisationsanlagen, die der Abwasserentsorgung der Allgemeinheit dienen. Es wird also nicht das Abwasser eines einzelnen oder eines bestimmten, nicht nur nach räumlichen Kriterien ausgewählten Einleiterkreises abgeleitet, sondern das Abwasser von Grundstücken, deren Eigentümer und Nutznießer jederzeit wechseln können.

Die Anforderungen sind als Mindestanforderungen anzusehen, die ggf. aus Gründen des Gewässerschutzes im Einzelfall zu verschärfen sind, namentlich wenn das Niederschlagswasser in ökologisch besonders schutzwürdige Gewässer oder in solche Gewässer eingeleitet wird, deren derzeitige oder künftig vorgesehene Nutzungen besondere Anforderungen an die Gewässergüte stellen. Die nachstehenden Anforderungen sind grundsätzlich auch auf die private Niederschlagsentwässerung von gewerblichen Flächen im Trennsystem anzuwenden. Welche weiteren Anforderungen und Änderungen insoweit im einzelnen erforderlich sind, bedarf einer weiteren Untersuchung.

2   **Voraussetzungen für die Niederschlagsentwässerung im Trennverfahren**

Im Trennverfahren werden das häusliche, gewerbliche, industrielle und sonstige Schmutzwasser sowie das abfließende Niederschlagswasser von einzelnen Flächen, das wegen seiner besonderen Verschmutzung einer über die Regenwasserbehandlung hinausgehenden Abwasserbehandlung bedarf, im Schmutzkanal der Abwasserbehandlung zugeführt. Dagegen wird das nicht übermäßig verschmutzte Niederschlagswasser aus Wohn-, Misch-, Gewerbe- und Industriegebieten oder Teilen davon sowie gezielt in die Kanalisation aufgenommenes unverschmutztes oder nur gering verschmutztes Wasser getrennt vom Schmutzwasser im Regenwasserkanalnetz einem Gewässer zugeführt. Dabei bilden alle miteinander verbundenen Kanäle oberhalb einer Einleitungsstelle jeweils ein Regenwasserkanalnetz.

An das Regenwasserkanalnetz können zusätzlich angeschlossen sein

— Mischwasser aus Entlastungen einer Mischkanalisation, sofern die Entlastungen mindestens den a.a.R.d.AT. entsprechen,

— Abwasser aus Kühlsystemen, sofern es den nach § 7 a Wasserhaushaltsgesetz (WHG) zu stellenden Anforderungen an Inhaltsstoffe entspricht,

— unverschmutztes Wasser z. B. aus Dränagen.

3 Fehlanschlüsse

3.1 Als Fehlanschlüsse sind alle Einleitungen von verschmutztem Wasser in das Regenwasserkanalnetz anzusehen, die nicht den Voraussetzungen nach Nummer 2 entsprechen, namentlich von

— Schmutzwasser i. S. des § 51 (1) LWG,

— verschmutztem Wasser aus Anlagen zum Behandeln, Lagern und Ablagern von Abfällen und anderen Stoffen,

— Mischwasser aus Entlastungen einer Mischkanalisation, die nicht den a.a.R.d.AT. entsprechen,

— gespeichertem Niederschlagswasser aus einem nicht ständig gefüllten Regenklärbecken.

Das gleiche gilt für das abfließende Niederschlagswasser von einzelnen Flächen, das einer über die Regenwasserbehandlung hinausgehenden Abwasserbehandlung bedarf. Darunter fallen Flächen mit übermäßiger organischer Verschmutzung (z. B. Lagerflächen, Umschlagplätze) sowie solche Flächen, von denen nicht nur unerhebliche Frachten von gefährlichen Stoffen, insbesondere i. S. der Verordnung über die Genehmigungspflicht für die Einleitung von wassergefährdenden Stoffen und Stoffgruppen in öffentliche Abwasseranlagen (VGS) vom 21. August 1986 (GV. NW. S. 656/SGV. NW. 77 ([1]), in die Kanalisation eingetragen werden.

3.2 Fehlanschlüsse sind in angemessenen Zeiträumen zu beseitigen. Sofern und solange dies nicht erfolgt, ist das gesamte Kanalisationsnetz als sanierungsbedürftige Entwässerungsanlage im Mischsystem anzusehen.

4 Regenwasserbehandlung

4.1 Das Niederschlagswasser aus überwiegend zu Wohnzwecken genutzten Gebäuden kann dem Gewässer ohne Regenwasserbehandlung zugeführt werden.

4.2 Das Niederschlagswasser aus Gewerbe-, Industrie- und Mischgebieten bedarf der mechanischen Behandlung im Regenklärbecken.

4.2.1 Nicht ständig gefüllte Becken müssen einen Beckeninhalt von mindestens 10 m^3/ha — bezogen auf die befestigte Fläche im Gewerbe-, Industrie- oder Mischgebiet — haben.

([1]) VGS neugefaßt am 25. 9. 1989 (GV.NW. 1989 S. 564) — vgl. C II 1 —

4.2.2 Ständig gefüllte Regenklärbecken müssen für eine Oberflächenbeschickung von höchstens 10 m³/(m² · h) — bezogen auf eine kritische Regenspende von 15 l/(sec · ha) zuzüglich des weiteren ständigen oder zeitweisen Zuflusses bei einer Beckentiefe von mindestens 2,0 m — ausgelegt sein; dabei darf kein Becken kleiner als 50 m³ sein. Der Zulauf zum Becken ist auf den Bemessungszufluß zu begrenzen.

4.2.3 Die Forderung einer Regenwasserbehandlung entfällt, wenn der Betreiber nachweist, daß das Gebiet hinsichtlich seiner Verschmutzung einem Wohngebiet vergleichbar ist.

4.3 Wird Niederschlagswasser aus Wohngebieten zusammen mit Niederschlagswasser aus Gewerbe-, Industrie- oder Mischgebieten in einem Regenwasserkanalnetz abgeführt, sollen die nach Nummer 4.2 notwendigen Regenklärbecken vor der Zusammenführung der Abflußteile angeordnet werden.

Ist dies nicht möglich oder nicht zweckmäßig, ist bei nicht ständig gefüllten Regenklärbecken der Beckeninhalt, der sich nach Nummer 4.2 ergibt, um 5 m³/ha — bezogen auf die befestigte Fläche des Wohngebietes — zu vergrößern. Bei ständig gefüllten Regenklärbecken ist zusätzlich eine kritische Regenspende von 10 l/(sec · ha) — bezogen auf die befestigte Fläche des Wohngebietes — zu berücksichtigen.

4.4 Handelt es sich um ein nicht ständig mit Wasser gefülltes Regenklärbecken, ist der Beckeninhalt in einer Abwasserbehandlungsanlage für Schmutzwasser biologisch zu behandeln, deren Ablauf den Anforderungen nach § 7 a (1) WHG entspricht.

Der in ständig mit Wasser gefüllten Regenklärbecken abgesetzte Schlamm ist regelmäßig abzuziehen und einer ordnungsgemäßen Behandlung zuzuführen.

5 Niederschlagsentwässerung ohne Anschluß an eine öffentliche Kanalisation

5.1 Niederschlagswasser, das auf überwiegend zu Wohnzwecken genutzten Gebieten anfällt, ist gemäß § 51(2) Nr. 3 LWG von der Abwasserbeseitigungspflicht der Gemeinde ausgenommen, wenn es ohne Beeinträchtigung des Wohls der Allgemeinheit versickert, verregnet, verrieselt oder in ein Gewässer eingeleitet werden kann. Im Interesse der Grundwasseranreicherung empfiehlt es sich häufig, solche Gebiete von der öffentlichen Niederschlagsentwässerung überhaupt auszunehmen.

5.2 Es kann in diesen Gebieten auch zweckmäßig sein, nur den Niederschlag von Straßen, Plätzen und anderen öffentlich genutzten befestigten Flächen in der Kanalisation abzuführen, dagegen das Niederschlagswasser von den Dachflächen unmittelbar zur Versickerung zu bringen.

5.3 Unverschmutztes Wasser, welches zur Gewinnung von Wärme abgekühlt wurde, ist grundsätzlich zur Grundwasseranreicherung unmittelbar zu versickern. Auch dieses Abwasser ist daher von der Abwasserbeseitigungspflicht der Gemeinden gemäß § 51(2) Nr. 2 LWG ausgenommen.

5.

Verwaltungsvorschrift über die Genehmigung von Abwassereinleitungen aus Zahnarztpraxen in öffentliche Abwasseranlagen

RdErl. d. Ministers für Umwelt, Raumordnung und Landwirtschaft
v. 5. 3. 1990 — III B 5 — 674/2 — 26461/68

(MBl. NW. 1990 S. 399)

Zur Durchführung der §§ 58 und 59 des Landeswassergesetzes — LWG — in der Fassung der Bekanntmachung vom 9. Juni 1989 (GV. NW. S. 384), zuletzt geändert durch Gesetz vom 20. Juni 1989 (GV. NW. S. 366), — SGV. NW. 77 — in Verbindung mit der ordnungsbehördlichen Verordnung über die Genehmigungspflicht für die Einleitung von Abwasser mit gefährlichen Stoffen in öffentliche Abwasseranlagen vom 25. September 1989 (GV. NW. S. 564/SGV. NW. 77) — VGS — ergeht folgende Verwaltungsvorschrift:

1 Genehmigungspflicht

Abwasser, dessen Schmutzfracht im wesentlichen aus zahnärztlichen Behandlungsplätzen stammt, bei denen Amalgam anfällt, darf nur mit widerruflicher Genehmigung der unteren Wasserbehörde in öffentliche Abwasseranlagen (öffentliche Kanalisationen) eingeleitet werden (Genehmigung der Indirekteinleitung, § 1 Abs. 1 VGS). Ausgenommen davon sind
— Abwasser aus der Filmentwicklung,
— sanitäres Abwasser.

Danach unterliegen der Genehmigungspflicht namentlich
— private Zahnarztpraxen,
— Zahnkliniken,
— Werks-Zahnarztpraxen,
— Zahnarztpraxen in öffentlichen Einrichtungen (wie z. B. der Gesundheitsämter, des Justizvollzugs, der Bundeswehr).

2 Anforderungen an die Indirekteinleitung

Gemäß § 59 Abs. 2 LWG hat die untere Wasserbehörde in der Genehmigung dem Stand der Technik entsprechende Anforderungen festzulegen. Diese Anforderungen sind in Anhang 50 zur Allgemeinen Rahmen-Abwasserverwaltungsvorschrift über Mindestanforderungen an das Einleiten von Abwasser in Gewässer — Rahmen-Abwasser-VwV — der Bundesregierung vom 8. 9. 1989 (abgedruckt in Anlage 1 zu dieser Verwaltungsvorschrift) festgelegt. Sie gelten auch nach Landesrecht als dem Stand der Technik entsprechend (§ 59 Abs. 3 LWG).

Zur Umsetzung dieser Anforderungen gebe ich folgende Hinweise:

2.1 Die Amalgamfracht des Rohwassers aus den Behandlungsplätzen ist vor der Vermischung mit sonstigem Schmutzwasser um 95 % zu verringern. Dies erfolgt, wenn ein nach § 58 Abs. 2 LWG wasserrechtlich zugelassener Amalgam-abscheider mit entsprechendem Wirkungsgrad eingebaut und betrieben wird.

2.2 Die Anforderung gilt, ohne daß ein regelmäßiger Einzelnachweis über den Umfang der Amalgameliminierung in der praktischen Anwendung des Geräts erforderlich wäre, als eingehalten, wenn folgende Voraussetzungen erfüllt sind:

2.2.1 In den Ablauf der Behandlungsplätze ist ein durch Prüfzeichen des Instituts für Bautechnik (IfBT) in Berlin und der Bauart nach vom Landesamt für Wasser und Abfall des Landes zugelassener Amalgamabscheider eingebaut.

2.2.2 Es ist sicherzustellen, daß das gesamte amalgamhaltige Abwasser behandelt wird. Die dazu erforderlichen Amalgamabscheider können als Einzelstuhlgeräte oder für mehrere Behandlungsplätze gemeinsam eingerichtet werden. Es ist ferner sicherzustellen, daß kein sonstiges nicht amalgamhaltiges Sanitärabwasser an die Geräte angeschlossen wird.

2.2.3 Es muß weiter sichergestellt werden, daß die Amalgamabscheider ihren Wirkungsgrad erreichen. Hiervon ist auszugehen, wenn das Gerät nicht überlastet wird. Der Abwasseranfall bei gleichzeitigem Betrieb aller Behandlungsplätze darf also die in der Zulassung für den Wirkungsgrad von 95 % zugrundegelegte Gerätekapazität nicht übersteigen.

2.3 Betrieb und Wartung:

Der Amalgamabscheider ist entsprechend den Wartungsvorschriften in der Zulassung regelmäßig zu warten und zu entleeren. Dies kann durch eine geeignete Wartungsfirma oder durch entsprechend geschultes eigenes Personal erfolgen.

Der oder ein in der Praxis oder Klinik tätiger Zahnarzt ist zu verpflichten, ein „Wartungsbuch" zu führen. In das Wartungsbuch sind die Wartungsvorgänge jeweils mit Datum einzutragen. Ferner ist die regelmäßige Entsorgung zu dokumentieren.

Das Wartungsbuch und die Entsorgungsnachweise sind drei Jahre lang aufzubewahren und der unteren Wasserbehörde oder einem von ihr Beauftragten auf Verlangen vorzulegen.

2.4 Überprüfung:

Der Betreiber der Praxis oder Zahnklinik (Nr. 3. 1) ist darüber hinaus gem. § 60 a LWG im Rahmen der Selbstüberwachung zu verpflichten, mindestens einmal in 5 Jahren den Zustand des Amalgamabscheiders durch einen hierfür geeigneten Sachkundigen überprüfen zu lassen und den Prüfbericht der unteren Wasserbehörde unaufgefordert vorzulegen. Sofern im Prüfzeichen oder in der Bauartzulassung hierfür ein kürzerer Zeitraum vorgesehen ist, ist dieser zu übernehmen. Dabei ist zu überprüfen, ob die für die Funktion des Gerätes maßgeblichen Bauteile (z. B. Lager, Grenzwertgeber und Schalter) in einem Zustand sind, der den ordnungsgemäßen Betrieb sicherstellt.

Es empfiehlt sich, den Überwachungsturnus dem bei anderen medizinischen Geräten üblichen Turnus anzupassen.

2.5 Mitteilung von Veränderungen:

Der Indirektleiter ist zu verpflichten, der unteren Wasserbehörde alle beabsichtigten Änderungen, die sich auf den Anfall des amalgamhaltigen Abwassers oder auf die Amalgamabscheidung auswirken können, mitzuteilen. Zu melden sind in jedem Fall
— die beabsichtigte Einrichtung weiterer Behandlungsplätze und
— der beabsichtigte Austausch eines Amalgamabscheiders.

2.6 Das abgeschiedene Amalgam ist in einem dazu geeigneten Behälter aufzufangen und einer geeigneten Entsorgungsstelle zu übergeben. Die regelmäßige Entsorgung ist zu dokumentieren.

3 **Antrag auf Genehmigung der Indirekteinleitung**

3.1 Zur Antragstellung ist der Betreiber der Zahnarztpraxis oder Zahnklinik (Indirekteinleiter) verpflichtet. Betreiben mehrere Zahnärzte eine Praxis gemeinsam, haben sie einen von ihnen zu benennen, der für die Erfüllung der Anforderungen in der Genehmigung verantwortlich ist.

3.2 Antragsfrist:

Gemäß § 3 Abs. 2 VGS ist die Genehmigung für bereits bestehende Indirekteinleitungen bis spätestens zum 31. 12. 1990 bei der zuständigen unteren Wasserbehörde zu beantragen. Zuständig für die Erteilung der Genehmigung ist die untere Wasserbehörde (Kreis oder kreisfreie Stadt), in deren Amtsbezirk die Praxis oder Zahnklinik liegt.

Ist eine Genehmigung nach der VGS vom 21. August 1986 bereits erteilt oder ist ein Genehmigungsantrag schon vor dem 1. 1. 1990 nach der damals geltenden VGS gestellt worden, braucht kein neuer Antrag gestellt zu werden, § 3 Abs. 3 VGS. Soweit es erforderlich ist, wird die untere Wasserbehörde den Antragsteller auffordern, die Antragsunterlagen zu ergänzen.

Der rechtzeitig gestellte Antrag hat die Rechtsfolge, daß die Indirekteinleitung bis zur Entscheidung über den Antrag für den am 1. Januar 1990 vorhandenen Umfang der Indirekteinleitung als genehmigt gilt.

3.3 Antragsunterlagen (siehe Muster Anlage 2)

Die Antragsunterlagen sollen enthalten:

— Name des Antragstellers (Nr. 3. 1),

— Anschrift der Praxis oder Klinik, von der aus die Indirekteinleitung erfolgt,

— Angaben zum (bereits vorhandenen oder bestellten) Amalgamabscheider, nämlich

— Hersteller, Gerätetyp, Gerätenummer,

— soweit schon vorhanden: Hinweis auf Prüfzeichen und Bauartzulassung,

— Gerätekapazität (l/min),

— Zahl der angeschlossenen Behandlungsplätze,

— Abwasseranfall (bei gleichzeitigem Betrieb der jeweils angeschlossenen Behandlungsplätze) (l/min).

Ist ein Amalgamabscheider schon in Betrieb oder bestellt, für den noch keine landesrechtliche Bauartzulassung vom Landesamt für Wasser und Abfall erteilt ist, ist mit dem Antrag auf Erteilung der Genehmigung der Indirekteinleitung der Antrag auf Genehmigung von Bemessung, Gestaltung und Betrieb des Gerätes gemäß § 58 Abs. 2 LWG zu verbinden. Die Anlagenbeschreibung des Herstellers und — soweit vorhanden — Prüfberichte von Sachverständigen sind beizufügen.

4 Übergangsregelung

Da derzeit noch nicht davon ausgegangen werden kann, daß in der Mehrzahl der Zahnarztpraxen durch Prüfzeichen und Bauartzulassung zugelassene Amalgamabscheider in Betrieb sind, ist folgende Übergangsregelung erforderlich:

4.1 Fall 1: In der Praxis oder Klinik wird ein Amalgamabscheider schon betrieben oder er ist vor Inkrafttreten dieses Erlasses bereits bestellt; Prüfzeichen und Bauartzulassung sind noch nicht erteilt.

In diesem Fall ist die Genehmigung der Indirekteinleitung verbunden mit der Genehmigung für den Betrieb des Gerätes gemäß § 58 Abs. 2 LWG zu erteilen, wenn keine besonderen Gründe entgegenstehen. Die Nebenbestimmungen in der Genehmigung sind auf Betrieb, Wartung und Überprüfung des vorhandenen oder bestellten Gerätes abzustellen.

In die Genehmigung ist der Vorbehalt aufzunehmen, daß nach Ablauf von drei Jahren seit Erteilung der Genehmigung überprüft wird, ob der Austausch des Gerätes zu fordern ist, sofern bis dahin Prüfzeichen und Bauartzulassung für den Gerätetyp mit einem zugrundegelegten Abscheidegrad von mindestens 95 % bei der angeschlossenen Abwassermenge nicht vorliegen. Ein Austausch ist in diesem Falle jedenfalls dann zu fordern, wenn der Indirekteinleiter den Nachweis, daß das vorhandene Gerät den geforderten Abscheidegrad von 95 % gewährleistet, durch Prüfbericht eines dafür geeigneten Sachverständigen nicht erbringt.

Die untere Wasserbehörde setzt dann für den Austausch im Einzelfall eine angemessene Frist fest.

4.2 Fall 2: Bei der Antragstellung ist noch kein Amalgamabscheider in Betrieb und auch noch nicht bestellt.

Auch in diesem Falle kann die Genehmigung erteilt werden. Der Indirekteinleiter ist in der Genehmigung zu verpflichten, innerhalb eines Jahres nach Erteilung der Genehmigung nachzuweisen, daß er einen den Anforderungen der Nummern 2.1 und 2.2 entsprechenden Amalgamabscheider eingebaut hat. Die notwendigen Unterlagen mit den nach Nummer 3.3 erforderlichen Angaben zum Amalgamabscheider sind dem Nachweis beizufügen.

Die Nebenbestimmungen zu Betrieb und Wartung, sowie Überprüfung des Amalgamabscheiders (Nr. 2.3 und 2.4) sind von vornherein mit entsprechender Fristsetzung in die Genehmigung aufzunehmen.

Zahnbehandlung

1 Anwendungsbereich

1.1 Abwasser, dessen Schmutzfracht im wesentlichen aus Behandlungsplätzen in Zahnarztpraxen und Zahnkliniken, bei denen Amalgam anfällt, stammt.

1.2 Ausgenommen

1.2.1 Abwasser aus der Filmentwicklung

1.2.2 sanitäres Abwasser.

2 Anforderungen

An das Einleiten des Abwassers werden folgende Anforderungen nach dem Stand der Technik gestellt:

2.1 Die Amalgamfracht des Rohabwassers aus den Behandlungsplätzen ist vor der Vermischung mit sonstigem Sanitärwasser um 95 % zu verringern.

2.2 Die in Nummer 2.1 bestimmte Anforderung ist einzuhalten. Sie gilt als eingehalten, wenn

2.2.1 in den Ablauf der Behandlungsplätze vor Vermischung mit dem sonstigen Sanitärabwasser ein durch Prüfzeichen und gegebenenfalls nach Landesrecht zugelassener Amalgamabscheider eingebaut und betrieben wird und dieser einen Abscheidewirkungsgrad von mindestens 95 % aufweist;

2.2.2 Abwasser, das beim Umgang mit Amalgam anfällt, über den Amalgamabscheider geleitet wird;

2.2.3 für die Absaugung des Abwassers der Behandlungsplätze Verfahren angewendet werden, die den Einsatz von Wasser so gering halten, daß der Amalgamabscheider seinen vorgeschriebenen Wirkungsgrad einhalten kann;

2.2.4 der Amalgamabscheider regelmäßig entsprechend der Zulassung gewartet und entleert wird und hierüber schriftliche Nachweise (Wartungsbericht, Abnahmebescheinigung für Abscheidegut) geführt werden und

2.2.5 der Amalgamabscheider in Abständen von nicht länger als 5 Jahren nach Landesrecht auf seinen ordnungsgemäßen Zustand überprüft wird.

3 Abfallrechtliche Anforderungen an die Entsorgung des Abscheidegutes

Das abgeschiedene Amalgam ist in einem dazu geeigneten Behälter aufzufangen und über die Anforderungen der Nummer 2.2.4 hinaus gemäß den geltenden Hygienebestimmungen und — soweit es sich bei dem Abscheidegut um Abfälle i. S. des Abfallgesetzes handelt — den abfallrechtlichen Vorschriften einer Verwertung zuzuführen.

Antragsteller   Datum:

....

....

....

Tel.: ....

An den/die
Kreis/kreisfreie Stadt ....
  – untere Wasserbehörde –

....

....

Antrag auf Genehmigung der Indirekteinleitung von amalgamhaltigem Abwasser/
Antrag auf Genehmigung der Bemessung, der Gestaltung und des Betriebes eines/mehrerer Amalgamabscheider(s)

Ich bitte, mir die Einleitung von amalgamhaltigem Abwasser in die Kanalisation der
Gemeinde ....
gemäß § 59 Abs. 1 LWG i.V.m. § 1 der VGS vom 25. 9. 1989 zu genehmigen.

Anschrift der Praxis/Klinik, von der aus die Indirekteinleitung erfolgt:

....

....

....

Tel.: ....

Amalgamabscheider ist/sind

☐ in Betrieb;   Anzahl:

☐ bestellt: Anzahl:

☐ noch nicht bestellt.

Bitte für **jedes** Gerät in Betrieb oder bestellt einen Beschreibungsbogen ausfüllen. (Siehe Muster Anhang)

Ich bitte, Bemessung, Gestaltung und Betrieb des/der von mir eingesetzten/bestellten Amalgamabscheider(s) gemäß § 58 Abs. 2 LWG zu genehmigen.*)

    Ort, Datum   (Unterschrift)

....

---

*) Dieser Antrag ist nur zu stellen, sofern das/die eingesetzte(n) Gerät(e) nicht vom Landesamt für Wasser und Abfall
  NRW der Bauart nach zugelassen ist/sind. Ist dies nicht bekannt, wird empfohlen, den Antrag vorsorglich zu stellen.

Anhang

Beschreibungsbogen für Amalgamabscheider
(bitte für jedes Gerät einen Bogen ausfüllen)

Hersteller: ....

Gerätetyp: ....

Geräte Nr.: ....

Kapazität lt. Herstellerangabe: .... l/min

Abscheidegrad lt. Herstellerangabe: .... %

Prüfzeichen vom Institut für Bautechnik in Berlin

☐ erteilt (sofern vorhanden, bitte Kopie beifügen)

☐ nicht erteilt

☐ mir unbekannt

Bauartzulassung vom Landesamt für Wasser und Abfall NRW

☐ ist im „Verzeichnis der bauartzugelassenen Amalgamabscheider" des Landesamtes für Wasser und Abfall NRW unter Nr. ....geführt.

☐ nicht erteilt

☐ mir unbekannt

Das Gerät ist

☐ eingesetzt seit ....

☐ bestellt

Das Gerät ist

☐ in einen Behandlungsplatz integriert
Abwasseranfall bei Betrieb des Behandlungsplatzes .... l/min

☐ dient der Reinigung des Abwassers aus .... Behandlungsplätzen
wo ist das Gerät aufgestellt?

....

....

(evtl. Handskizze beifügen)

Abwasseranfall bei **gleichzeitigem** Betrieb **aller** angeschlossenen Behandlungsplätze .... l/min

6.

Verwaltungsvorschrift über die Genehmigung von Abwassereinleitungen aus Betriebsstätten zur Instandhaltung, Entkonservierung und Reinigung von Fahrzeugen in öffentliche Abwasseranlagen

RdErl. d. Ministeriums für Umwelt, Raumordnung und Landwirtschaft v. 29. 8. 1990 — IV B 5 - 674/2-6461/64

(MBl. NW. 1990 S. 1300)

Zur Durchführung der §§ 58 und 59 des Wassergesetzes für das Land Nordrhein-Westfalen (LWG) in der Fassung der Bekanntmachung vom 9. Juni 1989 (GV. NW. S. 384/SGV. NW. 77) in Verbindung mit der ordnungsbehördlichen Verordnung über die Genehmigungspflicht für die Einleitung von Abwasser mit gefährlichen Stoffen in öffentliche Abwasseranlagen (VGS) vom 25. September 1989 (GV. NW. S. 564/SGV. NW. 77) ergeht folgende Verwaltungsvorschrift:

1 **Genehmigungspflicht für die Indirekteinleitung**

Abwasser, dessen Schmutzfracht aus Betriebsstätten mit regelmäßigem Anfall von mineralölverschmutzem Abwasser stammt, das bei der Instandhaltung, Entkonservierung und Reinigung von Fahrzeugen anfällt, darf nur mit widerruflicher Genehmigung der unteren Wasserbehörde in öffentliche Abwasseranlagen (öffentliche Kanalisationen, öffentliche Abwasserbehandlungsanlagen) eingeleitet werden (Genehmigung der Indirekteinleitung), § 1 Abs. 1 VGS.

Unter Abwasser im Sinne des Anhangs 49 (Anlage 1) und dieser Vorschrift ist nur das aus den Betriebsstätten stammende durch Gebrauch in seinen Eigenschaften veränderte Wasser zu verstehen, nicht das von Niederschlägen abfließende und gesammelte Wasser. Die Ableitung von Niederschlagswasser unterliegt den Regelungen der kommunalen Satzung.

1.1 Der Genehmigung unterliegen also namentlich Indirekteinleitungen aus

— Werkstätten zur Reparatur, Wartung und Entkonservierung von Kraftfahrzeugen und anderen Fahrzeugen (z. B. Landmaschinen, Schienenfahrzeugen und Motorflugzeugen), sei es, daß sie handwerklich betrieben werden, sei es, daß sie Teil größerer Unternehmen mit Fuhrpark sind (z. B. Speditionen, Bundespost, Bundesbahn) und

— Waschanlagen für Fahrzeuge (z. B. Kfz-Portalwaschanlagen, Waschstraßen, SB-Waschplätze).

Tankstellen, mit denen eine Kfz-Waschanlage verbunden ist, unterliegen also der Genehmigungspflicht auch dann, wenn sie keine Reparaturwerkstatt betreiben. Genehmigungsfrei sind lediglich Tankstellen, die weder eine Waschanlage noch eine Werkstatt betreiben.

1.2 Die Indirekteinleitung aus Werkstätten ist auch dann genehmigungspflichtig, wenn der Schmutzwasseranfall aus ihnen 1 m³ je Tag nicht übersteigt. Denn der in Nummer 2.1.2 des Anhangs 49 zur Abwasser-Rahmen-VwV der Bundesregierung für das Abwasser aus Werkstätten enthaltene Schwellenwert von 1 m³ Schmutzwasser je Tag bedeutet nur, daß die Anforderung an Kohlenwasserstoffe nicht zu stellen ist, wenn der Schmutzwasseranfall den Schwellenwert nicht übersteigt. Die Genehmigungspflicht auch für solche Werkstätten bleibt unberührt.

2 Genehmigungspflicht für Abwasserbehandlungsanlagen

2.1 Begriffsbestimmung

Abwasserbehandlungsanlage ist eine Einrichtung, die dazu dient, die Schadwirkungen des Abwassers zu vermindern oder zu beseitigen, § 51 Abs. 3 LWG. Darunter fallen die Anlagen zur Abscheidung des Mineralöls, z. B. Leichtflüssigkeitsabscheider, Koaleszensabscheider, Emulsionsspaltanlagen.

2.2 Genehmigungserfordernis nach LWG

Bemessung, Gestaltung und Betrieb solcher Anlagen des Indirekteinleiters bedürfen der Genehmigung durch die untere Wasserbehörde. Ist eine serienmäßig hergestellte Abwasserbehandlungsanlage vom Landesamt für Wasser und Abfall der Bauart nach zugelassen, entfällt die Genehmigungspflicht, § 58 Abs. 2 LWG.

3 Anforderungen nach dem Stand der Technik (St. d. T.)

Gemäß § 59 Abs. 2 und Abs. 3 LWG hat die untere Wasserbehörde in der Genehmigung der Indirekteinleitung die im Anhang 49 zur Abwasser-Rahmen-VwV nach dem St. d. T. festgelegten Anforderungen auch dem Indirekteinleiter gegenüber zu stellen. Es handelt sich um

— Anforderungen an organisch gebundene Halogenverbindungen und

— Anforderungen an Kohlenwasserstoffe.

3.1 Anforderungen an organisch gebundene Halogenverbindungen (AOX)

Das Abwasser darf organisch gebundene Halogenverbindungen nicht enthalten, die aus Wasch- und Reinigungsmitteln oder sonstigen Betriebs- und Hilfsstoffen stammen. Diese Anforderung gilt für das gesamte im Anwendungsbereich des Anhangs 49 entstehende Abwasser, also nicht nur für das Abwasser aus Waschanlagen, sondern auch für das Abwasser aus Werkstätten unabhängig von einem Schwellenwert des Abwasseranfalls.

Da eine völlige Eliminierung dieser Stoffe aus dem Abwasser, sofern sie in das Abwasser gelangt sind, nicht möglich ist, bedeutet die Forderung praktisch, daß der Indirekteinleiter Wasch- und Reinigungsmittel oder sonstige Betriebs-

oder Hilfsstoffe nicht einsetzen darf, die solche Stoffe enthalten, sofern nicht auszuschließen ist, daß sie in das Abwasser gelangen. Dies ist ihm in der Genehmigung aufzuerlegen. Der Indirekteinleiter soll dies dadurch nachweisen, daß er alle jeweils eingesetzten Wasch- und Reinigungsmittel sowie die sonstigen eingesetzten Betriebs- und Hilfsstoffe mit Warennamen und Hersteller in einem Betriebstagebuch aufführt und Angaben des Herstellers oder eines Prüfinstituts (z. B. des Zentrums für Umweltschutz und Energietechnik der Handwerkskammer Düsseldorf in Oberhausen, Institut für gewerbliche Wasserwirtschaft und Luftreinhaltung e.V. in Köln) beifügt, daß diese Mittel organisch gebundene Halogenverbindungen nicht enthalten.

3.2   Anforderungen an Kohlenwasserstoffe

3.2.1   Die Anforderung an die Konzentration von Kohlenwasserstoffen gesamt, als Leitparameter für gefährliche Stoffe, betrifft das mineralölhaltige Abwasser aus der Reinigung, Wartung, Reparatur und Entkonservierung von Fahrzeugen. Die Anforderung ist nur zu stellen, wenn dieser Abwasserstrom ohne das Abwasser aus der maschinellen Fahrzeugreinigung ständig oder an einem einzelnen Tag 1 m³ je Tag übersteigt; andernfals entfällt diese Anforderung.

3.2.1.1   Ist die Anforderung zu stellen, ist in der Genehmigung ein Überwachungswert für die Konzentration von

Kohlenwasserstoffen, gesamt: 20 mg/l

festzusetzen.

Probeentnahme: Stichprobe

Probebehandlung: Homogenisierung entsprechend DIN 38402-A 30, Ausgabe Juli 1986; es ist im geschlossenen Gefäß und kühl zu homogenisieren.

Bestimmungsverfahren: DIN 38 409 - H 18, Ausgabe Februar 1981

Festsetzungspunkt: Der Ablauf der Abwasserbehandlungsanlage vor Vermischung des Abwassers mit anderen Teilströmen, namentlich aus der maschinellen Waschanlage.

Festsetzungsart: Der Wert ist einzuhalten. Er gilt auch als eingehalten, wenn die Ergebnisse der letzten fünf im Rahmen der staatlichen Gewässeraufsicht durchgeführten Überprüfungen in vier Fällen diesen Wert nicht überschreiten und kein Ergebnis diesen Wert um mehr als 100 v. H. übersteigt. Überprüfungen, die länger als drei Jahre zurückliegen, bleiben unberücksichtigt.

3.2.1.2   Die Anforderung an die Konzentration von Kohlenwasserstoffen gilt auch als eingehalten, wenn folgende Voraussetzungen erfüllt sind. Eine regelmäßige amtliche Beprobung ist dann entbehrlich.

Das ölhaltige Abwasser (z. B. aus der Werkstatt) wird vor Vermischung einer getrennten Behandlung zur Abscheidung der Kohlenwasserstoffe unterzogen. Die Anlage zur Behandlung muß eine Abscheidung der Kohlenwasserstoffe bis auf einen Restgehalt von 20 mg/l gewährleisten und von der unteren Wasserbehörde genehmigt oder vom Landesamt für Wasser und Abfall der Bauart nach zugelassen sein.

Dies erfolgt durch

— Behandlung in einer Abwasserbehandlungsanlage, die nach Emulsionsspaltung die geforderte Abscheidung der Kohlenwasserstoffe erwarten läßt,

— oder durch ordnungsgemäßen Betrieb eines fachkundig gewarteten Leichtflüssigkeitsabscheiders mit Schlammfang nach DIN 1999 mit zusätzlicher Koaleszensabscheidung (Koaleszensabscheider). Koaleszensabscheider ist eine Einrichtung in der Abscheideanlage, die die Vereinigung der im Abwasser fein verteilten Leichtflüssigkeitstropfen zu abscheidbaren Tropfen bewirkt.

Der Einsatz eines Koaleszensabscheiders ist nur angebracht, wenn

● der Anfall des angeschlossenen mineralölverschmutzten Abwassers z. B. aus der Werkstatt 4 l/s nicht überschreitet;

● die Abscheideanlage so dimensioniert ist, daß sie bei einem Test mit einem Heizölwassergemisch in einer Menge, die dem zu erwartenden höchsten Abwasseranfall entspricht, gemäß den Prüfanforderungen der DIN 1999, Teil 3, im Ablauf eine Restkonzentration $\leq$ 5 mg/l Heizöl erreicht. Eine entsprechende Herstellerangabe reicht aus;

● kein Hochdruckreinigungsgerät zur Reinigung ölbelasteter Flächen (z. B. Wäsche von Motor, Fahrgestell, Getriebe, Entkonservierung) betrieben wird;

● in die Behandlungsanlage kein Abwasser eingeleitet wird, das Wasch- und Reinigungsmittel oder stabile Emulsionen enthält, die erfahrungsgemäß die Abscheidewirkung des Koaleszensabscheiders beeinträchtigen. Davon ist auszugehen, wenn nur Wasch- und Reinigungsmittel sowie Betriebs- und Hilfsstoffe eingesetzt werden, die ein entsprechendes Attest einer vom Hersteller unabhängigen Stelle (z. B. Zentrum für Umweltschutz und Energietechnik der Handwerkskammer Düsseldorf in Oberhausen, Institut für gewerbliche Wasserwirtschaft und Luftreinhaltung e.V. in Köln) haben.

3.3   Betrieb und Wartung von Abwasserbehandlungsanlagen

Dem Indirekteinleiter ist aufzugeben, die Anlage durch einen fachkundigen Betrieb entsprechend der Betriebsanleitung des Anlagenherstellers warten zu lassen. Der Wartungsvertrag ist vorzulegen. Betriebe mit dafür fachkundigem Personal können die Wartung selbst durchführen. Die Wartungsarbeiten sind im Betriebstagebuch einzutragen.

Sofern der Indirekteinleiter die Vorbehandlung durch einen Koaleszensabscheider betreibt, sind in das Betriebstagebuch zusätzlich Handelsname und Hersteller der verwendeten Wasch- und Reinigungsmittel einzutragen.

Das Betriebstagebuch ist mindestens drei Jahre aufzubewahren und der unteren Wasserbehörde oder den von ihr Beauftragten auf Verlangen vorzulegen.

3.4 Überprüfung der Anlage

Der Indirektleiter ist darüber hinaus gemäß § 60 a LWG im Rahmen der Selbstüberwachung zu verpflichten, mindestens einmal in fünf Jahren den Zustand der Abwasserbehandlungsanlage durch eine hierfür geeignete fachkundige Stelle überprüfen zu lassen und den Prüfbericht der unteren Wasserbehörde unaufgefordert vorzuzeigen. Dabei ist zu überprüfen, ob die für die Funktion der Anlage maßgeblichen Bauteile in einem Zustand sind, der den ordnungsgemäßen Betrieb sicherstellt.

4 **Mitteilung von Veränderungen**

Der Indirekteinleiter ist zu verpflichten, der unteren Wasserbehörde alle beabsichtigten baulichen und maschinellen Änderungen in seinem Betrieb, die sich auf Menge und Beschaffenheit des Abwassers auswirken können, spätestens vier Wochen vor Inbetriebnahme mitzuteilen.

5 **Antrag auf Genehmigung der Indirekteinleitung**

5.1 Zur Antragstellung ist der Inhaber des Betriebes verpflichtet, also der Firmeninhaber als natürliche oder juristische Person. Wird das Unternehmen von einer juristischen Person oder mehreren Gesellschaftern betrieben, die keine juristische Person bilden, ist der Ansprechpartner für das Genehmigungsverfahren zu benennen.

5.2 Antragsfrist

Gemäß § 3 Abs. 2 VGS ist die Genehmigung für bereits bestehende Indirekteinleitungen bis spätestens zum 31. 12. 1990 bei der zuständigen unteren Wasserbehörde zu beantragen. Zuständig ist die untere Wasserbehörde (Kreis oder kreisfreie Stadt), in deren Amtsbezirk die indirekteinleitende Betriebsstätte liegt.

Der rechtzeitig gestellte Antrag hat die Rechtsfolge, daß die Indirekteinleitung bis zur Entscheidung über den Antrag für den am 1. Januar 1990 vorhandenen Umfang der Indirekteinleitung als genehmigt gilt.

Ist eine Genehmigung nach der früheren VGS vom 21. August 1986 bereits erteilt, oder ist ein Genehmigungsantrag schon vor dem 1. 1. 1990 nach der damals geltenden VGS gestellt worden, braucht kein neuer Antrag gestellt zu werden, § 3 Abs. 3 VGS. Soweit es erforderlich ist, wird die untere Wasserbehörde den Antragsteller auffordern, die Antragsunterlagen zu ergänzen.

5.3   Antragsunterlagen (Anlage 2) für die Genehmigung der Indirekteinleitung

Die Antragsunterlagen sollen enthalten

— den Firmennamen und die Anschrift der Firma

— die Bezeichnung und Anschrift des Betriebs, von dem aus die Indirekteinleitung erfolgt

— Angaben zum Abwasseranfall und zur Abwasserführung (Anlage 3)

— einen Beschreibungsbogen für die Abwasserbehandlung (Anlage 4) — auch wenn ein Antrag nach Nummer 5.4 nicht gestellt wird.

5.4   Wird neben der Indirekteinleitung auch die Genehmigung von Bemessung, Gestaltung und Betrieb der Abwasserbehandlungsanlage beantragt, sind für die Antragstellung keine weiteren Antragsunterlagen erforderlich. Ggf. wird die untere Wasserbehörde weitere Nachweise anfordern.

6   **Übergangsregelung**

Erfüllt der Indirekteinleiter die an ihn gemäß Nummern 3.1 und 3.2 zu stellenden Anforderungen noch nicht, ist die Genehmigung gleichwohl zu erteilen. In der Genehmigung ist dem Indirekteinleiter eine Frist zu setzen, innerhalb der er nachzuweisen hat, daß er die Anforderungen erfüllt.

Sind zur Erfüllung der Anforderungen bauliche Änderungen (Einbau einer Abwasserbehandlungsanlage, getrennte Ableitung des mineralölhaltigen Abwassers) erforderlich, ist dem Indirekteinleiter hierfür eine angemessene Frist zu gewähren, die 2 Jahre nicht überschreiten soll. Die Frist kann um die Lieferfrist verlängert werden, wenn der Indirekteinleiter den Nachweis führt, daß er eine geeignete Abwasserbehandlungsanlage rechtzeitig bestellt hat.

Mineralölhaltiges Abwasser

1 **Anwendungsbereich**

1.1 Abwasser, dessen Schmutzfracht im wesentlichen aus Betriebsstätten mit regelmäßigem Anfall von mineralölverschmutztem Abwasser stammt, das bei der Instandhaltung, Entkonservierung und Reinigung von Fahrzeugen anfällt.

1.2 Ausgenommen ist Abwasser aus

1.2.1 der Schiffsentsorgung

1.2.2 der Metallbearbeitung und -verarbeitung sowie der Lackiererei

1.2.3 der Innenreinigung von Transportbehältern.

2 **Anforderungen**

An das Einleiten des Abwassers werden folgende Anforderungen gestellt:

2.1 Anforderungen nach dem Stand der Technik:

2.1.1 Das Abwasser darf organisch gebundene Halogenverbindungen nicht enthalten, die aus Wasch- und Reinigungsmitteln oder sonstigen Betriebs- und Hilfsstoffen stammen.

2.1.2 Abwasser, ausgenommen Abwasser aus maschineller Fahrzeugreinigung durch Waschanlagen, sofern der Anfall an mineralölhaltigem Schmutzwasser 1 m³ pro Tag übersteigt

	Stichprobe
Kohlenwasserstoffe, gesamt[1]) mg/l	20

2.2 Abweichend von der Nummer 2.2.1 der Rahmen-Abwasser VwV bezieht sich der Wert der Nummer 2.1.2 auf das Abwasser im Ablauf der Abwasservorbehandlungsanlage.

2.3 Der Nachweis, daß gemäß der Anforderung nach Nummer 2.1.1 organisch gebundene Halogenverbindungen nicht eingesetzt werden, kann dadurch

---

([1]) als Leitparameter für gefährliche Stoffe.

413

erbracht werden, daß alle jeweils eingesetzten Wasch- und Reinigungsmittel oder sonstigen Betriebs- und Hilfsstoffe in einem Betriebstagebuch aufgeführt werden und Herstellerangaben vorliegen, nach denen die Wasch- und Reinigungsmittel oder sonstigen Betriebs- und Hilfsstoffe organisch gebundene Halogenverbindungen nicht enthalten.

2.4   Ein in Nummer 2.1.2 bestimmter Wert für Kohlenwasserstoffe, gesamt, gilt auch als eingehalten, wenn

— in den Ablauf vor Vermischung mit sonstigem Abwasser eine Abscheideanlage, bestehend aus einem Leichtflüssigkeitsabscheider nach DIN 1999 mit zusätzlicher Koaleszensabscheidung (Koaleszensabscheider), eingebaut oder eine zugelassene gleichwertige Behandlungsanlage betrieben wird,

— in die Anlage nur Abwasser eingeleitet wird, das Wasch- und Reinigungsmittel oder instabile Emulsionen enthält, die erfahrungsgemäß die Reinigungsleistung der Anlage im Sinne der Nummer 2.1.2 nicht beeinträchtigen,

— die Abscheideanlage nach DIN 1999 mit zusätzlicher Koaleszensabscheidung so dimensioniert ist, daß im Ablauf bei Verwendung eines Heizöl-Wassergemisches gemäß den Prüfanforderungen der DIN 1999, Teil 3, eine Restkonzentration von 5 mg/l Heizöl nicht überschritten wird,

— für die Wartung der Anlage ein Wartungsvertrag mit einem fachkundigen Betrieb besteht,

— die Anlage in Abständen von nicht länger als 5 Jahren nach Landesrecht auf ihren ordnungsgemäßen Zustand überprüft wird und

— der Dimensionierung der Abscheideanlage nach DIN 1999 mit zusätzlicher Koaleszensabscheidung ein Abwasseranfall bei Trockenwetter von 4 l/s zugrunde gelegt wurde und dieser nicht überschritten wird.

Antragsteller

Datum: ....

....

....

....

Tel.: ....

An den/die
Kreis/kreisfreie Stadt ....
— untere Wasserbehörde —

....

....

Antrag
auf Genehmigung der Indirekteinleitung von mineralölhaltigem Abwasser/auf Genehmigung der Bemessung, Gestaltung und des Betriebs einer Abwasserbehandlungsanlage

☐ Ich bitte, mir die Einleitung von mineralölhaltigem Abwasser in die Kanalisation der Gemeinde ....
gemäß § 59 Abs. 1 LWG i.V.m. der VGS vom 25. 9. 1989 zu genehmigen.

☐ Ich bitte, Bemessung, Gestaltung und Betrieb der von mir eingesetzten/bestellten Abwasserbehandlungsanlage gemäß § 58 Abs. 2 LWG zu genehmigen.

Bezeichnung und Anschrift des Betriebs, von dem aus eingeleitet wird

....

....

....

....

Tel.: ....

Auf die beigefügten Unterlagen nehme ich Bezug.

Ansprechpartner für das Genehmigungsverfahren ist:

....

....

....

....

Tel.: ....

Ort, Datum   Unterschrift

....

Angaben zum Abwasseranfall und zur Abwasserführung

1. Welche Fahrzeuge werden gewartet bzw. gereinigt?

   ☐ Kraftfahrzeuge

   ☐ andere Fahrzeuge

   welche? ....

2. Welche Betriebsstätten umfaßt Ihr Betrieb?

   ☐ Werkstatt

   ☐ Waschplatz, -halle

   ☐ Waschanlage

       ☐ SB-Waschplätze

       ☐ Portalwaschanlage

       ☐ Waschstraße

       ☐ besondere Anlage zur Motor- und Unterwäsche

       ☐ besondere Anlage zur Entkonservierung

       ☐ Gerät zur Hochdruckreinigung von ölbelasteten Flächen

           ☐ wird betrieben

           ☐ wird nicht betrieben

   ☐ Sonstige; welche? ....

3. Verwendete Betriebs- und Hilfsstoffe

   Die verwendeten Wasch- und Reinigungsmittel sowie die sonstigen Betriebs- und Hilfsstoffe, die in das Abwasser gelangen können, sind in einem Betriebstagebuch aufgeführt:

   ☐ ja   ☐ nein

   Ein Nachweis des/der Hersteller(s) oder eines Prüfinstituts, daß das/die Produkt(e) frei von organisch gebundenen Halogenverbindungen ist/sind, liegt im Betrieb vor:

   ☐ ja   ☐ nein

4. Mineralölhaltige Abwassermenge (ohne Abwasser aus der maschinellen Fahrzeugreinigung)

   In meinem Betrieb fällt je Tag höchstens .... m³ Abwasser an.

5. Abwasserführung (nur wenn in Nummer 4 mehr als 1 m³ Abwasser je Tag angegeben ist)

   Blockschema der Entwässerung

   Bitte die Abwasserführung von den einzelnen Betriebsstätten bis zur Übergabe des Abwassers in die öffentliche Kanalisation schematisch zeichnerisch darstellen (ggf. auf besonderem Blatt). Die Lage und die Art der Abwasserbehandlungsanlage(n) ist zu kennzeichnen.

(Beispiel für Altanlagen)

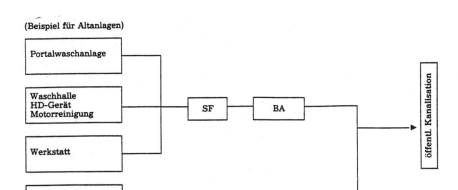

SF = Schlammfang
BA = Benzinabscheider

(Beispiel für getrennte Abwasserführung)

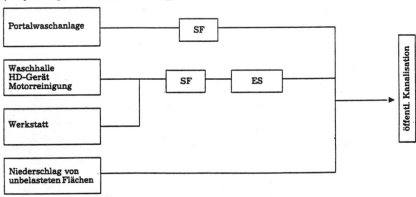

SF = Schlammfang
ES = Emulsionsspaltanlage

417

Beschreibungsbogen für Abwasserbehandlung
(Nur wenn Anfall des mineralölhaltigen Abwassers > 1 m³/d)

Das mineralölhaltige Abwasser

☐ aus der Werkstatt

☐ aus ....

☐ wird in einer Anlage zur Entfernung von Kohlenwasserstoffen behandelt.

Anlagentyp ....

Hersteller ....

Die Anlage ist dimensioniert auf .... l/s.

☐ Im Ablauf der Anlage wird (lt. Herstellerangabe) eine Restkonzentration von
.... mg/lKohlenwasserstoffen bei ungestörtem Betrieb
nicht überschritten.

☐ Es liegen keine Herstellerangaben vor.

Nur bei Koaleszensabscheider:

☐ Im Ablauf ist im Testverfahren gemäß DIN 1999 Teil 3 eine Restkonzentration
≤ 5 mg/l Heizöl erreicht (Bitte Bescheinigung des Herstellers beifügen).

Die Behandlung erfolgt:

☐ Vor Vermischung mit nicht mineralölhaltigem Abwasser aus anderen Betriebsstätten (z. B. Portalwaschanlage)

☐ Zusammen mit nicht mineralölhaltigem Abwasser aus anderen Betriebsstätten

Die Anlage ist

☐ Vom Landesamt für Wasser und Abfall unter der Nr. .... der
Bauart nach zugelassen.

☐ Von der unteren Wasserbehörde mit Bescheid vom .... genehmigt.

☐ Genehmigung ist bei der unteren Wasserbehörde beantragt.

☐ Eine den Anforderungen entsprechende Abwasserbehandlungsanlage

☐ ist von mir bestellt ....

Anlagentyp ....

Hersteller ....

voraussichtlicher Liefertermin ....

☐ werde ich bis spätestens .... bestellen.

☐ die noch fehlende Trennung der Abwasserströme werde ich bis spätestens
.... durchführen.

7.

Verwaltungsvorschrift über die Genehmigung der Einleitung von Abwasser aus der Metallbearbeitung und Metallverarbeitung in öffentliche Abwasseranlagen

RdErl. d. Ministeriums für Umwelt, Raumordung und Landwirtschaft
v. 24. 10. 1990 — IV B 5 — 674/2 — 26461/59

(MBl. NW. 1990 S. 1540)

Zur Durchführung der §§ 58 und 59 des Wassergesetzes für das Land Nordhrein-Westfalen — LWG — in der Bekanntmachung der Neufassung vom 9. Juni 1989 (GV. NW. S. 384), zuletzt geändert durch Gesetz vom 20. Juni 1989 (GV. NW. S. 366). — SGV. NW. 77 — in Verbindung mit der ordnungsbehördlichen Verordnung über die Genehmigungspflicht für die Einleitung von Abwasser mit gefährlichen Stoffen in öffentliche Abwasseranlagen — VGS — vom 25. September 1989 (GV. NW. S. 564/SGV. NW. 77) ergeht folgende Verwaltungsvorschrift:

Übersicht

1   **Genehmigungspflicht für die Indirekteinleitung**

1.1   Genehmigungserfordernis nach VGS

Abwasser, dessen Schmutzfracht aus einem oder mehreren der im Anhang 40 zur Allgemeinen Rahmen-Verwaltungsvorschrift der Bundesregierung über

Mindestanforderungen an das Einleiten von Abwasser in Gewässer — Rahmen-AbwasserVwV — genannten Herkunftsbereiche stammt, darf nur mit widerruflicher Genehmigung der unteren Wasserbehörde in öffentliche Abwasseranlagen (öffentliche Kanalisationen, öffentliche Kläranlagen) eingeleitet werden. (Genehmigung der Indirekteinleitung), § 1 Abs. 1 VGS.

Unter Abwasser im Sinne des Anhangs 40 und dieser Vorschrift ist nur das aus den Herkunftsbereichen stammende durch Gebrauch in seinen Eigenschaften veränderte Wasser zu verstehen, nicht das von Niederschlägen abfließende und gesammelte Wasser. Die Ableitung von Niederschlagswasser unterliegt den Regelungen der kommunalen Satzung.

1.2   Betroffene Herkunftsbereiche

Es handelt sich um folgende Herkunftsbereiche:

— Galvanik: Durch Galvanisieren werden Metalle in einem Bad (Prozeßbad) auf die Oberfläche von Werkstücken abgeschieden.

— Beizerei: Durch Beizen werden Verunreinigungen (namentlich Zunderschichten) und Unebenheiten auf Metalloberflächen durch chemische oder elektrolytische Behandlung in einem Bad entfernt. Das Beizen von Buntmetallen mit sauren, z. B. salpetersäurehaltigen Lösungen nennt man auch Brennen (Gelbbrennen, Glanzbrennen).

— Anodisierbetrieb: Durch Anodisieren (führer auch Eloxieren genannt) werden auf der Oberfläche von Werkstücken aus Aluminium durch elektrolytische Behandlung in einem Bad veränderte Schichten gebildet.

— Brüniererei: Das Brünieren ist ein Braun- bis Schwarzfärben von Werkstücken aus Stahl oder Eisen in hochkonzentrierten alkalischen Bädern.

— Feuerverzinkerei;   Durch Eintauchen in schmelzflüssiges Zink oder Zinn
Feuerverzinnerei: wird auf Werkstücke aus Stahl oder Eisen eine Zink- bzw. Zinnschicht aufgebracht.

— Härterei: Unter Härten versteht man die Wärmebehandlung von metallischen Werkstücken, insbesondere aus Eisen in bestimmmten Temperatur- und Zeitfolgen unter Einsatz von festen, flüssigen oder gasförmigen Hilfsstoffen.

— Leiterplatten-   Auf Platten aus nichtleitendem Material werden elektri-
herstellung: sche Schaltkreise aus Kupfer aufgebracht. Zur Zeit geschieht dies am häufigsten durch Abätzen einer vorher auf die gesamte Fläche aufgebrachten dünnen Kupferschicht (Substraktivverfahren).

— Batterie-herstellung:	Hierunter ist die Herstellung von Speichern für elektrische Energie zu verstehen. Man unterscheidet: • Blei- und Nickel-Cadmium-Akkumulatoren, die sich wieder aufladen lassen und • Primärzellen, die nach Entladung unbrauchbar werden.
— Emaillier-betrieb:	Durch Emaillieren wird ein glasartiger Überzug (Emailschlicker, Emailpuder) auf ein Werkstück aufgebracht und anschließend gebrannt.
— Mechanische Werkstätte:	Hierunter fallen Betriebstätten zur Verformung metallischer Werkstücke. Dies kann durch spanlose (z. B. Pressen, Ziehen, Biegen, Schmieden) oder spanabhebende (z. B. Drehen, Bohren, Fräsen) Verformung geschehen.
— Gleit-schleiferei:	Gleitschleifen ist die Feinbearbeitung der Oberfläche metallischer Werkstücke durch Gleit- und/oder Rollreibung mit Hilfe von Schleif- und Poliermitteln.
— Lackier-betrieb:	Gemeint sind ortsfeste Betriebsstätten zum maschinellen Lackieren metallischer Werkstücke und industrieller Produkte, bei denen Abwasser anfällt. Oft ist der Lackierbetrieb Teil eines größeren Unternehmens (z. B. Autoindustrie).

1.3   Mischabwasser

Die Genehmigungspflicht besteht auch, wenn das Abwasser nicht ausschließlich aus einem der in Nummer 1.2 genannten Herkunftsbereiche stammt, sondern vermischt mit Abwasser anderer Herkunft in eine öffentliche Abwasseranlage eingeleitet wird. Der Genehmigungspflicht unterliegen also nicht nur Betriebe, die ausschließlich einem oder mehreren der genannten Herkunftsbereiche zuzuordnen sind, sondern auch solche, die zusätzlich auch noch andere Fertigungen betreiben, bei denen Abwasser anfällt. In diesem Fall sind die unter Nummer 3 genannten Anforderungen grundsätzlich für das Abwasser der in Nummer 1.2 genannten Herkunftsbereiche vor seiner Vermischung mit Abwasser aus den nicht genannten Herkunftsbereichen festzulegen.

2   **Genehmigungspflicht für Abwasserbehandlungsanlagen**

2.1   Begriffsbestimmung

Die Abwasserbehandlungsanlage ist eine Einrichtung, die dazu dient, die Schadwirkungen des Abwassers zu vermindern oder zu beseitigen und den anfallenden Klärschlamm für eine ordnungsgemäße Beseitigung aufzubereiten, § 51 Abs. 3 LWG. Darunter fallen solche Einrichtungen nicht, die verschmutztes Wasser reinigen oder aufbereiten, um es erneut wieder einzusetzen, denn sie behandeln kein Abwasser.

Genehmigungserfordernis nach LWG (§ 58 Abs. 2 LWG)

Bemessung, Gestaltung und Betrieb von Abwasserbehandlungsanlagen des Indirekteinleiters bedürfen der Genehmigung durch die untere Wasserbehörde. Diese Genehmigung sollte zusammen mit der Genehmigung der Indirekteinleitung beantragt und erteilt werden.

Ist eine serienmäßig hergestellte Abwasserbehandlungsanlage vom Landesamt für Wasser und Abfall der Bauart nach zugelassen, entfällt die Genehmigungspflicht.

3   **Anforderungen nach dem Stand der Technik (St.d.T.)**

Gemäß § 59 Abs. 2 und Abs. 3 LWG hat die untere Wasserbehörde in der Genehmigung die im Anhang 40 zur Abwasser-Rahmen-VwV nach dem St.d.T. gestellten Anforderungen auch dem Indirekteinleiter gegenüber zu erheben. Es handelt sich um

— Allgemeine Anforderungen nach dem St.d.T. gemäß Nummer 2.1 des Anhangs 40 (siehe Nr. 3.1)

— Anforderungen an das Abwasser aus den verschiedenen Herkunftsbereichen nach dem St.d.T. gemäß Nummern 2.3.2 bis 2.6 des Anhangs 40 (siehe Nr. 3.2)

— Anforderungen an Abwasserteilströme nach dem St.d.T. gemäß Nummer 2.2 des Anhangs 40 (siehe Nr. 3.3).

3.1   Allgemeine Anforderungen nach dem St.d.T.

Werden beim Indirekteinleiter zur Vorbehandlung, Behandlung oder Nachbehandlung von Werkstücken oder zum Spülen von Werkstücken Bäder eingesetzt (Prozeßbäder, Spülbäder), hat die untere Wasserbehörde zu überprüfen, ob folgende Anforderungen erfüllt bzw. zu stellen sind.

3.1.1   Behandlung von Prozeßbädern

Es ist zu überprüfen, ob durch Behandlung der Bäder mittels geeigneter Verfahren, wie z. B.

— Membranfiltration,

— Ionenaustauscher,

— Elektrolyse und/oder

— thermische Verfahren,

eine möglichst lange Standzeit der Bäder erreicht wird.

3.1.2   Mehrfachnutzung von Spülwasser

Es entspricht dem St.d.T., Spülwasser mehrfach zu nutzen. Ein Fließspülbad, auch in der Kombination mit einem Standspülbad, entspricht daher nicht dem

St.d.T. Als geeignete, dem Stand der Technik entsprechende Verfahren können dagegen

— Spülverfahren mit drei Stufen (z. B. 3-er Kaskade oder Spritzspülung mit 2-er Kaskade)

oder

— die Kreislaufspülung unter Einsatz eines Ionenaustauschers mit zweistufiger Spülung

angesehen werden.

Hinter der Chromatierung von Werkstücken ist ausnahmsweise aus verfahrenstechnischen Gründen eine Fließspüle zulässig, wenn das Spülwasser einer Abwasserbehandlungsanlage zugeführt wird, deren Ablauf den Anforderungen nach Nummer 3.2 entspricht und wenn dadurch keine nennenswert größere Spülwassermenge entsteht als bei einer Standspüle.

3.1.3   Rückgewinnung und Rückführung von Inhaltsstoffen aus Spülbädern

Es ist zu überprüfen, ob die Badinhaltsstoffe in Spülbädern geeignet sind, zurückgewonnen oder in Prozeßbäder rückgeführt zu werden und ob dies ggf. geschieht. Ist dies nicht der Fall und auch nicht vorgesehen, soll der Indirekteinleiter aufgefordert werden darzulegen, warum dies nicht möglich ist. Die untere Wasserbehörde überprüft die Plausibilität der Darlegung.

3.1.4   Vorkehrungen gegen den Austrag von Badinhaltsstoffen

Es ist zu überprüfen, ob die optimale Rückhaltung von Badinhaltsstoffen mittels geeigneter Verfahren wie

— verschleppungsarmer Warentransport (z. B. ausreichende Abtropfzeit über dem Bad),

— Spritzschutz,

— optimierte Badzusammensetzung (z. B. Verringerung der Konzentration von Badinhaltsstoffen, soweit dies ohne Qualitätseinbußen für das Produkt möglich ist; Verringerung der Oberflächenspannung der Badflüssigkeit),

gewährleistet ist.

3.1.5   Geeignete Verfahren

Die unter Nummern 3.1.1, 3.1.2 und 3.1.4 aufgeführten Verfahren und Betriebsweisen entsprechen dem St.d.T. Sie sind aber nicht bindend vorgeschrieben und schließen daher andere Verfahren und Betriebsweisen mit gleichem oder sogar besserem Wirkungsgrad nicht aus.

3.1.6   Einsatz von Ethylendiamintetraessigsäure und ihrer Salze (EDTA)

3.1.6.1 Verbot

Das Abwasser aus Entfettungsbädern, Entmetallisierungsbädern und Nickelbädern darf kein EDTA enthalten. Da eine Verschleppung in Spülbäder nicht
auszuschließen und dann eine völlige Rückhaltung von EDTA nicht möglich
ist, bedeutet die Forderung praktisch, daß in den genannten Bädern EDTA
nicht eingesetzt werden darf.

3.1.6.2 Rückgewinnung

Sofern EDTA in Chemisch-Kupferbädern eingesetzt wird, ist es aus den
Prozeßbädern und deren Spülbädern in größtmöglichem Umfang zurückzuge-
winnen. Dies geschieht in zwei Behandlungsschritten:

— Abtrennen des großteils komplexierten Kupfers,

— anschließende Fällung von EDTA durch Ansäuerung auf pH-Wert um
  pH 1. EDTA fällt als kristallines Salz aus. Die wäßrige Phase wird
  dekantiert und zur Elimination des Restgehaltes an EDTA oxidativ behandelt oder verdampft. Restabwasser muß getrennt von den übrigen metall-
  haltigen Abwässern abgeleitet werden.

Diese Forderung ist, anders als die in Nummer 3.13 gestellte, absolut.
Ausnahmen sind nicht zulässig.

3.1.7   Erklärung des Indirekteinleiters

Wenn und soweit der Indirekteinleiter die aus Nummern 3.1.1 bis 3.1.6
folgenden Maßnahmen noch nicht getroffen hat, ist er von der unteren
Wasserbehörde aufzufordern darzulegen, welche Maßnahmen er beabsichtigt
und welchen Zeitraum er dazu benötigt. Die untere Wasserbehörde überprüft
die Plausibilität der Darlegungen und ob der vorgesehene Zeitraum für die
Sanierung angemessen erscheint. Kriterien:

— die wasserwirtschaftliche Dringlichkeit der Sanierung,

— der notwendige Zeitaufwand für Planung und technische Realisierung
  und

— der zumutbare Zeitraum für die notwendigen Investitionen.

Dabei ist zu berücksichtigen, ob Nachrüstungen an den vorhandenen Anlagen
möglich und ausreichend sind, oder ob es erforderlich wird, die gesamte
Produktionsanlage durch eine neue zu ersetzen. Eine Sanierung in sinnvollen
Teilabschnitten kann angebracht sein.

Die Sanierungsfristen sind in der Genehmigung festzulegen. Sofern die vom
Indirekteinleiter vorgesehenen Fristen nicht angemessen sind, sind sie in der
Genehmigung zu verkürzen.

3.2 Anforderungen an das Abwasser aus den verschiedenen Herkunftsbereichen nach dem St.d.T.

Die Anforderungen nach dem St.d.T. an Schadstoffkonzentrationen und Schadstofffrachten des Abwassers aus den einzelnen Herkunftsbereichen sind in der Tabelle unter Nummer 2.3.2 des Anhangs 40 (Anlage 1) zusammengestellt.

3.2.1 Überwachungswerte

Die dort genannten Werte sind in der Genehmigung als Überwachungswerte festzusetzen.

— Probeentnahmeart: Sofern nicht im Anhang 40 zur Rahmen-Abwasser-VwV die Stichprobe vorgesehen ist, qualifizierte Stichprobe. Diese umfaßt mindestens fünf Stichproben, die, in einem Zeitraum von höchstens zwei Stunden im Abstand von nicht weniger als zwei Minuten entnommen, gemischt werden.

— Bestimmungsverfahren: Es ist das für den Parameter zutreffende Bestimmungsverfahren aus der Anlage „Analysen- und Meßverfahren" zur Allgemeinen-Rahmen-AbwasserVwV zu wählen.

— Festsetzungsart: Der Wert ist einzuhalten. Er gilt auch als eingehalten, wenn die Ergebnisse der letzten fünf im Rahmen der staatlichen Gewässeraufsicht durchgeführten Überprüfungen in vier Fällen diesen Wert nicht überschreiten und kein Ergebnis diesen Wert um mehr als 100 v. H. übersteigt. Überprüfungen, die länger als drei Jahre zurückliegen, bleiben unberücksichtigt (sog. Festsetzungsart „Vier von Fünf mit Höchstwert 100 %").

3.2.2 Festsetzung für jeden Herkunftsbereich

In der Regel soll das Abwasser jedes Herkunftsbereichs getrennt behandelt werden. Dementsprechend sind gesonderte Festsetzungspunkte für die festzulegenden Überwachungswerte jeweils die Abläufe der vom Indirekteinleiter betriebenen Abwasserendbehandlungsanlagen für die einzelnen Herkunftsbereiche vor Vermischung des Abwassers mit Abwasserströmen anderer Herkunft.

Hier sind die für den Herkunftsbereich in der Tabelle genannten Konzentrationswerte aller Parameter als Überwachungswert festzusetzen. Nur die Festsetzung des Verdünnungsfaktors für die Fischgiftigkeit (G_F) entfällt. Zu beachten ist, daß die Festsetzung für den Parameter AOX für die Herkunftsbereiche Galvanik, Brüniererei, Härterei, Leiterplattenherstellung und mechanische Werkstätten erst mit Wirkung vom 1. 1. 1992 erfolgen kann.

Daneben sind für das Abwasser aus den Herkunftsbereichen Galvanik und Batterieherstellung auch die produktionsspezifischen Frachtwerte für Cadmium festzusetzen, für das Abwasser aus dem Herkunftsbereich Batterieherstel-

426

lung außerdem der produktionsspezifische Frachtwert für Quecksilber. Die Einhaltung dieser Frachtwerte gilt dann als sichergestellt, wenn der Betreiber

— die allgemeinen Anforderungen entsprechend dem St.d.T. nach Nummern 3.1.1 bis 3.1.5 erfüllt,

— die Überwachungswerte für die Konzentration in den mit Cadmium bzw. Quecksilber belasteten Teilströmen (Nr. 3.3) und

— die Überwachungswerte für die Konzentration von Cadmium bzw. Quecksilber im Gesamtabwasser der Herkunftsbereiche Galvanik bzw. Batterieherstellung (Nr. 3.2.1) einhält.

3.2.3 Gemeinsame Abwasserbehandlung

Das Abwasser aus zwei oder mehreren Herkunftsbereichen darf nur dann gemeinsam behandelt werden, wenn dadurch die gleiche Verringerung der Schadstofffracht, bezogen auf jeden zu begrenzenden Parameter, wie bei der getrennten Behandlung erreicht wird. Das bedeutet: An eine für mehrere Herkunftsbereiche gemeinsame Abwasserbehandlungsanlage dürfen solche Abwasserströme nicht angeschlossen werden, in denen ein zu behandelnder Inhaltsstoff nicht enthalten oder in einer geringeren Konzentration enthalten ist als die gemäß der Tabelle zu Nummer 2.3.2 des Anhangs 40 durch die Anlage zu erzielende Konzentration im Ablauf (Verdünnungsverbot).

Ist eine gemeinsame Behandlung zulässig, ist abweichend von Nummer 3.2.2 gemeinsamer Festsetzungspunkt für die an die Anlage angeschlossenen Herkunftsbereiche der Ablauf der Anlage. In diesem Falle sind die festzulegenden Überwachungswerte, sofern die geforderten Werte für die einzelnen Herkunftsbereiche unterschiedlich sind (bei Cadmium u. Cyanid), mit Hilfe einer abwassermengenproportionalen „Mischrechnung" zu ermitteln.

3.3 Anforderungen nach dem St.d.T. an Abwasserteilströme

Die Anforderungen beziehen sich auf

— Abwasser aus der Anwendung von leichtflüchtigen halogenierten Kohlenwasserstoffen (LHKW), z. B. für Be- und Entfetten, Entlacken, Entwickeln, Entkonservieren.

Zu fordern

LHKW 0,1 mg/l Stichprobe

(LHKW = Summe aus Trichlorethen, Tetrachlorethen, 1.1.1 Trichlorethan, Dichlormethan — gerechnet als Chlor).

— Abwasser aus cadmiumhaltigen Bädern einschließlich Spülen.

Zu fordern

Cadmium 0,2 mg/l qualifizierte Stichprobe bzw. Stichprobe bei Chargenanlagen.

427

— Quecksilberhaltiges Abwasser.

Zu fordern

Quecksilber 0,05 mg/l qualifizierte Stichprobe bzw. Stichprobe bei Chargenanlagen.

Die Werte sind für das Abwasser im Ablauf der Anlage zur selektiven Vorbehandlung des Abwasserteilstroms vor seiner Vermischung mit Abwasserteilströmen anderer Herkunft als Überwachungswerte festzusetzen. Die Regelungen der Nummer 3.2.1 gelten entsprechend.

4 Betrieb und Wartung von Anlagen

4.1 Dichtigkeit der abwasserrelevanten Anlagen

Der Indirekteinleiter ist zu verpflichten, die Dichtigkeit der abwasserrelevanten Anlagen wöchentlich durch Augenschein zu überprüfen und das Ergebnis im Betriebstagebuch zu vermerken. Dazu gehören namentlich die Überprüfung von Leitungen, Becken, Anschlüssen und Pumpen.

4.2 Zustand und Funktion von Abwasserbehandlungsanlagen

Dem Indirekteinleiter ist aufzugeben, die Funktion der Abwasserbehandlungsanlagen selbst zu überwachen und hierüber Aufzeichnungen zu fertigen (Betriebstagebuch). Im Betriebstagebuch sind Vermerke einzutragen über

— die Kontrolle des Zulaufs auf Auffälligkeiten (wie Farbe, Ölanteile),

— den Zustand und die Funktion der für die Anlage maßgeblichen Bauteile (z. B. Behälter, Leitungen, Pumpen, Meß- und Steuereinrichtungen, Alarmanlagen),

— die Kontrolle der für Steuerung und Betrieb der Abwasserbehandlungsanlage maßgeblichen pH-Werte,

— den Einsatz von Chemikalien und die ordnungsgemäße Funktion der Dosiereinrichtungen (etwa bei der Cyanid- und Chromatentgiftung sowie bei Fällungs- und Flockungsanlagen).

4.3 Wartung von Abwasserbehandlungsanlagen

Dem Indirekteinleiter ist aufzugeben, die Abwasserbehandlungsanlagen entsprechend der Betriebsanleitung des Anlagenherstellers zu warten oder warten zu lassen. Die Wartungsarbeiten und Reparaturen sind im Betriebstagebuch einzutragen.

4.4 Selbstüberwachung des Abwassers

Der Indirekteinleiter ist zu verpflichten, das Abwasser durch eine von der oberen Wasserbehörde zugelassene Stelle untersuchen zu lassen. Die untere Wasserbehörde legt in der Genehmigung die Häufigkeit der Untersuchung fest. In die Untersuchung sind mindestens einmal im Jahr alle Parameter einzubeziehen, für die in der Genehmigung der Indirekteinleitung Überwachungswerte festgesetzt sind. Der Indirekteinleiter hat die Untersuchungsergebnisse der unteren Wasserbehörde und dem Betreiber der öffentlichen Kanalisation ohne besondere Aufforderung vorzulegen. Für weitere Untersuchungen kann die untere Wasserbehörde die Untersuchung auf die Parameter beschränken, die den notwendigen Rückschluß auf die ordnungsgemäße Funktion der Abwasserbehandlungsanlage zulassen. In jedem Falle sind in diese Untersuchung aber neben einem dafür geeigneten Schwermetall die Parameter AOX, Chrom VI, Cyanid, Sulfid und LHKW einzubeziehen, sofern dafür Überwachungswerte festgesetzt sind.

Die untere Wasserbehörde kann im Einzelfall zulassen, daß der Indirekteinleiter die Untersuchungen ganz oder teilweise selbst durchführt.

Darüber hinaus ist der Indirekteinleiter zu verpflichten, die absetzbaren Stoffe im Ablauf der letzten Behandlungsstufe der Abwasserbehandlung täglich einmal zu bestimmen und die Ergebnisse im Betriebstagebuch zu vermerken. Wird als letzte Behandlungsstufe eine Filteranlage (z. B. Sandfilter) betrieben, genügt eine optische Überwachung des Ablaufs.

5 Staatliche Überwachung

Die staatliche Überwachung wird durch die zuständigen unteren Wasserbehörden bzw. durch in deren Auftrag tätige Stellen durchgeführt und umfaßt die Überprüfung von Zustand und Betrieb der für den Abwasseranfall und die Abwasserbeschaffenheit maßgeblichen Einrichtungen und Abwasserbehandlungsanlagen sowie die Einhaltung der festgesetzten Überwachungswerte.

5.1 Überwachung der betrieblichen Einrichtungen

Die Überprüfung von Zustand und Betrieb der Einrichtungen erfolgt als regelmäßige Prüfung der vom Indirekteinleiter gemäß Nummer 4 zu fertigenden Aufzeichnungen.

Mindestens einmal in 5 Jahren ist eine Betriebsbegehung durchzuführen, bei welcher die Betriebseinrichtungen und Abwasserbehandlungsanlagen vor Ort überprüft werden.

Zusätzliche Einzelprüfungen können insbesondere wegen Änderungen an Produktions- und Abwasserbehandlungsanlagen sowie infolge außergewöhnlicher Schadstoffmengen im Abwasser erforderlich werden.

5.2 Überwachung der Einhaltung der Überwachungswerte

Die Einhaltung der in der Genehmigung festgesetzten Überwachungswerte für die einzuhaltende Schadstoffkonzentration kann nur durch amtliche Überprüfung, d. h. durch die untere Wasserbehörde oder eine im Auftrag der unteren Wasserbehörde tätige Untersuchungsstelle überwacht werden. Diese im Auftrag der unteren Wasserbehörde tätigen Untersuchungsstellen bedürfen im

Gegensatz zu Untersuchungsstellen, die im Rahmen der Selbstüberwachung vom Indirekteinleiter beauftragt werden, nicht der Zulassung durch die obere Wasserbehörde.

Eine Überschreitung von Überwachungswerten kann also nur durch eine ausreichende Zahl von amtlichen Meßergebnissen nachgewiesen werden. Ergebnisse der Selbstüberwachung können hierbei nicht verwendet werden.

6 Anzeigepflicht

6.1 Änderungen

Der Indirekteinleiter ist in der Genehmigung zu verpflichten, der unteren Wasserbehörde alle Änderungen an den Produktions- oder Abwasserbehandlungsanlagen, die die Abwassermenge oder die Schadstofffracht erhöhen, spätestens vier Wochen vor Inbetriebnahme anzuzeigen.

6.2 Unzulässige Indirekteinleitung von Schadstoffen

Der Indirekteinleiter ist ferner zu verpflichten, dem Betreiber der öffentlichen Kanalisation und dem Betreiber der öffentlichen Kläranlage sowie der unteren Wasserbehörde Betriebsstörungen umgehend zu melden, sofern die Gefahr besteht, daß dadurch die öffentlichen Abwasseranlagen geschädigt, Menschen gefährdet, die Funktion der öffentlichen Kläranlagen beeinträchtigt oder das Gewässer schädlich verunreinigt werden können. Soweit es möglich ist, sind in der Sofortmeldung auch Art und Umfang der in die Kanalisation gelangten Schadstoffe anzugeben.

7 Antrag auf Genehmigung

7.1 Wer ist zur Antragstellung verpflichtet?

Zur Antragstellung ist der Inhaber eines Betriebes verpflichtet, also der Firmeninhaber als natürliche oder juristische Person. Wird das Unternehmen von einer juristischen Person oder von mehreren Gesellschaftern betrieben, die keine juristische Person bilden, ist der Ansprechpartner für das Genehmigungsverfahren zu benennen.

7.2 Antragsfrist

Gemäß § 3 Abs. 2 VGS ist die Genehmigung für bereits bestehende Indirekteinleitungen bis spätestens zum 31. 12. 1990 bei der zuständigen unteren Wasserbehörde zu beantragen. Zuständig für die Erteilung der Genehmigung ist die untere Wasserbehörde (Kreis oder kreisfreie Stadt), in deren Amtsbezirk die indirekt einleitende Betriebsstätte liegt.

Der rechtzeitig gestellte Antrag hat die Rechtsfolge, daß die Indirekteinleitung bis zur Entscheidung über den Antrag für den am 1. Januar 1990 vorhandenen Umfang der Indirekteinleitung als genehmigt gilt.

Ist eine Genehmigung nach der VGS vom 21. August 1986 bereits erteilt, oder ist ein Genehmigungsantrag schon vor dem 1. 1. 1990 nach der damals geltenden VGS gestellt worden, braucht kein neuer Antrag gestellt zu werden, § 3 Abs. 3 VGS. Soweit es erforderlich ist, wird die untere Wasserbehörde den Antragsteller auffordern, die Antragsunterlagen zu ergänzen.

7.3   Antragsunterlagen (siehe Muster Anlagen 2 bis 6)

Die Antragsunterlagen sollen enthalten:

— den Firmennamen und die Anschrift der Firma (Anlage 2),

— die Bezeichnung und Anschrift der Betriebsstätte, von der aus die Indirekteinleitung erfolgt (Anlage 2),

— die Angabe der Herkunftsbereiche des Abwassers (Anlage 3),

— einen Beschreibungsbogen für jeden Herkunftsbereich (Anlage 4),

— das Blockschema der Entwässerung (Anlage 5) sowie einen Lageplan, in den die Lage der Abwasserbehandlungsanlagen, der Probeentnahmestellen und die Übergabestellen des Abwassers in die öffentliche Kanalisation einzutragen sind,

— einen Beschreibungsbogen für die Abwasserbehandlung (Anlage 6).

7.4   Antrag auf Genehmigung von Abwasserbehandlungsanlagen

Wird neben der Indirekteinleitung auch die Genehmigung von Bemessung, Gestaltung und Betrieb von Abwasserbehandlungsanlagen beantragt, sind für die Antragstellung keine weiteren Antragsunterlagen erforderlich. Ggf. wird die untere Wasserbehörde weitere Nachweise anfordern.

Metallbearbeitung, Metallverarbeitung

1 Anwendungsbereich

1.1 Abwasser, dessen Schmutzfracht im wesentlichen aus einem oder mehreren der folgenden Herkunftsbereiche einschließlich der zugehörigen Vor-, Zwischen- und Nachbehandlung stammt:

1.1.1 Galvanik

1.1.2 Beizerei

1.1.3 Anodisierbetrieb

1.1.4 Brüniererei

1.1.5 Feuerverzinkerei, Feuerverzinnerei

1.1.6 Härterei

1.1.7 Leiterplattenherstellung

1.1.8 Batterieherstellung

1.1.9 Emailierbetrieb

1.1.10 Mechanische Werkstätte

1.1.11 Gleitschleiferei

1.1.12 Lackierbetrieb

1.2 Ausgenommen ist

1.2.1 Abwasser aus Kühlsystemen und der Betriebswasseraufbereitung sowie

1.2.2 Niederschlagswasser.

2 Anforderungen

An das Einleiten des Abwassers werden folgende Anforderungen gestellt:

2.1 Allgemeine Anforderungen nach dem Stand der Technik

2.1.1 Abwasser darf nur eingeleitet werden, wenn seine Schadstofffracht durch folgende Maßnahmen gering gehalten wird:

— Behandlung von Prozeßbädern mittels geeigneter Verfahren wie Membranfiltration, Ionenaustauscher, Elektrolyse, thermische Verfahren, um eine möglichst lange Standzeit der Prozeßbäder zu erreichen.

— Rückhalten von Badinhaltsstoffen mittels geeigneter Verfahren wie verschleppungsarmer Warentransport, Spritzschutz, optimierte Badzusammensetzung

— Mehrfachnutzung von Spülwasser mittels geeigneter Verfahren wie Kaskadenspülung, Kreislaufspültechnik mittels Ionenaustauscher

— Rückgewinnen oder Rückführen von dafür geeigneten Badinhaltsstoffen aus Spülbädern in die Prozeßbäder

— Rückgewinnen von EDTA (EDTA = Ethylendiamintetraessigsäure und ihre Salze) aus Chemisch-Kupferbädern und deren Spülbädern

2.1.2 Das Abwasser aus Entfettungsbädern, Entmetallisierungsbädern und Nickelbädern darf kein EDTA enthalten.

2.2 Anforderungen an Teilströme nach dem Stand der Technik

2.2.1 Abwasser aus der Anwendung von leichtflüchtigen halogenierten Kohlenwasserstoffen (LHKW) (z. B. Be- und Entfetten, Entlacken, Entwickeln, Entkonservieren)

LHKW ([6]) 0,1 mg/l Stichprobe

2.2.2 Abwasser aus cadmiumhaltigen Bädern einschließlich Spülen

Cadmium 0,2 mg/l 2-Std.-Mischprobe oder qualifizierte Stichprobe ([3])

2.2.3 Quecksilberhaltiges Abwasser

Quecksilber 0,05 mg/l 2-Std.-Mischprobe oder qualifizierte Stichprobe ([3])

2.3 Anforderungen an das Abwasser aus einem der folgenden Herkunftsbereiche

2.3.1 Anforderungen nach den allgemein anerkannten Regeln der Technik[1])

Herkunfts-bereiche		1.1.1	1.1.2	1.1.3	1.1.4	1.1.5	1.1.6	1.1.7	1.1.8	1.1.9	1.1.10	1.1.11	1.1.12
2-Std.-Mischprobe oder qualifizierte Stichprobe[3])													
Aluminium	mg/l	3	3	3	–	–	–	–	–	2	3	3	3
Stickstoff aus Ammonium-verbindungen	mg/l	100	30	–	30	30	50	50	50	20	30	–	–
Chemischer Sauerstoff-bedarf (CSB)	mg/l	400	100	100	200	200	400	600	200	100	400	400	300
Eisen	mg/l	3	3	–	3	3	–	3	3	3	3	3	3
Fluorid	mg/l	50	20	50	–	50	–	50	–	50	30	–	–

		1.1.1	1.1.2	1.1.3	1.1.4	1.1.5	1.1.6	1.1.7	1.1.8	1.1.9	1.1.10	1.1.11	1.1.12
Stickstoff aus Nitrit	mg/l	–	5	5	5	–	5	–	–	5	5	–	–
Kohlenwasserstoffe	mg/l[2]	10	10	10	10	10	10	10	10	10	10	10	10
Phosphor	mg/l	2	2	2	2	2	2	2	2	2	2	2	2

2.3.2 Anforderungen nach dem Stand der Technik[1]

Herkunftsbereiche		1.1.1[4]	1.1.2	1.1.3	1.1.4	1.1.5	1.1.6	1.1.7	1.1.8	1.1.9	1.1.10	1.1.11	1.1.12
		2-Std.-Mischprobe oder qualifizierte Stichprobe[3]											
AOX	mg/l[2]	1[10]	1	1	1[10]	1	1[10]	1[10]	1	1	1[10]	1	1
Arsen	mg/l	0,1	–	–	–	–	–	0,1	0,1	–	–	–	–
Barium	mg/l	–	–	–	–	–	2	–	–	–	–	–	–
Blei	mg/l	0,5	–	–	–	0,5	–	0,5	0,5	0,5	0,5	–	0,5
Cadmium	mg/l	0,2	–	–	–	0,1	–	–	0,2[8]	0,2	0,1	–	0,2
	kg/t[5]	0,3	–	–	–	–	–	–	1,5	–	–	–	–
Freies Chlor	mg/l[2]	0,5	0,5	–	0,5	–	0,5	–	–	–	0,5	–	–
Chrom	mg/l	0,5	0,5	0,5	0,5	–	–	0,5	–	0,5	0,5	0,5	0,5
Chrom VI	mg/l	0,1	0,1	0,1	0,1	–	–	0,1	–	0,1	0,1	–	0,1
LHKW[6]	mg/l[2]	0,1	0,1	0,1	0,1	0,1	0,1	0,1	0,1	0,1	0,1	0,1	0,1
Cobalt	mg/l	–	–	1	–	–	–	–	–	1	–	–	–
Cyanid, leicht freisetzbar	mg/l	0,2	–	–	–	–	1	0,2	–	–	0,2	–	–
Fischgiftigkeit als Verdünnungsfaktor G_F[9]		6	4	2	6	6	6	6	6	4	6	6	6
Kupfer	mg/l	0,5	0,5	–	–	–	–	0,5	0,5	0,5	0,5	0,5	0,5
Nickel[7]	mg/l	0,5	0,5	–	0,5	–	–	0,5	0,5	0,5	0,5	0,5	0,5
Quecksilber	mg/l	–	–	–	–	–	–	–	0,05	–	–	–	–
	kg/t[5]	–	–	–	–	–	–	–	0,03	–	–	–	–
Selen	mg/l	–	–	–	–	–	–	–	–	1	–	–	–
Silber	mg/l	0,1	–	–	–	–	–	0,1	0,1	–	–	–	–
Sulfid	mg/l	1	1	–	1	–	–	1	1	1	–	–	–
Zinn	mg/l	2	–	2	–	2	–	2	–	–	–	–	–
Zink	mg/l	2	2	2	–	2	–	–	2	2	2	2	2

2.4   Anforderungen an Abwasser aus mehreren Herkunfstbereichen der Nummer 1.1

Für Abwasser, dessen Schmutzfracht im wesentlichen aus zwei oder mehr Herkunftsbereichen der Nummer 1.1 stammt, sind aus den Anforderungen der Nummer 2.3 entsprechende Anforderungen abzuleiten. Wird Abwasser aus zwei oder mehr Herkunfsbereichen gemeinsam behandelt, muß die gleiche Verminderung der Gesamtfracht bezogen auf den jeweiligen Parameter wie bei einer getrennten Behandlung erreicht werden.

2.5   Abweichend von der Nummer 2.2.1 der Rahmen-AbwasserVwV beziehen sich die Werte der Nummer 2.2 dieses Anhanges auf das Abwasser im Ablauf der Abwasservorbehandlungsanlagen für den jeweiligen Parameter, die Werte der Nummer 2.3 auf das Abwasser im Ablauf der Abwasserendbehandlungsanlage des jeweiligen Herkunftsbereiches.

2.6   Die Anforderungen als produktionsspezifische Frachtwerte in der Nummer 2.3.2, Spalten 1.1.1 für Cadmium und 1.1.8 für Cadmium und Quecksilber gelten als eingehalten, wenn die Anforderungen der Nummern 2.1.1 und 2.2.2 bzw. 2.2.3 sowie die jeweiligen Konzentrationswerte für Cadmium oder Quecksilber der Spalten 1.1.1 und 1.1.8 der Nummer 2.3.2 eingehalten werden.

Antragsteller

Datum: ....

....

....

....

Tel.: ....

An den/die
Kreis/kreisfreie Stadt ....
— untere Wasserbehörde —

....

....

Antrag auf Genehmigung der Indirekteinleitung von Abwasser aus der Metallbearbeitung und Metallverarbeitung/Genehmigung der Bemessung, Gestaltung und des Betriebes einer/mehrerer Abwasserbehandlungsanlagen

Ich bitte, mir die Einleitung von Abwasser aus der Metallbearbeitung und Metallverarbeitung in der Kanalisation der

Gemeinde .... gemäß § 59 Abs. 1 LWG i.V. mit der VGS vom 25. 9. 1989 zu genehmigen.

Ich bitte, Bemessung, Gestaltung und Betrieb der von mir eingesetzten/bestellten Abwasserbehandlungsanlagen

....

....

....

gemäß § 58 Abs. 2 LWG zu genehmigen.

Bezeichnung der Betriebsstätte, von der aus eingeleitet wird:

....

....

....

Tel.: ....

Auf die beigefügten Unterlagen nehme ich Bezug.
Ansprechpartner für das Genehmigungsverfahren ist:

....

Tel.: ....

Ort, Datum   Unterschrift

....

Herkunftsbereiche des Abwassers

Das Abwasser der indirekteinleitenden Betriebsstätte entsteht in den nachstehend aufgeführten Herkunftsbereichen:

☐ Galvanik

☐ Beizerei*)

☐ Anodisierbetrieb (Eloxierbetrieb)

☐ Brüniererei

☐ Feuerverzinkerei, Feuerverzinnerei

☐ Härterei

☐ Leiterplattenherstellung

☐ Batterieherstellung

☐ Emaillierbetrieb

☐ mechanische Werkstätte

☐ Gleitschleiferei

☐ Lackierbetrieb

Für jeden angekreuzten Herkunftsbereich ist ein Beschreibungsbogen (Anlage 4) beizufügen.

---

*) Bitte nur ankreuzen, wenn die Beizerei ein eigener Betrieb ist; nicht wenn nur als Vorbehandlung (z. B. der Galvanik) gebeizt wird.

Beschreibungsbogen

für den Herkunftsbereich...................................*)

---

1 Darstellung des Produktionsablaufs

1.1 Kurzbeschreibung der Produktion

....

....

....

....

....

....

1.2 Fließschema

Der Produktionsablauf ist in einem Fließschema schematisch zeichnerisch darzustellen, ggf. mit Badaufstellung (Nr. für jedes Bad eintragen). Die Anfallstellen des Abwassers sind zu kennzeichnen und zu numerieren.

Beispiel für Fließschema: Siehe nächste Seite.

---

*) Bitte einen Bogen für jeden Herkunftsbereich ausfüllen.

Beispiel:

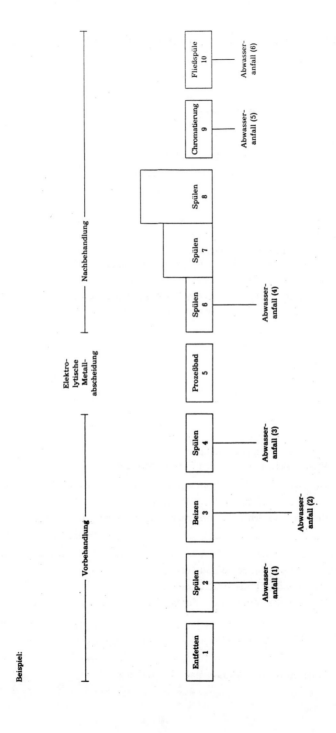

Vorbehandlung			Elektro-lytische Metall-abscheidung	Nachbehandlung				

| Entfetten 1 | Spülen 2 | Beizen 3 | Spülen 4 | Prozeßbad 5 | Spülen 6 | Spülen 7 | Spülen 8 | Chromatierung 9 | Fließspüle 10 |

Abwasser-anfall (1) — Spülen 2
Abwasser-anfall (2) — Beizen 3
Abwasser-anfall (3) — Spülen 4
Abwasser-anfall (4) — Spülen 6
Abwasser-anfall (5) — Chromatierung 9
Abwasser-anfall (6) — Fließspüle 10

1.3 Welche(s) Beschichtungsmetall(e) wird/werden eingesetzt?

....

....

....

1.4. Kommen LHKW (Trichlorethen, Tetrachlorethen, 1.1.1 Trichlorethan, Dichlormethan) zum Einsatz?

☐ nein   ☐ ja

in welchem Bad (Nr. ....)

Sind die Anlagen geschlossen?

☐ ja   ☐ nein

2   Behandlung der Prozeßbäder

☐ Es werden keine Prozeßbäder eingesetzt.

☐ Es werden Prozeßbäder eingesetzt.

Die folgenden Angaben bitte für jedes Prozeßbad.

Bezeichnung und Nr. ....

Welche in der Tabelle unter Nr. 2.3.2 des Anhangs 40 der Rahmen-AbwasserVwV genannten Stoffe oder Stoffgruppen sind im Bad enthalten? ....

....

....

☐ Das Bad wird behandelt.

Wie wird behandelt? ....

....

....

Erreichte Standzeit ....

☐ Das Bad wird nicht behandelt.

Welche Behandlung ist demnächst vorgesehen?

....

....

Bis wann werden die erforderlichen Einrichtungen installiert?

....

....

Wie wird das verbrauchte Bad entsorgt?

☐ Wiederaufbereitung betriebsintern.

☐ Wiederaufbereitung extern durch ....

....

☐ Abfallbeseitigung durch ....

....

☐ Einleiten in das Abwasser nach Behandlung.

3   Mehrfachnutzung von Spülwasser
     (Bitte für jeden Spülprozeß ausfüllen)
     ☐ Mehrfachnutzung der Spülwässer durch
        ☐ Kaskadenspülung ....fach
        ☐ Spritzspülung mit ....facher Kaskade
        ☐ Kreislaufspülung mittels Ionenaustauscher
        ☐ Sonstiges Verfahren; Kennzeichnung ....
           ....
           ....

     ☐ Einfachnutzung des Spülwassers (durch Fließspüle oder Standspüle mit nachge-
        schalteter Fließspüle)
        Welche Nachrüstungen zur Mehrfachnutzung des Spülwassers sind vorge-
        sehen?
        ....
        ....
        ....
        Bis wann werden die erforderlichen Einrichtungen installiert?
        ....
        ....

4   Rückgewinnen und Rückführen von Inhaltsstoffen aus Spülbädern
     Aus welchen Spülbädern werden Badinhaltsstoffe zurückgewonnen?
     (Bitte für jedes betroffene Bad ausfüllen)
     Bezeichnung und Nr. ....
     zurückgewonnene Stoffe ....
     ....
     .... Umfang   %
     Rückgewinnungsverfahren ....
     ....
     ....

     Aus welchen Spülbädern werden Badinhaltsstoffe nicht zurückgewonnen?
     (Bitte ausfüllen für jedes betroffene Bad)
     Bezeichnung und Nr. ....
     ☐ Rückgewinnung von ....
        ....
        ist demnächst vorgesehen.
        Bis wann werden die erforderlichen Einrichtungen installiert?
        ....

     ☐ Rückgewinnung ist nicht vorgesehen.
        Warum nicht? ....
        ....

5 Vorkehrungen gegen den Austrag von Badinhaltsstoffen
Folgende Vorkehrungen sind getroffen:

☐ Mechanische Vorkehrungen (z.B. Spritzschutz, verschleppungsarmer Warentransport)

....

....

Warentransport ist gesteuert
☐ automatisch   ☐ von Hand

Abtropfzeit: .... Sek.

☐ Optimierung der Badzusammensetzung durch ....

....

in folgenden Bädern:

Bezeichnung und Nr. ....

6 Einsatz von EDTA
In welchen Bädern wird EDTA eingesetzt?
(Bitte für jedes betroffene Bad ausfüllen)

Bezeichnung und Nr. ....

☐ Rückgewinnung erfolgt.

Wie erfolgt die Rückgewinnung? ....

....

☐ Rückgewinnung erfolgt nicht.

Wie soll die Rückgewinnung erfolgen? ....

....

Bis wann werden die erforderlichen Einrichtungen installiert?

....

....

7 Menge des anfallenden Abwassers
(Bitte ausfüllen für jede Anfallstelle)

Nr. der Anfallstelle ....

Höchste Abwassermenge: .... l/h.

Abwasseranfall ist

☐ kontinuierlich

☐ nur zeitweise (Chargenbetrieb)

Blockschema
der Entwässerung

Bitte die Abwasserführung von den einzelnen Anfallstellen in den Herkunftsbereichen bis zur Übergabe des Abwassers in die öffentliche Kanalisation schematisch zeichnerisch darstellen (ggf. auf besonderem Blatt). Die Lage und Art der vorhandenen und vorgesehenen Abwasserbehandlungsanlagen ist zu kennzeichnen. Jede Anlage ist mit einer Nummer zu versehen.

Beispiel:

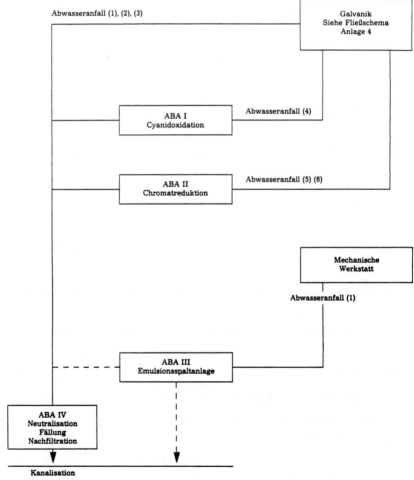

ABA = Abwasserbehandlungsanlage

**Beschreibungsbogen
für die Abwasserbehandlung**

(Bitte für jede vorhandene oder vorgesehene Abwasserbehandlungsanlage ausfüllen!)

1. Nr. der Abwasserbehandlungsanlage .... (wie in Anlage 5)

2. Die Abwasseranlage ist ☐ in Betrieb

   ☐ bestellt ☐ geplant

   Inbetriebnahme bis spätestens ....

3. Kennzeichnung der Abwasserbehandlungsanlage ....

   ....

   Hersteller: ....

   Verfahren: ....

   ....

4. Die Anlage ist bemessen auf .... m^3/h Abwasser.

5. Die Anlage arbeitet ☐ kontinuierlich ☐ im Chargenbetrieb

6. Die Anlage ist

   ☐ genehmigt durch Bescheid vom ....

   ☐ vom Landesamt für Wasser und Abfall NRW der Bauart nach zugelassen (Kopie ist beizufügen).

8.

Verwaltungsvorschrift über die Genehmigung der Einleitung von Abwasser aus Chemischreinigungen in öffentliche Abwasseranlagen

RdErl. d. Ministeriums für Umwelt, Raumordnung und Landwirtschaft
v. 8. 2. 1991 — IV B 5 — 674/2 — 26461/65

(MBl. NW. 1991 S. 273)

Zur Durchführung der §§ 58 und 59 des Wassergesetzes für das Land Nordrhein-Westfalen — LWG — in der Bekanntmachung der Neufassung vom 9. Juni 1989 (GV. NW. S. 384), zuletzt geändert durch Gesetz vom 20. Juni 1989 (GV. NW. S. 366/SGV. NW. 77) in Verbindung mit der ordnungsbehördlichen Verordnung über die Genehmigungspflicht für die Einleitung von Abwasser mit gefährlichen Stoffen in öffentliche Abwasseranlagen — VGS — vom 25. September 1989 (GV. NW. S. 564/SGV. NW. 77) ergeht folgende Verwaltungsvorschrift:

1 Genehmigungspflicht für die Indirekteinleitung

Abwasser, dessen Schmutzfracht aus Betrieben zur Chemischreinigung von

— Textilien,

— Teppichen oder

— Waren aus Pelzen oder Leder

unter Verwendung von Lösemitteln, die leichtflüchtige Halogenkohlenwasserstoffe enthalten, stammt, darf nur mit widerruflicher Genehmigung der unteren Wasserbehörde in öffentliche Abwasseranlagen (öffentliche Kanalisationen, öffentliche Abwasserbehandlungsanlagen) eingeleitet werden (Genehmigung der Indirekteinleitung), § 1 Abs. 1 VGS.

Sofern das Abwasser aus dem Betrieb ebenso wie der Destillationsschlamm einer geordneten Abfallbeseitigung zugeführt wird, entfällt also die Genehmigungspflicht.

Leichtflüchtig sind Halogenkohlenwasserstoffe mit einem Siedepunkt bis zu 423 Kelvin (150 °C) bei 1013 mbar.

2 Genehmigungspflicht für Abwasserbehandlungsanlagen

2.1 Wasserabscheider, Abwasseranfall

Die Wasserabscheider trennen mit Wasser vermischte Lösemittel (z. B. die destillierte Flotte aus der Reinigung, Gemische aus der Trocknung oder aus der Abluftreinigung). Sie sind Anlagen zur Rückgewinnung der Lösemittel durch mechanische Abtrennung der wässrigen Phase, keine Abwasserbehandlungsanlagen. Sie unterliegen nicht der Genehmigungspflicht nach § 58 Abs. 2 LWG.

Als Abwasser ist erst die aus den Wasserabscheidern abgeschiedene wässrige Phase (Kontaktwasser) anzusehen, die der Kanalisation zugeführt wird. Anfallstellen für lösemittelhaltiges Abwasser sind also die Abläufe der Wasserabscheider.

2.2 Genehmigungserfordernis für Abwasserbehandlungsanlagen

Anlagen, welche das aus den Wasserabscheidern abgeschiedene Kontaktwasser vor Einleitung in die Kanalisation behandeln, sind als Abwasserbehandlungsanlagen anzusehen.

Es handelt sich namentlich

— um Abscheideanlagen, die auch im Bedarfsfall bei vermehrtem Kontaktwasseranfall (insbesondere nach Betriebsstörungen der Lösemitteldestillation) das Kontaktwasser speichern und mit dem Wasser vermischte ungelöste Lösemittel aus dem Abwasser entfernen (sogenannte Sicherheitsabscheider) und

— um Anlagen, die gelöste Halogenkohlenwasserstoffe aus dem Abwasser entfernen (z. B. Adsorptionsanlagen, Extraktionsanlagen, Strippanlagen).

Bemessung, Gestaltung und Betrieb dieser Anlagen bedürfen der Genehmigung durch die untere Wasserbehörde. Diese Genehmigung sollte zusammen mit der Genehmigung der Indirekteinleitung beantragt und erteilt werden. Ist eine serienmäßig hergestellte Abwasserbehandlungsanlage vom Landesamt für Wasser und Abfall der Bauart nach zugelassen, entfällt die Genehmigungspflicht, § 58 Abs. 2 LWG.

3 Anforderungen nach dem Stand der Technik (St.d.T.)

3.1 Einsatz von Lösemitteln

Beim Betrieb von Chemischreinigungen darf nach § 2 der Zweiten Verordnung zur Durchführung des Bundes-Immissionsschutzgesetzes (2. BImSchV) vom 10. Dezember 1990 (BGBl. I S. 2694) lediglich Tetrachlorethen in technisch reiner Form eingesetzt werden. Dem Lösemittel dürfen keine Stoffe zugesetzt sein oder zugesetzt werden, die als krebserzeugend eingestuft sind.

Übergangsregelung:

Beim Betrieb von Chemischreinigungsanlagen, die am 1. März 1991 bereits errichtet sind, dürfen bis zum 31. 12. 1992 auch noch

— 1,1,1-Trichlorethan,

— 1,1,2,2-Tetrachlor-1,2-difluorethan (R-112),

— 1,1,2-Trichlor-1,2,2-trifluorethan (R-113) und

— Trichlorfluormethan (R-11)

eingesetzt werden.

Dementsprechend darf das Abwasser nur mit solchen leichtflüchtigen Halogenkohlenwasserstoffen belastet sein, die bei ordnungsgemäßem Einsatz der zugelassenen Lösemittel unvermeidlich sind.

Der Indirekteinleiter ist daher in der Genehmigung zu verpflichten, nachzuweisen, daß er nur einen oder mehrere der genannten Halogenkohlenwasserstoffe einsetzt. Er soll dies dadurch nachweisen, daß er den (die) von ihm eingesetzten Halogenkohlenwasserstoff(e) in einem Betriebstagebuch aufführt. Das Betriebstagebuch ist drei Jahre lang aufzubewahren und der unteren Wasserbehörde auf Anforderungen zur Einsicht zu überlassen.

3.2 Anforderungen an adsorbierbare organisch gebundene Halogene (AOX)

3.2.1 In der Genehmigung sind entsprechend der Anlage 1 für AOX, angegeben als Chlor, je nach Größenklasse der Reinigungsmaschinen folgende Überwachungswerte festzusetzen:

Größenklassen der Anlage	Konzentration mg/l	1 Std.-Fracht, bezogen auf die Füllmengenkapazität an Behandlungsgut mg/kg
bei einer Füllmengenkapazität der Chemischreinigungsmaschine(n) bis zu 50 kg Behandlungsgut	0,5	—
mehr als 50 kg Behandlungsgut	0,5	0,25

Soweit mehrere Chemischreinigungsmaschinen im selben Betrieb betrieben werden, ist die Größenklasse maßgebend, die sich aus der Summe der Füllmengenkapazität an Behandlungsgut der Einzelanlagen ergibt.

Festsetzungspunkt:	Der Auffangbehälter für die Einleitung in die Kanalisation
Probenahme:	Stichprobe
Probebehandlung:	Homogenisierung entsprechend DIN 38 402 — A 30 (Ausgabe Juli 1986), es ist im geschlossenen Gefäß und kühl zu homogenisieren.
Bestimmungsverfahren für AOX:	DIN 38 409 — H 14 (Ausgabe März 1985); Durchführung nach Abschnitt 8.2.2 unter Beachtung der Hinweise zu Nr. 501 der Anlage „Analysen- und Meßverfahren" zur Rahmen-AbwasserVwV vom 8. 9. 1989

1h-Fracht:	Bestimmt aus der Stichprobe und der 1h-Abwassermenge
Alternative:	Der Gehalt an AOX im Abwasser kann auch über die Bestimmung der eingesetzten Einzelstoffe, gerechnet als Chlor, gemäß den anzuwendenden Nummern der Anlage zur Rahmen-AbwasserVwV ermittelt werden.
Festsetzungsart:	Der Wert ist einzuhalten. Er gilt auch als eingehalten, wenn die Ergebnisse der letzten fünf im Rahmen der staatlichen Gewässeraufsicht durchgeführten Überprüfungen in vier Fällen diesen Wert nicht überschreiten und kein Ergebnis diesen Wert um mehr als 100 v. H. übersteigt. Überprüfungen, die länger als drei Jahre zurückliegen, bleiben unberücksichtigt.

3.2.2 Die Anforderungen an die Rückhaltung von AOX werden vom Indirekteinleiter unter folgenden Voraussetzungen erfüllt. Eine regelmäßige amtliche Beprobung ist dann entbehrlich.

— Das gesamte Abwasser aus der Chemischreingung einschließlich der Nebenanlagen (wie z. B. Destillation und Abluftreinigung) wird in einer ordnungsgemäß betriebenen Abwasserbehandlungsanlage gereinigt, die die Einhaltung eines Überwachungswertes von 0,5 mg/l AOX gewährleistet. Hierfür kommen Anlagen in Betracht, die gelöste Halogenkohlenwasserstoffe aus dem Abwasser entfernen, z. B. durch Adsorption an Aktivkohlefilter oder andere Adsorbentien, Extraktion oder Strippen.

Falls übergangsweise noch mehrere Chemischreinigungsmaschinen mit einem jeweils unterschiedlichen Lösemittel betrieben werden, darf das Kontaktwasser aus diesen Maschinen nicht gemeinsam behandelt werden; für jede Lösemittelart ist eine getrennte Behandlung erforderlich. Ist dies nicht möglich, empfiehlt es sich, schon sofort lediglich Tetrachlorethen einzusetzen.

— Jeder Anlage zur Endbehandlung des Abwassers ist ein Sicherheitsabscheider vorgeschaltet.

Das Auffangvolumen muß mindestens dem täglichen Abwasseranfall aus den zugeordneten Wasserabscheidern entsprechen. Das Nutzvolumen für die HKW-Phase muß mindestens 10 v. H. des gesamten Fassungsvermögens ausmachen.

— Alle Abwasserbehandlungsanlagen sind durch Prüfzeichen des Instituts für Bautechnik in Berlin (IfBT) zugelassen und landesrechtlich durch die untere Wasserbehörde genehmigt bzw. vom Landesamt für Wasser und Abfall der Bauart nach zugelassen.

Hat der Indirektleiter bei Erteilung der Genehmigung den genannten Anforderungen entsprechende Abwasserbehandlungsanlagen, denen das Prüfzeichen fehlt, in Betrieb, oder sind zu diesem Zeitpunkt solche Anlagen noch nicht verfügbar, genügt die landesrechtliche Zulassung.

448

3.3 Sanierungserfordernis

Wenn und soweit der Indirekteinleiter die nach Nummer 3.2 zu stellenden Anforderungen noch nicht einhalten kann, wird er von der unteren Wasserbehörde aufgefordert darzulegen, welche Maßnahmen er beabsichtigt und welchen Zeitraum er dazu benötigt. Die untere Wasserbehörde überprüft die Plausibilität der Darlegungen und setzt in der Genehmigung einen angemessenen Zeitraum für die Sanierung fest.

3.4 Betrieb und Wartung

Dem Indirekteinleiter ist aufzugeben, die Abwasserbehandlungsanlagen entsprechend den Herstellerangaben zu betreiben und die Anlage durch fachkundiges Personal oder durch einen fachkundigen Betrieb entsprechend der Wartungsanleitung des Herstellers warten zu lassen. Bei Aktivkohlefiltern ist entscheidend, den Filter vor Erreichen des zulässigen Wasserdurchsatzes auszuwechseln. Die Wartungsarbeiten sind im Betriebstagebuch einzutragen. Das Betriebstagebuch ist drei Jahre lang aufzubewahren und der unteren Wasserbehörde auf Verlangen zur Einsichtnahme zu überlassen.

3.5 Überprüfung der Anlagen

Der Indirekteinleiter ist darüber hinaus gem. § 60 a LWG zu verpflichten, im Rahmen der Selbstüberwachung mindestens einmal in fünf Jahren den Zustand der Abwasserbehandlungsanlagen durch eine hierfür geeignete fachkundige Stelle oder Person überprüfen zu lassen und den Prüfbericht der unteren Wasserbehörde unaufgefordert vorzulegen. Als fachkundig kann auch derjenige angesehen werden, der in der Lage ist, die Anlage ordnungsgemäß zu installieren und zu warten. Dies kann auch ein Angehöriger des Herstellers sein. Dabei ist zu überprüfen, ob die für die Funktion der Anlage maßgeblichen Bauteile in einem Zustand sind, der den ordnungsgemäßen Betrieb sicherstellt.

4 Mitteilung von Veränderungen

Der Indirekteinleiter ist zu verpflichten, der unteren Wasserbehörde alle beabsichtigten baulichen und maschinellen Änderungen in seinem Betrieb, die sich auf Menge und Beschaffenheit des Abwassers auswirken können, spätestens vier Wochen vor Inbetriebnahme mitzuteilen.

5 Weitere Anforderungen

Der Vollzug weiterer Anforderungen, die sich aus anderen Rechtsvorschriften als den §§ 7 a WHG und 59, 60 a LWG ergeben, namentlich die Anforderungen an Errichtung, Beschaffenheit und Betrieb von Anlagen zur Chemischreinigung nach der 2. BImSchV, wird durch die Genehmigung und Überwachung der Indirekteinleitung nicht ersetzt.

6 Antrag auf Genehmigung der Indirekteinleitung

6.1 Zur Antragstellung ist der Inhaber des Betriebes verpflichtet, also der Firmeninhaber als natürliche oder juristische Person. Wird das Unternehmen von einer juristischen Person oder mehreren Gesellschaftern betrieben, die keine juristische Person bilden, ist der Ansprechpartner für das Genehmigungsverfahren zu benennen.

6.2 Antragsfrist, Übergangsregelung

Gemäß § 3 Abs. 2 VGS war die Genehmigung für bereits bestehende Indirekteinleitungen bis spätestens zum 31. 12. 1990 bei der zuständigen unteren Wasserbehörde zu beantragen. Zuständig ist die untere Wasserbehörde (Kreis oder kreisfreie Stadt), in deren Amtsbezirk die indirekteinleitende Betriebsstätte liegt.

Der rechtzeitig gestellte Antrag hat die Rechtsfolge, daß die Indirekteinleitung bis zur Entscheidung über den Antrag für den am 1. Januar 1990 vorhandenen Umfang der Indirekteinleitung als genehmigt gilt.

Hat der Indirekteinleiter die rechtzeitige Antragstellung versäumt, ist er verpflichtet, den Antrag umgehend nachzuholen.

Ist eine Genehmigung nach der früheren VGS vom 21. August 1986 bereits erteilt, oder ist ein Genehmigungsantrag schon vor dem 1. 1. 1990 nach der damals geltenden VGS gestellt worden, braucht kein neuer Antrag gestellt zu werden, § 3 Abs. 3 VGS.

Soweit es erforderlich ist, wird die untere Wasserbehörde den Antragsteller auffordern, die Antragsunterlagen zu ergänzen.

6.3 Antragsunterlagen

Die Antragsunterlagen sollen enthalten

— den Firmennamen und die Anschrift der Firma (Anlage 2)

— die Bezeichnung und Anschrift des Betriebs, von dem aus die Indirekteinleitung erfolgt (Anlage 2)

— Blockschema der Entwässerung des Betriebs (Anlage 3)

— Beschreibungsbogen für den Abwasseranfall und die Abwasserbehandlung (Anlage 4)

6.4 Wird neben der Indirekteinleitung auch die Genehmigung von Bemessung, Gestaltung und Betrieb der Abwasserbehandlungsanlagen beantragt, sind für die Antragstellung keine weiteren Antragsunterlagen erforderlich. Ggf. wird die untere Wasserbehörde weitere Nachweise anfordern.

Chemischreinigung

1 Anwendungsbereich

Abwasser, dessen Schmutzfracht im wesentlichen aus der Chemischreinigung von Textilien und Teppichen sowie von Waren aus Pelzen und Leder unter Verwendung von Lösemitteln mit Halogenkohlenwasserstoffen gemäß der 2. BImSchV vom 21. 4. 1986 (BGBl. I S. 571) ([1]) stammt.

2 Anforderungen

An das Einleiten des Abwassers werden folgende Anforderungen nach dem Stand der Technik gestellt:

2.1 Das Abwasser darf nur diejenigen halogenierten Lösemittel enthalten, die nach der 2. BImSchV vom 21. 4. 1986 (BGBl. I S. 571) ([1]) in Chemischreinigungen eingesetzt werden dürfen.

2.2 Adsorbierbare organisch gebundene Halogene (AOX, bestimmt als Chlor)

Größenklassen der Anlage	Konzentration Stichprobe mg/l	1 Std.-Fracht, bezogen auf die Füllmengen- kapazität an Behandlungsgut mg/kg
bei einer Füllmengenka- pazität der Chemischreini- gungsmaschine(n) bis zu 50 kg Behandlungsgut	0,5	—
mehr als 50 kg Behand- lungsgut	0,5	0,25

Soweit mehrere Chemischreinigungsmaschinen im selben Betrieb betrieben werden, ist die Größenklasse maßgebend, die sich aus der Summe der Füllmengen- kapazität an Behandlungsgut der Einzelanlagen ergibt.

2.3 Die Anforderung der Nummer 2.1 gilt als eingehalten, wenn der Nachweis erbracht wird, daß nur zugelassene Halogenkohlenwasserstoffe eingesetzt werden.

2.4   Ein in Nr. 2.2 für AOX bestimmter Wert gilt auch als eingehalten, wenn der Gehalt an Halogenkohlenwasserstoffen im Abwasser über die eingesetzten Einzelstoffe bestimmt wurde und in der Summe, gerechnet als Chlor, die Werte aus Nummer 2.2 nicht übersteigt.

2.5   Ein in Nr. 2.2 und 2.4 bestimmter Wert gilt auch als eingehalten, wenn eine durch Prüfzeichen und ggf. nach Landesrecht zugelassene Abwasserbehandlungsanlage entsprechend der Zulassung eingebaut, betrieben und gewartet sowie vor Inbetriebnahme und in regelmäßigen Abständen von nicht länger als 5 Jahren nach Landesrecht auf ihren ordnungsgemäßen Zustand überprüft wird.

([1]) geändert durch VO vom 10. 12. 1990 (BGBl. I S. 2694), berücksichtigt in VwV zur Umsetzung dieses Anhangs (vgl. C III 8.)

([2]) Bestimmt aus der Stichprobe und der 1-Std.-Wassermenge.

Antragsteller   Datum: ....

....

....

....

Tel.: ....

An den/die
Kreis/kreisfreie Stadt ....
— untere Wasserbehörde —

....

....

Antrag
auf Genehmigung der aus der Chemischreinigung/Indirekteinleitung von Abwasser/auf
Genehmigung der Bemessung, Gestaltung und des Betriebs einer Abwasserbehand-
lungsanlage/von Abwasserbehandlungsanlagen

Ich bitte, mir die Einleitung von Abwasser aus der Chemischreinigung in die Kanalisation der Gemeinde .... gem. § 59 Abs. 1 LWG i.V.m.
der VGS vom 25. 9. 1989 zu genehmigen/Ich bitte, Bemessung, Gestaltung und Betrieb
der von mir eingesetzten/bestellten Abwasserbehandlungsanlage(n) gem. § 58 Abs. 2
LWG zu genehmigen.

Bezeichnung des Betriebs, von dem aus eingeleitet wird ....

....

....

Tel.: ....

Auf die beigefügten Unterlagen nehme ich Bezug.

Ansprechpartner für das Genehmigungsverfahren ist: ....

....

....

Tel.: ....

       Ort, Datum   Unterschrift

....

Blockschema der Entwässerung des Betriebs

Bitte die Herkunft des Abwassers und die Abwasserführung von den Wasserabscheidern bis zum öffentlichen Kanal schematisch zeichnerisch darstellen (ggf. auf besonderem Blatt). Die Lage und die Art der Abwasserbehandlungsanlage(n) ist zu kennzeichnen.

Beispiel: Siehe besonderes Blatt

Beispiel für Blockschema

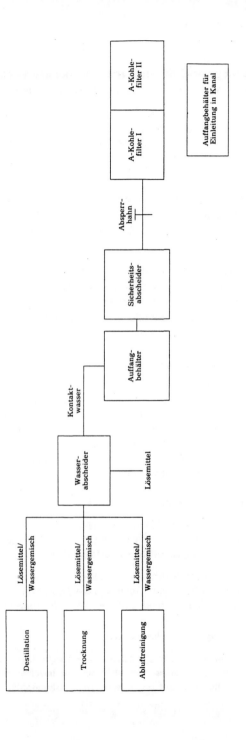

9.

Verwaltungsvorschrift zur Ermittlung der Jahresschmutzwassermenge bei Einleitung von mit Niederschlagswasser vermischtem Schmutzwasser

RdErl. d. Ministeriums für Umwelt,
Raumordnung und Landwirtschaft v. 4. 2. 1991 —
IV B 6 — 031 003 0101/IV B 5 — 676/5-28728

(MBl. NW. 1991 S. 281)

Zur Durchführung des § 69 Abs. 2 des Wassergesetzes für das Land Nordrhein-Westfalen (LWG) in der Fassung der Bekanntmachung vom 9. Juni 1989 (GV. NW. S. 384/SGV. NW. 77) ergeht folgende Verwaltungsvorschrift:

Die Jahresschmutzwassermenge ist neben den Überwachungswerten für die nach § 3 Abs. 1 des Abwasserabgabengesetzes (AbwAG) in der Fassung der Bekanntmachung vom 6. November 1990 (BGBl. I S. 2432) festgelegten Parameter die entscheidende Größe zur Ermittlung der Schädlichkeit des Abwassers im Sinne des Abwasserabgabengesetzes.

1   Begriffsbestimmung

Schmutzwasser ist gemäß § 2 Abs. 1 AbwAG das durch häuslichen, gewerblichen, landwirtschaftlichen und sonstigen Gebrauch in seinen Eigenschaften veränderte und das bei Trockenwetter damit zusammen abfließende Wasser. Als Schmutzwasser gelten auch die aus Anlagen zum Behandeln, Lagern und Ablagern von Abfällen austretenden und gesammelten Flüssigkeiten. Die Jahresschmutzwassermenge wird aus der Hochrechnung der Schmutzwassermenge an Trockenwettertagen ermittelt.

2   Ermittlungsmethode

Die mit Hilfe der Durchflußmeßeinrichtung ermittelten Tagessummen des Abwasserdurchflusses werden unterschieden in Ergebnisse an Trockenwettertagen und an Tagen mit Niederschlagseinfluß.

Aus der Mittelwertbildung der Ergebnisse an Trockenwettertagen und einer anschließenden Hochrechnung auf das Jahr ergibt sich die Jahresschmutzwassermenge (s. Beispiel in Abschnitt 4 und in der Anlage).

3   Ermittlung der Trockenwettertage

Zur Unterscheidung zwischen Trockenwettertagen und Regentagen sind die Ergebnisse von einer oder mehreren Niederschlagsmeßstationen im Entwässerungsgebiet oder auf der Abwasserbehandlungsanlage heranzuziehen.

Dabei erfolgt die Festlegung des Trockenwettertages folgendermaßen:

Es werden die Tagesmeßergebnisse herausgesucht, an denen folgende Niederschlagsbedingungen erfüllt sind:

N weniger oder gleich 1,0 mm am Tag und

N weniger oder gleich 1,0 mm am Vortag

Sollten keine Niederschlagsmessungen vorliegen, so kann hilfsweise die amtliche Niederschlagsstatistik des Deutschen Wetterdienstes herangezogen werden.

Durch die Einbeziehung eines Nachlauftages werden in normalen Einzugsgebieten nachlaufende Regenabflüsse aus der Berechnung ausgeschlossen.

Müssen in einem Netz weitere Nachlauftage berücksichtigt werden, so ist vom Einleiter oder Abgabepflichtigen ein Nachweis der Fließzeiten oder Beckenentleerungszeiten zu erbringen.

4 Beispiel zur Berechnung

Trockenwettertage: 123

Summe der Abflüsse
an diesen Trockenwettertagen: 200 000 m³

mittlerer Trockenwetterabfluß: $\dfrac{200\ 000\ m^3}{123}$ = 1 626 m³/d

Jahresschmutzwassermenge: 1 626 m³/d x 365 d

                = 593 490 m³

Auswertung
der Jahresschmutzwassermenge nach dem Verfahren
„Hochrechnung aus Tagesmeßergebnissen bei Trockenwetter"

Einleitungsnummer: .... Jahr: ....

Abwasserbehandlungsanlage: ....

(1) Monat	(2) Anzahl der Trockenwettertage	(3) Abfluß an Trockenwettertagen
Januar		
Februar		
März		
April		
Mai		
Juni		
Juli		
August		
September		
Oktober		
November		
Dezember		
Summe		

$$JSM = \frac{\text{Summe (3)}}{\text{Summe (2)}} \times 365$$

10.

Programm für die Gewährung von Finanzhilfen des Landes Nordrhein-Westfalen für öffentliche Investitionen zur Erhaltung und Verbesserung der Gewässergüte (Gewässergüteprogramm — kommunal)

RdErl. d. Ministeriums für Umwelt, Raumordnung und Landwirtschaft
v. 2. 7. 1990 —

(MBl. NW. S. 993)

1   Ziele

1.1   Das Aufkommen aus der Abwasserabgabe ist gemäß § 13 des Abwasserabgabengesetzes (AbwAG) vom 13. September 1976 in der Fassung der Bekanntmachung vom 5. März 1987 (BGBl. I S. 880) sowie §§ 81—83 des Landeswassergesetzes (LWG) in der Fassung der Bekanntmachung vom 9. Juni 1989 (GV. NW. S. 384/SGV. NW. 77) zweckgebunden zu verwenden.

1.2   In Erfüllung der in Nummer 1.1 genannten gesetzlichen Vorschriften stellt das Land aus dem Aufkommen der Abwasserabgabe nach Maßgabe dieses Programms Mittel zur Verfügung, die die Gewährung zinsgünstiger NRW-Kredite (Plafondkredite) für öffentliche Investitionen durch die INVESTITIONS-BANK NRW, Zentralbereich der WestLB (INVESTITIONS-BANK NRW), für Maßnahmen ermöglicht, die der Erhaltung und Verbesserung der Gewässergüte dienen.

1.3   Die Kredite sind neben den übrigen Förderungen wasserwirtschaftlicher Maßnahmen möglich und sollen diese ergänzen.

2   Grundsätze

2.1   Es werden Vorhaben gefördert, die vom Regierungspräsidenten aus Gründen des Gewässerschutzes befürwortet werden. Dabei werden Gemeinden des ländlichen Raumes und finanzschwache Gemeinden sowie Maßnahmen aus aufgestellten Bewirtschaftungsplänen besonders berücksichtigt.

2.2   Die Gewährung zinsgünstiger NRW-Kredite und ihre Höhe hängen von der wasserwirtschaftlichen Bedeutung des Vorhabens und dem Grad des Landesinteresses an seiner Verwirklichung ab.

2.3   Ein Rechtsanspruch auf Gewährung zinsgünstiger NRW-Kredite besteht nicht. Die Gewährung kann mit Bedingungen und Auflagen verbunden werden. Die Höhe richtet sich nach den vorhandenen Mitteln.

2.4   Von der Förderung sind ausgeschlossen

2.41	Vorhaben, mit denen vor Eingang des Förderungsantrages bei der INVESTI-TIONS-BANK NRW begonnen worden ist,

(Als Vorhabensbeginn ist u.a. der Abschluß eines der Ausführung zuzurechnenden Lieferungs- oder Leistungsvertrages sowie eines Kaufvertrages über bebaute Grundstücke zu werten. Planung, Genehmigungsverfahren, Baugrunduntersuchung, Grunderwerb und Herrichten des Grundstückes — z. B. Gebäudeabbruch, Planieren — gelten nicht als Beginn des Vorhabens).

2.42	Unterhaltung bzw. Ersatz bestehender Anlagen oder Anlageteile ohne Verbesserung der Wirksamkeit, Hausanschlüsse sowie Grundstücks- und Betriebskläreinrichtungen,

2.43	Grunderwerb,

2.44	Inseratskosten, Genehmigungsgebühren, Grunderwerbssteuern, Notarkosten, Gerichtskosten, Finanzierungskosten, Mehrwertsteuer (wenn vorsteuerabzugsberechtigt), Versicherung, Bauzinsen, Vermessungskosten, Mehrkosten infolge bergbaulicher Einwirkungen,

2.45	Mehrkosten aufgrund von Preissteigerungen oder fehlerhafter Kalkulationen, die nach Bekanntgabe der Entscheidung über den Förderantrag geltend gemacht werden.

2.46	Aufwendungen, die mit der geschuldeten Abwasserabgabe gem. § 10 Abs. 3 Abwasserabgabengesetz verrechnet werden.

3	Antragsberechtigte

3.1	Gemeinden, Gemeindeverbände und kommunale Arbeitsgemeinschaften.

3.2	Sonstige juristische Personen des öffentlichen und privaten Rechts (mit Ausnahme des Bundes), soweit sie Maßnahmen zur Erhaltung und Verbesserung der Gewässergüte für die Gemeinden oder die Gemeindeverbände im Rahmen des § 53 Abs. 1 LWG durchführen.

4	Gegenstand und Höhe der Förderung

4.1	Förderbar sind der Neubau, die Erweiterung oder Verbesserung von

4.11	Abwasserbehandlungsanlagen gemäß § 2 Abs. 3 AbwAG, zu denen bauliche und betriebliche Einrichtungen sowie Einrichtungen zur Überwachung des Betriebs und der Reinigungsleistung zählen.

4.12	Regenrückhaltebecken (einschl. Kanalstauräume) und Anlagen zur Reinigung des Niederschlagswassers (Regenwasserbehandlungsanlagen),

4.13	Ring- und Auffangkanäle an Talsperren und Seeufern sowie von Hauptverbindungssammlern einschl. der notwendigen Sonderbauwerke (Pumpwerke, Düker u.ä.), die die Errichtung von Gemeinschaftskläranlagen ermöglichen oder Einzelbehandlungsanlagen entbehrlich machen,

4.14	Kanalisationsanlagen,

4.15	Anlagen zur Verringerung des Abwasseranfalls und

4.15   Anlagen zur Verringerung des Abwasseranfalls und

4.16   Anlagen zur ordnungsgemäßen Beseitigung des Klärschlamms

4.2   Gefördert werden auch Ausgaben für Planungen, die Grundlage der Bauausführung sind, Baugrunduntersuchungen, Bauleitung sowie Außenanlagen, soweit sie im Zusammenhang mit Maßnahmen nach Nummern 4.11—4.16 anfallen.

4.3   Der zinsgünstige NRW-Kredit kann bis zu 50 % der förderbaren Kosten betragen. Er soll einen Betrag von 100 000 DM nicht unterschreiten und einen Betrag von 5 Mio DM nicht überschreiten.

4.4   Die Höhe des Zinssatzes wird jeweils bei Auflage des Plafonds vom Ministerium für Umwelt, Raumordnung und Landwirtschaft festgesetzt. Die Auszahlung erfolgt zu 100 %.

Der Kredit wird mit einer Laufzeit von 30 Jahren ausgereicht. Für die ersten 15 Jahre ist der Kredit zinsverbilligt; ab dem 16. Jahr erfolgt eine Anpassung an den dann üblichen Kapitalmarktzins. Die Tilgung des Kredites erfolgt in 30 gleichen Jahresraten.

5   Antrags- und Refinanzierungsverfahren

5.1   Der Antragsteller stellt den Förderantrag unter Verwendung des mit dem Ministerium für Umwelt, Raumordnung und Landwirtschaft abgestimmten Antragsmusters bei der INVESTITIONS-BANK NRW.

5.2   Die INVESTITIONS-BANK NRW übersendet zwei Ausfertigungen des mit ihrem Eingangsstempel versehenen Antrages an den zuständigen Regierungspräsidenten.

5.3   Die INVESTITIONS-BANK NRW sagt nach der Entscheidung des Regierungspräsidenten dem Kreditnehmer den zinsgünstigen NRW-Kredit zu. Die „Allgemeinen Bedingungen für Plafondkredite" aus dem Gewässergüteprogramm — kommunal sind Bestandteil der Zusage.

5.4   Kann die INVESTITIONS-BANK NRW eine Zusage nicht erteilen, weil der Regierungspräsident die Förderung des Vorhabens abgelehnt hat, unterrichtet sie den Kreditnehmer entsprechend.

6   Inkrafttreten

Das Programm tritt mit Wirkung vom 1. Januar 1990 in Kraft.

11.

**Programm für die Gewährung von Finanzhilfen des Landes
Nordrhein-Westfalen für Investitionen der gewerblichen Wirtschaft zur
Erhaltung und Verbesserung der Gewässergüte
(Gewässergüteprogramm — gewerblich)**

RdErl. d. Ministeriums für Umwelt, Raumordnung und Landwirtschaft
v. 2. 7. 1990 —
(MBl. NW. S. 994)

1   Ziele

1.1   Das Aufkommen aus der Abwasserabgabe ist gemäß § 13 des Abwasserabgabengesetzes (AbwAG) vom 13. September 1976 in der Fassung der Bekanntmachung vom 5. März 1987 (BGBl. I. S. 880) sowie §§ 81—83 des Landeswassergesetzes (LWG) in der Fassung der Bekanntmachung vom 9. Juni 1989
(GV. NW. S. 384/SGV. NW. 77) zweckgebunden zu verwenden.

1.2   In Erfüllung der in Nummer 1.1 genannten gesetzlichen Vorschriften stellt das
Land aus dem Aufkommen der Abwasserabgabe nach Maßgabe dieses Pro-
gramms Mittel zur Verfügung, die die Gewährung zinsgünstiger NRW-Kredite
(Plafondkredite) an Unternehmen der gewerblichen Wirtschaft durch die
INVESTITIONS-BANK NRW, Zentralbereich der WestLB (INVESTI-
TIONS-BANK NRW), für Maßnahmen ermöglicht, die der Erhaltung und
Verbesserung der Gewässergüte dienen.

2   Grundsätze

2.1   Es werden Vorhaben gefördert, die vom Regierungspräsidenten aus Gründen
des Gewässerschutzes befürwortet werden.

2.2   Die Gewährung zinsgünstiger NRW-Kredite und ihre Höhe hängen von der
wasserwirtschaftlichen Bedeutung des Vorhabens und dem Grad des Landesinteresses an seiner Verwirklichung ab.

2.3   Ein Rechtsanspruch auf Gewährung zinsgünstiger NRW-Kredite besteht nicht.
Die Gewährung kann mit Bedingungen und Auflagen verbunden werden. Die
Höhe richtet sich nach den vorhandenen Mitteln.

2.4   Von der Förderung sind ausgeschlossen

2.41   Vorhaben, mit denen vor Eingang des Förderungsantrages bei einem Kreditinstitut begonnen worden ist, (Als Vorhabensbeginn ist u. a. der Abschluß eines
der Ausführung zuzurechnenden Lieferungs- oder Leistungsvertrages sowie
eines Kaufvertrages über bebaute Grundstücke zu werten. Planung, Genehmigungsverfahren, Baugrunduntersuchung, Grunderwerb und Herrichtung des
Grundstückes — z. B. Gebäudeabbruch, Planieren — gelten nicht als Beginn
des Vorhabens.)

2.42 Unterhaltung bzw. Ersatz bestehender Anlagen oder Anlageteile ohne Verbesserung der Wirksamkeit,

2.43 Grunderwerb,

2.44 Inseratskosten, Genehmigungsgebühren, Grunderwerbssteuern, Notarkosten, Gerichtskosten, Finanzierungskosten, Mehrwertsteuer, Versicherung, Bauzinsen, Vermessungskosten, Mehrkosten infolge bergbaulicher Einwirkungen,

2.45 Mehrkosten aufgrund von Preissteigerungen oder fehlerhafter Kalkulationen, die nach Bekanntgabe der Entscheidung über den Förderantrag geltend gemacht werden.

2.46 Aufwendungen, die mit der geschuldeten Abwasserabgabe gem. § 10 Abs. 3 Abwasserabgabengesetz verrechnet werden.

3 Antragsberechtigte

Unternehmen der gewerblichen Wirtschaft.

4 Gegenstand und Höhe der Förderung

4.1 Förderbar sind der Neubau, die Erweiterung oder Verbesserung von

4.11 Abwasserbehandlungsanlagen gemäß § 2 Abs. 3 AbwAG, zu denen bauliche und betriebliche Einrichtungen sowie Einrichtungen zur Überwachung des Betriebes und der Reinigungsleistung zählen,

4.12 Regenrückhaltebecken (einschl. Kanalstauräume) und Anlagen zur Reinigung des Niederschlagswassers (Regenwasserbehandlungsanlagen),

4.13 Kanalisationsanlagen,

4.14 Anlagen zur Verringerung des Abwasseranfalls und

4.15 Anlagen zur ordnungsgemäßen Beseitigung des Klärschlamms.

4.2 Gefördert werden auch Ausgaben für Planungen, die Grundlage der Bauausführung sind, Baugrunduntersuchungen, Bauleitung sowie Außenanlagen, soweit sie im Zusammenhang mit Maßnahmen nach Nummern 4.11 — 4.15 anfallen.

4.3 Der zinsgünstige NRW-Kredit kann bis zu 50 % der förderbaren Kosten betragen. Er soll einen Betrag von 50 000,— DM nicht unterschreiten und einen Betrag von 5 Mio DM nicht überschreiten.

4.4 Die Höhe des Zinssatzes wird jeweils bei Auflage des Plafonds vom Ministerium für Umwelt, Raumordnung und Landwirtschaft festgesetzt. Die Auszahlung erfolgt zu 100 %.

Der Kredit wird mit einer Laufzeit von 12 Jahren, davon 2 Jahre tilgungsfrei, ausgereicht. Die Tilgung erfolgt in 10 gleichen Jahresraten.

4.5 Die insgesamt für das Vorhaben gewährten Finanzierungshilfen dürfen den von der Europäischen Gemeinschaft festgelegten Subventionswert nicht überschreiten.

5 Antrags- und Refinanzierungsverfahren

5.1 Der Antragsteller stellt den Förderantrag unter Verwendung des mit dem Ministerium für Umwelt, Raumordnung und Landwirtschaft abgestimmten Antragsmusters bei einem Kreditinstitut seiner Wahl (Hausbank).

5.2 Die Hausbank übersendet den mit ihrem Eingangsstempel versehenen Antrag zusammen mit ihrem Refinanzierungsantrag — ggf. über ein Zentralinstitut — an die INVESTITIONS-BANK NRW.

5.3 Die Hausbank übersendet zwei Ausfertigungen des Antrages an den zuständigen Regierungspräsidenten.

5.4 Die INVESTITIONS-BANK NRW sagt nach der Entscheidung des Regierungspräsidenten — soweit der Kredit 2,5 Mio DM überschreitet nach vorheriger Beratung im Landeskreditausschuß — der Hausbank den Kredit zur Refinanzierung des von ihr an den Endkreditnehmer auszureichenden zinsgünstigen NRW-Kredites zu. Die „Allgemeinen Bedingungen für Plafondkredite" aus dem Gewässergüteprogramm (gewerblich) — Fassung für die Hausbank und Fassung für den Endkreditnehmer — sind Bestandteil der Zusage. Für die Zusammensetzung des Landeskreditausschusses gelten die Regelungen im Regionalen Wirtschaftsförderungsprogramm des Ministeriums für Wirtschaft, Mittelstand und Technologie.

5.5 Kann die INVESTITIONS-BANK NRW eine Refinanzierungszusage nicht erteilen, weil der Regierungspräsident die Förderung des Vorhabens abgelehnt hat, unterrichtet sie die Hausbank entsprechend.

6 Inkrafttreten

Das Programm tritt mit Wirkung vom 1. Januar 1990 in Kraft.

12.

Allgemeine Güteanforderungen für Fließgewässer (AGA) Entscheidungshilfe für die Wasserbehörden in wasserrechtlichen Erlaubnisverfahren

RdErl. d. Ministeriums für Umwelt, Raumordnung und Landwirtschaft v. 14. 5. 1991 — IV B 7 1571/11-30707 (MBL.NW. 1991 S. 863)

Das Landesamt für Wasser und Abfall NW hat unter Hinzuziehung von Fachleuten der Wasserbehörden sowie der Staatlichen Ämter für Wasser- und Abfallwirtschaft die nachstehenden allgemeinen Güteanforderungen für Fließgewässer (AGA) formuliert, die von den Wasserbehörden in wasserrechtlichen Erlaubnisverfahren anstelle der vom Landesamt für Wasser und Abfall NW im Jahr 1984 mit meiner Zustimmung veröffentlichten „Weitergehende Anforderung an Abwassereinleitungen in Fließgewässer" als Entscheidungshilfe verwendet werden sollen.

Die nachstehenden

„Allgemeine Güteanforderung
für Fließgewässer (AGA)
Entscheidungshilfe für die Wasserbehörden
im wasserrechtlichen Erlaubnisverfahren"

werden hiermit als einheitliche Grundlage für die Beurteilung in den behördlichen Vollzug eingeführt.

**Allgemeine Güteanforderungen
für Fließgewässer (AGA)
Entscheidungshilfe für die Wasserbehörden
in wasserrechtlichen Erlaubnisverfahren**

1 Einführung

„Die Gewässer sind als Bestandteil des Naturhaushalts so zu bewirtschaften, daß sie dem Wohl der Allgemeinheit und im Einklang mit ihm auch dem Nutzen einzelner dienen und daß jede vermeidbare Beeinträchtigung unterbleibt" (§ 1 a Abs. 1 WHG). Diesen Grundsatz des Wasserhaushaltsgesetzes (WHG) gilt es, mit konkreten Kenngrößen zu präzisieren.

Die Güte der Oberflächengewässer hängt von zahlreichen Randbedingungen ab. Dazu gehören u. a. die Einleitungen von Abwasser, die Indirekteinleitungen, die Belastungen aus diffusen Quellen und die Beschaffenheit des Gewässerbettes. Abwassereinleitungen müssen gemäß § 7 a WHG Anforderungen genügen, die sich im Normalfall nach den „allgemein anerkannten Regeln der Technik" und — dies gilt auch für Indirekteinleitungen — bei der Anwesenheit gefährlicher Stoffe aus bestimmten Herkunftsbereichen nach den in den Anhängen zur Rahmen-Abwasser-Verwaltungsvorschrift der Bundesregierung festgelegten Anforderungen entsprechend dem „Stand der Technik" richten. Neben der Verwaltungsvorschrift für häusliches Abwasser liegen ca. 50 weitere branchenspezifische Regelwerke vor.

Mit diesen Anforderungen für Abwassereinleiter wird die Wasserbeschaffenheit in den Oberflächengewässern beeinflußt. Weitere Verbesserungen der Gewässerqualität durch verschärfte Anforderungen an Abwassereinleitungen setzen voraus, daß eine entsprechende Technik zur Vermeidung bzw. Reinigung von Abwasser verfügbar ist oder entwickelt wird und ohne Verstoß gegen das Übermaßverbot gefordert werden kann.

Für die Bewirtschaftung der Gewässer ist daneben notwendig, als Basis für Gewässergüteziele immissionsbezogene Standards zu definieren, die durch konkrete Kenngrößen und Zahlen präzisiert werden.

Auf dieser Grundlage können gegebenenfalls erforderliche weitergehende Anforderungen in den wasserrechtlichen Bescheiden formuliert werden. Zusätzlich ist zu beachten, daß für alle Gewässer das Verschlechterungsverbot des § 36 b Abs. 6 WHG gilt.

Um den Wasserbehörden bei ihrer Entscheidungsfindung im Einzelfall zu helfen, hatte eine Arbeitsgruppe im Landesamt für Wasser und Abfall Nordrhein-Westfalen, gebildet aus Vertretern des Landesamtes, der Regierungspräsidenten und der Staatlichen Ämter für Wasser- und Abfallwirtschaft, die verfügbaren Informationen und Erkenntnisse für weitergehende Anforderungen zusammengestellt und nach Diskussion innerhalb der Wasserwirtschaftsverwaltung 1984 im Einvernehmen mit dem Minister für Umwelt, Raumordnung und Landwirtschaft des Landes NRW veröffentlicht. Nachdem nunmehr eine mehrjährige Erfahrung mit der 1. Fassung vorliegt und geänderte Rahmenbedingungen entstanden sind, war es erforderlich, mit dieser Schrift eine 2. verbesserte Fassung der Güteanforderungen zu erarbeiten. Dabei wird insbesondere der 5. Novelle des Wasserhaushaltsgesetzes Rechnung getragen, die in ihrem Grundsatz mit einer Erweiterung die Bedeutung der „Gewässer als Bestandteil des Naturhaushalts" betont. Darüber hinaus haben die dramatischen Ereignisse an Nord- und Ostsee dazu beigetragen anzuerkennen, daß bei Einleitungen in die Gewässer stets außer der räumlichen und zeitlichen Nahwirkung auch die räumliche und zeitliche Fernwirkung zu beachten ist.

Soweit zwischenzeitlich Änderungen bei supranationalen Regelungen erfolgt sind, wurden diese ebenfalls berücksichtigt.

Wegen der Besonderheiten eines jeden Einzelfalles können die hier vorgelegten Kriterien nur Entscheidungshilfen geben, sie können nicht verpflichtend sein. Sie ersetzen auch nicht die konkrete Bewirtschaftungsplanung für einzelne Gewässer. Dennoch berücksichtigen sie die bisherigen Erfahrungen aus der Bewirtschaftungsplanung und sollen im Vorfeld solcher Planungen zu sinnvollen wasserrechtlichen Entscheidungen führen.

In der vorliegenden 2. Fassung der Güteanforderungen sind für Schwebstoffe und Sedimente noch keine Werte genannt. Dazu ist es erforderlich, daß landesweit auf einer breiteren Basis als z. Zt. verfügbar Erkenntnisse gesammelt werden.

2 Rechtliche Grundlagen für weitergehende Anforderungen

Bei der Entscheidung über Anforderungen, die über die Anforderungen des § 7 a WGH hinausgehen, sind die Generalklauseln der §§ 6, 36 b Abs. 6 WHG von besonderer Bedeutung.

Liegen zwingende Versagungsgründe nicht vor, muß die Wasserbehörde im Rahmen des ihr zustehenden Ermessens sachgerecht entscheiden, in welchem Umfang die Abwassereinleitung zugelassen werden kann.

Dieses Ermessen ermöglicht es der Wasserbehörde, über den Einzelfall hinaus allgemeinere Überlegungen der Bewirtschaftung des Gewässers einzubringen.

Der Gesetzgeber stellt für solche Bewirtschaftungsüberlegungen das Instrument des Bewirtschaftungsplanes zur Verfügung. Dort konkretisieren sich die Erfordernisse einer geordneten Bewirtschaftung des jeweiligen Gewässers unter anderem für die Festlegung der Schutzziele und Nutzungen, denen das Gewässer dienen soll.

Der Bewirtschaftungsplan ist nicht das einzige verfügbare Instrument der Gewässerbewirtschaftung. In einer Situation, in der nur für einige Gewässer Bewirtschaftungspläne vorliegen, ist das rechtliche Instrument zur Bewirtschaftung der Gewässer der Ermessensspielraum der Erlaubnisbehörde. Wie bei der Aufstellung von Bewirtschaftungsplänen ist dabei in erster Linie auf die Schutzziele und Nutzungserfordernisse des Gewässers abzustellen.

Es ist zu ermitteln,

welchen Nutzungen neben dem im § 1 a WHG genannten, allgemeinen Bewirtschaftungsgrundsatz das von der Abwassereinleitung betroffene Gewässer dient. Danach richten sich die Merkmale, die das Gewässer aufweisen soll. Diese Merkmale sind aber nicht allein auf die Nutzungen zu beziehen. Zur Ordnung des Wasserhaushalts gehört auch, eine Mindestgüte für das in Anspruch genommene Gewässer anzustreben und zu gewährleisten.

Dabei ergibt sich als allgemeine wasserwirtschaftliche Güteanforderung,

daß in Fließgewässern eine der Gewässergüteklasse II entsprechende Lebensgemeinschaft erhalten bleibt bzw. erreicht wird und die weiteren Merkmale in der Tabelle: „Allgemeine Güteanforderungen (AGA)" eingehalten sind.

Hat ein Gewässer die Gewässergüteklasse II noch nicht erreicht und ist durch verschärfte Anforderungen an Abwassereinleitungen eine signifikante Verbesserung der Gewässergüte zu erwarten, sind an die Abwassereinleitungen unter Beachtung des Grundsatzes der Verhältnismäßigkeit entsprechende verschärfte Anforderungen zu stellen mit dem Ziel, die Gewässergüteklasse II zu erreichen oder sich ihr soweit wie möglich anzunähern. Für bestimmte Nutzungen wie z. B. Trinkwassergewinnung können sich zusätzliche Merkmale oder die Verschärfung einzelner Merkmale ergeben.

Bei Gewässern mit geringem Trockenwetterabfluß sind gesonderte Verhältnisse zu berücksichtigen. Ob hier Verschärfungen gegenüber den a.a. R.d.T. gefordert werden, ist im Einzelfall zu entscheiden. Dies richtet sich zunächst nach der Zielvorgabe für das Gewässer, in das dieses Gewässer einmündet. Dabei ist das einmündende Gewässer in die Mischrechnung für das bewirtschaftete Gewässer wie eine Abwassereinleitung einzubeziehen.

Im Falle der weitergehenden Nährstoffelimination für Stickstoff und Phosphor können sich bei kleinen und mittelgroßen Kläranlagen im Einzelfall unvertretbar große Aufwendungen ergeben. In solchen Fällen ist abzuwägen, ob weitergehende Anforderungen unter ökologischen und ökonomischen Gesichtspunkten gefordert werden müssen.

Bei kleinen Gewässern ist im Einzelfall zu prüfen, ob nicht einer ständigen Wasserführung bei zeitweise minderer Wasserqualität der Vorrang gegenüber dem Trockenfallen zu geben ist.

Eine Verschärfung der Anforderungen bis zum Stand der Technik kann begründet sein, weil überwiegende Gründe des Wohls der Allgemeinheit insbesondere im Hinblick auf die das Gewässer umgebende Landschaft oder besondere Nutzung des Gewässers dazu zu veranlassen.

3 Allgemeine Güteanforderungen für Fließgewässer (AGA)

3.1 Einführung

Die Kenngrößen und deren Grenzwerte der Tabelle machen deutlich, daß aus der Sicht eines umfassenden Gewässerschutzes die Vorgabe einer bestimmten Güteklasse allein nicht ausreicht, um Güteziele und Nutzungen auch in der Zukunft zu sichern.

Bei der Formulierung von Anforderungen für die verschiedenen Kenngrößen wurden u. a. die in NRW erhobenen Gütemeßdaten aus den Jahren 1984—1989 ausgewertet. Auch für die Zuordnung von Saprobienindices und anderen Kenngrößen dienten diese Daten als Grundlage.

Die Einhaltung der AGA allein genügt nicht, einen ökologisch befriedigenden Zustand herzustellen. Dazu ist es außerdem erforderlich, daß die Gewässer in ihrer Gestalt den Anforderungen der „Richtlinie für naturnahen Ausbau und Unterhaltung der Fließgewässer in Nordrhein-Westfalen" entsprechen (RdErl. d. Ministers für Umwelt, Raumordnung und Landwirtschaft v. 1. 9. 1989 (n.v.) — III B 3 — 2512 — 22898 — SMBl. NW. 772).

So ist die Ausbildung von Lebensgemeinschaften und die Selbstreinigung des Gewässers, außer von der Wasserqualität, auch von weiteren Randbedingungen wie Lichtexposition, Beschaffenheit des Gewässerbettes (Profil, Gefälle, Rauhigkeit), Gestaltung des Uferbereiches und der Längsentwicklung des Gewässers abhängig. Während ein glattes Betongerinne nur wenigen speziell angepaßten Organismen Lebensmöglichkeit bietet, stellt ein naturnah gestaltetes Gewässer ein Mosaik von verschiedenartigen Kleinbiotopen mit entsprechend mannigfaltiger Besiedlung dar. Es bietet damit optimale Voraussetzungen für die Selbstreinigung, was wiederum zu einer Verbesserung der Wasserqualität führt.

Tabelle:
Allgemeine Güteanforderungen (AGA)

	Kenngrößen	AGA
1	Gewässergüteklasse	II
	Saprobienindex	$1,8 - <2,3$
2	Temperatur Tmax., °C/T_G, K	
	sommerkühle Gewässer	20/3
	sommerwarme Gewässer	25/5
3	Sauerstoff (mg/l)	≥ 6
4	pH-Wert	$6,5 - 8,5$
5	BSB_5 m. ATH (mg/l)	≤ 5
6	CSB (mg/l)	≤ 20
7	TOC (mg/l)	≤ 7
8	Ammonium, NH_4^+-N (mg/l)	≤ 1
9	Nitrat, NO_3^--N (mg/l)	≤ 8
10	Phosphor ges. (mg/l)	$\leq 0,3$
11	Eisen ges. (mg/l)	≤ 2
12	Zink ges. (mg/l)	$\leq 0,3$
13	Kupfer ges. (mg/l)	$\leq 0,04$
14	Chrom ges. (mg/l)	$\leq 0,03$
15	Nickel ges. (mg/l)	$\leq 0,03$
16	Blei ges. (mg/l)	$\leq 0,02$
17	Cadmium ges. (mg/l)	$\leq 0,001$
18	Quecksilber ges. (mg/l)	$\leq 0,0005$
19	AOX (mg/l)	$\leq 0,04$

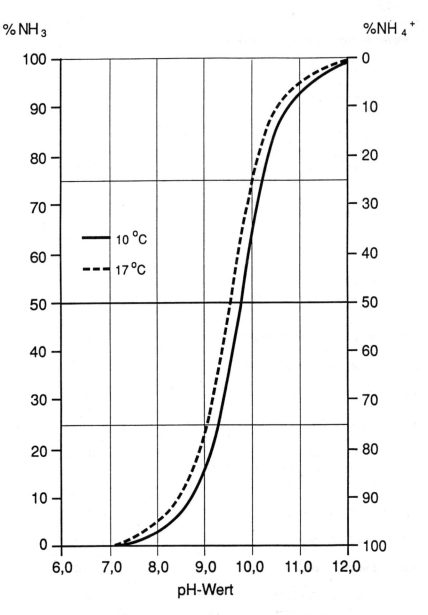

%NH₃ / %NH₄⁺

Abhängigkeit des NH₄⁺/NH₃ Gleichgewichts von
pH-Wert und Temperatur

A07:16911BU075.89

3.2   Erläuterungen zu den Kenngrößen der AGA

Für die Kenngrößen der AGA sind Konzentrationswerte festgelegt. Sie lassen erwarten, daß keine Störungen im Gewässer auftreten. Den Anforderungen liegt die Annahme zugrunde, daß der Wert über 90 % der Zeit des Jahres eingehalten wird.

Bei den Kenngrößen 12—18 (Tabelle) handelt es sich um gefährliche Stoffe im Sinne des § 7 a WHG, die nach dem jeweiligen Stand der Technik aus dem Abwasser zu entfernen sind. Eine immissionsseitige Betrachtung erübrigt sich damit aber nicht.

Temperatur:

Die festgelegten Maximaltemperaturen und Aufwärmspannen entsprechen dem Vorschlag der Arbeitsgruppe „Wärmebelastung der Gewässer" der Länderarbeitsgemeinschaft Wasser (LAWA).

Tmax. bezieht sich auf die rechnerische Mischtemperatur unterhalb von Wärmeeinleitungen.

Die T_G-Werte stellen die rechnerischen Aufwärmspannen über die natürliche Temperatur in den Gewässern dar. Sie gelten ganzjährig, unabhängig von den maximal zulässigen Temperaturen und sollen ein natürliches Temperaturregime sichern. Dies ist erforderlich, weil die einzelnen Entwicklungsstadien von Fischen und anderen Wasserorganismen unterschiedliche Temperaturbedingungen zu den verschiedenen Jahreszeiten benötigen. Außerdem ruft jede Änderung des natürlichen Temperaturregimes Änderungen im Verhalten der Fische und in der Zusammensetzung der Fischgesellschaften hervor.

Die weitere Begründung der Tmax-Werte findet sich in der LAWA-Schrift „Grundlagen für die Beurteilung der Wärmebelastung von Gewässern", Teil 1: Binnengewässer, 2. verbesserte Auflage 1977.

Sauerstoff:

Die angegebene Untergrenze für den Sauerstoffgehalt stellt sicher, daß auch im Sommer bei hohen Wassertemperaturen und hoher Bioaktivität noch ausreichend Sauerstoff vorhanden ist, um das Leben der Fische und anderer Wasserorganismen zu sichern und die sauerstoffverbrauchenden Prozesse der Selbstreinigung zu ermöglichen, sofern die Belastung (BSB_5, CSB) in den angegebenen Grenzen bleibt.

pH-Wert:

Die angegebenen Werte kennzeichnen die unteren und oberen Grenzen des für die meisten Wasserorganismen auf Dauer noch verträglichen Bereiches. Länger anhaltende Unter- oder Überschreitungen führen ebenso wie starke kurzzeitige Schwankungen zur Artenverarmung; Gesundheit und Fortpflanzungsvermögen von Fischen werden beeinträchtigt. Stoffwechselvorgänge werden gehemmt und damit die Selbstreinigung gemindert.

Der pH-Wert ist außerdem im Zusammenhang mit dem Ammonium/Ammoniak-Gleichgewicht zu sehen.

BSB_5:

Gemäß DIN 38 409 ist der BSB_5 mit Hemmung der Nitrifikation ein indirektes Maß für den Gehalt an mikrobiell abbaubaren organischen Kohlenstoffverbindungen. Nach dieser Norm (Teil 51) ist der Zusatz eines Nitrifikationshemmers (ATH) immer dann zwingend, wenn die Gegenwart nitrifizierender Bakterien nicht ausgeschlossen werden kann. In Oberflächengewässern ist praktisch immer mit Nitrifikanten zu rechnen.

Da nur für den BSB ohne Nitrifikation eine allgemein gültige Kinetik angegeben werden kann, und da man in Kläranlagenabläufen meist ohnehin mit ATH-Zusatz mißt, wird künftig auch im Gewässer auf die Messung des BSB ohne Hemmung der Nitrifikation verzichtet.

Weitere Erläuterungen zu dieser Kenngröße sind dem DVWK-Merkblatt „Beurteilung der Aussagekraft des Biochemischen Sauerstoffbedarfs" zu entnehmen.

TOC und CSB:

TOC und CSB dienen der Erfassung der organischen Stoffe im Gewässer. Die relativ hohe Bestimmungsgrenze (15 mg/l) und das wenig umweltfreundliche Analyseverfahren (Verwendung von Hg und Ag bei der Bestimmung) lassen es wünschenswert erscheinen, den CSB künftig ganz durch die Kenngröße TOC zu ersetzen. Zur Zeit ist dies noch nicht möglich, da der CSB in Gesetzen und Verwaltungsvorschriften des Bundes und in EG-Richtlinien vorgeschrieben wird.

Ammonium:

Die Anforderungen für Ammonium sind im Zusammenhang mit dem NH_4/ NH_3-Gleichgewicht zu sehen. Dieses Gleichgewicht hängt vor allem vom pH-Wert und daneben auch von der Temperatur ab. Mit steigendem pH-Wert nimmt der Anteil des für Fische und andere Wasserorganismen sehr giftigen Ammoniaks (NH_3) deutlich zu. Als Ammoniak-Grenzkonzentration für akut toxische Wirkung ist bei Forellen 0,1 mg/l, bei Aal und Karpfen 1,0 mg/l anzusetzen. Doch führt auf Dauer bereits ein Zehntel dieser Konzentration zu Schäden und Wachstumsdepression.

Bei gleichem pH-Wert steigt der NH_3 Anteil zu höheren Temperaturen hin an und nimmt entsprechend mit der Temperatur ab.

Nitrat:

Nitrat ist in weiten Grenzen für Wasserorganismen ungiftig. Es ist jedoch ein essentieller Pflanzennährstoff und damit nach dem Phosphor wichtigster Eutrophierungsfaktor, insbesondere auch im Hinblick auf die Küstenmeere. Durch Übertritt ins Grundwasser bzw. ins Uferfiltrat kann es andernorts zu einer Beeinträchtigung der Trinkwassergewinnung führen.

Phosphor:

Phosphor ist Haupteutrophierungsfaktor. Schon bei einer Konzentration von $< 0,5$ mg/l kommt es im Fließgewässer zu Verkrautungen bzw. starker Vermehrung von Planktonalgen. Langfristig ist daher ein deutlich niedrigerer Wert anzustreben. Da diese aus der Sicht des Gewässers notwendige Begrenzung zur Zeit bei einer Anzahl von Gewässern nicht eingehalten wird, sind Anstrengungen für die Reduzierung des Phosphoreintrages vorrangig dort erforderlich, wo wegen Eutrophierungserscheinungen besonderes wasserwirtschaftliches Erfordernis besteht.

Eisen:

Eisen wirkt durch Abdecken biologisch aktiver Oberflächen im Gewässer als besiedlungsfeindlicher Faktor. Auf diese Weise beeinträchtigt es auch die Selbstreinigungskapazität, die besonders in kleineren und flacheren Gewässern überwiegend von den an eine feste Unterlage gebundenen Aufwuchsorganismen gewährleistet wird. Fische werden durch Ausfällung von Eisenoxid auf den Kiemen geschädigt.

Zink:

Zink gilt humantoxikologisch als wenig kritisch, daher sind im Roh- und im Trinkwasserbereich vergleichsweise hohe Konzentrationen zulässig. Wesentlich toxischer ist Zink dagegen für Wasserorganismen. Die Toxizität für Fische und Fischnährtiere hängt dabei stark vom Härtegrad des Wassers ab. Der in der Tabelle angegebene Wert bezieht sich auf einen $CaCO_3$-Gehalt von 100 mg/l ($\triangleq$ 5,6 °dH). Besonders empfindlich gegen Zink sind die für die Selbstreinigung wichtigen Mikroorganismen. Zink reichert sich im Gewässersediment, vor allem aber in Schnecken und Muscheln an. Synergistische Wirkungen mit Nickel und Kupfer sind bekannt.

Kupfer:

Kupfer ist für fast alle Wasserorganismen (Bakterien, Algen, Fischnährtiere, Fische) schon in geringen Konzentrationen toxisch. Es wirkt sich dementsprechend nachteilig auf Besiedlung und Selbstreinigungspotential des Gewässers aus. Auch die Giftwirkung des Kupfers steigt mit sinkendem Härtegrad des Wassers an. Der in der Tabelle auf Seite 866 angegebene Wert bezieht sich auf einen $CaCO_3$-Gehalt von 100 mg/l ($\triangleq$ 5,6 ° dH). Die Toxizität von Kupfer wird durch Zink und Cadmium noch verstärkt. Kupfer reichert sich in Muscheln und Aufwuchsorganismen an.

Chrom:

Chrom ist vor allem für Bakterien, Algen und Fischnährtiere giftig. Bei der Betrachtung der Schädlichkeit von Chrom ist zwischen dreiwertigem (Cr III) und sechswertigem (Cr VI) Chrom zu unterscheiden. Cr VI ist wesentlich giftiger als Cr III. Die getrennte Erfassung von Cr III und Cr VI im Gewässer ist derzeit nicht zweifelsfrei möglich. Aus diesem Grund ist wie in Verwaltungsvorschriften nach § 7 a WHG der Gesamtchromgehalt begrenzt, auch wenn die meisten toxikologischen Daten in der Literatur sich auf Cr VI beziehen, wohingegen im Gewässer überwiegend Cr III anzutreffen ist.

Nickel:

Nickel ist in geringen Konzentrationen vor allem für Bakterien und Protozoen toxisch und beeinträchtigt die biologische Selbstreinigung. Seine Giftwirkung wird durch Zink und Kobalt noch verstärkt. Nickel reichert sich in Muscheln sowie in Gewässersedimenten an. In Versuchen mit Elritzen wurde beobachtet, daß Zahl und Überlebensfähigkeit der Fischeier durch chronisch einwirkende Nickel-Ionen verringert werden.

Blei, Cadmium, Quecksilber:

Blei, Cadmium, Quecksilber sind weit mehr als die vorgenannten Metalle von großer humantoxikologischer Bedeutung, insbesondere wegen der von ihnen ausgehenden Langzeitwirkungen. Ihre Begrenzung muß daher besonders auch unter diesem Aspekt erfolgen.

Auf Grund ihres Vorkommens in Wasser und Sedimenten von Gewässern und wegen ihrer akuten und chronischen Toxizität gegenüber Gewässerorganismen spielen sie aber auch ökotoxikologisch eine wichtige Rolle.

Die akute Toxizität von Blei gegenüber Fischen und anderen Wasserorganismen ist im allgemeinen geringer als die von Cadmium und Quecksilber. In sehr weichen Wässern nimmt die Fischtoxizität allerdings erheblich zu. Sehr empfindlich auf Blei reagieren auch manche Protozoen.

Blei wird biologisch methyliert und reichert sich in Fischen und Planktonorganismen an.

Cadmium ist sowohl für Bakterien und Algen als auch für Fischnährtiere und Fische toxisch. Seine Giftwirkung wird durch Kupfer und Zink noch verstärkt. Cadmium unterliegt der Bioakkumulation durch Fische und Plankton und reichert sich in Sedimenten an.

Auch Quecksilber ist für alle Wasserorganismen toxisch. Seine Fischtoxizität übertrifft die des Cadmiums deutlich. Anorganisches Quecksilber wird im Gewässersediment durch Mikroorganismen zu Methyl- und Dimethylquecksilber umgewandelt. Die Alkylverbindungen sind noch wesentlich toxischer als metallisches Quecksilber. Sie sind lipoidlöslich und werden von Fischen und anderen Organismen um mehrere Zehnerpotenzen in ihrer Körpersubstanz angereichert.

Durch Hemmung der Stoffwechselaktivität von Mikroorganismen beeinträchtigt Methylquecksilber ebenfalls die Selbstreinigungskraft der Gewässer.

Auch einige andere organische Quecksilberverbindungen (z. B. Phenylquecksilberacetat) haben sich als extrem toxisch erwiesen.

AOX:

Für die Summenkenngröße Adsorbierbares organisch gebundenes Halogen (AOX) kann naturgemäß keine ökotoxikologische Begründung gegeben werden. Das Gefahrenpotential und die Umweltrelevanz vieler Organochlorverbindungen lassen aber dennoch zumindest eine summarische Begrenzung als notwendig erscheinen.

4 Güteanforderungen für einzelne Nutzungen

4.1 Hauptnutzungsart „Freizeit und Erholung"

Bei dieser HNA geht es um Freizeitaktivitäten an und auf dem Gewässer. Sie schließt also neben der Nutzung des Uferbereiches für Naturbeobachtung, Wandern, Radfahren, Spielen, Angeln u. a. auch Wassersport im Sinne von Segeln, Rudern oder Paddeln mit ein.

Die Güteanforderungen der HNA „Freizeit und Erholung" sind erfüllt, wenn die Mindestgüteanforderungen eingehalten werden. Sportarten, die einen intensiven und regelmäßigen bzw. ununterbrochenen Wasserkontakt beinhalten wie etwa Sporttauchen, Surfen oder Wildwasserfahren sind in den Fließgewässern von NRW nur von lokaler Bedeutung. Hier sind grundsätzlich die Anforderungen der HNA „Baden" zugrunde zu legen.

4.2 Hauptnutzungsart „Fischgewässer gemäß EG-Richtlinie"

Die Güteanforderungen dieser Hauptnutzungsart sind durch die EG-Richtlinie 78/659/EWG geregelt (siehe Anlage 1).

4.3 Hauptnutzungsart „Baden"

Die Güteanforderungen der HNA „Baden" sind durch die EG-Richtlinie 76/160/EWG geregelt (siehe Anlage 1).

Die entsprechende Verwaltungsvorschrift zur Anwendung erging durch Gem. RdErl. d. Ministers für Ernährung, Landwirtschaft und Forsten u. d. Ministers für Arbeit, Gesundheit und Soziales v. 8.2.1980 (MBl. NW. S. 230).

4.4 Hauptnutzungsart „Trinkwassergewinnung"

Die Güteanforderungen für direkt entnommenes Rohwasser sind durch die EG-Richtlinien 75/440/EWG (s. Anlage 1) und 79/869/EWG geregelt. In den Verwaltungsvorschriften zur Anwendung der erstgenannten Richtlinie v. 16. 6.

1975 (RdErl. d. MELF v. 18. 6. 1977, SMBl. NW. 770) wird ausgeführt, daß diese Richtlinie auch auf Uferfiltrat, das der Trinkwassergewinnung dient, als Empfehlung anwendbar ist.

4.5 Hauptnutzungsart „Entnahme für die Landwirtschaft — Beregnungswasser für Freilandkulturen"

Die Güteanforderungen für diese HNA wurden unter maßgeblicher Beteiligung der Landwirtschaftskammer Rheinland erstellt. Sie liegen als Anlage 2 bei.

5 Verknüpfung von Gewässergüte-Überwachungssystem und Güteanforderungen

Zur Ermittlung des Gewässerzustandes soll vor allem auf Daten, die im Rahmen des Gewässergüte-Überwachungssystems (GÜS) gewonnen wurden, zurückgegriffen werden. Es besteht aus einem abgestuften Überwachungssystem, das bereits auf die Bedeutung des Gewässers bzw. auf die schon praktizierten Nutzungen abhebt. Die Meßstellen sind so festgelegt, daß auf der Grundlage der an diesen Stellen gewonnenen Ergebnisse eine allgemeine Beurteilung des Güte-zustandes möglich ist. Für Probenahme und Analysen gelten die einheitlich in NRW festgelegten Verfahren.

Reichen die im Rahmen der GÜS gewonnenen Meßwerte für eine statistische Betrachtung entsprechend der in Abschnitt 3 aufgeführten Güteanforderungen nicht aus, so ist der Gewässerzustand auf Grund durchzuführender biologischer und/oder chemischer Untersuchungen abzuleiten.

6 Umsetzung der Güteanforderungen für Fließgewässer in die Überwachungswerte wasserrechtlicher Bescheide

6.1 Anforderungen an die Einleitung aus Kläranlagen

6.1.1 Grundlagen

Die Güteanforderungen sind grundsätzlich immer einzuhalten. Im allgemeinen kann diese Grundsatzforderung als erfüllt gelten, wenn 90 % aller Konzentra-tionswerte im Gewässer den Anforderungen entsprechen; dadurch werden extreme Werte, die durch Ausnahmesituationen verursacht sind, nicht berück-sichtigt. Die Umsetzung der Güteanforderungen für Fließgewässer in die Über-wachungswerte wasserrechtlicher Bescheide geschieht nach dem Prinzip der Mischrechnung. Dabei ist als kritischer Abfluß der Mittlere Niedrigwasserabfluß (MNQ) zugrunde zu legen. Dieser Abfluß spiegelt die regelmäßig auftretende kritische Gewässersituation wider, ohne auf extreme Trockenperioden abgestellt zu sein.

Die Mischrechnung geht davon aus, daß im Bereich der Einleitungen eine vollständige Durchmischung des Abwassers mit dem Gewässer erfolgt, während der kein Stoff die Phase wechselt oder durch Reaktion mit dem Wasser entsteht bzw. dem Wasser entzogen wird.

Vollständige Durchmischung liegt vor, wenn innerhalb kurzer Zeit nach Eintritt des Abwassers in das Fließgewässer keine oder nur noch natürliche Konzentrationsgefälle auftreten. Zum Beispiel führt das Nebeneinander von Stillwasserzonen am Ufer und schnellfließenden turbulent durchmischten Wasserstrecken zu Konzentrationsgefällen des Sauerstoffgehaltes und des Schwebstoffanteils. Die vollständige Durchmischung liegt in der Praxis nicht sofort unterhalb der Einleitungsstelle vor, wird jedoch zugunsten des Einleiters angenommen. Schlammablagerungen in der Nähe der Einleitungsstelle können auf unzureichende Reinigung oder auf Ausfällungsreaktionen bei der Einleitung hindeuten. Bei der Mischrechnung werden Ausfällungsvorgänge nicht berücksichtigt. Dennoch kann die Mischrechnung angewendet werden, da diese Ablagerungen eine potentielle Belastung des Gewässers darstellen, sofern sie nicht bereits zu einer akuten Belastung des Ökosystems führten.

Die Mischrechnung ergibt bei vertretbarem Aufwand ein ausreichendes Ergebnis. Detaillierte Gewässergütelängsschnitte können mit verfügbaren komplexen Gewässergütemodellen erhalten werden. Deren Einsatz erfordert jedoch einen sehr hohen analytischen Aufwand. Die tatsächlich im Gewässer entstehende Situation (instationäre dynamische Vorgänge) kann mit vertretbarem Aufwand nicht mit letzter Genauigkeit ermittelt werden.

6.1.2 Verfahren der Mischrechnung

Zur Durchführung der Mischrechnung müssen folgende Informationen vorliegen:

1) maßgebender Abfluß der Abwassereinleitung

2) maßgebender Abfluß des Gewässers oberhalb

3) Vorbelastung des Gewässers

Der maßgebende Abfluß der Abwassereinleitung entspricht dem 24-Stunden-Mittel des Tageabflusses. Da saisonbedingte Schwankungen des Trockenwetterabflusses auftreten (Schulferien, Betriebsferien etc.) muß der maßgebende Tageswert herangezogen werden. Dieser ist aus den vorliegenden Messungen zu wählen. Der maßgebende Abfluß der Abwassereinleitung läßt sich näherungsweise auch aus der nach § 69 Abs. 2 LWG ermittelten Jahresschmutzwassermenge berechnen. Zur Berücksichtigung wöchentlicher und saisonaler Schwankungen ist der aus der Jahresschmutzwassermenge errechenbare mittlere jährliche Tagesabfluß mit einem Zuschlag zu versehen. Der maßgebende Tagesabfluß ist für jede Einleitung gesondert zu ermitteln und sollte sich an dem höheren gemessenen Trockenwetterabfluß orientieren.

Der maßgebende Abfluß des Vorfluters oberhalb der Einleitung ist der mittlere Niedrigwasserabfluß (MNQ).

Die Vorbelastung des Gewässers ergibt sich aus den Messungen im Rahmen der Gewässergüteüberwachung. Dies gilt für das Vorliegen der Gewässergüteklasse I und I-II. In allen anderen Fällen ist der Sollzustand (Gewässergüteklasse II) für die Berechnung heranzuziehen. Die Konzentrationswerte für die einzelnen Kenngrößen können in diesen Fällen anhand der Tabelle, in der die 90 Perzentilwerte vorgegeben sind, festgelegt werden. Die Zuordnung chemischer Kenngrößen zu biologischen Gewässergüteklassen kann naturgemäß nur in Form von Konzentrationsbereichen erfolgen. Dies ist bei der Mischrechnung zu berücksichtigen.

Mit diesen Grundlagen kann der zulässige Stofftransport unterhalb der Einleitung nach dem Schema in Anlage 3 ermittelt werden. Dabei sind die im Vorfluter zulässigen Konzentrationen zur Aufrechterhaltung der Gewässergüteklasse II mit dem kritischen Abfluß unterhalb der Einleitung (MNQ unterhalb = MNQ oberhalb + Qt) zu multiplizieren.

Mit der Mischrechnung können die mittleren täglich einzuleitenden Transporte und Konzentrationen aus der Kläranlage ermittelt werden. Diese Transporte und Konzentrationen stellen die Betriebswerte der Kläranlage dar. Für die Festlegung der Überwachungswerte müssen die Tagesschwankungen im Ablauf der Kläranlage berücksichtigt werden. Diese Schwankungen sind je nach Art und Ausbaugröße der Kläranlage sowie je nach Art der festzulegenden Kenngrößen unterschiedlich (Faktor 1,7 bis 4,0). Grundsätzlich sind jedoch die Überwachungswerte höher als die Betriebswerte.

6.2 Hinweise für Anforderungen an das Einleiten von Niederschlagswasser

Wie aus den Einleitungen von Kläranlagen können auch aus den Einleitungen der Misch- und Trennkanalisation nicht unerhebliche Schmutzfrachten in die Gewässer gelangen. Aus der Maßgabe, daß die Güteanforderungen grundsätzlich im Gewässer einzuhalten sind, folgt, daß auch weitergehende Anforderungen an das Einleiten von Niederschlagswasser notwendig werden können. Hierbei ist zu beachten, daß Kanalnetz und Kläranlage funktionsmäßig eine Einheit darstellen, deren Emissionsverhalten nicht von einander unabhängig betrachtet werden dürfen. Der derzeitige Wissensstand über das Emissionsverhalten von Misch- und Trennkanalisationen ist wegen der bisher nur in geringem Umfang verfügbaren Untersuchungsergebnisse noch nicht befriedigend.

Bei der Formulierung weitergehender Forderungen an das Einleiten von Niederschlagswasser sollte im Einzelfall auf eingehende Untersuchungen, ggf. unter Verwendung von geeigneten Meßdaten, zurückgegriffen werden. Auch der Einsatz von Stofftransportmodellen kann hierbei hilfreich sein. Dennoch sollte bei der Sanierung von Kanalnetzen die Reihenfolge der Maßnahmen dem Grundsatz folgen, daß zunächst die Teilmaßnahmen mit der größten Entlastung vorgenommen werden.

Weitergehende Anforderungen an das Einleiten von Niederschlagswasser zielen nicht nur auf seine Behandlung ab.

6.3 Diffuse Einträge

Neben den Einleitungen aus Kläranlagen und Kanalisationen spielen in zunehmendem Maße diffuse Einträge, insbesondere aus land- und forstwirtschaftlicher Nutzung, eine Rolle als Ursache der Gewässerbelastung mit Nähr- und Schadstoffen.
Dieses Problem muß in naher Zukunft gelöst werden. Dazu sind Konzepte erforderlich, die über wasserwirtschaftliche Betrachtungen hinausgehen.

Anlage 1: Synopse der höherwertigen Nutzungen

Kenngrößen	Allg. Güteanforderungen (LWA) AGA	Fischgewässer gemäß EG-Richtlinie Salmoniden-Gewässer G	I	Cypriniden-Gewässer G	I	Badegewässer (EG-Richtlinie) G	I	Trinkwassergewinnung Kat. A 2 der EG-Richtlinie G	I	Kat. A 1 der EG-Richtlinie G	I
1 Temperatur Tmax, °C/ΔT_G, K sommerkühle Gew.: sommerwarme Gew.:	20/3 25/5	21,5[1]		28[1]				22	25[0]	22	25[0]
2 Sauerstoff (mg/l) Sättigung (%)	≥6	50 % >9 100 % >7	50 % >9	50 % >8 100 % >5	50 % >7	80-120		>50		>70	
3 pH-Wert	6,5-8,5	6-9[0]		6-9[0]		6-9[0]		5,5-9		6,5-8,5	
4 Ammonium, NH$_4$+-N (mg/l)	≤1	<0,03	<0,78[4]	<0,16	<0,78[4]			0,78	1,17	0,04	
5 Ammoniak, NH$_3$-N (mg/l)		<0,004	<0,02	<0,004	<0,02						
6 Cyanide ges. (mg/l)								0,05		0,05	
7 Geruch (Verd.-Faktor)								10		3	
8 BSB$_5$ m. ATH (mg/l)	≤5	<3[7]		<6[7]				<5[7]		<3[7]	
9 CSB (mg/l)	≤20										
10 Chloride (mg/l)								200		200	
11 Sulfate (mg/l)								150	250[0]	150	250
12 Phosphor ges. (mg/l)	≤0,3							0,3		0,17	
13 Eisen a) ges. (mg/l) b) gel. (mg/l)	≤2							1	2	0,1	0,3
14 Zink ges. (mg/l)	≤0,3	<0,3[2]		<1[2]				1	5	0,5	3

Anforderungen / Kenngrößen	Allg. Güteanforderungen (LWA)	Fischgewässer gemäß EG-Richtlinie — Salmoniden-Gewässer		Cypriniden-Gewässer		Badegewässer (EG-Richtlinie)		Trinkwassergewinnung — Kat. A 2 der EG-Richtlinie		Kat. A 1 der EG-Richtlinie	
	AGA	G	I	G	I	G	I	G	I	G	I
15 Kupfer a) ges. (mg/l) b) gel. (mg/l)	≤0,04	<0,04[2]		<0,04[2]				0,05		0,02	0,05[0]
16 Chrom ges. (mg/l)	≤0,03							0,05		0,05	
17 Nickel ges. (mg/l)	≤0,03										
18 Quecksilber ges. (mg/l)	<0,0005							0,0005	0,001	0,0005	0,001
19 Cadmium ges. (mg/l)	≤0,001							0,001	0,005	0,001	0,005
20 Blei ges. (mg/l)	≤0,02							0,05		0,05	
21 Arsen ges. (mg/l)								0,05	0,01	0,05	
22 Selen ges. (mg/l)								0,01		0,01	
23 Mangan ges. (mg/l)								0,1		0,05	
24 Barium ges. (mg/l)								1		0,1	
25 Bor ges. (mg/l)								1		1	
26 Nitrate, NO_3--N (mg/l)	≤8							11,5[0]		5,75	11,5[0]
27 Nitrite, NO_2--N (mg/l)		<0,003		<0,009							
28 Kjeldahl-Stickstoff, N (mg/l)								2		1	
29 Fluoride (mg/l)								0,7/1,7		0,7/1	1,5
30 Leitfähigkeit (µS/cm)								1000		1000	
31 Transparenz (m)						2	1[0]				
32 Suspendierte Stoffe (mg/l)		< 25		< 25							
33 Phenolindex (mg/l)			5[5]		5[5]	≤ 0,005	< 0,05	0,001	0,005		0,001
34 Kohlenwasserstoffe (mg/l)			6[6]		6[6]	≤ 0,3				0,2	0,05
35 Polyzyklische aromat. Kohlenwasserstoffe (PAK) (mg/l)								0,0002		0,0002	
36 Chloroformextrahierbare Stoffe (mg/l SEC)								0,2		0,1	

Anforderungen / Kenngrößen	Allg. Güteanforderungen (LWA) AGA	Fischgewässer gemäß EG-Richtlinie Salmoniden-Gewässer G	I	Cypriniden-Gewässer G	I	Badegewässer (EG-Richtlinie) G	I	Trinkwassergewinnung Kat. A 2 der EG-Richtlinie G	I	Kat. A 1 der EG-Richtlinie G	I
37 Tenside, anionaktive (MBAS) (mg/l)							≤ 0,3	0,2		0,2	
38 Pestizide ges. (Parathion, HCH, Dieldrin) (mg/l)								0,0025		0,001	
39 AOX (mg/l)	≤ 0,04										
40 TOC (mg/l)	≤ 7										
41 Gesamtcoliforme Bakterien /100 ml						500	10 000	5000		50	
42 Faekalcoliforme Bakterien /100 ml						100	2000	2000		20	
43 Streptococcus faec. /100 ml						100		1000		20	
44 Salmonellen /l								0	0	keine in 5 l	
45 Darmviren PFU/10 £								0			

Abkürzungen:

AGA = Allgemeine Güteanforderung, G = (guide) = Leitwert, I = (imperativ) = Zwingender Wert
°) Überschreitung der Grenzwerte bei außergewöhnlichen geographischen oder meteorologischen Verhältnissen vorgesehen.
¹) Die EG-Richtlinie für Fischgewässer (78/659/EWG) sieht außerdem Regelungen für Aufwärmspannen und Laichzeit-Temperaturen vor.
²) Die EG-Richtlinie für Fischgewässer (78/659/EWG) staffelt die Werte für Zink und Kupfer nach Wasserhärtegraden; die angegebenen Werte beziehen sich auf 100 mg $CaCO_3$/l.
³) In Abhängigkeit von der Wasserhärte gelten folgende Werte:

$CaCO_3$ ≙ Ca^{2+}	(mg/l) (mg/l)	10 4	50 20	100 40
Zink ges. Salmoniden – Gew. Cypriniden – Gew.	(mg/l)	0,03 0,3	0,2 0,7	0,3 1,0
Kupfer gel.	(mg/l)	0,005	0,022	0,04

⁴) Bei besonderen geographischen oder klimatischen Verhältnissen, insbesondere im Falle niedriger Wassertemperaturen und einer verminderten Nitrifikation, oder wenn die zuständige Behörde nachweisen kann, daß sich keine schädlichen Folgen für die ausgewogene Entwicklung des Fischbestandes ergeben, können die Mitgliedstaaten höhere Werte als 1 mg/l festsetzen.
⁵) Phenolhaltige Verbindungen dürfen nicht in solchen Konzentrationen vorhanden sein, daß sie den Wohlgeschmack des Fisches beeinträchtigen.
⁶) Ölkohlenwasserstoffe dürfen im Wasser nicht in solchen Mengen vorhanden sein, daß sie:
— an der Wasseroberfläche einen sichtbaren Film bilden oder das Bett der Wasserläufe und Seen mit einer Schicht überziehen;
— bei den Fischen Schäden verursachen oder den Fischen einen wahrnehmbaren Kohlenwasserstoff-Geschmack geben.

481

Anlage 2: HNA „Entnahme für die Landwirtschaft"

Güteanforderungen an „Beregnungswasser für Freilandkulturen"

	Merkmale	Richtwert
	A. Mineralische Stoffe	
1	Aluminium (mg/l)	5,0
2	Arsen (mg/l)	0,04
3	Beryllium (mg/l)	0,05
4	Blei (mg/l)	0,05
5	Bor (mg/l)	0,5
6	Cadmium (mg/l)	0,006
7	Chrom (mg/l)	0,1
8	Eisen (mg/l)	2,0
9	Fluor (mg/l)	1,0
10	Kobalt (mg/l)	0,2
11	Kupfer (mg/l)	0,2
12	Mangan (mg/l)	2,0
13	Molybdän (mg/l)	0,005
14	Nickel (mg/l)	0,1
15	Quecksilber (mg/l)	0,004
16	Selen (mg/l)	0,02
17	Zink (mg/l)	2,0

	Merkmale	Richtwert
	B. Salze	
18	Gesamtsalzgehalt (mg/l)	500
19	Chloride (mg/l)	200
20	Natrium (mg/l)	150
	C. Mikrobiol. Beschaffenheit	
21	Gesamtcoliforme Keime/ml	10
22	Fäkalcoliforme Keime/ml	1
	D. Sonstige Merkmale	
23	pH-Wert	5,0 – 8,5

Erläuterungen zu den Güteanforderungen der HNA „Entnahme für die Landwirtschaft — Beregnungswasser für Freilandkulturen"

1. Die genannten Richtwerte gelten bei **direkter Entnahme** für landwirtschaftliche und gärtnerische **Freilandkulturen** mit einer durchschnittlichen max. Jahresberegnungsgabe von 300 mm (l/m^2).

2. Die genannten Richtwerte gelten — wegen des bedeutend höheren Wasserbedarfs — **nicht** für **Gewächshauskulturen** und **nicht** für **Gemüse und Zierpflanzen** mit geringer Salzverträglichkeit als **Freilandkulturen.**

3. Die genannten Richtwerte sollten nach Möglichkeit nicht — keineswegs jedoch über einen längeren Zeitraum hinweg — überschritten werden. Einmaliges Überschreiten einzelner Werte um bis zu 50 % kann geduldet werden.

   Ausgenommen sind die Inhaltsstoffe Arsen, Cadmium, Quecksilber, Zink und Chrom. Bei diesen Schwermetallen sollten die genannten Richtwerte als **Grenzwerte** angesehen werden.

4. Die **Entnahme von Wasserproben** zur Ermittlung der Werte hat an mehreren hierfür geeigneten Stellen zu erfolgen. Die Werte haben für jede Entnahmestelle zu gelten; es sind also keine Durchschnittswerte für das Gewässer zu bilden.

483

5. Die Gewässer sind auf ihren Gehalt an **mineralischen Stoffen und Salzen** jährlich zweimal zu untersuchen, und zwar zu Beginn der Beregnungssaison und im Hochsommer. Ergeben sich innerhalb der ersten drei Jahre keine Überschreitungen einzelner Grenzwerte, dann genügt künftig eine Untersuchung zu Beginn der Beregnungssaison.

6. Untersuchungen zur **mikrobiologischen Beschaffenheit** des Fließgewässers sind dreimal jährlich während der Beregnungssaison durchzuführen. Werden die Richtwerte überschritten, muß bei Kulturen, die dem Rohverzehr dienen (Gemüse, Obst), eine Karenzzeit von 14 Tagen eingehalten werden.

7. Bei **indirekter Entnahme** über Brunnen sind für die Nutzungen „Beregnungswasser für Freilandkulturen" und „Viehtränkung" über die Mindestgüteanforderungen (MGA) hinaus keine weitergehenden Anforderungen zu stellen.

Die direkte Entnahme von Flußwasser zur „Viehtränkung" ist zu untersagen, da hier nahezu die gleichen Anforderungen wie an Trinkwasser zu stellen sind.

Anlage 3: Muster für die Durchführung der Mischrechnung

1	2	3	4	5	6	7	8	9	10	11	12
JSM	24-h-Mittel JSM/365 1:365 d	maßgebender Tagesabfluß $2 \times F_1$	MNQ oberhalb	Konzentration im Gewässer oberhalb	Transport im Gewässer oberhalb 5×6	MNQ unterhalb $5+4$	erlaubte Konzentration im Gewässer unterhalb	Transport im Gewässer unterhalb 8×9	erlaubter Transport der Einleitung (ÜW) $10\text{-}7 \times F_2$	erlaubte Einleitungskonzentration (ÜW) $11\text{:}4$	
$[m^3]$	$[m^3/d]$	$[m^3/h]$	$[l/s]$	$[l/s]$	$[mg/l]$	$[mg/s]$	$[l/s]$	$[mg/l]$	$[mg/s]$	$[mg/s]$	$[mg/l]$

F_1 = Faktor für den maßgebenden Trockenwetterabfluß (z.B. 1,33).

F_2 = Faktor für die Umrechnung von Betriebswert auf Überwachungswert (z.B. 2,0).

13

Rechtsverordnung über die Freistellung von Abwasserbehandlungsanlagen von der Genehmigungspflicht (FreistVO)

Vom 20. Februar 1992

(GV. NW. S. 100/SGV. NW. 77)

Aufgrund des § 58 Abs. 2 Satz 2 des Landeswassergesetzes — LWG — in der Fassung der Bekanntmachung vom 9. Juni 1989 (GV. NW. S. 384), zuletzt geändert durch Gesetz vom 14. Januar 1992 (GV. NW. S. 39) wird verordnet:

§ 1

Ausnahmen von der Genehmigungspflicht

Die in der Anlage aufgeführten Abwasserbehandlungsanlagen werden von der Genehmigungspflicht nach § 58 Abs. 2 des Landeswassergesetzes ausgenommen.

§ 2

Inkrafttreten

Diese Verordnung tritt am Tage nach ihrer Verkündung in Kraft.

Aufstellung der genehmigungsfreien Abwasserbehandlungsanlagen

1. Schlammfänge, sofern sie nicht Vorstufe zu einer unmittelbaren nachgeschalteten genehmigungspflichtigen Abwasserbehandlungsanlage sind

2. Abscheideanlagen für Fette (DIN 4040)

3. Abscheideanlagen für Leichtflüssigkeiten einschließlich eines Koaleszenzabscheiders (DIN 1999, Teile 1 bis 6)

4. Stärkeabscheider

5. Amalgamabscheider für Behandlungsplätze in Zahnarztpraxen und Zahnkliniken

6. Neutralisationsanlagen für die Behandlung von Kondenswasser aus Brennwertkesseln bis zu 100 kW Nennwärmeleistung

7. Anlagen zur Behandlung von Abwasser aus Chemischreinigungen

8. Siebe und Rechen, soweit sie nicht Bestandteil einer genehmigungspflichtigen Abwasserbehandlungsanlage sind

9. Anlagen zur Behandlung von Abwasser aus der Fassadenreinigung.

D Übersicht über internationale Vorschriften

I.

Richtlinie des Rates
vom 21. Mai 1991
über die Behandlung von kommunalem Abwasser

(91/271/EWG)

(ABl. der EG vom 30. 5. 91 Nr. L 135/40)

Der Rat der Europäischen Gemeinschaften —

gestützt auf den Vertrag zur Gründung der Europäischen Wirtschaftsgemeinschaft, insbesondere auf Artikel 130s,

auf Vorschlag der Kommission,

nach Stellungnahme des Europäischen Parlaments,

nach Stellungnahme des Wirtschafts- und Sozialausschusses,

in Erwägung nachstehender Gründe:

In der Entschließung des Rates vom 28. Juni 1988 über den Schutz der Nordsee und anderer Gewässer der Gemeinschaft wurde die Kommission aufgefordert, Vorschläge für Maßnahmen auf Gemeinschaftsebene zur Reinigung von kommunalem Abwasser zu unterbreiten.

Die Gewässerverschmutzung infolge unzureichender Abwasserreinigung in einem Mitgliedstaat wirkt sich häufig auf die Gewässer anderer Staaten aus. Aufgrund von Artikel 130r ist eine Aktion der Gemeinschaft erforderlich.

Um zu verhindern, daß die Umwelt durch die Einleitung von unzureichend gereinigtem kommunalem Abwasser geschädigt wird, ist grundsätzlich eine Zweitbehandlung dieses Abwassers erforderlich.

In empfindlichen Gebieten muß eine weitergehende Behandlung erfolgen; dagegen kann in bestimmten weniger empfindlichen Gebieten gegebenenfalls eine Erstbehandlung ausreichen.

Die Einleitung von Industrieabwasser in die Kanalisation sowie die Einleitung von Abwasser und die Entsorgung von Klärschlamm aus kommunalen Abwasserbehandlungsanlagen sollte allgemeinen Vorschriften oder Regelungen und/oder speziellen Genehmigungen unterliegen.

Für biologisch abbaubares Industrieabwasser aus bestimmten Industriebranchen, das vor der Einleitung in die Gewässer nicht in kommunalen Abwasserbehandlungsanlagen gereinigt wird, sollten angemessene Auflagen gelten.

Die Verwertung von Klärschlamm aus der Abwasserbehandlung sollte gefördert werden. Die Einbringung von Klärschlamm in Oberflächengewässer sollte stufenweise eingestellt werden.

Es ist erforderlich, Behandlungsanlagen, aufnehmende Gewässer und die Entsorgung von Klärschlamm zu überwachen, um sicherzustellen, daß die Umwelt vor den nachteiligen Auswirkungen der Einleitung von Abwasser geschützt wird.

Es ist sicherzustellen, daß die Öffentlichkeit über die Entsorgung von kommunalem Abwasser und die Entsorgung von Klärschlamm durch regelmäßige Berichte informiert wird.

Die Mitgliedstaaten sollten nationale Programme für den Vollzug dieser Richtlinie aufstellen und sie der Kommission übermitteln.

Es sollte ein Ausschuß eingesetzt werden, der die Kommission bei Fragen der Durchführung dieser Richtlinie und der Anpassung der Richtlinie an den technischen Fortschritt unterstützt —

Hat folgende Richtlinie erlassen:

Artikel 1

Diese Richtlinie betrifft das Sammeln, Behandeln und Einleiten von kommunalem Abwasser und das Behandeln und Einleiten von Abwasser bestimmter Industriebranchen.

Ziel dieser Richtlinie ist es, die Umwelt vor den schädlichen Auswirkungen dieses Abwassers zu schützen.

Artikel 2

Im Sinne dieser Richtlinie bedeuten:

1. „Kommunales Abwasser": häusliches Abwasser oder Gemisch aus häuslichem und industriellem Abwasser und/oder Niederschlagswasser.

2. „Häusliches Abwasser": Abwasser aus Wohngebieten und den dazugehörigen Einrichtungen, vorwiegend menschlichen Ursprungs und der Tätigkeiten in Haushaltungen.

3. „Industrielles Abwasser": Abwasser aus Anlagen für gewerbliche oder industrielle Zwecke, soweit es sich nicht um häusliches Abwasser und Niederschlagswasser handelt.

4. „Gemeinde": Gebiet, in welchem Besiedlung und/oder wirtschaftliche Aktivitäten ausreichend konzentriert sind für eine Sammlung von kommunalem Abwasser und einer Weiterleitung zu einer kommunalen Abwasserbehandlungsanlage oder einer Einleitungsstelle.

5. „Kanalisation": Leitungssystem, in dem kommunales Abwasser gesammelt und transportiert wird.

6. „1 EW (Einwohnerwert)": organisch-biologisch abbaubare Belastung mit einem biochemischen Sauerstoffbedarf in 5 Tagen (BSB$_5$) von 60 g Sauerstoff pro Tag.

7. „Erstbehandlung“: physikalische und/oder chemische Behandlung des kommunalen Abwassers mit Hilfe eines Verfahrens, bei dem sich die suspendierten Stoffe absetzen, oder anderer Verfahren, bei denen — bezogen auf die Werte im Zulauf — der BSB_5 um mindestens 20 % und die suspendierten Stoffe um mindestens 50 % verringert werden.

8. „Zweitbehandlung“: Abwasserbehandlung durch eine biologische Stufe mit einem Nachklärbecken oder ein anderes Verfahren, bei dem die Anforderungen nach Anhang I Tabelle 1 eingehalten werden.

9. „Geeignete Behandlung“: Behandlung von kommunalem Abwasser durch ein Verfahren und/oder Entsorgungssystem, welches sicherstellt, daß die aufnehmenden Gewässer den maßgeblichen Qualitätszielen sowie den Bestimmungen dieser und jeder anderen einschlägigen Richtlinie der Gemeinschaft entsprechen.

10. „Klärschlamm“: behandelter oder unbehandelter Schlamm aus kommunalen Abwasserbehandlungsanlagen.

11. „Eutrophierung“: Anreicherung des Wassers mit Nährstoffen, insbesondere mit Stickstoff- und/oder Phosphorverbindungen, die zu einem vermehrten Wachstum von Algen und höheren Formen des pflanzlichen Lebens und damit zu einer unerwünschten Beeinträchtigung des biologischen Gleichgewichts und der Qualität des betroffenen Gewässers führt.

12. „Ästuar“: das Übergangsgebiet zwischen Süßwasser und den Küstengewässern der Mündung eines Flusses. Die Mitgliedstaaten legen die äußeren (seewärtigen) Grenzen von Ästuaren für die Zwecke dieser Richtlinie als Teil des Programms für den Vollzug dieser Richtlinie gemäß Artikel 17 Absätze 1 und 2 fest.

13. „Küstengewässer“: die Gewässer jenseits der Niedrigwasserlinie bzw. der äußeren Grenze eines Ästuars.

Artikel 3

(1) Die Mitgliedstaaten tragen dafür Sorge, daß alle Gemeinden bis zu folgenden Zeitpunkten mit einer Kanalisation ausgestattet werden:

— bis zum 31. Dezember 2000 in Gemeinden mit mehr als 15 000 Einwohnerwerten (EW),

— bis zum 31. Dezember 2005 in Gemeinden von 2 000 bis 15 000 EW.

Die Mitgliedstaaten tragen dafür Sorge, daß in Gemeinden mit mehr als 10 000 EW, die Abwasser in Gewässer einleiten, die als „empfindliche Gebiete“ im Sinne von Artikel 5 zu betrachten sind, Kanalisationen bis zum 31. Dezember 1998 vorhanden sind.

Ist die Einrichtung einer Kanalisation nicht gerechtfertigt, weil sie entweder keinen Nutzen für die Umwelt mit sich bringen würde oder mit übermäßigen Kosten verbunden wäre, so sind individuelle Systeme oder andere geeignete Maßnahmen erforderlich, die das gleiche Umweltschutzniveau gewährleisten.

(2) Die in Absatz 1 genannten Kanalisationen müssen den Anforderungen von Anhang I Abschnitt A entsprechen. Diese Anforderungen können gemäß dem Verfahren des Artikels 18 fortgeschrieben werden.

Artikel 4

(1) Die Mitgliedstaaten stellen sicher, daß in Kanalisationen eingeleitetes kommunales Abwasser vor dem Einleiten in Gewässer bis zu folgenden Zeitpunkten einer Zweitbehandlung oder einer gleichwertigen Behandlung unterzogen sind:

— bis zum 31. Dezember 2000 in Gemeinden mit mehr als 15 000 EW;

— bis zum 31. Dezember 2005 in Gemeinden von 10 000 bis 15 000 EW;

— bis zum 31. Dezember 2005 in Gemeinden von 2 000 bis 10 000 EW, welche in Binnengewässer und Ästuare einleiten.

(2) Kommunales Abwasser in Hochgebirgsregionen (höher als 1 500 m über dem Meeresspiegel), bei dem aufgrund niedriger Temperaturen eine wirksame biologische Behandlung schwierig ist, kann einer weniger gründlichen als der in Absatz 1 beschriebenen Behandlung unterzogen werden, sofern anhand eingehender Untersuchungen nachgewiesen wird, daß die Umwelt durch das Einleiten dieses Abwassers nicht geschädigt wird.

(3) Abwasser im Ablauf kommunaler Behandlungsanlagen gemäß den Absätzen 1 und 2 muß den einschlägigen Anforderungen des Anhangs I Abschnitt B entsprechen. Diese Anforderungen können gemäß dem Verfahren des Artikels 18 fortgeschrieben werden.

(4) Die in EW ausgedrückte Belastung wird auf der Grundlage der höchsten wöchentlichen Durchschnittslast im Zulauf der Behandlungsanlage während eines Jahres berechnet; Ausnahmesituationen wie nach Starkniederschlägen bleiben dabei unberücksichtigt.

Artikel 5

(1) Für die Zwecke des Absatzes 2 weisen die Mitgliedstaaten bis zum 31. Dezember 1993 empfindliche Gebiete gemäß den in Anhang II festgelegte Kriterien aus.

(2) Die Mitgliedstaaten stellen sicher, daß das in empfindliche Gebiete eingeleitete kommunale Abwasser aus Kanalisationen von Gemeinden mit mehr als 10 000 EW spätestens ab 31. Dezember 1998 vor dem Einleiten in Gewässer einer weitergehenden als der in Artikel 4 beschriebenen Behandlung unterzogen wird.

(3) Abwasser aus kommunalen Behandlungsanlagen gemäß Absatz 2 muß den einschlägigen Anforderungen von Anhang I Abschnitt B entsprechen. Diese Anforderungen können gemäß dem Verfahren des Artikels 18 fortgeschrieben werden.

(4) Die für einzelne Behandlungsanlagen in den Absätzen 2 und 3 gestellten Anforderungen müssen jedoch nicht in den empfindlichen Gebieten eingehalten werden, für

welche nachgewiesen werden kann, daß die Gesamtbelastung aus allen kommunalen Abwasserbehandlungsanlagen in diesem Gebiet sowohl von Phosphor insgesamt als auch von Stickstoff insgesamt um jeweils mindestens 75 % verringert wird.

(5) Die Absätze 2, 3 und 4 gelten für Abwasser aus kommunalen Behandlungsanlagen in den jeweiligen Wassereinzugsgebieten empfindlicher Gebiete, die zur Verschmutzung dieser Gebiete beitragen.

In Fällen, in denen die genannten Wassereinzugsgebiete ganz oder teilweise in einem anderen Mitgliedstaat liegen, gilt Artikel 9.

(6) Die Mitgliedstaaten tragen dafür Sorge, daß mindestens alle vier Jahre überprüft wird, ob weitere empfindliche Gebiete auszuweisen sind.

(7) Die Mitgliedstaaten tragen dafür Sorge, daß in den nach Überprüfung gemäß Absatz 6 als empfindlich ausgewiesenen Gebieten binnen sieben Jahren die vorgenannten Anforderungen erfüllt werden.

(8) Ein Mitgliedstaat ist von der Verpflichtung, für die Zwecke dieser Richtlinie empfindliche Gebiete auszuweisen, befreit, wenn er die nach den Absätzen 2, 3 und 4 geforderte Behandlung in seinem gesamten Gebiet anwendet.

Artikel 6

(1) Für die Zwecke von Absatz 2 können die Mitgliedstaaten bis zum 31. Dezember 1993 weniger empfindliche Gebiete gemäß den in Anhang II festgelegten Kriterien ausweisen.

(2) In Gebieten nach Absatz 1 kann kommunales Abwasser aus Gemeinden von 10 000 bis 150 000 EW, das in Küstengewässer eingeleitet wird, und aus Gemeinden von 2 000 bis 10 000 EW, das in Ästuare eingeleitet wird, unter folgenden Voraussetzungen einer weniger gründlichen als der nach Artikel 4 geforderten Behandlung unterzogen werden:

— Das Abwasser muß zumindest einer Erstbehandlung im Sinne von Artikel 2 Nummer 7 unterzogen und nach Anhang I Abschnitt D überwacht werden;

— anhand umfassender Studien ist nachzuweisen, daß die Umwelt durch dieses Abwasser nicht geschädigt wird.

Die Mitgliedstaaten übermitteln der Kommission alle einschlägigen Informationen über die vorgenannten Studien.

(3) Ist die Kommission der Auffassung, daß die Voraussetzungen gemäß Absatz 2 nicht erfüllt sind, so unterbreitet sie dem Rat einen entsprechenden Vorschlag.

(4) Die Mitgliedstaaten tragen dafür Sorge, daß der Status der weniger empfindlichen Gebiete mindestens alle vier Jahre überprüft wird.

(5) Die Mitgliedstaaten tragen dafür Sorge, daß in Gebieten, die nicht mehr als weniger empfindlich ausgewiesen sind, binnen sieben Jahren die jeweiligen Anforderungen nach den Artikeln 4 und 5 erfüllt werden.

Artikel 7

Die Mitgliedstaaten stellen bis zum 31. Dezember 2005 sicher, daß das in Kanalisationen eingeleitete kommunale Abwasser vor dem Einleiten in Gewässer eine geeignete Behandlung im Sinne von Artikel 2 Nummer 9 in folgenden Fällen erfährt:

— Einleitungen in Binnengewässer und Ästuare aus Gemeinden mit weniger als 2 000 EW;

— Einleitungen in Küstengewässer aus Gemeinden mit weniger als 10 000 EW.

Artikel 8

(1) In durch technische Schwierigkeiten begründeten Ausnahmefällen können die Mitgliedstaaten bei der Kommission für die Bevölkerung in geographisch abgegrenzten Gebieten einen besonderen Antrag auf Verlängerung der Frist stellen, innerhalb deren Artikel 4 nachzukommen ist.

(2) Dieser angemessen zu begründende Antrag muß die bestehenden technischen Schwierigkeiten darlegen und ein Aktionsprogramm mit angemessener Terminplanung zur Verwirklichung der mit dieser Richtlinie vorgegebenen Ziele vorschlagen. Diese Terminplanung wird in das Vollzugsprogramm nach Artikel 17 aufgenommen.

(3) Zulässig sind nur technische Gründe: Die nach Absatz 1 verlängerte Frist kann nicht über den 31. Dezember 2005 hinaus ausgedehnt werden.

(4) Die Kommission prüft diesen Antrag und trifft nach dem Verfahren des Artikels 18 geeignete Maßnahmen.

(5) Unter außergewöhnlichen Umständen kann, wenn eine Behandlung nach fortschrittlichem Verfahren nachweislich keine Vorteile für die Umwelt mit sich bringt, für Abwassereinleitungen in weniger empfindliche Gebiete aus Gemeinden mit mehr als 150 000 EW eine entsprechend der in Artikel 6 für Abwasser aus Gemeinden von 10 000 bis 150 000 EW vorgeschriebene Behandlung Anwendung finden.

Die Mitgliedstaaten legen in derartigen Fällen der Kommission zuvor die maßgeblichen Unterlagen vor. Die Kommission prüft die betreffenden Fälle und trifft nach dem Verfahren des Artikels 18 geeignete Maßnahmen.

Artikel 9

Werden Gewässer im Gebiet eines Mitgliedstaats durch kommunale Abwassereinleitungen aus einem anderen Mitgliedstaat beeinträchtigt, so kann der Mitgliedstaat, dessen Gewässer beeinträchtigt werden, den anderen Mitgliedstaat und die Kommission entsprechend unterrichten.

Die beteiligten Mitgliedstaaten veranlassen, gegebenenfalls gemeinsam mit der Kommission, die notwendige Abstimmung zur Ermittlung dieser Einleitungen und über die Maßnahmen, die zum Schutz der beeinträchtigten Gewässer an der Quelle der Verschmutzung zu ergreifen sind, um die Übereinstimmung mit dieser Richtlinie sicherzustellen.

Artikel 10

Die Mitgliedstaaten tragen dafür Sorge, daß zur Erfüllung der Anforderungen der Artikel 4, 5, 6 und 7 Abwasserbehandlungsanlagen so geplant, ausgeführt, betrieben und gewartet werden, daß sie unter allen normalen örtlichen Klimabedingungen ordnungsgemäß arbeiten. Bei der Planung der Anlagen sind saisonale Schwankungen der Belastung zu berücksichtigen.

Artikel 11

(1) Die Mitgliedstaaten tragen dafür Sorge, daß vor dem 31. Dezember 1993 das Einleiten von industriellem Abwasser in Kanalisationen und in kommunale Abwasserbehandlungsanlagen einer vorherigen Regelung und/oder Erlaubnis durch die zuständige Behörde oder Stelle unterzogen sind.

(2) Die Regelungen und/oder Erlaubnisse müssen den Anforderungen des Anhangs I Abschnitt C entsprechen: Diese Anforderungen können gemäß dem Verfahren des Artikels 18 fortgeschrieben werden.

(3) Die Regelungen und Erlaubnisse sind regelmäßig zu überprüfen und nötigenfalls anzupassen.

Artikel 12

(1) Gereinigtes Abwasser soll nach Möglichkeit wiederverwendet werden. Im Verlauf der Wiederverwendung sind Belastungen der Umwelt auf ein Minimum zu begrenzen.

(2) Die zuständigen Behörden oder Stellen tragen dafür Sorge, daß das Einleiten von Abwasser aus kommunalen Abwasserbehandlungsanlagen in Gewässer einer vorherigen Regelung und/oder Erlaubnis unterzogen wird.

(3) Die Regelungen und/oder Erlaubnisse gemäß Absatz 2 für Einleitungen aus kommunalen Abwasserbehandlungsanlagen aus Gemeinden von 2 000 bis 10 000 EW, welche in Binnengewässer und in Ästuare einleiten, und aus allen Gemeinden mit mehr als 10 000 EW müssen den einschlägigen Anforderungen des Anhangs I Abschnitt B entsprechen. Diese Anforderungen können gemäß dem Verfahren des Artikels 18 fortgeschrieben werden.

(4) Die Regelungen und/oder Erlaubnisse sind regelmäßig zu überprüfen und gegebenenfalls anzupassen.

Artikel 13

(1) Die Mitgliedstaaten tragen dafür Sorge, daß biologisch abbaubares Industrieabwasser aus Betrieben der in Anhang III aufgeführten Industriebranchen, das nicht in kommunalen Abwasserbehandlungsanlagen behandelt wird, bis zum 31. Dezember 2000 vor dem Einleiten in Gewässer bestimmten Voraussetzungen entspricht, die die zuständige Behörde oder Stelle in einer vorherigen Regelung und/oder Erlaubnis festgelegt hat; dies gilt für alle Einleitungen aus Betrieben mit mehr als 4 000 EW.

(2) Die zuständige Behörde oder Stelle in den Mitgliedstaaten setzt bis zum 31. Dezember 1993 für diese Industriebranchen geeignete Anforderungen an die Abwassereinleitung fest.

(3) Die Kommission nimmt bis zum 31. Dezember 1994 eine Gegenüberstellung der Anforderungen der Mitgliedstaaten vor. Sie veröffentlicht das Ergebnis in einem Bericht und unterbreitet gegebenenfalls einen geeigneten Vorschlag.

Artikel 14

(1) Klärschlamm aus der Abwasserbehandlung ist nach Möglichkeit wiederzuverwenden. Im Verlauf dieser Wiederverwendung sind Belastungen der Umwelt auf ein Minimum zu begrenzen.

(2) Die zuständigen Behörden oder Stellen sorgen dafür, daß die Entsorgung von Klärschlamm aus kommunalen Abwasserbehandlungsanlagen bis zum 31. Dezember 1998 allgemeinen Regelungen unterzogen wird oder registrier- oder genehmigungspflichtig ist.

(3) Die Mitgliedstaaten tragen dafür Sorge, daß bis zum 31. Dezember 1998 das Einbringen von Klärschlamm in Oberflächengewässer durch Schiffe, durch das Ableiten über Leitungssysteme oder auf anderem Wege stufenweise eingestellt wird.

(4) Bis zur endgültigen Einstellung der in Absatz 3 genannten Einbringungsarten gewährleisten die Mitgliedstaaten, daß die Gesamtmenge toxischer, persistenter und bioakkumulierbarer Stoffe von in Oberflächengewässer verbrachtem Klärschlamm einer Einbringungsgenehmigung bedarf und stufenweise verringert wird.

Artikel 15

(1) Die zuständigen Behörden oder Stellen überwachen

— die Einleitungen aus kommunalen Abwasserbehandlungsanlagen entsprechend dem Kontrollverfahren nach Anhang I Abschnitt D, um die Einhaltung der Anforderungen des Anhangs I Abschnitt B zu überprüfen.

— Mengen und Zusammensetzung der Klärschlämme, die in Oberflächengewässer eingebracht werden.

(2) Die zuständigen Behörden oder Stellen überwachen die Gewässer, in die Abwasser aus kommunalen Abwasserbehandlungsanlagen und aus Direkteinleitungen nach Artikel 13 eingeleitet wird, in den Fällen, in denen zu erwarten ist, daß die Gewässerbeschaffenheit erheblich beeinträchtigt wird.

(3) Im Falle von Einleitungen gemäß Artikel 6 und der Einbringung von Klärschlamm in Oberflächengewässern überwachen die Mitgliedstaaten alle einschlägigen Untersuchungen, anhand deren nachgewiesen werden kann, daß die Umwelt nicht geschädigt wird, bzw. führen diese Untersuchungen durch.

(4) Informationen, die von den zuständigen Behörden oder Stellen gemäß den Absätzen 1, 2 und 3 gesammelt wurden, werden in den Mitgliedstaaten bereitgehalten und der Kommission auf Anfrage innerhalb von sechs Monaten zugänglich gemacht.

(5) Leitlinien für die in den Absätzen 1, 2 und 3 genannte Überwachung können nach dem Verfahren des Artikels 18 ausgearbeitet werden.

Artikel 16

Unbeschadet der Anwendung der Richtlinie 90/313/EWG des Rates vom 7. Juni 1990 über den freien Zugang zu Informationen über die Umwelt sorgen die Mitgliedstaaten dafür, daß die zuständigen Behörden oder Stellen alle zwei Jahre einen Lagebericht über die Beseitigung von kommunalen Abwässern und Klärschlamm in ihrem Zuständigkeitsbereich veröffentlichen. Die Mitgliedstaaten leiten diese Berichte unmittelbar nach ihrer Veröffentlichung an die Kommission weiter.

Artikel 17

(1) Die Mitgliedstaaten stellen bis zum 31. Dezember 1993 ein Programm für den Vollzug dieser Richtlinie auf.

(2) Die Mitgliedstaaten teilen der Kommission bis zum 30. Juni 1994 den Inhalt der Programme mit.

(3) Die Mitgliedstaaten schreiben die Informationen nach Absatz 2 erforderlichenfalls fort und unterrichtet die Kommission alle zwei Jahre zum 30. Juni.

(4) Die Methoden und die Formblätter für die Mitteilung über die einzelstaatlichen Programme werden nach dem Verfahren des Artikels 18 ausgearbeitet. Änderungen dieser Methoden und Formblätter werden nach dem gleichen Verfahren vorgenommen.

(5) Die Kommission überprüft und bewertet alle zwei Jahre die gemäß den Absätzen 2 und 3 erhaltenen Informationen und veröffentlicht darüber einen Bericht.

Artikel 18

(1) Die Kommission wird von einem Ausschuß unterstützt, der sich aus Vertretern der Mitgliedstaaten zusammensetzt und in dem der Vertreter der Kommission den Vorsitz führt.

(2) Der Vertreter der Kommission unterbreitet dem Ausschuß einen Entwurf der zu treffenden Maßnahmen. Der Ausschuß gibt seine Stellungnahme zu diesem Entwurf innerhalb einer Frist ab, die der Vorsitzende unter Berücksichtigung der Dringlichkeit der betreffenden Frage festsetzen kann. Die Stellungnahme wird mit der Mehrheit abgegeben, die in Artikel 148 Absatz 2 des Vertrages für die Annahme der vom Rat auf Vorschlag der Kommission zu fassenden Beschlüsse vorgesehen ist. Bei der Abstimmung im Ausschuß werden die Stimmen der Vertreter der Mitgliedstaaten gemäß dem

vorgenannten Artikel gewogen. Der Vorsitzende nimmt an der Abstimmung nicht teil.

(3) a) Die Kommission erläßt die beabsichtigten Maßnahmen, wenn sie mit der Stellungnahme des Ausschusses übereinstimmen.

b) Stimmen die beabsichtigten Maßnahmen mit der Stellungnahme des Ausschusses nicht überein oder liegt keine Stellungnahme vor, so unterbreitet die Kommission dem Rat unverzüglich einen Vorschlag für die zu treffenden Maßnahmen. Der Rat beschließt mit qualifizierter Mehrheit.

Hat der Rat nach Ablauf einer Frist von drei Monaten von seiner Befassung an keinen Beschluß gefaßt, so werden die vorgeschlagenen Maßnahmen von der Kommission erlassen, es sei denn, der Rat hat sich mit einfacher Mehrheit gegen die genannten Maßnahmen ausgesprochen.

Artikel 19

(1) Die Mitgliedstaaten erlassen die erforderlichen Rechts- und Verwaltungsvorschriften, um dieser Richtlinie bis zum 30. Juni 1993 nachzukommen. Sie setzen die Kommission unverzüglich davon in Kenntnis.

(2) Wenn die Mitgliedstaaten die Vorschriften nach Absatz 1 erlassen, nehmen sie in diesen Vorschriften selbst oder durch einen Hinweis bei der amtlichen Veröffentlichung auf diese Richtlinie Bezug. Die Mitgliedstaaten regeln die Einzelheiten dieser Bezugnahme.

(3) Die Mitgliedstaaten teilen der Kommission den Wortlaut der wichtigsten innerstaatlichen Rechtsvorschriften mit, die sie auf dem unter dieser Richtlinie fallenden Gebiet erlassen.

Artikel 20

Diese Richtlinie ist an die Mitgliedstaaten gerichtet.

Geschehen zu Brüssel am 21. Mai 1991.

Anhang I
Anforderungen an kommunale Abwässer

A. **Kanalisation** ([1])

Kanalisationen sollen den Anforderungen an die Abwasserbehandlung Rechnung tragen.

Bei Entwurf, Bau und Unterhaltung der Kanalisation sind die optimalen technischen Kenntnisse zugrunde zu legen, die keine unverhältnismäßig hohen Kosten verursachen; dies betrifft insbesondere:

— Menge und Zusammensetzung der kommunalen Abwässer,

— Verhinderung von Leckagen,

— Begrenzung einer Verschmutzung der aufnehmenden Gewässer durch Regenüberläufe.

B. **Einleitungen aus kommunalen Abwasserbehandlungsanlagen in Gewässer** ([1])

1. Abwasserbehandlungen müssen so ausgelegt oder umgerüstet werden, daß vor dem Einleiten in Gewässer repräsentative Proben des zugeleiteten Abwassers und des behandelten Abwassers entnommen werden können.

2. Einleitungen aus kommunalen Abwasserbehandlungsanlagen, die einer Behandlung nach den Artikeln 4 und 5 der Richtlinie unterliegen, müssen den Anforderungen in Tabelle 1 entsprechen.

3. Einleitungen aus kommunalen Abwasserbehandlungsanlagen in empfindliche Gebiete, in denen es im Sinne des Anhangs II Abschnitts A Buchstabe a) zur Eutrophierung kommt, müssen zusätzlich den Anforderungen in Tabelle 2 des vorliegenden Anhangs entsprechen.

4. Falls erforderlich, sind strengere Anforderungen als die in den Tabellen 1 und/oder 2 anzuwenden, um sicherzustellen, daß die Gewässer den Bestimmungen anderer einschlägiger Richtlinien entsprechen.

5. Die Stelle, an der kommunales Abwasser eingeleitet wird, ist möglichst so zu wählen, daß die Auswirkungen auf das aufnehmende Gewässer auf ein Minimum beschränkt werden.

([1]) Da es in der Praxis nicht möglich ist, Kanalisationen und Behandlungsanlagen so zu dimensionieren, daß in Extremsituationen, wie z.B. bei ungewöhnlich starken Niederschlägen, das gesamte Abwasser behandelt werden kann, beschließen die Mitgliedstaaten Maßnahmen zur Begrenzung der Verschmutzung aus Regenüberläufen. Solche Maßnahmen könnten vom Mischungsverhältnis, von der Leistungsfähigkeit bezogen auf den Trockenwetterabfluß oder von einer bestimmten tragbaren jährlichen Überlaufhäufigkeit ausgehen.

C. Industrielles Abwasser

Industrielles Abwasser, das in Kanalisationen und kommunale Abwasserbehandlungsanlagen eingeleitet wird, muß so vorbehandelt werden, daß es folgende Anforderungen erfüllt:

— Die Gesundheit des Personals, das in Kanalisationen und Behandlungsanlagen tätig ist, darf nicht gefährdet werden.

— Kanalisation, Abwasserbehandlungsanlagen und die zugehörige Ausrüstung dürfen nicht beschädigt werden.

— Der Betrieb der Abwasserbehandlungsanlage und die Behandlung des Klärschlamms dürfen nicht beeinträchtigt werden.

— Ableitungen aus den Abwasserbehandlungsanlagen dürfen die Umwelt nicht schädigen oder dazu führen, daß die aufnehmenden Gewässer nicht mehr den Bestimmungen anderer Gemeinschaftsrichtlinien entsprechen.

— Es muß sichergestellt sein, daß der Klärschlamm in umweltverträglicher Weise sicher beseitigt werden kann.

D. Referenzmethoden für die Überwachung und Auswertung der Ergebnisse

1. Die Mitgliedstaaten stellen sicher, daß eine Überwachungsmethode angewandt wird, die zumindest dem nachfolgend beschriebenen Anforderungsniveau entspricht.

   Es können auch andere als die in den Nummern 2, 3 und 4 genannten Verfahren angewandt werden, sofern mit ihnen nachweislich gleichwertige Ergebnisse erzielt werden.

   Die Mitgliedstaaten leiten der Kommission alle einschlägigen Informationen über das angewandte Verfahren zu. Ist die Kommission der Auffassung, daß die Anforderungen nach den Nummern 2, 3 und 4 nicht erfüllt sind, so unterbreitet sie dem Rat einen entsprechenden Vorschlag.

2. Am Ablauf und erforderlichenfalls am Zulauf der Abwasserbehandlungsanlage sind an jeweils denselben genau festgelegten Stellen abflußproportionale oder zeitproportionale 24-Stunden-Proben zu entnehmen, um zu überprüfen, ob das eingeleitete Abwasser den Anforderungen dieser Richtlinie entspricht.

   Dabei sind international anerkannte Laborpraktiken anzuwenden, mit denen die Veränderung des Zustands der Proben zwischen ihrer Entnahme und der Analyse so gering wie möglich gehalten wird.

3. Die Mindestzahl jährliche Probenahmen soll entsprechend der Größe der Abwasserbehandlungsanlage festgesetzt werden, wobei die Proben in regelmäßigen zeitlichen Abständen zu entnehmen sind:

   2 000 — 9 999 EW: zwölf Proben im ersten Jahr

   vier Proben in den darauffolgenden Jahren, wenn nachgewiesen werden kann, daß das Abwasser im ersten Jahr den Vorschriften der Richtlinie entspricht. Wenn eine der vier Proben den Grenzwert überschreitet, sind im folgenden Jahr zwölf Proben zu entnehmen

10 000 — 49 999 EW: zwölf Proben

50 000 EW oder mehr   24 Proben.

4. Für das behandelte Abwasser gelten die einschlägigen Werte als eingehalten, wenn für jeden einzelnen untersuchten Parameter die Wasserproben dem betreffenden Wert wie folgt entsprechen:

a) Für die in Tabelle 1 und Artikel 2 Nummer 7 genannten Parameter ist in Tabelle 3 die höchstzulässige Anzahl von Proben angegeben, bei denen die als Konzentrationswerte und/oder prozentuale Verringerung ausgedrückten Anforderungen nach Tabelle 1 und Artikel 2 Nummer 7 nicht erfüllt sein müssen.

b) Für die in Tabelle 1 genannten und in Konzentrationswerten ausgedrückten Parameter darf die Abweichung von den Parameterwerten bei normalen Betriebsbedingungen nicht mehr als 100 % betragen. Für die Konzentrationswerte für die suspendierten Stoffe insgesamt sind Abweichungen bis zu 150 % zulässig.

c) Für die in Tabelle 2 aufgeführten Parameter darf der Jahresmittelwert der Proben für jeden Parameter den maßgeblichen Wert nicht überschreiten.

5. Extremwerte der Abwasserbelastung bleiben unberücksichtigt, soweit sie auf Ausnahmesituationen wie starke Niederschläge zurückzuführen sind.

Tabelle 1: Anforderungen an Einleitungen aus kommunalen Abwasserbehandlungsanlagen, die den Bestimmungen der Artikel 4 und 5 unterliegen. Anzuwenden ist der Konzentrationswert oder die prozentuale Verringerung.

Parameter	Konzentration	Prozentuale Mindestverringerung ([1])	Referenzmeßverfahren
Biochemischer Sauerstoffbedarf (BSB_5 bei 20 °C) ohne Nitrifikation ([2])	25 mg/l O_2	70-90 40 gemäß Artikel 4 Absatz 2	Homogenisierte, ungefilterte, nicht dekantierte Probe. Bestimmung des gelösten Sauerstoffs vor und nach fünftägiger Bebrütung bei 20 °C ± 1 °C in völliger Dunkelheit. Zugabe eines Nitrifikationshemmstoffs
Chemischer Sauerstoffbedarf (CSB)	125 mg/l O_2	75	Homogenisierte, ungefilterte, nicht dekantierte Probe. Kalium-Dichromat
Suspendierte Schwebstoffe insgesamt	35 mg/l ([3]) 35 gemäß Artikel 4 Absatz 2 (mehr als 10 000 EW) 60 gemäß Artikel 4 Absatz 2 (2 000 – 10 000 EW)	90 ([3]) 90 gemäß Artikel 4 Absatz 2 (mehr als 10 000 EW) 70 gemäß Artikel 4 Absatz 2 (2 000 – 10 000 EW)	— Filtern einer repräsentativen Probe durch eine Filtermembran von 0,45 µm. Trocknen bei 105 °C und Wiegen — Zentrifugieren einer repräsentativen Probe (mindestens 5 Min. bei einer durchschnittlichen Beschleunigung von 2 800 bis 3 200 g), Trocknen bei 105 ° C und Wiegen.

([1]) Verringerung bezogen auf die Belastung des Zulaufs.
([2]) Dieser Parameter kann durch einen anderen ersetzt werden: gesamter organischer Kohlenstoff (TOC) oder gesamter Bedarf an Sauerstoff (TOD), wenn eine Beziehung zwischen BSB_5 und dem Substitutionsparameter hergestellt werden kann.
([3]) Diese Anforderung ist fakultativ.

Die Analysen von Einleitungen aus Abwasserteichen sind an gefilterten Proben auszuführen; die Gesamtkonzentration an suspendierten Schwebstoffen in ungefilterten Wasserproben darf jedoch nicht mehr als 150 mg/l betragen.

Tabelle 2: Anforderungen an Einleitungen aus kommunalen Abwasserbehandlungs-anlagen in empfindlichen Gebieten, in denen es zur Eutrophierung kommt. Je nach der Gegebenheit vor Ort können ein oder beide Parameter verwendet werden. Anzuwenden ist der Konzentrationswert oder die prozentuale Verringerung.

Parameter	Konzentration	Prozentuale Mindestverringerung [1]	Referenzmeßverfahren
Phosphor insgesamt	2 mg/l P (10 000 – 100 000 EW) 1 mg/l P (mehr als 100 000 EW)	80	Molekulare Absorptions-Spektrophoto-metrie
Stickstoff insgesamt [2]	15 mg/l N (10 000 – 100 000 EW) 10 mg/l N (mehr als 100 000 EW) [3]	70 – 80	Molekulare Absorptions-Spektrophoto-metrie

[1] Verringerung bezogen auf die Belastung des Zulaufs.

[2] Stickstoff insgesamt bedeutet: die Summe von Kjeldahl-Stickstoff (organischer N + NH_3), Nitrat (NO_3)-Stickstoff und Nitrit (NO_2)-Stickstoff.

[3] Wahlweise darf der tägliche Durchschnitt 20 mg/l N nicht überschreiten. Die Anforderung gilt bei einer Abwassertemperatur von mindestens 12 °C beim Betrieb des biologischen Reaktors der Abwasserbehandlungsanlage. Anstatt der Temperatur kann auch eine begrenzte Betriebszeit vorgegeben werden, die den regionalen klimatischen Verhältnissen Rechnung trägt. Diese Alternative gilt, wenn nachgewiesen werden kann, daß Nummer 1 Abschnitt D des vorliegenden Anhangs erfüllt ist.

Tabelle 3

Anzahl der Probenahmen innerhalb eines Jahres	Höchstzulässige Anzahl von Proben, bei denen Abweichungen zulässig sind
4-7	1
8-16	2
17-28	3
29-40	4
41-53	5
54-67	6
68-81	7
82-95	8
96-110	9
111-125	10
126-140	11
141-155	12
156-171	13
172-187	14
188-203	15
204-219	16
220-235	17
236-251	18
252-268	19
269-284	20
285-300	21
301-317	22
318-334	23
335-350	24
351-365	25

Anhang II

Kriterien für die Ausweisung empfindlicher und weniger empfindlicher Gebiete

A. Empfindliche Gebiete

Ein Gebiet wird als empfindlich eingestuft, wenn die Gewässer einer der folgenden Kategorien zugeordnet werden können:

a) natürliche Süßwasserseen, andere Binnengewässer, Ästuare und Küstengewässer, die bereits eutroph sind oder in naher Zukunft eutrophieren werden, wenn keine Schutzmaßnahmen ergriffen werden.

Bei der Entscheidung, welche Nährstoffe durch eine weitere Behandlung reduziert werden müssen, sollen folgende Faktoren berücksichtigt werden:

i) Seen und Zuflüsse zu Seen/Talsperren/geschlossenen Buchten mit geringem Wasseraustausch, wodurch die Möglichkeit der Anreicherung gegeben ist. In diesen Gebieten sollte auf jeden Fall Phosphor entfernt werden, außer wenn nachgewiesen werden kann, daß das Ausmaß der Eutrophierung dadurch nicht beeinflußt wird. Bei Einleitungen von großen Siedlungsgebieten kann auch die Entfernung von Stickstoff ins Auge gefaßt werden;

ii) Ästuare, Buchten und andere Küstengewässer, die nur einen geringen Wasseraustausch haben oder in die große Mengen von Nährstoffen eingeleitet werden. Einleitungen aus kleineren Gemeinden sind in diesen Gewässern normalerweise nicht ausschlaggebend, aber im Falle großer Gemeinden sollten Phosphor und/oder Stickstoff entfernt werden, außer wenn nachgewiesen werden kann, daß das Ausmaß der Eutrophierung dadurch nicht beeinflußt wird;

b) für die Trinkwassergewinnung bestimmtes Oberflächen-Süßwasser, das höhere Nitratkonzentration enthalten könnte als in den einschlägigen Bestimmungen der Richtlinie 75/440/EWG des Rates vom 16. Juni 1975 über die Qualitätsanforderungen an Oberflächenwasser für die Trinkwassergewinnung in den Mitgliedstaaten vorgesehen ist, wenn keine Schutzmaßnahmen ergriffen werden;

c) Gewässer, in denen eine über die Bestimmungen von Artikel 4 hinausgehende Behandlung nötig ist, um den Richtlinien des Rates nachzukommen.

B. Weniger empfindliche Gebiete

Ein Meeresgewässer kann als weniger empfindlich eingestuft werden, wenn die Einleitung von Abwasser aufgrund der dort vorliegenden morphologischen, hydrologischen oder besonderen Strömungsverhältnisse keine Umweltschäden verursacht.

Bei der Ausweisung weniger empfindlicher Gebiete berücksichtigen die Mitgliedstaaten die Gefahren, welche die eingeleitete Belastung unter Umständen für angrenzende Gebiete bedeuten kann, in denen dadurch Umweltschäden auftreten können. Die

Mitgliedstaaten erkennen das Vorhandensein empfindlicher Gebiete außerhalb ihrer innerstaatlichen Gerichtsbarkeit an.

Bei der Ausweisung weniger empfindlicher Gebiete sind folgende Faktoren zu berücksichtigen:

Offene Buchten, Ästuare und andere Küstengewässer mit einem guten Wasseraustausch, die nicht unter Eutrophierung oder Sauerstoffmangel leiden oder bei denen nicht damit zu rechnen ist, daß es in ihnen durch die Einleitung von kommunalem Abwasser zu Eutrophierung oder Sauerstoffmangel kommt.

Anhang III

Industriebranchen

1. Milchverarbeitung
2. Herstellung von Obst- und Gemüseprodukten
3. Herstellung von Erfrischungsgetränken und Getränkeabfüllung
4. Kartoffelverarbeitung
5. Fleischwarenindustrie
6. Brauereien
7. Herstellung von Alkohol und alkoholischen Getränken
8. Herstellung von Tierfutter aus Pflanzenerzeugnissen
9. Herstellung von Hautleim, Gelatine und Knochenleim
10. Mälzereien
11. Fischverarbeitungsindustrie

II.
Weitere internationale Vorschriften — eine Übersicht

1. Übereinkommen zum Schutz des Rheins gegen chemische Verunreinigung vom 03. 12. 1976 (ABl. der EG v. 19. 09. 1977 Nr. L 240/53)

2. Richtlinie des Rates der Europäischen Gemeinschaften vom 04. 05. 1976 betr. die Verschmutzung infolge der Ableitung bestimmter gefährlicher Stoffe in die Gewässer der Gemeinschaft 76/464/EWG — (ABl. der EG vom 18. 05. 1976 Nr. L 129/23)

3. Richtlinie des Rates der Europäischen Gemeinschaften vom 17. 12. 1979 über den Schutz des Grundwassers gegen Verschmutzung durch bestimmte gefährliche Stoffe — 80/68/EWG — (ABl. der EG vom 26. 01. 1970 Nr. L 20/43)

4. Richtlinien des Rates der Europäischen Gemeinschaften vom 22. 03. 1982 betreffend Grenzwerte und Qualitätsziele für Quecksilberableitungen aus dem Industriezweig Alkalichloridelektrolyse — 82/176/EWG — (ABl. der EG vom 27. 03. 1982 Nr. L 81/29)

5. Richtlinie des Rates der Europäischen Gemeinschaften vom 26. 09. 1983 betr. Grenzwerte und Qualitätsziele für Cadmiumableitungen — 83/514/EWG — (ABl. der EG vom 24. 10. 1983 Nr. L 291/1)

6. Richtlinie des Rates der Europäischen Gemeinschaften vom 08. 03. 1984 betr. Grenzwerte und Qualitätsziele für Quecksilberableitungen mit Ausnahme des Industriezweiges Alkalichloridelektrolyse — 84/156/EWG — (ABl. der EG vom 17. 03. 1984 Nr. L 74/79)

7. Richtlinie des Rates der Europäischen Gemeinschaften vom 09. 04. 1984 betr. Grenzwerte und Qualitätsziele für Ableitungen von Hexachlorcyclohexan — 84/491/EWG — (ABl. der EG vom 17. 10. 1984 Nr. L 274/11, berichtigt in Nr. L 296/11)

8. Richtlinie des Rates der Europäischen Gemeinschaften vom 12. 06. 1986 betr. Grenzwerte und Qualitätsziele für die Ableitung bestimmter gefährlicher Stoffe im Sinne der Liste I im Anhang der Richtlinie 76/464/EWG betr. die Stoffe Tetrachlorkohlenstoff, DDT, Pentachlorphenol — 86/280/EWG — (ABl. der EG vom 04. 07. 1986 Nr. L 181/16, berichtigt in Nr. L 296/11)

9. Richtlinie des Rates der Europäischen Gemeinschaften vom 19. 03. 1987 zur Verhütung und Verringerung der Umweltverschmutzung durch Asbest — 87/217/EWG — (ABl. der EG vom 28. 03. 1987 Nr. L 85/40)

10. Richtlinie des Rates der Europäischen Gemeinschaften vom 16. 06. 1988 zur Änderung des Anhangs II der Richtlinie 86/280/EWG betr. Grenzwerte und Qualitätsziele für die Ableitung bestimmter gefährlicher Stoffe im Sinne der Liste I im Anhang der Richtlinie 76/464/EWG — 88/347 — (ABl. der EG vom 25. 06. 1988 Nr. L 158/35) betr. die Stoffe Aldrin, Dieldrin, Endrin, Isodrin, Hexachlorbenzol, Hexachlorbutadien, Chloroform.

Sachwortverzeichnis